历史孕育了真理，它能和时间抗衡，把遗闻旧事保存下来，它是往古的迹象、当代的鉴戒、后世的教训。

——［西班牙］塞万提斯

图解
世界通史

宛 华 主编

中国华侨出版社
北京

图书在版编目(CIP)数据

图解世界通史 / 宛华主编. — 北京：中国华侨出
版社, 2017.7（2019.12重印）

ISBN 978-7-5113-6930-7

Ⅰ.①图… Ⅱ.①宛… Ⅲ.①世界史—通俗读物

Ⅳ.①K109

中国版本图书馆CIP数据核字（2017）第153479号

图解世界通史

主　　编：宛　华	
责任编辑：千　寻	
封面设计：韩立强	
文字编辑：杨　君	
美术编辑：潘　松	
经　　销：新华书店	

开　　本：720mm×1020mm　　1/16　　印张：29　　字数：750千字

印　　刷：北京市松源印刷有限公司

版　　次：2017年9月第1版　　2019年12月第2次印刷

书　　号：ISBN 978-7-5113-6930-7

定　　价：68.00元

中国华侨出版社　　北京市朝阳区静安里26号通成达大厦3层　　邮编：100028

法律顾问：陈鹰律师事务所

发 行 部：(010) 58815874　　　　传真：(010) 58815857

网　　址：www.oveaschin.com

E－mail：oveaschin@sina.com

如果发现印装质量问题，影响阅读，请与印刷厂联系调换。

前言 PREFACE

　　法国历史学家马克·布洛赫曾说："历史以人类的活动为特定的对象，它思接万载，视通万里，千姿百态，令人销魂，因此它比其他学科更能激发人们的想象力。"历史是国家和人类的传记，而读史可以使人打开通往诸多学科的门径，它不但是过往的印记，更是当代的借鉴、后世的教训。

　　古人记述历史的范围受限于他们当时所能认识的世界，这可以说明为什么具有悠久历史的美洲直到15世纪末被欧洲人"发现"时被称为"新大陆"。然而在科技发达的今天，世界越来越像一个大村庄，任何一个国家和地区都是世界历史体系中的一部分。对每一个读者来说，只有了解整个世界历史的进程，掌握人类社会整体发展的各个阶段，树立全球史观，才能正确看待现代人类面临的各种社会现象和社会问题。

　　然而世界历史漫长悠远，其间发生的历史事件、出现的历史人物错综复杂、头绪繁多，要从总体上把握人类历史的发展进程并不是一件容易的事情。人类从来都是分为不同的群体，在漫长的过去，他们生活在世界的不同地区，创造了有各自特色的文明，这就是人类历史多样化的特点。相应地，对于世界历史，研究者出版了各种典籍，有的写专门化、不同主题的历史，有的写不同国家和地区的历史，出现了当代历史研究中的细化和碎片化现象，使得普通读者很难找到入门之捷径。针对这种情况，有学者创建了"通史"这种体例，即在一定的历史观的指导下，通过精练的文字连贯地记叙各个时代的史实，涉及重大历史事件、杰出历史人物和多领域的文化等，内容广泛，对世界历史进行现代诠释，给人一种整体的认识。

　　为了帮助读者在较短时间内了解世界历史进程，丰富知识储备，我们精心编撰了这部《图解世界通史》，以时间为序，选取了世界历史上的重大事件、风云人物、辉煌成就、灿烂文化等内容，力求在真实性、趣味性和启迪性等方面达到一个新的高度，并通过科学的体例与创新的版式，全方位、新视角、多层面地阐释世界历史。全书分为世界古代史、世界近代史、世界现代史、世界当代史四大篇章，精彩扼要地勾勒出世界历史演进的基本脉络和世界各大文明的发展历程。为读者提供想知道的、需要知道的、应该知道的历史知识，帮助读者从宏观上把握世界历史，进而掌握人类历史发展的内在规律。

本书还精心选配了数百幅内容涵盖面广、表现形式丰富的图片，包括出土文物、历史遗迹、战争示意图、名人画像等，与文字内容互为补充与诠释，使读者仿佛置身于一座真实立体的历史博物馆，更加直观地了解世界历史。简洁精要的文字，配以多元化的图像，打造出一个立体直观的阅读空间，使读者获得图与文赋予的双重享受。

历史蕴含着经验与真知。在这里，我们用通俗流畅的语言来解读重大的历史事件、鲜活的历史人物、丰富的多元文化，把厚重的史实通过简洁明了的形式表达出来。阅读本书，读者可以在轻松愉悦中了解人类历史发展进程，增长知识和胆略，提高历史修养，进而用世界胸怀和历史眼光更好地把握现在，展望未来。

目录 CONTENTS

✳ 世界古代史

1

世界近代史

世界现代史

✸ 世界当代史

世界古代史

世界古代史从人类社会的形成开始，一直到1640年英国资产阶级革命爆发前夕，叙述了人类社会发展的最初三个阶段，即无阶级的原始社会、奴隶与奴隶主两个阶级对立斗争的奴隶社会及以农奴或农民阶级为主的被统治阶级与统治阶级不断斗争的封建社会。

人类的起源

1876 年，恩格斯完成了《劳动在从猿到人转变过程中的作用》一文，指出人类是由类人猿发展而来的，经历了攀树的猿群、正在形成中的人和完全形成中的人 3 个阶段。

人类学家最早发现的古猿化石是原上猿，其生存年代为距今 3500 万 ~ 3000 万年前；其次是埃及猿，生存年代为 2800 万年前；再稍后为生活在热带和亚热带森林地区的古猿。人类学家在欧、亚、非三洲许多地方发现了它们的化石，其生存年代大约为 2300 万 ~ 1000 万年前。

腊玛古猿是最早的正在形成中的人，其生存年代大约为距今 1400 万 ~ 800 万年前，已最先具备了说话的能力，首先发现于巴基斯坦北部与印度交界的西瓦立克山区，后来在肯尼亚、希腊、中国等地均有发现，主要是下颌骨和牙齿化石。其后正在形成中的人是南方古猿，生存年代为距今 550 万 ~ 100 万年前，化石在南非和东非发现，脑容量在 450 毫升以上。

人与猿的区别在于能否制造工具，而此时正在形成中的人只能利用天然工具，如石块、木棒等，所以说他们还不是真正意义上的人。劳动使猿变成了真正意义上的人，也就是完全形成的人。从完全形成的人发展到现代人经历了 4 个阶段：早期猿人、晚期猿人、早期智人和晚期智人。

"1470 号"人是目前公认的早期猿人的典型代表，其生存年代为距今 380 万 ~ 180 万年前，是人类发展的初期阶段。晚期猿人又叫"直立人"，印度尼西亚的爪哇猿人、德国的海德堡猿人、中国的蓝田猿人、

·陕西蓝田人·

1963 年 7 月和 1964 年 5 月、10 月，考古学家在陕西蓝田出土了中国旧石器时期早期人类化石，简称蓝田人。陕西蓝田猿人大约生活在距今 100 万至 60 万年前，化石出土地点有两处，均位于蓝田县境内。陈家窝蓝田猿人生活年代距今约 65 万至 53 万年间。公王岭蓝田猿人生活年代距今约 98 万至 67 万年间。当时蓝田人的生活地区草木茂盛，有很多种远古动物栖息，其中包括大熊猫、剑齿象、毛冠鹿、斑鹿等。蓝田猿人头骨有鲜明的原始性质：头盖骨极为低平，额骨倾斜明显而尚无额窦。眉骨十分粗壮，于眼眶上方形成一条横嵴。头骨骨壁极厚，脑容量约为 780 毫升。出土的石制品证明蓝田人已经能够使用多种石质打制工具。蓝田猿人所处的自然环境是秦岭北坡温暖湿润的森林草原地区，从事采集和狩猎劳动。在公王岭出土的猿人化石层中，还发现三四处灰烬和灰屑，可能是蓝田猿人用火的遗迹。

南猿   能人   直立人

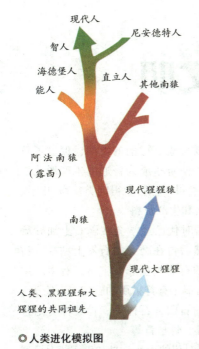

现代人

尼安德特人

智人

海德堡人　直立人

能人　　　其他南猿

阿法南猿
（露西）

　　　　　现代猩猩猿

南猿

　　　　　现代大猩猩

人类、黑猩猩和大
猩猩的共同祖先

◉ 人类进化模拟图

北京猿人都是古人类进化过程中比较典型的晚期猿人。尤其是北京猿人的发现，比较明确地揭示了从猿到现代人的中间状态。北京猿人发现于1929年，其发现地为北京周口店的龙骨山，现已获得40多个不同年龄的男女个体，以及无数的石器、骨器和用火遗迹。北京猿人的身躯比现代人稍矮，男高约1.62米，女高约1.52米，四肢已具备现代人形，脑容量为1075毫升。这一切证明北京猿人已远离猿类而更接近现代人类，更为重要的是，他们可能已经有了自己的语言。

尼安德特人是最早发现的早期智人，简称"尼人"。早期智人的生存年代为距今30万年到20万年前到距今5万年到4万年前。中国的马坝人、长阳人和丁村人均属于尼人。尼人的平均脑容量为1350毫升，体质和智慧比前人皆有很大的发展。晚期智人也称"新人"，其生存年代为距今5万～1万年前。因新人最早的化石是在法国的克罗马农洞窟里发现的，故又名"克罗马农人"。克罗马农人不论在形体、高度，还是在脑壳比例上都有所变化，与现代人基本相同，脑容量平均在1400毫升以上。新人的分布较广，不仅在亚、非、欧三洲发现其化石，而且还分布在大洋洲和美洲。据人类学家研究证明，在5万年前已有人类从亚洲通过白令海峡进入美洲；在4万年前，亚洲人从东南亚到达大洋洲。

现代人种是和晚期智人同时出现的，人类学家按照人类的外貌特征，把世界上的人分为3个人种：黄种（或蒙古利亚人种）、白种（或欧罗巴人种）、黑种（或尼格罗人种）。

海德堡人

尼安德特人

智人

现代人

早期人类文明

石器时代分为旧石器、中石器和新石器3个时代。早期人类使用加工粗糙、形状简陋的石器，被称为"旧石器时代"。中石器时代是向新石器时代的过渡阶段，时间为距今1.5万～1万年前。新石器时代开始使用打制精细的石器，并发明了原始农业和畜牧业。

旧石器时代又分为早、中、晚3个时期。早期在距今300万～20万年前，使用的石器由砾石打制而成，十分简陋、粗糙，与天然碎裂的石头相差无几。中期为距今20万～5万年前，人类主要靠采集和狩猎为生。晚期的石器很美观、适用，同时骨器与角器亦已出现，时间在距今5万～1.5万年前。晚期最为引人注目的一点就是使用火，从使用天然火发展到人工取火。人类在实践中对火的发现与使用，开创了历史的新纪元。

中石器时代为距今1.5万～1万年前。其中，弓箭的发明是这一时期社会生产力发展的主要标志。弓箭的发明，促进了狩猎的发展，使狩猎成为普通的生产形式之一，也使人类可以经常获得肉类食物、皮毛、骨器等生活和生产资料。

新石器时代已经学会在砺石上加砂蘸水磨光，然后再在磨光的石器上钻孔。新石器时代的石器类型非常丰富，有生产用的石斧、石锄；有狩猎用的石球、石箭头；有生活用的石臼、石杵等。骨器种类则有骨针、骨锥、骨匕首等。

新石器时代的生产工具和生产能力得到了进一步提高，从而使人类对自然界有了新的认识，人类便从狩猎经济中发明了原始畜牧业，从采集经济中发明了原始农业。

人类社会的第一个社会组织形式是血缘家族。在血缘家族的内部，已排除了先前的杂乱的婚姻关系，开始实行按照辈分来划分的群内婚。不过，人们只能在某种程度上认清血缘关系，还不能认识到兄妹之间的婚配亦对人的体质有所破坏，直至氏族出现，人类才禁止了兄弟姐妹之间的通婚，由此产生了"普那路亚家庭"。"普那路亚"是夏威夷语，意为亲密同伴，是同妻子的丈夫们之间的相互称谓，也是同丈夫的妻子们之间的相互称谓。

氏族制度便是从"普那路亚"家庭中直接产生的，因为在群婚制下，人只知其母而不知其父，故世系只能按母系计算，此时，最初的母系氏族便产生了。母系氏族最为明显的特点就是一个氏族的所有成员皆来自一位女祖先。

◎氏族公社时期的床铺

生产的发展、人口的增长使氏族组织亦不断增加，这时候两个氏族之间的群婚难以继续维持，对偶婚便应运而生。在对偶婚的形式下，成年男女在通婚的外氏族中，各自寻找一个配偶，作为自己与其经常发生婚配关系的主要对象，同时也不排除与其他异性发生偶尔的婚配关系。对偶婚实际上是现代意义上的一夫一妻制的最初萌芽。

氏族制度在全盛时期有氏族、胞族、部落等多种组织，它是原始公社发展的顶峰。当生产力已到一定程度时，人类出现了3次社会大分工，同时，一场父权制度取代母权制度的革命出现了，即父系氏族公社得到了确立。

父系氏族体现了以男子为中心的权力主义，于是一夫一妻制家庭取代了对偶家庭。个体家庭的出现削弱了氏族血缘关系，加快了不同氏族、部落之间的人员流动，出现了为了共同经济利益结成的农业公社。

私有财富的出现导致了人类愈演愈烈的财富角逐，这时候，军事民主制便出现了，同时军事民主制也是由氏族制度向阶级社会和国家过渡的一种社会组织形式。

·母系社会·

母系社会是原始社会人类发展的一种社会形态，它存在于旧石器时代晚期到新石器时代之间。母系社会实行族外群婚，在这种情况下，人们只知其母，不知其父，因而家族世系也以母系计。这一情况也与当时低下的生产力发展相适应。当时，妇女在社会经济活动中占有重要的地位。妇女一般从事食物采集和照管家务，并且还负有养育子女的重担。而男子的主要经济活动是打猎，由于工具的落后，打猎常常得不到保障；相反，妇女的采集却能较为稳定地保障食物来源。种种因素促成妇女在当时的氏族社会中占有主导地位，因而出现了母系社会，也出现了普遍的女性崇拜。这种社会是建立在生产力水平极为低下的基础上的，一旦生产力进一步发展，这种社会就难以维持下去了，低水平的公有制便为私有制所替代，母系社会也就宣告结束。

◎ 撒哈拉沙漠的岩石水彩画
岩画表现的是正在放牛的早期牧人。在新石器时代晚期，从狩猎经济中产生了原始畜牧业。

国家的产生

人类集体劳动的结果使人类产生了语言。为了帮助记忆、传递信息和进一步表达思想,文字便逐渐产生了。文字的发明对人类文化的发展和进步有着举足轻重的作用。在新石器时代,原始人便发明了图画文字,用以表达思想、记载事件。同时,原始人还根据自然界的征兆,对天气的变化进行预测,还制定出太阴历,做了季节的划分。

医药知识、绘画、雕刻、音乐、舞蹈亦在原始人中间出现。克罗马农人可以用燧石做工具进行外科手术。在旧石器时代晚期的遗址中发掘出大量的绘画和雕刻作品,证明了当时人类细致的观察能力和高超的艺术创作能力。在新石器时代的遗址中发现了带孔的

◎ 这尊匈牙利的陶像,塑造的是一个拥有权力的重要人物。由于当时农业的发展,他被塑成一个肩搭镰刀的农夫形象。

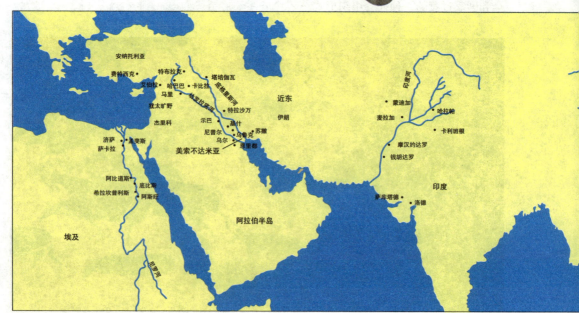

·父系社会·

随着生产力的发展，社会出现了农业与畜牧业的第一次社会大分工，社会生产的专业化，使母系社会迅速为父系社会所取代。男子在生产劳动中的地位急剧上升，而妇女的劳动则渐渐仅限于附属性的家务劳动了。男子在农业、畜牧业和手工业中成为谋取生活资料的主力军。相伴而生的是婚姻制度逐渐成为一夫一妻的婚姻形态。子女的出身与世系开始按照男子的系统来计算，其财产继承也按照父系家族划分。男子取代了女子而成了家族的核心。

在父系社会里，父系氏族由若干家长制大家族构成。家长制大家族是父系氏族社会的基本社会经济细胞，一个家长制大家族常包括好几代男系亲属。氏族公社内部还保留着民主选举的传统。氏族大会由全体成年男子组成，它拥有最高的权力。氏族议事会由各个大家族的族长组成，而族长则经民主选举，由深孚众望的男子担任。尽管如此，在父系社会里，已经出现了某些社会的不平等，如妇女丧失了与男子平等的地位，各大家族间也出现了贫富的差距。父系社会的进一步发展，导致了阶级的产生和国家的出现，一切共有的原始社会随之解体。

◎早期的定居社会分布示意图

这些社会形成于公元前10000～前2500年间，集中于两河流域、尼罗河谷、印度河谷、中国北部平原四个地区，由此形成了"四大文明古国"。

小骨管，原始人已经能够用简单的歌曲来表达自己劳动的欢乐、丰收的喜悦了。同时，原始人为了延续这种热情和欢乐，开始表演狩猎、种植或其他各种动作，舞蹈也随之产生了。

原始宗教产生于旧石器时期，在氏族公社时开始繁荣。原始人认为祖先是他们的保护者，因而加以崇拜，在母系氏族公社时女性祖先是他们崇拜的对象。后来因追根溯源，又产生了图腾崇拜，其特点是将某一自然现象或某一动物当成自己的亲属、祖先或保护神加以崇拜。

国家的出现和文字的产生一样，都是人类文明开始的重要标志。国家的产生有一个很重要的前提，那就是私有制和阶级的出现。在人类追逐财富的战争中，以军事首长为首的氏族贵族集团的权力和财富日益增长，原本为选举而产生的军事首长变为世袭，人民大会也就没有任何作用了。军事首长的职位一般既非终身也不世袭，但随着时间的推移，变化也愈来愈明显。当军事首长的权力范围扩大到部落联盟，甚至对人民大会的决议不加理睬独断专行时，选举制也就变成世袭制。为了保护贵族地位，也为了争夺更多的财富，一个阶级压迫另一个阶级的机关就产生了，这就是包括负责政治的官员、负责武事的军队，以及负责刑事的监狱等一整套统治机构的国家。

国家与氏族最根本的区别是：国家是按地域来划分它的国民，而氏族却是以血缘关系来维系它的成员。

国家的产生致使人类历史从原始社会开始向文明社会过渡。从公元前3000多年开始，非洲北部的尼罗河流域及亚洲西部的两河流域、亚洲南部的印度河流域、亚洲东部的黄河流域逐渐出现了早期的文明古国，人们将其称为"四大文明古国"。在黄河流域的夏商文明出现的同时，以希腊为中心的爱琴海地区也跨入了早期文明国家的行列。

尼罗河文明

非洲北部很早便有居民居住。当时，北非气候温和湿润，雨水充足，渔猎和采集成为居民的主要生活来源。大约在 1 万年前，最后一次冰河期过去，北非逐渐变为干旱地区，随着环境、气候的变迁，居民陆续迁移到尼罗河两岸。后来他们在这里创造了铜石并用文化，尼罗河文明由此发端。

埃及的铜石并用文化时代，可分为 3 个阶段：巴达里文化、涅伽达文化一期和涅伽达文化二期。这三种前后承接的文化，一般被称为"前王朝文明"。"前王朝文明"表明了埃及从原始社会过渡到奴隶制社会的基本情况。

巴达里文化约从公元前 4500 年开始。当时的居民已有固定的居所，从事农业耕种，兼营畜牧和渔猎。他们种植小麦、大麦、亚麻等农作物，驯养绵羊等家畜，除使用石锄、石刀、石铲外，在这一文化晚期还使用少量的铜制工具，这表明埃及已开始进入铜石并用时代。在手工

◎尼罗河流域示意图

尼罗河流域是人类文明的发祥地之一，尼罗河畔的肥沃土地孕育了古埃及文明。

◎公元前3500年的彩纹土器

业方面，埃及居民已经能够烧制出一种质地良好的薄壁陶及独具特色的黑顶陶；同时，织布、缝衣、编篮等也达到相当水平。这一时期的居民在埋葬尸体时，开始供奉食品和用具以供死者之用，可见他们已有了灵魂的观念。但墓葬的规模和殉葬物品的差别不太明显，表明当时人们过着原始公社制的生活。从遗址中发现的女性小雕像来推断，这时妇女在氏族中仍居于重要地位。

公元前 3600～前 3500 年，是涅伽达文化一期（也称为阿姆拉文化）。这一时期除在生产技术上较巴达里文化有新的发展外，还有一个很重要的成就，即出现了城市，居住地已有城堡建筑。涅伽达附近的南城就是一个重要的遗址。这一时期的墓地，在规模上有了区别，反映出贫富的分化和社会地位的高低。随着商业的发展，私有制出现了，原始公社制处于瓦解阶段，结合城堡建筑较具规模并有雉堞墙等情况来看，此时已处于军事民主制时期，文明已经萌芽了。

公元前 3500～前 3100 年为涅伽达文化二期（也称为格尔赛文化），埃及进入阶级社会。这一时期的社会生产力进步明显，在生产技术上发明了冶金术，出现了刀、匕首、斧等冶炼铸造的铜器工具和武器。居民在尼罗河谷地挖渠筑坝，改进耕作技术，发展农业生产。在此时的陶器上经常可看到河上通行舟楫和水渠纵横、阡陌连绵的图画，说明当时人们已很重视水上交通和农业生产了。此时，贸易不仅在国内进行，而且与巴勒斯坦、叙利亚等地区也有商业往来。墓葬的规模和殉葬物品与前期有了明显的差别，有些物品还标有私人印记。在希拉康玻里发现"蝎王权标头"图刻，

◎公元前4000年的象牙女性立像

刻有头戴象征王权的白冠的蝎王，其身后有执扇的侍者，还刻有从事劳动的奴隶和以田凫为代表的平民。这幅画深刻地反映了当时埃及的阶级关系：已有贵族与平民、奴隶主与奴隶之间的阶级差别。同时，文明的显著标志——文字，也在这一时期出现。这一切都说明氏族制度已经走到了尽头，国家已经发展起来了。

·古埃及名城·

孟斐斯：位于尼罗河三角洲之西南岸，开罗南25千米。公元前2925年兴建，是埃及古王国时代首都。现仅有拉美西斯三世巨石像、阿庇斯圣牛庙和卜塔神庙废墟。

底比斯：位于尼罗河两岸（东岸为主）。约建于公元前2134年（古王国末期），埃及中王国和新王国时代的首都，有"百门之都"之称。卡纳克神庙遗址和图坦哈蒙法老墓所在地。

开罗：位于尼罗河三角洲入口处。公元前643年建立，埃及第一大城兼首都。吉萨金字塔和狮身人面像所在地。

亚历山大：位于尼罗河三角洲西北边缘，地中海沿岸。公元前332年建立，埃及第二大城市，托勒密王朝时期首都。是世界七大奇迹之一的法罗斯灯塔所在地。

古埃及文字和文学

大约在公元前 3500 年，古埃及人就发明了文字，称为"象形文字"，意为"神圣的雕刻"。后来，在公元前后的几个世纪里，希腊人、罗马人相继统治埃及，希腊语逐渐取代古埃及语。这样，在整个中世纪和近代，象形文字成了一种不再被人们应用的文字。直到公元 1799 年，法国的拿破仑率军侵略埃及，他的士兵在尼罗河口的罗塞塔上看到一块石碑。这块石碑是用古埃及象形文字及其草书体、希腊文 3 种文字对照写成的，文中歌颂了国王托勒密五世的功绩。

古埃及象形文字约有 700 个。一个词要用音符、意符和部首 3 种字符组成。古埃及语中表音符有 24 个，实际上是 24 个辅音字母。这套音符后来传入腓尼基，成为腓尼基字母的一个重要来源。

随着文字的发明和使用，古埃及人又用植物的浆液制成墨水，用削尖了的芦苇管做笔，用尼罗河口三角洲一带生产的芦草制成纸。中王国时期开始普遍使用这种纸作为书写材料。

古代埃及的文学作品大多使用这种纸草文卷。从保存下来的文卷中可以看到，古代埃及文学作品的内容十分丰富。作为最早的文学作品之一的神话，由于受埃及人思想观念变化的影响，埃及神话呈现出变异的趋势，其故事情节经常发生变化。

古王国时期和中王国时期是埃及文学发展史上的重要阶段。这一时期以教谕文学作品最多，大都是些"预言""箴言""训诫"之类的文献，如《对美里卡拉王的教谕》《聂菲尔列胡预言》《伊蒲味陈辞》等。这些作品都具有实用性、启发性和娱乐性，旨在规定和引导人们的道德观念，以达到巩固社会秩序的目的。

古王国时期出现了大量文学作品，其中散文和诗歌很丰富。如《辛努哈特历险记》讲述大臣辛努哈特因受叛乱事件的牵连而逃到国外，后来得到法老的宽容才得以回到故乡的故事。作者刻画了辛努哈特的思乡之情和落叶归根的喜悦。又如《一个能说会道的农夫》叙述了一个农民向法老申诉凄惨境遇的故事，带有歌功颂德的意味，标榜法老伸张正义。

新王国时期，古埃及文学又得到新发展，散文的故事情节更加离奇、曲折，艺术性很强，思想深刻，已具有现实主义的韵味。

◎用象形文字写就的祭祀纸草——《亡灵书》中的一章

《亡灵书》用莎草纸、皮革或亚麻布制成，并饰以各色漂亮的花边。在葬礼上，僧侣须诵读此书，然后将书随死者入墓。

古埃及经济与法老制度

人类文明的发源地之一——古代埃及，在涅伽达文化一期和二期时，已出现象征王权的红冠和白冠及象征王衔符号的荷鲁斯鹰神的形象。据记载，古代埃及国王美尼斯创建了第一王朝，此后，埃及经历了31个王朝。

通常将埃及法老几千年的统治，称为中央集权的专制主义的君主政治。"法老"一词的原意为"宫殿"，最早出现于埃及古王国时期，中王国时期出现在对国王的颂词中，新王国时期正式成为国王的尊称。根据君主专制王权开始于古王国的史实，史学界把古王国及以后的埃及国王都称为法老。法老作为古埃及的专制主义统治君主，具有法律、行政、财政、军事、宗教等一切方面的无限权力，实行以个人意志为主导的独裁统治。

在涅伽达文化二期，生产力的发展已进入铜石并用的时代，渔猎经济在生产生活中占有很重要的地位。

古王国时期，铜器的使用已比较普遍，手工业有了较细的分工，陶器的形式多种多样，而且采用彩釉绘画。

中王国时期，已经普遍使用青铜器、桔槔及装有把手的耕犁，并且出现了一个新兴的手工业部门——玻璃制造业。

新王国时期是古代埃及奴隶制经济发展的巅峰时期。首先是生产工具的改进。在青铜器广泛使用的同时，铁器也出现了。冶炼金属已使用脚踏鼓风机给氧，用皮革制成风箱，效率大为提高；出现了立式织布机，织工可同时照看两枚悬式纺锭。农业生产中已使用长柄锤、直柄犁、梯形型，尤其是多层桔槔连续提水，可把河水输送到更高的地方，进一步扩大了耕地面积。

另外，手工业技术明显提高，能够炼出2米长的金属板并能冶炼六合金的青铜。陶器施釉新工艺已发明。埃及人从希克索斯人那里学会了马拉战车的技术，制造战车的水平也已相当高。

后埃及时期，铁器得到普遍应用，工农业生产和商业贸易繁荣，埃及的纺织品、陶器、金银工艺品畅销到地中海和西亚各地。公元前305~前30年，是托勒密王朝统治时期。这一时期的社会经济发展也很迅猛，农业上出现了用畜力牵动并拴有吊斗的扬水器；传统手工业保持兴旺的势头；对外贸易的范围进一步扩大到非洲北部、小亚细亚沿岸和黑海沿岸等地。另外，还出现了铸造的金币、银币和铜币。亚历山大里亚城成为当时著名的国际贸易和文化交流的中心。

·法老·

直到埃及的新王国时期，"法老"这个名称才被用来特指国王。在此之前，它表示国王的宫殿朝廷。法老是全国的最高统治者，也是最大的奴隶主，代表整个奴隶主阶级掌握着政治、经济、军事和司法等大权。他把自己称为神的化身、太阳的儿子，所以他的话就是法律，对其臣民拥有至高无上的权力。从图特摩斯三世开始，法老把自己视为神圣不可侵犯的。从此以后，大臣见法老时都要说一番颂词，必须匍匐前进，上胸贴地，吻着法老脚前的尘土，不能随便抬头。

金字塔的兴建

埃及金字塔是法老们的陵墓。法老们死后，尸体被制成木乃伊，存放在金字塔里。

埃及金字塔的建筑群，散布在尼罗河下游西岸的基萨和萨卡拉一带，位于开罗以南10多千米处。金字塔的底座呈四方形，每面均以三角形的形状向上砌筑，建成后则成为一个角锥体式的石塔。因为它的四面都形似汉字的"金"字，所以汉语译作"金字塔"。

金字塔的兴建，代表了古代埃及在建筑方面取得的辉煌成就。金字塔既是埃及文化的最高成就，又标志着埃及文化日臻成熟。金字塔、神庙、宫殿等雄伟的建筑物，历经数千年，至今仍闪烁着艺术的光芒。

金字塔作为法老的陵墓，是由早王国时期的马斯塔巴形陵墓发展演变而来的，它体现了王权神化的思想。著名的胡夫大金字塔，高137米，被称为世界古代七大奇观之一。

胡夫金字塔，也称大金字塔，位于埃及首都开罗西南约10千米的吉萨高地，它是世界上规模最为宏大，也是较为古老的金字塔，始建于埃及第四王朝第二个法老胡夫统治时期。根据古埃及对人死后必须妥善保存遗体的宗教信仰，古埃及的每位法老从登基之日起，便着手为自己修建陵墓，以求死后超度为神，胡夫统治时期正逢古埃及盛世，因此他的陵墓规模也空前绝后。

胡夫金字塔因顶端受到侵蚀，现在的高度为137米，大致相当于40层楼房那么高。在1889年法国巴黎的埃菲尔铁塔建成前，它一直是世界最高的建筑。整个塔身呈正四棱锥形，底面为正方形，占地5公顷，4个斜面分别对着东、西、南、北4个方位，误差不超过圆弧的3'。底边由

◎金字塔及狮身人面像

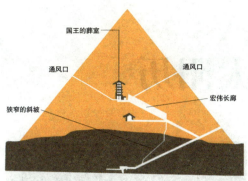

◎大金字塔内部结构示意图

国王的葬室
通风口
通风口
宏伟长廊
狭窄的斜坡

于年深月久的侵蚀，塔身外层石灰石存在一定程度上的脱落，目前底边缩短为227米，倾斜角度为51°52'。胡夫金字塔通身由近230万块巨石砌成，每块石头重量平均为2.5吨重，石块的接合面经过认真打磨，表面光滑，角度异常准确，以至于石块间都不用任何黏合物，全部依靠自然拼接，在没有被风蚀、破坏的地方，石缝中连薄薄的刀片也难以插入，可以想见其工艺之精湛。

胡夫金字塔的入口在其北侧面，从入口通过甬道可以深入神秘的地下宫殿，该甬道与地平线呈30°夹角，与北极星相对。由此可见，北极星在古埃及人的心目中有着某种特殊的意义。沿甬道上行则能到达国王殡室，墓室中仅存一具红色花岗岩石棺，别无他物，这也正是后来某些考古学家怀疑金字塔不是法老陵墓的一个重要论据。

根据古希腊历史学家希罗多德等人估计，法老胡夫至少动用了10万奴隶，耗时20～30年时间建造完成了大金字塔。但最新的权威考古学家发现：金字塔应由劳工建造而非奴隶，其主体部分为贫民和工匠，而且采用轮流工作制，工期约为3个月。因为考古人员在金字塔附近地区发现了建造者们的集体宿舍等生活设施的遗迹和墓地，以及大量用于测算、加工石料的工具（作为随葬品），而奴隶是不会享受此种待遇的。

胡夫金字塔、哈夫拉金字塔和门卡乌拉金字塔在吉萨高地一字排开，组成灰黄色的金字塔群。这些单纯、高大、厚重的巨大四棱锥体高傲地屹立在浩瀚的沙海中，向世人夸耀着古埃及人的智慧和伟大。其旁边更有气势磅礴的狮身人面像（高约21米、长约74米）相伴。狮子在古埃及人眼中是力量与神圣不可侵犯的象征，所以法老才选择它为自己守陵，它也确实忠于职守，一守就是4000多年。

集巨大、精密、和谐于一体的古埃及金字塔留给人们的不仅仅是建筑史上的奇迹，更体现了古埃及劳动人民在天文星象学、数学、力学等领域的极高造诣。

·奇妙的金字塔·

何为"金字塔能"？它是金字塔形的构造物内部产生的一种特殊的能量，人们借助这种能量可以收到意想不到的奇妙效果。

其一，金字塔能具有保鲜的功能，如将一杯新鲜奶酪放进金字塔，两天以后依然鲜美如初；若将一把锈迹斑斑的钥匙放进金字塔，时隔不久，就会亮光闪烁。

其二，金字塔拥有使尸体不腐烂的功能，法国人安乐尼·博维于1930年前往埃及进入"国王墓室"，不经意发现误入金字塔的猫和老鼠的尸体，潮湿的墓室环境并未使这些尸体腐烂——它们已然干透。

其三，金字塔的空间形态可以使该空间内的自然、化学、生物进程发生变化，捷克斯洛伐克放射专家卡尔·德鲍尔经过实验得出这一结论。一次，他将一把刮胡刀放在金字塔模型中，满以为它将变钝，结果却相反，刀片反而变得更锋利。之后他又用了这把刀片好长时间。

最早的太阳历

世界上曾经流行过的几种历法，它包括中国的授时历、欧洲古历法、希腊古历法、巴比伦古历法等。中国古历法根据月亮的圆缺和运行的周期来确定；欧洲的古历法是根据天空中星象的变化来确定的；希腊的古历法也是根据星象的变化来确定的；古巴比伦的历法是根据星象和两河河水的涨落来确定的。在这些历法中一年天数最少的是 354 天，最多的是 384 天。

古埃及的太阳历是人类历史上最早的历法，在公元前 4000 年前就已出现，这跟尼罗河的定期泛滥关系密切。从某种意义讲，甚至可以说尼罗河的定期泛滥催生了太阳历，所以在这里有必要交代一下尼罗河的情况。

尼罗河，是上源青尼罗河、白尼罗河两条尼罗河在苏丹首都喀土穆汇合后的正式称谓。它全长 6671 千米，堪称世界上最长的河流，它流经坦桑尼亚、卢旺达、乌干达、肯尼亚、埃塞俄比亚、苏丹和埃及等国家，最后向北注入地中海。尼罗河主宰着它流经国家的命运，离开了它的滋润，这里的文明将灰飞烟灭。但由于尼罗河水流

◎埃及太阳历

缓慢，泥沙不断沉积使河床持续变高，致使多次泛滥成灾，但河水退后，又留给当地人大片沃土。因此，古埃及人需找到其中的规律以趋利避害。

埃及人为了不违农时，发展农业生产，在长期生产实践中逐渐掌握尼罗河泛滥的规律，他们发现两次泛滥之间大约相隔 365 天。同时，还发现每年 6 月的 17 日或 18 日早晨，尼罗河开始变绿，这是尼罗河即将泛滥的预兆。

经过长期观测，古埃及人逐步发现尼罗河泛滥的规律，当它开始泛滥时，清晨的天狼星正好位于地平线上。这一点天文学上称为"偕日升"，即与太阳同时升起，于是这一天

◎埃及金字塔俯视图

◎描绘古埃及控制洪水的泥版画

古埃及人根据天狼星的位移和尼罗河河水的涨落情况来确定季节，进而在此基础上确立了历法。这种历法后来就演变成了太阳历。

便被设定为一年的第一天。不巧的是，天狼星偕日升的周期并没有很快被发现，智慧的古埃及人也没有放弃，经过几代人的不懈努力，他们终于发现：天狼星偕日升那天与其120周年后那一天恰好相差一个月，而到了第1461年，偕日升那天又重新成为一年的开始。于是古埃及人设定1460年的周期为天狗周（因为他们的神话中称天狼星为天狗）。

我们把古埃及的太阳历与当前的公历做一个简单的对比，就不难发现其科学性：一年的天数为365天，继而把一年划分为12个月，每月30天，末了还剩5天则作为宗教节日，就如同我们传统的春节一样也是5天，这比精确的一回归年（365.25天）仅少0.25天，120年后少30天，1460年后就会少365天，又接近一年，如此便形成一个完整的周期。这样精妙的历法凝结着无数古埃及先民的智慧。

在古埃及，人们运用大量的时间进行天象的观测，特别是对天狼星位置的观测更加细致入微。他们发现，在固定的时间里，天狼星从天空消失，在太阳再次出现在同一位置时，它又从东方的天空升起，这就是一个周年。同时，古埃及人把天狼星比太阳早升起的那一天定为元旦。

古埃及人创制的太阳历对尼罗河流域的农业生产有着深远的影响，这也是古埃及跻身世界四大文明古国的重要标志。正是有了这样一部较为完备的历法做指导，古埃及的先民才得以准确预测尼罗河河水涨落，合理安排农时，做到趋利避害，获得一年又一年的大丰收，从而具备了稳定的衣食之源。在这个物质基础上，古埃及才得以在宗教、建筑和医学等领域创造更加辉煌灿烂的文明成果。虽然每隔4年就误差1天，但它使用起来简单方便。后来埃及的太阳历传入欧洲，经过罗马恺撒和教皇格列高利十三世的不断改进，成为今天通用的公历。

·回归年·

回归年就是太阳绕天球的黄道一周的时间，所以又称为太阳年。回归年是比较常用的年长单位，它的准确定义为，太阳中心从春分点到下一个春分点所经历的时间间隔。这是因为地球上的观察者由于地球绕太阳的公转而产生了太阳在天球上运行的现象，在太阳两次经过春分点的间隔内，地球正好绕日一周，是为一年。一回归年平均的长度为365.24220日，折合为365日5时48分46.08秒，现在使用的历法就是以回归年作为基本计量年长的单位。

另外，由于一个回归年的12等分——30.4368日近于两个朔望月时间长度之和，阳历也把一年分成12个月，但这里的"月"已与朔望没什么内在联系。

印度河流域城市文明

20世纪20年代初，经考古工作者数十年的发掘，在印度河流域陆续发现了200余处城市和村落的遗址，其中最大的城市遗址是摩亨佐·达罗（在今巴基斯坦信德省境内）和哈拉帕（在今巴基斯坦旁遮普省内）。由于哈拉帕遗址发现的时间早些，学者们便把印度河流域的古代文明称为"哈拉帕文化"。印度河流域文明的范围很广，从南到北相距约1100千米，从东至西约1550千米。一般认为印度河流域文明的创造者是达罗毗荼人。

印度河流域文明体现为城市文明，但其基础是建立在农业经济之上的。居民主要的生产活动是务农。这一时期的粮食作物有大麦、小麦，经济作物有棉花、胡麻，另外还有瓜果、椰枣等园艺作物。在畜牧

◎印度河流域出土的文物

业方面，已驯养的牲畜有水牛、黄牛、象、狗、鸡、骆驼、山羊、绵羊等。这些驯养的动物，既是耕耘、运输的工具，又是人们肉食的来源。在手工业方面，有粮食加工，棉、毛纺织，制陶业，冶金业和珠宝业等。这些行业都促进了商业贸易的发展，当时的商业贸易不仅在印度本土进行，而且与西亚也有贸易联系。

印度河流域文明已有了城市建筑规划和极为完善的下水道疏通导引系统。哈拉帕和摩亨佐·达罗两城相距650千米，城市建筑非常相似。它们的周长都在5千米以上，都分为卫城和下城两部分。哈拉帕的卫城是用高达15米、基底厚达12米的

·哈拉帕印章·

发掘显示，属于哈拉帕文明成熟时期的遗址，北起喜马拉雅山南麓，南至濒临阿拉伯海的坎贝尔海湾，东达印度首都新德里附近的阿拉姆吉普尔，西抵今巴基斯坦与伊朗交界，覆盖地域达50万平方千米以上，文明遗址有250多处，比同时期的美索不达米亚文明还要可观。在哈拉帕文化中发现的石制印章，迄今已有2500多枚。它们由天青石、陶土、象牙、铜等各种材质制成。这些印章文字是目前世界上已知最早的文字体系之一，阅读方法也颇为有趣：上一行由左往右读，下一行由右往左读，但是印章文字的内容至今也得不到解读。

砖墙围成的，这里可能是统治者的居住区；下城则为普通居民区。摩亨佐·达罗的建筑规模较哈拉帕更为宏大。卫城的四周设有防御的塔楼，西部可见一处规模宏大的谷仓；南部一组公共建筑物的中心为会议厅，面积约 25 米见方；东北部的建筑群中有一座很大的长厅。卫城中央有一个公共浴池，长 12 米、宽 7 米、深 2.4 米，南北两端的阶梯延至底部。浴池的北面又有多间小浴室，室内垒砌的高台上置放着水罐，应该是用来提供热水的。联系到普通住宅也大多备有水井及洗浴设施的情况，给人以古城居民特别爱清洁、讲卫生的突出印象。

城内的房屋大都用烧砖砌成，其规模和设施差别很大。穷家小户只有一两间简陋逼仄的小屋，与另一些广宅大厦形成鲜明对比。大户人家有中央庭院，四周环绕许多间房屋，还有大厅。有一幢巨大建筑物内甚至含多间大厅，外带一个储藏库。另有不少引人注目的二层楼房。

人们更讶异于古城的排水系统，其完善程度令人瞠目：二楼冲洗式厕所的水可经由墙壁中的土管排至下水道，有的人家还有经高楼倾倒垃圾的垃圾管道。从各家流出的污水在屋外蓄水槽内沉淀污物，再流入有如暗渠的地下水道。这两座城市，一个在印度河的上游，一个在印度河的下游，表明这两个城市是两个互不相属的国家的都城。

印度河流域文明也创造了自己的文字，这些文字主要保存在各种陶、石、象牙制的印章上。迄今所知属于印度河流域文明的字符约有 500 个。

从遗迹中可以看出，当时印度河流域文明已有了国家，哈拉帕、摩亨佐·达罗等大城市便是早期的奴隶制国家。

自公元前 20 世纪中叶起，属于印欧语系的雅利安人部落，带着他们的战车、人马、畜群、食物和供奉的神龛，一批接一批地从中亚经由印度西北方的山口涌入次大陆。雅利安人最初的故乡在南俄草原，后来驮着帐篷出外漂泊，寻找新的家园。其中进入伊朗高原的一支成为后来的米底人和波斯人，向南的一支进入印度河流域。

"雅利安"意为"高贵的"。这些以"高贵者"自居的白种人，把被他们所征服的皮肤黝黑的达罗毗荼人说成没有鼻子或只有扁平鼻子的、说邪恶语言的人，称其为"达萨"或"达休"（意为"敌人"）。在漫长的征服过程中，雅利安诸部落同"达萨"之间展开了激烈的战斗。《梨俱吠陀》的《因陀罗（雷雨神或战神）赞歌》这样唱道：

> 他使万物变化无常；
>
> 他使达萨瓦尔那屈服、消灭；
>
> 他像赢得赌金的赌博者，拿走敌人的财产。
>
> 噢，人们哟！他是因陀罗。

摩亨佐·达罗最终被彻底摧毁了。

◎摩亨佐·达罗城遗址
由于被弃已久，摩亨佐·达罗古城的某些部位显示出岁月侵蚀的痕迹。值得一提的是古城具有完备的排水系统：一条阴槽以平缓的弧度转弯，以保持排水畅通。

两河流域的早期文明

西亚的底格里斯河和幼发拉底河中下游地区（今伊拉克境内及叙利亚北部一带），是人类最早的文化摇篮之一。希腊语称这块地方为"美索不达米亚"，意即两河之间。与尼罗河相似，两河也是每年定期泛滥，为经营农业提供了便利条件。美索不达米亚平原从西北向东南延伸，形似一弯新月。从公元前5000年开始的锄耕农业，至公元前3500年，这里已开垦成河渠纵横、盛产大麦和椰枣的良田沃野，因有"肥沃的新月地带"之称。在古代，两河流域北部称亚西里亚，亦称亚述；南部称巴比伦尼亚，亦称示拿。巴比伦尼亚又分两部分，南部称苏美尔，北部称阿卡德。

两河流域自古以来就是西亚的通道和走廊，各民族交会之地。早在公元前5000年，

◎苏美尔楔形字的泥板

这块插在泥封中的泥板文书记录的是一桩诉讼案：一名叫阿般的人和他的妹妹白塔提分割财产。这桩诉讼案由公元前18世纪的国王尼克美帕判决。

已有苏美尔人居住在两河流域南部。约公元前3000年，苏美尔开始出现城市国家。后来的阿卡德人、巴比伦人、亚述人及迦勒底人等，先后在这里建国。多个民族的纷争和占领，无不留下他们各自充满异彩的文化。各种风格互相掺杂，多种渊源汇集，使文化艺术呈现出绚丽多彩的面貌。

早在5500年前，苏美尔人已经发明了文字。他们把字铭刻在石头上；或用斜尖的木棍儿、芦苇秆、骨头等，压刻在黏土做成的软泥板上，再经晒干、烘烤、制成泥板书。这种别致的书写方法，落笔时力度大，速度缓，印痕宽而深；提笔时力量小，速度快，印痕窄而浅，因而形成一头粗一头细的笔画，好像楔子或钉子的形状，故称楔形字或钉头字。一部泥板书包括若干块刻有楔形字的泥板，按顺序放在木架上，供人使用。这种泥板书至公元1世纪才为羊皮书所取代。

楔形字在不同时代、不同地区书写不同的语言。楔形字泥板图书默然埋藏地下1500年，直到19世纪才被释读成功。

古代两河流域的自然科学中，最发达的是天文学和数学。早在苏美尔时代，苏美尔人就发明了太阴历。他们以一昼夜为一天，以月亮的圆缺、周而复始为一月。他们还把一年分为12个月，其中6个月每月为30天，另外6个月每月为29天，共354天，并设闰月来补足。古巴比伦时代，人们已能将恒星和五大行星区分开，还观察出太阳在恒星之间所走的路径——黄道。后来他们又划分出黄道十二宫。

◎《吉尔伽美什》雕刻印章
国王吉尔伽美什将要砍下芬巴巴头的情景，在一旁帮忙的是蓄着胡子的恩奇都。

亚述帝国和新巴比伦时代，人们又把一个月分为4周，每周7天，分别以7个星的神名作为星期日至星期六7天的名称。这就是目前通行世界的以星期分割月份的由来。

苏美尔人和巴比伦人在数学方面采用两种计算方法：一种是十进位计算法；另一种是六十进位计算法。古巴比伦时代的数学家已经掌握了四则运算，能求出平方根和立方根，能解出3个未知数的方程式。他们会把不规则形状的田地划分为长方形、三角形和梯形来计算，然后得出面积总和。他们还会计算体积，能估算出一个截顶角锥形地窖的贮藏量。

世界上已知的最早的英雄叙事诗是史诗《吉尔伽美什》。它是古代两河流域最具有代表性的文学作品。这部史诗反映了古代两河流域人民同各种暴力进行斗争的场景，歌颂了为人民建立功勋的英雄和英雄的壮举，同时表达了人们认识自然法则和探索人生奥秘的愿望。

古代两河流域的建筑和雕刻水平也是很高的。公元前22世纪，乌尔大寺塔建成，该塔分4层，自下往上各层面积逐渐缩小。据说当年各层颜色不一样，并各有其象征意义：一层为黑色，象征地下世界；二层为红色，象征人间世界；三层为青色，象征天堂世界；四层为白色，象征日月光明。现在，上三层已化为土丘，每层的颜色已经脱落。亚述帝国时代，最著名的建筑是萨尔贡二世的王宫。该王宫有高大的台基。王宫的大门宏伟壮丽，门的两边各有一高塔，门和塔都饰有玻璃和壁画，前面还屹立着人面牛身雕像。

古代两河流域在雕刻艺术方面有很多代表作。如乌尔王陵出土的金盔、金牛头木琴和乌尔军旗上的浮雕都很有代表性。

古巴比伦王国时期的雕刻代表作是汉谟拉比法典碑上的浮雕。浮雕上的太阳神兼司法神沙马什头戴多层宝冠，威武地端坐在宝座上，神情肃穆，在他面前站立的汉谟拉比恭顺地接受权杖。

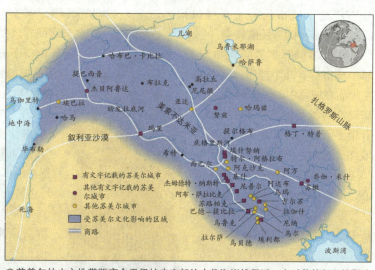

◎苏美尔的中心地带距离今天伊拉克南部的古代海岸线很近。当时苏美尔人的影响已经向北扩张到整个美索不达米亚。

苏美尔人城邦争霸

底格里斯河和幼发拉底河流域是人类文明发祥地之一。古希腊人称这一地区为"美索不达米亚"，意即两河之间的土地。这一地区的文明被称为美索不达米亚文明。

两河发源于土耳其境内，流经伊拉克后进入波斯湾。两河流域大致以今日的巴格达城为界线，分为南北两部分。它的北部为亚述，南部为巴比伦。巴比伦也划分为阿卡德和苏美尔两部分。苏美尔人是两河流域南部的主要居民，公元前5000年左右，他们结成氏族公社，主要从事农业，还饲养绵羊、猪、牛、驴等牲畜。公元前3000年左右起，苏美尔人先后建立起一些奴隶制城邦国家，著名的有乌尔、拉尔萨、乌玛等。

苏美尔城邦在两河流域南部星罗棋布，各城邦都由一个位于中心位置的城市和围绕这个城市的若干个村镇构成，都具有小国寡民的特点。

苏美尔城邦宗教氛围浓厚。每个城市都有几个神庙，其中的主神庙在城邦中的地位最高。神庙是当时城邦的经济中心，拥有很多可耕地。神庙土地属于城邦公有地，不能买卖。到了早王国后期，城邦首领渐起私心，逐渐将神庙土地据为己有。

苏美尔神庙不仅是城邦的经济中心，而且是城邦的政治中心。城邦首领住在主神庙内，是该邦主神最高祭司。他主持祭祀活动，管理神庙经济，监督神庙工作人员。同时，他还主管修筑灌溉运河、城市防卫、战时统率军队、领导城邦会议等世俗事务。

苏美尔城邦的社会结构犹如苏美尔塔庙：高踞塔顶的是城邦首领；其下是由王室高级官员和神庙高级祭司所组成的贵族阶层；贵族以下是拥有小块土地的平民；平民以下是显贵家庭、神庙和宫廷的依附民，他们没有土地，只能临时租种神庙或贵族的土地；社会最底层的是归显贵家庭、神庙和宫廷所有的奴隶，他们一般来源于战俘，也有因极端贫困而被家长卖为奴隶的孩子及卖身为奴的整个家庭。奴隶的处境非常悲惨，他们只是作为主人的财产和牲畜，并且身上烙有印记，可以被买卖。

苏美尔诸城邦虽然有着语言和文化的一致性，但是邦际之间的关系并不友善。为了扩大领土、控制水利灌溉权及争夺霸权，各邦之间频繁发生战争。早王国中期，基什取得了霸国的地位后，其国王麦西里姆曾以霸主的身份调解拉伽什与乌玛两邦之间的边界冲突，并为两邦划了分界线。后来，拉伽什逐渐强大起来，其第三代国王安那吐姆征服了巴比伦尼亚许多城邦，号称"苏美尔诸邦之霸主"。

苏美尔的每个城邦都由一群贵族来治理，在战争时期，他们会选出一位首领来统治，直到战争结束。

早王国后期，苏美尔各邦

◎ 手持战斧的苏美尔战士

◎ **显示王室军威的军旗**
旗中图案详细描绘了公元前 2500 年强大的乌尔军队的一次大捷。从中可以看到驴拉的四轮战车、战车上的驭手和战士，以及手持短矛与敌搏斗的场面、押送俘虏凯旋的情形。

之间的争霸战争更加频繁激烈。经过长期混战，两河流域逐渐形成了以乌尔和乌鲁克为霸主的南方同盟与以基什为霸主的北方同盟。南北两大军事同盟的形成，标志着两河流域南部小邦林立、独立自治局面的结束与地域性统一王国的出现。

在城邦争霸战争中，统治者为了支付繁重的战争经费，不断向人民征收苛捐杂税，从而加剧了城邦内部的社会矛盾。公元前 2384 ~ 前 2378 年，拉伽什的国王卢伽尔安达横征暴敛，在全国各地派驻监督和税吏，向牧民和渔民收税，甚至夺取了他们赖以为生的驴羊、船只和渔场；手工业者因不堪重税而破产；靠剪羊毛为生的人须向城邦首领交纳银子，甚至主持祭典的神庙大祭司也被迫向城邦首领交纳贡税。在卢伽尔安达的残暴统治下，广大平民无法生存下去，纷纷起来反抗，终于罢黜了卢伽尔安达的王位，推举贵族出身的乌鲁卡基那执政。

乌鲁卡基那执政后，实行了目前所知世界历史上最早的一次社会改革。其主要内容是除弊兴利，即废除前国王的种种弊政，大兴有利于平民的改革。新政禁止以人身保障作为借贷条件、禁止欺凌孤寡及减轻人民殡葬费用之类的措施，受到民众的欢迎。因为

改革的目的是缓和拉伽什极为紧张的社会矛盾，以城邦主神的名义恢复正义，扶助贫困，抑制享有政治经济特权的贵族，所以乌鲁卡基那的改革具有进步意义。乌鲁卡基那改革后 8 年，拉伽什遭强敌乌玛与乌鲁克联军入侵，被兼并而亡。

乌玛国王卢伽尔扎吉西后来又先后征服了乌鲁克、乌尔和拉尔萨等城邦，成为"乌鲁克和乌尔之王"。然而，就在卢伽尔扎吉西大有统一苏美尔之势时，北方塞姆人建立的阿卡德王国兴起了。

·《吉尔伽美什》·

《吉尔伽美什》是迄今所知人类历史上最早的史诗，它是两河流域的人民创造出的许多优美的文学作品中最出色的一部。该诗描写了苏美尔人乌鲁克城的国王吉尔伽美什神话式的传奇故事，颂扬了为民建立功勋的英雄，反映了古代两河流域人民征服自然、探索人生奥秘的朴素愿望。这部作品产生于苏美尔城邦时代，以后经过历代人民口头相传、加工锤炼，至古巴比伦时期被编定成书。全诗共 3000 多行，用楔形文字分别刻在 12 块泥板上。

阿卡德王国的兴衰

阿卡德王国的创立者是萨尔贡。传说他出身低贱，家世贫寒。后来他由基什宫廷的一名园丁一跃而为基什国王乌尔扎巴巴的亲信大臣。当基什被乌玛王卢伽尔扎吉西打败时，萨尔贡趁机夺取了政权，建都阿卡德城。

萨尔贡带领军队先后进行了34次军事远征，打败了苏美尔地区50个城邦首领组成的联军，俘虏了乌玛王卢伽尔扎吉西。后来他挥师南下，摧毁了乌鲁克、乌尔、拉伽什等城邦，"洗剑于波斯湾"。萨尔贡统一了两河流域南部，结束了该地区近千年来的分裂局面，在该地区建立了第一个统一的国家。

过了不久，萨尔贡东征埃兰，劫掠苏撒等城市。他还率军北上，不仅征服了两河流域北部的苏巴尔图，而且曾经一度占领小亚细亚的陶鲁斯山区和沿黎巴嫩山脉的地中海东岸一带。萨尔贡自诩为"天下四方之王"。实际上萨尔贡统治的中心地带是两河流域南部。

萨尔贡可能建立了一个中央集权制国家。铭文记载"他使全国只有一张嘴"。他大概把全国划分为若干行政区，以"十时间行程范围"作为一个行政区，其长官从宫廷子弟或阿卡德贵族中选拔。同时，他也任命一些拥护他的当地贵族参政，以缓和征服者与被征服者之间的矛盾。

萨尔贡统治时代，政府修筑了许多新水渠，扩充和改善了灌溉系统。萨尔贡制定并推广了以十进制为计算单位的度量衡制，给国内贸易带来极大的便利。萨尔贡晚年，国内发生了暴动。暴动者将他包围在阿卡德城内，后来，他利用近卫军镇压了暴动。

萨尔贡之子里木什统治（公元前2315～前2307年）初年，阿卡德王国又发生了暴动，后来被镇压下去。

阿卡德第三代王玛居什吐苏统治时期（公元前2306～前2292年），土地兼并十分严重，旧贵族家族在逐渐衰落。

纳拉姆辛统治时期（公元前2291～前2255年），阿卡德王国臻于全盛。他曾多次远征，北到亚美尼亚和库尔德斯坦，东至扎格罗斯山，西抵叙利亚和阿拉伯半岛一带，自称"天下四方之王"。同时，他为了加强王权，派其子和王室官员去一些城市担任要职，或把原来的城邦首领贬为普通官吏。祭司们为了讨好这位"天下四方之王"，将他神化，称他为"神圣的纳拉姆辛"和"阿卡德的强大的神"。纳拉姆辛死后，阿卡德王国逐渐衰落。

约公元前2191年，游牧部落库提人侵入两河流域南部，阿卡德王国灭亡了。

·神庙大经济·

在苏美尔城邦中，神庙大经济占主要地位。神庙的土地可分为三类：神庙公用地，即神庙公用而由神庙所属人员共同耕种的土地；神庙份地，即分配给神庙服役人员的份地；神庙出租地，即出租给佃户耕种，收取地租的土地。神庙土地是不能买卖的。随着城邦王权的加强，神庙土地多为王室侵吞。除了神庙所有的土地外，其余均为农村公社的土地，这些土地已分配给各个家族，可以买卖。村社农民必须向国家纳税并服徭役。

乌尔第三王朝

库提人在两河流域南部统治了近一个世纪后，被乌鲁克国王乌图赫加尔率军击败并被赶出了两河流域。不久，乌尔强盛起来，打败乌鲁克，重新统一了巴比伦尼亚，建立了乌尔第三王朝。

乌尔第三王朝时期，确立并加强了中央集权。该王朝的国王们已集军、政、司法大权于一身，全国被划分为许多地区，由国王派人担任长官。地方长官虽沿袭城邦首领的称谓，但无城邦时代城邦首领的特权，实为从属于中央的地方官吏；贵族会议和人民大会虽然保留了下来，但仅仅是服务于国王的机构。

乌尔第三王朝时期，国王们都非常重视法制。王朝缔造者乌尔纳姆（公元前2113～前2096年）制定了《乌尔纳姆法典》，这是迄今所知世界历史上第一部成文法典。从现在仅存的20多条残篇来看，涉及女奴的有5条，她们时常遭受强暴、买卖和殴打。有2条涉及寡妇，她们的社会地位较之女奴稍好，法典序言提到不允许有势力的人支配寡妇，正文又提到遗弃妻子的男人应赔偿一定数目的白银。除此之外，法典也涉及普通妇女，她们的社会地位比女奴和寡妇高，但较普通男子卑下。尽管法典中仍残存着让河神澄清妖术罪和妻子被控通奸罪的规定，但有关身体伤害的处罚规定比原始的处罚有了很大的进步。

乌尔第三王朝时期，经济上最突出的特点是王室经济空前繁荣。王室占有全国3/5的土地，并且在这些土地上建立和经营大规模的农庄、手工业作坊和牧场，在这些土地上从事劳动的主要是半自由民身份的依附民和奴隶。王室经济管理严密，设有许多监工。繁重的劳动使得奴隶尤其是女奴死亡率很高。农忙季节，王室农庄雇佣很多无地或少地的自由民成年男子耕种或收获。这些雇工按日领取的食物报酬比奴隶和依附民多一至二倍。

乌尔第三王朝时期，社会分化明显加剧。日益恶化的处境使许多自由民沦为奴隶，有的因不堪沉重的债务而将妻子儿女卖为奴隶，有的是全体家庭成员自卖为奴。当时私人拥有的奴隶，在待遇上要比王室经济的奴隶稍好，他们可以以家庭为单位在主人家服役，能赎身，也能到法庭做证。但奴隶在法律上仍属主人的财产。

乌尔第三王朝共历五代国王。这些国王经常侵略周边地区，第二、三、四、五代国王都宣称自己是"天下四方之王"，并为自己建了神庙，立了雕像，要求人们定期举行跪拜仪式并奉献祭品。末王伊比辛统治时期，国家遭到东南部埃兰人和西部阿摩利人的联合攻击。约公元前2006年，乌尔第三王朝灭亡，伊比辛也被埃兰人俘获。

◎ 乌尔纳姆兽身像

克里特文明

克里特文明是由地中海东部克里特岛的古代克里特人（或称米诺斯人）创造出来的。早在公元前3000年以前，克里特岛就出现了新石器文化。公元前3000年中期进入金石并用时代，原始社会开始分化解体。到公元前2000年左右，克里特岛进入青铜器时代，出现了早期的奴隶制国家。克里特文明分为早王宫时代和后王宫时代。

早王宫时代（公元前2000～前1700年）是克里特文明的初级阶段。当时奴隶制城邦刚刚兴起，在岛屿中部的米诺斯、法埃斯特、马里亚等地先后出现了王宫建筑，宫殿都用石料砌成，有宽敞的大厅、宫室、仓库、作坊等。青铜器制造技术已相当先进，手工业和农业也已分离。这一时期制造的青铜双面斧、短剑、矛头、长剑及金质和银质的碗等工

◎黑皂石公牛奠酒器
该器皿用来盛圣液，对米诺斯人来说，公牛有特殊的宗教意义，他们将巨大的石雕牛角放置在神庙和宫殿周围，以表明该地是神域圣地。

艺品，都十分精美。这一时期也出现了文字，并由图画文字发展为象形文字。

后王宫时代（公元前1700～前1400年）是克里特文明的繁荣阶段。原来被毁的王宫又重新修建起来，而且比以前更加壮观。农业、手工业和海外贸易都很发达。农业上使用犁耕，农作物有大麦、小麦和大豆等；园艺作物有橄榄、葡萄等；手工业方面已经能够制造出一种高头低舷的远航船只。克里特岛同爱琴海诸岛、希腊半岛、小亚细亚、腓尼基、埃及及西部地中海地区，都

有密切的贸易联系。海外贸易成了克里特岛的经济命脉。另外，此时还出现了书写古代克里特语的音节文字——"线形文字甲种"（或"线文A"）。

后王宫时代，克里特岛上的城邦比以前大大增加，此时的克里特岛有"百城"之称。"百城"之中米诺斯的势力最为强大，称霸于克里特岛，并控制了爱琴海中的一些岛屿。已被完整发掘出来的米诺斯王宫，占地2.2万平方米，一般多是三层建筑，并有供水、排水设备；宫中设有"宝殿"、寝宫、神坛、粮仓、地窖、牢房、作坊、武器库等，结构复杂，曲折通达，有"迷宫"之称。

◎米诺斯王朝的王宫遗址壁画
湿壁画是一种绘于泥灰墙上的绘画艺术，这种创作手段是米诺斯文明的主要艺术形式。

王宫坐落在爱琴海南端的克里特岛的一座小山的缓坡上，占地面积22000平方米，是一组围绕着中央庭院的庞大而复杂的建筑群。王宫内大小房间约有1500间，宫内楼阁密接，楼道走廊迂回曲折多变，加之许多厅堂馆室在设计上的不对称性，外人很难知道这座错综复杂的王宫的布局。

整个王宫以中央庭院为中心，中央庭院长约60米，宽约30米，是宫内最大的庭院。中央庭院靠西边的楼房是国王办公、祭祀的场所。这里神龛神坛排列整齐，办公集会的厅堂和祭祀大厅金碧辉煌、富丽豪华。此外还有贮藏油、酒，收藏财物的陶罐、库房；中央庭院东边的楼房是国王及王后的寝宫、接待厅及学堂、作坊等生活机构和设施。那上粗下细的圆柱形结构和冬日保暖、夏天通风的折叠门扇，宽敞的浴室内精巧的陶制浴盆及冲水设备，以及从宫外10千米远的山上把泉水引入宫内的陶制管道和抛物线形的引水沟槽等，无不闪耀着古代科学技术的光辉。

在王宫的墙上，发现了许多壁画。虽然历经几千年，但是它的色泽还很鲜艳，就像艺术家刚刚完工一样。在长廊中，有庆典游行的画卷。在国王宝殿和王后寝室里，有表现国王、贵族的活动和集会及自然景物的壁画。壁画中的男子们捧着金银器皿，妇女们则穿着镶宽边的长袍。在造型方面，人物一律都呈侧面像，个个体态轻盈，神态逼真；在用色方面，男人被饰以红色，而女人则被绘成白色。

克里特文明衰落后，爱琴文明转入以迈锡尼文明为主的阶段。

·爱琴海的传说·

远古的时候，有个名叫米诺斯的国王，他建造了迷宫一般的克诺索斯王宫。为了报复杀死他儿子的雅典人，他强迫雅典人每年送九对童男童女作为王宫的贡赋。那些儿童一送到米诺斯王宫，不是因为迷路后饥渴而死，就是被宫内的一头怪兽吃掉。雅典国王爱琴的儿子特修斯不忍，便主动随进贡的童男童女一起到米诺斯王宫，立志要为雅典人民除害。他临别前与父亲约定：如果事情成功了，船只返航时，将黑帆换成白帆。特修斯一行到达克里特岛之后，得到了该国公主的爱情与帮助。聪明而勇敢的特修斯最终杀死怪兽并带上公主，登上了回国的船只。特修斯沉浸在胜利与爱情的喜悦之中，竟然忘了换白帆。当国王爱琴看到驶近的船仍然挂着黑帆时，绝望之中，便跳海自杀。从此，人们就把爱琴国王投海的那片水域称为"爱琴海"。

◎米诺斯王宫遗址

迈锡尼文明

阿卡亚人（希腊人的一支）创造的迈锡尼文明（公元前1500～前1100年），是指以迈锡尼为代表的南希腊的迈锡尼、太林斯、派罗斯等早期奴隶制城邦文明。阿卡亚人于公元前1650年前后，从巴尔干半岛北部侵入中希腊和南希腊。此时他们正处于氏族社会的解体时期，从当时的竖井式的坟墓中可以看出来，随葬品有很大区别。到了公元前1500年左右，规模宏大的圆顶墓代替了竖井墓，同时在迈锡尼、太林斯、派罗斯等地有宫殿和城堡出现。因此，圆顶墓的出现，标志着迈锡尼等地奴隶制城邦的产生和迈锡尼文明的开始。

迈锡尼文明时期，生产力迅速发展，金属冶炼和手工业品的制造技术，超过了克里特文明时期的水平。迈锡尼社会是奴隶制社会，城邦的统治阶级包括国王、将

军、贵族、官吏、祭司；政治机构有贵族会议和民众大会；社会的基层组织是公社，首领是长老。土地基本上分为私有和公有两种形式。奴隶多属于国王所有，但也有私人奴隶，他们从事手工业、农业等生产性或非生产性劳动。

迈锡尼文明时期出现了文字——"线形文字乙种"（或"线文B"）。迈锡尼文明时期的建筑艺术有了长足的发展。太林斯城墙厚度达20米，非常坚固。迈锡尼也有高大的城墙和塔楼，其石头城门——"狮子门"以宏伟坚固著称。

公元前12世纪初，以掠夺为目的的迈锡尼率南希腊诸国攻打小亚细亚的特洛伊城。

希腊人率领自己的联合舰队从位于尤卑亚海峡的奥里斯出发，在小亚细亚海岸登陆后，在特洛伊平原上建立了一个巩固的大本营，然后迅速包围了特洛伊城。

特洛伊城地势险要，易守难攻。阿伽门农每次攻打都遭到特洛伊盟军的反击。战争持续了9年，双方损兵折将，死伤无数。

转眼进入第十个年头，希腊联军中最勇敢的战将阿喀琉斯因和主帅阿伽门农因争夺女俘

◎公元前1300年左右的迈锡尼圆形墓

·迈锡尼墓园·

迈锡尼城堡内外有两座墓园。园内有众多王族墓葬，内藏丰富的金银陪葬品，其数量之多为世所罕见（仅其中一墓穴即有870件之多）。工艺水平也很高，其中大多数为克里特产品，也有来自埃及和小亚细亚、叙利亚等地的。圆顶墓不像竖井墓那样只在地下构筑简单的竖穴墓室，而是在地面凿岩和砌石筑成圆形墓室，前有墓道，上覆高冢，室内以叠涩法砌成圆锥状屋顶，形如蜂巢，故又称蜂巢墓。构筑这类陵墓需要较高的石砌工程技术，它的形制虽源自克里特，在迈锡尼规模却日趋宏大。现存最大的一座圆顶墓内高13.2米，墓门高10米，门内过道以一块重达120吨的巨石为盖，可见其工程的艰巨。

而退出了战斗。其好友借用他的盔甲、盾牌和武器去攻城，结果被特洛伊人的统帅、太子赫克托尔杀死。阿喀琉斯知道后怒火冲天，重返战场，要为好友报仇。赫克托尔出城应战，与阿喀琉斯杀得难分难解，最终因体力不支而战死沙场。

特洛伊人见统帅被杀，发起了猛烈的反攻。海伦知道阿喀琉斯的弱点在脚后跟，便帮助小王子帕里斯寻找机会，用毒箭射中了阿喀琉斯的脚后跟。阿喀琉斯中毒身亡，帕里斯也在这场战役中被希腊将士用乱箭射死，战争陷入僵局。

特洛伊城久攻不下，阿伽门农只好采取了奥德修斯的计策。

一连数日，希腊人不再攻城，战场上出现了少有的平静。特洛伊人很奇怪。更奇怪的事发生了，一天早晨，特洛伊人突然发现一向躁动的希腊军营空荡荡的，海面上高挂着希腊联军旗帜的战舰向远处驶去。饱受战争之苦的特洛伊将士和老百姓欢腾起来，纷纷走出城门，庆祝希腊人的撤走。

突然，人们发现希腊军营中有一个巨大的木马。特洛伊人好奇地围着转来转去。他们猜测：希腊人攻打特洛伊，激怒了天神，天神派木马降临赶跑了他们。于是，特洛伊将士和百姓纷纷跪祭木马，感谢天神的保佑。特洛伊国王还吩咐手下将这宝物拉到城里。木马太大，城门进不去。国王下令推倒一段城墙，这才把木马拉进城里。

整个特洛伊城沸腾了，为庆祝胜利，一桶桶的美酒被喝得精光，守城将士都昏醉在岗位上。

黎明时分，茫茫的海面上突然闪现灯光，一艘艘战舰向特洛伊疾驶而来。这时，木马的肚子里冲出数十位全副武装的希腊勇士。守城的特洛伊士兵还未反应过来就被杀死了。希腊勇士打开城门，10万希腊大军如潮水般涌进特洛伊城。10年未被攻破的特洛伊城瞬间被希腊人占领了。

迈锡尼等希腊城邦虽然获胜，但为时10年的战争也大大地削弱了它们的力量，使它们的防御能力大减。约公元前1125年，多利亚人从希腊半岛北部趁机入侵，征服迈锡尼诸城邦，迈锡尼文明至此结束。

◎ 迈锡尼建筑中的"狮子门"，以宏伟坚固著称。

古巴比伦王国

乌尔第三王朝灭亡后，阿摩利人在两河流域定居下来，并在那里建立了许多小国。这些国家长期混战，使这一地区尤其是两河南部重新陷入分裂的局面。

重新统一巴比伦尼亚并最后基本统一两河流域的是古巴比伦王国。大约在公元前1894年，另一支阿摩利人在其首领苏穆阿布姆的率领下，占据了巴比伦城并建立了国家。古巴比伦王国开始仅仅是一个

弱小的并时常向他国称臣的小邦。但到了第六代国王汉谟拉比统治时期（公元前1792～前1750年），古巴比伦逐渐强大起来。

公元前18世纪，汉谟拉比在统一两河流域南部的过程中，建立起强大的中央集权的奴隶主专制国家机器。他总揽全国的立法、司法、行政、军事和宗教大权，并对自己加以神化，自称为伟大天神的后裔。他任命中央各部大臣，委派地方各级官吏。汉谟拉比大力兴修水利发展农业，建立常备军巩固政权，并实行份地与军事义务相关联的兵役制度，同时保护士兵的份地。古巴比伦国家的军事力量因此得以强大。

汉谟拉比在治国方面最突出的政绩就是制定了《汉谟拉比法典》，这是世界历史上第一部比较完备的成文法典。

石碑上的《汉谟拉比法典》原文镌刻在51栏内，没有段落划分，各条法律之间也没有空格。后来的研究者将其划分为引言、法律条文和结尾咒语三部分。

汉谟拉比在序言里列举了自己的一系列功绩。正文共282条，分为道德、国家和私人社会3部分。道德部分地位最高，是神的领域，涉及某些不可饶恕的罪行；国家部分代表王室利益，集中反映维护王室土地、履行兵役、杂役等义务；私人社会部分最为复杂，规定了诉讼手续、盗窃处理、军人份地、租佃、雇佣、商业高利贷、债务奴隶、继承权、伤害、赔偿和奴隶地位等领域。结语则夸耀了汉谟拉比统一全

◎《汉谟拉比法典》石柱的顶部浮雕

此为汉谟拉比向坐在御座上的最高法官、太阳神沙马什祷告的情景。这位虔诚的国王在他的49个法柱序言中宣称自己是"诸王之神""明慧的智者""无敌的战士"。站着的汉谟拉比表现得很谦卑。

国，建立公正与和平的历史功绩。

《汉谟拉比法典》也存在许多不完善的地方。一方面，法典规定了许多残忍的惩罚手段，光死刑就分为溺死、烧死、刺死和绞死。另一方面，法典还保留了许多原始的习惯法，例如两个自由民打架，如果一个人被打瞎了一只眼睛，对方就要同样被打瞎一只眼睛作为赔偿；被人打掉牙齿，就要敲掉对方的牙齿。依照这种原则，如果房屋倒塌，压死了房主的儿子，建造这所房屋的人就得拿自己的儿子抵命。

此外，《汉谟拉比法典》对奴隶主、自由民和奴隶的规定也不同。尽管对于自由民的处理原则是"以牙抵牙，以眼还眼"，但是如果奴隶主把自由民的眼睛弄瞎，只要拿出一定数量的银子就可了事。如果被弄瞎眼睛的是奴隶，就连赔偿都可以免了。奴隶如果打了自由民的嘴巴，就要被割去双耳。属于自由民的医生给奴隶主治病，也是胆战心惊的。因为，如果奴隶主在开刀的时候死了，医生就要被剁掉双手。

◎刻有《汉谟拉比法典》的石柱
《汉谟拉比法典》刻在一个两米高的石柱上。

为了巩固奴隶主的统治，法典还规定了一些更严厉的条款：逃避兵役的人一律处死；帮助奴隶逃跑或藏匿逃亡奴隶者，都要处死；如果违法的人在酒店进行密谋时，店主不把这些人捉起

1901年12月的一天，在伊朗西南部苏萨古城遗址上，由法国人和伊朗人组成的一支考古队正在紧张地进行发掘工作。突然，泥土中浮现出一段经过打磨的黑色玄武石柱残部，石柱上面刻画着浮雕和字迹优美的楔形文字。这种文字在古代是王室专用字体，考古学家由此推测，这块石柱一定记载着相当重要的内容。

石柱的另外两块残部在几天后也被发现。人们将3块断裂的石柱拼合起来，正好拼成一个完整的椭圆柱形黑色石碑。经过解读后发现，石碑上的内容正是赫赫有名的古巴比伦国王汉谟拉比制定的法典，即《汉谟拉比法典》。

来，也要被处死。正是依靠这部残酷的法典，汉谟拉比时代的巴比伦社会，成为古代东方奴隶制国家中统治最严密的国家。

汉谟拉比统治时代是古巴比伦王国的鼎盛时期。他死后不久，王国便迅速衰落。

大约在公元前1595年，北方的赫梯人南侵，消灭了古巴比伦王国（又称巴比伦第一王朝）。之后，南方伊新城的统治者伊路买鲁在苏美尔地区的南端建立了一个新的王国，史称"海国王朝"或"巴比伦第二王朝"（公元前1595～前1518年）。后来，加喜特人再一次发动军事进攻，从两河东北部侵入两河平原地区，占领了巴比伦并建立了加喜特王朝，即巴比伦第三王朝（公元前1530～前1157年）。而后，加喜特王朝又消灭了南方的海国王朝。

加喜特王朝统治两河流域南部近400年后，在埃兰和亚述两个强敌的夹击下，加喜特王朝灭亡。之后，两河流域南部又陷入了分裂割据的局面，先后出现了许多为时短暂的地方小王朝。

赫梯帝国的兴衰

赫梯位于小亚细亚东部的哈里斯河（今土耳其安卡拉以东的克孜勒河）中上游地区。使用赫梯语的赫梯人和公元前 20 世纪初迁移来的使用涅西特语（属印欧语系）的涅西特人共同创造了赫梯文明。涅西特语是赫梯国家的通用语言。

在公元前 19 世纪中叶，赫梯境内先后出现了一些小国。这些小国之间争战不断，最后库萨尔城的统治者战胜了相邻的小国并不断向外扩张，建立了一个统一的大国——赫梯。公元前 1595 年，赫梯南侵，消灭古巴比伦王国。此时的赫梯已成为西亚地区的一个强国。

公元前 16 世纪初期，赫梯陷入了争夺王位的血腥冲突中。到公元前 16 世纪后期，赫梯国王铁列平为了平息内乱，对王位继承制度进行了改革，史称"铁列平改革"。他规定："仅让王子中的长子为国王；如果没有长子，

则让次子做国王。当王子中没有继承者的时候，则让长女选择的丈夫做国王。"同时他还宣布，以后国王不得残杀其兄弟姐妹；王子犯罪，罪责由其本人承担，不得株连其家属成员。由于改革确立了长子继承王位和王子一人犯罪一人受罚的原则，从而结束了王族内部的仇杀，巩固了统治阶级内部的团结，为赫梯成为西亚霸国奠定了坚实的基础。

公元前 15 世纪～前 13 世纪初，是赫梯的鼎盛时期。在此期间，赫梯利用有利的外部环境，占领了米丹尼王国大部分领土，并将领土扩张到叙利亚和巴勒斯坦地区，直接威胁到埃及新王国。公元前 14 世纪末，赫梯与埃及在卡叠石发生了一次大规模的战争。法老拉美西斯二世即位后第五年的 4 月末，他亲自率领四个军团 2 万余人从尼罗河三角洲出发，沿海岸北上，远征叙利亚。在出发的第 29 日进至卡叠石城附近宿营，此时法老对敌方军情尚无确切了解。

赫梯国王获悉消息后，决定利用卡叠石城地势险峻、易守难攻的天然优势，采用间谍计，诱敌深入，一举歼灭埃及军队。

埃及四大军团以梯队形式向卡叠石进军，法老拉美西斯二世进攻心切，亲自率领第一梯队冲在前面。大军距卡叠石城约 8 千米之遥，前面哨兵突然发现两名行踪可疑之人，慌慌张张向南跑。埃及士兵立即抓住他们。经拷问获知：赫梯国王十分害怕埃及大军，躲藏在卡叠石以北的哈尔帕。卡叠石城内空虚，没有多少兵力，所以他们为保全性命乘机逃跑。法老未加思考，信以为真，认

◎一对恩爱的赫梯夫妇的雕塑被刻在他们自己的棺木盖上。

·太阴历·

两河流域的气候条件很恶劣，当地的人们为了知道播种和收获的准确时间，通过对月亮圆缺变化规律的观察，制定了太阴历。一年分为12个月，每月以刚刚露出月牙来的这天为开端，以月亮最圆的一天为月中，以月亮又变成月牙的那天为一月的终结。一年12个月中有6个月，每月为30天，另6个月每月29天，全年共354天。这同地球绕行太阳一周的时间相差11天多，过两三年就要差一个月，叫"年日不足"，他们就设置闰月加以补充，就是每两年或三年加一个闰月，闰年有13个月。汉谟拉比在位时，由政府命令规定置闰，后来逐渐有了固定的周期。

为这是攻克卡叠石城的大好时机。因此，命令部队加速向卡叠石城前进。四路梯队间的距离逐渐拉开。

法老率军攻至城下，才知道中计。而这时赫梯国的军队已按照计划包围了埃及法老的大军，并调集战车向法老身后的第二梯队进攻。

突如其来的进攻使埃及后进部队猝不及防，只好向后败退。赫梯军队又回转身从后面攻击法老的第一梯队。四面受敌的法老立即下令集中兵力向后突围，赫梯军队陷入混乱当中。赫梯国王处乱不惊，重新组织军队，再次向法老进攻。埃及军队左冲右突，杀出重围。但赫梯大军紧追不舍，法老只好命人放出平时养的一群战狮，才得以脱身。

赫梯将士冲入法老军营，被埃及国王携带的财物吸引，纷纷扔下武器，争抢这些财物。埃及第二梯队的残兵与第三梯队会合后又杀了过来，把只顾抢夺财宝的赫梯兵打得七零八落。

赫梯国王将剩余的战车和士兵调集起

来，对埃及军队进行了第三次进攻。埃及将士奋勇抵挡，双方死伤无数。忽然，赫梯军队的后方一片混乱，喊杀声震耳，原来是埃及的最后一支梯队赶到。埃及军队为之一振，将士们作战更加勇猛。赫梯军队腹背受敌，阵脚大乱，士兵伤亡惨重。赫梯国王无力再战，只好下令收兵，退守卡叠石。

在这次战役中，赫梯方虽然略占上风，但叙利亚的归属问题仍然没能解决，致使双方在此后的16年中战事不断。到公元前1296年，双方无力再战，不得不缔结了《银板和约》。《银板和约》是用赫梯的楔形文字雕刻的，后来又用埃及的象形文字把和约内容刻到埃及一个寺庙的墙壁上。这份和约是最早的国际条约，也是世界上最早的和平条约。

公元前13世纪后期，赫梯不断遭到亚述的侵略，国势逐渐衰败。公元前13世纪末，"海上民族"入侵浪潮席卷了东部地中海地区，赫梯遭到了致命的打击，从此四分五裂，一蹶不振。到公元前8世纪，亚述帝国消灭了残存的赫梯小国。

赫梯文明最主要的成就有两个：一是在公元前20世纪中叶左右，在世界上最早发明了冶铁术并最先使用铁犁；二是在公元前15世纪末至前14世纪初，编定了一部史称《赫梯法典》的书籍。从法典的条款可以得知，军事贵族享有特殊权力，奴隶制已经相当盛行，畜牧业、农业、手工业都很发达，并有银质的货币开始流通。

◎ 赫梯帝国的狮子门

亚述国家的产生与扩张

亚述地处河岸凸起、多山、富有矿产和木材资源的两河流域北部（今伊拉克北部的摩苏尔地区）。这里的居民大多是讲塞姆语的亚述人，也包括一些逐渐同亚述人融合的胡里特人。古代亚述的文明史可分为早期亚述、中期亚述和亚述帝国（新亚述）3个阶段。

早期的城市国家亚述（公元前30世纪末至前20世纪中叶），是在亚述城基础上形成和发展起来的。它实行的是贵族寡头政治，与苏美尔的城邦首领相似，权力有限。另外还有名年官和乌库伦。名年官是每年从长老会议成员中选出来的，以其名命名该年。乌库伦是长老会议指派的一个管理司法和土地的官员。

大约在公元前19世纪末，沙马什阿达德（公元前1815～前1783年）以暴力手段夺取了政权。他积极向外扩张，吞并了玛里，让其子担任那里的统治者。他还把扩张推进到地中海东岸，逼迫周围许多国家纳贡。他是亚述第一位名副其实的、有别于伊沙库的国王。他曾为亚述城制定物价，将全国领土划为地区或省。沙马什阿达德死后，亚述曾遭到古巴比伦王国汉谟拉比的沉重打击。到公元前15世纪，亚述又处于小亚细亚东南部和两河西北部的米坦尼王国的控制之下，沦为藩属达一百余年。早期亚述也就此结束了。

公元前15世纪初，米坦尼由于受到赫梯的沉重打击而日渐衰落。亚述趁机独立并得以复兴，从此进入了中期亚述时期（公元前15～前9世纪）。在此时期，亚述不断发动对外扩张的战争。公元前13世纪，中亚述灭亡了米坦尼。中亚述到提格拉—帕拉萨一世（公元前1115～前1077年）统治时期强盛一时，提格拉—帕拉萨率军向南攻陷和劫掠了巴比伦城，向北血腥征伐了小亚细亚与亚述之间的安那托利亚部落。但是，从公元前11世纪开始，游牧的阿拉米人开始大批侵入亚述地区，将亚述领土弄得四分五裂，

◎ 这是一幅刻在亚述宫墙上的浮雕，再没有什么比与雄狮竞斗这种血腥的体育运动更令亚述国王兴奋了。

◎缀有象牙图案的亚述厚绒布

中期亚述再度衰落了。

中期亚述时期，在王权加强、君主制统治形式确立和经济发展的条件下，出现了一部成文法典——《中亚述法典》。从法典的有关条文来看，土地私有制已经出现了，土地可以买卖。破坏田界和侵占他人土地者会受到严重的经济处罚和身体惩罚。债务奴隶制在这一时期也成为一种普遍的社会现象。与汉谟拉比时代关于负债的人质在债权人家只服役3年的规定不一样，中期亚述时期负债的人质在债权人家里服役是无限期的。中期亚述时期的奴隶境况极为悲惨。法典规定，如果奴隶从某自由民之妻手中得到任何一件东西，都应受割鼻耳之刑，并追回原物。

公元前10世纪末，亚述在西亚、北非的一些强国先后衰落的国际环境下，具备了再度崛起的条件。此外，公元前9世纪铁器的广泛使用，也促进亚述经济的迅速发展和亚述军队武器装备的更新，从而为亚述侵略扩张和建立帝国奠定了雄厚的物质基础。

亚述文化博采西亚各国之长，而且具有自己的特点。在尼姆鲁德、尼尼微、豪尔萨巴德等地均发现亚述时期的宏伟的宫殿、神庙和其他建筑。建筑物饰有大量浮雕，有很高的艺术水平。亚述巴尼拔所建尼尼微王家图书馆，藏有大量泥版文书，包括宗教神话、艺术作品、天文、医学等，是研究亚述历史的重要资料。亚述位于底格里斯河西岸，在伊拉克摩苏尔之南150千米。它为古亚述王国的第一个都城，也是古亚述人的主神的神庙所在。20世纪初期，德国考古队来此发掘，发现其内城有圆墙围护，城东滨底格里斯河，在此建有大型码头。城西和城南则有一系列坚固的防御工事。已发现宫殿遗址3座，最老的宫殿为沙姆什·阿达得一世所居。

·亚述贵族的狩猎·

休闲娱乐并不是现代人的专利，大量出土的泥版和雕刻艺术显示，几千年前的人们也懂得打发休闲时光。美索不达米亚人的休闲生活十分丰富，包括聚会、听音乐、舞蹈、嬉戏玩耍等娱乐性活动及狩猎、体育、拳击等竞技性活动。亚述贵族最喜欢的娱乐活动是狩猎。亚述本来就是一个尚武的民族，具有黩武主义特征。亚述贵族喜欢狩猎与之有密切联系。几乎所有亚述时期的浮雕、雕像、铭文都记载过亚述人的狩猎活动。对亚述国王来说，狩猎也是一场战争，猎杀动物可以展示国王的军事素质，炫耀自身强大的实力，达到让人拜服的目的。这样，贵族就将娱乐和统治很好地结合在一起，是一项一举两得的活动。另外，亚述贵族的狩猎活动还带有浓厚的宗教色彩。射杀狮子等凶猛的野兽被视为神灵赋予国王的神圣职责。亚述人还建有面积巨大的"动物公园"，里面圈养着许许多多动物，如狮子、瞪羊等。国王、大臣等贵族会将这些野兽驱赶到某个地方集中猎杀，有时候也会采用网猎的形式。目前这项运动在世界上已经绝迹了。

印度的吠陀时代

印度的"吠陀时代",是公元前1500～前600年的这段时间。"吠陀"的原意为"知识"或"神圣的知识"。它实际上是印度世代口头流传下来的古老的宗教、文学典籍,也是婆罗门教的经典。吠陀共有4部,全称为《吠陀本集》。其中最古老、最重要并具有文学价值的是《梨俱吠陀本集》,它所反映的社会时代被称为"早期吠陀时代",是指公元前1500～前900年的这段时间;其他3部吠陀——《婆摩吠陀》《夜柔吠陀》和《阿达婆吠陀》及解释这些吠陀的作品,反映的社会时代较晚,因此称之为"后期吠陀时代",是指公元前900～前600年的这段时间。

早期吠陀时代的历史主要是指印欧语系的游牧部落——雅利安人从伊朗高原逐渐入侵印度河上、中游和恒河上游的历史,也是雅利安人与当地居民进行暴力冲突和生息共处的历史。

早期吠陀时代的雅利安人尚未进入文明社会和国家阶段,他们仍过着氏族部落生活。当时,他们的社会组织有部落(噶那)、氏族(维什)和村(哥罗摩)。每个部落包括若干个村,每个村由许多家族组成。有些部落已组成部落联盟。大约在公元前1000年,少数先进的部落开始过渡到奴隶制国家,原来的部落军事首领"罗阇"转化为世袭国王。有梵书记载的神话说,当初诸神和魔鬼们发生战争,而诸神屡受挫败。经过总结分析,认识到失败的

◎ 森严的种姓制度

印度的种姓制度沿袭了许多世代,而且越来越复杂,演变出了数以千计的亚种姓。"萨蒂制"产生于种姓制度。"萨蒂"印度语意为"丧夫妇人自焚为丈夫殉葬",如图所示。

原因在于缺少一个王。于是，他们选出了王，从而打败了魔鬼。又有一说是，在国家产生以前，人民生命得不到保障。于是，大家选出王来保护自己的生命财产，百姓则奉献贡赋给王做报酬。"罗阇"（王）实际上是军事首领，其权力受长老会议（萨巴）和部落成员会议（萨米提）的限制。这表明，当时的雅利安人已进入军事民主制时代。

◎这幅浮雕刻画的是古典印度教诸神中的三大主神：梵天、毗湿奴、湿婆。

后期吠陀时代是一部分的雅利安部落进入文明和国家的时代，也是种姓制度与婆罗门教形成的时代。后期的吠陀时代，有些早先的部落或部落联盟的军事首领罗阇已变为国王了。国王加冕时须举行盛大的祭典仪式，以示王权得自神授。有实力和雄心的国王，还要举行盛大的"马祭"活动。他选定一匹骏马，让这匹马任意奔驰，后面跟随士兵，所到之处，如果当地国王敢于阻挡，就对之开战。满一年后，将此马带回，用作牺牲，向神献祭。能举行马祭的国王可以称为大王，处于霸主地位。

在后期吠陀时代，随着雅利安人国家和婆罗门教的形成，种姓正式成为一种严格的等级制度，共分为4个等级，分别是婆罗门、刹帝利、吠舍及首陀罗。

作为维护高级种姓和统治阶级利益工具的婆罗门教，是一种相当复杂和烦琐的宗教。后来它遭到新兴宗教（如佛教、耆那教等）的反对。大约8世纪以后，婆罗门教演变为印度教。

·种姓制度·

种姓一词在梵文中叫"瓦尔那"，意为"颜色、品质"，故而种姓制度又叫瓦尔那制度。这种制度起源于入侵的雅利安人实行种族隔离的企图。之所以这样做，是因为当地人在数量上和文明程度上都远远超过他们。

婆罗门种姓为祭司贵族，属于第一等级，掌握神权，传授圣书，地位最高。刹帝利种姓为军事贵族，或称武士阶级，包括国王和各级官吏，属于第二等级。刹帝利意为"权力"，把持国家的军事和行政大权。吠舍种姓为一般平民大众，包括农民、牧民、手工业者和商人等，属于第三等级。他们是没有任何特权的普通公民，必须按规定缴纳赋税。首陀罗种姓属于第四等级，包括被征服的土著居民和雅利安人中的贫穷破产者，地位最低下。他们从事各种繁重、卑贱的劳动，其中许多人沦为雇工或奴隶。

在种姓制度下，人的社会地位是由其家庭出身决定的，职业世袭不变，种姓之间严禁通婚。不同种姓的男女结合，所生子女被排斥于种姓之外，称为"旃陀罗"，即"贱民"。他们被认为是"不可接触者"，最受鄙视，其社会地位比首陀罗还要低。

印度的种姓制度自形成后，沿袭了许多世代，而且越来越复杂，在四种姓之外，又演变出了数以千计的亚种姓。

意大利半岛文明

远在旧石器时代，意大利半岛就有人类居住。当时人们在洞穴中居住，使用石刀、石斧等粗陋的石器工具。大约从公元前5000年开始，意大利的远古居民进入了新石器时代，已经能够建筑房屋、制造陶器，开始驯养家畜，主要以渔猎为生。公元前2000年初期，意大利人的祖先从北方越过阿尔卑斯山进入意大利半岛，并创造了以特拉马尔文化为代表的意大利青铜文化。"特拉马尔"意大利语意思为"沃土"，指居民住宅废墟上的肥沃土地。特拉马尔文化遗址遍布于意大利北部的波河中游和下游，年代为公元前1600年左右。特拉马尔文化的村落都有一定格局，有严密的社会组织。有的考古学家认为，它的村落方阵布局也曾影响日后罗马的城市和兵营设计。特拉马尔文化除使用石器和骨器外，已经广泛地用青铜制造的镰刀、箭头、斧子和宝剑等。在渔猎经济存在的同时，已知居民从事畜牧和农业，考古发现有麻、豆、麦种，牲畜有马、牛、羊、猪、狗等。出土器物包括黑色光滑的轮制陶器，青铜武器有矛头、短剑和两面刃的长剑。

大约在公元前10世纪末期，意大利进入铁器时代，出现了著名的微兰诺瓦文化。此时，农业和畜牧业又有了很大的发展，并产生了原始交换，出现了某种设有围墙的城寨。农业是他们主要的生活来源，有专营生产工具、武器及青铜器物的公社，这些都表明原始社会即将结束。

在公元前8世纪左右，伊达拉里亚人进

◎在马尔扎博托出土的这两个雕像是公元前5世纪青铜枝状大烛台的一部分。

入意大利半岛，建立了一些城邦。伊达拉里亚文化受希腊文化影响但又别具特色。他们所建立的城市，都有坚固的石造城墙和整齐的街道，沿海设有港口，内陆建有灌溉系统，农业为重要的经济命脉，制陶和冶金技术也比较发达，雕刻、绘画技艺非常精湛，生产和生活中已使用奴隶。其全盛时期的势力范围，北达波河流域，南至坎巴尼亚，罗马王政时代的后期便处于他们的统治之下。

公元前8~前6世纪，爱琴海地区的希腊人侵入南意大利和西西里岛，在那里建立了许多殖民城市。希腊人的殖民统治，不但将希腊的社会政治制度带到意大利，而且在这一地区广泛传播希腊的工艺、建筑及文化的许多成就，促进并丰富了意大利半岛的文明。

希腊的"荷马时代"

公元前 11 ~ 前 9 世纪的希腊历史通常被称作"荷马时代"，它因荷马史诗而得名。

荷马时代的社会较迈锡尼时代来说，确实是一种倒退，遍及希腊的氏族部落完全淹没了迈锡尼文明。但生产力水平却有很大提高，突出表现在希腊已从青铜时代进入铁器时代。考古学家在这一时代发现了用铁制成的斧、锄、刀、剑等生产工具和武器，还发现了铁匠作坊。《伊利亚特》中提到给射鸽运动员的奖品就是铁斧。铁器的发明，极大地促进了农业生产的发展，人们学会用双牛拉犁，在平原、盆地种植大麦、豆类等作物，在山坡丘陵栽培橄榄、葡萄。农业的发展既提供了较多的生产资料，也刺激了分工的发

◎荷马与诸神 浅浮雕

展。手工业已脱离农业，成为独立的生产部门，出现了金属制造、纺织、皮革、造船等行业。生产的发展使商品交换应运而生。不过当时是以物易物，用于交换的主要物品是金属和牲畜，特别是牛，既是交换媒介，也是主要的财产形态。据《伊利亚特》介绍，此时的物物交换有两种类型：一是以牛易物，一是以牛易人（奴隶）。此外还有馈赠等其他形式。

当时的阶级分化已初露端倪，动产的私有制已显而易见，不动产（土地）的私有制似乎也已产生。氏族贵族占有较多较好的土地和大量牲畜，村社农民只能耕种小块份地，失去份地的农民有的充当雇工，有的沦为乞丐。奴隶制已经产生，奴隶主要来源于战俘和被拐卖的人。男奴多用于放牧，女奴多用于家务和纺织，直接参与农业和手工业生产的奴隶还很少见。

·荷马史诗·

荷马，相传是古希腊两大史诗《伊利亚特》和《奥德赛》的作者。他是公元前9~前8世纪时一位朗诵史诗的盲艺人；他根据口头流传的篇章，整理了这两部史诗。《伊利亚特》写的是由于特洛伊王子帕里斯骗走了斯巴达王后海伦，引发希腊联军讨伐特洛伊的十年战争。史诗集中描写第十年希腊英雄阿喀琉斯和伊利昂城主将赫克托尔之间的决战，以赫克托尔的死告终。其中阿喀琉斯是一个理想的部落英雄形象。《奥德赛》则写战争结束后，希腊主将奥德修斯返乡途中的海上冒险和机智地维护自己的财产、与妻儿团聚的故事，它的形成比《伊利亚特》稍晚，反映了奴隶制度萌芽时期的生活场景，体现了对私人财产的捍卫，并通过奥德修斯之妻佩涅洛佩的贞洁勇敢提倡新的家庭道德规范。两部史诗的结构巧妙，布局完整，塑造了众多英雄人物，被称为"英雄史诗"。史诗基本主题是热爱现实，肯定人的奋斗精神，强调对人生采取积极进取的态度。

希腊城邦制国家

在荷马时代末期，铁器得到普遍推广，希腊社会的经济也加快了发展速度，农、工、商业均有突出发展。与此同时，希腊在同东方频繁交往的过程中，大量汲取并利用了东方文明的丰硕成果，从而使希腊人站在较高的历史起点上，建构了不同于东方的国家体制。

由于社会经济的发展，两极分化进一步加剧，围绕土地、债务等问题，贵族与平民之间展开了激烈的斗争。在斗争中，原始公社制渐趋崩溃，代之而起的是阶级压迫的工具——国家。在希腊，国家的普遍形式便是城邦。希腊城邦的形成方式和途径大致分为三类：一类是在早期移民和后来大殖民运动中建立的城邦；一类是在氏族制度解体并征服其他居民的过程中建立的城邦；另一类是在自身氏族的制度解体和阶级分化的基础上通过"改革"产生的城邦。

城邦形成初期，贵族政治得到普遍实行，一切权力集中于由军事民主制时代的长老议事会转化而来的贵族会议手中。稍后，由于经济的发展，加之以平民为主的步兵逐渐取代了

◎古希腊奴隶
奴隶的社会地位最为低下，低于希洛人、受契约束缚的农奴和被有条件正式解放的奴隶及自由民。

贵族骑兵，平民地位日益提高，他们向贵族政治提出挑战，要求打破贵族在政治上一统天下的局面。在对立双方势均力敌的城邦，一度出现了僭主政治。但随着对立双方力量的消长，有的城邦经过平民反对贵族的斗争而建立了民主政治，雅典就是一个例子；有的因贵族力量强大，建立起贵族寡头政治，如科林斯。长期维持贵族寡头统治的城邦只有斯巴达。

希腊半岛平原狭小，耕地较少，而且土地贫瘠，粮食产量不能满足日益增长的人口所需，爱琴海上的岛屿更是如此。倘若遇上自然灾害，粮食更是短缺，一部分人在故土无以为生，被迫背井离乡，去海外谋生，开拓殖民地。如公元前7世纪后期，铁拉岛上大旱，因而不得不采取抽签的方法，从两兄弟中选出一个外出殖民。由于土地私有制和商品经济的发展，也促使无地或少地的平民成群结队地前往遥远的海外寻求土地，谋求生路，从而形成了一次希腊历史上空前的大殖民运动浪潮，因之，古风时代又称"大殖民时代"。

最初的殖民运动是自发进行的，除上述主因外，还有多种情况：有的城邦为了缓和国内矛盾，把异己的"危险分子"遣往海外。如公元前8世纪末，斯巴达无公民权的人因为没有分得土地，而与希洛人（国有奴隶）结盟，密谋起义，败露后便被强令外出殖民。有一些在国内政治斗争中失势的个人或集团，为逃避迫害，往往也选择离开故地，漂泊异域，建立新居。有的则因家乡被外族占领，不甘于受奴役而远走他乡。也有人出

◎希腊犁车
古希腊人实行家庭制农业系统，各户独自种植粮食，经常采用的农具是这种人力牛犁车。随着缓慢的农业发展与日益增长的人口之间的矛盾产生，向外扩展殖民地便成了一种途径。

于不愿甘居人下的念头，而到新地方另立门户。更有一些人为某地富庶美好的传说所诱惑，出海寻找自己的乐土。这些人往往具有冒险和进取精神，富有追求自由、独立、平等的理想。

自发组成的殖民团体一般都不大，到新地方后即修筑城堡，聚居在一起，以防止土著居民攻击或海盗劫掠，同时选出元老院掌理政务，这些同舟共济的殖民者就成为新城邦的平等公民。公民享有分配的土地，并通过公民大会参与政事。公民中也有平民和贵族之分，那些最早的开拓者无疑便以其"立国"的功勋而享有更多的利益和荣耀。后来，随着人口增长和社会经济发展，许多城邦开始有计划地组织公民外出殖民，以掠夺土地、奴隶、原料和市场。

当时，黑海沿岸地区尚处于原始社会阶段。在小亚细亚，赫梯帝国已经崩溃，吕底亚尚未兴起；在西方，除了腓尼基人的一些殖民地外，没有什么强国。所以，希腊大殖民运动得以顺利进行，范围不断扩大。在意大利半岛南部、西西里的东部和南部、今法国的马赛等地及西班牙沿岸、小亚细亚沿岸、马其顿和色雷斯沿岸、达达尼尔海峡和博斯普鲁斯海峡两岸、黑海四周等广大地域内，逾百个殖民地城邦先后建立起来。其中较著

名的有科林斯人建立的叙拉古、斯巴达人建立的塔兰托、迈加拉人建立的拜占庭、米利都人建立的奥尔比亚等。这些子邦往往采用母邦的政制、文字、历法、宗教、习俗等，在城市内建有母邦所信奉的神祇的庙宇。也有些最初建立的殖民地后来再去建立殖民地，如阿哈伊亚人在意大利建立了锡巴里斯，锡巴里斯又建立了波塞多尼亚。

对于希腊人来说，殖民不啻一次地理大发现，它极大地拓展了希腊世界的范围，开阔了希腊人的眼界。通过殖民，希腊本土与地中海、黑海地区成为一个有密切经济文化联系的整体，这既有利于希腊吸收东方文明成果，也推动了落后地区的文明进程。殖民运动促进了工商业和海上贸易的发展，使工商业奴隶主的政治经济实力进一步壮大，也加强了平民阵营的力量，有助于平民反贵族的斗争和民主政治的建立。殖民运动的进一步发展巩固了希腊的小国寡民的城邦制度，使其始终未像东方国家一样建立统一的专制帝国。

·城邦·

城邦是早期国家的一种类型，以古希腊国家为代表。词源可追溯至古希腊文"波利斯"，原有城堡、国家、公民集体、城市之意，中文意译名"城邦"。希腊城邦约二三百个，形成时间、途径和背景不同，但有如下几个基本的共同特点：小国寡民；多数以一个设防城市为中心，结合周围农区组成；均有一个小范围的、极端封闭的公民集体；与公民集体的存在相适应，希腊城邦在政体中均包含民主制成分，共和政体居多；城邦军事制度的主体是公民兵制；城邦无独立的祭司阶层，公职人员兼祭司职能。除古希腊外，意大利、腓尼基等地中海沿岸地区也曾出现过与古希腊城邦相同的早期国家形态，比如早期罗马的公民公社。这类国家有时也被称作城邦。

强大的亚述帝国

亚述帝国(公元前8 ~ 前7世纪)的建立，是通过不断的军事征服逐渐完成的。为亚述帝国的建立奠定基础的是公元前9世纪前期的亚述王那西尔帕二世（ 公元前883 ~ 前859 年 ）。他率领军队打败了阿拉米人，洗劫了美索不达米亚和叙利亚，对北面的乌拉尔图予以重创，扩大了东部山区疆界，挥师直达西部的腓尼基海岸。

亚述帝国的创建者是公元前8 世纪后期的提格拉—帕拉萨三世。他执政后进行了众多领域的改革。军事方面的改革主要是把常备军划分成七八个专门的兵种，如重装步兵、攻城兵、战车兵、骑兵、工兵、辎重兵等。同时他还改善了武器装备，军

◎ 这头人面带翅公牛大约在公元前710年由萨尔贡二世建造，大约有 4 米高，重达 14 吨，充分显示了亚述人的雕刻艺术。

队里配备了铁制的弓箭、刀枪、盔甲等，制造并使用攻城用的投石机、冲城器和云梯。通过军事改革，亚述军队成为当时西亚、北非最强大的军队。亚述国王提格拉—帕拉萨三世把亚述人好战的习性体现得淋漓尽致，征服是他最大的欲望，每一次对外的征服都助长了他扩张的野心。公元前745 年，提格拉—帕拉萨三世以协助平定反乱为名，在巴比伦国建立了亲亚述政权。公元前744 年，亚述人率先向东北开始扩张，顺利征服了米底各部落。

两次征战的胜利，助长了提格拉—帕拉萨三世的扩张欲望。公元前743 年他率领大军进攻大马士革城。大马士革城体坚固，守城将士和城中百姓，奋勇杀敌，拼死保卫大马士革。亚述国王见久攻不下，急忙调集投石机，向大马士革城内发射巨大的石块和熊熊燃烧的油桶。投石机是古罗马和中世纪时代的一种攻城武器，凭借金属外壳的保护，机内的将士可把巨石投进敌方的城墙和城内，造成破坏。

一时间，整个大马士革城一片火海，城内士兵和百姓都无心继续守城。亚述将士还用装有巨大金属撞角的攻城槌对城门和城墙发起攻击，大马士革城被攻陷。

亚述国王对大马士革人的顽强抵抗极为恼火，命令士兵大肆屠杀城内军民，还让战俘躺在削尖的木桩上，直到死去。

亚述国王的暴行使周边震惊，以色列、叙利亚、巴勒斯坦及阿拉伯等19 国结成联盟，在黎巴嫩山区展开了对亚述人的反抗

◎ 亚述军队步兵像

在国王提格拉–帕拉萨三世时代，亚述人建立了一支当时世界上兵种最齐全、装备最精良的常备军。

会战。亚述人凭借精良的装备及训练有素的将士击败了联军。

19 国联军俯首称臣后，亚述国王开始北伐乌拉尔图。乌拉尔图倚仗险峻的地势和顽强的抵御，使亚述人连胜势头有所收敛。然而，亚述人不甘心，又转而西征，并大获全胜。公元前 714 年，亚述再次北伐，国王率大军翻山涉水，抄小道直奔乌拉尔图的腹地。乌拉尔图守兵猝不及防，锐气尽挫，整个穆萨西尔城被亚述人洗劫一空。

对外征服是亚述国的传统，不管是哪届国王，都充满了征服的欲望。

萨尔贡二世统治时期（公元前 722 ~ 前 705 年），亚述继续向外扩张领土。萨尔贡二世刚一即位就发兵攻陷了撒马利亚，消灭了以色列。公元前 714 年，他又大举进攻乌拉尔图，攻占穆萨西尔。到阿萨尔哈东执政（公元前 680 ~ 前 669 年）时，他于公元前 671 年率军越过西奈半岛，击败埃及军队并占领了埃及首都孟斐斯。最后到亚述巴尼拔统治时期（公元前 668 ~ 前 627 年），亚述军队又攻陷了埃及古都底比斯，彻底消灭了东方的埃兰。至此，亚述的版图达到了最大

规模：东起伊朗高原西部，西临地中海东岸，西南至埃及，北抵乌拉尔图，南濒波斯湾。这时的亚述已成为一个地跨西亚、北非的属于铁器时代的大帝国。

被征服地区的人民不断反抗，亚述社会内部的各种激烈的矛盾斗争，直接导致了亚述帝国走向衰亡。

帝国末期，亚述周围出现了一些强国——东方的米底、北方的吕底亚、南方的迦勒比（新巴比伦），这也是导致亚述帝国走向衰亡的重要原因。

公元前 655 年，埃及摆脱了亚述帝国，重新独立。公元前 626 年，巴比伦尼亚的迦勒比人宣布独立，建立了新巴比伦王国。以后，它同米底结盟共同进攻亚述。公元前 612 年，两国联军攻陷亚述帝国的首都尼尼微。公元前 605 年，亚述西部的最后一个据点卡尔赫米什也被攻破，亚述至此宣告灭亡。

"血腥的狮穴"尼尼微

公元前 8 世纪后期，亚述国已经成为两河流域最强大的国家。亚述国王对不肯投降而在战争中失败的国家，报复极其残酷。破城之后，亚述士兵残酷地对待城里的人们，敲碎他们的头颅，割断他们的喉管，火烧他们的房屋，抢走他们的财产，还掳走他们的妻子和儿女。

公元前 743 年，亚述军队攻陷了叙利亚首都大马士革。由于城中军民拼死抵抗。城破之后被亚述士兵斩下的头颅，竟然堆成一座小山。亚述人还把成千的战俘，绑在上端削尖的木桩上，让他们慢慢在痛苦中死去。对于孩子，亚述人也不肯饶过，统统杀掉。城中所有的贵重物品，都被运回亚述。

由于亚述帝国统治者侵略的种种暴行，作为亚述帝国都城的尼尼微便被称为"血腥的狮穴"。

腓尼基

腓尼基位于地中海东岸北部的狭长沿海地带。

公元前30世纪末～前20世纪初，腓尼基境内出现了许多独立的城市国家。其中著名的有西顿、推罗、乌加里特、比布鲁斯等，由于这些独立的、面积狭小的城市国家之间彼此对立和互相攻伐，加之又地处周围一些强国向外扩张势力的碰撞点上，所以它们经常遭到强国的侵略和操纵，成为强国的附属品。

公元前20世纪中叶以后，腓尼基诸城市国家处于埃及和赫梯的统治之下，后来又遭到海上民族的入侵。虽然他们在公元前10世纪左右一度独立和复兴，但公元前8世纪以后，又遭亚述帝国和新巴比伦王国的侵略。到公元前6世纪，波斯帝国兼并了腓尼基。

◎腓尼基水手们从他们的位于地中海东岸的城邦乘船去远处广阔的地方冒险，并在西西里岛、撒丁岛和伊比利亚半岛建立了贸易站和殖民地。

◎这是在公元前8世纪时腓尼基人象牙雕刻上的图案：一只母狮撕咬着一个少年。腓尼基工匠经常从非洲沿海地区的商站进口大象长牙，并因制作这样的雕刻而出名。

由于腓尼基的手工业、商业和航海业都很发达，使它在许多领域影响着地中海一带地区。手工业中享有盛名的是染织和造船。腓尼基人能从海生贝壳动物身上提取紫红色颜料，经这种颜料染过的毛、麻织品，鲜艳夺目而不褪色。腓尼基人还是优秀的造船者，他们用黎巴嫩山上的雪松制造出来的船只，远近闻名。腓尼基的商业更为著名，腓尼基人有"商业民族"之称。早在公元前30世纪，腓尼基各城市国家就与埃及、两河流域及叙利亚的埃勃拉国有着贸易往来。从公元前20世纪起，腓尼基商人就在小亚细亚沿岸、爱琴海诸岛、塞浦路斯和黑海沿岸建立了不少商业区。公元前10世纪前期，腓尼基人又向西部地中海发展。公元前10世纪～前6世纪400年间，腓尼基人垄断了地中海贸易。在经商的过程中，他们建立了许多商业据点和殖民城市，其中最著名的是在公元前9世纪末建于北非沿岸的迦太基。腓尼基人还是古代勇敢而又智慧超群的航海家。公元前600年左右，埃及法老尼科曾委托腓尼基人乘船围绕非洲航行，历时3年获得成功。

腓尼基人在公元前13世纪创造了腓尼基字母文字。据说，一个名叫卡德穆斯的腓尼基工匠，一次在别人家干活忘记了带一件工具，便拿起块木板，用刀在上面刻画些什么，吩咐奴隶送给家中的妻子。卡德穆斯妻子看完木片，二话没说就交给奴隶一件工具。原来卡德穆斯在木片上刻下的便是第一个腓尼基字母。久而久之，腓尼基文字便逐步传播开来。

腓尼基字母比当时的象形、楔形文字更实用，因为它在象形文字和楔形文字外形基础上抽象出一系列简单的符号，组成22个字母，表示辅音，腓尼基字母因通俗易懂和书写简便，后来便传播到了东西各地：向东传入阿拉米人居住区，形成了阿拉米字母，而阿拉米字母又演变出印度、阿拉伯、亚美尼亚、维吾尔等字母；向西传入希腊，希腊人在此基础上加入元音，创造了希腊字母，而希腊字母派生出的拉丁字母和斯拉夫字母后来发展成为西东欧各国字母的基础。

·玻璃的发现·

相传，玻璃是由古代腓尼基商人偶然发现的。一次，一支腓尼基船队在运输天然碱途中遇大风浪，只得靠岸。这些商人便从船上搬下一些碱块在沙滩上砌灶做饭。第二天，海上已经是风平浪静。正当他们收拾好锅灶上船起锚之时，忽然发现岸上有许多珍珠一样闪闪发光的东西，这便是世界上最早的玻璃。

◎黎巴嫩提尔城的列柱大街

提尔城是腓尼基文化的中心，据史料记载，该城始建于公元前2750年，在公元前969年前后达到鼎盛。

新巴比伦王国的崛起

亚洲西部的幼发拉底河和底格里斯河，自西北向东南流经今天的伊拉克境内，注入波斯湾。古希腊人把两河流域称作"美索不达米亚"。两河文明最著名的代表是巴比伦，所以人们又把西亚文明统称为巴比伦文明。西亚古文明与埃及文明同时在公元前3500年开始，但西亚历史几经曲折兴衰后，又有波斯、安息与萨珊的1000多年发展，这时埃及则因丧失独立而使文明中断，所以西亚文明的演变也较埃及复杂而长久，它最后由中世纪的阿拉伯文明继承为东方文明的一大支系。

汉谟拉比建立的统一国家并不稳固。公元前1750年汉谟拉比死后，其国势由盛转衰。国内阶级矛盾尖锐，奴隶逃亡斗争和租税债务问题突出。阿比舒统治时期颁布的诏令反映了这一社会矛盾。在阿比舒王给另一些地方官的诏令中，多次提及催交租税的问题：有催促地方官员贡纳牲畜的，有催促商人交纳税银的，也有催促商人向神庙交纳贡税的，还有兄弟之间因债务纠纷请求国王予以裁决的……可见，社会经济的紊乱和王权的衰落，导致了社会阶级矛盾的激化和社会秩序的混乱。外族的不断入侵和骚扰，更加速了王国的衰落过程。在萨姆苏伊鲁纳统治时期，东北部山区的加喜特人日益强大，不时侵袭巴比伦，逐渐成为巴比伦的严重威胁。以后又有乌鲁克、伊新等地的暴动。约公元前1595年，古巴比伦王国终于被北方入侵的赫梯人所灭。

公元前630年，居住在两河流域南部的加勒底人趁亚述帝国内乱之际，逐渐取得对巴比伦尼亚地区的控制权。公元前626年，亚述人任命迦勒底人领袖那波帕拉萨为巴比伦尼亚总督，率军驻守巴比伦。他到巴比伦后，却发动了反对亚述统治的起义，建立了新巴比伦王国（公元前626～前539年）。新巴比伦王国又称迦勒底王国，与曾被亚述灭掉的那个古巴比伦王国没有什么关系，故而人们在其前面加上个"新"字，予以区分。

新巴比伦国王那波帕拉萨有个能干的儿子，就是尼布甲尼撒二世。他从少年时代起跟随父王南征北战，勇敢机敏，身先士卒，深得全军将士的爱戴。公元前607～前605年，新巴比伦王国与埃及第26王朝为争夺势力范围不断发生冲突，新巴比伦军队处于下风，被迫放弃了一些重要据点。公元

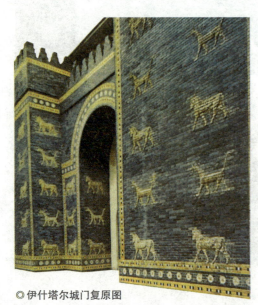

◎伊什塔尔城门复原图

前605年，老国王任命尼布甲尼撒担任统帅，指挥新巴比伦与米底联军进攻亚述。联军与埃及法老尼科二世增援亚述的军队遭遇，双方在幼发拉底河西岸的卡尔赫米什展开激战。联军士兵如同潮水般涌向敌阵，埃军遭到惨败。一位新巴比伦诗人形容失败后狼狈逃跑的埃及人"好像圈里的肥牛犊，他们转身后退，一齐逃跑"。尼布甲尼撒对溃败的埃军穷追不舍，终于在哈马什地方将其全歼。

这年8月，那波帕拉萨去世。其时尼布甲尼撒正在叙利亚和巴勒斯坦一带作战。得到消息后，他立即马不停蹄，星夜赶回巴比伦。但因路途遥远，回到巴比伦城时，已是老国王死去20多天以后了。一路上尼布甲尼撒还担心国内会发生不测，结果什么事情也没有发生。他当天就登上王位，并很快得到王国所属各城的拥戴。尼布甲尼撒二世在位期间（约公元前604～前562年），是新巴比伦王国最强盛的时期。

◎伊什塔尔女神门

公元前605年，尼布甲尼撒率军出征亚述。画面再现了大军出城途经伊什塔尔女神门的情景。

在尼布甲尼撒二世统治期间，王国政治稳定，奴隶制经济有较大发展，手工业和商业达到两河流域历史上的最高水平。为显示文治武功，尼布甲尼撒大兴土木，扩建巴比伦城，使这个西亚最繁荣的商业中心同时成为西亚最壮观的城市。全城占地41平方千米，由护城壕、外城墙、内城墙三重环绕。外墙长16千米，内墙长8千米，均以砖砌成。据说犹太俘虏就被囚禁在内外城墙之间。当100多年后希罗多德来此考察时，还惊叹于该城的宏伟。

·空中花园·

巴比伦城中最杰出的建筑当属空中花园，世人称之为世界七大奇观之一。

相传，在公元前604～前562年间，巴比伦国王尼布甲尼撒二世在位之初娶了米底公主赛米拉斯。但是美索不达米亚平原黄土遍地、沙尘满天，天气酷热难耐。而赛米拉斯的家乡却是山清水秀，气候宜人。久而久之，王后思乡成病，很快憔悴不堪。为治愈王后的这块"心病"，尼布甲尼撒下令建造空中花园。园中的景致均仿照公主的故乡而建。今天的空中花园遗址位于伊拉克首都巴格达西南90千米处，由一层一层的平台组成，从台基到顶部逐渐变小。上面种满各种鲜花和林木，其间点缀有亭台、楼阁，最难得的是在20多米高的梯形结构的平台上还有溪流和瀑布，来此参观的人们无不啧啧称奇。

人们百思不得其解的是空中花园的供水系统和防渗漏系统，因为园中的植物和泉流飞瀑都需要水，而且用量还很大。就算让奴隶们不停地推动抽水装置，把水抽到花园最高处类似水塔的装置中，再顺人工河流流淌，那将需要多少奴隶呢？又得多大的抽水装置呢？即便这些条件都满足了，水流下后势必危及花园的地基，那时的尼布甲尼撒陛下又是如何应对的呢？这真是一个千古之谜。

巴比伦城唯一较完整保存下来的建筑物是高达 12 米的伊什塔尔女神城门，门两旁有突出的塔楼，墙面用藏青色琉璃砖砌成，上面饰有金色的公牛等各种动物形象，在阳光照耀下闪闪发光，鲜艳夺目。19 世纪末 20 世纪初，德国人发掘巴比伦城遗址后将该门修复，并在柏林国立博物馆复制重建。

巴比伦城内最宏伟的建筑，当数名列古代世界七大奇观的"空中花园"。

为巩固与米底的联盟，尼布甲尼撒二世曾与米底联姻，娶了该国的一位公主做王后。但从小生活在美丽山区的公主来到巴比伦后，每日映入眼帘的尽是平原和黄土，便十分想念自己的家乡，因而终日闷闷不乐，茶饭不思，人也显得憔悴了许多。她说："我的家乡山峦叠翠，花草丛生，而这里是一望无际的巴比伦平原，我多么渴望能再见到家乡的山岭和盘山小道啊！"为了取悦于米底籍王后，尼布甲尼撒在巴比伦城内高 110 米的土山上，筑起一座"空中花园"（又称"悬苑"）。花园以巨大石柱

◎ 巴别通天塔

传说当巴比伦国王尼布甲尼撒修建这座通天塔时触怒了上帝并引发了一场战争。上帝派 70 个天使来到人间，变乱这些修建者的语言。有人据此认为这就是为什么世界上不同种类的人讲着相异的语言。

群支撑，搭建起用石板和铅板铺就的多层园圃结构，在上面敷置泥土栽植各类树木和花卉，并设有精巧的灌溉抽水系统。据狄奥多拉斯记载，花园呈正方形，每边长120 米左右。远远望去，犹如高悬于空中的仙境一般。上面栽满了奇花异草，并在

· 巴别塔 ·

今天的伊拉克首都巴格达的所在地5000年前是一马平川，那里曾屹立着一座无比壮观的巨塔——巴别塔。据《圣经》记载，大洪水退去后，挪亚的子孙在巴比伦一带建国。他们渐渐变得骄傲自大，想造一座通天巨塔来传扬自己的名声。神怕人类从此不再敬神，于是变乱了人们的语言，使人们无法交流，从而再也不能齐心合力建塔。"变乱"一词在希伯来文中是"巴别"，因此这座塔又被称为巴别塔。

几千年来，人们一直都没有发现巴别塔的遗迹，有人认为它不过是个神话。后来，考古学家在古巴比伦遗址上发现了一个由石块、泥砖砌成的拱形建筑废墟，中间有口正方形的大井。开始，考古学家以为这是空中花园的遗址，直到后来在附近出土了一块记载了巴别塔的方位和式样的石碑，才知道这就是巴别塔的塔基。

巴别塔建于公元前17世纪，高近90米，分成7层，底层边长也近90米，顶层是供奉马尔杜克神的神庙。用深蓝色釉砖砌成的塔身外有条螺旋形的阶梯盘旋而上，直通金色的神庙。公元前1234年，巴别塔被攻占巴比伦的亚述人摧毁。后来，新巴比伦的尼布甲尼撒二世曾重建该塔，但他去世后，巴比伦又渐渐衰落。公元前484年，巴别塔再次毁于战火。虽然人们如今已基本复原了它的外观，然而其整体的设计和结构仍是一个谜。

园中开辟了幽静的山间小道，小道旁是潺潺流水。工匠们还在花园中央修建了一座城楼，矗立在空中。由于花园比宫墙还要高，让人感觉这座花园像是悬挂在空中，因此被称为"悬园"，而更广为人知的名字则是"空中花园"。据说，自打有了这座空中花园，米底公主的思乡症还真的不治而愈了。当年到巴比伦朝拜、经商或旅游的人们老远就可以看到这座美丽的花园。

尼布甲尼撒新建和修复了许多宗教建筑，其中最著名的是马尔杜克神庙的塔庙，就是《圣经·旧约》中提到的那座使上帝惊怒的"巴别通天塔"。通天塔高90米，共7级，每级色彩各不相同，代表七星神，顶层一座蓝色四角镀金的神殿内供奉着马尔杜克金像。按照惯例，每年的元旦日，国王要在马尔杜克神庙举行登位典礼，从高级祭司手里接受象征王权的宝器。

新巴比伦王国时期的经济较以前有很大发展，其中发展最显著的是商业经济，商品买卖活动非常活跃。人们不仅买卖粮食、牲畜、羊毛等农牧产品，农田、果园、房舍等各种不动产的交易也十分活跃。买卖奴隶也成为经常性的商品活动。在频繁的商业活动中，新巴比伦王国出现了两个最著名的商家：巴比伦的埃吉贝和尼普尔城的穆拉树。首都巴比伦城不仅是巴比伦尼亚的工商业中心，也是当时世界上最大的商业中心。巴比伦城的人口达到20万，西亚、北非等地的商贾都会集此地。

尼布甲尼撒二世死后，新巴比伦开始败落。到了后来，国王的废立和操纵都被掌握在势力一直很强大的神庙祭司和工商业奴隶主集团手里。

末代帝王那波尼德（公元前555～前539年）即位后，企图削弱神庙祭司和工商业奴隶主集团的势力，但祭司们极力反对，没有收到成效。加之外部形势紧张也使他无暇顾及这些。

与此同时，东方的波斯崛起，在灭掉当时的两大强国米底和吕底亚后，波斯帝国于公元前539年开始进攻两河流域，击溃了新巴比伦的军队。公元前538年，波斯军队兵临巴比伦城下。那些不满那波尼德统治，希望波斯能为他们开拓更大市场的巴比伦神庙祭司和工商业贵族们，打开城门欢迎波斯军队进入巴比伦城。这样，新巴比伦不战而降，落入波斯之手。从此，两河流域就在波斯帝国控制之下。

◎古巴比伦空中花园

这是后来人们根据文献记载而描绘出的巴比伦空中花园的大致模样。"空中花园"也叫"架空花园"或"悬空花园"，这些称呼都是希腊语"库列马斯图斯"一词的意译，可直译为"梯形高台"。

以色列犹太王国

巴勒斯坦位于地中海东南岸，北面与腓尼基接壤，西南面连接西奈半岛，东面是叙利亚草原。公元前 30 世纪，迦南人居住在这里，因此这个地区也叫迦南。约公元前 1900 年，希伯来人的祖先亚伯拉罕率领族人从两河流域来到迦南。迦南人把这些新来的游牧人群称为"希伯来人"，意为"从河那边来的人"。后来迦南发生了大旱灾，为了逃避灾荒，一部分希伯来人在亚伯拉罕之孙雅各的带领下迁到埃及居住，在此后的 400 多年里，饱受埃及法老的剥削和奴役。公元前 13 世纪，不堪忍受这种悲惨境遇的希伯来人在其领袖摩西的带领下，历经千难万险迁出埃及。此后又在其继承人约书亚的率领下返回了迦南。

◎带领以色列人走出埃及的摩西

在迦南，希伯来人与迦南人不断发生冲突。经过长期战斗，希伯来人占领了迦南人的许多土地，一部分迦南人与希伯来人逐渐融合，一部分迦南人则长期与希伯来人为敌。在征服迦南的过程中，希伯来人形成两个部落：北方的以色列和南方的犹太。公元前 13 世纪末，海上民族腓力斯丁人占领了迦南的西南沿海地区。这些海上民族称他们居住的地区为巴勒斯坦，意为"腓力斯丁人的土地"。后来希腊史学家就把全部迦南叫作巴勒斯坦，即现在的巴勒斯坦地区。

希伯来人同腓力斯丁人之间进行的战争异常激烈。在战争中，希伯来两大部落联盟需要加强联合，其首领也需要扩大和集中权力，这就加速了希伯来人国家的形成。到了公元前 11 世纪，希伯来人终于建立了本民族的王国——以色列犹太王国。从此，他们的历史由前王国时期（前文明时期）进入王国时期（文明时期）。

·犹太民族与耶路撒冷·

在犹太民族的悠久历史中，从公元前586年的以色列被巴比伦征服开始，大部分犹太族群的栖身地都远离耶路撒冷。甚至在更早的公元前722年，以色列12族中就有10族被亚述人所掳，并被周遭的民族同化。然而犹太人相信，上帝的许诺是针对所有以色列人，因此终有一天12族人都会重回应许地，大卫之城将再度成为犹太世界的首都。这样的等待在20世纪终于有了结果，犹太人逐渐领悟到必须要拥有自己的土地，于是便在1948年创建了现代的国家以色列。

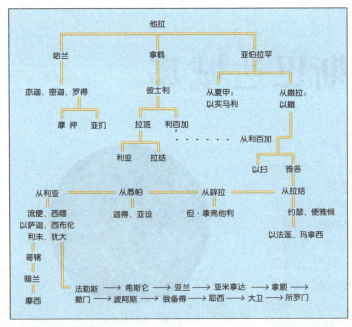

◎ 以色列族长家谱图

扫罗（公元前 1030 ～ 前 1010 年在位），是以色列犹太王国的第一个国王。他是从北方以色列各部落中选举出来的。扫罗在位时把 12 个部落统一起来，并组织了一支强有力的军队。这支军队在同腓力斯丁人作战中，取得了许多次胜利。但扫罗和他的 3 个儿子都先后在战争中阵亡。后来，南方犹太部落联盟首领大卫（公元前 1010 ～ 前 970 年在位）当了国王。在他的领导下，以色列犹太人彻底打败了腓力斯丁人，建立了一个统一而又强大的以色列犹太王国，并且将首都定在耶路撒冷。大卫死后，其子所罗门（公元前 970 ～ 前 931 年在位）即位。他统治的时代是以色列犹太王国的鼎盛时期。所罗门大力发展外交和外贸，并与埃及结盟，娶埃及法老的女儿为后；他还组成船队在地中海、红海和印度洋上进行商业活动。所罗门为了打破传统的部族界限，把全国划分成 12 个行政区。为显示其君主统治的威力，他还大兴土木，兴建了豪华的宫殿，并为耶和华神修建了一座金碧辉煌的圣殿。

所罗门晚年追求享受，加之长年役使民众建造宫殿和圣殿，引起人民不满，国势渐渐衰落。他死后不久，王国分裂为两个国家。北方叫以色列王国，在撒马利亚建都；南方叫犹太王国，仍以耶路撒冷为首都。

公元前 722 年，以色列王国被亚述帝国所灭；公元前 586 年，犹太王国在巴比伦的攻打下亡国，被俘的一大批犹太人被劫往巴比伦，在那里度过了近半个世纪的囚徒生活，史称"巴比伦之囚"。

公元前 538 年，波斯开国皇帝居鲁士灭亡了新巴比伦，释放了被囚的犹太人。在波斯帝国的支持下，他们返回巴勒斯坦，建立了一个臣属于波斯帝国的、政教合一的神权国家。

◎ 亚伯拉罕献以撒

亚伯拉罕遵守诺言，将心爱的儿子以撒放在祭坛上献给上帝，表现了他对上帝的信仰和顺从，所以他被称为"信仰之父"。

斯巴达城邦

斯巴达城邦位于伯罗奔尼撒半岛南部的拉科尼亚，三面环山，中间有一块小平原。斯巴达的名称可能出自古希腊语"斯巴台"（意为播种地）。由于地处"凹陷的拉凯达伊蒙"河谷地段，故斯巴达又称"拉凯达伊蒙"。

公元前1100年左右，南侵的多利亚人进入拉哥尼亚。约公元前10世纪，由4个多利亚人村庄联合组成了斯巴达城。居住在这一带的多利亚人，便称为斯巴达人。斯巴达城虽名之为城，实际上直到公元前4世纪末也完全没有城墙。有句谚语说："斯巴达没有城墙，男人的胸膛就是斯巴达的城墙。"斯巴达城周围分散居住着被征服的原本地居民，称"皮里阿西人"，即边民。边民为没有公民权的自由民。而占人口绝大多数的国有奴隶被唤作希洛人（一译黑劳士）。

大约在公元前800～前730年，斯巴达人逐渐征服了整个拉哥尼亚地区。此后又经过两次美塞尼亚战争（公元前740～前720年、公元前640～前620年），斯巴达人征服了拉哥尼亚西部的美塞尼亚居民。据希腊神话传说，美塞尼亚最初之王与斯巴达二王之祖原是亲兄弟。当初多利亚人南下，是为了帮助著名英雄赫拉克利斯的后裔三兄弟夺回原属于赫氏的伯罗奔尼撒王位，后来便分立为3个国家：长兄铁美努斯分得亚尔果斯；二弟阿里斯托德穆斯阵亡，由他的两个孪生儿子攸利斯尼斯和普罗克勒斯共同分得斯巴达；幼弟克列斯封提斯分得美塞尼亚。美塞尼亚位于斯巴达以西，土地肥沃，堪称富庶之乡。当斯巴达国家的发展需要大量土地和

◎战斗中负伤的战士在包扎伤口

为了对付、镇压希洛人不断地暴动起义，全体斯巴达人无一例外地被编入军队，全民皆兵，整个社会就像一个大军营。从20岁起正式成为军人，30岁结婚，但白天仍回兵营，直到60岁才可退伍。

奴隶时，这个兄弟邻邦便成了它的猎获物。结果，美塞尼亚居民全部被变成了希洛人。

希洛人被禁锢在斯巴达公民的份地上，当牛做马，辛苦劳作，每年向主人交纳82麦斗大麦及一定数量的油和酒，大约等于收获量的一半。在征服过程中，斯巴达人的氏族制度更趋瓦解，征服者与被征服者之间也产生了尖锐的矛盾。为此，斯巴达推行了一系列政治改革与社会改造活动，形成了层次分明的阶级结构和一整套暴力机器。至公元前7世纪中叶，斯巴达国家最终形成。

斯巴达城邦建立后，其居民的地位分化为3个阶层，即斯巴达人、皮里阿西人和希洛人。斯巴达人是征服者，其成年男子均享有公民权。他们集体占有全国的土地和奴隶。皮里阿西人散居于山区和沿海的村镇之中，这些人没有公民权，不能与斯巴达人通婚，但享有人身自由。希洛人是斯巴达人集

·斯巴达重装步兵·

古希腊军事力量最强的城邦是斯巴达。在斯巴达，每个男人从小就要接受严格的近似野蛮的训练，以使他们长大后成为一个合格的战士。斯巴达重装步兵是全希腊公认的素质最高的士兵。他们头戴铁制的头盔，身穿金属胸甲和皮革护胫，手持带铁头的长矛和镶铜圆盾，腰悬双刃短剑。在战斗时，斯巴达人和着笛声的节奏稳步前进，斗志高昂，毫无惧色。在出征前，母亲会送给儿子一面大盾，说："要么拿着它凯旋，要么躺在上面让人抬着你的尸体回来。"希波战争中，斯巴达人显示出了顽强的战斗作风。温泉关之战，300名斯巴达士兵凭借地利，抗击10万波斯军队，虽最后全部阵亡，但为希腊军队的部署赢得了宝贵的时间。在普拉蒂亚会战中，以斯巴达重装步兵为主力的希腊联军击败了约2倍于己的波斯陆军，将波斯军队彻底赶出了希腊。在长达几十年的伯罗奔尼撒战争中，斯巴达凭借强大的重装步兵，最终战胜雅典，成为希腊的霸主。

体占有的奴隶（一说农奴），他们没有政治权利和人身自由。受到的虐待和迫害异常残酷。斯巴达政府对他们严加监视，操有生杀予夺之权。不论是否有过错，他们每年必须被鞭打一次，以使其不忘自己的奴隶身份。他们穿着国家为他们做的带有特殊标志的服装，随时供斯巴达人取笑、驱打、作践。主人常强迫他们饮过量的烈酒，然后拖至公共场所，以其醉态警诫年轻人；他们还被强迫表演卑鄙可笑的歌舞，不许有任何高尚的表现。斯巴达人经常对外发动战争，战时希洛人必须为主人充当驮运行李、辎重的"牛马"，在军中从事运输、修筑工事等苦役。

为了防范和镇压人数众多的被征服者的反抗，斯巴达人大力强化国家机器，形成了贵族寡头政体。

在经济上，斯巴达以农业为主，工商业比较落后，甚至一度禁止金银作为货币流通，想以此阻抑商品经济的发展来防止两极分化，借以维护公民集体的团结，对付希洛人的反抗。

斯巴达国家实行的是极为严格的军事制度和教育制度，其全民皆兵、重武轻文的程度在世界历史上可以说是空前绝后的。公民从出生之日起就被置于国家的监督和管束之下，人们只有一条出路，就是成为遵纪守法、勇敢坚毅、忠诚谦恭的好公民和优秀军人。斯巴达的青年男子从20岁开始就必须投身于军营生活，除了行军作战就是反复操练，精神上也以培养绝对服从、视死如归的军人气质为首要。由于斯巴达人实行严格的军事训练，所以其陆军成为全希腊实力最强、纪律最严的军队，而文化建树则完全被忽视了。

在对外关系上，斯巴达统治者始终奉行霸权政策。他们采取武力威胁与外交逼迫等手段，逐步制服了南希腊的多数城邦，结成了斯巴达领导下的军事同盟。各盟邦名义上地位一律平等，实际上斯巴达以其强大的军事实力凌驾于其他盟邦之上，斯巴达依靠同盟经常干预他国内政，支持各邦的贵族寡头派。在提洛同盟组成后，斯巴达借伯罗奔尼撒同盟同雅典争夺希腊霸权。

◎ 严阵以待的斯巴达士兵

为了镇压希洛人的暴动起义，斯巴达人全民皆兵，婴儿从出生就要接受严格的训练，直到将其训练成有强健体魄的武士。如上图所示，他们紧握手中的盾牌，时刻准备为保卫国家英勇献身。

梭伦改革

雅典位于希腊半岛东南的阿提卡半岛上，依山傍海。全境多山，山岭将半岛分割成3个相邻的小平原，阿提卡平原居其中。沿海有曲折的海岸线和优良的港湾。

公元前1600年前后，爱奥尼亚人就来到阿提卡，与当地皮拉斯基人混居。在雅典卫城内发现的宫殿遗址表明，阿提卡早在迈锡尼文明时期已经出现国家，但随着迈锡尼文明的崩溃而消失。

公元前12世纪，多利亚人南下时并未侵入阿提卡，但多利亚人的南侵影响了迈锡尼各邦，一些居民为躲避战乱纷纷逃至雅典居住，他们成为雅典原有氏族之外的居民。由于居民混杂，原有的氏族管理机构的作用大减。为适应形势的变化，雅典出现了传说中的第10代"王"（巴赛勒斯）提修斯的改革。提修斯改革以"联合运动"的方式，废除了阿提卡各地的议事会和行政机构，设立了以雅典为中心的中央议事会和行政机构；提修斯还根据出身和职业，将全体居民分为3个等级：贵族、农民和手工业者。通过改革，氏族部落管理机构正式发展为贵族独占的国家机构。

这个刚刚诞生的雅典城邦是贵族统治的国家，统治机构有执政官、贵族会议和公民大会。统治机构建立后，氏族贵族便利用自己的垄断政权残酷地剥削、压迫平民。平民的处境日益恶化，他们或将土地抵押给贵族沦为"六一汉"（因为他们为富人耕田，按此比率纳租），或变为债务奴隶，或流亡国外。这种情况使贵族与平民的矛

·陶片放逐法·

陶片放逐法是古希腊雅典等城邦实施的一项政治制度，由雅典政治家克里斯提尼于公元前510年创立。约公元前487年左右，陶片放逐法才首次付诸实施。通过这项制度，雅典人民可以把企图威胁雅典民主制度的政治人物逐出雅典。

盾激化，社会动荡不安。公元前6世纪初，平民准备以暴力推翻贵族政权，内战一触即发。在这紧要关头，得到大多数公民支持的梭伦被推举为"执政兼仲裁"，受命调停矛盾。

梭伦（公元前640～前558年）出身于贵族家庭，他的父亲因为乐善好施，到他年轻的时候，已是家道中落。梭伦一面外出经商，一面游历。尽管他以经商为业，也逐渐富有起来，但他却坚信道德胜于财富，所以其兴趣不在赚钱上，而主要是利用出外旅行的机会考察社会风土人情，获取知识和经验。在此期间，梭伦漫游过希腊和小亚细亚的许多名胜，结识了著名哲学家泰勒斯等人，并以谦和的美德而被誉为古希腊"七贤"之一。他到任后，拒做僭主，主张以法治国，曾先后颁布了一系列政治、经济等方面的改革法令。

政治改革包括：①将全体雅典自由民按财产多少分为4个等级并规定相应的权利和义务。地产年收入在500麦斗（1麦斗约合80千克）以上者为第一等级（500斗级），300～500麦斗者为第二等级（骑士

级），200～300麦斗者为第三等级（双牛级），200麦斗以下者为第四等级（雇工级）。工商业者的货币收入也可折合为地产计算。国家的高级官员由第一、二等级的富有公民担任。第三等级公民可担任四百人议事会议员等低级官职，第四等级只能参加公民大会和民众法庭的活动；②确立公民集体立法的原则，提高公民大会的权力；③新设四百人议事会和民众法庭两个重要机构。经济改革包括：①颁布"解负令"，取消以土地为抵押的债务，废除债务奴隶制；②禁止小麦出口，鼓励橄榄油输出；③推行货币改革，实行流通于爱琴海区域的优卑亚币制，以利于对外贸易；④为防止土地再次集中，规定公民占有土地的最高限额（因史料不足未留下限额的具体数额）；⑤因地制宜，发展经济。

梭伦改革打击了旧的氏族贵族，消灭了债务奴隶制，恢复并稳定了独立的小农经济，为雅典公民形成自主独立的公民意识奠定了坚实的经济基础，也使雅典奴隶制开始向高级阶段发展；改革打破了贵族对政权的垄断，大大提高了工商业奴隶主阶层的政治地位，使普通公民可以参加决定国家命运和自身利益的政治活动，促使雅典政体从贵族政治向民主政治过渡；改革对工商业的发展，采取了一些鼓励的措施，也为雅典的经济繁荣创造了良好条件。梭伦的改革把雅典引上了建立奴隶制民主政治和发展工商业的道路。早在公元前621年，执政官之一的德拉古就曾制定过一部成文法典，但内容过于严酷，它甚至将偷窃蔬菜、水果以至懒惰都定为死罪。雅典人发现，如果真的照那部法典行事，他们还没有足够的绳索把所有罪犯绞死。所以有人说，"德拉古的法律不是用墨水写的，而是用血写的"。

相较于德拉古，梭伦是一位温和的立法者，他所制定的雅典法较有人道色彩。他在改革中不走极端，奉行不偏不倚的中道政策，从公民整体利益出发，对平民和贵族的要求既满足又不完全满足，用他自己的话说就是："我所给予人民的适可而止，他们的荣誉不减损也不加多，即使是那些有势有财之人也一样，我不使他们遭受不当的损失。""我制定法律，无贵无贱，一视同仁，直道而行，人人各得其所。"在梭伦改革后的一百余年里，雅典始终遵循他所开辟的政治改革道路，终于成为一个经济繁荣、政治民主、文化昌盛、国力强大的希腊超级城邦。

◎ 这幅绘画表现了梭伦改革前夕，古代贵族展开激烈辩论的场面。改革期间，每天都有人找到梭伦，对新法表示赞同或指责，或建议增加某些条文、删除某些条文。为了摆脱这种困境，任期届满后他便出国漫游去了，此后再未进入政坛。

摩揭陀王国

约公元前 6 世纪初，印度次大陆的部落大多过渡为国家，这样的小国有数十个。经过兼并战争，出现了 16 个大国，如鸯伽、摩揭陀、居萨罗、迦尸、跋祇、末罗、跋沙、居楼、般阇罗、阿般提、犍陀罗等。这一历史时期诸邦林立，史称列国时代。也有人考虑到佛教的兴起和巨大影响，将佛陀所生活的公元前 6 ~ 前 5 世纪称为佛陀时代。

在互相争雄的十六国中，恒河中下游的居萨罗、迦尸、摩揭陀等国逐渐成为当时最重要的国家。最初，迦尸强盛一时，同居萨罗进行了长期的争霸战争。后来，居萨罗征服迦尸，发展成为强国。与此同时，摩揭陀开始强大起来，并逐渐走上向外扩张的道路。

摩揭陀位于今比哈尔邦南部。约前 9 世纪时，婆罗多族的两支后裔居楼族和般度族之间曾发生一场大战，当时北印度的很多部落都被卷入进去，这在《摩诃婆罗多》大史诗中有生动描述。在那场大战中，摩揭陀部落是般度族的同盟者，后由部落转变为城邦。频毗婆罗（即瓶沙王，公元前 544 ~ 前 493 年）是摩揭陀历史上第一位著名的国王，他通过联姻与居萨罗、跋祇等国建立了友好关系，同时又用武力征服了位于恒河三角洲的鸯伽国。据说，他曾管辖 8 万个村镇，并在这些村镇设有村长和村议会。在中央，他设立了一个由 8 万个村长组成的大议会。这种说法显然有些夸张，不过也透露出这样的情况：摩揭陀国可能是由许多村镇以某个政治中心组成的。另外，他还在中央设立了分别

管理行政、司法和军事的机构。由于这位国王信奉佛教，首都王舍城便成了当时保护和传播佛教的中心。频毗婆罗王之子阿阇世（公元前 493 ~ 前 462 年）开始反对佛教，后来也成为佛教信徒。

阿阇世有个恶友提婆达多，是佛陀的堂弟和弟子，后来背叛佛陀，企图借助王权的力量以分裂僧团。他自知频毗婆罗王信仰坚定，便极尽巧言蛊惑之能事，教唆阿阇世弑父篡位。阿阇世果然听信他的话，将父王幽禁于七重暗室中，不许任何臣子接近。王后韦提希被特许探视，于是，她

·吠陀文学·

约公元前20世纪中叶，印度吠陀文学开始出现。"吠陀"一词原意为"知识"，后转化为对婆罗门教、印度教经典的总称。从广义上来说，它是古代西北印度用梵文写成的对神的诵歌和祷文的文集，其中包括《吠陀本集》《梵书》《森林书》《奥义书》。从狭义上讲，吠陀仅指《吠陀本集》，共分4部：一为《梨俱吠陀本集》；二为《娑摩吠陀本集》，将《梨俱吠陀本集》中的绝大部分赞歌配上曲调，供祭祀时歌唱，共载入赞歌1549首；三为《夜柔吠陀本集》，主要说明出自《梨俱吠陀本集》的赞歌在祭祀时如何运用；四为《阿达婆吠陀本集》，共20卷，载入赞歌730首，记录了各种巫术和咒语，其中杂有科学的萌芽。吠陀经书在世界文学史上占有一定地位，也是研究印度古代史的重要资料。

沐浴后把用酥油、蜂蜜和的面涂在身上，又将所佩戴的璎珞中空之处盛满葡萄汁，用这样的方法带食物给频毗婆罗王。阿阇世闻知大怒，手持利剑，又欲杀害其母。赖两位大臣冒死劝谏，方才罢手。

韦提希王后忧伤憔悴，不久便死去。韦提希是居萨罗王国的公主，她出嫁时曾带来迦尸村庄做陪嫁。阿阇世倒行逆施，导致同居萨罗的关系紧张起来。居萨罗王要求收回陪嫁的迦尸村，两国因此而发生战争。战争中互有胜负，最后以和解告终。

其后，阿阇世又发动了对跋祇长达16年的战争。跋祇为了对抗摩揭陀，同末罗共和国和迦尸－居萨罗王国结成同盟，但最终被击溃，跋祇亦为摩揭陀吞并。阿阇世遂成为东印度的霸主。其间，他还修建了军事要塞华氏城（今帕特那），后来发展为一座重要城市。

阿阇世杀父后，心中渐渐生出悔意。一次，他梦见父王托梦给他，以佛陀的慈悲对他表示原谅，并要他早日悔悟，走上光明的正道。他心中像有块大石头压着，又不时被悔恨啮嗜着，不久身上便长满痈疽。前来诊视的名医耆婆告诉他，他的病"系从心生"，要他照佛陀惭愧忏悔的法门，向佛陀座前告白忏悔，以求得救度。阿阇世在耆婆引导下来到佛陀静坐的讲堂，真诚地坦白了自己所犯忤逆重罪，请求佛陀慈悲救济。经佛陀开示，勉其自新，多行仁政，从而解脱得度。

皈依佛陀后，阿阇世王"维护佛教教团甚力"。相传，正是在他的大力赞助下，佛教于王舍城外毕波罗窟举行了第一次"结集"，首次写定佛教经典。

阿阇世之后，先后有4位继位者都是弑父称王的。最后一位残暴的国王被市民起义推翻，大臣希苏那伽被拥立为王。从此开始了希苏那伽王朝（公元前414～前346年）的统治。希苏那伽统治时期，摩揭陀出兵征服了阿般提，国势逐渐强大起来。其子迦腊索伽统治时，把首都迁至华氏城。约公元前346年，出身低微的摩诃帕德摩·难陀杀死希苏那伽王朝末王，建难陀王朝（公元前346～前324年）。在难陀王朝统治时期，摩揭陀基本上统一了北印度。南印度的羯陵伽和德干高原的某些地区也被纳入摩揭陀的版图。难陀王朝的末王达纳·难陀统治时期，摩揭陀兵力强大。达纳·难陀贪婪无度，横征暴敛，引起平民的不满。公元前324年，难陀王朝被旃陀罗·笈多推翻。

◎印度战象

在难陀王朝时期，印度国力强盛，拥有战象6000头。国王也视大象为国宝，拥有1000头身躯如大山般伟岸、气势如魔鬼般凶悍的大象。图中带有多重拱顶的棚厩是圈养国王珍贵大象的场所。

孔雀王朝

旃陀罗·笈多出身低贱，传说出身于一个饲养孔雀的家族。后来，他在卓越的政治家考底利耶的辅佐下，组建了一支军队，把驻守在印度西北部旁遮普地区的马其顿、希腊侵略军打败，随即称王。接着他又率军东征，灭了难陀王朝，建立了一个根据其家族名称而命名的新王朝——孔雀王朝（公元前321～前187年）。孔雀王朝通常称孔雀帝国（又称摩揭陀帝国）。在孔雀王朝统治时期，古代印度进入帝国时代。

旃陀罗·笈多在位期间（公元前321～前297年），塞琉古王国一度想恢复在印度的统治。公元前305年，塞琉古领兵侵入印度，但遭到失败，被迫将今阿富汗、卑路支一带的大片土地割让给孔雀王朝，

◎栏盾上的孔雀装饰

孔雀长久以来被印度尊为"国鸟"，象征着吉祥如意。据有些学者所称孔雀王朝"Maurya"就是由"mayura（孔雀）"这个单词发展而来的。这个图案见于桑奇大塔第2塔栏盾的大印章上。

还把一位希腊公主嫁给旃陀罗·笈多。旃陀罗·笈多则送给他500头战象作为回报。

旃陀罗·笈多晚年笃信耆那教，后来抛弃王位出家，终于按着耆那教的教义慢慢绝食而死。他出家后，其子频头娑罗（公元前297～前273年）继位。频头娑罗继续东征西讨，佛教文献说，他曾经杀死16个君主并夺得他们的土地。

旃陀罗·笈多之孙阿育王是印度历史上最重要的一位国王。在阿育王时代（公元前273～前232年），孔雀王朝达于鼎盛。

据佛教传说，佛陀在世时，已对未来阿育王的出世做过授记。说是有一天，佛陀在弟子阿难陪侍下入王舍城乞食，一童子将一把细沙作为施舍放入他的托钵，说："喏，给你麦面！"佛陀微笑点头。阿难不解，佛陀解释道："这个小孩以麦面供养佛，在我灭度后100年，他将于巴连弗邑（即华氏城）转世统领一方，为转轮王，姓孔雀，名阿育，以正法治化国家；还要广布我的舍利，造八万四千塔，安乐无量众生。所以我笑。"佛陀还随口诵出一首偈语：

于我灭度后，是人当做王。

孔雀姓名育，譬如顶生王。

于此阎浮提，独王世所尊。

阿育王是频头娑罗王的一个妃子所生。他出生的那天恰为除忧日，故名"无忧"，音译为"阿恕伽"或"阿输迦"，汉译作"阿育"。阿育幼时相貌丑陋，皮肤粗如黄沙，传说即其前世曾向佛陀施舍沙土的缘故；又因生性顽劣，不得父王欢心。按有的史籍记载，恒

叉始罗城叛乱时，频头娑罗派他去平叛，但所有军需装备等均不予提供，实际上就是让他去送死的。然而，想不到智勇兼备的阿育王竟使怛叉始罗人闻风归顺。

频头娑罗晚年，怛叉始罗再度起义，太子修私摩被派去镇压，未能完成使命，致使频头娑罗忧虑成疾。后又改派阿育王，阿育王的谋士让他装病，拒不应命，并乘频头娑罗病重之机将其控制，胁迫致死。而后利用到手的王权，大杀昆仲。其父王死后4年，阿育王才举行正式灌顶登基大典。

约公元前262年，阿育王大举征讨羯陵伽。羯陵伽被征服后，除半岛极南端以外的整个印度，悉入孔雀帝国版图。其疆域北起喜马拉雅山，南到迈索尔，东抵阿萨姆西界，西达兴都库什山，成为印度历史上第一个幅员广大的统一帝国。

阿育王尤其注重佛教的教化作用，定佛教为国教，任命达摩官吏巡回各地以宣扬大法。他到处兴建佛寺、佛塔，亲自巡礼佛迹，还命石匠把他的谕令刻在岩壁和石柱上。在这些被称为"阿育王诏敕"的铭文里，他赞扬佛教，晓谕其子民皈依佛教，并将宽容、仁慈和非暴力的佛教精神体现到日常生活中。他明令禁止狩猎和斗兽活动，废除屠杀牲畜献祭求福的习俗，并专门设立了动物医院。佛教徒称他为"转轮圣王"。他虽是热心的佛教徒，但也不排斥其他宗教，耆那教、婆罗门教等同样受到保护。由于他的懿德善行，人们改称他为"白阿育王"和"法王无忧"。

公元前253年，阿育王召集佛教上层僧侣在华氏城举行佛教史上第3次结集，整理编纂了经、律、论三藏佛经。为了弘扬佛法，他还派出包括王子和公主在内的大批使者和僧侣，到邻近的国家、地区传教。印度公主在去锡兰（今斯里兰卡）传教时，不仅带去了许多僧侣和佛典，还带去了一枝神圣的菩提树树枝，这棵菩提树在锡兰一直生长到今天。经过一番宣传和使节往来，佛教不仅传遍锡兰，而且很快传到埃及、叙利亚、缅甸、中国和世界其他地方。

◎印度阿育王石柱　公元前3世纪
这根光滑异常的砂岩石柱是阿育王下令在今尼泊尔边境附近修建的佛教建筑，高达32英尺，重50吨，石柱顶部刻有一头威武的坐狮。阿育王下令将他的佛教谕令刻在石柱或岩壁上，以此来晓谕广大疆域内的臣民们。

·印度教·

印度教是世界上最古老的宗教之一，是过去3000年来在印度本土所发展起来的生活文化的总体，至今仍为印度大多数民族所信奉，在印度所拥有的信徒人数凌驾于其他宗教，几乎占总人口的83.5%。而古代神话之中的神灵今天依然是他们崇拜的偶像，透过这些神灵可以更直接地了解印度人对印度教的顶礼膜拜。

一般来说，印度教是多神教，最崇高的是来自大梵的三圣神，即创造宇宙之神梵天、维护宇宙之神湿婆和毁灭宇宙之神毗湿奴。其中毗湿奴的化身特别受到崇拜，最普通的两位便是罗摩和黑天。此外毗湿婆的妻子吉祥女神、猴神哈奴曼、象头神嘉涅夏等都是普遍受欢迎的神灵。

显然，印度教拥护很多神灵，但就本质而言，它可说是一神教。一个印度教徒所向往的最高目标就是努力达到至善至真的境界——太一（梵我合一），将之神性化就是湿婆或毗湿奴的至高形式。

波斯大帝国

公元前 6 世纪，处于米底统治之下的波斯，有 6 个农业部落、4 个游牧部落。公元前 6 世纪，波斯人在居鲁士（公元前 558 ~ 前 529 年在位）的领导下，经过 3 年的浴血奋战，于公元前 550 年灭掉米底，并建立了波斯王国，定都波斯波利斯。

居鲁士保留了米底人的大多数法律和法规，对于阿斯提阿格斯王，也未予加害，而是仍以国王的礼遇对待他，并对他的忠告言听计从。

在米底帝国的基础上，居鲁士依靠外交手段和军事实力，逐步向外扩张。公元前 546 年，灭小亚细亚的强国吕底亚，进而采取分化和征服的政策，使小亚细亚西部沿海各希腊城邦臣服。次年，向东占领赫拉特及阿富汗北部等地，并一一置省；又渡乌浒河（今阿姆河），直至药杀水（今锡尔河），在其南岸修筑 7 个城，连成一道防线。公元前 539 年，进军美索不达米亚，一箭未发就使新巴比伦面北称臣，同时将叙利亚和巴勒斯坦一并划入波斯版图。

公元前 529 年，居鲁士在中亚细亚战败身亡，其子冈比西斯（公元前 529 ~ 前 522 年在位）即位后继续奉行扩张政策。正当冈比西斯远征埃及时，公元前 522 年 3 月，原米底的一个拜火教僧侣高马达乘机发动政变，假冒冈比西斯之弟巴尔迪亚，以其名义篡夺了王位。其实，巴尔迪亚早已被骄横暴戾的冈比西斯秘密杀害了。高马达夺取政权后，利用平民力量打击氏族贵族，宣布减免赋税和兵役 3 年。帝国境内各被压迫民族竞相效仿，纷纷宣布独立，一时四方扰攘，天下大乱。

大流士随冈比西斯出征埃及期间，任万人不死军总指挥。冈比西斯惊闻国内有变，急忙赶回波斯，不料因误伤而死于归国途中。危急关头，年仅 28 岁的大流士与另外 6 名贵族杀死高马达，最终大流士利用智谋登上了波斯王位，称大流士一世（公元前 522 ~ 前 485 年在位）。

大流士执政后，平定了各地此起彼伏的暴动和起义，恢复了帝国的统治。他从公元前 518 年起进行了一系列大刀阔斧的改革。他在被征服地区普遍置行省，每个行省设总督、将军和司税收的大员各一人，

·波斯文化·

波斯文化是开放的，带有鲜明的多样性和兼容性。波斯人热切地从臣服他们的各民族的文化和艺术中汲取灵感，自愿地把外来特色与本地传统相结合，成功地创造出一种风格。波斯国王大流士大帝时期就曾采用古波斯语、巴比伦语、埃兰语和埃及语四种语言；波斯波利斯宫殿建筑中出现的两头巨大的带翅膀的石雕公牛就是源于叙利亚迷人的动物寓言；波斯波利斯的浮雕图案塑造了各民族人物的形象，可以看出，精细完美的雕刻风格和技艺受到了希腊、埃及等地的艺术影响；而阿帕那的石柱又带有明显的希腊风格。这一切表现了波斯文化的国际化。

各大员直属国王。另置钦使，即所谓"国王耳目"，建立起庞大的间谍侦察网，使中央得以有效地控制地方。为强化王权，他还制定了一套森严的宫廷制度：国王上朝时，头戴金皇冠，身着绛红长袍，腰系金丝带，手握金权杖，威仪赫赫，高高在上。身后则有大群高擎仪仗的侍嫒和侍卫。对朝见的大臣，也要用帷幕与之隔离开来，为的是避免被其呼吸所亵渎。

大流士实行军权独立制度。他把全国分成5个大军区，军区的长官直接听命于国王，其他任何人无权调动军队。他将军队编成万人不死军、千人团、百人团、十人队四级，以波斯人为核心组成步兵和骑兵，以腓尼基水手为骨干建成一支拥有600～1000艘战船的水军舰队。国王另有"无敌"近卫军1.2万人，是波斯军队的核心。

大流士还在统一铸币制度、修筑驿道及宗教改革上做出了不菲的成绩。

波斯波利斯是波斯帝国大流士一世下令建造的都城，希腊人称这座都城为"波斯波利斯"，意思是"波斯之都"。这座显赫一时的都城规模宏大，始建于公元前522年，前后共花费了60年的时间，历经三个朝代才得以完成。薛西斯一世时期建造了大部分的波斯波利斯，到了阿尔塔薛西斯一世时期这座象征着波斯帝国辉煌文明的伟大城邦终于完成。一直到公元前330年，亚历山大大帝攻占了这里，在疯狂的掠夺之后无情地将整个城市付之一炬，波斯波利斯就这样毁于一场大火。遗留下来的是一片气势雄伟的遗迹，背靠着光秃秃的赫马特山，雄踞在高出平原15米的天然石平台上。平台长448米，宽297米，所有的

◎波斯波利斯王宫遗址全景
大流士时代的波斯帝国是地跨亚、非、欧三大洲的空前大帝国，领土辽阔，经济繁荣，盛极一时。在其新都波斯波利斯，他将宏伟的王宫建筑在巨石垒成的高台上，内有听政殿和百柱大厅，轩敞气派，金碧辉煌。

建筑物都建在平台之上。平台的西北端有阶梯，阶梯宽7米，共有111级石阶，每级石阶只有10厘米高，足以让人骑马上去。阶梯的尽头是"万国门"，也叫"薛西斯门"或者"波斯门"。在平台上，有两段巨大的仪式用阶梯，它们分别通向觐见大殿的北面和东面，是波斯波利斯最宏伟壮观的景象之一。阶梯上饰有大量浮雕，刻画了波斯帝国民族服饰各异的朝贡者列队前进的场面。那时的波斯帝国共有35个属国、23个民族。浮雕上的来自不同属国和民族的朝贡团或是手捧金银珠宝，或是牵着狮子、麒麟、双峰骆驼，等等，反映了波斯帝国繁荣昌盛的景象，以恢宏的方式呈现了波斯帝国的壮丽威严。

从居鲁士建立波斯王国到大流士执政，前后仅28年时间，波斯即从一个蕞尔小邦成长为古代世界第一个地跨亚、非、欧三大洲的大帝国。

公元前334年，马其顿的亚历山大大帝率军东侵波斯，波斯军队节节溃败，大流士三世在逃亡途中被杀，延续两百多年的波斯帝国至此灭亡，西亚、北非的古代文明也随之宣告终结。

古代印度艺术

在古代印度的文学作品中，最著名的要数《摩诃婆罗多》和《罗摩衍那》这两部史诗。前者的基本内容大约形成于公元前 5 世纪，最后编订于 4 世纪，传说作者是毗耶娑（广博仙人）；后者的基本内容可能形成于公元前 4 世纪，最后编订于 2 世纪，传说作者是跋弥（音译）。《摩诃婆罗多》（"摩诃"意为"伟大的"，"婆罗多"是古代印度的王族名）共有 18 篇，长达 10 万颂（一颂两行诗，每行 16 个音）。

故事的主要内容是：古代印度的一个国王是盲人，国事全由弟弟处理。这位国王有 100 个儿子，组成俱卢族。这位国王的弟弟有 5 个儿子，组成班度族。国王弟弟死后，他的 5 个儿子全由国王抚养。五个兄弟个个武艺高强，遭到俱卢族兄弟的忌妒，一次又一次地受他们的迫害。双方各找了些盟国进行决战。印度半岛上几乎所有国家都参加了这次战争。战争进行了 18 天，俱卢族和 18 支盟军全被击溃，老国王的 99 个儿子都在战争中被杀死，太子逃脱后最后也被杀死。班度兄弟割下他的头颅，喝了他的血。由于相互残杀，血流成河，尸横遍野。班度兄弟决定与俱卢族讲和，化战争为和平，化仇恨为友谊。该史诗是一部诗体百科全书，汇集了当时印度的政治、经济、社会、历史、宗教、伦理、哲学、文学等方面的知识，为印度后世文学艺术创作提供了大量的素材。

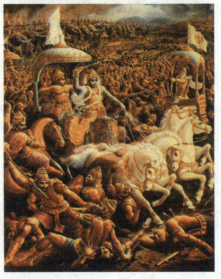

《罗摩衍那》（亦译《腊玛延那》）意为"罗摩的漫游"。全诗共 7 篇，2.4 万颂。写的是居萨罗国阿逾陀城十车王的儿子罗摩与妻子悉多悲欢离合的爱情故事。罗摩本应继承父位为王，但遭到继母陷害，被放逐到森林，并在那里住了 14 年。

◎《摩诃婆罗多》史诗

右图描绘了《摩诃婆罗多》史诗中讲述的般度族与居楼族之间的一场大战：站在马车上的射手是般度族的一位王子，毗湿奴的第八个化身黑天则伪装成一位驭手。上图中他和般度王子吹响了发出奇异声音的贝壳号角。此役双方都以严重的损失告终。

◎古印度大窣堵波前的雕像

在此期间，他因经常追杀恶魔而激怒了魔王罗婆那，罗婆那设计将罗摩的妻子悉多劫往楞伽岛。后来罗摩在大猴王的帮助下，打败和杀死了魔王罗婆那，救出悉多，一起回国复位。这部史诗生动曲折，在艺术上独具特色，对世界文学产生了很大的影响。

《佛本生经》是一部民间故事集，它具有很高的艺术品位。该书有500多个故事，写的是佛陀前生前世的一些事迹。尽管一些故事被佛教徒进行过加工，但仍保留着民间故事的特征，其寓意深刻，爱憎分明。它约在公元前3世纪编成。

古代印度雄伟的建筑和精美的艺术，大都开始于孔雀王朝，其中以桑奇建造的大窣堵波（即佛塔）最为著名。这座名为桑奇大塔的建筑是一个直径约36.6米的半圆形房子，顶端有一平台，台上有一方坛，坛上立有伞形柱。该建筑是用来奉祀佛骨的，是敬拜佛的地方。大塔有4个大门，每个门雕刻着栩栩如生的以佛教为中心题材的画面。其中以大塔东门上的"树神托架像"最为典型。这位美丽的女神双手托着繁茂的大树，扭动的身躯形成"S"形，外轮廓线给人以节奏韵律感。这件人体雕像接近人体比例，具有写实性，对性部位也无遮掩，被誉为印度东方美的典型作品。

阿旃陀石窟是亚洲最早的石窟，始凿于公元前1世纪，完成于7世纪。阿旃陀石窟艺术是印度佛教艺术的集散地，是东方石窟艺术的源头。该石窟位于海德拉巴省温德亚山脉深山中，开凿在距地面100多米高的山腰间，共有29窟。阿旃陀石窟的雕刻分佛教造像、装饰纹样。其中佛教造像可分早、中、晚3期，由于风化严重，早期雕像已很难辨识，中期雕刻手法趋于成熟，出现了许多精品，如16窟中的说法佛、19窟中的列柱和板框上的采花女子像及蛇王像等，技艺精熟，为石窟造像之佼佼者。后期雕像，规模扩大，人物的刻画更加细腻精巧，形态也更加优美。壁画是阿旃陀石窟中最为引人瞩目的艺术作品，是印度古代壁画的重要代表。画面上描绘的众多的妇女形象，体态丰满，姿态优雅，形象高贵典雅，反映了印度古典艺术的美学思想。早期壁画人物造型、表现技法较之同时代的其他遗迹中的佛教艺术有明显的进步。中期壁画正值笈多王朝文化艺术的鼎盛时期，画面构图壮阔繁密，布局紧凑和谐，色彩典丽，注重人物的神情刻画和意境的表达，人物描绘手法精细，注重姿态的变化，其中女性的描绘尤其艳丽动人。另外，各窟的装饰壁画，如卷云、蔓草、莲花及小动物等，设计巧妙，想象丰富，色彩鲜艳，对比强烈。到了晚期，壁画创作在艺术上更臻完善。阿旃陀石窟是建筑、雕刻、绘画三种艺术完美结合的典范，是世界艺术的宝库。

·印度舞蹈·

舞蹈是印度古老信仰中最悠久的艺术，从最早的年代开始印度人就使舞蹈成为他们宗教生活的一部分。古印度人认为湿婆是音乐和舞蹈之神，她的舞蹈是宇宙能量的源泉，使宇宙处于永恒的运动之中，印度的神庙中有许多正在表演的舞蹈者的雕像。被永远定格下来的舞蹈者的舞步和舞姿依然为今日的同行所效仿。

王政时代的罗马

大约在公元前2000年初，来自北方的某些印欧语系部落通过阿尔卑斯山的隘口进入意大利，向南推进，"直至他们建立的村庄和他们的羊群布满这只意大利长筒靴的后跟和鞋尖"。其中在半岛中部台伯河流域拉丁姆地区定居下来的一些部落，称作"拉丁人"。在拉丁人居住的地方曾出现一些有围墙的城寨，位于台伯河畔的罗马城便是其中之一。它以帕拉丁等7个山头村落结合而成，故罗马城又称为"七丘之城"。

关于罗马城的来历，在古罗马民间流传着一个家喻户晓的传说故事。相传，当年希腊联军用"木马计"攻破特洛伊城之后，特洛伊勇士伊尼亚等人逃离了火光冲天的特洛伊城。他们分乘几条船，历经艰险，最后在意大利西海岸登陆。当地的国王把自己的女儿嫁给伊尼亚，难民们也得到安置。以后伊尼亚的儿子继承王位，迁移到台伯河下游，在那里建立了一座亚尔巴龙伽城。

不知又过了多少年多少代，传到依米多尔做亚尔巴龙伽城国王的时候，王位被他的弟弟阿穆留斯篡夺了。阿穆留斯为确保窃取的王位，便强迫依米多尔的女儿西里维亚做了不能结婚的女祭司。事有凑巧，一日，美丽的西里维亚来到一条小河边休憩，路过的战神玛尔斯对其一见钟情，竟使她怀孕，后来她生下一对孪生儿子。阿穆留斯闻知大怒，立即处死了西里维亚，并下令将孩子扔进台伯河淹死。然而，装孩子的篮子却在河口附近被岸边茂密的灌木丛挂住了。兄弟俩的哭声引来一只找水的母狼，于是母狼把他们衔走，给他们喂奶，从而保住了两条小命。再后来，他们被一个牧人发现，抱回家抚养，取名罗慕洛和勒莫。兄弟俩长大后，成为远近闻名的勇士。当他们得知自己的身世后，便率领当地的牧羊人去攻打亚尔巴龙伽城，杀死阿穆留斯，把王位交还给了外公依米多尔。

之后，两兄弟回到牧人发现他们的台伯河畔，在帕拉丁山冈兴建新城。新城奠基之时，兄弟二人却因城市的命名问题发生争执，结果罗慕洛杀害了勒莫，以自己的名字称呼这座城市，后来慢慢就演变成了现在的名称——罗马。至今罗马城仍以一只母狼哺乳两个婴儿的图案作为城徽。

· 古罗马名城 ·

庞贝：位于意大利那不勒斯东南维苏威火山脚下。兴建于公元前8世纪，公元前88年成为罗马的一个行政省（公元79年被维苏威火山湮没）。城内有罗马最大的露天竞技场、公共浴室。

君士坦丁堡：位于欧亚两洲之间的一个三角形半岛上。建于公元前7世纪，公元330年被定为东罗马都城，是古代世界中最伟大的首都之一、西方世界首屈一指的名城。

迦太基：位于突尼斯首都突尼斯东北处。兴建于公元前814年，公元前29年成为罗马行省的省会。它是罗马经济、文化、宗教、政治中心，3世纪中叶开始衰落。目前遗留有露天剧场和安东尼浴室等著名建筑。

罗马从传说中的罗慕洛建城到公元前509年罗马共和国的建立，这一段历史习惯上被称为"王政"时代。王政时代是罗马从氏族社会（父系）向阶级社会过渡的时代。

王政时代的罗马是一个大的部落联盟，也就是罗马人公社。它由3个特里布组成，每个特里布包括10个库里亚，每个库里亚包括10个氏族，共计300个氏族。

王政时代前期，罗马实行"军事民主制"的管理制度。它的主要管理机构有库里亚大会、元老院和勒克斯。库里亚大会即罗马的民众大会，由各氏族的成年男子参加。它有权通过或否决一切法律，选举包括勒克斯在内的高级公职人员，决定战争和审判重大案件。元老院，即长老议事会，由300个氏族族长组成，有权预先讨论向库里亚大会提交的议案，还直接掌握收税、征兵、媾和等重要职权。勒克斯由库里亚大会选举产生，是罗马的军事首长、最高法官和祭司长。王政时代后期，由于铁器工具的普遍使用和受伊达拉里亚文化、希腊文化的影响，社会经济发展显著，财富积累明显，古老的氏族制度面临着瓦解，家长制家庭逐渐从氏族中分化出来，成为社会的基本经济单位，贫富进一步分化，私有制和阶级关系逐渐萌芽。社会上出现了贵族和平民、保护人和被保护人的对立。军事民主制中的民众意志逐渐淡化，王权意志日益增强，罗马社会正在急剧地向阶级社会过渡，塞尔维乌斯的改革，又加速了这一历史进程。

公元前6世纪后期，罗马的阶级分化逐渐加剧，平民和氏族贵族之间的矛盾日趋白热化。第六王塞尔维乌斯（公元前578～前534年在位）为了适应历史潮流，也为了有利于伊达拉里亚人的统治，依靠平民的支持，对罗马社会进行了改革。改革的主要内容有：

重新登记罗马居民，并按财产数量划分为5个等级，这些等级提供数目不等的百人队（森杜里亚）。无产者不入级，他们只象征性地组织一个百人队，共193个百人队。创设百人队大会（森杜里亚大会），取代库里亚大会并代行其职权。百人队的成员都可参加，每个百人队有一票表决权，这样第一等级可以凭借其百人队数量上的优势（98个），操纵表决。把罗马公社按城区划分为4个地域性部落，以取代原来的3个血缘部落。新成立的地域性部落也叫特里布，每一个特里布有自己的首领和统一的宗教信仰。

塞尔维乌斯的改革在巩固了罗马在拉丁姆地区地位的同时，也进一步摧毁了罗马的氏族血缘关系，加速了氏族社会的解体，基本上完成了由氏族制度到国家的过渡。

公元前509年，罗马推翻了伊达拉里亚人"高傲者"塔克文的统治，推举布鲁图和柯来提努为执政官。罗马从此结束了王政时代，进入了共和国时代。

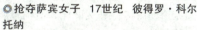

◎抢夺萨宾女子　17世纪　彼得罗·科尔托纳

相传，罗马城建好后，罗慕洛曾邀请邻近各部落前往参加庆典活动。萨宾人最喜热闹和竞赛，所以来的人特别多，还携带着妻子儿女共同来看新建的罗马城。那一天，他们尽兴地玩乐，拼力地参加各项比赛，整个罗马城沉浸在一片欢腾之中。可是，突然间罗慕洛发出了预定的行动信号，罗马的男人们顿时倾巢出动，冲向狂欢的人群，把各自看中的萨宾姑娘抢到手，而用棍棒把他们毫无准备的父兄赶出城去。

希波战争

希波战争是由于波斯帝国向西扩张而引起的。从公元前546年开始，波斯先后征服了小亚细亚各希腊城邦，截断了希腊与黑海的交通，占领色雷斯和黑海海峡。黑海沿岸本是希腊各城邦特别是雅典的粮食供应地、商品销售及奴隶来源的场所。波斯的占领直接威胁着希腊各邦的生存和经济发展。公元前500年，小亚细亚希腊人发动反对波斯的武装起义。首先发动起义的城邦米利都请求希腊半岛各邦协同作战，但仅有雅典和爱勒多利亚派出25艘战舰前来支援。大流士一世派兵于公元前493年攻占米利都，并以雅典人曾援助米利都起义为借口，发动了远征希腊本土的侵略战争。

因此，希波战争的直接原因是波斯对小亚细亚希腊人的压迫及由此引起的反抗和雅典等邦的干预，更深一层的原因则是波斯统治者拓疆辟土的侵略野心及由此产生的对希腊各邦发展造成的严重威胁。

公元前492年夏，大流士一世派水陆两路大军沿色雷斯海岸南下，向希腊半岛进攻，但无功而返。此后，波斯一面继续备战，一面派遣使臣进行外交讹诈，遭到雅典、斯巴达等邦的严词拒绝。

两年之后，大流士一世调集10万大军第二次远征希腊。波斯军在距雅典40多千米的马拉松草原登陆，马拉松会战开始。这是一场力量极为悬殊的较量。

当时，雅典城内仅有1万多名士兵。统帅米太亚得根据马拉松平原三面环山一面濒海，地形狭长的特点，抢先占领了战略要地，

◎ 这幅瓶画表现了一个希腊人被击倒后反戈一击，举剑砍向波斯人的情景。

◎ 列奥尼达斯在温泉关战役中

在温泉关战役中被敌人重重包围时，列奥尼达斯解散了他的部队，只留下300名近卫队员战斗到全军覆没。关于斯巴达人永不投降的说法就来源于他的事迹。

层层设防，封锁住通往雅典的道路，并派士兵中的健将斐力庇第斯去斯巴达求援。斐力

庇第斯星夜赶路，整整两天两夜，跑了240千米，终于9月9日到达斯巴达。而斯巴达国王因宗教惯例，在月圆之夜不能立即发兵。

米太亚得曾在波斯军队服役，非常熟悉波斯军平原作战中央突出的特点。于是他将方阵重兵和骑兵的主力布置两翼，中间安排较弱的方阵重甲步兵来引诱波斯人的进攻。战争一开始，米太亚得指挥中间兵力边战边退，波斯骑兵步步紧逼。等到波斯主力进入伏击阵地后，雅典两翼方阵重兵和骑兵潮水般掩杀过来。波斯军队大败，从海上仓皇逃走。

马拉松战役虽然失败了，但是波斯人西侵的野心还是不能收敛。公元前486年，薛西斯继承王位后，又开始积极备战。公元前480年，薛西斯率领大军50万，战舰1200余艘，又分水、陆两路向希腊进发。

面临波斯军的大兵压境，包括雅典、斯巴达在内的30多个希腊城邦，组成反波斯联盟，一致推举最擅长军阵指挥、最勇猛善战的斯巴达国王列奥尼达斯为统帅。列奥尼达斯决定在温泉关阻止波斯陆军插入希腊腹地，使他们不能与海军会合。

温泉关地势险要，隘口很窄，只能容一辆战车通过，是希腊的一道天然屏障。波斯人连续发动几次进攻，都被顽强的希腊联军击退。波斯人死伤惨重，进军受阻。

就在双方僵持不下的时候，波斯人在俘虏的一名希腊联军士兵带领下，沿秘密小道直插温泉关后方。波斯军长驱直入至中希腊，占领了阿提卡。雅典军民在泰米斯托克利的领导下，同波斯军在萨拉米海湾展开了世界古代史上绝无仅有的殊死决战。经过一整天的激战，雅典海军击败了拥有1000多艘战舰的波斯海军。此战扭转了整个战争局面，奠定了希腊人胜利的基础。希腊军从防御转入进攻，战争进入后期阶段。

公元前478年，对海外利益不感兴趣的斯巴达退出战争，雅典至此取得了领导权。同年冬，主张继续作战的各邦代表会聚提洛岛，正式结成以雅典为首的"海上同盟"，史称"提洛同盟"。这个同盟逐渐变成雅典同斯巴达争霸希腊的工具。与此同时，提洛同盟军队继续同波斯作战，先后占领了波斯在爱琴海域和小亚细亚南岸的许多地方。

公元前449年，雅典与波斯都无力彻底战胜对方，不得不握手言和，签署了停战协定。结果，波斯放弃爱琴海的霸权，允许小亚细亚希腊城邦独立。因雅典谈判代表是卡利阿斯，便把这次和平协定称为《卡利阿斯和约》。至此，希波战争以希腊，尤其是雅典的胜利而告终结。

·《希腊波斯战争史》·

《希腊波斯战争史》常称为《历史》，它的作者是古希腊第一个著名史学家——希罗多德（公元前484～前425年）。全书共9卷，按内容基本上可以分为两大部分，第一部分是序文，叙述了黑海北岸的西徐亚人、希腊城邦及波斯帝国的历史、地理、民族和风俗习惯，导引出东西双方冲突的起源，并记述了希波战争爆发的历史背景。第二部分是主要部分，集中叙述了希波战争的经过和结果，从公元前549年小亚细亚的爱奥尼亚人反波斯统治的起义写到公元前478年希腊人占领色雷斯的赛司托斯城。

《希腊波斯战争史》一书内容丰富，非常生动地叙述了西亚、北非及希腊等地区的地理环境、民族分布、经济生活、政治制度、历史往事、风土人情、宗教信仰、名胜古迹等，宛如古代社会的一部小型"百科全书"。该书是人类历史上第一部具有世界性的通史著作，是第一部用历史叙述体写成的历史著作。希罗多德创立的以史实为中心的记叙体成为后来欧洲历史著作的正规体裁。

特别专题
SPECIAL FEATURE

萨拉米斯海战

温泉关首战告捷后，薛西斯一世决定进军雅典。出乎意料的是，得到手的只是一座空城，雅典人已全部撤走。原来，在雅典的军事战略家提米斯托克利提议下，雅典公民大会决定暂避敌军精锐，把战场转到海上。

在国家危急关头，雅典将成年男子编入军队，将其他居民南撤到特里津城和萨拉米斯岛等地。希腊联合舰队 300 余艘战船，在斯巴达的欧里拜得斯和雅典统帅提米斯托克利率领下，由阿提密喜安海角撤退至狭窄的萨拉米斯海湾，准备迎战波斯舰队。波斯舰队尾追而至，封锁了萨拉米斯海湾东西两个出口。希腊联合舰队进退无路，进一步坚定了团结抗敌背水一战的决心。公元前 480 年 9 月 20 日，萨拉米斯海战正式开始。

欧里拜得斯按照提米斯托克利的建议，立即进行战争准备。他派遣科林斯支队据守西面海峡，斯巴达战舰为右翼，雅典战舰为左翼，其他城邦的战舰在中央，开始向波斯海军发起攻击。

薛西斯封锁萨拉米斯海峡后，首先派 800 艘先锋战舰分成三线一字摆开，向萨拉米斯海峡东端进攻。可是，海峡中间的普西塔利亚岛打乱了波斯军的阵形，波斯海军只好将纵队一

◎图为海神波塞冬青铜像，这是为了纪念希腊在海战中的胜利而创作的。

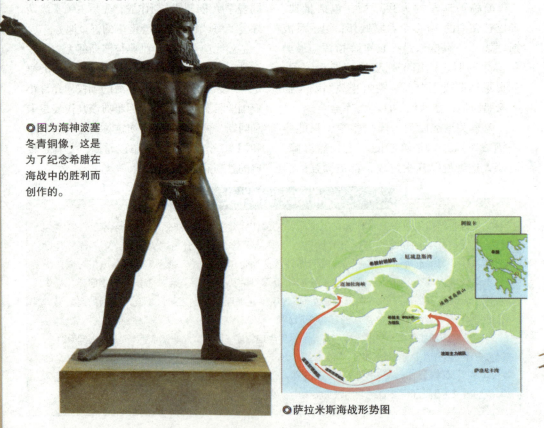

◎萨拉米斯海战形势图

分为二进行攻击。再加上波斯战船体大笨重，在狭窄的海湾运转困难，前进不得，后退无路，因此自相碰撞，乱作一团。

相反，希腊军舰却能在波斯军舰中任意穿梭，因为希腊战舰大多是三层桨军舰，这样的战舰既快速又灵活。

希腊联军抓住时机，充分发挥自己战舰的优势，猛烈攻击波斯舰队。雅典的每艘战舰上载有 18 个陆战队队员，他们不断地向敌舰发射火箭，投掷石块，波斯战舰变成一片火海。更令波斯人惊慌的是雅典船只坚固的构造和特殊结构。雅典战舰船头镶嵌铜冲角，船身安装一根 5 米的包铜横木。希腊人用铜冲角把波斯战舰撞得支离破碎，当战舰紧贴波斯舰飞速冲过时，横木像锋利的刀子一样削断敌舰的木桨。波斯军队只能被动挨打。

经过七八个小时的激战，萨拉米斯海战结束。希腊军大获全胜，击沉波斯战舰 200 余艘，缴获 50 余艘。希腊舰队仅损失 40 艘战船。

此后，以雅典为首的希腊转入进攻，并乘机扩张海上势力，逐渐建立起雅典在爱琴海的霸权。公元前 478 年，雅典舰队占领赫勒斯邦海峡北岸的重镇塞斯托斯，从而控制了通向黑海的要道。同年，雅典联合一批希腊城邦组成海上同盟，夺取色雷斯沿岸地区、爱琴海上许多岛屿和战略要地拜占庭。公元前 449 年，希腊海军在塞浦路斯岛东岸重创波斯军，至此双方同意媾和。同年，希腊和波斯在波斯首都签署了《卡利亚斯和约》，希波战争结束。

◎雅典的三层桨战舰模型
雅典的新式三层桨战舰长 40 ~ 45 米，速度快，机动性强，吃水浅，170 名桨手分别固定在上、中、下三层甲板上。希腊海军发挥自己船小快速的优势，不断向波斯战船做斜线冲击，利用船头一根长约 5 米的包铜横杆，先将敌人的长桨划断，然后掉转船头，用镶有铜套的舰首狠狠冲撞波斯战舰的腹部，波斯战舰就这样一艘一艘地被撞沉。

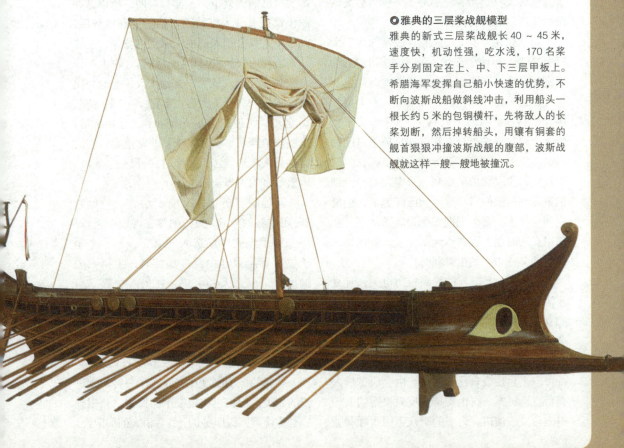

雅典的民主

在当时的雅典，除了奴隶和奴隶主之间的矛盾以外，还有奴隶主内部的贵族派（贵族奴隶主）与民主派（工商业奴隶主）和自由民之间的矛盾。贵族派极力限制民主派和自由民的权力，维护自己的既得利益，而民主派和自由民则千方百计要扩大自己的权力，削弱贵族派的权力。当时雅典当政的是著名的政治家伯里克利，他虽然出身贵族，但却站在民主派一边，经过几个回合的较量，在广大雅典公民的支持下，由贵族派把持的掌握雅典大权的元老院不得不将权力移交给民主派控制的公民大会。

伯里克利为了了解民意，经常深入广大民众之中，和他们交谈，倾听他们的意见。遇到和他意见不同的人当众辱骂他，他也不生气，也不逮捕对方。一天下午，一个贵族跟在他后面，指着他大骂："你这个疯子！你这个混蛋！你出身贵族，却忘掉了自己的阶级，反倒去向那些下等的百姓献媚！"这个贵族一直跟着伯里克利，边走边骂，直到伯里克利的家门口。这时天已经黑了，伯里克利让仆人举着火把把那个贵族送回家。在伯里克利时期，雅典达到了全盛，所以这一段时期又称为"伯里克利时代"。

公民大会是雅典的最高权力机关，凡是年满20岁的雅典男性公民都有权参加，但妇女、奴隶和外邦人则无权参加。每10天公民大会都要举行一次会议，讨论关于内政、外交、战争、和平等重大问题，每一个公民都可以上台发表自己的意见。由会议主持人登台宣读提案，再由支持或反对提案的人轮番上台发表演讲。台下的听众则用欢呼和嘘声来表示赞成和反对，但绝不能打断发言者的演讲，否则将会被驱逐出会场，甚至罚款。上台演讲的人也要尊重别人，否则会被禁止发言和剥夺荣誉。如果几个人同时要求发言，则按年龄大小排序。它的常设机构是500人会议，成员由贵族奴隶主、工商业奴隶主和自由民组成。

公民大会最重要的会议是选举大会。到了这天，会场上座无虚席。以前雅典的法官、军人、议员和公职人员都没有薪俸，连当兵都要自己购买盔甲、武器和马匹，所以这些职位都被有钱人把持着。伯里克利执政后，宣布军人和公职人员由国家发给薪俸，这样一来，普通公民就可以担任法官、军人、议员和其他公职人员了，这就扩大了普通公民的民主权利。选举大会主要选举10名将军、10名步兵统帅、2名骑兵统帅和1名司库员。这些职位涉及军队和国库，非常重要，当大会主持人念到候选人名字时，公民举手表决，得票最多的人当选。

其他的官员如执政官、法官、监狱官等，用抽签的方式决定。抽签在神庙中进行。一个箱子里放着候选人的名字，另一个箱子里放着黑豆和白豆。抽签时，主持人先抽出一个候选人的名单，在另一个箱子里拿一个豆子。如果拿到的是白豆，那么这个候选人就当选了，反之就是落选。

在选举大会两个月后，原来的公职人员开始向新当选的公职人员移交权力。

雅典的民主制度在当时属于一种非常进步的制度，但仍是奴隶制下的民主，归根到底是为统治阶级服务的，具有很大的局限性。

伯罗奔尼撒战争

希波战争后，雅典成为希腊的最大势力，引起斯巴达及其领导的伯罗奔尼撒同盟的不满和敌视。两者不可调和的政治、经济矛盾最终导致了伯罗奔尼撒战争的爆发。

伯罗奔尼撒战争前后历时27年（公元前431～前404年），分3个阶段进行：公元前431～前421年为第一阶段，公元前415～前413年为第二阶段，公元前413～前404年为第三阶段。公元前431年，伯罗奔尼撒同盟成员底比斯袭击雅典盟邦布拉底引发战火。5月，斯巴达国王率领精锐部队6万余人，向阿提卡进军，战争全面爆发。

雅典的统帅伯里克利是位杰出的政治家和军事家，他对局势认识清楚，要想在战争中胜利或逼和斯巴达，必须避其长击其短。于是，他采用陆上取守势，海上则取攻势的对策，命令军队陆战队守为主，派舰船侵袭伯罗奔尼撒半岛沿海地区。

就在斯巴达不断对阿提卡进攻时，雅典的海军在伯罗奔尼撒半岛开始登陆，严密封锁伯罗奔尼撒半岛海岸港口，断绝斯巴达海上与外界的联系，并扇动斯巴达的奴隶希洛人举行起义，斯巴达陆上进攻受到极大牵制。整个战争按照雅典人的预想进行。

但不幸却降临在雅典人头上，公元前430年，雅典城内人口密集，发生严重瘟疫，死者甚众。雅典统帅伯里克利在这场瘟疫中丧生，他的不幸去世使战争从防御战争变成新任统帅克里昂主张的侵略性战争。公元前425年，雅典海军占领了美塞尼亚西岸的皮洛斯及其附近的斯法克蒂里亚小岛，斯巴达亦陷入困境。为避开强大的雅典海军主力，斯巴达国王命令柏拉西达将军率领一支精锐部队由小道穿过希腊半岛，

·《伯罗奔尼撒战争史》·

《伯罗奔尼撒战争史》的作者修昔底德（公元前460～前396年）是古希腊伟大的历史学家。《伯罗奔尼撒战争史》按年代顺序记叙战争，分八卷，内容可分为五个部分。

第一部分即第一卷，是绪论，共11章。第一章是序言，说明早期希腊的历史及作者著作历史的方法和目的。第二章至第十一章说明这场战争的远因和近因。第二部分是第二卷至第五卷第二章，叙述公元前431年至公元前421年的10年战争的情况。第三部分包括第五卷第三章至第七章。记述订立《尼西亚斯和约》至西西里远征之间五年半的历史。第四部分包括第六、第七两卷。记载公元前415年至前413年间雅典人的西西里远征及其全军覆没的情况。第五部分即第八卷，共8章，记载战争的最后阶段最初两年间的历史，写到公元前411年冬季突然中断。《伯罗奔尼撒战争史》作为西方古典史学名著，开创了狭隘政治军事史的体例。修昔底德对史料采取科学的处理原则，不是任何一则材料尽信之，而是考证真伪，对史实叙述采取冷静客观的态度，同时还采用人本主义史观，没有把超自然的力量看成是决定人类命运的神秘力量。在书中还体现了历史进化论思想的萌芽，这在西方史学著作中尚属首次。

◎伯罗奔尼撒战争绘画

几乎所有希腊的城邦都参加了这场战争，其战场涉及了当时整个希腊语世界。这场战争结束了雅典的黄金时代，结束了希腊的民主时代，强烈地改变了希腊国家的命运。

向北绕到雅典背后进行攻击，对雅典同盟进行说服，并攻下安菲波利斯。

公元前422年，双方在安菲波利斯展开对决。斯巴达军分3路，中路出城诱敌，南北两路埋伏，出奇制胜。雅典军队惨遭伏击，乱作一团，溃不成军。斯巴达骑兵乘胜追击，一举杀死雅典统帅克里昂。斯巴达统帅柏拉西达在乱军中也被杀死。

双方失去统帅，战争只好暂时停止。公元前421年，雅典主和派首领尼西阿斯与斯巴达缔结《尼西亚斯和约》。和约规定：交战双方退出各自占领地，交换战俘，保持50年和平。然而，导致战争的基本矛盾依然存在。

雅典和斯巴达在希腊争霸的野心并没有消除。和约签订后的第6年，雅典调集

134艘三桨战船、130艘运输船、5100名重步兵、1300名弓弩手共约2.7万人，组成雄壮的远征军由亚西比德统率向西西里进发，与科林斯、斯巴达军展开激战。很快雅典人便攻占了叙拉古城北的卡塔那，并计划下一步攻占有"西西里钥匙"之称的叙拉古城，战争发展极为顺利。

但惊人的意外发生了，雅典国王命令亚西比德回国受审。原来，雅典城内的海尔梅斯神像被人毁掉。亚西比德因一贯不敬神而被诬陷，还将被判处死刑。亚西比德一怒之下，在回国途中逃往斯巴达。对雅典战略战术一清二楚的亚西比德的投降给几乎绝望的叙拉古城人带来转机，再加上斯巴达援军赶到，战势发生了转变，斯巴达在埃皮波拉伊重创雅典军。雅典军无奈只好撤军，但撤军当晚发生月食。相信月食会带来凶险的雅典士兵不肯登船撤退。斯巴达抓住时机，封锁港口，切断陆上要道，包围了雅典军队。公元前413年9月，雅典全军覆没，尼西亚斯被杀。经此严重打击，雅典渐失其海上优势。

西西里之战后，斯巴达又加强陆上进攻。公元前413年，斯巴达军大举入侵阿提卡，并长期占领德凯利亚（雅典城北部），破坏和消耗雅典力量。

公元前411年，雅典海军在阿拜多斯，次年在基齐库斯，先后打败斯巴达海军。斯巴达则寻求波斯援助，增建舰队，要与

雅典海军做最后的较量。公元前 405 年，斯巴达海军在波斯人的援助下一举全歼雅典海军，从此斯巴达成为希腊的霸权国。公元前 404 年雅典投降，被迫接受屈辱的和约：取消雅典海上同盟（即提洛同盟），拆毁长墙工事，舰船除保留 12 艘警备舰外，余皆交出，解散雅典同盟。长达 27 年的伯罗奔尼撒战争结束了，斯巴达取得了希腊霸权。

伯罗奔尼撒战争属于希腊的一场内战，但其牵涉面之广、损失之巨、杀戮之残酷却远远甚于希波战争。整个希腊民穷财尽，政治走向无存，文化遭到破坏，希腊文明由鼎盛走向了衰落。战后，希腊各邦都陷入了危机之中。战争使贫富两极分化进一步加剧，土地和财富日益集中在少数人手中，而中小奴隶主经济日益被大奴隶经济所排挤，城邦的经济基础——小农和小手工业经济逐渐崩溃，这些都成为城邦危机的根源。由于两极分化严重和大奴隶主经济的发展，导致各邦内部阶级斗争趋于尖锐。奴隶主与奴隶、富人与穷人彼此仇杀，互相报复。这表明城邦体制已满足不了现实政治的需要了。

伴随着希腊各邦内部的危机，城邦间的矛盾也在不断加深，导致了希腊出现争霸和混战的局面。当时在希腊城邦体制之内，已没有一种力量有能力统一各邦。随着希腊城邦的衰弱，位于半岛最北部的马其顿对希腊的征服和统治条件日益成熟了。

马其顿人本为希腊人同族，但其文明发展却比希腊人晚了许多。公元前 5 世纪后期至公元前 4 世纪初期，马其顿开始形成奴隶制国家。国王腓力二世（公元前 359 ~ 前 336 年）统治马其顿期间，进行了一系列改革：加强王权，改革币制以加强对外贸易，建立常备军，开采金矿以增加财力。经过改革，马其顿迅速发展成为军事强国。

腓力二世凭借强大的武装力量，利用希腊各邦之间的矛盾，形成了对希腊半岛的吞并之势。面对马其顿的威胁，希腊各邦内部分成了两种对立的派别：亲马其顿派和反马其顿派。前者由大奴隶主阶级的代表人物组成，期望借助马其顿的军事实力，挽救城邦危机并对外进行扩张；后者由工商业奴隶主阶层组成，极力反对向马其顿的妥协，力图维护城邦独立。小农和小手工业者基本站在反马其顿派一边，愿意城邦独立。两派立场截然对立，斗争非常激烈。这种局面反而加剧了城邦内部矛盾，有利于马其顿的征服。公元前 338 年，腓力二世在中希腊的喀罗尼亚大败雅典等组成的希腊联军，此战确立了马其顿在希腊的霸权地位。

第二年，腓力二世在科林斯召集希腊各城邦会议（仅斯巴达未参加）。会上决定组成以马其顿为首的同盟会议，宣布由马其顿领导希腊各邦对波斯进行复仇战争。科林斯会议结束了希腊的城邦时代，希腊历史进入了马其顿帝国军事独裁统治的时期。

◎ 在这幅画上，雅典方阵的前列士兵正踏着双管长笛的音乐迎战斯巴达方阵的前列士兵。双方的军事力量因其地理环境而各有优势，雅典领导的同盟主要由爱琴海中的岛屿和滨海城市组成，因此它们的强处在于海战；斯巴达的联盟主要由伯罗奔尼撒半岛和希腊中心地区的城市组成（科林斯是一个例外），它们是陆地国家，长处在于它们的长矛兵。

古希腊悲剧

　　古希腊悲剧被公认为西方艺术的源头之一。戏剧里所蕴含的对人性的理解成为西方人文精神不断回溯的对象，文艺复兴在很大程度上就是为了复兴古希腊罗马的传统。歌剧的兴起也和古希腊悲剧有着血缘关系。

　　公元前 4 世纪时，亚里士多德认为悲剧是经由狄奥尼索斯神颂的引导者发展而来的，也就是说，希腊悲剧起源于对狄奥尼索斯的纪念。

　　古希腊城邦时代已经有了成熟的悲剧竞赛。"悲剧"最初的意思是"山羊歌"，形式是歌队环绕一只山羊举行歌舞比赛，胜利者将获得这只山羊。悲剧与这种载歌载舞的表演有密切关系。公元前 7 世纪末期，在这种载歌载舞的形式上

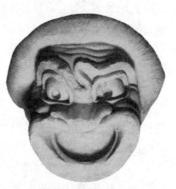

◎古希腊戏剧演员面具

◎这是保存最完好的古希腊剧场之一，位于希腊埃皮达鲁斯。

古希腊三大悲剧诗人

希腊悲剧之父——埃斯库罗斯

埃斯库罗斯开始创作时，希腊悲剧尚处于早期发展阶段。他第一次把戏剧演员从一个增加到两个，而且加强了对白部分。在舞台演出上，他第一个采用了布景、道具和戏剧服装，以浪漫和光怪陆离的景观谱写浓墨重彩的唱段。他的诗句庄严、雄浑、夸张；语言优美，词汇丰富，比喻奇特。这种风格是与他的悲剧中严肃而激烈的斗争和英雄人物的强烈感情相适应的。希腊悲剧的结构程式和艺术特色在他的剧中已经基本形成，因此，他被恩格斯誉为希腊"悲剧之父"。

◎埃斯库罗斯
（公元前525~前456年）

戏剧艺术的荷马——索福克勒斯

以《俄狄浦斯王》为代表作的索福克勒斯的悲剧艺术标志着希腊悲剧艺术的成熟。索福克勒斯善于把人物放在尖锐的冲突中，并通过对比的方式加以塑造，使人物的性格更加突出。索福克勒斯还是一个善于布局的大师，他的作品结构复杂、波澜起伏，却丝毫没有杂乱之感，布局巧妙，针线细密，不露斧凿之痕。他还在悲剧中加入了第三个演员，并使歌队参与剧情，这丰富了戏剧的情节和内容，使古希腊悲剧在形式上基本定型，对戏剧艺术做出了突出的贡献。他的悲剧被亚里士多德称为"十全十美的悲剧"，他也被文学史家称为"戏剧艺术的荷马"。

◎索福克勒斯
（公元前496~前406年）

心理戏剧的鼻祖——欧里庇得斯

和他的前辈一样，欧里庇得斯的悲剧也以古老的神话传说作为题材。然而他的悲剧改变了往日的神性面目和英雄气息，体现出强烈的现实的"人"的意义。对神和英雄的描写削弱了，以人的意志和激情的刻画居多。不可一世的众神退化为无耻之徒，威严的古代英雄露出了卑鄙自私的面目，被压迫的妇女受到了前所未有的尊重，受奴役的奴隶开始登上了历史的舞台……他的创作宣告了古希腊"英雄悲剧"时代的结束。在他的作品中，现实主义的创作方法被突出了，批判和探索的痕迹更加明显。对人物心理的分析更是炉火纯青，他因此被称为"心理戏剧鼻祖"。同时，他还将闹剧气氛和浪漫情调融入悲剧，一方面草创了悲喜剧；另一方面为新喜剧的发展铺平了道路。

◎欧里庇得斯
（公元前485~前406年）

发展出了"狄奥尼索斯神颂"，这种神颂用来表演和狄奥尼索斯神相关的故事。公元前6世纪初，雅典邻邦科林斯有一个叫阿瑞温的人，他利用神颂的形式表演有关希腊英雄的故事，还写了唱词。狄奥尼索斯神颂歌舞从纯粹的宗教娱神活动转变成了对民族英雄的颂歌。表演故事是戏剧形成的关键要素。

罗马的征服与扩张

罗马共和国刚刚建立之时，只是台伯河左岸拉丁姆地区的一个小城邦。周边不仅有伊达拉里亚人、萨莫奈人、埃魁人等强邻，还不时受到来自半岛南部的希腊人、波河流域的高卢人的军事威胁。面对这种局面，刚刚建立的罗马国家对外发动了统一意大利的征伐。

罗马征服意大利的第一步是征服伊达拉里亚人。这场"维爱"战争从公元前477年开始，先后进行了3次，直到公元前396年最后攻占了维爱城，既解除了北邻的威胁，又使罗马的领土扩大了一倍。公元前4世纪初，罗马城一度被高卢人占领，但占领者在索得1000镑黄金后撤走。公元前343～前290年，又发生了3次萨姆尼乌姆战争，其间罗马人曾惨败于考地

◉萨宾妇女 油画
罗马建城之初经常与其邻近的萨宾部落发生激烈冲突，这幅画表现的是萨宾妇女调停罗马人与萨宾人争斗的情景。

安峡谷之战。

公元前321年，罗马军主力在林木丛生的考地安峡谷遭受萨姆尼乌姆人伏击。两名罗马执政官为了保住他们被围困的5万青年士兵的生命，被迫缴械投降，并接受"轭门下通过"之辱。具体做法是：把两支长矛插入土中，再把另外一支长矛横在顶上做成门状，让战俘一个个从下面走过。据说这是罗马人常用以屈辱别人的方法。萨姆尼乌姆人正是"以其人之道，还治其人之身"。在萨姆尼乌姆将军蓬提阿斯面前，5万罗马士兵身着短装，排成单行，在两名执政官带领下从轭门下屈辱地走过。罗马人认为将这种办法加在他们头上，"比死亡更坏"。当这些被俘者返回罗马时，罗马城笼罩在一片悲哀气氛之中，两名执政官的权力当即被剥夺。因此，"考地安轭门"成为罗马国耻的象征。

罗马人重组军队，卧薪尝胆，积极备战。5年后，撕毁"绝不再跟萨姆尼乌姆人作战"的和约，卷土重来。经长期苦战后，终于战胜萨姆尼乌姆人，将半岛中部地区纳入自己版图。

接着，罗马开始蚕食意大利南部。那里的希腊殖民城邦他林敦向伊庇鲁斯国王皮洛士求援。皮洛士率远征军突入意大利，连战连捷，但却付出了巨大伤亡代价。战后他无比懊丧地说："再有一次这样的胜利，我就要变成光杆司令了。"因而，

◎布匿战争的受害者
这是拜占庭壁画中的局部，描绘了罗马大军攻破叙拉古城时，古希腊物理学家阿基米德仍沉醉于数学的研究之中，他双手保护着正在使用的计算工具，两眼惊慌失措。

人们以"皮洛士的胜利"作为得不偿失的代名词。后来罗马与迦太基结盟，迫使皮洛士于公元前275年退出意大利。3年后，孤立无援的他林敦向罗马投降。

罗马在征服意大利之后，没有派人直接管理被征服地区，也不是采取同一政策，而是按照各地、各部族在被征服过程中的表现和对罗马的态度及它们各自在经济上、战略上的地位等综合因素，将其划分为5种类型，分而治之。

罗马在争夺地中海霸权的过程中，首当其冲的便是征服西部地中海区域另一强国迦太基。迦太基是公元前9世纪腓尼基人在北非建立的商业殖民城市，到公元前7世纪时，它已成为囊括北非西部沿岸、西班牙南部、巴利阿里群岛、撒丁岛、科西嘉岛和西西里岛的强国。一个迦太基海军将领曾扬言："不经我们的许可，罗马人不能在海中洗手。"这样，当罗马兵锋指向西部地中海时，一场两强争霸的战争遂不可免。因罗马人称腓尼基人为"布匿"，所以两国之间的战争被称为"布匿战争"。

从公元前264～前146年，布匿战争先后进行了3次。罗马最终消灭了迦太基。

在布匿战争进行的同时，罗马还通过西班牙战争、马其顿战争和叙利亚战争完成了对西班牙、希腊、马其顿和小亚细亚的征服。

罗马的对外扩张和掠夺极大地促进了奴隶制经济的发展和阶级关系的变化。罗马奴隶主在战争中掠夺了大量财富，侵占了大片土地，俘获了数以万计的战俘。这就为奴隶制的进一步发展奠定了基础，而同一时期罗马社会经济的普遍高涨，也为大规模地经营和使用奴隶提供了可能。

公元前3～前2世纪，罗马奴隶制发展的一个重要特征，就是奴隶劳动带有明显的商品生产的性质。

罗马对地中海世界的征服和奴役，加速了它的手工业，特别是商业和高利贷业的发展。而伴随而来的是罗马社会又兴起了一个新兴的富有阶层——骑士。骑士的生活目标是发财致富，而不看重门第和权力，不关心国家和公共福利。

·布匿战争·

罗马在经过200多年的征战，统一了意大利半岛之后，为争夺地中海的霸权，于公元前3世纪至公元前2世纪，与迦太基发生了几场战争。罗马人称迦太基为布匿，因此这场战争又被称为布匿战争。第一次布匿战争(公元前264年～前241年)是为争夺西西里而引起的，此战争以迦太基的失败而结束。第二次布匿战争(公元前218年～前201年)是因为罗马势力扩张到迦太基控制的西班牙城市萨干坦而引起的，迦太基先胜后败。第二次布匿战争后，迦太基在经济上仍有复兴之势。罗马为了防止迦太基人重新崛起，又于公元前149年发起第三次布匿战争。但罗马军围攻迦太基城两年都没有成功。公元前146年春，迦太基发生饥荒，疫病流行，罗马军终于破城而入。迦太基城沦陷后，迦太基人被卖为奴隶，罗马在原迦太基国土上设立了阿非利加省。从此，作为独立国家的迦太基不复存在。

亚历山大大帝

亚历山大帝国是在马其顿王国的基础上建立起来的。古马其顿位于希腊半岛北部，大体上相当于今天的南斯拉夫、保加利亚和希腊相互毗连的部分。公元前5世纪后期至公元前4世纪初期，马其顿王国初步形成。随后的科林斯会议，标志着希腊城邦独立时代的结束和马其顿在希腊霸权的确立。

公元前336年夏，正当马其顿与希腊联军准备进军波斯之际，马其顿发生了宫廷政变。在这个突如其来的政变后，腓力二世在其女儿的婚宴上被刺身亡，年仅20岁的儿子亚历山大随之继位。从儿童时代起，亚历山大就有了称霸世界的志向，梦想着建立丰功伟业。据说，每当他获悉父亲胜利的消息时就会发愁，唯恐自己会因此而不能享受到征服世界的光荣。从16岁起，他就随父征战，在著名的喀罗尼亚战役中，他指挥马其顿的骑兵，锐不可当地

◎亚历山大骑马雕像
在一次突围中，亚历山大骑着布斯法鲁斯率军粉碎了波斯军队的进攻。该图见于他的下属西顿王的石棺。

击破了敌人的右翼，为战役的胜利立下了功劳。亚历山大少年时曾师从希腊著名学者亚里士多德，深受希腊文化的熏陶，并一度随父参加喀罗尼亚战役。因此，他即位时已是一位具有相当政治、军事才能的人物了。当时，国内形势非常紧张，腓力二世创造的希腊联盟及先后征服的北方属地都纷纷叛变。亚历山大以他卓越的军事才能，击败各种反叛势力，巩固了马其顿在希腊的霸主地位。

平定内乱后，亚历山大立即开始了对东方的远征。

公元前334年春，亚历山大率步兵3万、骑兵5000和战舰160艘，向波斯大举进攻。这时，波斯帝国已趋衰弱，大流士三世又昏庸无能，根本无力同强大的亚历山大军队相抗衡。马其顿、希腊联军渡过赫勒斯滂海峡后，占领了小亚细亚半岛。第二年，亚历山大又挥师南下，攻打叙利亚，与波斯皇帝大流士三世的60万兵马展开了著名的"伊苏之战"。战役开始后，他率领精锐的右翼重装骑兵，突然以凌厉的攻势攻击敌方左翼，然后直取大流士，使波斯军队全线溃败，还俘虏了大流士三世的母亲、妻子和两个女儿。亚历山大拒绝了大流士三世的求和，接着又打败了波斯海军的主力推罗海军，控制了地中海，进而兵不血刃地占领了埃及，最后在公元前331年春天挥师两河流域，开始进攻波斯本土，同年9月，在古亚述首都尼尼微附近的高加米拉与波斯军队展开了决战。波斯兵力号称百万，并有200多辆刀轮战车，

◎ 这是一幅表现不戴头盔的亚历山大大帝追击大流士战马的图画。

但还是遭到惨败。大流士三世东逃，为巴克特里亚总督所杀，后者在不久又被亚历山大擒获并处死，盛极一时的波斯帝国最终覆灭在亚历山大的铁骑之下。

后来，亚历山大还进兵中亚细亚，遭到游牧部落的强烈抵抗。公元前327年，他率军南下入侵印度，又遭到印度人民的反抗，加之士兵水土不服，厌战情绪空前高涨，亚历山大才不得不停止远征，于公元前325年返回新都巴比伦，历时10年之久的东征到此结束。

亚历山大出征时，是马其顿、希腊联军的统帅，充其量是个巴尔干半岛的小霸主。经过长达10年的征战，建立了地跨欧、亚、非3洲的奴隶制大帝国，其疆域西起希腊半岛和马其顿，东到印度河上游流域，南达尼罗河第一瀑布，北至中亚的药杀水（今锡尔河）。其领土之广阔，可谓空前。随着他的远征，不少希腊学者来到东方，研习当地的科学与文化，直接促进了东西方科学文化的互补和交流；为了鼓励马其顿人和东方人的融合，他竭力鼓励马其顿人和东方人通婚，自己首先带头娶了大流士三世的女儿。采取各种积极措施，亚历山大把希腊推向了鼎盛。

· 马其顿方阵 ·

马其顿方阵是马其顿国王腓力二世在希腊方阵的基础上创立的阵形，亚历山大大帝常将它与骑兵配合，称为钻锤战术。

马其顿方阵中共有256名士兵，分为16排，每排16人。士兵们全身披挂青铜头盔、胸铠和胫甲，手持盾牌、利剑和长矛。矛长达6米，后排的矛更长，前5排的枪尖都搭到第一排士兵的肩膀上。这样后几排长矛与前几排长矛就能保持同等长度，能一起刺击敌人。作战时，整个方阵常常以密集队形跑步向前推进，正面攻击力非常强，势不可当。亚历山大大帝就曾靠马其顿方阵击败了希腊、波斯。但这种方阵也有很大缺点。一旦敌人突破侧翼和后方，方阵中的长矛兵就无法抵挡手持短兵器的敌人的近身厮杀，而且只要驱散两翼骑兵，长矛手就会遭到敌人弓箭手的射杀。另外，马其顿方阵对地形的要求很高，在山地和丘陵地带难以保持阵形。公元前168年，古罗马军团大破马其顿方阵，马其顿方阵随之退出了历史舞台。

公元前323年6月13日，亚历山大在准备再次远征时，患病逝世，终年33岁。

亚里士多德

在历史上很少的人能够对多个学术领域产生巨大的影响，而亚里士多德就是这少数人的其中之一。他的研究涵盖了所有当时已知的学科，在政治学、逻辑学、星象学、物理学及神学等方面均有突出建树。

亚里士多德生于公元前384年马其顿的一个海港城市斯塔吉拉城，是有史以来最有影响力的思想家。他的父亲是马其顿国王阿明他斯三世的御医。亚里士多德在童年时代就父母双亡，公元前367年，亚里士多德的监护人将他送至位于雅典的学

术研究院学习，而该院的创办人就是伟大哲学家柏拉图（公元前428～前348年）。柏拉图死于公元前348年，正值当时雅典的反马其顿思想盛行的时候，于是亚里士多德离开了这座城市。接下来的几年他行游小亚细亚，并学习自然历史。

阿明他斯三世驾崩后，他的儿子腓力二世继位。公元前342年，腓力二世聘请亚里士多德为太傅，指导他14岁的儿子亚历山大的课业，而这个孩子就是之后赫赫有名的亚历山大大帝。公元前336年腓力二世遇刺身亡，之后亚历山大就很少有时间上课了，而亚里士多德也就回到了雅典。公元前335年，他在雅典建立了一所学校，称作学园——因为学校的建筑群靠近狼神阿波罗·里凯奥斯神庙。这所学校也称作逍遥学派学校，因为亚里士多德喜欢一边在院子里闲逛，一边布道讲学。公元前323年，亚历山大驾崩，又引发了全民反马其顿情绪，亚里士多德被迫逃亡到了希腊东部的埃维厄岛上的卡尔西斯，即他母亲的出生地。公元前322年，他在那里逝世。

亚里士多德兴趣广泛，在哲学、逻辑学、政治学、生物学、物理学、星象学和宇宙哲学方面留下了47部著作，而他的这些著作和讲学笔记直到他去世之后很久才编辑出版。

在《推理法》一书中，亚里士多德拟定了正式的逻辑学规则，即从已知条件得到一个必要性结论的推理艺术。这一直是逻辑学的根基，直到19世纪时被数理逻辑（一种近似数学的学科）取代。现在的逻辑

·纪念死者·

从公元前6世纪起，古希腊人就开始制石碑来纪念死去的人们。最早的石碑表现死者的体貌特征，而后来的石碑则记录了死者人生的重大事件。图中是一个女子手捧两只和平鸽，而鸽子象征希腊爱与生育女神阿芙罗狄忒。古希腊神像和石碑一般都会上油彩，所以最初应该是光彩夺目的。古希腊雕塑家使用金属工具将大石块雕刻成为所要的石碑，而石料一般采自当地，多为白大理石和软石灰岩块。大理石与石灰岩块是用一根带有凿边的长金属棒锤击岩石接面而切割下来的，而后，大块的岩石被锯成了石板。

学学生在学习数理逻辑之前还得先学习亚里士多德的《推理法》。《形而下学》一书包含他对物理学和宇宙哲学的研究，其中包括一篇题为《星相学》的论文，文中亚里士多德试图找到一种对天气现象的自然解释。也正是这部著作定义了我们今天常用的术语——气象学。

◎《雅典学园》绘于 1510 年，是意大利文艺复兴艺术家拉斐尔的作品。这是一幅描述亚里士多德及其他古代哲学家参加一次学术探讨会的壁画。

但是亚里士多德《天堂》中关于星象学的想法就不那么成熟了，亚里士多德摒弃"无限"的概念，他坚信宇宙是由一系列以地球为球心的同心球组成的。如果最外层的球面是在无限远处，那么其上的行星就不能在有限的时间之内完成它的旋转周期。他也同样不接受"真空"的存在，因为他认为一个移动的物体在真空中将不会遇到任何阻碍，从而获得无限大的速度。

当然，亚里士多德也接受主流理论，例如物质是由 4 种基本元素——土壤、空气、水和火组成的。但他自己还加上了第 5 种元素——以太（一种构筑天界的物质）。他坚信地球与天界遵循着不同的运行规则，在地球上，任何东西都可以被侵蚀，并且会产生变化，而天界则是永恒不变、完美无瑕的。

亚里士多德证明地球是球形的，因为他在一次月食的观测中发现地球在月亮上的投影是有弧线边缘的。他同时发现，当人们向南或向北走时，夜空中新的恒星会出现在一侧的地平线之上，而其他的恒星则会消失在与之相反方向的地平线之下。这种现象不需要走很远就能观察到，这就证明了地球并不是很大。亚里士多德估算了地球的直径，得出的结果与真实值相差不超过 5%。

亚里士多德最成功的是作为一个生物学家。他辨认出了超过 500 种动物，而且认真将它们分门别类。他注意到海豚用胎盘为后代提供营养而后将活体产出，于是将海豚归于兽类而不是海洋鱼类（如非胎生的鲨鱼）。他还认为动物是不可能同时拥有长牙和角的。他还描述了鸡胚胎的形成过程及母牛的"四室"胃。

他使用了若干套分类系统，最重要的是建立在"运动"与繁衍方式的基础上的。亚里士多德认为"内热"是一切运动的能源：热是由心脏产生的，血液则将这种热传遍全身，然后在脑部冷却。后来，他将动物分为有血动物和无血动物两类，基本上与现在的脊椎动物与无脊椎动物的分类吻合。

亚里士多德相信在繁殖过程中雄性提供形态或灵魂，而雌性则赐予物质和灵魂以生命。父母的"生机热"越多，它们的后代就越类似于它们。胎生动物在所有动物分类中地位最高，随后是产卵动物、体内孵卵的卵生动物、体外受精的卵生动物、出芽生殖动物，最后就是从黏质物或者化脓物质中自发生成的动物（也就是我们知道的微生物）。由这样的排列，亚里士多德总结出了"自然的阶梯"理论，这个理论一直作为动物分类学的基础，直到 18 世纪才被颠覆，因为这个理论是与任何进化论观点相矛盾的。

秦统一中国

秦国以秋风扫落叶之势，先后消灭了韩、赵、魏、楚、燕、齐六国。公元前221年，秦统一了全国。

秦王嬴政自己从"三皇"和"五帝"两个称号中各取一个字，合起来称为"皇帝"，并且因为他是历史上第一代皇帝，就称"始皇帝"。从此，中国历史上就有了"皇帝"这个称号。

秦始皇设置郡县，把天下划分为36个郡，郡以下设县。每个郡都由中央政府直接任命3个长官去治理，他们分别是郡守、郡尉和郡监。郡守是一郡最高的行政长官，统管一郡所有的重大事务。郡尉管理治安，全郡的军队由他统领。郡监是负责执行监察方面的事情的官员。中央政府的组织机构也慢慢成形，秦始皇规定中央朝廷里应设置丞相、御史大夫、太尉、廷尉、治粟内史等几个重要的职务，协助皇帝治理国家。所有这些官员都由皇帝一人任免和调动，薪俸从国库里领取，一概不得世袭。

秦始皇还统一货币，规定以后一律使用圆形方孔、每个重半两的铜钱，以前各国的旧货币全都作废，不许再在市面上流通。

秦始皇还统一了度量衡。秦始皇又下令，一要"车同轨"；二要"修驰道"。车同轨就是规定车轴上两个轮子间的距离，所有车辆两轮子间的距离都定为6尺（约合1.5米）。修驰道就是修筑从京城咸阳到全国各个重要地方的大路。大路路面一律宽50步（每步6尺）。

秦始皇又下令统一全国的文字，规定将

·驰　道·

驰道是中国历史上最早的"国道"，始于秦朝。公元前221年，秦始皇统一六国，秦始皇统一全国后第二年（公元前220年），就下令修筑以咸阳为中心的、通往全国各地的驰道。

著名的驰道有9条，有出今高陵通上郡（陕北）的上郡道，过黄河通山西的临晋道，出函谷关通河南、河北、山东的东方道，出今商洛通东南的武关道，出秦岭通四川的栈道，出今陇县通宁夏、甘肃的西方道，出今淳化通九原的直道等。秦驰道在平坦之处，道宽五十步（约今69米），隔三丈(约今7米)栽一棵树，道两旁用金属锥夯筑厚实，路中间为专供皇帝出巡车行的部分。可以说，这是中国历史上最早的正式"国道"。

小篆作为全国统一使用的标准文字。后来秦始皇又命人根据民间流行的字体，整理成一种比小篆更便于书写的字体，叫作隶书，全国通用。

廷尉李斯认为儒生利用历史诋毁秦始皇的政策，并认为他们蛊惑民心。因此他进言秦始皇实行"焚书坑儒"，结果只剩下农书、医书及求神问卜之类的实用性书籍，其他书籍均被付之一炬。顽抗的儒生遭到镇压。秦始皇统一中国以后所实行的废分封、设郡县，统一货币、度量衡、文字等政策，有利于加强国家的统一，有利于推动社会经济文化的进一步发展。这是秦始皇的巨大功绩。

罗马的奴隶起义

面对新的形势，罗马奴隶制社会长期酝酿的各种矛盾开始充分暴露出来，各种斗争日趋尖锐。在这期间，爆发了两次著名的奴隶起义——西西里奴隶起义和斯巴达克起义。

西西里奴隶起义发生过两次（公元前137～前132年、公元前104～前101年），优努斯和克勒翁、萨维攸和阿铁尼奥分别是起义的领袖。他们曾多次打败前来镇压的罗马军队，并一度分别在恩那城和特里奥卡拉城建立起自己的政权，最后均以失败而告终。西西里奴隶起义沉重打击了罗马奴隶主的统治，拉开了罗马共和国后期斗争的序幕。

当罗马忙于第三次米特拉达梯战争的时候，意大利本土爆发了大规模的奴隶起义——斯巴达克起义。

公元前80年，希腊东北部的色雷斯被罗马征服，战将斯巴达克被俘后沦为奴隶，成为一名供罗马贵族娱乐的角斗士。为了争取自由和权利，公元前73年，斯巴达克带领70多名角斗士杀死卫兵，逃到维苏威深山里。斯巴达克被推选为起义首领。许多逃亡的奴隶和农民纷纷参加起义军，很快发展到1万人，起义军的势力日益壮大起来，影响范围也越来越广。

公元前72年，罗马当局派军围剿起义军。维苏威山是断崖山，山后是悬崖峭壁，罗马军把进出的道路封死，欲围困起义军。斯巴达克一边命人在前面吸引敌人的注意力，一边命主力从后山绕到敌后偷袭罗马军。结果大败罗马军，起义军名声大振，队伍进一步扩大。

起义军队伍壮大起来后，斯巴达克决定将队伍转移到罗马实力较弱的意大利北部。罗马元老院命瓦利尼乌斯率领1.2万大军分3路截击。斯巴达克采取各个击破的策略，先后打败两路大军。两路失败的罗马军与第三路军会合后继续反攻，将起义军困在山洞里。起义军正好得到了休整

◎ 竞技场上的厮杀图

在古罗马，到处都有大规模使用奴隶劳动的大庄园，奴隶被称之为"会说话的工具"。奴隶主为了取乐，建造巨大的角斗场，强迫奴隶成对角斗，并让角斗士手握利剑、匕首，相互拼杀。一场角斗竞技下来，场上留下的是一具具奴隶的尸体。

机会。休整完毕，起义军在营中点起篝火，吹响号角，迷惑敌人，然后趁夜色从崎岖的小道突破重围。天亮后，罗马军才知中计，急忙率军追赶。起义军又利用有利地势设下埋伏，打了罗马军队一个措手不及。

公元前72年年初，斯巴达克军队增到12万人，已具相当规模。于是，斯巴达克便按照罗马军队的形式将自己的部队进行了改编，除了由数个军团组成的步兵外，还建立了骑兵、侦察兵、通信兵和小型辎重部队。此外，斯巴达克还组织制造武器，对士兵进行训练，并制定了严格的兵营和行军生活规章。起义军声威大震，控制了整个坎佩尼亚平原。不久，斯巴达克决定继续北上，但是他的副手克里克苏由于和斯巴达克产生分歧，拒绝北上，带领3万余人原地留守。

罗马元老院对起义军的发展极为担忧，遂命楞图鲁斯和盖利乌斯统率2个军团对起义军进行围剿。首先给了留守的克里克苏部致命一击，克里克苏阵亡。然后，罗马军又兵分两路夹击斯巴达克军。斯巴达克集中兵力先打击堵截的罗马军团，后又乘胜回头对追兵发起了猛攻，罗马军团再次惨败。

取得这场胜利后，斯巴达克不再向北转移，而是挥师南下，向西西里岛进军。罗马当局惊慌失措，派克拉苏统率6个军团约9万人镇压起义军。这时斯巴达克大军已挺进到意大利半岛的南部，准备从这里渡海去西西里岛。但是被西西里收买而毁约的海盗没能给他们提供船只。斯巴达克只好组织起义军编制木筏，但海上的风暴使他放弃了计划。这时罗马大军赶到，起义军被围。斯巴达克打算趁夜率军冲破罗马防线渡海去希腊，但未能实现。

公元前71年，斯巴达克命精锐骑兵攻击敌人较弱的地方，自己率军集中攻击中路。斯巴达克被敌人重重包围，中枪10余处，壮烈牺牲，6万多士兵战死。斯巴达克的余部继续战斗达10年之久。

斯巴达克起义使奴隶主阶级的统治秩序遭到沉重打击，城邦制的危机也进一步加深。统治阶级进一步意识到必须寻找一种新的统治方式，以加强对奴隶等被压迫阶级的统治。斯巴达克起义也深刻影响了罗马奴隶制经济，此后，授产奴隶制剥削方式逐渐被奴隶主所接受，隶农制也开始出现。

斯巴达克起义后，罗马社会各种矛盾更加白热化，统治阶级内部争权夺利的斗争愈演愈烈，进一步加快了罗马由城邦共和制向帝制转变的步伐。公元前60年，罗马3位具有相当实力的政治巨头克拉苏、庞培和恺撒为了共同的利益结成秘密的政治同盟，史称"前三头同盟"。3人瓜分了罗马国家的权力，其同盟的实质是三人的独裁统治。

◎古罗马大竞技场
大竞技场作为罗马帝国繁荣时期的建筑物，除了是戏剧演出的胜地，它还经常作为角斗表演的场所。1818年曾有人对它做出这样评价："只要古罗马竞技场还矗立着，罗马就岿然不动。一旦竞技场倒塌，罗马也就倒下；一旦罗马倒塌，世界也就完了。"

亚历山大帝国的衰亡

一个政权无论曾经多么强大，都有它走向衰老、死亡的那一天，庞大的亚历山大帝国同样也不能例外。

亚历山大的东征，给东方人民带来了极为深重的灾难，使他们饱受战乱之苦。但是在客观上，亚历山大的东征又使得希腊文明与埃及、巴比伦和印度的文明得以接触、交流、融汇，增加了各民族间互相整合的机会，加快了人类历史由分散走向整体的进程。

公元前333年亚历山大的远征军在叙利亚的伊苏斯战役中打败了大流士三世率领的波斯军。这次战役使古希腊和古代东方的关系告一段落。

为了让帝国这台庞大的机器更为有效地运转，亚历山大采取了一系列措施：定都巴比伦城，把统治中心放在东方，保留波斯帝国的行政制度，实行分省统治；鼓励东西方种族间的通婚，借此缓和民族矛盾；以马其顿和希腊人充当骨干力量，借此保证征服者的统治地位；袭用东方专制政体，并利用宗教进行统治，鼓吹君权神授，从而使帝国的统治呈现出东方、马其顿、希腊城邦3种体制的混合的特色。

亚历山大虽然以武力建立了庞大的军事帝国，但这个帝国既没有统一的经济基础，也没有共同的语言，所以其解体几乎是不可避免的。

公元前323年6月，亚历山大病逝。他的部将为争夺对帝国的控制权而长期彼此征战，帝国迅速瓦解。到公元前3世纪初，庞大的帝国一分为三，形成3个较大的王国：一个是马其顿王国，它恢复原状，成为一个

◎亚历山大征服巴比伦
高加米拉大捷后，曾盛极一时的波斯帝国土崩瓦解，亚历山大大帝乘着战车，抬着从波斯缴获的战利品，回到了巴比伦城。

疆域不大的民族王国，虽然未能直接统治其南面的希腊诸城邦，但基本上控制了这些地区；另一个是托勒密王朝统治下的埃及王国，埃及王国的特点是自然资源丰富，又有大海和沙漠做坚固的屏障，因此后来也成为3个王国中维持最久的一个；最后一个塞琉古王国，它由帝国的亚洲诸行省组成，是3个王国中疆域最为辽阔的一个。三足鼎立格局的形成，似乎预示着一个新的历史时期的来临，但这些国家奴隶制度的本质并没有发生根本性的改变，只是城邦政治普遍为中央集权制所代替。希腊文化与东方文化之间的相互融合，展现出进一步发展的趋势。这些王国存在的时间长短不一，到公元前30年，便先后被罗马所灭亡。这标志着亚历山大帝国的神话至此已完全终结，同时也预示着一个新的时代的来临。

罗马共和国的灭亡

苏拉出身于没落的贵族世家，他为人刚愎自用，机敏狡猾，而且野心勃勃。公元前88年，苏拉当选为执政官后，通过联姻与贵族结盟，成为贵族派的领袖。随后，苏拉因争夺米特拉达梯战争的指挥权和以马略为代表的民主派展开了激烈的斗争。

公元前83年，苏拉在结束了第一次米特拉达梯战争后返回意大利，不久即战胜了以马略为代表的民主派，并于次年冬以胜利者的姿态进入罗马，重掌政权，发布《公敌宣告》。随后，他血腥屠杀马略的追随者，建立起罗马历史上第一个独裁统治。

苏拉被元老院宣布为终身独裁官。为加强和巩固其独裁统治，苏拉恢复并加强了对元老院的严密控制，取消部落表决制，恢复百人队表决制，剥夺了保民官的权力，并将其同党充实到元老院。但是，苏拉的独裁并不巩固。公元前78年，苏拉一死，他的各

◎罗马人认为农业是最高贵的职业，但当自给自足无法实现时，人们发现奴隶和佃农耕种了大部分土地，城市地主就榨取他们的劳动成果。

项政策便逐渐被废除。苏拉独裁开创了毁灭共和制的先例，使罗马政权为之转变。

公元前70年，克拉苏和庞培一起当选为执政官。克拉苏（公元前115～前53年），就是那个镇压斯巴达克起义的刽子手，早年曾追随苏拉，聚敛了大量财富。出于政治野心，他广疏钱财，以收买人心，扩大个人影响。据说，在向神献祭的某节日，他一次就从自己的私产中拨出1/10款项用来举办盛大宴会。宴请之余，还向全体罗马公民发放了3个月的谷物津贴。

庞培（公元前106～前48年）生性刚毅勇猛，长于谋略，曾因作战勇敢而被苏拉授予"伟大的庞培"称号。他在清剿海盗等内外战争中屡建军功，后来居上，成为罗马最有权势的人物。庞培曾是苏拉的部将，还做了苏拉的女婿，后来却见风使舵，倒向民主派。他的一句名言是：崇拜朝阳的人自然多于崇拜落日的人。

恺撒（公元前100～前44年）全名为盖约·儒略·恺撒。盖约是本人名，儒略（一译朱里亚）是氏族名，恺撒是家系名。他少怀大志，勤奋好学，具有渊博的学识和出色的演说及写作才能，还在很年轻的时候就积极参加了反对苏拉派的活动，揭露过前马其顿行省总督贪污案。虽然论权势他不如庞培，论资财不及克拉苏，但却在平民中具有较高的声望。

公元前45年，恺撒在击败了庞培之后，成为罗马唯一的最高统治者。其后，他通过各种途径先后拥有了执政官、终身保民

◎在这块罗马浮雕上，一个不戴帽子的凯尔特人正在抵抗罗马士兵，保卫家园。对此，恺撒做出了野蛮的反应，在他占领了凯尔特的关隘之后，砍掉了所有拿武器的人的双手。

官、大元帅、大祭司长等各种头衔。恺撒当政后，并没有对其政敌进行迫害和屠杀，而是采取温厚宽容的政策，赦免了很多上层人物。同时实行一系列改革，如扩大公民权授予范围；给受迫害的犹太教徒以宗教信仰自由；在各行省划出份地安置了约10万名老兵和贫民；减轻负债者的债务；向3.2万公民无偿分发粮食；严惩贪污勒索的总督等。他颁行了新历法，定1年为365日，4年一闰。这项名为"儒略历"（朱里亚历）的罗马太阳历，自公元前45年元旦起实行，一直被西方世界沿用到1582年。此外，他还关心并下令建筑广场、剧院和庙宇，使罗马城市更加美轮美奂，雄伟壮观。

这时，却有有关恺撒要登位称帝的传言在罗马四处传播开来。据说，他使用了象征王权的象牙王笏和黄金宝座，并将自己的画像同古罗马君王像悬挂在一起，还在罗马的庙宇中塑造自己的雕像。因恺撒把埃及女王克里奥帕特拉接到罗马，于是又有流言说，恺撒称帝后将册封克里奥帕特拉为罗马皇后，立其子恺撒·瑞恩为皇位继承人云云。

实际上，城邦共和政制已不再适应当时庞大罗马国家发展的需要，走向帝制乃大

势所趋。恺撒曾公然宣称："共和国——这是空洞的话，没有意义，没有内容。"然而，罗马近500年的共和传统早已深入人心，自高傲者塔克文被逐以后，罗马就没再出现过帝王，因而从苏拉到恺撒，尽管都建立了独裁统治，却谁也不敢贸然称孤道寡。恺撒改组元老院，热衷于共和制的演说家西塞罗（公元前106～前43年）就哀叹元老们都成了"恺撒的奴隶"。相传，在一个公共场合，执政官安东尼突然走到恺撒身旁，把一顶王冠戴到他头上。可是，只响起稀稀拉拉的掌声，多数人显出了惊愕的表情。恺撒愣怔片刻，讪笑着将王冠取下，扔落地上。安东尼赶忙拾起来，又一次给他戴上，这次被他迅速摘下扔掉了。顿时，人群中爆发出热烈的欢呼声，人们纷纷起立向他致敬。

与此同时，一场反对恺撒的阴谋也在暗中酝酿。阴谋的首要策划者为布鲁图和喀西约。布鲁图（公元前85～前42年）是深受恺撒信任和器重的人物，相传系恺撒与其情人塞尔维利娅的私生子。他在内战期间追随庞培，据说恺撒曾晓谕其下属不要伤害他：如果他投降，就俘虏他；如

·古罗马建筑·

主要建筑材料：凝灰岩用作碎石建筑核心外层、基台的贴面、列柱的基座和柱头；石灰岩用于建筑的装饰贴画和地板上；大理石板用作豪华的地板和内墙表面装修或切割成各种图形；马赛克（镶嵌砖）用作地板材料或皇宫建筑的墙面和圆顶天花板；赤陶用作屋瓦和建筑上的雕塑装饰；罗马砖用作铺面材料（大型混凝土建筑）。

建筑风格：拱形结构及半圆形结构，圆柱屏风，最著名的有凯旋门。

建筑类型：住宅建筑，最著名的是哈德良别墅；公共建筑，最著名的是哈德良的万神殿、大竞技场、罗马广场和圆形剧场。

果他拒不投降，则随其自便。战后，布鲁图不仅没受到追究，还被任命为山南高卢总督和城市法官，甚至被写进恺撒的遗嘱，确定其为第二继承人（第一继承人是屋大维）。意大利思想家马基雅维利说过这样的话："如果布鲁图装成一个傻瓜，他就会成为恺撒（意为皇帝）。"喀西约也是内战结束后获得赦免的贵族共和派人物。史载，共有60名元老贵族参与了阴谋。

不过，他们的保密工作却没有做好，关于有人要暗杀恺撒的流言，很快便在罗马的街头巷尾传播开来。有位巫师为恺撒卜卦时，警告他3月15日那天不要出门，但他不以为意。阴谋者恰好将谋杀日期定在公元前44年的3月15日，并由布鲁图出面，邀请恺撒届时到元老院参加一次临时会议。恺撒不顾种种凶险迹象，如期前往，他甚至拒绝卫队的护送。走在路上时，又有人向他手中塞了一张字条，上面写着："小心反叛行为！"然而，这些努力都未能阻止他迈向死亡的脚步。

恺撒刚进入元老院议事厅，便被几十名一拥而上的凶手围住，每个人都向他刺了一刀。他突然在行刺者中看到了布鲁图，惊诧地说了句："你也这样，我的儿子！"当即放弃抵抗，颓然倒地，伏卧在其旧日政敌庞培雕像底座旁的血泊中。

恺撒去世后不久，执政官安东尼、骑兵长官雷必达和恺撒的养子屋大维，密谋磋商，公开结成政治同盟，即"后三头同盟"。三头共同执掌罗马政权，并三分行省。三人的地位和权力还获得了公民大会的承认，披上了合法的外衣，成为名副其实的三人独裁统治。

然而，盟约并未永久阻止内部争夺。屋大维首先于公元前40年剥夺了雷必达的军权，又于公元前31年6月在阿克兴海角一战中战胜安东尼。安东尼在亚历山大城陷落时自杀。次年，屋大维返回罗马，建立并巩固了个人独裁统治，罗马帝制最终取代了共和制度。

罗马共和国的灭亡是罗马经济、政治发展的必然结果。一方面，罗马共和国中期以后，奴隶制经济发展迅速，土地兼并日益严重，大地主的形成和小农的破产瓦解了小农经济，城邦赖以存在的经济基础逐渐崩溃，这就使得城邦灭亡成了历史的必然。另一方面，罗马征服了地中海世界后，事实上已经成了一个地域辽阔的帝国，阶级关系和社会矛盾都发生了深刻的变化，原来建立在城邦基础之上的共和政体已不能与这一变化相适应，只有代表更广泛利益的奴隶主阶级专制政权，才能够胜任对广大奴隶等被统治阶级的专政。

◎ 这是一幅表现恺撒被刺死的绘画。尽管事先受到警告，恺撒还是没带武器便来到元老院，在凶手中，他认出布鲁图——他之前非常信任的人，死前他说道："你也这样，我的儿子！"

希腊化时代

从公元前 334 年亚历山大东侵开始，到公元前 30 年亚历山大帝国被罗马所吞并，这 300 多年间地中海东部地区的历史，被后世史学家称之为希腊化时代。

希腊化时代的文化，是希腊文化与东方文化相互交流融会的结晶。虽然它仍属希腊文化的范畴，即使用希腊语言、承袭希腊的传统，但与古典时期的希腊文化有明显的不同。这不仅在于它包含了一定的东方文化的因素，而且还在于它是对那个扩大了的、变化了的世界的最直接的反映。如果说希腊古典文化是一种城邦文化，那么希腊化时代的文化就是一种走向帝国的、多民族的文化。其基本的特征是：希腊一体化和地方多元性相结合，消极没落的个人主义和眼界开阔的世界主义相并存。与此同时，它的文化中心也从雅典移到了埃及的亚历山大里亚。希腊化时代的文化，其成就主要包括如下几个方面：

一是哲学方面，由于城邦理想的破灭和现实世界的扩大，人们的思想走上了两个极端：一方面，人们满怀热情地去拥抱广阔的世界；另一方面，却对这个世界充满了失望，退而只顾个人。当时流行一时的斯多葛派、伊壁鸠鲁派、犬儒学派和怀疑主义，就是这两种思潮的反映。二是文学方面，在形式上和内容上都有不同程度的创新，各种诗体有了明确的形式和内容，甚至还出现了一种科普诗，即用诗的语言来介绍科学研究的成果。三是艺术方面，个人肖像数量大增，群体雕塑、风俗雕塑和纪念性雕塑出现，城市建筑

·欧几里得·

欧几里得是马其顿时期杰出的数学家，是亚历山大里亚数学学派的奠基人。其著作《几何原本》共13卷。他广纳前人成果，集当时几何学之大成，把各种定理、命题和论证按逻辑关系加以排列，构成一个严整的体系，而且以简练清晰的说理方式表述出来。他的研究成果至今仍被科学界所肯定。

有了总体规划，东方的建筑艺术得到了充分应用。四是史学方面，历史著作的体例增多，出现了年代记、回忆录、人物传记、国别史、世界性通史、断代史及有别于政治史的文明史。五是宗教方面，出现了各种宗教相混合和向一神教发展的趋向。另外，科学方面取得的进步也超过了 17 世纪以前的任何时期。数学家欧几里得的著作《几何原本》，是世界上最早的公理化的数学作品，它的内容至今仍在学校里被教师讲授。阿基米德发现了杠杆定律和浮力的大小等于物体排开的液体重量的定律，提出了物体表面积和体积的计算方法。医生们首次了解了心脏在血液循环中的作用、脉搏的重要性、感觉神经和运动神经的功能及大脑的脑回。

希腊化时代的文化继承和发展了希腊古典文化，吸收和利用了东方文化，成为从希腊文化到罗马文化，进而到西方文化的桥梁。它打破了历史上形成的东、西方世界各自独立的格局，使它们合而为一，使人们首次想到把整个文明世界当作一个整体。

罗马帝国的崛起

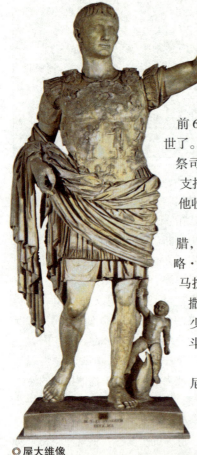

◎屋大维像

这个踌躇满志的青年，19岁时继承恺撒的伟业，31岁时统治罗马世界，治理帝国达半个世纪之久。这尊大理石雕像雕刻的屋大维显得平静而庄严，做凯旋胜利的姿势，其脚边的丘比特象征着他的伟大诞生。

在城邦制基础上建立起来的罗马共和政体从地处意大利一隅的蕞尔小邦跃居为囊括地中海区域的奴隶制大帝国后，在阶级关系发生变化和阶级斗争日益加剧的形势下，其共和政体已不能适应当时罗马社会的发展，因而势必要建立军事独裁以加强和巩固整个帝国范围内的奴隶主阶级的统治。屋大维（公元前63～14年）出身于骑士家庭，但还在他4岁时父亲就去世了。他的外祖母是恺撒的姐姐。公元前48年，屋大维进入祭司学校学习。两年后，跟随恺撒前往西班牙，参加对庞培支持者作战。恺撒没有儿子，他十分喜爱这个年轻人，便把他收为养子，让其继承自己的大部分遗产。

当恺撒被暗杀的消息传出时，年仅19岁的屋大维正在希腊，他立即渡海回到意大利，并将自己的名字改作盖约·儒略·恺撒·屋大维安努斯。恺撒生前心腹大将安东尼时任罗马执政官，他以傲慢的口吻对屋大维说："青年人，除了恺撒的名字以外，你还想要得到什么呢？钱，我已经没有多少了。难道你还要恺撒的政权吗？"这预示着一场夺权的斗争已势不可免。

在后来的斗争中，元老院曾想利用屋大维来对抗安东尼和雷必达。不过，屋大维并非那样易于摆布，他有自己的主意。他在罗马广场拍卖了自己的财产，将拍卖所得全部用来招募原来恺撒的部下，很快组建起一支装备精良的军队。就是以此为起点，并以"恺撒"的名字相号召，屋大维迅速崛起，最终结束了罗马的长期内战，也结束了罗马共和国的历史，而成为罗马的唯一主宰。但他并未直接称帝，而称"普林斯"（意为第一公民），即"元首"。这种统治形式称作"元首制"。

公元前27年1月13日那天，一个戏剧性场面出现了。屋大维来到改组后的元老院，发表演说。他表示要把一切权力交还元老院，恢复共和制，同时宣布自己退休。这着实令那些元老们感到

·亚克兴海战·

亚克兴海战是罗马内战中，屋大维战胜安东尼的决定性海战。

公元前31年，屋大维率军8万、战船400艘渡海东征，安东尼和埃及女王率军10万人、战船500艘来到希腊西海岸迎战。安东尼将舰队分为左、中、右3个编队成一线展开，并准备亲自率领右翼迂回攻击屋大维，女王率预备队尾随。屋大维也将舰队分成左、中、右3个编队，也成一线展开，迎战安东尼。

9月2日，战斗打响。屋大维充分发挥自己舰队船体轻、航速快、机动灵活的优势，避开安东尼战舰远程矢炮的轰击，运用撞击、火攻、接舷等战术进行攻击。安东尼船体庞大，机动性差，顿时陷入了被动挨打的境地。埃及女王见势不妙，率领预备队逃走。安东尼见大势已去，无心再战，下令撤退。不久屋大维攻入埃及，安东尼和埃及女王相继自杀。罗马内战结束。

意外，震惊之余，一些人开始"抗议"元首这种不顾国家需要，只图个人轻闲的想法，随后便纷纷请求其留任国家元首之位。结果，经过一番装模作样地推让和再三挽留之后，又重新做过一整套安排：屋大维把手中一切大权交还元老院和人民，元老院则通过一系列法令委任他各种重任，手续完全符合共和制原则。屋大维非但没有隐退，反而合法地取得了帝国的军政大权。

1月16日，元老院又正式授予其"奥古斯都"（意为神圣、伟大）的尊号，要求全国像敬神一样敬奉他。同时，在元老院议事厅设置了一面金盾，上面镌刻着对他的赞美词。后来，他的黄金雕像也在罗马广场上竖立起来，上面的铭文是："他恢复了陆地上和海上长期以来被破坏了的和平。"他甚至被许多城市奉为保护神，在各地建有供奉他的祭坛和神庙。公元前2年，元老院又授予他"祖国之父"的名誉。

在元首制下，屋大维一身兼任元首、执政官、保民官、首席元老、最高统帅、大祭司长等职，独揽行政、军事、司法、宗教大权。元老院和公民大会都成了他手中的工具。有人在街上呼喊他"恺撒"，他也不加制止。这时的罗马共和国实际上已经成为一个帝国，屋大维也成了这个帝国的第一个皇帝。

屋大维将原来70个左右的军团缩编为28个精锐军团。他继续推行扩张政策，发动了多次侵略战争。史载，公元9年，日耳曼人掀起大规模反抗起义，瓦鲁斯率领的3个

◎失去了装饰性的库里亚（右前建筑）及国家档案馆（正面带拱门建筑）

库里亚大会是古罗马时期解决公社生活中那些最重要的问题的会议，如选举高级公职人员、宣布战争、通过或否决新法案、对判处死刑的案件做出最后定夺等，后来成为罗马城行政区划名称。库里亚是罗马共和国乃至帝制时期元老院的会场；国家档案馆存放着当时罗马所有的官方文件和一部分财富。

罗马军团被日耳曼部落首领阿尔米乌斯诱入莱茵河东的条陀堡密林，遭到围击致全军覆没，瓦鲁斯自杀。消息传来，据说屋大维痛心疾首，竟至以头撞门，大声呼叫："瓦鲁斯，还我军团！"

在屋大维时代，罗马帝国的疆域进一步扩大，其北界推到莱茵河、多瑙河一线。到图拉真（公元53~117年）做皇帝时，罗马帝国版图扩展到最大规模：它在亚洲包括小亚细亚半岛、美索不达米亚北部，直到西奈半岛一带；在非洲直抵北非西部；在欧洲伸入不列颠和多瑙河以北的达西亚等地。地中海变成了它的"内湖"。连当年的亚历山大帝国也只是它的几个行省。罗马帝国成为名副其实的空前大帝国。

屋大维在位期间，将罗马城修建得焕然一新。规模宏伟的万神殿就是那时开始兴建的，前后用了150余年方才建成。他不无自豪地说："我接受的是一座砖造的罗马城，却留下了一座大理石的城市。"继其之后，历代罗马皇帝都不断以新的建筑来装饰首都，最著名的有被称为罗马城永恒标志的大竞技场（弗拉维圆形剧场）、图拉真公共浴场和哈德良为纪念图拉真而建立的庙宇等。

屋大维卒于公元14年8月18日。罗马元老院为他举行了盛大的葬礼，并决定将其列入"神"的行列，称其为"奥古斯都"（意为神圣者）。屋大维开创了古罗马历史上的稳定发展时期，出现了经济、文化欣欣向荣的繁荣局面，这种局面在罗马帝国广大的疆域内延续近200年，史称"罗马和平"时期。

为了维护自己的独裁统治，屋大维特别注意提高奴隶主阶级的地位，扩大他们的特权。他明确规定，元老必须出身贵族，服满规定年限的军役，拥有100万塞斯退斯的地产。元老可以担任军事长官、行省总督以及执政官之类的高级职位。仅次于元老地位的是骑士，其财产应为40万塞斯退斯。骑士有资格担任督察使等财务官员，还可以担任重要的军政职务，诸如舰队司令、供粮总监、埃及太守和近卫军长官等。骑士可以作为元老候选人，元老之子在进入元老院之前必须先做骑士。这样一来，共和制后期彼此争斗的这两个等级，都在帝国社会中享受着元首政治的恩宠，因而也都大力支持元首政治，成为元首政治的中坚力量。

无产平民由于具有自由公民身份，而且是雇佣兵的来源之一，所以屋大维对他们实行既镇压又笼络的两手政策：一方面，严格限制平民的政治活动，以避免暴动的发生；另一方面，又以所谓的"面包和竞技场"策略，即发放救济粮、举办娱乐活动和给予各种施舍等措施来收买他们。屋大维的这些手段的成功运用，使罗马城市的无产平民或耽于娱乐，或充当政客权贵的门客党羽，或充当雇佣兵，渐渐失去了早先的政治作用。对奴隶阶层，屋大维则实行严厉的统治和残酷镇压的政策。

屋大维在对外政策上采取了灵活多变的政策。在东方，他采取较为缓和的手段来处理罗马和安息之间的紧张关系；在西方，则继续推行侵略扩张政策。经过数年的侵略战争，罗马疆域扩张到东起幼发拉底河，西至大西洋，南到撒哈拉沙漠，北至多瑙河与莱茵河。

◎奥古斯都的妻子利维亚曾经对丈夫施加了巨大的影响。

帝位继承制

公元 14 年屋大维去世后，屋大维的养子提比略继位（公元 14 ~ 37 年在位），从此罗马帝国开始了帝位继承制。在公元 1 ~ 2 世纪，罗马帝国共经历了 3 个王朝：朱里亚·克劳狄王朝（公元 14 ~ 68 年）、弗拉维王朝（公元 69 ~ 96 年）、安东尼王朝（公元 96 ~ 192 年）。在这 3 个王朝统治的近 200 年间，帝国达到鼎盛，并号称实现了一代"罗马的和平"。其实，此时的罗马帝国仍然充满了统治阶级的内部纷争、奴隶起义和被压迫民族的解放斗争，所谓的"罗马的和平"，只不过是统治阶级的自我标榜而已。

朱里亚·克劳狄王朝统治时期，皇权进一步加强，官僚体系逐步建立。提比略的统治基本上延续了屋大维的统治政策，他取消了公民大会的选举权和立法权，将权力移交给了元老院，以此缓解与元老院之间的矛盾。同时，他又以暴力手段血腥镇压反对派，大肆迫害那些被认为有反叛行为的人。在他统治期间，元首顾问会已成为较固定的机构，经常处理重要事件。提比略死后，其子卡里古拉继位。卡里古拉的残暴和奢靡引发了宫廷政变，被近卫军刺死于宫中，而克劳狄则在近卫军的拥戴下登上了皇帝的宝座。在克劳狄统治时期（公元 41 — 54 年），初步建立起了一整套官僚机构：秘书处掌管内政、外交和军政，财务处经管财政，司法处处理法律事务。他将罗马公民权授予行省居民，允许

◎克劳狄(公元41~54年在位)头像
据说克劳狄是被其续娶的妻子毒死的，为的是让她与前夫的儿子尼禄继位。

◎尼禄(公元54~68年在位)头像
相传尼禄幼年丧父，由其母抚养成人。在其当政之初因母后对其管教严厉，引起尼禄怨恨，于59年，他策划了一起杀母事件。之后又亲小人，远贤臣，火烧罗马城，其残暴令人发指。

◎韦伯芗(公元69~79年在位)头像
韦伯芗在尼禄死后的混乱中当上罗马皇帝，他在儿子台塔斯的协助下镇压了犹太人的起义。

· 隶农制的盛行 ·

共和末期，奴隶主为了缓和与奴隶之间的矛盾，提高经济收益，开始实行隶农制。到帝国黄金时代，隶农制开始流行。隶农最初是指自耕农，即以自力耕种自己土地的农民或殖民地的移民者。当时的大土地所有者把土地分成小块，分租给佃耕者，佃耕者中有契约租户和世袭佃户，其中也有奴隶。这些佃农，以及以交付定量收获物为条件从主人手中获得小块份地的奴隶，都属于隶农，这种生产关系称为隶农制。隶农最初向地主交纳货币租，后又交纳占收成1/3左右的实物租。隶农制的盛行反映了罗马的奴隶制经济已有衰落的趋势。

行省贵族进入元老院并委以高官。他还扩建了意大利的港口、道路，并新建了毛里塔尼亚行省。克劳狄死后，尼禄继位。尼禄是历史上著名的暴君，他凶狠残暴，在继位5年后派人杀掉了干政弄权的母后阿格里庇娜。他荒淫无度，终日沉溺于声色犬马、宴庆游赏之中，还常以"伟大的艺人"自命，登台歌唱演奏，参加角斗竞技。公元64年夏，罗马发生大火，延烧6日，全城14区中的10个区被焚毁。相传此时尼禄却登楼观火，面对火光冲天的罗马城，吟诵荷马史诗中描写特洛伊城陷落燃烧的诗篇。大火过后，他不去解救无家可归的灾民，却忙着修建被称作"金屋"的王宫。这座王宫极尽奢华，内部遍饰黄金和珠宝；餐厅的天花板用象牙镶边，而且是可以转动的，转动时不时有花瓣飘落或香水洒下；连宫中的侍女都以贵重金饰做装扮。因而，当时便有流言说他是为了建造新宫而故意纵火烧毁民房的。尼禄为制止流言，诬指基督教徒纵火，对基督徒进行了惨无人道的大规模迫害。公元66年，巴勒斯坦爆发了大规模犹太人武装起义，全歼罗马驻军。公元68年，高卢也爆发了讨伐

尼禄的起义，近卫军也乘机兵变，元老院宣布其为"祖国之敌"。尼禄众叛亲离，于深夜带了几名仆从仓皇出逃，藏匿到郊外皇庄一个家奴的地下室里。他决定自杀，但拿着匕首比画来比画去，却始终不敢下手。天快亮时，远处传来人喊马嘶声，他这才把匕首让一个仆人握住，他再把住仆人的手，颤抖着将匕首引向自己的喉咙，结果总算把自己杀死了。据说他临死前还不住地念叨着："这个世界将失去一位多么出色的艺术家啊！"朱里亚·克劳狄王朝随着尼禄的死亡而宣告终结。

公元69年，即尼禄自杀后的第二年，东部行省和多瑙河军团拥立韦伯芗为皇帝，建立弗拉维王朝（公元69～96年）。韦伯芗即任后，虽然残酷地镇压了各地的起义，但他追随克劳狄的政策，继续向行省扩大公民权。为了挽救濒临崩溃的国家，他在政治、财政、军事等方面进行了不少改革，使帝国政权不仅获得罗马、意大利奴隶主的支持，而且也获得各省奴隶主的支持。公元79年，韦伯芗去世，其长子台塔斯继位。台塔斯执政后不久，即被图密善推翻。15年后，残暴的图密善政权也在一次政变中宣告消亡，弗拉维王朝也随之宣告结束。

◎ 尼禄自杀

尼禄的残暴使他众叛亲离，在"祖国之敌"的声讨中，这位帝国末代皇帝无奈地选择了自杀。绘画表现了尼禄临死前近臣惊乱的情景。

罗马帝国的黄金时代

公元96年，由元老院推举，旧贵族元老出身的涅尔瓦当上了皇帝，开始了安东尼王朝的统治时期。安东尼王朝是帝国皇权最为稳固的时期，被称为罗马帝国的"黄金时代"。在涅尔瓦统治期间，元老院的地位又得到恢复，并且实施了一些缓和社会矛盾的措施，但涅尔瓦遭到了军界，特别是边疆的统帅们的反对。涅尔瓦在位两年后死去，战功卓著的日耳曼总督图拉真被推举为皇帝。图拉真即位后，实行较为温和的政策，改善与元老院的关系，关心人民的疾苦，把帝国的疆土扩展到空前绝后的程度。从共和国末年起，罗马城内聚集了大量无产的自由民，大约不下数十万之众。历代皇帝为了笼络这些人支持自己的政权，便利用发放救济粮和金钱补贴、举办娱乐活动和提供各种施舍的手段来收买他们。政府在节日里为市民举办各种娱乐表演，演出奴隶角斗、斗兽、戏剧、海战和骑战等。公元106年，图拉真为庆祝他对达西亚人的胜利，在大角斗场举办了持续117天的恐怖角斗表演，包括达西亚战俘在内的近万名角斗士，在观众的欢呼声中进行血腥的殊死搏杀。这种娱乐节日的天数是逐年增加的。据统计，公元1世纪时罗马全年的节日为66天，2世纪时增加到123天，3世纪时增至175天。

奴隶主们的生活穷奢极欲，越来越腐化。他们把体力劳动和文化教育工作都交给奴隶去做，自己尽情享乐，竞尚豪华。富裕的罗马男子下午常把时光消磨在公共浴场里。到浴场沐浴在当时是一种时尚享受，自然也吸引着成千上万无所事事的游民。罗马的公共浴场有点像现代的大型俱乐部，内有体育厅、图书馆、休息室、花园等，不仅供人沐浴，享受舒适，还是市民社交活动的中心、朋友聚会的场所。里面常有乐队演奏乐曲，时或还有诗人、戏

◎罗马图拉真纪功柱

◎公元2世纪罗马帝国的版图示意图

剧家朗诵作品，并有专职的管理人员和大批侍候人的奴隶。罗马人在建造浴场时是不惜工本的；每个浴室的大理石墙面上，都饰以精美的绘画和色彩斑斓的图案；穹形的玻璃屋顶；四面宽大明亮的窗子，在

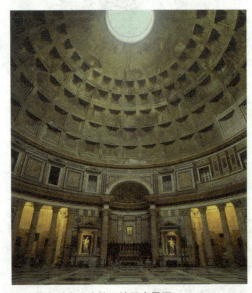

◎哈德良时代重建的万神殿内景图

白天的任何时段阳光都能照射进去。沐浴方式也十分讲究：入浴前要先做健身运动，随后进入一个个相互连接、温度递次增高的暖气房。等汗出透了再用温水洗浴，最后用凉水冲净。为防受寒，浴毕还要涂上软膏香脂，然后躺在榻上闲谈消遣，直到晚餐时光方才回去。他们以美酒佳肴来显示阔绰，有时候甚至吃孔雀舌头。

奴隶主的宅院里，厅堂壁画，庭园池水，无不齐备。而在这些高楼大厦之间，却是大片的贫民区。那里的房子狭小、简陋，房内没有任何卫生设备，便壶都摆放到街面上。曲折狭窄的街巷，肮脏、嘈杂，终年不见阳光。图拉真的后继者哈德良，却独断专行，激起人民反抗。公元132年，犹太人终于掀起大规模起义，他们占领罗马殖民地，杀死殖民者，坚持斗争达3年之久，但终遭残酷镇压。继哈德良之后的安东尼·庇阿统治时期，被认为是罗马最为安定并且繁荣昌盛的时期。他对外采取防御政策，对内与元老院和睦相处。但好景不长，到马可·奥勒留统治时期，罗马的"黄金时代"就结束了。

公元1世纪至2世纪，大规模的战争已经停止，罗马境内的广大地区出现了长期的和平局面，为社会经济的发展提供了极为有利的环境。

当时，生产工具和生产技术都有了较为明显的进步。农业上出现了带轮犁、割谷器，工业上则开始使用水磨、滑车和排水器械等工具。手工业发展尤为显著，不仅门类增多，而且分工十分精细。传统的手工业，如阿列提乌姆的制陶业、阿普亚的青铜制造业、莫纳德的制灯业都兴盛一时，产品远销外地。商业贸易也十分活跃，水陆商道畅通无阻，来往商旅络绎不绝。对外贸易西达不列颠，东到印度、中国。这种规模广泛的海陆贸易，促进了罗马帝国各地城市的繁荣。这一时期，罗马兴起了一些著名的城市，如不列颠的伦丁尼姆（伦敦）、高卢的鲁格敦（里昂）等。

罗马城已经成为全国的中枢，阿普亚、那不勒斯等城市也都成为手工业和商业的中心。迦太基等曾被摧毁的城市也开始复苏，亚历山大里亚城成为商品集散地和内外贸易的枢纽。

公元1～2世纪，罗马帝国经济的繁荣和发展，是建立在落后的生产技术和残酷剥削奴隶的基础之上的，因此这种繁荣局面不可能持久。到公元2世纪末，奴隶制帝国的危机已经开始明显暴露出来，罗马帝国的黄金时代至此已经走到了穷途末路。

作为罗马文化的一个重要组成部分，建筑艺术也是古罗马留给后世的一份宝贵遗产。罗马的建筑在共和国末期开始发展，到帝国时代达到空前规模。罗马最著名的建筑物，是屋大维时代修建、哈德良时代重建的万神殿，这座神庙是古代神庙建筑艺术的最高成就之一。公元1世纪晚期修建的哥罗赛姆大剧场，是罗马剧场建筑的典型，整个剧场可容纳观众5万人，其规模之宏大，让人惊叹。

·维吉尔与《埃涅阿斯纪》·

古罗马杰出诗人。全名普布利乌斯·维吉利乌斯·马罗，生于高卢曼图亚附近的农村，家境比较富裕。他幼年在农村长大，熟悉农村和农业劳动，热爱大自然。后来去米兰、罗马等地接受了良好的教育。因体弱多病，从事律师失败后，回到农村家中，专心写诗。后加入了麦凯纳斯庇护下的文学集团，深受屋大维的尊敬。他的主要作品除代表作《埃涅阿斯纪》外，还有《牧歌》《农事诗》等。《牧歌》共有10章，是其成名作，通过一个牧人的独唱或一对牧羊男女的对唱，歌唱牧人的生活和爱情，还表达了对当时社会和政治的看法与感受。《农事诗》共4卷，描写罗马农民的工作与生活。这些作品将农业知识的介绍、农业政策的阐释和对自然景色、历史传说的描写结合起来，语言优美，生动有趣。维吉尔在中古时代一直享有特殊的声誉，但丁在《神曲》中就尊他为老师和带路人。史诗《埃涅阿斯纪》共12卷，叙述了罗马的建立和历史，歌颂了罗马祖先的丰功伟绩。根据当时罗马的神话传说，罗马最早的祖先是特洛伊的英雄埃涅阿斯，特洛伊被希腊联军攻陷后，他和父亲等人在天神护卫下逃了出来，辗转到了意大利，娶了当地的公主为妻，建立了王都。这成为史诗内容的主要依据。史诗以荷马史诗为范本，前半部分写埃涅阿斯的海上历险，主要写了他和女王狄多的爱情悲剧。后半部分写他依据神灵的指示到达意大利后，和当地拉丁部族的战斗。诗人通过主人公的经历歌颂了罗马的神圣传统和先王建国的艰辛，歌颂了恺撒和屋大维的功绩。

罗马帝国的衰落

从公元 2 世纪末到 3 世纪末，罗马帝国爆发了全面的危机，史称"三世纪危机"。

"三世纪危机"的根本原因，在于奴隶制社会基本矛盾的激化。在罗马帝国前期，社会生产力得到进一步提高，劳动工具有了很大改进，这是罗马帝国前期的"黄金时代"形成的主要原因。但到了公元 2 世纪以后，由于罗马长期的奴隶制统治，人们开始鄙视劳动。伴随着贫富分化的加剧，罗马出现了流氓无产者人数急剧增加的现象。他们逃避劳动，完全靠社会养活，成为寄生在罗马社会肌体上的赘瘤。更为严重的是，罗马奴隶主阶级及其统治机构日益腐朽，规模日趋庞大，各种开支浩繁，娱乐奢侈之风日盛。这种现象的出现，造成了财源枯竭，财政日益紧张，从而导致捐税不断增加，货币的含金量锐减，再加上国内混战不已，社会动荡不安，罗马帝国陷入了全面危机之中。

"三世纪危机"在经济上首先表现为农

◎ 100 英尺（约 30 米）高的宏伟的尼克拉堡巍然耸立，成为帝国时期罗马国力强盛的有力证明，但它的建筑初衷——由于恐惧而大量修建城堡与城墙——却是罗马衰败的征兆。

业的衰落，农业的衰落又导致了手工业的衰落和商业及城市的萧条。手工业作坊是靠奴隶和隶农的劳动支撑的，由于奴隶劳动生产率的降低和行省手工业产品的竞争排挤，各城市在共和末期和帝国初期发展起来的手工业也逐渐衰落下来。农业的衰落减少了农产品对城市市场的供应，而社会动荡、蛮族入侵、海盗猖獗、商路阻塞及政府强令城市征收捐税，再加上新发行的劣质货币不受欢迎，高成色的货币又被大量收藏，这一切都严重地影响了商业的发展，加剧了经济的萧条。

"三世纪危机"在政治上表现为统治集团内部纷争不断，混战不休。军人干预政治，尤其是近卫军直接控制皇帝废立的现象，使中央政权处于严重瘫痪状态。公元192 年，安东尼王朝的末帝康茂德被杀后，在短短 6 个月内近卫军就先后拥立了两个皇帝。行省驻军也浑水摸鱼，各自拥立自己的皇帝，罗马内部于是发生了一场四帝争夺王位的混战（公元 193 ~ 197 年）。

针对这种状况，在塞维鲁王朝（公元193 ~ 235 年）的建立者塞维鲁统治时，采取了抑制元老院、优抚军队的政策，但却又引发了"士兵派"与"元老派"的斗争，军人的权力反而更加膨胀。

临死前，他一再叮嘱他的儿子们说："要厚待士兵，让他们发财，其余的人可以不管。"然而具有讽刺意味的是，其后继者几乎皆为近卫军或哗变士兵所杀。骄纵的军队飞扬跋扈，如同匪徒，废立皇帝变得司空见惯，窃国者走马灯般轮番登台，他们以贿赂兵士谋杀皇帝为入宫手段，旋即又为后起者谋杀而被抬出皇宫。公元238年一年内，元老贵族推出4个皇帝，不久全被士兵所杀。此后15年间，罗马竟换了10个皇帝。其后还出现了一个军团和行省自行拥立皇帝的所谓"三十僭主"时期，政局一片混乱。

公元284年，在对波斯作战期间，罗马军中再次发生谋篡事件。近卫军长官阿培尔谋害了皇帝努米里安，不出一月又杀死了他刚继位的儿子。回师途中，至尼科美地方，同为近卫军长官的戴克里先在士兵集会上揭发了阿培尔的谋逆罪行，引起士兵公愤，纷纷要求让其偿命。恼羞成怒的阿培尔立时便与戴克里先厮杀起来，但见刀来剑往，寒光闪闪，两人腾跃扑击，招招凶狠。士兵们齐声呐喊，为戴克里先助威。失道寡助的阿培尔心慌意乱，稍一分神，顿成刀下之鬼。尔后，全军一致拥立戴克里先为罗马帝国新皇帝（公元284～305年）。

戴克里先正式取消元首制，采用"多米那特制"（即"君主制"），完全抛弃了残存的共和外衣。他自称"多米那斯"（意为主人），身穿镶金的紫绸长袍，头戴缀满珍珠宝石的冕旒，并实行东方专制君主的朝仪，臣民觐见时须行跪拜礼，奉之若神明。他实行四帝制，即由正副"奥古斯都"和正副"恺撒"对帝国分块治理。但分而不割，最高权力仍掌握在他一人手中。

残酷的剥削和奴役，使罗马境内的广大奴隶陷入了苦难的深渊，在忍无可忍中，他们终于揭竿而起。时断时续、大大小小的起义，沉重地打击了奴隶主的统治，让本已处在崩溃边缘的罗马帝国更加迅速地走向灭亡。

·拉丁语·

罗马人属于拉丁族，他们的文字称为拉丁文。随着罗马的扩张，拉丁文成为帝国的官方文字，拉丁语也传到各地。罗马帝国崩溃以后，拉丁语逐渐分化为意大利语、法语、西班牙语、葡萄牙语、罗马尼亚语。后来，拉丁文逐渐成为死文字，但它在基督教、法律和科学领域长期留下影响。今天，许多疾病的西文名称和西药的名称都来自拉丁文。拉丁字母简单易写，其他语种如英文、德文、北欧各国及许多东欧国家的文字、越南拼音文字和中国的汉语拼音方案，都采用拉丁字母。

罗马内部的危机和动荡，给外族入侵提供了可乘之机。在东方，萨珊波斯攻占了罗马的幼发拉底河流域，并继续向西扩张，进攻叙利亚。在东北，多瑙河以北的哥特人南下掠取拜占庭，袭扰小亚细亚和爱琴海地区。在北方，日耳曼人越过罗马边境，进入高卢的中部和东部，并在西班牙的东北部站稳了脚跟。阿尔曼尼人则乘机南下深入意大利中部。随着日耳曼人大量涌入罗马，罗马帝国已处于四面楚歌的境地。

◎ 放纵的罗马皇帝　油画
成堆的玫瑰花瓣，掩盖着放纵的狂欢。罗马帝国的衰败，并非源于早期的穷兵黩武，而是根源于后来的繁荣稳定导致的罪恶丛生、道德沦丧。

罗马帝国的分裂

公元 395 年，罗马帝国正式分裂为东、西两部分。分裂后的西罗马帝国，重演了"三世纪危机"时的悲剧。

"三世纪危机"时期，随着罗马帝国隶农制的进一步盛行，隶农逐渐成为罗马农业生产的主要劳动力，隶农的身份和地位也日益恶化。这个悲剧的结果是，奴隶逐渐被排斥出生产领域。罗马统治阶级为挽救摇摇欲坠的政权，只好千方百计地维护奴隶制生产关系，从而致使罗马社会的阶级矛盾和民族矛盾进一步激化，广大奴隶、隶农和其他下层人民的反抗斗争此起彼伏。公元 4 世纪以后，罗马境内发生的人民起义，影响巨大的有 3 次：巴高达运动、阿哥尼斯特运动和西哥特起义。公元 3 世纪中期曾经爆发过的巴高达运动被镇压下去后，公元 4 世纪末期又重新发展起来，并由高卢蔓延到西班牙，到公元 5 世纪中期，声势浩大的农民战争，致使罗马在不列颠、高卢、西班牙的统治完全瓦解。阿哥尼斯特运动于公元 4 世纪 30 年代开始在北非爆发，很快达到高潮，其参加者主要是奴隶、隶农和农民。公元 373 年，其起义主力遭到残酷镇压后，余部仍坚持斗争，直到汪尔达王国的建立。这次运动极其沉重地打击了罗马在北非的统治。

罗马帝国内部的危机和人民起义给外族入侵提供了可乘之机，散布在帝国北境之外的半游牧民族日耳曼人开始不断地侵犯罗马边境。日耳曼人有很多分支，如法兰克人、哥特人、汪达尔人、勃艮第人、盎格鲁人等。在罗马人眼里，他们都是用牛油涂发，满身腥臭的"蛮族"。公元 4 世纪后半期，亚洲的匈奴人西进，居住在多瑙河下游的西哥特人受到挤压，经西罗马政府允许，于公元 376 年渡过多瑙河，徙居罗马境内。罗马人的意图是让他们以"同盟者"身份为帝国御边。但入境后，西哥特人并未得到罗马人曾经答应向其提供的粮食，迫于饥饿，他们只好出卖自己的子女。罗马军官用狗换取他们的孩子。公元 378 年，不堪忍受奴役的西哥特人举行起义，经阿德里安堡一战，罗马皇帝瓦伦斯率领的数万罗马军团全军覆没。瓦伦斯受伤后藏进一间茅屋，结果

❂ 在今天的英格兰与苏格兰分界处，哈德良长城从海岸延伸开来，壮观的景象使人回忆起当年强大的罗马曾占据不列颠，但到公元 5 世纪中期，罗马在这里的统治已岌岌可危。

被烧死在里面。这之后直到公元 5 世纪，一支支日耳曼人如潮水般涌入西罗马。当地的奴隶、隶农和农民把他们当作"解放者"，同他们站在一起反对本国统治者。

公元 395 年，阿拉里克（约公元 370～410 年）被推举为西哥特人首领。从公元 401 年起，他两次三番侵扰意大利，皆为罗马统帅斯提利克所败。但斯提利克却无意将其彻底击垮，意欲利用他与东罗马帝国对抗。阿拉里克坚持要从西罗马的国库中支取 4000 镑黄金，激起罗马人民对斯提利克的不满。公元 408 年，西罗马皇帝霍诺里乌斯（公元 395～423 年在位）下令处死斯提利克，并拒绝阿拉里克的要求。阿拉里克遂率军来攻，这时罗马人已无大将可用，不得已遣使求和。到公元 4 世纪 70 年代，西罗马帝国的领土仅仅剩下受过多次攻击的意大利半岛没被占领。

公元 476 年 9 月，日耳曼人奥多雅克废黜最后一个罗马皇帝罗慕洛。至此，西罗马帝国在人民起义和外族入侵的浪潮中最终灭亡。

西罗马帝国的灭亡是罗马奴隶制危机、封建制因素成长的必然结果。导致西罗马帝国灭亡的根本原因，就在于罗马社会的基本矛盾，即日益发展的社会生产力与奴隶制生产关系之间的矛盾。如果说奴隶、隶农和其他下层人民的反抗斗争从内部动摇着罗马奴隶主阶级统治的基础，那么统治阶级内部的腐败、混战则进一步加速了西罗马帝国的覆灭。另外，骑士阶层、流氓无产者和马略军事改革所带来的消极影响，东西罗马的分裂和自保，帝国军队及帝国政权本身的蛮族化，以及西罗马帝国

统治者对西哥特人的政策失误等，也对罗马帝国的分裂和西罗马帝国的灭亡产生了不可忽视的影响。

·阿德里安堡之战·

公元 376 年，居住在多瑙河下游的西哥特人受到来自东方的匈奴人的冲击，请求到罗马帝国境内避难，获得许可。但罗马人肆意压榨和欺凌西哥特人，西哥特人愤而起义，占领阿德里安堡。公元 378 年，罗马皇帝瓦伦斯亲自率领 6 万大军前往阿德里安堡镇压。罗马军队按传统方阵展开，中央是步兵，两翼是骑兵，首先发起攻击。西哥特人在山坡上用四轮马车围成堡垒御敌。罗马军队因连日赶路极度疲惫，攻击未能奏效。西哥特人的骑兵趁机出动，攻击罗马军队右翼骑兵，将其击溃，随即向罗马中央步兵发起攻击。罗马人的方阵阵形大乱。西哥特步兵也趁机冲出堡垒，对罗马军队发起正面攻击。罗马人互相践踏，乱成一团，在西哥特人骑兵和步兵的夹击下惨败。此战，罗马人损失 4 万人，包括皇帝瓦伦斯在内的许多将领阵亡。罗马元气大伤。

◎ 罗马的末日
绘画表现的是公元 410 年，西哥特人劫掠罗马城的惊恐场面。

安息帝国

在历史上，安息曾先后臣服于亚历山大帝国和塞琉古王国，直到公元前 247 年安息才宣告独立，建立了阿尔萨息王朝。安息立国之初，仍受到塞琉古王国的威胁，直到公元前 1 世纪中叶才随着国家的日趋强大而慢慢摆脱了塞琉古王国的束缚。国王密特里达特一世时期（公元前 170～前 138 年），安息帝国积极向外扩张，占领了伊朗高原西部、两河流域和中亚细亚南部，开始成为一个强大的帝国。

安息帝国在政治上实行君主制，王位由阿尔萨息家族世袭，但王权受贵族和僧侣议事会的限制。在奴隶主阶层中，有 7 个显贵氏族处于领导地位，操纵着国家的军事、政治和经济大权。国家军队以骑兵为主，分重装骑兵和轻装骑兵，贵族在军队中占有重要地位。安息境内的两河流域经济发达，是帝国的经济命脉，东部山地、沙漠及边缘草原地带比较落后，居民仍属游牧部落。

从公元前 1 世纪中叶起，安息帝国与不断东侵的罗马帝国之间长期进行着战争。公元前 54 年，为增加自己的政治资本，克拉苏率领罗马军队包括 7 个重步兵军团、一个轻步兵军团和 4000 名骑兵共 4 万余人向东进发，开始入侵安息。当时，附属于安息王国的亚美尼亚国王阿尔塔瓦兹德早有脱离安息统治的想法。克拉苏便与他密谋，罗马军沿美索不达米亚沙漠推进，强渡幼发拉底河后向底格里斯河进攻，然后和阿尔塔瓦兹德的军队从两面对安息腹地实施钳形夹击，歼灭安息军队。

安息王国位于幼发拉底河以东，境内主

◎公元前 2 世纪用黏土制成的帕提亚的战士头像

◎角状饮杯
尼萨是安息都城，这个角状杯是在尼萨附近发现的。

要是沙漠。安息王国以帕提亚人为主，过着游牧和半游牧生活，但是却建有一支完全由骑马的弓弩手组成的强大军队。他们使用的弓与一般的弓有很大差别，这种弓是由许多块兽角组成的，拉起来很费劲，发出的箭射程远。

克拉苏入侵的消息很快传到安息国王耳中，于是他命令青年将领苏里拉斯率领骑兵迎敌。苏里拉斯是一位无所畏惧且极富幻想力的人，他命一支人马突击亚美尼亚部队，迫使阿尔塔瓦兹德退出战争。自己率领 1 万名骑兵，向底格里斯河方向的沙漠腹地退却，打算诱使罗马军进入沙漠，一举歼灭。他还配备了 1000 匹骆驼载运大量的箭，保证武器补给。

公元前 53 年，克拉苏占领了当年亚历山大渡过底格里斯河的地点尼斯发流门后，获悉安息的骑兵正向底格里斯河方向退却，克拉苏命令部队向北进发，决定沿捷径，穿过沙漠袭击敌人。4月底，罗马军队在宙格马附近强渡幼发拉底河。安息军队在苏里拉斯的指挥下避免与其发生正面战斗，而是以袭击战的形式消耗阿军，并在不断的偷袭中将阿军慢慢引诱至无水的沙漠深处。善于远距离奔袭迂回的安息军队，使阿尔塔瓦兹德军受到惨重损失，被迫退出这场战争。

6月，罗马军队进至卡尔海地区。正值夏天的沙漠炎热异常，缺水成了罗马军的最大问题，罗马军干渴难耐。补给队伍时常被截，缺粮少水，罗马军疲惫不堪。

已消除后顾之忧的苏里拉斯见时机成熟，下令发起全面反攻。骁勇的安息骑兵从四面迂回包围罗马军。罗马军强打起精神，组织成密集的战斗队形，准备迎战。但安息人并不做正面交锋，而是在四周不停地运动，同时向罗马军万箭齐发。很快，罗马军队形大乱，丧失斗志的士兵在沙地上艰难地东奔西突。暴雨般的乱箭使罗马军全线崩溃，克拉苏在战斗中被杀死。罗马军几乎全军覆没。尽管安息帝国对西方的罗马帝国长期处于战争状态，但是对东方的中国却始终和睦相处，关系密切。公元前2世纪末，张骞出使西域

·丝绸之路·

丝绸之路大致可分为两条。一条为陆上丝绸之路，形成于西汉时期，即自长安西行穿河西走廊，出玉门关、阳关、越葱岭，至西亚地区；另一条为海上丝绸之路，形成于宋代。时因陆上丝绸之路为西夏所断，宋朝只好从海上与西亚等地区，以及南亚、东薛等地区的诸国进行联系与交往，而形成了中外海上交通的"丝绸之路"。两条丝路在中国古代历史上发挥了极重要的作用。

时，曾派副使访问安息帝国，安息国王派大将率骑兵2万到边境迎接。从此，双方往来密切，东西方交通有了很大发展，"丝绸之路"成了当时重要的国际商道。"丝绸之路"的西段大部分在安息帝国境内，这不仅促进了中国与安息帝国之间商业的发展，而且也加强了东西方文化的交流。

安息帝国是一个松散的联合体，由于长期的对外战争和内部矛盾严重地削弱了中央政权的统治，国家逐渐丧失了抵御外来侵略的能力。公元227年，安息帝国在新兴的萨珊波斯的大举入侵下，军队节节败退，很快便被萨珊波斯吞并。

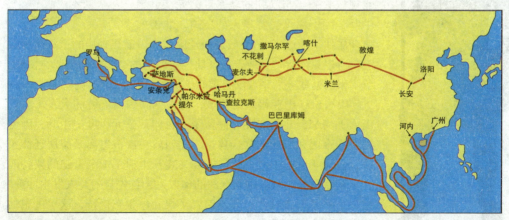

◎ 丝绸之路路线示意图

丝绸之路跨经数个亚洲国家，最大的威胁来自中亚地区占山为王的强盗，为保护驼队和线路的畅通，安息士兵常在本国道路上巡视。

亚欧民族大迁徙

匈奴是中国漠北的一个游牧民族，兴起于公元前 3 世纪左右的战国时期，秦汉时强盛起来，人口约为 200 万。秦汉时期，匈奴多次入侵中国的河套、山西及河北等地，对中国北部边疆构成了严重威胁。秦始皇曾派大将蒙恬北伐匈奴，并修筑了万里长城，以抵御匈奴骑兵。

西汉初年，匈奴又不断南下，骚扰汉王朝的北部边境。从汉高祖到汉武帝，多对匈奴采取和亲政策。汉武帝时，汉、匈之间的战争不断升级，结果匈奴大败，势力渐衰。公元前 54 年，匈奴分裂为南、北二部。南匈奴归附汉朝，北匈奴在汉朝军队的打击下瓦解。东汉初，匈奴再度分裂为南、北二部。南匈奴与汉朝友好，后逐渐与汉人融合；北匈奴对南匈奴和东汉政权则持敌视态度。公元 91 年，北匈奴在东汉和南匈奴的联合打击下败亡，北匈奴的一部分由单于率领离开漠北向西迁移。著名的匈奴西迁故事，就在这个时候开始了。

◎匈奴人复原图

西迁的匈奴人大约有 20 余万，他们首先在大漠西北乌孙所辖的悦般地区停留下来。公元 105 ~ 106 年，北匈奴曾遣使来到汉朝，请求和亲，汉帝没有同意，从此北匈奴失去了与汉朝的联系。公元 2 世纪中叶，因不堪忍受鲜卑人的压迫，北匈奴离开居住了 70 余年的悦般而西迁康居。因前往康居的道路极为艰险，所以只能挑选勇敢善战者前往，剩下的老弱妇幼仍留在悦般。留下来的这些人后来逐渐与柔然（阿瓦尔人）部融合。

康居位于中亚锡尔河流域，与占据阿姆河流域的大夏（大月氏人）为邻，北匈奴在此停留了近百年。公元 3 世纪中叶，因受到贵霜帝国和康居的联合攻击，北匈奴再次被迫离开康居迁往粟特。公元 4 世纪中叶，北匈奴人又离开生活了 1 个世纪的粟特西迁至东欧顿河流域。进入欧洲的匈奴人，首先与阿兰人发生冲突。结果，阿兰人大败。不久，匈奴又乘胜进犯东哥特，这次进犯的结果是引发了日耳曼人的民族大迁徙。

匈奴西迁历时 280 年，长途跋涉 6000 余千米，不仅跨越了整

◎法兰克人复原图

个中亚，而且深入欧洲腹地。在匈奴西迁的推动下，亚欧大陆众多游牧民族纷纷卷入民族大迁徙的浪潮中。

公元5~6世纪，斯拉夫人开始南迁，他们越过多瑙河，不断进攻罗马边境。公元578年，约10万斯拉夫人进占色雷斯、马其顿和帖撒利等地。到7世纪初，斯拉夫人已遍布巴尔干半岛北部各地，后来又经过几个世纪的大迁徙，斯拉夫人各地居民经过长期的融合，逐渐形成了今天东欧的各个民族国家。

日耳曼人早在公元1世纪就从北欧南下，成为罗马帝国北部的强邻。不过，当时罗马军团十分强大，稳守边境毫不费力。随着帝国的衰微，罗马对边境的控制也频频告急。公元1世纪，日耳曼人已经占据了东起维斯瓦河，西至莱茵河，南达多瑙河，北抵波罗的海的广大地区，罗马人把这片广袤的大地称为日耳曼尼亚。

公元4世纪后期，由于受到来自匈奴的攻击，日耳曼人开始像潮水般涌入罗马帝国境内，由此形成了日耳曼部落大迁徙的浪潮。最先进入帝国的是西哥特人，但罗马政府对他们特别残暴，强迫他们种地、服兵役，甚至将他们卖为奴隶。西哥特人不甘屈辱，发动起义，罗马的奴隶、隶农、矿工也纷纷加入了起义队伍。公元378年，西哥特人同罗马帝国在阿德里亚堡决战，罗马被击败，皇帝瓦伦斯被打死。公元5世纪初，西哥特人再次对罗马发动进攻，汪达尔人也由北方入侵。公元395年，罗马帝国分裂为东西两部分。公元410年，罗马城被攻陷。西哥特人在洗劫罗马城和意大利半岛之后，又向西进军，最后定居在高卢南部和西班牙北部。公元419年，建立西哥特王国，这是罗马帝国版图内的第一个日耳曼人国家。汪达尔人则进入北非，建立了独立的汪达尔王国，结束了罗马帝国在北非的统治。伦巴第人则占领了北部意大利的波河平原，建立了伦巴第王国。其他日耳曼部落也纷纷冲进西罗马帝国。另外，日耳曼人中的盎格鲁人、撒克逊人、朱特人，则从原先居住的威悉河、易北河流域出发，登上不列颠岛，征服了原有居民凯尔特人，建立了自己的文明，盎格鲁-撒克逊人从此成为英格兰的主要民族。公元5世纪初，西罗马帝国的土地已大部丧失，帝国名存实亡。公元476年，日耳曼雇佣军的首领奥多雅克废黜了西罗马最后一个皇帝罗慕洛·奥古斯都，西罗马帝国灭亡。欧洲民族大迁徙至此结束。

由匈奴西迁引发的这场历时几个世纪的民族大迁徙，不仅打破了亚欧大陆南耕北牧的传统格局，突破了地域间的封闭，而且还加强了亚欧大陆各地区、各民族间的经济文化交流和民族融合，奠定了现代亚欧大陆主要民族和国家的基础，从而形成了世界历史的新格局和新版图。

·日耳曼人·

日耳曼部落很早就居住在莱茵河以东、多瑙河以北、维斯瓦河和北海之间的广大地区，包括法兰克人、哥特人、撒克逊人、汪达尔人和伦巴第人等。他们一般具有相同的宗教信仰和社会制度，使用相近的语言。日耳曼人中每位杰出的武士首领都有一支扈从队，他们战时守卫在首领身旁，效忠于他。首领则向他们提供给养、武器及战利品。这种制度有助于后来封建制的形成，因为封建制正是建立在骑士对封建领主忠诚的基础上的。日耳曼人的首领或国王主要是根据勇猛程度和出身选举产生。作战英勇、贵族出身的部落成员更有希望成为首领或国王。打仗时首领和国王身先士卒，奋勇冲杀，至于权力则较为有限，许多事务都由部落会议决定。

维京人的航海旅行

早在公元793年，维京人就开始掠夺苏格兰和荷兰沿岸的海岛。到了公元850年，他们来到了爱尔兰，并且在那里定居。约公元860年，维京水手们发现了冰岛，并在此后定居于此。公元982年，埃里克·瑟凡森（或称作"红发埃里克"）发现了格陵兰岛冰层边缘海岸，并鼓励人们在岛上定居，公元986年，他带领400名殖民者定居在那里。约公元1000年，他的儿子对北美海岸进行了探索，他抵达了海鲁岛（今天的巴芬岛）和马克岛（拉布拉多），此后，就在一个被他称作文兰的地方过冬。人们估计文兰确切的位置应该在南拉布拉多和新泽西州之间的某地。大约在1年后，他带着一群人来到纽芬兰岛沿海地区，建立了雷安色奥克斯米都居住区。但是这些不速之客的到来遭到了被维京人称为"蛮夷"的当地土著的强烈排斥，他们赶走了这些入侵者。

维京人同样突袭了欧洲大陆。他们沿着欧洲的主要河道逆流而上，两次洗劫了法国巴黎——分别在公元845年和856年。他们建立了贸易路线和定居点，并于公元911年占领法国北部诺曼底直到约1000年。他们也同样在爱尔兰、英格兰、丹麦、德国及俄国定居。

维京人称霸海上的秘密是他们非凡的有开敞式船身的长船，这种船圆滑而快速，具有两头尖翘的船身和坚固的、装有巨大方形船帆的桅杆。船的两侧都有一整排的桨，可以在靠近海岸或者在河口等无法使用帆的地方控制船的航行。桨还可以在海战中加快船速。在船的右侧还有单支的掌桨。人们将长船中体形最大的称为"德里卡"或"龙船"，

◎维京人长船底宽，排水量相对小，非常适合在近海岸、河口及内陆河流中航行。

因为在这条船的两头都有雕刻的龙头像。制船者将直的橡木板叠放，再用铁钉固定，形成船身的侧面，而船体的内部结构则是按照船形，用仔细挑选的符合船形曲度的树枝锯成的坚硬的木板做成的。船帆是一张羊毛织物，这种帆在暴风雨中被浸透后就变得极难控制。长途远航时，船员们就蜷在兽皮做的睡袋里睡在开敞的甲板上。他们的食物是腌制晒干的鱼肉。除了带上他们常喝的蜂蜜酒（一种用发酵蜂蜜制作的酒精饮料）外，他们必须带足淡水。

我们现在对维京人长船的了解基本上来自沉船残骸，譬如公元834年在挪威奥斯堡制造的一艘用于葬礼的长船。在葬礼中，多名船工将这条长21.6米的长船拖上岸，然后将船放入一个浅槽中。哀悼者将死者的尸身装进一个原木棺材中，然后把棺材两头随葬的家私炊具在船甲板上一字排好。最后用石土覆盖整条船，在船的最顶部种上草皮。这座奇特而又宏大的坟墓静静地沉睡了上千年。

法兰克王国

公元 1 世纪，法兰克人居住在莱茵河的下游。公元 406 年，法兰克人随同西哥特人、勃艮第人一起进入罗马帝国的高卢地区（今法国境内）。公元 481 年，克洛维成为法兰克人的军事首领，经过多年征战，法兰克开始走向强大。到公元 511 年克洛维去世时，法兰克王国已将罗马高卢的大部分地区征服。

在征服的过程中，占领罗马皇室领地的法兰克国王将其作为奖赏，赐予他的廷臣、将军、亲信、教会和修道院。这些新兴法兰克地主与被保留下来的高卢罗马大地主一起构成了法兰克国家的地主阶级。法兰克地主阶级的发展历程，同时也是自由农民丧失土地沦为依附农民的历程。代表地主阶级利益的封建统治者将封建化的成果以法律的形式肯定下来，这就构成了法兰克封建化的一条主线。这一过程可分如下 3 个阶段：

第一阶段是内战时期（公元 511 ~ 714 年）。这个时期的特征是王权衰弱，社会动荡不安。长期的战争破坏使较脆弱的自由农民只好投身于大地主的门下，法兰克的封建生产关系也由此产生，其结果是大土地所有制的成长和自由农民逐渐沦为依附农民。

第二阶段是宫相查理·马特的采邑制改革时期（公元 714 ~ 741 年）。他下令将土地作为"采邑"进行分封，但受封者必须以服骑兵役为条件，且不得世袭。这一改革取得了明显成效：加强了法兰克王国的军事力量，促进了法兰克封建生产关系的发展。

第三阶段是加洛林王朝时期（公元 751 ~ 987 年）。公元 751 年，宫相丕平发动政变并登上了王位，建立了加洛林王朝。这个王朝在查理曼统治时期（公元 768 ~ 814 年），通过开疆拓土，形成了一个版图广大、民族众多的帝国，史称查理曼帝国。

查理曼，又被称为查理，他从小在宗教环境下长大，对基督教极为虔诚，但没有受过良好的文化教育。他的父亲丕平在公元 751 年创建加洛林王国时，他才 9 岁。公元 768 年，他的父亲患水肿病死于巴黎，留下了查理曼和卡洛曼两个儿子，法兰克人召开民众大会，选举这两兄弟为国王，平分全部国土。但卡洛曼放弃了对王国的监管，进修道院当了僧侣，3 年后去世。公元 771 年，经全体法兰克人同意，查理曼被拥戴为唯一的国王。

查理曼统治法兰克王国时期，开始了大规模的领土扩张行动。他一生共发动了 50 多次远征，并亲自参加了 30 次远

◎公元 800 年圣诞日，教皇利奥三世在罗马圣彼得教堂为查理加冕称帝，宣称这个外族首领为"伟大的罗马人皇帝"，标志着西欧基督教化即罗马和日耳曼的融合基本完成。有人认为查理大帝的加冕标志着神圣罗马帝国的开端，然而大多数人还是认为那时的帝国应该叫作法兰克帝国。

·采邑制·

采邑制是中世纪早期西欧的一种封建土地所有制。墨洛温王朝末期由于大土地所有制的发展，自由农大量破产，国家无可用之兵，中央的政治、经济、军事力量衰落。公元8世纪30年代，宫相查理·马特改变无条件分赠土地的办法，实行采邑制。没收叛乱贵族和部分教会土地封给官员和将领，受封者必须服兵役和履行封臣义务，而且只限本人，不得世袭。双方如有一方死亡，或封臣不履行义务，分封关系终止。如愿继续以前的关系，必须重新分封。通过采邑制，建立了以土地关系为纽带的国王与受封者之间的主从关系，加速了自由农民的农奴化进程，为形成阶梯式的封建等级制奠定了基础。骑兵逐渐代替步兵，兴起骑士阶层，中小地主力量加强，且提高了国家的政治与军事力量。公元9世纪以后，采邑逐渐变成世袭领地。

征。其中最长的一次战争，是对北方撒克逊人的征服。他以传播基督教为借口，从公元772年起，先后发动8次进攻，时间长达33年，最终征服了撒克逊人，使他们成为法兰克王国的臣民。通过几十年的征战，法兰克王国扩大到了相当于今天的法国、瑞士、荷兰、比利时、奥地利以及德国、意大利的大部分地区，成为当时西欧空前强大的国家。800年，查理曼进军罗马，援救被罗马贵族驱逐的教皇利奥三世，并被教皇加冕为"罗马皇帝"。从此，法兰克王国成为"查理曼帝国"，查理曼则成为"查理大帝"。他把自己的帝国当作古代罗马帝国的继续，查理曼的加冕被一些历史学家认为它标志着神圣罗马帝国的诞生。

查理曼对基督教极为热诚和虔信，在他统治时期，下令教会和寺院办学，在宫中成立学院，广泛招聘僧侣学者前来讲学。他还从中等人家和低微门第人家中挑选子弟，与富贵子弟共同接受教育。甚至任命出身贫穷、学习优异的青年教士为主教。在定都阿亨后，他大兴土木，修建了许多金碧辉煌的宫殿和教堂。随着建筑的兴盛，绘画、雕刻等艺术也有所发展。查理曼还派人搜集和抄写了许多拉丁文和希腊文手稿，虽然他对抄本内容一无所知，但却为后代保留了许多古典作家的著作。公元814年，查理曼去世，终年70岁。其子路易继位后，力图继续维护统一。但是

随着地方封建主独立地位的加强，王权逐渐衰弱，中央政权已无力控制局面。公元817年，路易将帝国疆土分给自己3个儿子：罗退尔、丕平、路易。后来在疆土分配问题上，父子反目，父子、兄弟之间展开了骨肉相残的斗争，法兰克王国陷入内乱之中。在战争中，国王路易及其次子相继死去，形成了罗退尔、路易、查理三人争夺疆土的局面。

当时，罗退尔的势力最强，统治着中部地区；东部日耳曼人地区被路易统治；查理统治着西部地区。他们之间相互攻击，战乱不断。公元843年，兄弟三人开始和谈，三方正式签订《凡尔登条约》，将帝国分为3部分：今日的德国西部分给路易，称日耳曼；今日的德国属查理，称法兰西；路易和查理之间加上意大利中、北部留给了罗退尔。条约还规定，罗退尔沿袭皇帝称号。至此，兄弟相残的局面才告结束。

罗退尔死后，他的3个儿子又瓜分了他的领土，长子统治意大利，次子统治洛林，小儿子得到普罗旺斯。公元870年，小儿子去世，日耳曼路易和法兰西查理在墨尔森签订条约，将其侄的领土瓜分。此后，3个王国在外邦势力的入侵下，疆域有所改变，但不大。查理曼帝国的三分，奠定了后来法兰西、德意志和意大利三国的基础，促进了西欧封建制度的发展。

英国的王权制度

英国的封建化进程，是在日耳曼原始社会解体的基础上开始的。诺曼的征服加速了英国的封建化进程，也给英国的封建制度带来了有别于欧洲大陆的特色。

英国在公元5世纪前称"不列颠"。公元前1世纪初，不列颠遭到罗马人的入侵，至公元1世纪，不列颠成为罗马帝国的一个行省。不列颠又遭到日耳曼人的大举入侵，到公元7世纪初，不列颠大体上形成了由北到南7个主要国家，即诺森伯利亚、麦西亚、东盎格利亚、埃塞克斯、肯特、苏塞克斯和威塞克斯。这便是英国历史上著名的七国时代。

七国间的相互兼并，使英国先后形成了三大权力中心，即公元7世纪的诺森伯利亚、公元8世纪的麦西亚和公元9世纪的威塞克斯。当威塞克斯称雄之时，英国开始遭到丹麦人的入侵。国王阿尔弗烈德（公元871～899年）采取灵活的战略战术，取得了对丹麦人的绝对胜利，双方签订了《威德

摩尔和约》，将英国一分为二，把从泰晤士河口到提兹河的盎格利亚的大部分地区割让给丹麦人，形成丹麦法区。公元886年，阿尔弗烈德收复伦敦。到他去世时，威塞克斯已基本上统一了除丹麦法区之外的整个英格兰。他的后继者继续北进，收复了丹麦人所占领土，威塞克斯国王开始自称"全不列颠之王"。

公元10世纪末11世纪初，丹麦人再次入侵英格兰，但没有根本触动英格兰的政治制度，盎格鲁–撒克逊时期，英格兰建立起较为系统的王权体系。到公元10世纪，以国王的宫廷为核心，形成了中央机构。

1042年，属于威塞克斯血统的忏悔者爱德华取得了英格兰的王位。忏悔者爱德华将全国分成若干郡，并建立威斯敏斯特修道院教堂。1066年年初，忏悔者爱德华死后无嗣，威塞克斯伯爵哈罗德二世被推选为国王。诺曼底威廉以爱德华曾面许继位为理由，要求获得王位。1066年9月末，威廉召集诺曼底、布列塔尼、皮卡迪等地封建主进行策划，率兵入侵英国。英王哈罗德迎战。10月14日，双方会战于黑斯廷斯。英军战败，哈罗德阵亡，伦敦城不战而降。1066年10月14日，威廉公爵在黑斯廷斯战役中将对手击败，争

◎黑斯廷斯战役

威廉一世在这场战役中实现了"诺曼征服"，建立了诺曼王朝。

·中世纪·

"中世纪"一词,最早出现于文艺复兴时代,它是由16世纪意大利人文主义语言学家和历史学家首先提出来的。由于他们是希腊、罗马古典文化的崇拜者,所以就把从古典文化衰落至文艺复兴前的一段时间称为"中间的世纪"。中世纪是封建生产方式在世界范围内形成、发展和衰亡的时代,时间从公元5世纪后期罗马帝国崩溃起,至17世纪中期英国资产阶级革命止,前后共经历约12个世纪。中世纪时的经济主要是封建制的庄园式自然经济,出现了一批商业城市:巴黎、里昂、都尔奈、马赛、科隆、特里尔、斯特拉斯堡、汉堡、威尼斯、热那亚,等等,形成了一个以地中海为中心的贸易区。今天,世界地图上欧洲、亚洲和非洲的多数国家,都是在中世纪开始建立或登上世界历史舞台的,许多国家的历史特点是在这个时期奠定的,许多民族和语言也是在这一时期逐渐形成的。

夺到继承权,他在伦敦被立为国王,称为威廉一世,建立起英国历史上的诺曼王朝。对英国的封建化进程产生了巨大影响。

其一,这一征服为英格兰王权的确立奠定了强大的物质基础。1086年,威廉完成了对全国土地赋役状况的调查、登记和造册工作。这一重大举措,确立了英国的封建领地均受自国王的观念。

其二,这一征服为英格兰王权的确立奠定了强大的阶级基础。威廉确立了不同于其他国家的封建原则:我的封臣的封臣也是我的封臣。这句话的意思是说,英国的大小封建主都要直接受命于国王,直接为国王服役,封建主之间的私战是不合法的。

其三,威廉一世通过王室法庭将王权的统治范围扩大到全国。威廉一世将教会的审判权严格控制在有关灵魂的案件之内,禁止教会插手其他事务。到亨利二世(1154～1189年在位)时,王室的司法权又进一步扩大到教会和领主的某些领地、辖区。王室法庭审理的范围不仅包括重大案件,一般的民事案件也被纳入王室法庭的权限。同时,亨利二世还广泛采用陪审制,使司法审判更趋合理。

威廉一世将法国的封建制度引进了这个"自由人"国家,并使之成为他进行统治的权力基础。诺曼封建主得到分散在整个王国的零星封地,这样分散的封地不能形成大的领地,永远置于王权的控制之下。管理各郡的郡长也是同样的情况,因为他们在郡内不占有任何私人领地。

在博学的教士兰弗朗克的帮助下,威廉重新组织了英国教会,他任命兰弗朗克为坎特伯雷大主教。他与罗马教皇格列高利七世就主教职权问题发生冲突,但还没有发展到决裂的地步。他还建立了许多修道院,引进了希腊和拉丁文学。

随着王权不断得到加强,到1200年,英格兰的封建化过程便宣告完成。

◎公元866年,丹麦人踏上英格兰,处决了英王爱德蒙。

王权与教权之争

在西欧封建社会，王权利用封臣制建立起一套封建隶属关系，来实施对全国的统治，而国王一般很难对全国实行直接控制。这就为以罗马教皇为首的天主教会的势力提供了发展空间，从而引发了王权与教权之间的争斗。

公元 568 年，伦巴德人大举南下进逼意大利，严重威胁着罗马的安全，教皇在法兰克人的帮助下，打败了伦巴德人，这大大地提高了教皇的威望。罗马教皇不仅是教皇国的实际统治者，而且还成了西欧各国教会的最高领袖。

王权与教权之争，就这样开始了。

在西欧早期封建社会里，王权与教权之争因各国具体情况不同，表现出的激烈程度也不一样。

◎教皇格列高利一世的象牙雕像

从公元 590 年至 604 年，作为教皇，他的严厉施行宗教信条与政治上的敏锐极大地加强了罗马教皇的权力，他的传教热情使基督教信仰传遍西方文明世界的最远边界。

公元 919 年，康拉德被迫推举当时德国势力最为强大的萨克森公爵亨利为王，即亨利一世。德国历史从此跨进了萨克森王朝（公元 919 ~ 1024 年）。亨利一世执政后，通过兼并士瓦本、吞并洛林和巴伐利亚，将自己的统治进一步巩固。亨利死后，其子奥托一世继位。奥托一世不仅将五大公国牢牢控制，而且还发动征服意大利的战争，取得了"伦巴德"国王的称号。公元 926 年，奥托一世亲率大军将伦巴德王国征服。公元 927 年，教皇在罗马的圣彼得大教堂为奥托一世加冕，称其为"罗马人的皇帝"。奥托一世成为罗马帝国合法的王位继承人。此时，萨克森王朝各王依靠武力建起一个庞大的帝国，但各部落公国依然独立，各自为政，仍是在帝国名义下的独立国家。

于是国王便借助教会来加强他的封建统治，各地的主教和修道院院长大多是国王或皇帝的封臣或附庸，要向国王或皇帝宣誓效忠，并接受国王或皇帝的任免。为此，德国国王或皇帝授予他们广泛的特权，即"奥托特权"。后来，教皇对德国的主教任免权又提出要求，认为教会权力不应由国王授予，即使皇帝也无权插手主教的遴选和续任。从教皇尼古拉二世（1058 ~ 1061年在位）到亚历山大二世（1061 ~ 1073 年在位），历任教皇都不断提出对德国主教的续任权，到教皇格列高利七世（1073 ~ 1085年在位）时，两者之间的矛盾达到白热化。1075 年，格列高利通谕废除世俗君主对教

◎德国科隆大教堂实景图
欧洲北部最大的哥特式教堂，始建于 13 世纪中叶，平面呈拉丁十字形，中央是两座各高 161 米的双尖塔，教堂四周小尖塔林立，整个教堂雕有精致的花饰。

职的续任权。德国的神圣罗马帝国皇帝亨利四世针锋相对，于 1076 年 1 月在沃姆斯召集德国主教开会，严厉谴责教皇。同年 2 月初，教皇宣布将亨利四世开除教籍，并要求亨利四世逊位。在这种严峻的形势下，亨利四世被迫于 1077 年 1 月翻越阿尔卑斯山到教皇住地卡诺莎城堡请求教皇的宽恕。这便是历史上著名的"卡诺莎事件"。亨利四世的悔过表现只不过是一种策略，恢复权力之后，亨利四世立即回国镇压了反对派，并将格列高利七世拉下教皇宝座。

王权与教权双方如此大打出手，绝不是因为表面上的主教续任权之争，而实际上是对物质利益的争夺。在当时，主教、修道院院长等神职是获利颇丰的肥缺，教会可以利用宗教的名义征收各种名目的租税、罚金、捐赠等。这就意味着，谁册封这些神职，谁就可以把教会或修道院的收

入据为己有，国王和教皇自然都不肯放过如此诱人的获利机会。因此，双方的这种利益争夺的斗争是不可调和的。

亨利四世与教皇格列高利之间的斗争，并没有取得最终的结果，王权与教权的斗争在双方的后继者中间继续展开。直到 1122 年双方才相互妥协，签订了《沃姆斯宗教协定》，将主教、修道院院长的宗教权力和世俗权力一分为二，由教会和国王分别授予。德国的主教续任权之争，至此告一段落，但还远远没有结束。

王权与教权的斗争，是西欧封建王权衰弱的表现，也是罗马教皇势力发展的结果。在双方斗争的过程中，教权虽然一开始占了上风，但随着各国王权的不断加强，教权逐渐从属于王权。最终，在 16 世纪的宗教改革运动中，王权在民族教会的旗帜下实现了全面的统治。

·教皇国·

教皇国是指公元756～1870年罗马教皇在意大利中部拥有领土主权的政教合一的封建国家。公元756年法兰克国王丕平为酬答教皇支持其篡位，迫使伦巴德人放弃拉文纳等占领地，将意大利中部大片领土赠给教皇，此为教皇国之始。公元774年，查理曼大帝又将贝内文托和威尼斯等城赠予教皇，教皇国版图逐渐扩大。11世纪起，教皇国势力逐渐增强，12～13世纪为其鼎盛时期。1527年奥地利占领罗马，教皇国被承认为独立国家。拿破仑进驻罗马，多次将其并入法国版图。意大利统一运动中，教皇国领土不断缩小，1870年几乎全部并入意大利，教皇退居罗马城西北角面积只有0.44平方千米的梵蒂冈。1929年墨索里尼同庇护十一世签订《拉托兰条约》，正式承认教皇拥有独立的梵蒂冈城国主权，从此教皇国的名称不再沿用。

拜占庭帝国

公元395年，罗马帝国一分为二，西罗马帝国急剧败落，走向灭亡，在其废墟上建立起许多新的欧洲国家。以君士坦丁堡为首都的被称之为"东罗马帝国"，因其都城地处古希腊商业殖民城市拜占庭的旧址上，所以又被称为"拜占庭帝国"。

拜占庭帝国的版图包括欧洲的巴尔干半岛、亚洲的小亚细亚、叙利亚、巴勒斯坦、两河流域以及非洲的埃及等地，横跨欧、亚、非三大洲。拜占庭帝国地处东西方交通要道，经济较为发达，社会环境比西部相对安定，保持了国家机器的完整性，并逐步走向封建社会。

拜占庭的封建化的背景是频繁的对外战争。公元6世纪初，拜占庭在东西方几乎没有可以与其抗衡的竞争对手，从而导致其扩张野心的膨胀。查士丁尼当政时期（公元527～565年），拜占庭疯狂向西扩张，倾力举兵西进。公元533年，拜占庭帝国的铁蹄踏进汪达尔王国。公元535年，又移兵意大利，向东哥特王国进攻，受到东哥特人民的奋力抵抗。拜占庭军队在意大利艰难作战20年，终将东哥特王国消灭，但自己也损失惨重。东哥特的战事还没有结束，拜占庭大军又踏上远征西班牙的西哥特王国的征程，并将西班牙东南部及科西嘉岛、撒丁岛和巴利阿里群岛占领。至此，查士丁尼的西征才算结束。

为了提高军队的战斗力，公元610年建立的希拉克略王朝开始将其从前曾在局部地区实行过的军区制在整个帝国推行起

◎ 拜占庭时期的象牙雕刻

来。帝国将土地作为军饷，按照军种和级别颁发给各级官兵。士兵定居在其部队驻守的地区，平时经营田产，以土地经营所得装备自己。军区制将本国公民作为军队的主要来源，在全国范围内建立起一整套军事化体制。

军区制的实行，有着深远的历史影响。首先，它使拜占庭国家拥有了充足而稳定的兵源。其次，在战争不断和自然灾害频繁的情况下，军区制为小农的复兴创造了条件。军区制的成功推行，使拜占庭稳定了以巴尔干半岛为中心的疆域，同时使已经进入巴尔干半岛的斯拉夫人臣服，成为拜占庭的臣民。除此之外，拜占庭还因此打垮了阿瓦尔人，击败了波斯人，并将阿拉伯人的扩张势头阻止在小亚细亚和东

◎查士丁尼大帝及廷臣
这是拜占庭时期最著名的镶嵌画之一，描绘的是查士丁尼大帝在大主教的陪伴下主持教堂奉献礼的情景。

地中海一带。可以说，军区制的推行为拜占庭此后数百年的强盛奠定了坚实的基础。

另外，军区制的推行也为军事大地产阶层和贵族势力的崛起创造了条件，为拜占庭封建化开辟了道路。各军区的将军和中央政府的一些高级官职，由于各种原因，逐渐变成世袭，这样就形成了军事贵族阶层。军区的将军们握有对农民的管理、调动大权和征税权，极易将小农牢牢地控制在自己手中。他们的兴起对小农阶层构成了巨大的威胁，到公元11世纪末，拜占庭的小农几乎不复存在。科穆宁王朝（1081～1185年）时期，军区制被监领地制所取代，按规定，自由农民成为依附农，拜占庭的封建化自此宣告完成。

封建化的完成，加强了拜占庭的国力，但它长期发展的结果，却是地方割据势力的膨胀，这就导致了帝国力量的削弱。至12世纪末，已无力抵抗塞尔柱突厥人入侵的拜占庭人，不得不向罗马教皇发出求救信，由此引发了一场长达近200年的西方封建主对东方的掠夺战争——十字军东征。这场漫无天日的浩劫，使拜占庭帝国元气大伤。此后，拜占庭帝国虽然恢复了帝位，但只能偏安于君士坦丁堡，拜占庭帝国从此彻底退出了历史舞台。

延续了千年之久的拜占庭帝国的对外影响主要体现在文化扩张方面，特别是对东正教的传播上。通过这种方式，拜占庭将其文化和政治模式传播给了东欧的斯拉夫人。所以有的人说："拜占庭对东方的斯拉夫世界来说，犹如罗马对西方的日耳曼世界一般。"

·拜占庭战术·

在历史上，虽然拜占庭曾出现过几次中兴，但在四周的强敌压境的情况下长期处于守势。在军事上，拜占庭奉行防御战略，尽可能避免战争。整个国家划分为几个军区，一旦外敌来犯，他们会坚守，并不反击，然后等待附近军区的援军增援后将敌人赶走。拜占庭军队通常将敌人逼到坚固的山口和渡口，然后利用有利地形协调进攻，击败敌人。拜占庭陆军的骨干力量是名将贝利撒留创建的"铁甲骑兵"。这支骑兵博众家之长，既装备了西欧人的重甲和长矛，又使用波斯人的弓箭。在战场上，这支骑兵和步兵联合作战，能够进行复杂的队形变换。另外，富裕的拜占庭人还花费大量的金钱组建雇佣军来保卫他们的国土。拜占庭的海军不仅数量众多，而且拥有一种神秘武器：希腊火。凭借这种神秘武器，拜占庭曾多次击败敌人的舰队。有时，拜占庭人也会根据对手的不同情况主动发起进攻。在春天和冬天，他们进攻斯拉夫人；在寒冷和阴雨天气，他们进攻波斯人。

意大利城市共和国

查理曼帝国分裂后，意大利被罗退尔所统治。公元855年罗退尔去世之后，意大利从此便陷入了长达10个世纪之久的政治纷争之中，在1861年之前，一直没有得到统一，甚至连名义上的中央政权都没有产生过。

公元7～8世纪时，意大利的手工业与农业分工就已开始了。到公元9～10世纪，许多地方出现了定期集市。罗马时代的旧城也非常活跃，逐渐成为工商业的中心。在伦巴底和托斯坎纳出现的一系列新兴城市，开始与东地中海沿岸各国发展贸易往来，从而得到东方贵重的货币资本，并将这些资金及时地投入到手工业、商业和银行业中。手工业生产因此日趋发达，分工也日趋细密。银行业的发达，使意大利一些城市的货币在国际市场上大量流通。

富裕起来的意大利城市为捍卫自身的利益、取消封建义务、铲除发展工商业的障碍，与统治它们的教俗封建主展开了激烈斗争。通过斗争，它们不仅获得了对城市的统治权，而且逐渐控制了周围的广大地区，形成了一些城市国家。城市国家统治权所达到的地方，那里的封建贵族和农民也都随之变成了城市国家的公民。城市国家所辖地区，甚至包括许多小市镇和众多农村。

意大利城市国家在政体上与欧洲其他封建国家截然不同。欧洲大陆当时盛行君主政体，而意大利城市国家却实行共和政体。国家行政机构起初是全体成员大会和地方执政官会议，后来由选举产生的委员组成议会取代了原来庞大的全体成员大会，由其决定立法、宣战、媾和等城市国家的重大事项。执政官虽由市民选举产生，但一般为显贵家族所垄断。在执政官之下设立各种委员会，各个城市所设有所不同，各城市的统治权大多为贵族和富商所掌握。当时，意大利著名的城市共和国有威尼斯、佛罗伦萨、热那亚和比萨等，它们都是意大利从事航海和工商业的城市共和国，威尼斯更为突出。威尼斯是世界著名的水上城市，在长约3.2千米、宽约1.6千米的群岛和泥滩上逐渐形成最初的城市，公元9世纪40年代，成为独立的城市共和国。至15世纪时，威尼斯发展成一个包括克里特岛、塞浦路斯岛和爱琴海众多岛屿在内的广阔的海上大帝国，显赫一时。15世纪末年，欧洲新航线开辟以后，大西洋沿岸成为商业重心，威尼斯城市共和国逐渐走向衰落。

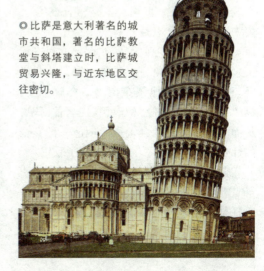

◎比萨是意大利著名的城市共和国，著名的比萨教堂与斜塔建立时，比萨城贸易兴隆，与近东地区交往密切。

贞观之治

唐太宗在位23年，其年号是贞观。唐太宗非常重视历史的经验教训，他说过："以史为镜，可以知兴亡。"既而认识到历史上周、秦统治时间的长短取决于统治者本身所实行的政策，周因"惟善是务，积功累德"，所以持久；秦因"恣其奢淫，好行刑罚"，故而短暂。于是，他就从政治、经济等各方面采取各种措施，励精图治，走上富国强民的道路。

唐太宗认为，首先应解决百姓的问题。解决百姓的问题，主要是发展生产，休养生息。他曾下诏停修劳民伤财的洛阳乾元殿，并且表示："后日或以事至洛阳，虽露居亦无伤也。"为了不误农时，他把太子举行冠礼的日子由二月推迟至十月。当时有人提出"用二月为胜"，太宗明确地表示反对说："农时甚要，不可暂失。"另外，他还尽量减轻百姓负担，反对竭泽而渔。贞观元年（公元627年），山东大旱，太宗下令减免当年租赋。贞观二年（公元628年），关中出现旱灾，老百姓有卖子为生者，他命御府出金帛帮他们赎回儿女。贞观三年（公元629年），免关中二年租税，关东给复一年。此外，他颁布诏书，释放宫女、纵放鹰犬、提倡节俭、淳厚民风、轻徭薄赋，从而缓和了各种社会矛盾，创造一种安全的社会环境，发展了生产，巩固了政权。

唐太宗是一个善于采纳大家意见、明辨是非、择善而从的君主，而且他还能举贤任能，量才适用。只要是有才干的人，不论贵贱，不论从前跟随的是何人，均为其所用。谋臣魏徵原是太子李建成的人，李建成死后被唐太宗视为左膀右臂。魏徵直言敢谏，即使引起太宗大怒也毫不退让。魏徵病逝后，太宗痛哭着说："以铜为镜，可以正衣冠；以史为镜，可以知兴替；以人为镜，可以知得失。魏徵没，朕亡一镜矣。"

在对外关系上，唐太宗采取积极防御策略，以抵抗北方突厥族的不断侵扰。贞观三年（公元629年），唐太宗派李靖、李勣率军十几万，分道出击，消灭了东突厥，俘获颉利可汗。贞观八年（公元634年），又遣大军进攻吐谷浑，大获全胜，解除了对河西各州的威胁。平定东突厥之后，唐太宗采取广设羁縻州府、安置降众的政策，不仅消除了边患，而且缓和了民族矛盾。唐太宗还派遣文成公主与吐蕃和亲。

此外，他还审察建立新的法令，反对严刑峻法，要求它相对的稳定，认为"法令数变，则吏得为奸"，这样就给了贪官污吏以可乘之机。

唐太宗从经济、政治、民族关系等各方面采取积极的政策，促进了经济的发展、政治的安定、民族关系的改善，从而使社会出现了一个安定祥和的环境，史称"贞观之治"。

◎镶嵌镙钿莲花葵花镜　唐

朝鲜半岛的统一

早在公元前4世纪至前3世纪，朝鲜半岛北部就出现过一个古朝鲜。公元前194年，燕人卫满灭古朝鲜建立卫氏朝鲜。公元前108年，汉武帝灭卫氏朝鲜，在该地区设置了乐浪、玄菟、临屯、真番四郡，并派驻太守进行统治。公元3世纪初期，东汉王朝灭亡，中国东北一个边疆少数民族政权高句丽兴起，并于公元4世纪初灭了乐浪郡，在其北与中原王朝展开领土之争，在其南与百济、新罗长期争战不休，形成朝鲜历史上的"三国时代"。在这个时期，当高句丽和百济争雄时，地处朝鲜半岛东南一隅的新罗乘机与隋、唐王朝媾和。因此当高句丽与百济发现新罗已构成对他们的威胁时，便联合向其展开进攻。新罗于是求助于当时的唐朝，在唐朝的协助下，公元676年新罗完成了朝鲜半岛的统一。

朝鲜半岛统一后，类似于中国的封建制度便很快建立起来。他们首先形成了土地国有制，公元687年又颁布实寿禄邑制，由国家对文武官员授予一定数量的收租地作为禄邑。这一制度的实行，导致了土地兼并的发展。于是，公元722年，开始推行丁田制，对15岁以上的男性公民一律授予一定数量的土地，分为口分田和永业田，前者限于本人终身享用，不得买卖或转让;后者，可以世袭。农民因此而被附着于土地上，成为缴纳田租、贡品和担负各种徭役的国家依附民。封建土地制度在全国确立起来后，为适应封建制度的需要，新罗还参照唐朝的政治制度，建立起了一套比较完善的中央集权的国家体制。

·田柴科颁行·

公元976年，高丽王朝将全国可耕地和山林进行登记，将部分土地和山林按等级分给文武官吏和府兵。文武百官按"人品"(身份)分为79品，给予田柴(田为耕地，柴指烧柴林)。国家把土地的收税权授予受田者，只限当代，不得世袭。后又颁布了公廨田柴制度，国家各机关都分得土地收税权，用作行政经费。田柴科的颁行确立了高丽王朝对全国土地的支配权，成为专制集权国家体制有力的物质基础。

新罗末年，国势衰微，农民起义连绵不断，地方封建势力割据。公元918年，弓裔部将王建夺得政权，改国号高丽，建立高丽王朝，定都开京。公元936年，重新统一朝鲜半岛。高丽王朝实行中央集权制，公元976年，实行田柴科制，即按不同等级分赐土地，以加强中央集权。并设有一套完整的官僚机构，中央掌握着一支强大常备军。10世纪末和11世纪末3次击退契丹入侵，捍卫了国家独立。12世纪为高丽最强盛时期，政治稳定，经济、文化高度繁荣。12世纪后期起土地兼并重新盛行，田柴科制被废除，爆发了席卷全国的农民大起义。1258年投降蒙古，蒙古于1280年在高丽设立征东行省。1368年明朝推翻蒙古贵族统治，有力地支援了高丽人民争取独立的斗争。1392年高丽王朝大将李成桂发动政变，废高丽末王，改国号为朝鲜，建立李姓王朝（1392～1910年）。

日本的幕府统治

日本是个群岛国家，位于太平洋西侧，其领土由北海道、本州、四国、九州四大岛和许多小岛组成，与亚洲大陆隔海相望。

大约五六千年以前，日本出现新石器文化，因其代表性文物为手制的带有绳形纹饰的黑色陶器，故又被称为"绳纹文化"。公元前1世纪，日本的西部发展出一种称作"弥生文化"的新文化，其代表性文物为轮制的褐色陶器。公元2世纪时，奴隶制国家邪马台国在九州北部出现。至公元3世纪时，日本进入小国并立的割据时代。

日本的封建制度是在中国唐朝的影响下建立起来的，但在以后的发展过程中却又表现出许多类似欧洲封建制度的特点，走上了与中国截然不同的道路。

公元5世纪时，兴起于本州中部的奴隶制国家大和统一了日本。大和在与中国的交往过程中，逐渐建立起自己的封建制度。起初，大和通过朝鲜与中国保持着间接的接触。后来，推古女皇（公元592～628年在位）于公元593年立厩户皇子为太子（即圣德太子，公元574～622年），随之将国家管理大权交给他，于是太子开始推行一系列改革措施。这些改革中最重要的一条就是建立了与中国隋王朝的直接联系，派遣留学生到中国学习先进的文化，这为日本后来的发展奠定了基础。公元645年，深受留唐学生影响的中大兄和中臣镰足发动政变，消灭了专横跋扈的苏我氏势力，推举孝德天皇即位，建年号大化。公元646年，孝德天皇正式颁布改革诏书。

◎圣德太子

因这场改革开始于大化年间，所以史称"大化革新"。

大化革新的主要内容有：第一，在政治上将贵族的官职世袭特权废除，建立中央集权的国家制度。第二，在经济上废除部民制，实行国民户籍制和土地国有制。第三，实行班田收授法，推行租庸调制。大化革新确立了以封建土地国有制为基础、以天皇为中心的中央集权政治体制。这种改革虽然使日本走向富强，但也留下了瓦解这一制度的因素。主要原因如下：其一，班田农民负担过重，不堪忍受。其二，它没有从根本上消除土地私有制。到

◎大化革新时所绘制的地产地图

公元8世纪末，班田制便近废弛，日本就出现了类似西欧封建社会的庄园和武士阶层，走上了不同于中国封建社会模式的发展道路。

地方豪强为了保护自己的庄园，在血缘关系和主从制的基础上，将自己家族和仆从中的青壮年武装起来，成为武士。11世纪，无数分散的武士逐渐形成地域性的武士集团，其中最强大的关东源氏和关西平氏集团之间发生了激烈的武装冲突。1185年，源氏打败平氏取得中央政权。1192年，源赖朝被任命为"征夷大将军"，在镰仓建立幕府（1192～1333年），表面上尊重天皇统治，实际上已是天皇之外的新政府。从此，日本进入军事封建贵族专政时期（1192～1868年）。

镰仓幕府建立了以幕府将军为首的中央集权统治体制。幕府在中央设政所、侍所和问注所，分管全国的政治、军事和司法大权。而在地方上，幕府将军派武士担任守护和地头。1336年，足利尊氏自任"征夷大将军"，建立起日本历史上的室町幕府（1336～1573年），室町幕府时期战乱不断。战国时期（1467～1573年），各守护大名之间更是混战不休，一些在地方上拥有实权的幕府中下级武士和国人领主，趁机扩充各自的武装力量，形成了独立于幕府体制之外的大封建主（即战国大名）。战国大名采取"富国强民"的政策，励精图治，积极发展经济，渐渐发展成一股统一的力量。1573年，尾张国大名织田信长战败36个战国大名后进入京都，推翻了室町幕府的统治。1590年，织田信长的部将丰臣秀吉，完成了全国的政治统一。1603年，丰臣秀吉的部将德川家康任"征夷大将军"，在江户（今日本东京）设幕府，这便是日本历史上著名的江户幕府（亦称德川幕府，1603～1868年）。

·日本神道与天皇制·

日本神道起源于日本先民的自然崇拜。自然物如山川、草木、鸟兽被赋予了神性，形成原始的日本神道。对太阳的崇拜逐渐演化成对"日照大神"的崇敬，太阳也成了日本国民精神的象征。古神道理论认为，宇宙由诸神居住的上天和包含神灵出生的八大洲，即日本人生息地和草原国，以及恶鬼生活的地下构成。到公元3世纪至6世纪期间，日本形成八色之姓，日本天皇的威势等同于"真人"，是神的化身，朝礼天皇祖先"御灵"也等于朝礼"八百万神"。这也形成了日本历史上的天皇制度。在《日本书纪》和《古事记》中，有由太阳崇拜发展而来的融合了中国宗教神话和比附天皇谱系的神话，即"天皇开国"的记载。到公元8世纪，天皇制终于定型确立。明治维新期间，神道成为国家神道，日本亦演变成"神国"，神道成为维护万世一系的天皇统治和万邦一体的天皇国体的理论依据。同时，明治政府也强调"祭政一致"，将国家神道分为"官社和民社"，官社神职人员由皇族充任，后者则是民间组织。1879年，日本靖国神社建立，祭祀阵亡将士，有关经费由政府拨给。日本侵略朝鲜和东南亚后，也先后建立了朝鲜神社、昭南神社等。1940年，日本天皇在异域采用了"神武纪年2600年"这一概念，"圣战"也成了美化侵略战争的借口。日本投降后，在各国的压力下取消了"神祇院"。国家与神道分裂。

中世纪的城市自治

中古初期，西欧城市的外貌就像一座堡垒，其目的是防御敌人进攻。城市通常不大，人口也不多，但住得非常拥挤。市场是一块较大的空地，往往位于城市的中心。市场四周是市议会、店铺、回廊和各种摊子。居住在城市里的主要是手工业者。

在公元5世纪西罗马帝国灭亡后相当长的时期内，西欧几乎没有城市。后来，由于生产力的发展，手工业从农业中分离出来，手工业者时常到市场出售自己的制品。他们总是到那些水陆交通比较方便、人口聚居较多的地方赶集，流动的商人也带着外地产品到集市上来贩卖。后来，手工业者就来这里开设作坊，商人们也定居下来开设商店。于是，这些集市便渐渐发展成为城市。在西欧，这种以工商业为中心的城市，是在公元10世纪以后才兴起的。

大批不堪忍受领主剥削压迫的农奴和处于农奴地位的手工业者，从农村逃亡到城市定居，从而使城市日益发展。但城市

● 这幅15世纪的微型画，记录了弗兰德尔公社接到城市特许状时的情景。

里的手工业者，仍然是城市领地所属的领主的农奴，他们还得向领主交纳赋税。

为了获得城市自主权，欧洲很多城市与领主甚至国王开展斗争，典型的有法国琅城起义。1108年，法国东北部的琅城人民用大量的金钱向城市领主琅城主教购买了城市自治权，同时也用重金向法国国王路易六世购得了城市自治特许权。但不久，琅城主教撤消约定，收回城市自治权，而国王也在接受了琅城主教的贿赂之后撤销了先前颁发的特许状。琅城人民义愤填膺，遂于1112年发动了大规模起义，将主教处死并打败了国王的军队。法国国王被迫再次给琅城人民颁发了城市自治特许状。欧洲城市经过近百年的斗争，终于获得了独立，有了自治权，市民变成了自由的人。一个农奴，只要在城市里住上一年零一天，就可获得自由。在城市里，他们成立了市议会，选举出市长和法官，铸造货币，并且组织统一的军队。

为了保障自己的利益，同一行业的手工业者就结成行会。每个手工业者必须隶属于一个行业，每个行会选举自己的首领，设立自己的会场。行会规定，所属成员不得制造粗劣的产品，不得囤积大量原料，不得雇用超过规定的帮工和学徒，尽力避免相互的竞争。行会同时又是军事组织，担负着防守城市的任务。

商业活动日趋繁荣，各国和各城市的商人都互相往来赶集，他们随身带来了许多货物和钱币。由于每个领主和城市铸造

的钱币在名称、成色和重量上各不相同，所以一切银钱交易都需要严格审查它的兑换价值；再加上长途搬运大量的银币和铜币既不方便也很危险，所以，商人在自己的城市里将钱币交给兑换人，取得兑换人的凭据，再凭这张凭据，在另一个城市里兑取当地的货币。这样，就出现了兑换商的行业，而这种凭据，就是所谓"汇票"。有时商人也可以向兑换人借钱，由借钱人出具一张有归还期限的票据，到期偿付借款和利息。这样，银行也就在城市里应运而生。

城市的出现孕育了世俗文化，反映市民心态的城市文学也逐渐产生，各种大学也纷纷建立。城市文化的兴起为文艺复兴的出现打下了基础。

封建主因为需要购买城市的手工业品和从东方运来的奢侈品，迫切需要货币。于是他们开始把劳役和实物地租改为货币地租。大多数农民因为担负沉重的货币地租而经常负债，境况更加恶化。从14世纪

起，西欧各国不断发生规模巨大的农民起义，城市里的平民也广泛开展摆脱领主束缚的斗争。

◎弗兰德尔商人获得了城市特许状，图中文献为"约翰五大宪章"，它授予伦敦市民选举市长的权利。

·手工业行会·

中世纪西欧城市里手工业者为保护自身利益按不同行业建立的封建性组织，最早出现于10世纪的意大利。11～12世纪，法、德、英等国的城市纷纷兴起，普遍产生行会。初期的手工业生产规模狭小，市场有限，再加上社会秩序动荡不安，很难正常进行。为抵抗封建主的欺凌，避免行业内部和外来者的竞争，生产者便组成行会。行会初期在保卫城市、保卫手工业生产和促进生产经验、生产技术的积累上起了积极的作用。行会的全权会员是本行业的作坊主，称师傅。学徒和帮工协助师傅生产，学徒可依次升为帮工和师傅。自14世纪末起，随着生产的发展和市场的扩大，行会变成生产发展的障碍。它极力反对扩大再生产，限制技术革新和使用新设备，阻挠学徒、帮工的晋升，成为少数人把持的保守组织。学徒逐渐沦为雇佣工人，少数师傅成为资本家。

◎德意志奥格斯堡的各种徽章，它们分别代表着当时各行的手工业者——面包师、裁缝和酿酒工（左起）。

中世纪的庄园生活

在中世纪的西欧各国庄园中，法国的庄园最有代表性。那时，国王、各级封建主和教会的领地都划分为许多庄园，遍布全国各地。庄园大小不等，通常由一个或几个村庄组成，庄园的生产目的主要是为领主及其侍从提供生活资料，同时为农奴制农民提供生活必需品。

查理大帝统治时期，自由农民大量破产，农村公社基本消失，代之而起的是封建庄园。庄园的全部土地属于封建主，而

·封建等级制·

指封建主阶级内部按经济、政治地位划分为不同等级的制度，目的是协调封建主阶级的内部关系，维护封建统治其各个等级享有不同的特权。封建等级制是以土地的层层分封为纽带建立起来的。国王把大部分土地封给大封建主，如公爵、伯爵和侯爵，后者把部分土地封给中等封建主，如子爵和男爵，中等封建主再把土地封给最低的封建主骑士。上级是其下一级的封主，下级成员是上一级的封臣。天主教会也按照封建等级制分为教皇、红衣主教、大主教、主教、神父、助祭和副助祭等不同的品位，各有不同级别的神权，即教阶制。东正教除无教皇和红衣主教外，其教阶制与天主教类似。占人口绝大多数的农民，完全被排斥在封建等级制之外。城市市民称第三等级，政治上也处于无权的状态。建立封主和封臣关系要举行隆重的仪式，称分封礼。封主要保护封臣，封臣必须效忠封主并履行相应的义务。

◎ 这幅插图选自12世纪供见习修女阅读的《少女宝鉴》手稿，描绘了庄园农奴在收获季节辛苦劳作的场面。

耕地通常分成两种：一种是封建主的自营地，由封建主的管家监督农奴耕作。另一种是农奴的份地，由封建主派给各个农奴家庭使用。农奴死后其儿孙如果继续耕种，则必须向封建主缴纳继承金。庄园里有教堂、堡垒、仓库及封建主和农奴的住房。农民生产是为满足自己家庭生活的需要和为封建主提供消费资料，不是为了交换，是自给自足的自然经济。需要购买的东西不多，只有盐、铁和少量香料。

英国的封建庄园制度，形成于10～11世纪之间。教俗贵族的侵夺、丹麦人的袭扰和贡税负担的加重，造成了大

批自由农民的破产。为了筹集对丹麦人作战的军费，从阿尔弗烈德时期开始偶尔征收的丹麦金，到其后继者时期几乎变成了常税。沉重的负担使自由农民纷纷破产，土地并入封建主之手，封建庄园在英国各地就这样出现了。

在西欧庄园制度下，农奴的生活比较有保障。以英国为例，13～14世纪时，全国每户农奴大约平均拥有22～26只羊。此外，农奴已不同于奴隶，他们在政治上已具有一定的权利和地位。

在庄园内，农奴除了耕种自己的份地外，领主还要求农奴履行季节性极强的劳役即布恩工，但这要在领主或其总官向农奴发出"邀请"并按规定提供酒饭的前提下方能进行。因为原则上农奴向领主提供布恩工是出于友爱，如同当农活吃紧时他们也要相互帮助一样。按毕晓普斯托恩、诺顿和登顿的惯例，佃农如果使用自己的犁履行两个犁地布恩工，在这两天中一天吃肉，另一天吃鱼，另外还有足量的啤酒。犁队中凡使用自己耕牛的人甚至可在领主家中用餐。所有承担割麦布恩工的人其午餐有汤、小麦面包、牛肉和奶酪，晚餐有面包、奶酪和啤酒。次日，他们将有汤、小麦面包、鱼、奶酪和啤酒。在午餐时，面包不限量，晚餐每人限用一条。

西欧农奴制度伴随庄园制度的确立而产生，但它的瓦解时间要早于庄园制度的瓦解。在英国，农奴制度在14世纪末期就已经不复存在了。农奴制度在英国的瓦解与14世纪末瓦特·泰勒农民起义有关，慑于农民起义的巨大威力，起义后英国许多封建主废除了劳役制度。英国农奴制瓦解的又一原因是商品经济的发展，商品经济的高速发展必然会侵蚀和最终摧毁封建农奴制度。

西欧各国农奴制度瓦解的时间不尽相同，法国农奴制度15世纪已基本上废除，而西班牙、德意志等地农奴制度存在时间较长，一直延续到资产阶级革命前夕。

◎ 这幅弗兰德尔绘画反映了典型的庄园生活，庄园主正和他的总管商量收获葡萄，农民则锄地、采果实、修枝等。农民们不光种地，还有法定义务必须从事劳役，建桥、修路，即使交钱也不能免除。农民的居住条件也很差，家中没有床，更无任何娱乐活动，生活是单调且一成不变的。中世纪庄园制经济并非理想的经济方式，其经济形态十分封闭，人们生活水平程度只供维持生存，且是进步缓慢的生产单位。庄园就是一个社会，是集政治、宗教、军事、经济等多种功能于一体的社会。每个庄园都有自己的法庭、军队和行政管理制度，国王也无权过问，庄园主就是这块领土的主人，在这块土地上拥有完全的权力。随着城市经济的出现和国家权威的再现，庄园制经济便逐渐衰弱下去。

"大空位时代"和诸侯割据

在长期的对外扩张中，德国王室无暇内顾，国内封建主的势力增长，导致了皇权的衰落。因此，13世纪中叶以后，德意志长期处于分裂割据状态，各诸侯争权夺利，混战不休。从1254年到1273年间，国家进入可怕的空位时期。此时的德意志已分崩离析，由三名教会诸侯和四位世俗诸侯组成的选帝侯控制了皇帝的选举权，遏制了中央权力。帝国的君主政体改为贵族联邦政体，中央集权已经不存在。

过程

大空位时代

1 腓特烈二世去世后，其子康拉德四世即位，四年后便去世，其子**康拉丁**也在与教廷的斗争中死于非命。

2 康拉德四世去世后到1272年，由于诸侯权势显赫，各自为政，混乱不堪，德意志出现选不出国王的"大空位时代"。

3 1273年，哈布斯伯爵鲁道夫一世当选德意志国王，结束了空位时代。

诸侯割据

1 1312年，**亨利七世**加冕为神圣罗马帝国皇帝，在此之前的1308年，他已被推选成为卢森堡王朝的第一位德意志国王。

2 1355年，查理四世加冕为神圣罗马帝国皇帝，他在位时期进一步向"**选帝侯**"妥协。

3 1356年，查理四世颁布《**黄金诏书**》，从法律上正式肯定了"选帝侯"对皇帝选举的特权。

鲁道夫一世

1273年，在世俗诸侯和教会诸侯的帮助下，哈布斯堡的鲁道夫一世打败了波希米亚国王奥托卡二世，登上皇位，结束了德意志历史上的"皇位虚悬时期"。这位55岁的皇帝在位期间，致力于扩大王室领地的势力，促使哈布斯堡王室成为德意志最重要的家族之一。1298年，鲁道夫之子阿尔伯莱希特被选为皇帝，之后，德意志皇位相继落入卢森堡和巴伐利亚家族手中。

◎图中是鲁道夫一世的画像。

1211腓特烈二世即位为德意志皇帝，他在位期间，对德意志诸侯做了诸多的重大让步，诸侯们在自己的领土上享有很高的自治权，势力更加明显赫。康拉德四世亡，德意志出现了近二十年的大空位时代。1268年，康拉丁被斩首示众，标志着霍亨斯陶芬王朝的终结。

◎图中是康拉丁在那不勒斯被斩首的场景。

被斩首的康拉丁

亨利七世

亨利七世是卢森堡王朝的第一位德意志国王，他于 1310 年进入意大利，1312 年，在罗马由教皇正式加冕为神圣罗马帝国皇帝。许多意大利志士都希望亨利七世能领导四分五裂的意大利实现统一，但他实际上是要恢复封建领主在意大利的权力。这一行径导致了许多商业城市反对他，最终亨利七世没能取得任何重要战果。

◎ 图中是亨利七世在接待犹太商人的代表团。

《黄金诏书》	
内容	**1** 皇帝由当时权势最大的7个选帝侯在法兰克福城选举产生。 **2** 选举会议由美因茨大主教召集并主持，神圣罗马帝国皇帝不再需要罗马教皇的承认。 **3** 世俗选帝侯由长子继承，领地不可分割。 **4** 选帝侯在其领地内政治独立，拥有征税、铸币、盐、铁矿开采等国家主权，以及最高司法裁判权。 **5** 选帝侯拥有监督帝国的新职权。
影响	《黄金诏书》从法律上确认了七大诸侯选举皇帝的特权，从此皇帝完全丧失了政治集权的可能性。

"选帝侯"

在皇权屏弱的形势下，德意志许多诸侯和自由城市的权力与日俱增。与此同时著名的七大诸侯开始垄断皇帝的选举权。为了保护自己的权益，避免强大的王权出现，这些诸侯往往选举小邦诸侯当皇帝，封建诸侯扼制王权的形势已成定局。

◎ 图中是骑着马的查理四世与"选帝侯"之一的特里尔主教。

成吉思汗的大漠帝国

蒙古族是中国北方的少数民族，最初在贝加尔湖东部和黑龙江上游一带，唐时称"蒙古室韦"，分为很多部落。到了12世纪时，蒙古族人占据了大漠南北广阔的草原。当时的版图，东起贝加尔湖和黑龙江沿岸，西至额尔齐斯河和叶尼塞河上游，南抵万里长城，北达西伯利亚。蒙古的大多数部落住在草原地带，从事游牧；少数部落住在林区和河畔，以原始的渔猎为生。

12世纪后期，蒙古社会进入高速发展时期，开始经营农业，生产铁制工具，出现了私有制和阶级分化，氏族社会解体。一家一户的个体游牧取代了以氏族为单位的集体游牧方式。部落首领（汗）和贵族（那颜）拥有大量的牲畜和牧场。与此同时，各部落间的掠夺战争日趋频繁。无休止的战争、仇杀，使社会生产和人民生活遭到

◎ 在骑马飞驰之际扭身射箭，蒙古猎手的灵活与火器使他们在欧亚战场上成了无敌的草原神兵。

了严重破坏，上百个分散部落在聚散兴衰中结为几个大的部落集团。

13世纪初，出生于乞颜孛儿只斤部的铁木真（1162～1227年）开始了统一蒙古草原的战争。从1200年到1207年的8年之中，他先后征服了塔塔儿、克烈、乃蛮和蔑儿乞部落，实现了蒙古各主要部落的统一。

1206年春，蒙古草原各部落首领在斡难河畔召开大会，会上推举铁木真为大汗，尊号"成吉思汗"，为"海洋""强盛"之意。这使世代饱受战乱之苦的蒙古草原各部落，过上了相对安定的生活，并逐渐融合为一个民族。

成吉思汗制定了一套完整的统治制度，将行政、军事和生产合为一体。他将居民分为十户、百户、千户和万户，分别由成吉思汗的亲属和开国功臣担任十户长、百

◎成吉思汗像

·马上的天下·

蒙古族迁徙、征战均依赖于马匹，马匹在他们的生活中有重要地位，因此蒙古族人被称为"马背上的民族"。他们知道马匹对自己的重要性，所以对其格外爱护。在速不台攻篾儿乞之前，成吉思汗就对他进行叮嘱"要爱惜乘马……平时行军……马辔也要摘掉，这样才能爱护战马"，如果有人违此命令，是熟人遣回，不认识的人斩首。成吉思汗对马匹的爱护超乎我们想象。同时，他们用各种织纹装饰马鞍，这样既显出自身的威严与地位，对马本身也起了保护作用。而且，在长期的生活和战争中，蒙古族积累了丰富的驯养马匹的经验，并逐渐形成一套行之有效的规章制度，违者重罚。这样就让他们的马匹永远矫健雄壮，才能让成吉思汗东征西战，雄跨欧亚。

1205 年、1207 年、1209 年，蒙古 3 次向西夏进攻，西夏战败求和，向蒙古纳贡称臣。1218 年蒙古灭掉西辽。随后，又进行了 3 次大规模西征。1219 ~ 1225 年，成吉思汗亲率 20 万大军，进行第一次西征。当时中亚大国花剌子模国内部矛盾重重，封建主各据一方，不能协同作战。蒙古军队势如破竹，1222 年便灭掉了花剌子模，占领整个中亚。然后挥师北上，越过高加索山，进入顿河流域的草原地带，一举击败了当时的突厥人和俄罗斯王公联军，但在进攻伏尔加时，被保加利亚人打败。1225 年，成吉思汗率兵经里海回到阔别近 6 年的故乡。1227 年 7 月，成吉思汗在西夏病死，但蒙古秘不发丧，待西夏国王投降被处死后，才发丧北归，而立国近 200 年的西夏，也至此灭亡了。

户长、千户长和万户长，统一管辖。分封制打破了氏族部落的血缘关系，按地域划分人口和行政建制，巩固了蒙古的统一，也使封建关系逐步建立起来。

成吉思汗还组建了一支直接归他指挥的常备军——护卫军，这是一支职守明确、制度严格、装备精良的队伍。全蒙古的青壮年男子，一律为兵，由各级长官统领，实行军政合一的制度，平时生产，战时作战。

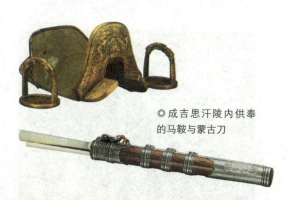

◎ 成吉思汗陵内供奉的马鞍与蒙古刀

◎ 在这幅波斯绘画中，展现了穿着铠甲的冲突双方交战的场面。

德国的城市同盟

12～13世纪，德意志城市发展迅猛，但城市发展到一定规模后，却又受到了种种限制。各地设立关卡，任意征税，加之许多无地骑士、强盗骑士团伙公开抢劫，这些都严重地阻碍了城市工商业的发展。为了保护自身的利益，一些城市联合起来，结成城市同盟。

城市同盟曾出现于德国的许多地区，其中最重要的是汉萨同盟。此外，还有莱茵同盟和士瓦本同盟。

在拉丁语中，"汉萨"一词意为"商业公会或集团"。在13世纪，汉萨同盟开始

◎繁忙的汉堡港口

把汉萨各港口与其他贸易中心联结起来的帆船，仅带着标有航向的沿海略图出海。

萌芽，是一个以从事贸易为目的的松散的商业联盟。汉萨同盟自14世纪中叶起进入鼎盛时期，最多时曾联合了200多个北欧城市，它们东起波罗的海东南岸，西到尼德兰的广大地区。同盟的最高权力机关每3年召集一次代表会议，第一次同盟会议召开于1363年。按规定，入盟城市必须派1～2名本市议会的议员作为代表出席会议。会议决议由代表投票表决，决议具有法律效力，全体成员城市必须遵守，对违反决议的城市的处罚一般是勒令出盟。汉萨同盟没有常设管理机构，也没有共同的金库和常备军，作战所需军事力量是临时集结的各城市的陆海军。1363～1370年，汉萨同盟曾和瑞典等国结盟，大败丹麦国王瓦尔德马四世，迫使其缔结斯特拉尔松和约。丹麦被迫承认了汉萨同盟在波罗的海和北海地区的贸易特权，同时丹麦也可以在松德海峡从事渔业捕捞。

汉萨同盟的商业贸易范围南达英格兰，北至波罗的海沿岸诸国。同盟在海外贸易的中心城市设有商站，比较重要的有伦敦、布鲁日、卑尔根、维斯比和诺夫哥罗德等城市的商站，每个商站还在附近城市设若干分站。商站享有治外法权，它们可以不执行当地的法律，管理和运营按照同盟的法规进行。

15世纪中叶以后，汉萨同盟逐渐走向衰落。衰落的原因主要有3个：一是欧洲各中央集权民族国家相继形成后限制其在本国的活动；二是新航路开辟后欧洲的商业重心发生了重大南移；三是同盟内部各集团间的

矛盾日趋加深，窝里斗现象十分严重。1494年，莫斯科大公伊凡三世首先把北德商人逐出诺夫哥罗德，并关闭汉萨同盟在该城的贸易商站。新航路开辟后，欧洲的商业重心转到了大西洋沿岸各城市，尼德兰和英国的城市迅速崛起，它们的经济实力逐渐超过了汉萨同盟。至1500年，荷兰人在波罗的海的船只总数已大大地超过了汉萨同盟。北德城市此后再也无力与荷兰竞争，北海和波罗的海的商业特权由此丧失。16世纪末，汉萨同盟的影响已不复存在。1669年，汉萨同盟正式宣布解散。

莱茵和士瓦本同盟在德国历史上也曾有过重要影响。莱茵同盟创建于1254年，与汉萨同盟不同，它拥有同盟武装和舰队。他们要求有统一的君权，取消关卡和关税壁垒。参加莱茵同盟的城市有50个之多，后来由于城市与诸侯的矛盾趋于缓和，同盟在1257年曾一度解散。14世纪后半期又因情况发生变化而重建。1381年，莱茵同盟与士瓦本同盟合并。1388年，合并后的同盟被诸侯军队击败，以后便一蹶不振，1450年宣布解体。

· 神圣罗马帝国 ·

10世纪中叶，德国萨克森王朝国王奥托一世力图利用教会势力抑制大封建主，加强王权。961年，罗马内部发生冲突，奥托应一派之请带领大批人马侵入意大利，并控制了教皇。962年2月，教皇为奥托加冕，称奥古斯都，奠定神圣罗马帝国的基础。1154年，德皇腓特烈一世攻陷罗马，帮助教皇镇压罗马共和国。教皇感恩，为腓特烈加冕，称其为"神圣罗马帝国"皇帝，正式在罗马帝国名称之前冠以"神圣"二字。帝国的疆土以德国和意大利的中、北部为主，有时包括瑞士、尼德兰、捷克和法国的勃艮第、普罗旺斯。13世纪末，皇权开始衰落。1806年7月，莱茵地区在法国大革命的影响下成立"莱茵同盟"，宣布独立，这是对帝国的沉重打击。同年8月，神圣罗马帝国最后一位皇帝弗朗西斯二世在拿破仑的强迫下退位，帝国灭亡。

士瓦本同盟始建于1331年，最初参加同盟的为士瓦本地区的14个帝国自由城市，如乌尔姆、康斯坦茨、奥格斯堡等。与莱茵同盟一样，它也曾一度解散，1376年重建。1377年，在罗伊特林根战胜符腾堡伯爵乌尔利希后，同盟气势大盛，士瓦本地区其他城市纷纷入盟。1381年与莱茵同盟合并，扩大吸收了巴伐利亚和法兰克尼亚的部分城市，同盟成员最多时高达80多个。1388年，同盟被神圣罗马帝国皇帝、诸侯及骑士组成的联军击溃，1389年宣告解散。

◎ 奥格斯堡是一个行会中心。1368年，六家行会的代表被选出组成市政会。图中显示，新成员在市政厅的会场就职。

蒙古帝国

1235 年夏，成吉思汗的儿子窝阔台召开忽里勒台大会，决定遵从成吉思汗遗训，扩展疆土。他命令由各族宗王长子或长孙率兵西征，万户以下各级那颜也派长子出征。窝阔台又以大将速不台为先锋，长子术赤拔都为统帅，率领全军西征。

窝阔台汗八年（1236 年），蒙古军进至伏尔加河（旧称也的里河）中游，将钦察诸部征服，钦察酋长八赤蛮被蒙哥擒获。次年冬，西征军沿伏尔加河北上，先后征服了斡罗思本土和基辅。至此，蒙古远征军统治了斡罗思全境。随着，蒙古军又开始征伐波兰，攻打捷克（旧名波希米亚）、匈牙利（旧名马札儿），直至奥地利与德

◎元太宗窝阔台像

国边境。在占领了亚得里亚海东岸、塞尔维亚和保加利亚领土后，国内传来窝阔台去世的消息，蒙古军东返钦察草原。1243 年，拔都在伏尔加河下游建立了钦察汗国（1243～1480 年），又称"金帐汗国"。

1248 年窝阔台之子贵由死，旭烈兀联合拔都等人积极拥戴其长兄蒙哥，使蒙哥在 1251 年诸王公大会上夺得大汗之位。蒙哥坐稳大汗之位后，便积极筹划进一步扩张，旭烈兀成为西征大军的统帅。1252～1259 年，旭烈兀率兵进行了第三次西征。这次西征的目的是征服波斯。诸王从所属军队中每 10 人签调 2 人组成西征军。

蒙哥汗六年（1256 年），旭烈兀领西征军渡阿姆河，进入波斯境内。11 月，将木剌夷平定。接着，蒙军开始攻打报达（巴格达），至蒙哥汗八年（1258 年）二月，报达城破，哈里发及其长子被杀害，阿拔斯朝第三十七代至此亡国。1260 年，旭烈兀率蒙古军队继续西进时，在攻下大马士革之后，被埃及、苏丹军队挫败，西进中止。

◎蒙古人攻城图　伊朗　志费尼

志费尼所著《世界征服者史》中收录多幅绘画，反映蒙古人即位、朝觐、征战等情形。图为其中的《蒙古军攻城图》，描绘了蒙古军在中亚进攻城市的情形。

·蒙古轻骑兵·

蒙古军队的主力是骑兵，而骑兵中轻骑兵又占大多数。蒙古骑兵在三四岁的时候就开始进行严格的骑马射箭训练，所以他们每个人都骑术高超、射箭精准。他们的武器有弓箭、马刀、长矛、狼牙棒、短斧，其中最主要的是弓箭。蒙古族人以骑射闻名天下，他们的弓箭需要大约80千克的力量才能拉开，射程很远。蒙古族人的箭有两种：一种箭头小而尖，较轻，用于远射，杀伤力小；另一种箭头大而宽，较重，用于近战，杀伤力大。蒙古骑兵早期的铠甲是皮革甲，如鲛鱼皮甲、翎根甲，后来的铠甲变为外层是铁甲，内层是牛皮，又变为罗圈甲、鱼鳞甲和柳叶甲。在行军作战时，蒙古骑兵们一般都带好几匹马，这些马都跟在部队后面。当所乘的战马筋疲力尽时，骑兵们就会立即换乘另一匹马，继续进行战斗。他们的任务主要是侦察掩护，骚扰疲惫敌人，为重骑兵提供火力支援，跟踪追击，肃清残敌。

1264年，大汗忽必烈（1260～1294年在位）正式册封旭烈兀为伊儿汗，旭烈兀遂在其征服的伊朗、阿富汗、两河流域和中亚阿姆河西南地区建立了伊儿汗国。

蒙古通过3次西征，占领了中亚细亚、西南亚及东欧大片土地，并在征服地区建立起钦察汗国、伊儿汗国、察合台汗国和窝阔台汗国，合称"蒙古帝国四大汗国"，名义上均臣属于帝国本部的大汗政权。

1227年，蒙古灭亡西夏后，解除了后顾之忧，遂进一步扩大对金战争。窝阔台继汗位后，采取联宋灭金政策。1233年，蒙古军攻克汴京，金哀宗出逃蔡州（今河南汝南）。1234年，南宋与蒙古联合攻入蔡州，金王朝灭亡。随后，蒙古军队占领黄河流域的广大地区，隔淮水与南宋为邻。

1251年，蒙哥汗继位，派他的弟弟忽必烈向川滇进军，对南宋形成包围之势。1252～1255年，忽必烈灭大理，1254年招降吐蕃诸部，控制了整个西南地区。不久，蒙古军兵分3路，向南宋进攻。1259年，蒙哥汗病死于军中，忽必烈继汗位，建元"中统"，迁都燕京，称大都（今北京）。1271年，改国号元朝。1273年，忽必烈发动了最后灭亡南宋的战争，他亲率20万大军，分水、陆两路南下。南宋政权无力抵抗，1276年宋都临安（今浙江杭州）沦陷。1279年，南宋左丞相陆秀夫背负幼主赵昺投入大海，南宋遂亡。

南宋的灭亡，使蒙古族人建立了元朝，它结束了唐末以来分裂割据和几个政权并立的政治局面，奠定了元、明、清六百多年国家长期统一的政治局面；促进了国内各族人民之间经济文化的交流和边疆地区的开发，进一步促进了统一的多民族国家的巩固和发展。元朝的统一，还加强了中外文化交流和中西交通的发展。震惊世界的西征，给被征服地区的人民造成了巨大的灾难，无数的社会财富被掠夺，无数的生命惨遭杀戮，生产力遭到极大的破坏。但蒙古军西征，在客观上冲破了长期以来各国之间相互隔绝的状态，促进了东西方经济、文化的交流。

蒙古汗国在崛起几十年后，被成吉思汗及其后继者创建成为历史上疆域最大的帝国，它的版图几乎囊括了整个亚洲和大部分欧洲。

◎多瑙河上的战斗

图中戴头盔的匈牙利人试图阻挡轻装上阵、以强弓为武器的蒙古军过河，1241～1242年间，成吉思汗的子孙已将帝国疆域拓展到了欧洲的中部。

蒙古帝国分治

刚从原始社会跨入文明门槛的蒙古征服者，远远落后于被征服的先进民族和国家，不仅不可能给被征服地区带来先进的生产方式，反而由于原始的游牧习性，以诸多落后习俗干扰被征服地区封建社会的正常发展。另外，东亚、西亚和东欧的封建社会结构差异很大，中亚与俄罗斯南部草原更以游牧宗法封建关系为主，蒙古大帝国本部与各汗国之间的社会封建结构迥然不同。散居在各地的蒙古人，一旦进入被征服的先进民族之中，很容易被其同化，采用被征服者的语言、宗教信仰和文化，而自己的特点逐渐丧失。因此，蒙古统治阶级因地制宜，对征服地区采取分而治之的办法。

随着占领地区的日益扩大，蒙古征服者受当地封建制农业经济的影响加深，滋长了土地观念，地域统治观念也日益膨胀起来。统治阶级的封建领地逐渐发展成为独立的封建王国，这样一来，便不断发生利害冲突。各封地对大汗没有明确的臣属关系，主要靠宗族关系维持大汗的君主地位。各汗国和中央大汗之间的联系也很少。加之王朝内部争夺汗位的斗争持续不断，诸汗更是拥兵自重，甚至于与中央大汗分庭抗礼。

◎ 整装待发的马可·波罗正与威尼斯的亲朋告别，并于1275年到达忽必烈帐下。当时中国的海路、陆路均向世界开放，蒙古帝国的广阔疆域让货物、知识和思想得到了国际性的交流。

1260年，忽必烈继任大汗后，无力统治如此庞大的帝国，于是钦察汗国、察合台汗国和伊儿汗国，从对大汗的松散隶属关系，逐渐发展成为独立的汗国。

钦察汗国，又称金帐汗国，后被崛起的俄罗斯吞并。察合台汗国不久分裂为东、西两部，分别亡于叶儿羌与帖木儿。窝阔台汗国后来并入察合台汗国。伊儿汗国又称伊利汗国，在合赞汗（1295～1304年）在位时，国势达到极盛，后被新兴的帖木儿帝国灭亡。

·蒙古族人的生活·

"一春浪荡不归家，自有穹庐障风雨"，是蒙古族游牧生活的真实写照。穹庐即毡帐，也就是今天所说的蒙古包，是草原人民的主要栖身之所。蒙古包为勤劳的草原儿女遮风挡雨，给他们以温暖的庇护。游牧民族通常逐水草而居，一年迁徙数次，在到达水草丰盛的地方后，他们就搭起毡帐，升起炊烟，一段繁忙的生活就此开始了。蒙古包就像流动的花朵，随着主人的迁移留下一路芬芳，记载蒙古族人生活的历史，盛开在最美的地方。

"黄金之国"加纳

加纳地处塞内加尔河和尼日尔河上游一带（今马里西部和塞内加尔东部）。由于境内盛产黄金，素有"黄金之国"的称谓，后来的西方殖民者称加纳为"黄金海岸"。

加纳大约建国于公元3世纪，国民主要是尼格罗种索宁凯人。公元9～10世纪是加纳王国的鼎盛时期。国王实行专制统治，拥有一支强大的军队，并建有一套比较严密的朝廷机构，其中包括法院、起诉院和内阁。中央派总督管理各地，地方须向中央纳税。家庭奴隶普遍存在，家奴可以买卖或转让，国王和奴隶主常用奴隶来殉葬。加纳还保留了母系氏族遗风，王位按母系继承。10～11世纪达到极盛，版图西临大西洋，东至尼日尔河与巴尼河汇合处，北到沙漠重镇奥达果斯特，南达塞内加尔河上游。

加纳盛产黄金，吸引了北非及各地商人到此进行贸易。国王实行垄断，规定开采的金块全部归国王所有，民众只能淘取金沙。商人从国外运进一驮盐要交一个金第纳尔，出境则收两个金第纳尔。巨大的财政收入使得加纳非常富裕，国王生活奢华，穿金饰金，连马鞍、马桩、狗项链都是用黄金铸成的。

加纳的富裕使其不断遭到别国的侵袭。阿拉伯人征服北非后，其商人从摩洛哥来到加纳，用带来的盐、铜、织物换取黄金、象牙和奴隶。公元9世纪时，柏柏尔人时常侵扰加纳。1054年，摩洛哥穆拉比德王朝的阿布·贝克尔率兵占领奥达果斯特。又于1076年占领加纳城，加纳被迫称臣纳贡，并迁都尼日尔河上游。1087年加纳人民起义，重新获得独立，但商路中断，国力衰微。13世纪前期，加纳被其藩属马里王国所灭。

桑海王国也是一个西非古国，又译松加依王国，发祥地在加奥南部的登迪，由桑海人在公元7世纪中叶前后所建。11世纪迁都加奥。1325年，马里攻占加奥，桑海王国遂沦为其属国。14世纪中叶后，逐渐取得独立。1464～1492年索尼·阿里在位时，改称大王，夺取廷巴克图、迷内等富庶的尼日尔河中游地区。1493年，大将杜尔夺取王位，兴起阿斯基亚王朝。杜尔发展生产，厉行改革，统一度量衡，建立常备军，鼓励学术，使帝国达到极盛，其版图西到塞内加尔河下游，东至艾尔高原，北抵撒哈拉的塔加扎，南及塞古。农业、纺织业发达。农奴制度盛行。文化达到很高的水平，国内建有图书馆和大学。15世纪末，桑海王国开始向封建社会过渡。16世纪后发生内乱，国势渐衰，奴隶和农奴不断起义。1590～1591年，摩洛哥大举入侵，桑海王国遂亡。

◎ 表现加纳人淘洗金沙的图画

英法议会政治

议会政治是指国会或类似的代议机构在一国的政治生活中居于重要地位。中世纪时期，英国、法国、尼德兰、卡斯提、阿拉冈及卡斯提与阿拉冈联合后组成的西班牙，议会政治已开始存在。英国是实行封建议会政治的典型国家，它的议会政治源于《自由大宪章》和《牛津条例》的制定。

《自由大宪章》制定于 1215 年。国王约翰登上英国王位后与法国发生了战争，为了筹集战争军费，约翰向各封建主征收款项，规定不交或迟交即受罚款。这种专横的做法，引起了世俗贵族的不满。加上约翰一向专横暴戾，勒索无度，也触犯了中小贵族和市民的利益。大封建主利用人们对约翰的不满，在市民和骑士支持下组织武装，进攻伦敦，迫使约翰于 1215 年 6 月签署了《自由大宪章》。主要内容如下：保障教会教职人员的选举自由；保障贵族、骑士的领地继承权，未经"王国大会议"同意，国王不得向直属附庸征派补助金和盾牌钱；国王不得干预封建主法庭司法审判权；未经贵族的判决，国王不得任意逮捕或监禁自由人或没收他们的财产。同时，少数条款还确认城市已享有的权利、保护商业自由、统一度量衡等。还规定，国王如果违背宪章，贵族有权对国王使用武力。1258 年，英国大贵族们又在牛津开会，通过了进一步限制王权的决议——《牛津条例》。《自由大宪章》和《牛津条例》的制定，在英国历史上具有重大而深远的意义，它首次打破了法律高于王权的原则，初步提

出了组成国会管理国家的思想，奠定了英国封建社会制税原则的基础，纳税主体有权决定纳税事宜。

《自由大宪章》和《牛津条例》签署后，国王约翰和他的继任者都没有诚意遵守，人们于是继续进行斗争。1263 年，勒斯特伯爵西蒙·孟福尔联合骑士和市民打败并俘虏了国王。1265 年，英国召开了由封建贵族、主教及各郡骑士代表和各大城市市民代表参加的封建主大会。1295 年，英王爱德华一世为筹集军费召开国会，出席会议的社会成分和 1265 年会议完全一致。此后国会

◎英国国王约翰像

·《自由大宪章》·

《自由大宪章》是英国封建专制时期宪法性文件之一，也称《大宪章》，是1215年6月15日英国贵族胁迫约翰王在兰尼米德草原签署的文件。文件共63条，用拉丁文写成。多数条款维护贵族和教士的权利，主要内容有：保障教会选举教职人员的自由；保护贵族和骑士的领地继承权，国王不得违例征收领地继承税；未经由贵族、教士和骑士组成的"王国大会议"的同意，国王不得向直属附庸征派补助金和盾牌钱；取消国王干涉封建主法庭从事司法审判的权利；未经同级贵族的判决，国王不得任意逮捕、监禁任何自由人或没收他们的财产。此外，少数条款涉及城市，如确认城市已享有的权利、保护商业自由、统一度量衡等。《自由大宪章》是对王权的限定，国王如违背之，由25名贵族组成委员会有权对国王使用武力。《自由大宪章》后来成为近代资产阶级建立法治的重要依据之一。

◎ 在英国和法国，13世纪是人口增长、疆域扩大的时代，这幅画卷描述了宫廷里的仆人为主人准备丰盛的宴会的情景。

个等级只有一票表决权。法国三级会议的职能是国王要征收新税，事先必须要经过三级会议同意；监督赋税的开支及国家有关和战等重大问题，都要交由三级会议讨论。

与英国、法国的代议机构相类似，尼德兰、卡斯提、阿拉冈及从斐迪南到查理一世统治时期的西班牙的议会也有限制王权的作用。

总而言之，西欧各国大多自中世纪中期就形成了制约王权的议会政治，它们与东方集权专制国家在行政制度上的区别是非常明显的。

经常召开会议，并以1295年的国会为榜样。于是1295年的国会被称为"模范国会"。1297年国会正式获得了批准赋税征收的权力。14世纪初，国会又获得了颁布法律的权力，同时成为王国的最高法庭。英国国会从1341年起，又分为上、下两院。上议院由教俗贵族组成，下议院由地方骑士和市民代表组成。至此，等级代表会议与国王相结合的统治形式在英国正式确立。

法国中世纪的三级会议在存在形式和开会方式上与英国国会有所区别，但对王权的制衡作用也是相当明显的。

1302年，法王腓力四世与教皇发生冲突，为了寻求社会各阶层的支持，于是召开了法国历史上第一次三级会议。会议由高级僧侣、贵族和市民三个等级的代表组成，会议召开方式是由国王召集，三个等级分别开会，每

◎正在举行加冕仪式的爱德华一世

黑死病

黑死病是人类历史上最严重的瘟疫之一。据传，1345年的一天，蒙古大军围攻克里木半岛的卡法城，城中的意大利商人和拜占庭军队凭借着高大的城墙拼命抵抗。整整一年过去了，蒙古人始终没有攻下。

后来卡法的守军发现蒙古人的进攻势头越来越弱，最后竟然停止了攻击。卡法守军百思不得其解。不过卡法守军丝毫不敢放松警惕，认为这很可能是蒙古人在为发动一场更猛烈的进攻做准备。

果然，没过几天，蒙古人再次对卡法城发动攻击。不过这次蒙古人没像以前几次那样爬上云梯攻城，而是在城下摆了好几排高大的投石机。

"发射！"随着蒙古将军一声令下，"嗖嗖嗖"一颗又一颗的炮弹，向卡法城飞来。卡法守军看到炮弹时非常吃惊，原来这些"炮弹"不是巨大的石头，而是一具具发黑的死尸！不一会儿，卡法城里就堆满了很多发臭的死尸。蒙古人发射完这些"炮弹"

◎埋葬死于黑死病的人们

后，就迅速撤退了。这些腐烂的黑色尸体严重污染了卡法城的水源和空气，过了不久，很多人出现寒战、头痛等症状，再过一两天，病人便开始发热、昏迷，皮肤大面积出血，身上长了很多疮，呼吸越来越困难。患病的人快的两三天、慢的四五天就死了，死后皮肤呈黑紫色，因此这种可怕的疾病得名"黑死病"。当时的人们并不知道这是由老鼠传播的鼠疫——一种由鼠疫杆菌引起的烈性传染病。

卡法城变成了人间地狱，城中的大街小巷到处都有黑色的死尸，到处都是痛苦的呻吟和绝望的哭号。幸存的意大利商人披着黑纱，急忙乘船逃回意大利。但他们万万没有想到，一群携带黑死病菌的老鼠也爬上了船，躲在货舱里，跟随他们来到了意大利。

意大利人很快就知道了黑死病的事，因此拒绝

◎感染瘟疫的人随时随地寻求救助，这个不幸的家庭寄希望于牧师的祈祷。

◎鞭笞教的游行

黑死病的肆行使有些人认为是上帝惩罚的结果，于是诞生了以惩罚自己以求上帝饶恕的鞭笞教派。

他们的船靠岸。只有西西里岛的墨西拿港允许他们短暂停留，船上的老鼠跑到了岛上，黑死病便首先在这里传播开来。因为墨西拿港是一个大港口，每天都有很多其他欧洲国家的商船靠岸，这些老鼠又登上这些船，来到欧洲各国。于是，一场大规模的黑死病开始在欧洲迅速传播。

其实，黑死病能在欧洲迅速传播，和当时欧洲人恶劣的生活条件是分不开的。那时，就连罗马、巴黎、伦敦这些大城市，也都是污水横流，垃圾、粪便和动物的死尸随意丢弃，臭气熏天，卫生状况非常差，这就为传染病的传播提供了有利条件。城市中除了贵族和有钱人外，绝大多数平民都生活在拥挤不堪、通风不畅的狭小房间里，很多人挤在一张床上，甚至有的人家连床都没有。当时的人也很少洗澡，从贵族到农民，很多人的身上跳蚤、虱子乱蹦乱跳。

此外，由于当时欧洲的猫几乎灭绝，老鼠没有了天敌，得以大量繁殖。

当时的医学水平根本无法治愈黑死病，一旦染病只能等死。人们把染病者关进屋子里，把门和窗全部钉死，让他们在里面饿死。有的人结成一个个的小社区，过与世隔绝的生活，拒绝听任何关于死亡与疾病的消息。有的人则认为反正是死，不如及时行乐。他们不舍昼夜地寻欢作乐，饮酒高歌，醉生梦死。有的人手拿香花、香草或香水到户外去散步，认为这些香味可以治疗疾病。也有一些人抛弃了他们的城市、家园、居所、亲戚、财产，独自逃到外国或乡下去避难。而罗马教皇则坐在熊熊烈火中间，以此来隔绝黑死病的侵袭。由于欧洲的犹太人懂得隔离传染病人的医学常识，所以死的人较少。一些别有用心的基督徒就诬蔑犹太人和魔鬼勾结，带来了黑死病，大肆屠杀犹太人。当时整个欧洲简直是一幅世界末日的景象。

据统计，在14世纪的100年中，黑死病在欧洲共夺去了2500多万人的生命，再加上饥饿和战争，大约有2/3的欧洲人死亡。

·《医典》·

阿维森纳的《医典》是一部医学百科全书。它不仅有医学原理和治疗方法，还有药学部分。药学部分分析了760多种药物的药效，为后人提供了丰富的参考。《医典》对当时的一些疑难杂症进行了精辟的论述，如脑膜炎、中风和胃溃疡等。它还论述了水流和土壤在传播疾病时所起的作用，提出传播肺结核、鼠疫、天花等病的是肉眼看不见的病原体的"细菌学说"。《医典》被翻译成拉丁文、希伯来文和英文等多种文字，在西方影响深远。一直到17世纪，《医典》都是欧洲各国医学院的主要医学教科书和参考书。

法国扎克雷起义

法国的扎克雷起义发生在英法百年战争的第一阶段，"扎克雷"意为"乡下佬"，是法国封建主对农民的蔑称。13世纪以后，封建贵族以货币地租和高利贷加重对农民的榨取。1348年，黑死病又在法国蔓延，使农民生活恶化，经济萧条。百年战争初，国王和大批贵族被英军俘虏，王子查理为了筹集赎金，对农民增加捐税，且农村破坏惨重，民不聊生。1358年5月，吉尤姆·卡尔率领农民在法国北部博韦区揭竿而起。起义以闪电般的速度席卷了法国北部及巴黎附近地区。在农民吉约姆·卡尔领导下，起义者高喊着"消灭所有贵族，一个也不留"的口号，捣毁贵族的住宅和城堡，杀死领主，焚烧登记农民义务的账册。与此同时，巴黎的市民也举行起义。3000名手工业者在艾田·马赛的率领下冲进王宫，杀死宫内两名近臣。国王查理逃出巴黎，在北方集结军队准备反扑。1358年6月10日，起义农民队伍六七千人与封建贵族和国王组

◎ 1358年，由于百年战争所带来的农地荒废、英军的蹂躏和赋税的增加，农民纷纷起来抗议。图为暴动中袭击骑士的农民们。

织的一支1000余人的军队在博韦地区麦罗村进行决战。面对如此众多的起义军，国王查理不敢轻举妄动，遂采用欺骗手法，假装和农民谈判，将起义领袖卡尔骗到军中并予以扣留。失去领袖和指挥的农民，群龙无首，顿时成了乌合之众，遂被贵族军队击败。此后，统治者又到处捕杀起义者，先后杀死农民达2万余人，卡尔也在大屠杀中丧命。至此，一场较大规模的农民起义被镇压下去。这次起义打击了法国的封建制度，为以后资本主义的产生创造了条件。

◎ 一群全副武装的暴徒在洗劫一位法国富商的家。

早期宗教改革

教会在社会、经济和文化等方面的极端做法，引起了教会内部中下层人士的强烈反对，异端运动与早期宗教改革就在这一背景下开始了。

在欧洲的异端运动中，法国南部和意大利北部的阿尔比派的规模较大，而且影响较深远。在镇压阿尔比派的过程中，教皇设立了一套侦察和审判异端分子的专门机构，即异端裁判所。审讯方式很严密，用刑手段极其残忍，使无数百姓死于非命。但人民的反封建斗争并没有因此而中止，在意大利又出现了异端教派"使徒兄弟派"。使徒兄弟派同样反对教会腐化，主张信徒财产共有、地位平等，因而吸引了大批贫苦农民和市民参加。使徒兄弟派立即遭到异端法庭的镇压，其创始人塞加烈于1300年被烧死在帕尔玛。他的继承者在意大利北部地区的皮埃蒙特发动农民起义，坚持斗争四年多，最后也被十字军镇压。

在异端运动如火如荼之际，欧洲还开展了早期宗教改革运动。这类改革运动可分两种：一种旨在强化教皇和教会权力；另一种主张限制教会兼并土地，反对教皇过多干涉各国教会事务。后一种宗教改革运动成了后来欧洲大规模宗教改革运动的先声。

法国的早期宗教改革主要是10～12世纪的克吕尼运动，英国的早期宗教改革主要是罗拉德派运动。

在欧洲各国的早期宗教改革中，捷克胡司的宗教改革活动影响最大。捷克王国的土地和矿山，大都集中在由德国的僧侣和教士担任的捷克主教和修道院长手中。他们控制着城市，在经济上和政治上形成特殊的集团，捷克人的钱财大量流入德国人手中。胡司是捷克布拉格大学教授，历任神学系主任、校长。1401年，他又受神父职，次年兼任布拉格伯利恒教堂教士。他深受英国宗教改革家威克里夫思想影响，提出了宗教改革主张。他反对德意志封建主与天主教会盘剥捷克，严厉谴责教皇兜售赎罪券；反对教会大肆占有土地，抨击教士的奢侈堕落行为；主张用捷克语举行宗教仪式，认为主礼教士和教徒是平等的，他们在弥撒仪式中应和教徒同领象征圣体的面饼和象征圣血的葡萄酒。胡司的宗教改革得到了捷克农民、市民和下层贵族的普遍支持，但却引起了罗马教皇和德国天主教会的仇恨。1414年，康斯坦茨宗教会逮捕了胡司，并于次年7月以异端罪用火刑将其处死。胡司之死激起了捷克人民的极大义愤，由此引发了长达15年之久的反对德国封建主和天主教会的民族解放战争。

·宗教裁判所·

宗教裁判所是13～19世纪天主教会侦察和审判异端的机构，旨在镇压一切反教会、反封建的异端。中世纪的西欧，以罗马教廷为中心的基督教会是欧洲封建统治巨大的国际中心，但从10世纪起，西欧一些地区出现反对基督教会的活动，到12～13世纪，"异端运动"蓬勃发展，著名的有意大利的阿诺德派和法国的阿尔比派。为了镇压异端，罗马教皇建立了残酷迫害异端的专门机构——宗教裁判所。

英国瓦特·泰勒起义

英国的瓦特·泰勒农民起义爆发于英法百年战争的第二阶段，因起义领袖为瓦特·泰勒，所以史学家将这次起义称作"瓦特·泰勒起义"。

14世纪的英国，社会局势动荡不宁、阶级矛盾空前激化。黑死病夺走了英国几乎一半的人口，经济萧条，统治阶级又发动百年战争，英国农民已经忍无可忍。1377年，新国王理查二世刚上台，为了同法国进行战争而开征人头税，规定凡年满14岁的男女，无论贫富都必须缴纳。1380年，人头税税额倍增，激起人们的强烈不满。次年5月底，埃塞克斯郡农民杀死征收人头税的税吏，由此揭开了瓦特·泰勒起义的序幕。

瓦特·泰勒起义爆发后，四方纷纷响应，起义很快席卷了英国的25个郡。各地起义农民大多在当地同贵族斗争，而埃塞克斯和肯特郡农民10万之众则在起义领袖瓦特·泰勒的率领下分两路进军伦敦。在伦敦贫民的帮助下，起义军顺利进城，捣毁大臣官邸，杀死法官，冲进监狱，释放囚犯，国王理查二世被吓得躲进了伦敦塔。起义群众迫使国王出来谈判，首次谈判在迈尔恩德举行。起义农民要求减轻农奴义务，每亩货币地租限定在4便士，并要求确保全国贸易自由及赦免起义者。这些要求反映了一般富裕农民的要求。国王应允，并颁发敕令作为保证。部分农民相信了国王的承诺，当晚自伦敦返乡。大部分农民仍不满足，在瓦特·泰勒领导下要求与国王进行第二次谈判，谈判在斯密茨菲尔德

举行。起义农民要求没收教会土地分给农民，将领主占领的土地归还给农民，废除雇工法，取消领主特权。这些要求反映了贫苦农民的要求，谈判期间伦敦城贫民起来响应，捣毁商店，打死富商和高利贷者。为了控制局面，国王、贵族和伦敦富豪密谋用欺骗和暴力两手来粉碎起义。会谈时，伦敦市长刺死瓦特·泰勒，国王则用谎言欺骗农民，使之返回家乡。农民回到家乡后，国王立即派骑士到各地进行镇压，起义最终归于失败。这次起义沉重地打击了封建势力，加速了英国的农奴制的消亡。

◎英王理查二世的画像

英法百年战争

1337 年，英国对法国宣战，战争断断续续，直到 1453 年才宣告结束，史称"百年战争"。

1328 年，法国卡佩王朝国王查理四世没有子嗣，死后王位被瓦洛亚家族的腓力六世继承。查理四世是腓力四世的儿子，腓力四世外孙、英王爱德华三世想以外孙的名义继承王位，法国贵族予以拒绝。矛盾由此激化，导致战争爆发。王位继承问题实际上只不过是战争的导火线，战争的真正目的在于争夺领土。另外，弗兰德尔的归属问题也一直是两国矛盾的焦点。

1337 年 11 月，英王爱德华三世率军入侵法国。对于岛国英国来讲，制海权是入侵法国成败的关键。1340 年 6 月，爱德华三世率领 250 艘战舰约 1.5 万人攻击斯鲁斯海里的法国舰队。法国舰队接到消息后急忙出海迎战，拥有 380 艘战舰和 2.5 万人的法国舰队向英舰队压过来。爱德华三世

不敢硬碰，为诱歼法军，英舰队开始有条不紊地佯退。见英军要逃，法舰队急速追击，阵形开始紊乱。英军舰队突然掉转船头，向法军冲去。虽然数量处于劣势，但英国海军更擅长海战。他们弓箭齐发，投掷物像暴雨一样砸向敌船。英国的小船在法军舰船中来回穿梭，寻找时机破坏敌人船桨。法国舰船失去灵活性，企图逃跑，但未能逃脱英军的追击，几乎全军覆没。英国夺得了制海权，为陆上战争解除了后顾之忧。

1346 年，丧失海军的法王腓力六世大怒，他将自己精锐的重装骑兵派到前线。当时的英国以步兵为主，没有与之相抗衡的骑兵。法王想让强硬的马蹄使英军粉身碎骨，号称 6 万余人的法国骑兵在克雷西与 2 万英军步兵相遇。爱德华三世命令部队放慢进攻速度，引诱敌人来攻。当两队尚有一定距离时，英军强弩手发出的箭雨齐向法国骑士飞去。原来，英军为对付身

◎"百年战争"中发生在斯鲁斯港口外的大规模海战。

·阿金库尔战役·

阿金库尔战役发生于1415年10月25日，是英法百年战争中著名的以少胜多的战役。1415年8月，英王亨利五世率军约6000人在塞纳河口登陆后向加来进军。法国军队在加来以南阿金库尔要塞奉命截击。英国装备了英格兰长弓的弓箭手按照楔形分布，骑兵全部下马作战，阵前设置尖头栅栏，以阻挡法国骑兵冲击。法国骑兵首先发起进攻，但泥泞的土地给骑兵前进带来了很大困难。英国弓箭手集中射击法国骑兵的马匹，身穿沉重盔甲的骑士纷纷落马，结果打乱了从后面冲上来到法国步兵的阵形，使他们也遭到了英国弓箭手的射击。少数冲到英军阵前的法国骑兵遭到了英国步兵的顽强抵抗，被全部消灭。随后，英国弓箭手手持短兵器和步兵一起冲锋，将陷在泥潭中动行动不便的法国骑兵全部消灭。这场战斗的结局改变了英国人在英法战争前期的被动局面，从此以后英军节节胜利，直到贞德出现。

披铠甲的骑士，偷偷制造了一种秘密武器"大弓"，这种弓箭射程远，射速快，精确度高，能在较远处射穿骑士的铠甲。法军被箭雨打乱了阵脚，溃不成军。英国步兵抓住时机猛攻上去，与敌人展开白刃格斗。身着笨重铠甲的法军陷入了被动，很快被英军击败。英军控制了陆上进攻的主动权，一举占领了法国的门户诺曼底，不久又攻占了重要港口加来。英国的弓箭让法军吃尽了苦头，从卢瓦尔河至比利牛斯山以南的领土都为英国人所有。

为抵抗英国的侵略，夺回丧失的土地，法王查理五世改编军队，整顿税制，还任命迪盖克兰担任总司令。迪盖克兰指挥法军避开英军的锋芒，采用消耗、突袭和游击战术，发挥新组建的步兵、野战炮兵、

新舰队的威力，使英军节节败退，陷入困境。法国趁势夺回大片领土，并恢复了骑兵。

可是，法国内部矛盾日益加剧，贵族争权夺利，农民起义不断。刚登上英国王位的亨利五世乘机重燃战火，不久法国的半壁江山又落入到英军手中。英军继续向南推进，开始围攻通往法国南方的门户要塞奥尔良。法国贵族却没有一个敢去解围。

农民出身的少女贞德经过一番波折，成为解救奥尔良的统帅。她以"神遣的救国天使"名分，手持一把剑和一面旗帜带领法军冲进英军营中。她身先士卒，把旗帜高高举起。贞德的勇气鼓舞着法军，他们顽强拼杀，一次次击败英军的进攻。为攻下英军最后一个堡垒，贞德高举旗帜第一个爬上云梯，但不幸被箭射中而掉落下来。但她顽强地站起来，又冲了上去。守城的士兵出城支援，一举击溃英军。被围困长达7个月之久的奥尔良城得救了，贞德成为法军的灵魂。1430年，在康边附近的战役中，贞德为勃艮第人所俘，以4万法郎的价格卖给英国人。1431年5月24日，贞德在鲁昂被宗教法庭以女巫的罪名处以火刑。"圣女贞德"的死激起法国军民的普遍愤怒，他们奋勇打击英军，接二连三地收复北方失地。1453年，英军在波尔多决战中全军覆没。法国随之收复了除加莱港之外的全部领土，取得了战争的最后胜利，英法百年战争至此结束。

◎ 左图为法王腓力四世在位时发行、爱德华三世从1344年开始铸造的首批金币；右图为纪念1340年斯鲁斯海战中英军胜利而铸造的金币。

水上城市威尼斯

威尼斯城最早建在长约 3.2 千米、宽约 1.6 千米的群岛和泥滩上,直到公元 5 世纪中叶,这里还只是个不起眼的小渔村。公元 568 年伦巴底人入侵北意大利时,许多大陆居民被逐往潟湖诸岛并建立较大的居民区。公元 7 世纪中叶,这里成为一个独立的政治实体,被称为拜占庭威尼斯群岛。公元 310 年,查理大帝之子丕平率航队占领威尼斯,随即又被拜占庭夺回。第二年,双方订立和约,查理大帝承认威尼斯为拜占庭疆土,并允许威尼斯在半岛大陆上享受贸易权利。因威尼斯处于拜占庭帝国境内,与君士坦丁堡的经济联系密切,并能充分利用与东方恢复贸易的有利条件,经济实力得以迅速增长,公元 9 世纪 40 年代,威尼斯脱离拜占庭成为独立的城市共和国。

公元 9 ~ 10 世纪,威尼斯在地中海上极为活跃。除了从事东西方商品贸易外,威尼斯商人还将欧洲的基督徒贩运到阿拉伯帝国卖为奴隶,从中获取巨额利润。其领土也迅速扩张至达尔马提亚,并控制了通往巴勒斯坦的海上通道。十字军东侵给威尼斯突飞猛进的扩张又带来了时机,它乘机在地中海东岸夺取了西顿、推罗等港口,并将之作为对东方的贸易据点。

威尼斯是由商人贵族进行统治的国家,最高权力机关大议会设立于 1063 年,由 4800 人组成,具有立法权和监察权。1171 年,这个议事会选举任命了总督。1297 年,威尼斯又通过立法形式明确规定,只有名列"黄金簿"的几百家大贵族才有

资格选举大议会的议员,只有以往 4 年中是大议会成员的人才有资格当选。大议会成员除非是世袭,除此之外不再增加新的成员。国家的行政权属于从大议会

◎ 这个 12 世纪拜占庭风格的金银香炉见于威尼斯圣马克教堂,这座教堂保存有 1024 年威尼斯对君士坦丁堡十字军战争的遗物。

中选出的小议会,小议会又称"元老院",由 120 名议员组成。城市共和国的一切重大行政措施和宣战、媾和等决策,都由小议会决策。国家元首即总督,由选举产生,为终身制。

威尼斯城市共和国的商人贵族的世袭统治,曾遭到中下层市民的反对。1310 年,以提埃波洛为首的下层市民举行起义,但遭到了市政当局的镇压。此后,威尼斯成立了一个由 10 人组成的治安委员会,秘密监视上自总督下至一般市民的一切"非法"行为。对被告人的审讯和判决都在秘密中进行,对于那些被认为是威胁共和国安全的人或实行暗杀,或关入"铅牢"。

15 世纪末,随着新航路的开辟,商业重心转移到了大西洋沿岸,威尼斯城市共和国随之走向衰落。

玛雅文化

玛雅文化发源于今中美洲的洪都拉斯、危地马拉、墨西哥的尤卡坦半岛一带。公元前 10 世纪，玛雅人过上了定居的农耕生活。他们从野生植物中培育出马铃薯、玉米、南瓜、番茄、棉花、辣椒、可可和烟草等多种农作物，学会了养蜂取蜜、饲养家畜，并能制造各种石制工具和金银饰品。

公元元年前后，在尤卡坦半岛南端贝登·伊查湖（今危地马拉的贝登省）的东北部，玛雅人的奴隶制城邦逐渐形成，到公元 9 世纪末，仅有文字记载的城邦就有 110 多个。城邦的首领称为哈拉奇·维尼克（意为"大人"），他独揽国家大权，职位采取世袭制。贵族与僧侣占有大量土地和奴隶，奴隶可以买卖。农民要负担许多徭役和贡赋。公元 9 世纪末，尤卡坦半岛的玛雅城邦突然不明原因地衰落了。

公元 10 世纪，一些新的城邦又相继建立，考古学家将这些城邦称为"新国"。公元 10 世纪，奇琴伊察南部兴起了新城邦玛雅潘。两个世纪以后，玛雅潘强盛起来，1194 年击败奇琴伊察等城邦，在尤卡坦半岛取得霸主地位。后来奇琴伊察人占领了玛雅潘，两种人混合形成玛雅人。1441 年，依附于玛雅潘的乌希马尔等城邦起义，使玛雅潘大为削弱。

◎玛雅士兵雕像

1485 年，玛雅潘在都鲁姆建立最后一块石柱碑，玛雅人历时 1200 多年的立碑纪年法至此中断。15 世纪中叶，西班牙人入侵尤卡坦半岛，玛雅文化遭到严

·奇琴伊察·

奇琴伊察是玛雅文明后古典期（公元900～1520年）的重要城市。"奇琴伊察"就是"伊察人之井边"的意思。所谓"伊察人"，其实就是北迁来到尤卡坦半岛的玛雅人。他们在这里建造了奇琴伊察这座祭祀和生产中心，后来便发展为新帝国的首都，使已走向衰败的玛雅文明一度出现复兴。

在奇琴伊察城市中心有一座以羽蛇神库库尔坎命名的金字塔。金字塔的北面两底角雕有两个蛇头。每年春分、秋分，以及每天太阳落山时，可以看到蛇头投射在地上的影子与许多个三角形连套在一起，成为一条动感很强的飞蛇，象征着在这两天羽蛇神降临和飞升。因此这座沉浸在狂热信仰中的城市，又被称为"羽蛇城"。1441 年，统治着尤卡坦半岛东部和北部长达2个多世纪的奇琴伊察被西班牙人占领。从那以后，显赫一时的"羽蛇城"渐渐被荒野丛林所吞没。

400多年后，美国人爱德华·赫伯特·汤普逊发现了这座被遗弃了的城市。

◎ 蒂卡尔一号神庙遗址

早在公元前 9 世纪蒂卡尔已经形成村落，公元前 6 世纪开始建立城邦，直到公元前 3 世纪，这里一直是玛雅人重要的祭祀中心。

重破坏。

玛雅文化的卓越成就在天文历法、数学、文字、建筑等方面都有所表现。由于种植的需要，玛雅人很早就注意观测天象，能推算出月亮、金星和其他行星的运行周期及日食、月食的时间。他们创造的太阳历，得出一年为 365.2420 天的精确数据，比现在的 365.2422 天相差只有万分之二。玛雅人在数学上创造了 20 进位制。各种数目只用三种符号表示：黑点是 1，短线是 5，贝壳图形是 0。玛雅人对“0”的概念比欧洲人早 800 年。

玛雅人早在公元初就创造了自己的象形文字，这种文字既表音又表意，每个字都用方格式环形花纹围起来。玛雅人还用毛发制笔，用榕树皮做纸，写下了大量书籍，内容有诗歌、历史、神话、戏剧、天文历法等，后大多被西班牙殖民者焚毁。

玛雅人还有立碑记事的传统，各邦每隔 20 年竖一块石碑，把发生过的重大事件刻记下来。已发现的记年碑刻表明，玛雅人这一传统保持了 1200 多年，直到西班牙人入侵才中止。

玛雅人的代表性城市建筑有蒂卡尔、奇琴伊察、乌希马尔等。位于危地马拉东北的蒂卡尔是最早的玛雅文明遗迹。它建造于公元前 6 世纪，其文明持续了 1500 余年。中心广场诸多的金字塔表现了玛雅奴隶制统治的严厉与庄严。其中，有一座 75 米高的金字塔，是美洲印第安人古代最高的建筑。

玛雅文明的表征是金字塔建筑。位于墨西哥城东南的帕伦克的金字塔，是神庙与陵墓合一的，与附近的王宫和神庙体现着一种庄重而威严的神采。有趣的是，金字塔顶的神庙有点像中国的宫殿。

城市学校的兴起

从教会对文化与教育的垄断中崛起的大学教育，对欧洲科学与思想进步的推动作用，是无法估量的。

中世纪初期，由教会兴办大主教学校、僧侣学校和教区学校，其主要教育目的是为上帝、教会和王权培养服务人才。中世纪时期教会对文化教育事业垄断的负面影响虽然极大，但它向世俗统治者独立办教育，使社会进步思想得以萌生的历史作用也值得肯定。欧洲历史上一些有进步思想的思想家，大部分都受过这种教会学校的教育。

经院哲学是教会学校的主要课程，这门课程主张理性服从信仰，哲学应是神学的婢女，人们学术活动的中心任务，就是论证基督教教条的正确性。经院哲学的创始者、爱尔兰人爱利吉纳认为，真正的宗教便是真正的哲学，真正的哲学也就是真正的宗教。两者的不同之处，仅仅在于哲学以思考为主，而宗教以信仰为主。意大

·托马斯·阿奎那·

意大利中世纪的神学家和经院哲学家，有"神学界之王"的称号。他生在意大利一个贵族家庭，儿时受教会教育达9年之久。14岁时，他在那不勒斯大学学到很多科学与哲学知识。1244年加入天主教组织多米尼古学团，是一个重要转折。20岁以后进入巴黎大学学习神学并取得硕士学位，后在巴黎大学教授神学。1259年被任命为罗马教廷的神学老师。后来，他回到意大利，从事神学研究和著述，期间曾到巴黎教授神学。1274年死于一个修道院。1323年被追封为"圣徒"。托马斯·阿奎那是经院哲学的集大成者，他建立起一套系统的、完整的神学体系，被称为托马斯主义。他的18部巨著中，《神学大全》集基督教思想之大成。他的学说后来被引申为新托马斯主义，对基督教神学的发展产生了重要的影响。

利的托马斯·阿奎那是经院哲学的代表人物，他死后先后被3位教皇宣布为圣徒、天主教会博士和宗教哲学的最高权威。他的著作《神学大全》被尊为经院哲学的百科全书，作为欧洲中世纪大学的神学教材长达几个世纪之久。托马斯·阿奎那在该书中声称，理性与信仰一致，信仰是心灵的最高能力，身体隶属于灵魂，物质隶属于精神，哲学隶属于神学，世俗则隶属于教会。他认为，上帝创造世界，宇宙中的一切都是按等级的阶梯来安排的，从非生

◎中世纪意大利波伦那大学的学生在全神贯注地听法学课。

物体开始逐级上升到植物界、动物界，再进而上升到人、圣徒、天使、上帝。而教皇则是上帝在人间的代表，位在世俗君主之上。他还认为，下级服从上级，上级统摄下级，俗人服从僧侣，国王服从教皇。托马斯·阿奎那由此证明，上帝安排的封建等级制度及教阶制度都是合理的。上述经院哲学思想，直到今天仍在影响着世界。

到了11世纪，教会学校已不能满足新兴市民的需要，他们要求建立城市学校，于是多数城市建立了所谓的世俗教育学校。城市学校包括用本民族语言教学的读写学校、职业技术教育学校、男童高级学校、女童初级学校。12世纪，大学在欧洲产生了。巴黎大学是欧洲最早、声望最好的大学，皮埃尔·阿贝拉尔是当时最著名的教师。作为一位经院哲学家，他在《我的苦难经历》中提到自己的遭遇；在《认识自己》中，他鼓吹通过个人自省探求人性本质；在《是与否》中，他就150个神学问题做了正反两方面的分析。他把神学作为一种科学来研究。由于他常常公开与人辩论，招致失败者的怀恨。相传当时他被禁止在地上讲学，他便爬到树上去讲；后来禁止他在半空讲，他就跑到船上去讲。由于阿贝拉尔的影响，许多学者纷纷来巴黎大学任教。1200年，巴黎大学专门开授神学和七艺。

大学在欧洲中世纪时期，实质上是一个教育行会。继巴黎大学后，博洛尼亚大学成立。13世纪，牛津、剑桥、那不勒斯等直至现在仍很著名的大学也相继问世。15世纪，欧洲各城市的世俗教育学校基本上摆脱了教会控制，奠定了近代欧洲世俗教育的基础。

中世纪欧洲大学主要有两类：一类是城市办世俗大学，另一类是由培养僧侣的教育研究机构发展而成的大学。到15世纪末，欧洲的这类大学已达80余所。中世纪欧洲大学的兴起，是世界教育发展史上的重大事件。欧洲大学不仅培育了哥白尼、伽利略、哈维、莫尔、弗兰西斯·培根等一大批科学家、思想家、学者，而且大学中的许多杰出人物还直接参与社会改革，大大地推动了欧洲社会的进步。13世纪中期，英国牛津大学讲师罗吉尔·培根第一个站出来批判经院哲学，因此被教会幽禁长达15年；15世纪初，教皇派人到捷克兜售赎罪券，布拉格大学教授胡司又站出来公开揭露和抨击这一勒索行为，为此献出了宝贵的生命；16世纪初，德国威登堡大学教授马丁·路德掀起的那场声势浩大、波及大半个欧洲的宗教改革运动，影响则惠及当代。

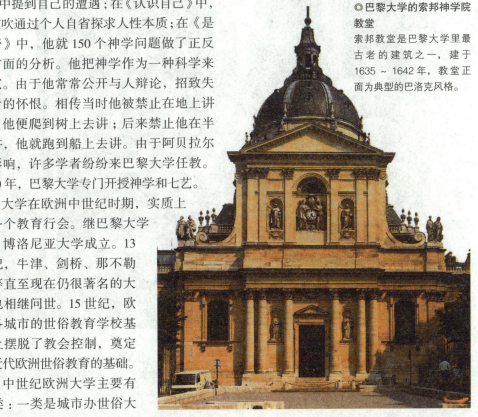

◎**巴黎大学的索邦神学院教堂**
索邦教堂是巴黎大学里最古老的建筑之一，建于1635～1642年，教堂正面为典型的巴洛克风格。

古登堡的活版印刷

提起活版印刷，我们总是想起北宋的毕昇。现在，我们先放下他不提，而是共同探讨一下德国人古登堡的活字印刷。

是不是古登堡最早发明了活字印刷，我们也按下不提。他确实自己创制了一套印刷技术，而且得到了广泛使用和传播。古登堡出身铸币工人家庭，幼年习得金匠手艺，为日后从事印刷打下基础。其实，古登堡早在 1434 年和 1444 年间就开始活字印刷的探索。起初是较大的木活字，显然可以排版印刷，但十分不方便，而用木板刻成较小的字模强度又跟不上，最终他想到了金属制版。当时所用的材料主要为铅锡合金，其中加入一定量的锑以提高活字强度。古登堡的功绩之一就在于他最终确定三种金属的比例搭配。

在解决了刻版的问题之后，接下来便是印制设备的问题，在克服这个难题过程中，古登堡从当时压榨葡萄汁的立式压榨机受到启发。最终他将一台木制的压榨机改装成第一台印刷

◎古登堡的印刷工作室

该情景即使对于今天的许多印刷工来说仍非常熟悉，在左前方，排字工人正从字盘中取出一个个字母进行排版，而图的后面，辅助印刷工则在铅字上面涂油墨，印刷工人正在用力转动螺旋杆，使其下移进行压印。尽管整个过程显得有些笨拙，但对于手抄书来说，无疑是一场革命。

机，并且试印了一下。他先将活字字块排好，然后将其固定在印刷机的底部座台上，再用羊毛制的软毡蘸墨刷在字版上，下边铺上纸张，向下拉动铁制螺旋杆，压印板便在纸上印出字迹，最后向上摇动拉杆，抽出纸张，便告完成。效果虽不尽人意，但总可以慢慢改进以提高印刷质量。

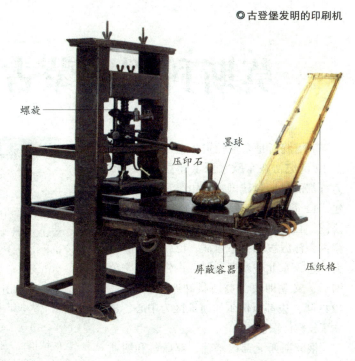

◎古登堡发明的印刷机

螺旋

墨球

压印石

屏蔽容器

压纸格

就在第一次试印过程之中，另一个难题摆到了古登堡面前。当时他用的还是传统的水性墨，水性墨自身黏附性差，用在雕版印刷中还可，而在活字印刷中印出的字迹时浓时淡，很不均匀。若是采用黏稠度较高的油性墨，效果或许会好一些，想到此，古登堡开始试制油性墨。经过反复试验，他发现将松节油精（蒸馏松树脂得到）与碳黑混合再加入煮沸的亚麻油中形成的墨质量较好，而且这种墨印出的字迹呈暗黑色，非常适合大量印刷。

至此，一整套的活字印刷技术便告完成。为了推广这项发明，古登堡于 1450 年与富商富斯特合伙开办了一家印刷厂。由于当时正处于欧洲文艺复兴的上升时期，人文主义的艺术和文化空前发展，大量的读物需要印刷，古登堡等人开设的印刷厂规模迅速扩大。同时其他的印刷厂也如雨后春笋般崛起，印刷术也就自然而然地推广开来。

古登堡的活字印刷术进一步走出国界，被广泛地使用则是源于 1462 年美因茨动乱事件。当时工厂被毁，印刷工人流离失所、各奔东西，不经意地就把活字技术带到各地，如 1468 年他们在瑞士巴塞尔，1465 年在意大利，1470 年在法国，1475 年在西班牙，甚至在墨西哥都建立了印刷厂。古登堡发明的活字印刷技术在欧洲广为传播，极大地推动了文艺复兴和宗教改革的进程。到了 16 世纪以后，这种印刷技术进一步改良，其产量和质量空前提高，最终形成了庞大的近代出版业，在社会发展的进程中扮演着愈来愈重要的角色。

至于是不是古登堡首创了活字印刷尚未定论。但有资料证明古登堡确实受到过中国印刷术的影响，如芝加哥大学的钱存训教授就说："古登堡的妻子出身威尼斯的孔塔里家族，因此他见到过从威尼斯带回的中国雕版，从中受到启发又做出发展，才发明了活字印刷。"但我们不可否认，古登堡确实独立发明了这项技术。

莫斯科摆脱蒙古统治

基辅罗斯是东斯拉夫人于9世纪中叶至12世纪初在东欧平原上建立的以基辅为首都的早期封建国家，由维京奥雷格所建，12世纪时，基辅罗斯分裂成几个大公国。1235年，趁俄罗斯内战不休之际，蒙古大汗派拔都率军西征。1237年，蒙古大军进入东北俄罗斯地区，占领里亚赞公国后，又立即攻占莫斯科和弗拉基米尔。1243年，拔都以伏尔加河地区为中心，建立了钦察汗国。

俄罗斯西北部以基辅、莫斯科和明斯克为中心的罗斯公国势力很强。钦察汗国采取以俄制俄的方式统治它们，并选出一个最顺从自己的王公，授予其"弗拉基米尔"的称号，统治各个公国。该地区逐渐成为俄罗斯帝国。

莫斯科原是俄罗斯托夫·苏兹达尔公国的属地，蒙古人统治时期借助蒙古的力量发展起来。14世纪初，莫斯科作为公国，登上了俄罗斯地区的政治舞台。莫斯科大公为了与特维尔大公争夺全俄罗斯大公的权位，用金钱收买蒙古王公和自己的政敌，同时也采用暴力方式来消灭竞争对手。1328年，莫斯科大公伊凡一世如愿以偿，终于被册封为弗拉基米尔及全俄罗斯大公。

在整个14世纪，莫斯科的力量不断增长，钦察汗国的力量却日趋衰落。钦察汗国的衰落，为莫斯科摆脱其统治提供了契机。

本来，钦察汗国想利用特维尔来对付莫斯科，但没有成功。1378年，马麦汗以

·涅瓦河之战·

涅瓦河之战是俄国军队与瑞典军队在涅瓦河和伊若拉河汇流处进行的一场会战。

1240年7月，瑞典将领亚尔·比耶尔率领100艘战舰和5000士兵驶入涅瓦河，在伊若拉河畔安营扎寨。诺夫哥罗德大公亚历山大·雅罗斯拉维奇得知瑞典进犯的消息后，决定以突然袭击打败敌军。他率精锐卫队和诺夫哥罗德义勇军一部秘密急行军，沿途又获得瑞典军队实力和营地位置的情报。7月15日，俄军来到瑞典军队营地。当时天降大雾，亚历山大·雅罗斯拉维奇指挥步兵居中，骑兵配置于两翼。步兵进攻瑞典军队中央营地，骑兵从东、西两面夹击。经过激烈的白刃格斗，仅有少数瑞典军队得以乘船逃脱，而俄军几无损失（共阵亡士兵20名）。从此，亚历山大·雅罗斯拉维奇被誉为"涅夫斯基"。涅瓦河之战制止了瑞典对俄罗斯的侵犯，维护了俄罗斯西北边疆的安全，为俄罗斯的统一创造了条件。

别吉乞为统帅进攻莫斯科，却在奥卡河支流沃查河被莫斯科军队打败。这是蒙古人自西征以来，第一次被俄罗斯人打败。

马麦汗在沃查河战役失败后并不甘心，又积极搜罗兵马，准备与莫斯科一决雌雄。他集结了五六万军队后，准备和立陶宛大公亚盖洛结盟，联合进攻莫斯科。1380年夏，马麦汗沿顿河北上，等待与立陶宛会师。莫斯科得知情报后，一面集结军队迎击，同时打破蒙、立联盟，以闪

电般的速度渡过顿河后与蒙古军在库里科沃平原交战。马麦汗匆匆应战，经过一整天的激战，马麦汗的军队被彻底打败，马麦汗只身逃走。库里科沃平原战役是莫斯科摆脱蒙古统治的具有决定意义的重大战役，战役的组织者和指挥者底米特里因此而获得了"顿河英雄"的光荣称号。

马麦汗失败后，1382 年，脱脱迷失汗又反扑莫斯科，重新恢复对俄罗斯地区的统治。

1471 年 7 月，莫斯科大公伊凡三世进攻诺夫哥罗德。进攻诺夫哥罗德失败后，被迫接受伊凡三世为自己的最高立法者和

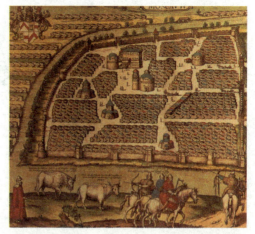

◎ 15 世纪，伊凡三世驱逐了蒙古人，建立了以莫斯科为中心的国家。此图反映了莫斯科早期建立时的样子。

审判者。1478 年，伊凡三世吞并诺夫哥罗德。1485 年，伊凡三世以特维尔王公勾结波兰为由，又率军包围特维尔，特维尔王公逃到立陶宛，贵族们开城投降。此后，其他小国纷纷成为莫斯科的附庸，或者直接并入莫斯科的版图。

1480 年，莫斯科彻底摆脱了蒙古人的统治。1480 年夏，阿合马汗再次远征莫斯科。阿合马汗这次本指望得到波兰、立陶宛的援助，但因有莫斯科军队的堵截和受到克里木汗的进攻，加之波、立军队未予以响应，阿合马汗不得不撤兵，伊凡三世因此赢得胜利。至此，蒙古贵族对俄罗斯人两百余年的统治宣告结束。

统一俄罗斯地区后，莫斯科政权成了全国性的管理机构。至 16 世纪初，中央集权的君主专制制度在莫斯科终于建立起来。于是，一个北起白海、南至奥卡河、东临北乌拉尔山、西达第聂伯河上游的统一的俄罗斯国家宣告诞生。1547 年 1 月，根据总主教马卡利的建议，大公伊凡四世正式加冕称沙皇。通过沙皇时代的疯狂拓展，俄罗斯疆域得到进一步扩张，成为一个空前辽阔的大帝国。

◎ 这三幅图表现了 16 世纪上半期俄罗斯人民的生活情景，他们或骑马，或乘雪橇，或坐四轮马车外出旅行。

奥斯曼帝国

奥斯曼土耳其人是西突厥人的一支，原来在今蒙古西部直至中亚的广大草原地区生活。13世纪初，为躲避蒙古强大的军事进攻，而迁至小亚细亚，其酋长埃尔托格鲁尔从罗姆苏丹国接受了位于萨卡里亚河流域靠近拜占庭边境的一块很小的封地。其后，罗姆苏丹国在蒙古人的攻战中解体，埃尔托格鲁尔的儿子奥斯曼（1282～1326年）继承首领职位，趁机扩大势力，打败了邻近的拜占庭军队，宣告奥斯曼土耳其人独立并建国。

奥斯曼独立后，仿效塞尔柱人的军事采邑制，分封土地，使封建关系逐渐建立，同时也刺激了奥斯曼土耳其人的对外扩张。奥斯曼的儿子乌尔汗统治时期（1326～1359年）建立了常备军，并依靠这支军事力量，吞并了原来罗姆苏丹国的

土地，继而又把矛头指向海峡对岸的欧洲，首当其冲的是东罗马帝国。

1326年，奥斯曼土耳其人轻取布鲁萨城，并将都城迁到这里。1331年攻克尼西亚城，1337年又占领尼科米底亚，从而征服了东罗马帝国在小亚细亚的全部领土，奠定了奥斯曼土耳其帝国的基础。1345年，东罗马帝国内部因王位之争发生内乱，乌尔汗利用其矛盾与东罗马皇帝结盟，取得了掠夺巴尔干半岛的特权。1354年，奥斯曼土耳其人渡过达达尼尔海峡，占领了加利波里，并以此为阵地，大举向东南欧地区进攻。穆拉德一世统治时期（1359～1389年）对外扩张进入一个新的阶段。1362年占领亚得里亚堡，不久在此地建都，遂切断了君士坦丁堡与欧洲大陆的陆上通道，使之变成了一座孤岛。接着

◎奥斯曼帝国挺进东欧，欧洲的骑士精神之花被击溃。这是奥斯曼军队在多瑙河与匈牙利军队展开战斗的情景。

·土耳其近卫军·

1326年，奥斯曼土耳其帝国创立近卫军。这支部队拥有12000名精锐士兵。直到1923年帝国崩溃，它一直都是帝国军队最重要的组成部分，是苏丹的护卫。它的成员来自从奥斯曼土耳其帝国统治下的巴尔干半岛的基督徒中挑选的10岁左右的小男孩，土耳其人将他们带到土耳其的军事学校中进行长达十几年的严格训练，到二十四五岁的时候，他们就正式在军队中服役了。土耳其近卫军凭借超强的战斗力、严密的组织、优秀的战术素养、狂热的信仰，成为土耳其帝国的精锐部队。在土耳其帝国的扩张战争中，近卫军立下了汗马功劳。

后来，近卫军在土耳其国内的势力越来越大，很多近卫军将领成为地方军事长官，甚至成为随意废立苏丹的力量。

转向对保加利亚、塞尔维亚等地进攻。巴叶齐德时期（1389～1403年），奥斯曼土耳其人在科索沃战役中打败了巴尔干各国联军，吞并了塞尔维亚，之后又征服了保加利亚、阿尔巴尼亚等国，震动了整个欧洲。1396年，奥斯曼军队在多瑙河畔的尼科堡几乎使欧洲天主教诸国组成的十字军全军覆没。到14世纪末，巴尔干半岛绝大部分土地被纳入奥斯曼帝国统治之下。

15世纪，帖木儿帝国的扩张对奥斯曼在亚洲的统治构成直接威胁。1402年安卡拉一役，奥斯曼军队一败涂地，苏丹巴叶齐德被俘而死，帝国进入内乱时期。

15世纪中后期，奥斯曼土耳其人又掀起新的扩张高潮。1453年年初，苏丹亲率步兵7万多，骑兵2万多，战舰320艘，从海陆两面围攻君士坦丁堡。

君士坦丁堡位于博斯普鲁斯海峡西岸的一个海岬上，地势险要，东、南临马尔马拉海，沿海地区筑有防御工事，北面金角湾入口处有铁链封锁，西面是陆地，筑有城墙和壕沟。城内军民据险防守，誓死抵抗，奥斯曼军队一时难以取胜。苏丹采纳了一条建议，以保障热那亚商人在加拉太的商业特权为条件，买通热那亚商人。在加拉太，土军用坚厚的木板铺设了一条道路，板面上涂抹大量的油脂、洋油，以减少摩擦，土耳其战舰通过这条特殊的航道，运入了金角湾，土军由此完成了对君士坦丁堡围攻的布置。

1453年5月29日，土耳其人占领君士坦丁堡全城。君士坦丁堡的陷落，标志着延续1000多年的东罗马帝国的灭亡。随后，土耳其把君士坦丁堡改名为伊斯坦布尔，奥斯曼帝国从此进入了更加兴旺与强盛的时期。

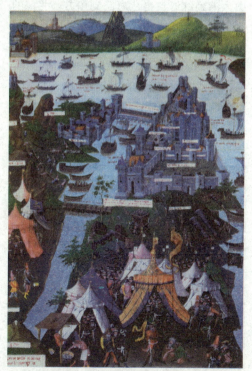

◎这是一幅15世纪的法国油画，描绘奥斯曼土耳其人在君士坦丁堡城外安营扎寨、准备围攻拜占庭首都的情景。该城的陷落标志着拜占庭帝国的结束，同时巩固了奥斯曼土耳其人在中东的霸主地位。

开辟欧亚新航线

自从《马可·波罗游记》在欧洲流传以来，欧洲人一直把东方，特别是中国看成是遍地黄金的人间天堂，所以希望到东方去实现黄金梦的人比比皆是。

此前，西方通往东方的重要商路有3条：一条在北部，经小亚细亚、黑海、里海至中亚细亚；一条在中部，从地中海东岸经两河流域至波斯湾，再从海路到达东方各地；还有一条在南部，经埃及的亚历山大港到红海，再从海路到东方。北部的一条被土耳其人占据着，另外两条被阿拉伯商人控制着。长期以来，欧洲的贵族和商人迫切希望开辟一条绕过地中海东岸，直接到达中国和印度的新航路。

最先探寻通往印度航路的是葡萄牙人。1415年，葡萄牙人攻占了直布罗陀海峡南岸的休达城，建立了第一个殖民地。在后

◎ 达·伽马画像

来的70年间，他们从未停止沿非洲西海岸向南探险，并先后到达佛得角、几内亚湾、加纳海岸、刚果河口和安哥拉，为远航印度做了充分的准备。

1486年，葡萄牙人迪亚士带领3艘轻便帆船开始远航。第二年抵达非洲最南端的海角，将其命名为"风暴角"，后由葡萄牙国王改名为"好望角"，意为通往印度的希望之角。1497年7月8日，达·伽马率领4艘帆船从里斯本出发，沿迪亚士当年走过的航线南行，于11月到达好望角。接着沿非洲东岸北航，在次年3月1日抵达莫桑比克。4月，由阿拉伯水手引航，从肯尼亚的马林迪横渡印度洋，并于5月20日抵达印度西海岸的卡利库特城，这是人类历史上首次完成从西欧绕过非洲来到东方的航行，从而开辟了欧亚之间的新航路。

◎ 新航线的开辟大大激发了航海家们的探索热情。

阿兹特克文化

公元9世纪末10世纪初，正当玛雅文化转向衰落时，托尔特克族印第安人征服了墨西哥盆地，创造出引人注目的托尔特克文化，后起的阿兹特克人又吸收了托尔特克人的文化成分。

阿兹特克人原在墨西哥西部的海岛上居住，据传说战神辉齐波罗齐特利曾给他们这样的启示：如果看到一只鹰站在仙人掌上啄食一条蛇，那就是他们定居的地方。后来，祭司按照神意带领族人定居在墨西哥的特斯科科湖西岸，阿兹特克人称该地为"墨西哥"，意为战神指定的地方。现今，嘴里叼着蛇的雄鹰的图案成为墨西哥国徽。

1325年，阿兹特克人在湖中的小岛上建立了都城——特诺奇蒂特兰城（今墨西哥城）。至孟特祖玛一世（1440～1469年在位）时期，阿兹特克人已经控制了整个墨西哥盆地，形成了早期奴隶制国家。阿兹特克国家的权力机关是"最高会议"，由20名氏族首领组成，从中选出两名执政，一个管民事，一个管军事，后者权力较大，被视为神的化身。土地仍为村社公有，但土地私有和贫富分化现象已经出现，战俘和负债人沦为奴隶的现象普

◎ 这是一本手稿的首页，它向我们讲述了特诺奇蒂特兰城是如何兴盛起来的。图案正中是阿兹特克的标志。

·特奥地瓦坎城·

在墨西哥历史上被称为"帝王之都"的特奥地瓦坎城位于与墨西哥谷地相邻的特奥地瓦坎谷地。于公元前200年修建，占地20平方千米，它的前身是一个很大的村落。

城中一个南北方向的长方形广场被后人称为"亡者之路"。在其南边，太阳金字塔巍然屹立。太阳金字塔是6层台阶式的建筑，它的塔基是正方形的，全塔高63米，是墨西哥古代建筑中的最高者。它的北面有月亮金字塔，形式与它相差无几。在顶层，都建有神庙。这种金字塔上建"台庙"的形式，在玛雅、印加地区是很常见的。特奥地瓦坎城中，与太阳金字塔相媲美的还有羽蛇金字塔。雨水之神是古代印第安人幸福生活的源泉，也是他们的保护神。这座羽蛇金字塔建造于12世纪，是用石料敷设的，四层的梯级上，一排排羽蛇头像整齐罗列，336个蛇首神采飞扬。

·印第安语言·

在多达1000余种的印第安语言中，最发达的是印加人的克丘亚语、阿兹特克人的纳瓦特尔语和玛雅人的基切语。印第安文化中，只有玛雅人有象形文字，并有用象形文字写成的书籍，但几乎都被西班牙征服者烧毁。现在仅存的3册手抄本也没人能读懂其内容，据研究，它们可能是有关历法、数学和仪典的著作。

通常被称为古代印第安文学的作品，大多是在征服和殖民时期由欧洲人所记录或抄写的。最早从事印第安文学收集工作的是西班牙传教士，他们有的根据印第安人的口述整理，有的根据象形文字的记载加以诠释，难免误解、篡改或伪造。此外，西班牙人所收集的印第安文学作品，其年代一般都在15世纪末叶前后。现已经整理和翻译出一部分比较重要的印第安古代文学作品。

遍存在。阿兹特克人的文化受到玛雅文化的影响。农业是主要的经济形式，他们发展了一种独特的农业耕作法——"浮园耕作法"，即在用芦苇编成的芦筏上堆积泥土，浮在水面，然后在这新造的土地上种植作物和果树，利用树根来巩固这些人造浮动园圃。同时也利用湖边的土地种植玉米、豆类、南瓜、西红柿、甘薯、龙舌兰、无花果、可可、棉花、烟草和仙人掌等。狗是他们唯一的家畜，家禽主要是火鸡。

他们能冶炼金、银、铜、锡和青铜。阿兹特克人的制陶技术也很高明，他们制造的陶器是褐地黑纹，纹样多用复杂的几何图案和花鸟鱼虫等题材，质地精良，形状优美。在纺织和织品的图案艺术方面，尤其出色。阿兹特克人的羽绣，用羽毛镶嵌制成的羽毛饰物，精美异常。保存下来的几件作品，虽经数百年，但仍然光泽鲜艳，质地坚固，足见制

作技术之精良。

阿兹特克人的历法和象形文字同玛雅人相似。他们将一年定为365.06天，分成18个月，每月20天，每周5天。每天都有特定的名称，如猴日、雨日、海兽日等。阿兹特克人的象形文字书籍与玛雅人几乎遭受同样的命运，多被西班牙殖民者焚毁，保存下来的只有两部"贡赋册"，它是了解阿兹特克人社会生活的宝贵资料。

首都特诺奇蒂特兰城集中体现了阿兹特克人的建筑艺术。城市建在两个小岛上，有3条宽阔的长堤与湖岸相连，其中一条长达11.2千米，长堤上架有可以阻敌的吊桥。城内街道整齐，花园遍布，供水系统完备，居民超过10万人，比当时的伦敦、巴黎还要大。全城共建有金字塔神庙40座，位于中心广场的最大一座高达35米，有144级台阶。富人住宅都涂成白色或红色，极为富丽壮观。西班牙殖民者科泰斯率军来侵时，由于各部落不能团结一致，又加上国王孟特祖玛动摇不定和叛徒内奸的叛卖活动，1521年阿兹特克被西班牙征服。

◎印第安武士石像

这些高大的印第安武士石像耸立在墨西哥图拉古城的羽蛇神金字塔庙的顶端，曾经是支撑庙宇屋顶的柱石。这是托尔特克文明的产物之一，托尔特克是阿兹特克之前在墨西哥叱咤风云的三大部落之一，他们创造出了令人瞩目的文化，图拉城是他们的首都。

地理大发现

哥伦布（1451～1506年）出生于意大利的热那亚城。那里航海业发达，年轻的哥伦布热衷于航海和冒险。这些条件为其日后的远航打下了基础。

15～16世纪的欧洲，地圆学说已广为传播。人们相信从欧洲海岸出发一直向西，便可以到达东方。而《马可·波罗游记》又把东方描写为遍地是黄金和香料的天堂。当时的欧洲，随着商品经济的发展和资本主义萌芽的出现，发生了所谓的"货币危机"，即作为币材的黄金白银严重匮乏。许多欧洲人狂热地想到东方去攫取黄金，以圆自己的发财梦，哥伦布便是其中的代表人物。哥伦布自幼就酷爱航海，15岁就跟随货船在地中海上航行。

梦想归梦想，去东方在当时可不是一件容易的事。传统的东西方之间陆上贸易通道已被崛起的土耳其帝国隔断，地中海上的通路又为阿拉伯人把持。欧洲人要圆

◎哥伦布像

哥伦布是意大利著名的航海家，自幼喜欢冒险，为寻找传说中金银遍地的中国和印度，他四次横渡大西洋，并首次发现了美洲大陆，为以后的殖民掠夺打下了基础。

自己的梦，必须开辟新航路。可喜的是此时中国的指南针业已传入欧洲，而欧洲的造船业也达到相当的水平。这时年富力强的克里斯托弗·哥伦布认为条件已经成熟，决定进行一次远航。

第一次航行并不顺利，首要的问题是找不到赞助者。哥伦布1486年就向西班牙王室提出了自己的设想，直到1491年才获批准。双方签订《圣大非协定》。在西班牙王室支持下，1492年8月3日，哥伦布率领由3艘船组成的舰队从西班牙的巴罗斯港出发，开始了人类历史上首次穿越大西洋的航行，他们一行共87人，经过两个多月的颠簸，哥伦布一行终于发现了一片陆地，草木葱茏。他们欣喜地上岸，并将其命为圣萨尔瓦多，意为救世主。这个岛屿就是现在巴哈马群岛中的一个，现名为华特霖岛。这时哥伦布犯了一个错误，他以为已经到了印度就没有再向西航行，而是转道向南，沿着海岸线，陆续到达了今天的古巴和海地。他称这一带的土著人为印第安人（即印度人），并了解了他们的风土

◎哥伦布的航海船只复原模型

15世纪90年代哥伦布向西航行时，就乘坐这种航船，用直角索具把多桅帆船进行改造。船体中部竖立主桅，并在前桅挂一直角帆。必要时，主桅可向右重新挂起直角帆。

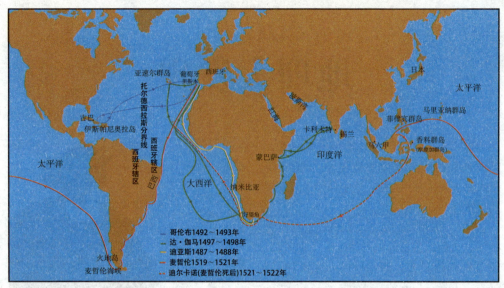

◎ 航海地图示意图

在 1487 年至 1522 年不到 40 年的时间里，梦想发财致富、满怀宗教热忱的西班牙和葡萄牙探险家不断地探寻新的发财之地。

人情，只是没有得到大量的黄金。

虽然没有直接获取黄金，但哥伦布也不虚此行。他一上岸就与当地的土著进行欺诈性贸易，以各种废旧物品换取他们的珍奇、贵重的财物。而善良的土著人待之如上宾，主动帮助他们适应当地的生活方式，如建筑房屋、采集和狩猎等。这些野心勃勃的殖民者却在站稳脚跟后，对当地人进行疯狂掠夺和残酷的压榨。临走的时候，还掳走了 10 名印第安人。1493 年的 3 月 15 日，号称"大西洋海军元帅"的哥伦布，在经过 240 天的远航后，回到出发地巴罗斯港，消息轰动了整个西班牙和欧洲。哥伦布展示了他从美洲带回的金饰珠宝和珍禽异兽，并向人们宣布他已找到去东方的新航路。哥伦布由此受到国王的嘉奖，顺利地跻身贵族行列。1493 年 5 月 29 日，西班牙国王颁布命令授予哥伦布新发现的岛屿和陆地的海军总司令、钦差和总督的头衔，并向他颁发了授衔证书。

不久，尝到甜头的西班牙王室让哥伦布再度远航。在第二次航行中，哥伦布到

达海地和多米尼加等地区。1498 年和 1502 年，哥伦布又两次航行美洲，扩大了对美洲大陆的探索范围，但始终未能找到中国和印度，也未能给西班牙王室带回他们期望的黄金，逐渐被冷落。1506 年的 5 月 20 日，哥伦布在西班牙的瓦里阿多里城郁郁而终。

哥伦布发现了美洲新大陆，但直到死也一直认为自己到了印度，今天东印度群岛的名称即来源于此。后来，一个叫亚美利哥的意大利人发现哥伦布到达的不是印度，而是一个原来不为人所知的大陆，这块大陆就以亚美利哥的名字被命名为亚美利加洲（America），简称美洲。美洲的发现开拓了人们的眼界，使世界逐步连为一体，对于扩大世界范围内的交流和推动人类文明进步有一定积极意义；同时也引发了大规模的殖民扩张，为当地的人民带来空前的灾难。

麦哲伦，全名费尔南多·麦哲伦，是世界著名航海家，出身于葡萄牙贵族。在他生活的时代，已有哥伦布发现新大陆和达·伽马开辟通向东方的新航道的航海壮举。在前

人的激励下，麦哲伦决定做一次真正意义上的环球航行，以实证地圆学说。

开始，麦哲伦求助于葡萄牙王室，未果。转而向西班牙国王请求资助。获准以后，麦哲伦率领一支由 5 艘帆船和来自 9 个国家的 270 名水手组成的船队，于 1519 年 9 月 20 日从西班牙塞维利亚港出发，向西驶入大西洋。6 天以后到达特内里费岛，稍事休整，于 10 月 3 日继续向巴西远航，终于 11 月 29 驶抵圣奥古斯丁角西南方 27 里格处（里格：长度单位）。之后，船队继续向南，次年的 3 月才到达阿根廷南部的圣朱利安港。当时的自然条件对航行极为不利，寒冷的天气使得缺衣少食的船员开始怀疑此行的价值，由于人心不稳，还发生了 3 名船员叛乱的事件。麦哲伦凭其卓越的领导才能，果断地平息了叛乱，并处死了肇事者。在圣朱利安港一直待到这一年的 8 月，为的是等待天气的好转。

根据麦哲伦等人的航海日志，船队于 1520 年 8 月 24 日离开圣朱利安港南下，10 月 21 日绕过了维尔京角进入了智利南端的一道海峡（后被命名为麦哲伦海峡）。由于该海峡水流湍急，麦哲伦的船队只得小心翼翼地前进，经过 20 多天他们才驶出海峡，在此期间有两条船沉没。10 月 28 日，麦哲伦等人出了海峡西口进入"南面的海"，幸运的是在这片海域的 110 天航行竟然没有遇上过巨浪，故而船员称之为"太平洋"。然后开始了横渡太平洋的艰难历程。由于长时间的曝晒，船上的柏油融化，饮用水蒸发殆尽，食物也变质甚至生了蛆虫。船员无奈之下只得以牛皮绳和舱中的老鼠充饥。许多人因此而丧命，其艰难困苦可见一斑，但最危险的时刻还没有到来。

经过严重的减员之后，麦哲伦的船队于 1521 年 3 月份抵达马里亚纳群岛中的关岛。在这里船员们获得梦寐以求的新鲜食物，他们感觉自己好像进入了天堂。在这里他们停下来修整了一段时间以恢复体力，之后他们继续向西航行，到达了菲律宾群岛。至此，麦哲伦本人也走到了生命的尽头。

在登上菲律宾群岛的宿雾岛后不久，这些殖民者的真实面目就显露出来。麦哲伦妄图利用岛上两部落的矛盾来控制这块富饶的土地，不料在帮助其中一个部落进攻另一个部落时，被土著人杀死。环球航行面临夭折的危险。幸好麦哲伦的得力助手迪尔卡诺带领余下的两船逃离虎口，他们穿过马六甲海峡进入印度洋，这时仅有两只船，又被葡萄牙海军俘去一只。迪尔卡诺只好带领仅存的"维多利亚"号绕过好望角，回到西班牙的塞维利亚港，这时已是 1522 年 9 月 6 日。经过 3 年多的航行，原来浩浩荡荡的船队只剩下一艘船和 18 名船员，可见这次航行代价之大。

历时 3 年多的环球航行，以铁的事实证明了地球是圆的，使"天圆地方说"不攻自破，同时也使世界的形势大大改观，宣布了一个新时代的到来。麦哲伦等人为世界航海史、科学史做出巨大贡献的同时，客观上也给殖民主义扩张开辟了广阔的道路。

·麦哲伦海峡·

麦哲伦海峡位于南美大陆南端的火地岛、克拉伦斯岛、圣伊内斯岛之间，东连大西洋，西通太平洋，东西长 580 千米，南北宽 3.3～33 千米。海峡分为东、西两段，中间是弗罗厄德角。西段入口宽为 48 千米，最窄的地方仅有 3.3 千米，水深可达 1000 多米。两岸都是陡峭的冰山，景象蔚为壮观。东段转为开阔但水势浅，最浅处水深不足 20 米，两岸则是茵茵绿草，风景怡人。统观麦哲伦海峡，正处于南纬 50° 左右的西风带。因此海峡经常是大雾弥漫、白浪滔天，对航行极为不利，但一直是两大洋之间的重要航道，直到巴拿马运河开通为止。

地理大发现带来的革命

地理大发现引发了"商业革命"和"价格革命"。

商业革命的主要内容是：形成世界市场，增加了商品种类和商品流通量，商路和商业中心的转移及商业经营方式的发展。

地理大发现之后，随着西欧商人的贸易范围的进一步扩大，欧洲与亚洲、非洲、美洲之间建立了直接的商业联系，东西半球及其局部地区彼此隔绝、不相往来的状况得到根本改变。同时世界市场开始形成，从而为新兴资产阶级开辟了更广阔的活动空间。欧洲市场上汇集了来自各大洲的商品，如美洲的可可、烟草，非洲的象牙、咖啡，亚洲的茶叶、香料、丝绸。商品不仅种类繁多，而且流通量大增。

主要商路和国际贸易中心地中海商业城市逐渐衰落，与此同时，大西洋沿岸的里斯本、塞维利亚、安特卫普和伦敦取而代之。

此外，商业经营方式也发生了变化，股份公司、证券交易所、银行信贷业、保险业等相继兴起，使已经萌芽的资本主义得以迅速发展。

"价格革命"是指欧洲殖民主义者从殖民地特别是美洲掠夺了大量金银，使欧洲市场上的货币流通量剧增，从而导致物价上涨。据资料记载：在1个世纪内，西欧的黄金数量增加了117%，白银增加了206%；西欧各国的物价平均上涨2倍左右，西班牙则高达4.5倍。

"价格革命"使新兴的工商业资产阶级及与市场有联系的贵族牟取了暴利，赚得了巨额资本，而收取定额货币地租的封建贵族的实际收入则大大减少，经济地位每况愈下。"价格革命"是资本原始积累的因素之一，它加速了西欧封建制的衰落与资本主义的发展。

从整个人类历史的进程来看，地理大发现开辟了欧洲人的海上新时代，人类活动空间从大陆转向海洋，改变了东西两半球相对隔绝互不往来的格局。这样，由地理大发现引发的商业革命，通过以西欧为中心的世界贸易网把原先半封闭的地区性经济联系起来，形成资本主义的世界市场，在人类历史上第一次出现了东西两半球多种文明的汇合与全球一体化的新进程，从而使世界的发展逐渐形成一个全新的格局。

◎地理大发现大大促进了欧洲与美洲乃至世界各地的贸易往来。

印加帝国

南美洲安第斯高原是美洲古代文明的另一个发祥地。最早生活在这里的古代居民是奇楚亚、艾马拉及其他语系的部落。公元前若干世纪，他们就创造了发展水平较高的农业文明。印加人是奇楚亚语系的部落之一。12 世纪，以库斯科(今秘鲁南部)为都城建立印加国家。

印加在 13 ~ 15 世纪时，还处在部落联盟阶段。1438 ~ 1533 年，印加逐步发展为统一而强大的奴隶制帝国，它的版图以秘鲁为中心，包括哥伦比亚、厄瓜多尔、玻利维亚、阿根廷和智利的一部分，人口达到 600 万以上。

印加帝国有着比较完备的奴隶制统治机构。国王被视为太阳之子，神的化身，权力至高无上；贵族和祭司享有特权，靠剥削农民和奴隶为生。全国分为 4 个区，每区下辖几个省。社会的基层单位是"艾柳"，即农村公社。村社土地分为 3 种："印加田"归国家所有，"太阳田"供祭司或宗教所用，"公社田"属村社所有。3 种土地都由农民耕种，除此之外，农民要向国家纳税、服劳役。

印加人对人类农业文明的发展做出过重大贡献。他们培植了大约 40 多种农作物，以玉米和马铃薯为主要粮食作物，此外还有南瓜、甘薯、西红柿、可可、菠萝、龙舌兰、木薯、花生和棉花等，这些作物大都是由印加传到其他大陆的。印加人为扩充耕地面积，在坡上筑起层层梯田，并建立了灌溉系统，把山涧溪流引进渠道，进行灌溉。畜牧业方面，主要驯养美洲驼和羊驼。驼和羊对古代印加人来说，具有特别重要的意义。因为古代印加人不知用轮车运输，而驼则是良好的驮畜。驼和羊的毛、皮、肉和油脂，还是解决衣食之需的重要物资。

印加人的采矿冶金、建筑工程、驿道交通、纺织技术、医药知识都达到较高的水平。很早

◎秘鲁印加文化遗迹——马丘比丘

"马丘比丘"的意思是"古老的山峰"，它坐落于安第斯山脉地区两座险峻的山峰之间，是印加帝国的都城遗址。这座建于西班牙人入侵前 100 年的城堡，现已成为传奇般的印加文明最著名的遗迹。

159

就掌握了冶炼青铜技术，他们用铜、金、银、锡、铝等制造各种精美的器皿和装饰品。制陶工艺也十分精巧，陶盆和陶罐上雕有各种美观的图案。库斯科的太阳神庙宏伟壮丽，它是用黄金和宝石装饰成的巨大建筑，石块和石块之间，不施灰浆，严密合缝，甚至连刀片都插不进去。印加人修筑了两条纵贯全国的公路，一条沿海，一条穿山，全长 2000 多千米，沿途建有无数隧道和用藤蔓筑起的吊桥。棉、毛织品精美别致，工艺精湛。手工业者逐渐专业化，成为专门的手工工匠。

印加人已经掌握了相当丰富的科学知识。首都库斯科建有观象台，用以观测太阳的位置，来确定农业生产节气和祭祀时间。印加人崇拜天体，特别崇拜太阳，所以他们的天文知识多和宗教有关。在医药知识方面，印加人初步掌握了外科学、解剖学和麻醉学等知识。他们会做开颅手术，用一种从植物中提取的药物做麻醉剂。此外他们还认识了许多珍贵药物，如金鸡纳、吐根、藿香膏和番木鳖等。

印加人没有文字，用结绳记事。由于没有文字，印加国家众多的部落方言很难沟通。印加人以奇楚亚语为官方语言，并创办学校，教授奇楚亚语和结绳记事方法，以推广奇楚亚语的应用范围。

1531 年，皮萨罗率领西班牙殖民者入侵印加帝国。第二年，他们诱捕了印加王阿塔瓦尔帕。在骗取了印第安人的大量赎金之后，1533 年又残忍地杀害了他，印加帝国从此灭亡。

◎鱼形容器
鱼是喀喀湖地区印加人的主要食物。

◎印加人金像

·库斯科城·

库斯科城是印加帝国的首都，它的毁灭是由于西班牙殖民者的入侵，其时在16世纪。在此之前，库斯科依然发挥着"世界中心"的作用。库斯科的12个街区，都围绕着太阳神中心广场，这广场也是宗教活动的主要场所。太阳神庙位于广场的东北，是属于金字塔式的建筑，顶上有由五间房子组成的神殿。太阳神殿严丝合缝，各石头缝隙间，连刀片也插不进去。以黄金雕琢的玉米和花草树木，以及黄金制成的板壁与宝座。用来建筑太阳神庙的巨石，最重的一块有3000多吨。与太阳神庙相配套的还有月亮神庙和羽蛇神庙等。

在通往库斯科城的隘口上，印加人用巨石垒筑了许多城关堡垒。其中有一处萨克赛瓦的古堡，是用每块几十吨乃至几百吨的巨石垒砌的，非常雄伟，易守难攻。这座古堡花费的石工就有30万人，建造了70年才竣工。

殖民掠夺

殖民主义者用征服、奴役甚至消灭殖民地人民的残酷手段积累了巨额财富。殖民掠夺给亚、非、拉人民带来了深重的灾难，严重阻碍了这些国家和地区的发展进程。

新航路开辟后，葡萄牙和西班牙这两个中央集权制的封建国家积极向外扩张，最早走上了殖民侵略之路。

从 15 世纪起，葡萄牙人就在非洲西海岸的几内亚、刚果、安哥拉等地设立了殖民侵略据点。16 世纪初期，葡萄牙殖民者又占领了东非海岸的莫桑比克、索法拉、基尔瓦、蒙巴萨和桑给巴尔等地，并将这些据点作为从西欧到东方这条漫长航线上的补给站。1506 年和 1508 年，葡萄牙先后占领了亚丁湾入口处的索科特拉岛和波斯湾入口处的霍尔木兹岛这两个海上交通要津，从而控制了连接红海和亚洲南部的海路。16 世纪初，葡萄牙确立了印度洋上的海上霸权。为了控制印度，夺取卡利卡特的企图虽然失败了，但葡萄牙于 1510 年攻占了果阿，建立了自己在东方的殖民总部。接着入侵了锡兰（今斯里兰卡）。1511 年，它夺去了马六甲，这是通往东南亚的交通咽喉。后来，葡萄牙人继续侵占了印度西海岸的第乌、达曼及孟买。此外，还在苏门答腊、爪哇、加里曼丹及摩鹿加群岛（今马鲁古群岛）建立商站。在中国又夺取了澳门，作为经营东亚贸易的中心。葡萄牙人还到达了日本，并于 1548 年在日本的九州设立了第一个欧洲人的商站。这样，葡萄牙就成为垄断欧亚之间及中国、日本和菲律宾之间贸易的霸主。

葡萄牙扩张的主要方向是非洲和亚洲诸国，但它也入侵了美洲新大陆。1500 年，葡萄牙一支远征队准备去印度，但在途中因赤道海流的冲击而偏离轨道，漂流到了南美洲的巴西。这样，巴西就成了葡萄牙的殖民地。

西班牙在海外建立的殖民地，要比葡萄牙的殖民地大得多，其主体部分在美洲新大陆。新大陆盛产金银，与东方香料有同等或更大的价值，因此西班牙便把主要注意力集中到这里。

哥伦布发现美洲，揭开了西班牙殖民

◎这个非洲人制作的铜像，塑造了一个葡萄牙士兵正在用火绳枪射击的情景。从 16 世纪开始，葡萄牙人就将枪炮卖给西非海岸的国王们，然后换回黄金、象牙和奴隶。

◎ 这四幅画记录了西班牙人在墨西哥的暴行。

者远征美洲的序幕。从 15 世纪末到 16 世纪初，西班牙人首先把加勒比海和西印度群岛纳入自己的势力范围，先后在海地、牙买加、波多黎各等地建立殖民据点，并以此为基地开始对中南美洲广大地区进行武力征服。1521 年，西班牙贵族科泰斯率军征服墨西哥，摧毁了印第安人古代文明的中心——"阿兹特克帝国"。1533 年，西班牙冒险家皮萨罗率军占领了印加人的首府库斯科，使印第安人古代文明的另一中心"印加帝国"也惨遭涂炭，从此沦为西班牙的殖民地。此后，西班牙殖民者在不足 20 年的时间内，相继征服了厄瓜多尔、乌拉圭、玻利维亚、哥伦比亚、阿根廷等地。到 16 世纪中叶，除葡属巴西外，整个中南美洲几乎全部成为西班牙的殖民地，西班牙在中南美洲建立起庞大的殖民帝国。西班牙在当地设立殖民政府，委派总督治理，并向殖民地大量移民。贵族、商人、僧侣纷纷涌入美洲，大肆掠夺印第安人的土地和财富，建立封建的大地产制。

从早期殖民征服的目的来看，西、葡两国王室积极组织和支持海外探险活动，大肆进行殖民掠夺，主要是为了扩大封建统治范围。葡萄牙人早在沿着非洲西海岸探险时，就宣布西非为葡萄牙王室所有，并求得罗马教皇认可。自哥伦布首航之后，西班牙派出的所有远征队每到一地，就将该地宣布为西班牙王室的财产，这都是典型的封建殖民侵略。

从早期殖民征服导致的直接后果来说，在海外，葡萄牙沿亚非海岸线建立了一个个殖民据点，控制了东西方商路，进行封建性的掠夺贸易。而西班牙不仅在中南美洲建立了庞大的殖民帝国，还将本国的封建制度移植到殖民地，建立了封建的大地产制。在国内，两国在殖民征服过程中掠夺了大量财富，使本国封建统治阶级有牢固的物质基础，当西欧其他国家的封建制度日趋解体时，西班牙和葡萄牙的封建制度却一度得到加强。两国将掠夺所得的金银财富大量用于维持庞大的官僚机构和对外的征服战争中，同时，王室、贵族和商人将大量的钱财花在进口各种商品上，以满足其奢侈的生活享受。因此，这些钱财不仅没有在两国起到资本原始积累的作用，反而打击了本国工业，延缓了资本主义发展的进程，使其很快丧失了殖民优势。

奴隶贸易

从15世纪中叶至19世纪末，非洲历史上出现了一次骇人听闻的大灾难，这就是马克思称之为"贩卖人类血肉"的奴隶贸易。西方殖民者一手制造了这场长达4个多世纪的历史悲剧。

15世纪初，西方殖民者纷纷进行海外扩张。随着殖民扩张的发展，掠夺黑人作为奴隶的交易活动开始出现。到15世纪中叶，随着美洲被发现、种植园的创建、金银矿的开发，罪恶的奴隶贸易随之愈演愈烈。最早掠卖黑奴的是葡萄牙和西班牙殖民者，16世纪下半叶，荷兰、丹麦、法国、英国等国的殖民者相继加入其中。从17世

◎奴隶堡
位于塞内加尔戈雷岛东部，有两层楼高。上层住奴隶主，下层住奴隶。

纪中叶至18世纪下半叶，奴隶贸易发展到最猖獗的程度。17世纪中叶以后的150年间，奴隶贸易已经成为非洲与欧洲、美洲之间唯一的贸易活动。在贩奴活动的方式方面，除了存在"三角贸易"外，英法等国相继成立贸易公司，垄断对非洲的奴隶贸易。18世纪时，奴隶贸易成为世界最大的商业贸易之一。这时候，英国取得奴隶贸易的垄断权，利物浦成为奴隶中心市场。19世纪前半叶，美国殖民者也大肆从非洲劫掠黑人，高价卖给矿主和种植园主作为奴隶，牟取暴利。西方殖民者把黑人作为商品转卖到西印度群岛和南、北美洲大陆的种植园里，也有的被运到亚洲其他国家。因此，奴隶贸易实际上涉及今天的欧、北美、亚、非和拉丁美洲五大洲。据统计，有2亿多非洲黑人惨遭此劫。他们有的在捕捉时被杀害，有的在贩运的路上被折磨致死，幸存下来的则被作为商品，多数被卖到了美洲种植园，过着牛马不如的生活。

· 刚果王国 ·

非洲班图族刚果人建立的国家，约建于14世纪。15世纪末，国王恩赞加·库武大举扩张，领土东到刚果河，西至大西洋，南达洛热河，北抵刚果河北岸。王国有一套完整的中央和地方统治机构，王是最高统治者，下设首相和权力很大的六总督委员会。全国分6省，由总督治理。刚果以农业为主，生产稻、麦、高粱、香蕉、棕榈果和16世纪初从美洲传来的玉米、薯类，冶金、造船和棕榈叶编织比较发达。对冶金生产尤为重视。1448年，葡萄牙殖民者大量闯入，国王和部分贵族领先加入天主教，首都改名圣萨尔瓦多。16世纪中叶，国势衰落。1665年，王国取消葡萄牙人的采矿权，双方发生战争。国王战死，王国分裂为3个小国，1900年灭亡。

奴隶贸易大致可分为 3 个阶段。15 世纪中叶至 16 世纪 80 年代是初期阶段，以海盗式掠卖为主要特征；16 世纪 80 年代到 18 世纪下半叶是以奴隶专卖组织垄断为中心的全盛时期；18 世纪末到 19 世纪末是以奴隶走私为特点的"禁止"奴隶贸易时期。

奴隶贩子最典型的航线是三角形的。第一段航程是满载货物的船只从本国港口驶向非洲，货物有盐、布匹、火器、五金和念珠等；然后将这些货物换成由非洲当地人从内地运到沿海地区的奴隶，再把这些受害者装进条件恶劣的船舱，沿着所谓的"中央航路"运过大西洋，到达目的地新大陆；最后一段航程是船只满载种植园的产品，如糖、糖浆、烟草、稻米等返回本国。

在这个三角航程中，奴隶的待遇是：难以忍受的拥挤、令人窒息的炎热和少得可怜的食物。饮食标准为每 24 小时供给一次玉米和水。奴隶如果绝食，就会遭到鞭打。若鞭打不奏效，贩子就用烙铁强迫他们进食。由于奴隶通常处在肮脏的环境中，因此，当流行病爆发时，为了防止疾病传播，生病的奴隶便被扔进海里淹死。奴隶不愿忍受痛苦而跳海的事情也屡屡发生。

由于能获得巨额利润，即使在贩奴过程中黑人死亡率高达 80%，利润仍高达 10 倍。各既得利益集团都坚决反对任何控制或废除

◎贩奴船上的残暴行径

奴隶贸易的建议。首先，所有的非洲酋长就反对，因为他们用一个强壮的奴隶可换得 20～30 英镑。非洲经纪人曾从这种贸易中获得巨额利润，他们也竭力反对所有废除这种贸易的建议。其次，南北非洲的种植园主，尤其是 18 世纪在英国议会中拥有席位的巴巴多斯的种植园主，也支持奴隶贸易。

奴隶贸易为西方殖民国家聚敛了巨额财富，成为资本原始积累的重要来源。它对美洲的开发起了极大的促进作用，但对非洲却是一场深重的灾难。曾是人类文明发源地之一的非洲大陆因此失去大量人口，社会生产力遭到严重破坏。非洲人口占世界总人口的比重由 1500 年的 11% 下降到 1900 年的 6.8%。非洲各国或部落之间经常发生争夺奴隶的战争，许多村庄被劫，城镇衰落，生产力遭到严重破坏，非洲社会倒退了几百年。这是人类历史上最为黑暗、最为可耻的一页！

19 世纪初，工业资本主义最发达的英国在世界范围内带头开始掀起了废除奴隶制的运动，从此，废奴运动在世界各地此起彼伏，成为一股不可阻挡的历史潮流。

1807 年，英国通过一项法令规定船只不得参与奴隶贸易，并禁止向英国殖民地运送奴隶。1833 年，议会通过了一项法令，在英国本土彻底废除奴隶制，并向蓄奴者提供 2000 万英镑赔偿费。英国进而说服欧洲其他国家以它为榜样，允许英国军舰捕捉挂别国国旗的贩奴船。

海地、美国和巴西分别于 1803 年、1863 年和 1888 年废除奴隶制，古巴大约也在 1888 年废除奴隶制。此后还有一些别的国家相继废除奴隶制，广大被压迫的奴隶迎来了他们的新生。尽管如此，世界范围的贩奴运动并没有停止，断断续续的贩奴活动又持续了近百年，直到 19 世纪末才基本结束。

文艺复兴

14 ~ 15 世纪以来，在西欧封建社会内部逐渐产生了资本主义的萌芽。随着资本主义的产生，资产阶级开始形成并且登上历史舞台。为了维护和发展政治、经济利益，资产阶级首先在思想文化领域发动了一场反封建、反教会的新文化运动。这场运动是从复兴古希腊、罗马文化开始的，因而被称为"文艺复兴"。它的内容也不限于文学、艺术，还包括政治学、历史学、哲学及自然科学等。它实际上是新兴资产阶级在意识形态领域的革命，是一次思想解放运动。它的指导思想是人文主义。文艺复兴最早发源于 14 世纪的意大利，以后逐渐扩大到其他国家，16 世纪达到全盛，17 世纪中期结束，分为 3 个时期。

早期，从 1321 年到 15 世纪中期。这一时期，文艺复兴的活动主要在意大利，从佛罗伦萨逐渐扩大到罗马、米兰、威尼斯及那不勒斯等地。首先是文学，出现了著名的文学三杰：但丁、彼特拉克和薄伽丘。彼特拉克最早用人文主义的观点阐述古典著作，被称为"人文主义之父"。继而扩及史学，如布鲁尼的《佛罗伦萨史》和比昂多的《罗马衰亡以来的千年史》等。在文史领域中，人文主义观点和现实主义创作方法开始结合。

中期，从 15 世纪中期到 16 世纪中期。与早期文艺复兴相比，中期文艺复兴呈现出一些新的特点和气象。早期文艺复兴仅局限于以佛罗伦萨为中心的意大利，而且只是表现在文学艺术领域内。它对人们的思想观念，特别是对宗教神学观的冲击极为有限，它更多的是继承了古典文化的传统。而中期文艺

复兴几乎遍及西欧各国，文艺复兴不仅在文学艺术领域，而且在政治思想、哲学思想、自然科学的各个领域里展开。它以创新的精神，取得了一系列辉煌的成就。

意大利后期文艺复兴的主要代表人物有人文主义艺术大师达·芬奇、米开朗琪罗、拉斐尔和政治思想家马基雅维里、康帕内拉等。

意大利绘画发展到 15 世纪，出现了文艺复兴美术三杰，他们是达·芬奇、米开朗琪罗和拉斐尔。这一时期美术的主要题材还是宗教。

达·芬奇出生于 1452 年，16 岁时去佛罗伦萨学艺，很快就熟练运用雕塑与绘画的

·但丁与《神曲》·

但丁是意大利诗人。1265 年 5 月出生在佛罗伦萨的一个小贵族家庭，少年时代师从著名学者布鲁内托·拉蒂尼学习修辞学、文法和拉丁文等，并掌握了丰富的古典文化知识。后来因政治失意而被流放。他提议用意大利语进行文学创作，并著有《论俗语》一书，对意大利民族语言的形成有重要影响。《新生》(1292 ~ 1293 年)是他的第一部作品，是"温柔的新体诗"的最高成就，也是西欧文学史上第一部向读者剖析作者最隐秘的思想感情的自传性作品。放逐期间写的《神曲》是但丁最著名的作品，此外还有《筵宴》《帝制论》等著作。由于但丁的作品有从中世纪向资本主义时代过渡的特点，所以他被恩格斯称为"中世纪的最后一位诗人，同时又是新时代的最初一位诗人"。

艺术手法，在当时的佛罗伦萨已小有名气。后来他去了米兰，在那里，他创作了举世闻名的壁画《最后的晚餐》。这幅画他画了3年。《最后的晚餐》取材于《马太福音》。耶稣与12个门徒聚餐，席间，他对大家说："你们中间有一个人出卖了我。"门徒们猝不及防，非常吃惊，问到底是谁。耶稣说："同我一样把手蘸在盘子里的人就是。"画面上的众门徒神态各异，生动传神，富有戏剧冲突和强烈的时空效果，能提起观众的情绪。

《蒙娜丽莎》是达·芬奇在当学徒时的作品。当时蒙娜丽莎年仅24岁，是一位皮货商的妻子。她刚失去儿子，郁郁寡欢。但达·芬奇竭力表现出她难得的一丝微笑，富有无限的魅力。因为这幅油画，达·芬奇声名大噪。达·芬奇除了绘画外，还致力于科学研究。他对人体解剖学有细致的研究，并发明设计了降落伞、风车，也进

◎《蒙娜丽莎》 达·芬奇
现藏于巴黎卢浮宫。

行过关于飞机的构想和设计等。

米开朗琪罗是与达·芬奇同时期的雕塑家，也出生于佛罗伦萨，13岁进入作坊学艺，后参加人体解剖的实习，奠定了他的雕塑艺术生涯。他21岁到罗马，25岁回佛罗伦萨，创作了《大卫》，声名鹊起。这座白色大理石裸体雕像，表现了1000多年前以色列开国元勋大卫的形象，把人类的美、智慧、生命和力量表现得淋漓尽致。这座雕塑后来被安放在市政厅门前的广场上。

米开朗琪罗的另一件著名雕塑是《哀悼基督》。它表现耶稣被钉死在十字架上，圣母玛利亚抚尸痛哭的情景。这是他20岁时的作品，圣母在他的刀凿之下显得美丽绝伦。另外，他还创作了《摩西》《奴隶》等名作。

拉斐尔于1483年生于意大利乌尔比诺镇，13岁那年去鲁吉诺作坊从师于维提（他是波伦亚派的画家）。1504年，他到了佛罗伦萨，其时21岁。在那里的教堂里，他画了许多圣母像。拉斐尔创作的圣母像可谓艺术史上不可多得的杰作。他以世俗化的笔法，将传统的宗教题材描绘成现实生活中的理想美的化身，称颂人类母性的光辉，洋溢着幸福与欢愉。著名的《椅中圣母》可谓神来之笔。据说拉斐尔在一次聚会中，见一位罗马美少妇，微笑地注视着心爱的小宝贝，同时温柔地把他搂在怀中，表情流露出自然而又满足的神情。拉斐尔捕捉到这一引发灵感的瞬间，立刻拾起一块木炭，迅速将方才那幅动人的情景画在身旁的一只木桶底上，回去完成了这幅杰作。另外，拉斐尔的《草地圣母》富有人情味，圣母逗圣婴，平静而愉悦，色彩与线条极为和谐，并有鲜明的节奏感。

拉斐尔其他作品还有《圣母婚礼》《圣礼辩论》《雅典学院》等，都体现了理想中的境界。有人这样评说，拉斐尔是理想的化身，达·芬奇是智慧的象征，而米开朗琪罗是力量的凝聚。

文艺复兴在欧洲的传播

15世纪后期至17世纪初，文艺复兴在德、法、英等国相继而起。人文主义作家、政治思想家、科学家、哲学家都从各自的领域向传统观念和宗教神学发起强劲的挑战。

在文学领域里，出生于鹿特丹的伊拉斯谟（1466～1536年）是阿尔卑斯山以北很有影响的人文主义者。他首次修订希腊文《圣经》中的许多错误，对教会解释教义的权威提出了挑战。伊拉斯谟的讽刺作品《愚人颂》（1509年），借"愚人"女子之口，嘲笑教皇、僧侣的贪婪、愚昧，谴责贵族的放荡、虚荣。他主张废除禁欲主义和形式主义的宗教仪式，建立合理教会，为马丁·路德的宗教改革开了先河。

拉伯雷（1494～1553年）是法国文艺复兴的代表人物。他出生在法国一个律师家庭。少年进修道院学习拉丁文和经院哲学。1520年左右当修士。他反感修士的生活，开始偷学希腊文，被查抄后离开修道院。从1527年开始，他两次游历全国，看清了当时法国的蒙昧。1530年，他进入医学院学医，两个月后获学士学位，从此开始从医，同时他开始创作《巨人传》。两年后《巨人传》第一部出版了，但很快就被教会宣布为禁书。1545年在国王的保护下，他以真名出版第三部。国王死后，小说又被列为禁书，出版商被烧死，他被迫外逃，直至1550年才获准回到法国。回国后担任了宗教职务，业余时间从医，后去学校教书。期间完成《巨人传》第四、第五部。《巨人传》以叙述高朗古杰、高康大和庞大固埃祖孙三代巨人国王的神奇事迹为主线，影射法国现实生活和社会矛盾，堪称讽刺文学的经典之作。拉伯雷嘲弄教士的愚昧和贵族的没落，痛斥经院哲学的虚伪，同时提出反映人文主义理想的政治和宗教主张，表达了新兴资产阶级要求个性解放的愿望。

莎士比亚（1564～1616年）是文艺复兴时期英国杰出的戏剧家和诗人，一生著有37个剧本和154首十四行诗。他创作的戏剧有历史剧、喜剧和悲剧等多种体裁。历史剧以帝王将相为主角，描述了13～15世纪英国著名国王的生平事迹，充分反映了新兴资产阶级反对分裂、拥护王权的政治愿望。他的喜剧则充满乐观主义情调，赞美友谊与爱情，表达了人文主义的道德理想。莎士比亚于17世纪初写的四大悲剧，代表了他创作的最高成就。这些悲剧突出反

◎画家笔下的堂·吉诃德

图为堂·吉诃德骑马而行，他荒诞而怪异的斗风车举动其实是当时社会现实的写照，荒唐却富有正义感与人文精神。

映了资产阶级人文主义思想同封建邪恶势力之间的较量和冲突，并以先进力量的失败作为结局，控诉封建制度和封建贵族的罪恶行径。莎士比亚的作品语言生动活泼，很有感染力，在欧洲文坛上独树一帜。《哈姆雷特》代表莎士比亚戏剧的最高水平。故事主要讲述了丹麦王宫以哈姆雷特为首的人文主义派与以克劳迪斯为首的保守派之间的激烈冲突。《哈姆雷特》3条线索并进，一是哈姆雷特为父亲复仇，二是老臣波洛涅斯的儿子为父亲和妹妹复仇，三是挪威王子福丁布拉斯为父亲复仇。这3条线索相互结合，使戏剧的冲突环环相扣，循序渐进。复杂而曲折的故事主体，个性生动的戏剧人物，还有强烈的悲怨交织，富有诗意的语言台词，真实地反映出历史和人生。哈姆雷特富有哲理性的话"生存还是毁灭，这是一个问题"，直至现在，还值得人们深思。

西班牙现实主义作家塞万提斯生于马德里附近一个穷医生家庭，读过几年中学。21岁时因卷入一次争斗，被判砍右手的刑罚。为躲灾，他逃到意大利。后他参加了与土耳其人的战争。1571年雷邦托海战，他左手致残，人称"雷邦托的独臂人"。1575年回国时，被海盗俘虏，过了5年苦役生活，1580年被赎回。回国后他当过军需官和纳税员，又几次被诬入狱。《堂·吉诃德》是他在监狱中孕育出的作品。1605年《堂·吉诃德》上卷出版，风行西班牙。1614年出现一部站在教会立场上的伪造的续篇，对他进行诽谤。塞万提斯立即完成了更加成熟的下卷，于1615年推出。塞万提斯以幽默、夸张的手法，融诙谐与严肃、伟大与庸俗为一体，将堂·吉诃德塑造成新旧交替时期复杂而矛盾的典型，使之具有复古主义和人文主义理想的双重性格。这部作品描绘了当时西班牙社会广阔图景。

在政治思想领域里，法国的博丹（1530～1596年）在《国家论》一书中系统阐述了国家主权的理论，把国家主权作为一种游离于社会并凌驾在社会之上的统治力量，反映了欧洲民族国家正在形成的现实。英国的托马斯·莫尔（1478～1535年）提出否定资本主义制度的政治主张。他在《乌托邦》一书中虚构了一个理想岛屿。在那里，实行每天六小时的工作制，那里的居民一有空闲和精力便从事文化思想的探究。其实，莫尔的"乌托邦"是针对现实中的不理想现象生发出来的，既抨击了英国现存社会制度的黑暗，又描绘了一种理想的社会制度：废除私有制，人人劳动，人人平等，按需分配等。这深刻地影响了以后的社会主义思潮，莫尔也因此成为西欧空想社会主义的奠基人。

·马基雅维利·

马基雅维利(1469～1527年)，意大利文艺复兴时期的政治思想家、历史学家。1494年参加了僧侣萨伏那罗拉领导的反对美第奇家族暴政的人民起义，随之走向政坛。1498年起担任佛罗伦萨共和国掌管军事外交的"个人委员会"秘书，组织国民军队，并从事外交工作。长期的政治活动和外交周旋，使他了解到欧洲一些君主国的国情与实力，懂得了外交斗争的策略和奥妙，同时更加关注祖国的统一和独立。1513年，美第奇家族的统治复辟，他遭到逮捕、囚禁和拷打。后来获释，但生活处处受到限制。晚年政治失意，隐居于自己的小庄园之中专心著述，取得显著的学术成就。他的代表作是《君主论》(又译作《霸术》)。全书共26章，通过历史上和当时许多大小实例，说明君主应具备的条件和才能，应该如何夺取和巩固政权。后来，他的以"目的说明手段正当"的原则被称为"马基雅维利主义"。他的思想反映了中古晚期意大利资产阶级的精神面貌。主要著作还有《佛罗伦萨史》。

科学的重大进展

文艺复兴时期,科学也得到了一些发展。率先提出地球和众行星绕太阳运行即日心说的科学家是尼古拉·哥白尼。在此之前,地心说一直受到人们的推崇。犹如一颗石子扔进寂静的水里,日心说的推出,引起许多人的关注。

在哥白尼之前的新柏拉图主义者认为,圆是最完美的,运动比静止更接近神性。哥白尼从中得到灵感。1530年,他完成了《天体运行论》一书,1543年出版。在书中,他指出,太阳和地球是运动的,静止只是相对的。他的这种观点,与圣经中的教义对立。因此,他的日心说得不到响应。

哥白尼的天文学理念,由伽利略和开普勒等人得以佐证。开普勒认为,因为与太阳距离的远近不同,行星的运行速度也随之变化,根据自己的定律计算,所有行星绕太阳运转是按照椭圆形的轨道进行的。这比哥白尼更前进了一步。后来,牛顿的万有引力定律,更为日心说宇宙观提供了有力的依据。

伽利略曾经采用自制的能放大30倍的望远镜观察太空,木星和它的卫星、土星与它的光环,甚至太阳中的黑子都被他发现了。伽利略说,除了太阳系,宇宙中还有更浩瀚的银河系。1632年,罗马宗教法庭起诉伽利略,要他必须承认自己的错误,否则判处终身监禁。伽利略无奈地口头上认错,但心里依旧坚持。

布鲁诺在宣传日心说时,对基督教的教义逐一进行了反驳和否认。他认为,神灵主宰世界的学说全是无稽之谈,宇宙空间绝对不存在神和上帝。因此,宗教裁判所判定布鲁诺为异端,犯下大逆不道之渎神罪,然后处以火刑,将布鲁诺活活烧死了。

这一时期,在物理学、数学和医学方面也有许多重大的发明、发现。伽利略的惯性定律、力作用独立定律,意大利数学家卡尔达诺(1501～1576年)的解三次方程公式,比利时医生维萨留斯(1514～1564年)的解剖学,英国医生哈维(1578～1657年)的人体血液循环理论等,都极大地推

◎哥白尼像

哥白尼的名字意为"谦卑"。他的最大成就是以日心说否定统治1000多年的地心说。这是天文学上的一次伟大革命,使人类的宇宙观发生了根本变革,揭开了近代自然科学革命的序幕。

进了科学的发展。

在哲学思想领域，机械唯物论摆脱经院哲学的束缚发展起来。英国近代资产阶级唯物论哲学家弗兰西斯·培根（1561～1626年）出生在英国伦敦的一个贵族家庭，12岁入剑桥大学。培根非常反感那里的"经院哲学"的统治。他一生大部分时间在官场中度过，然而作为政客，他饱尝了仕途之艰辛。他著有《学术的进展》《新工具》《科学的价值与增长》等，提出的归纳法，成为研究自然科学的方法，并提出"知识就是力量"的名言，这反映了新兴资产阶级需要利用科学知识认识和改造自然，造福人类的要求。

法国理性主义的创始人笛卡尔（1596～1650年）出身贵族家庭，从小就勤于思考。1616年获法律博士学位，后当上一名军官，长期服役。1618年他结识了物理学家伊萨克·毕克曼，受其影响而从事科学研究。1625年回到法国，开始致力于科学研究活动。他认为宇宙是统一于运动的物质，但是他又把物质运动只看作是机械运动。在认识论上，他采用理性演绎法，片面强调理性认识的可造性，否认感性认识的作用。同时，由于无法解释理性认识的来源，于是不得不求助于神启真理，因此他也是"心物彼此孤立"的二元论者。

◎自由落体实验

1590年，意大利著名科学家伽利略在比萨斜塔上做了著名的自由落体实验，他以铁的事实告诉人们：物体下落的速度与物体本身的质量大小无关。

文艺复兴运动持续了近300年，其重大历史意义在于它不仅创造了光辉灿烂的新文化，尤为重要的是改变了人们的观念，解放了人们的思想。它是资本主义时代到来的先声，也是资本主义发展的基础。

·比萨斜塔上的实验·

古希腊著名的哲学大师亚里士多德曾做出一个著名论断：两个铁球，其中一个是另一个重量的10倍，如果两个铁球从同一高度同时落下，那么重的铁球落地速度必然是轻的铁球的10倍。人们对此深信不疑。意大利著名科学家伽利略经过多次实验发现亚里士多德的说法是不对的，但没有人相信他，他决定要当众检验一下他的结论。1590年的一天，伽利略带着沙漏、一个底部可以自动打开的铁盒和两个分别重为10千克和1千克的铁球来到比萨斜塔顶上。他的助手将这两个铁球装入盒子，然后将盒子水平端起，探身到栏杆的外侧。伽利略在众目睽睽之下按动按钮，盒子的底部自动打开，两个铁球同时从盒中脱落，自由落向地面。只听"咚"的一声，两个铁球同时落到了地面上。实验证明了伽利略的判断是正确的。凭着这种追求真理、尊重实践的科学精神，伽利略又有了一系列的重大发现。他发现了摆的等时性原理，从而发明了钟表；他在李希普发明望远镜的基础上发明了放大20倍率的天文望远镜。他著有《论运动》《关于托勒密和哥白尼两大世界体系的对话》《关于两门新科学的对话与数学对话集》《关于太阳黑子的通信》等科学专著。

德国宗教改革

马丁·路德（1483～1546年）出身于富裕市民家庭，出生的第二年，全家迁居采矿中心曼斯费尔德，父亲汉斯·路德曾是一名矿工，靠租用领主的三座小熔炉起家。在父母严格的宗教教育下，路德从小就接受了传统的基督教信念。1501年春，他进入德意志最著名的爱尔福特大学，在1502年秋获得文学学士学位，1505年，又以优异成绩取得硕士学位。在大学期间，他开始受到反对罗马教皇的世俗思想的影响。

大学毕业后不久，路德在父母亲朋诧异的目光中弃绝尘世，进入雷尔福特圣奥古斯丁修道院当修士，开始了自己的宗教生涯。他在那里潜心修道，履行各种苦行赎罪活动，以圣洁闻名。1512年，路德获神学博士学位，被任命为维登堡修道院副院长和维登堡大学神学教授。在此期间，他认真研读《圣经》，发现天主教会的制度及其神学理论与基督教教义严重背离，认为信徒只要依靠个人对耶稣的信仰即可得救，信仰的唯一依据是《圣经》，而非天主教会制定的神学。这样，路德对教皇的权威，从理论上予以否定，同时还否定了天主教神学的基本观念。

1517年，美因兹大主教亚尔伯特通过售卖赎罪券聚敛财富。10月31日，路德在维登堡的卡斯尔教堂的大门上张贴《九十五条论纲》，对出卖赎罪券的做法予以痛斥，提出了"信仰耶稣即可得救"的原则。《九十五条论纲》引起了强烈反响，激发了人们对教权至高无上的怨愤和反对，点燃了德国宗教改革的火焰，路德一时成为德国全民族的代言人。1519年，罗马教会的神学家约翰·艾克同马丁·路德在莱比锡展开了大论战，这场大辩论，成为路德宗教改革生涯中的一次重大转机。

◎ 宗教改革时期，路德派教徒正在与罗马天主教教徒讨论一些有争议的论点，这是1530年神圣罗马帝国皇帝试图与改革者和解的最后尝试。

◎马丁·路德像

马丁·路德，德国宗教改革的发起者，新教的创始人。1517年马丁·路德把他的95条论点钉在德国维登堡一所教堂的门上，从而开始了基督教改革运动。他反对罗马天主教会干预国家政事，并于1525年因拒绝放弃其论点而被逐出了罗马天主教，这也导致了众多新教教会的出现。

1520年，路德发表《论基督徒的自由》和《教会被囚于巴比伦》两篇重要文章，全面阐述了"因信称义"的宗教改革理论。其主要内容是，只要有信仰，人人在上帝面前都享有平等的权利和地位，并能得到上帝的恩典，从而使灵魂得救；在人与上帝之间，无须宗教律法、礼仪和神职人员作为中介，信仰的唯一依据是《圣经》；简化烦琐的宗教仪式，七项圣礼中只保留洗礼、圣餐两项。从根本上否定了教皇至高无上的地位和教会高于国家的天主教思想。

路德的理论和活动使教廷大为恐慌。教皇命令路德在60天之内改变观点，否则将开除他的教籍，但路德依旧坚持自己的观点。1521年4月，在教廷的支持下，神圣罗马帝国皇帝发布旨意，取消对路德的法律保护，但是议会没有听从，反而将路德召到议会陈述他的观点。路德在议会的演说引起阵阵欢呼。会后，路德在群众的保护下离开会场，避开了皇帝的逮捕，逃亡到萨克森，被萨克森选帝侯腓特烈保护起来。从此，路德潜心于对神学的研究与写作，继续宣扬其宗教改革的主张。

1525年，42岁的路德与一位叛逃的修女波拉结婚，以实际行动向天主教的禁欲主义发起了挑战。1543年，路德翻译的德文《圣经》面世，他的《圣经》译本为人们提供了对抗天主教会的思想武器。他翻译的《圣经》使用的是德国语言，这种统一的语言也成为联系分裂的德意志各邦的重要纽带。1546年2月，路德死于出生地艾斯勒本，享年63岁，被葬于维登堡大教堂墓地。29年前，轰动一时的《九十五条论纲》就是贴在这座教堂的门上。

·加尔文·

加尔文是瑞士宗教改革家，神学家，新教加尔文教创始人。他1509年生于法国。16世纪30年代他参加了巴黎的宗教改革运动，由于法国政府对新教徒的迫害，他逃往瑞士，发表其主要神学著作《基督教原理》。从16世纪40年代起，他在瑞士日内瓦领导宗教改革和市政工作：废除主教制，代之以共和式的长老制；简化宗教仪式；鼓励经商致富，宣称做官执政，蓄有私产，贷钱取利，同担任教士职务一样，均可视为受命于上帝。加尔文的神学思想在许多方面与路德教相同，如强调《圣经》是基督教信仰的唯一根据和权威；主张因信称义等。但加尔文还主张"预定论"，认为人的得救与否，贫穷与富贵，早已由上帝"预定"。加尔文宗又称归正宗，"归正"一词译自英文"reformed"，意指经过改革复归正确。加尔文教的广泛传播在于它符合了当时新兴资产阶级的发展，更在于加尔文对新教的信心和贡献。加尔文的名字和"加尔文教"联系在一起。

英国的都铎王朝

1485 年，英国封建主之间的内战——玫瑰战争结束后，亨利七世登上王位，开始了都铎王朝（1485～1603 年）的专制统治。都铎王朝的统治者在封建贵族、资产阶级和新贵族共同支持王权的基础上，采取了一系列政策，使专制王权得到巩固。

首先，削弱大贵族势力，剥夺教会贵族的特权和财产。亨利七世统治时，加大了打击封建割据势力的力度。他下令禁止贵族蓄养家兵，宣布取缔封建家臣团，摧毁贵族修建的城堡，并发挥"皇室法庭"的作用，使之成为专门审理政治叛乱案件的机构，以惩治那些不听从皇室命令的大贵族。1540 年，亨利八世又进一步将枢密院作为自己的咨询机构和最高司法机关，其官员多从资产阶级和新贵族当中选任，从而使他们成为专制王权的支柱。

1533 年，亨利八世与罗马教皇决裂，实行宗教改革，自己随之成为英国教会的最高首脑。他将教会没收所得的大批土地廉价卖给或赏赐给资产阶级和新贵族，进一步为专制王权奠定了坚实的社会基础。其次，为了满足封建贵族的愿望，维护封建秩序，都铎王朝颁布了一系列惩治流浪者的法律。自 15 世纪 70 年代兴起的圈地运动，破坏了封建土地所有制，使广大农民丧失土地而成为流浪者。都铎王朝的统治者颁布限制

◎亨利八世

圈地和惩治流浪者的法律，其目的在于使农民回到原来的土地上，巩固封建制度。再次，在政治上，与资产阶级结盟，控制国会，使之成为专制王权的工具；在经济上，实行重商主义政策，如保护工商业、奖励海外贸易和殖民掠夺等。

都铎王朝既维护封建贵族的利益，同时又执行对资产阶级和新贵族有利的重商主义政策。这种现象反映了英国的专制王权当时在两个对立的阶级间起着某种协调作用。

自 16 世纪中叶起，资本主义获得迅速发展的英国，经常在西班牙殖民地进行走私贸易，抢劫西班牙运送金银的船队，袭击西班牙殖民据点。西班牙国王腓力二世决意派遣大军远征英国。1588 年 5 月，由大贵族麦迪纳·西多尼亚率领的无敌舰队驶离里斯本，其中包括 130 艘兵船和运输船、7000 名船员和水手、23000 名步兵。7 月～8 月，舰队在英吉利海峡与英国海军上将 C. 霍华德及海军中将 F. 德雷克率领的英国舰队相遇，英军采用火烧连船的战术，无敌舰队损失惨重。后无敌舰队从英国北海绕过苏格兰和爱尔兰返回西班牙。途径苏格兰北部海岸附近时，遇风暴，舰队几乎覆没。在这一战役中，无敌舰队损失 32 艘战舰和 1 万名士兵。从此，西班牙的海上霸权被英国所取代。

大英帝国的海上霸权

　　16 世纪上半期，葡萄牙和西班牙是世界上最强大的商业殖民帝国。为了争霸，两国之间展开了尖锐的斗争。结果，葡萄牙失败，地位一落千丈。但经过尼德兰革命后，西班牙也在 17 世纪失去了霸主的地位，荷兰取代其成为头等贸易强国。荷兰的崛起引来英、法的争夺。17 世纪下半叶，英国击败荷兰，后者丧失了海上霸权。其后，英国开始与法国长期斗争，最后法国惨败，英国一跃成为世界上最大的殖民强国。

17－18 世纪的海上争霸

西班牙与葡萄牙	**1** **16世纪**，西班牙与葡萄牙展开海上霸权争夺战，西班牙获胜，**1580 年**合并葡萄牙。
	2 **1640年**，葡萄牙恢复独立，但其地位一落千丈，许多海外殖民地被荷兰夺走。
英国与荷兰	**1** **1652—1654年**，第一次英荷战争。
	2 **1664—1667年**，第二次英荷战争。
	3 **1672—1678年**，第三次英荷战争。

导火索

　　17 世纪时，垄断了海上贸易的荷兰成为英国拓宽海外市场的最大阻碍。为此，克伦威尔当政时期就重视海军建设，并专门成立了"海军委员会"。1651 年，英国颁布了挑衅性质的《航海条例》，这引起了双方之间的摩擦，战争一触即发。

◎图中是英国海军将领布莱克的画像。1652年，他与荷兰军队在多佛尔海峡发生的激战，成为第一次英荷战争的导火索。

第一次英荷战争

1652 年 7 月 8 日，英国向荷兰宣战。战争初期，两国舰队在多佛尔、英吉利两海峡及北海多次交战，互有胜负。但装备有先进火炮的英舰队逐渐占据优势。1653 年春，英舰队在波特兰海战中击败荷舰队。同年 6 月，英海军开始封锁荷兰。7 月 31 日，双方在荷兰泰瑟尔岛海域激战，荷兰舰队败北。1654 年 4 月，两国缔结《威斯敏斯特和约》，荷兰被迫承认《航海条例》。装备落后和指挥不力是荷兰舰队战败的主要原因。

◎图中是第一次英荷战争中的战船。

第二次英荷战争背景

双方国内形势	**1** 查理二世登上王位后颁布了更为苛刻的《航海条例》，向荷兰展开新的攻势。 **2** 克伦威尔的长期征战使英国债台高筑，海军预算不足，海军战斗力被削弱。 **3** 荷兰改组海军，重整海军的战略。 **4** 荷兰加紧建造大型战舰。
双方战前行动	**1** 1663年，英国进攻荷兰在非洲西岸的殖民地，并于1664年将其占领。 **2** 1664年，英国占领荷兰在北美的新阿姆斯特丹，并将此地重新命名为纽约。 **3** 1664年，荷兰收复被英国占领的原荷属西非据点。

第二次英荷战争

1665年2月22日，荷兰正式向英国宣战，第二次英荷战争爆发。

6月，英国舰队在洛斯托夫特海战中击败荷舰队。1666年1月，法国站在荷兰一边对英宣战。6月，荷兰海军在敦刻尔克海战中获胜，但8月在北福兰角海战中失利。1667年6月，荷兰海军封锁泰晤士河口，迫使英国于7月签订《布雷达和约》。英国的失败主要是因为其战备不足，海军将领无能，而国内严重的自然灾害也成为这场战争失利的重要原因之一。

◎图中是第二次英荷战争两军在海上交战的场景。

海峡之战

第三次英荷战争是英荷海上争夺的最后阶段，也是荷法战争的一个组成部分。路易十四时期，法国就图谋瓜分荷兰，以巩固其大陆霸主的地位，而英国也对上次战争的失败心有不甘，希望卷土重来。1672年，两国结盟，共同对付荷兰。1672年3月，英国在英吉利海峡袭击了一支荷兰的商船队，第三次英荷战争爆发。这次战争实际上已经扩大成为一场国际战争，参战的国家还有法国、丹麦、瑞典、西班牙等。

◎图中是海峡之战的海战场景。

特塞尔海战

1673年，英法舰队企图登陆特塞尔岛时，遭遇荷兰舰队，双方展开了一场海战。这场海战中，法国的消极对战使两国联军惨败。英国因海战失利而主动退出战争，于1674年同荷兰单独签订了第二个《威斯敏斯特和约》，重申《布雷达和约》有效。英荷之间的三次战争则就此落下了帷幕。通过三次战争，英国建立了海上优势，而荷兰在经济、贸易、海运方面的实力则大为下降，英国成为海上霸主。

◎图中是特塞尔海战的场景。

圈地运动

15 世纪以前，英国的生产还主要以农业为主，纺织业在人们的生活中只是一个不起眼的行业。随着新航路的发现，国际贸易的扩大，处在欧洲大陆西北角的佛兰得尔地区，毛纺织业突然繁盛起来，在它附近的英国也被带动起来。毛纺织业的迅猛发展，使得羊毛的需求量急剧增大，市场上的羊毛价格开始猛涨。英国本来是一个传统的养羊大国，这时除了满足国内的需求外，还要满足国外的羊毛需求。因此，与农业相比，养羊业就变得越来越有利可图。这时，一些有钱的贵族开始投资养羊业。

由于养羊需要大片的土地，因此，贵族们纷纷把原来租种他们土地的农民赶走，甚至把他们的房屋拆除，把土地圈占起来。一时间，在英国到处可以看到被木栅栏、篱笆、沟渠和围墙分成一块块的草地。被赶出家园的农民，则变成了无家可归的流浪者。这就是圈地运动。

圈地运动首先是从占据公共用地开始的。在英国，虽然土地早已私有，但森林、草地、沼泽和荒地这些公共用地则没有固定的主人。一些贵族利用自己的势力，首先在这里放牧羊群，强行占有这些公共用地。到了 16 ～ 17 世纪，随着英国工业迅猛发展，呢绒工业大幅度膨胀，羊毛需求量急剧增长，价格日益上涨，这就进一步刺激了养羊业的繁荣。加之这时美洲的黄金大量流入欧洲，引起货币贬值，物价上涨，地主征收的固定地租实际上已大大减少。因此，越来越多的土地贵族更加疯狂地强行圈占公共土地和农

◎ 图为一个衣着体面的男士将手伸进衣袋里，要资助路边一个浑身伤痛的乞丐。圈地运动使许多农民流离失所，成为流浪者和乞丐。

民的耕地，用来发展养羊业，他们开始采用各种方法，把那些世代租种他们土地的农民赶出家园，甚至把整个村庄和附近的土地都圈占起来，变成养羊的牧场。

在这种强行的圈地运动中，农民以前以各种形式租种的土地，无论是以前定下的终身租地，还是每年的续租地，都被贵族强行圈占。这些成为牧场主的贵族们还互相攀比，使他们的牧业庄园变得越来越大。

英国的圈地运动从 15 世纪 70 年代开始，一直延续到 18 世纪末。英国全国一半以上的土地都变成了牧场。在这一过程中，虽然英国国王也进行了一定程度的限制，颁布了一些企图限制圈地程度的法令，但这些法令并没起多大的作用，相反，圈地日益合法化。

为了使被驱逐的农民很快地安置下来，

英国国王在颁布限制圈地法令的同时，也限制流浪者，目的是让那些从家园中被赶出来的农民接受工资低廉的工作。凡是有劳动能力的游民，如果不在规定的时间里找到工作，一律加以法办。通常，对于那些流浪的农民，一旦被抓住，就要受到鞭打，然后送回原籍。如果再次发现他流浪，就要割掉他的半只耳朵。第三次发现他仍在流浪，就要处以死刑。

后来，英国国会又颁布了一个法令，规定凡是流浪一个月还没有找到工作的人，一经告发，就要被卖为奴隶，他的主人可以任意驱使他从事任何劳动。这种奴隶如果逃亡，抓回来就要被判为终身奴隶。第三次逃亡，就要被判处死刑。任何人都有权将流浪者的子女抓去做学徒，当苦役。

亨利八世和伊丽莎白两代国王统治时期，曾经处死了大批流浪的农民。圈地运动导致英国的农民数量越来越少，失去土地的农民只好进入城市，成为城市无产者。为了活命，他们不得不进入生产羊毛制品的手工工场和其他产品的手工工场，成为资本家的廉价劳动力。在这种手工工场里，工人的工资十分低，而每天则要工作十几个小时。

18 世纪，英国国会通过了大量的准许

·条田制·

西欧农村在中世纪时，耕地呈条块分割状，称为"条田"。大大小小的土地占有者在其中占有一条或若干条土地，这样的土地布局称为"条田制"。在"条田制"下，耕种与收割的日期，都是由村民先开会决定。收割完毕后，村民有权在地里捡拾麦穗和放牧牲畜。这样的共耕制度不利于那些勤劳能干的农民发挥自己的生产积极性。由于土地比较分散，划分条田的田埂会造成土地的浪费，同时也不利于经营管理。而且条田都很窄，只能顺犁顺耙，所以不利于土壤的改良。耕种时，邻近的土地可能被牲畜践踏，引起纠纷。从水利建设来说，不便于单位生产者独立采取排灌措施。从牲畜方面来讲，全村的牲畜集中在一起放牧，容易引起牲畜传染病的传播，并且由于草料不足，使得牲畜营养不良，而牲畜的自行杂交也不利于改良畜种。

圈地的法令，最终在法律上使圈地合法化。英国农民的人数减少到了有史以来的最低数量。

圈地运动为英国的资本主义的发展提供了有利的条件。大量农民丧失生产资料，成为出卖劳动力的雇佣劳动者，为资本主义的发展提供了劳动力市场，是资本原始积累的主要形式之一。同时，圈地运动使许多资本主义性质的农场建立起来，农业市场也随之扩大，加速了英国的封建农业向资本主义农业过渡的进程。

◎圈地运动造成了"羊吃人"的悲惨结局。英格兰沿海的大亚茅斯周遭环绕着农田和牧场，这里是英国"圈地运动"的盛行地区。

法国的君主专制制度

　　新的阶级关系的形成，为法国的专制王权提供了生存的土壤。地理大发现以后，受工商业发展和"价格革命"的影响贵族地主的固定地租收入减少，经济地位下降。但他们依旧保持着各种政治特权，这种特权需要强大的王权来维护封建秩序。新兴资产阶级靠购买公债、向政府贷款、充当纳税人等手段聚敛了大量财富，这是法国原始资本积累的主要特点。富有的资产阶级又通过购买破落贵族的爵位及其产业，步入贵族行列，从而在经济上和政治上与王权的联系更加紧密。他们出于维护自身利益的需要，也极力主张加强王权。这样，萌芽于路易十一统治时期（1461～1483年）的君主专制制度很快就建立和发展起来。到法兰西斯一世统治时期（1515～1547年），专制制度最终确立。法兰西斯一世铲除割据势力，停止召开三级会议，国家的一切重大问题都由他和少数近臣做出决策。同时逐渐脱离罗马教廷的控制，实现教会的民族化，并使法国教会成为专制统治的工具。

　　法兰西斯一世也制定实行了符合新兴资产阶级利益的工商业政策，为本国商人取得在土耳其各港口贸易的特惠权等。这样，既使资产阶级得到了王权保护的好处，又巩固了王权的统治。此时，加尔文教在法国各地广泛传播，法国南部的封建贵族企图利用宗教改革来对抗专制君主，以图恢复其往日的独立地位。而北部的封建贵族则以"保卫王权，保护天主教"为口号，同南部形成对立的两派，最终于1562年爆发战争。加尔文教在法国称为胡格诺教，因此这场战争在历史上被称为"胡格诺战争"（1562～1594年）。1572年的圣巴托罗缪节（8月23日）之夜，天主教徒在王室支持下，大肆屠杀巴黎的胡格诺教徒，使南北矛盾更加尖锐，国家处于分裂状态。1589年，法王亨利三世在混乱中遇刺身亡，胡格诺集团的波旁·亨利即位，称亨利四世，从此开始了波旁王朝的统治。为了巩固王位及取得北部贵族的支持，亨利四世皈依了天主教，并立天主教为国教，但同时也允许胡格诺教徒享有信仰自由及担任国家公职的权利。亨利四世还通过实行鼓励发展农业、扶植手工工场、发展海外贸易、保持关税等措施，逐渐巩固了王权。其子路易十三（1610～1643年）统治时期，任用首相黎塞留进行改革，改革的主要内容是逼迫教会缴纳巨额捐税；加强中央各部门的职能及中央对地方的控制；派监察官统揽各省行政、司法、财政大权，以此削弱地方贵族和各省总督的权力；同时实行重商主义政策。这一系列的改革使专制王权得到进一步加强，为资本主义的发展创造了有利条件。

◎1572年8月23日，法国国王下令展开圣巴托罗缪日大屠杀，使南北矛盾更加尖锐。

尼德兰资产阶级革命

"尼德兰"本意为"低地"，指莱茵河、马斯河、斯海尔德河下游及北海沿岸一带的低洼地区，大致相当于今天的荷兰、比利时、卢森堡和法国的东北部。到了16世纪初，尼德兰又因王室联姻和继承关系归属西班牙统治。

16世纪以前，尼德兰已成为欧洲经济最发达的地区之一。地理大发现以后，欧洲国家贸易中心移向大西洋沿岸，进一步推动了尼德兰工商业的繁荣。阿姆斯特丹是北方的商业中心，与英、俄、波罗的海沿岸各国有着密切的贸易往来。

资本主义的发展，引起了阶级关系的深刻变化。由大商人、工场主和农场主组成的城乡新兴资产阶级不断发展壮大，荷兰、泽兰的封建贵族采取资本主义方式经营土地而变成新贵族。资产阶级和新贵族大多信奉加尔文教，他们要求发展资本主义，摆脱封建关系的束缚，推翻西班牙的专制统治。广大农民和城市平民大多信奉再洗礼派或加尔文教，他们受阶级和

◎玛格丽特是查理五世的女儿，1559年，被弟弟腓力二世派到尼德兰做总督。

民族的双重压迫，强烈要求改变现状，成为革命的主力军。

腓力二世（1556～1598年）继位后，继续推行高压政策。他在尼德兰广设宗教裁判所，残害新教徒；剥夺城市自治权，限制尼德兰商人进入西班牙港口。1559年，腓力二世派他的姐姐玛格丽特到尼德兰做总督，格兰维尔主教为辅政，以加强对尼德兰的直接控制。这些带有民族压迫性质的专制政策成为尼德兰革命的导火线。

1566年4月，以奥兰治·威廉亲王为首的"贵族同盟"向玛格丽特总督呈递请愿书，要求废除"血腥敕令"，召开三级会议，撤出西班牙驻军，罢免格兰维尔的职务，但

被西班牙当局拒绝。8月，一名叫马特的制帽工人，掀起了破坏圣像、圣徒遗骨和祭坛的运动，并得到广大人民群众的支持，安特卫普、瓦朗西安爆发了起义。1567年，腓力二世命阿尔法为总督率军进驻尼德兰，开始了对异端派别和起义军的血腥镇压，一些贵族和资产阶级也被杀害。由工人、农民和革命资产阶级分子构成的起义军和激进的加尔文教徒转移到森林里和海上，组成"森林乞丐"和"海上乞丐"，展开游击战，神出鬼没地袭击西班牙军队，奏响了荷兰革命的交响曲。1568年，奥兰治亲王威廉从国外组织起一支雇佣军，但终因势单力薄而被阿尔法击败。1572年4月，在森林乞丐和海上乞丐影响下，尼德兰北方各省均发生起义，致使阿尔法军力分散。海上乞丐乘机率领装有枪炮的轻便船猛攻泽兰省的布里尔，守卫的西班牙军遭受重创。起义军又一举将西班牙军从北部大部分地区驱逐出去，并占领了荷兰

◎ 反对腓力宗教政策的加尔文教徒捣毁天主圣像。

省和泽兰省，建立了自己的根据地，奥兰治·威廉被推选为执政。到1573年年底，北方的其他各省也相继独立，奥兰治·威廉成为各省公认的总督。

面对南方贵族的分裂行径，北方各省于同年成立了"乌特勒支同盟"，宣告各省永不分离，并以各省代表组成的三级会议为最高权力机构。1576年9月4日，布鲁塞尔举行起义，起义军占领了国务委员会大厦，这样西班牙在尼德兰南部的统治就被推翻了。11月，以奥兰治·威廉为代表的北方起义军和南方起义军签订协定，首先驱逐西班牙人，成立政府，再解决双方在宗教问题上的分歧问题。1581年，三级会议决定废除腓力二世的王位，成立联省共和国，简称荷兰共和国。西班牙对北方的进攻却屡遭失败，不得不于1609年与联省共和国缔结十二年休战协定，事实上，承认了联省共和国的独立。1648年签订的《威斯特发里亚和约》，正式给予联省共和国以独立地位。至此，荷兰成为人类历史上第一个资产阶级共和国。

◎群情高昂的城市保卫者射击连队的军官们

荷兰独立战争是历史上第一次胜利的资产阶级革命，建立了第一个资产阶级共和国。虽然这场革命战争异常复杂、曲折和持久，经历了几次反复，但最终推翻了西班牙的专制统治，争取了民族独立，为资本主义发展扫清了道路。

艾萨克·牛顿

艾萨克·牛顿(1642 ~ 1727 年)是人类历史上少数几位可被称为天才的科学家之一，他在数学领域做了基础性的研究，而在其他领域，牛顿提出的一系列定律成为天文学、物理学的基石。同时，他也是历史上首位荣获骑士勋章的科学家，为了纪念这位伟大的科学家对科学发展所做出的贡献，现代国际单位中"力"的单位就是"牛顿"。

1642 年 12 月 25 日，艾萨克·牛顿生于英国东部林肯郡，自幼由祖母养大，就

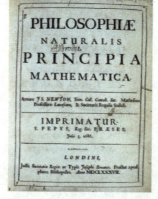

◎艾萨克·牛顿的著作《自然哲学的数学原理》是科学史上最为重要的巨著之一。该书涉及天文学、数学以及物理学的相关理论与原理。

读于当地学校，后进入久负盛名的剑桥大学三一学院深造，并于 1665 年获得学士学位。之后由于伦敦大规模暴发瘟疫，牛顿被迫返回乡下居住，而在此期间，他专注于研究数学，推导出有关"流数"(即"微分"，又称"导数")的主要原则，奠定了微分学的基础。

1667 年，牛顿成为三一学院研究员，并于 1669 年成为该学院的数学教授。此时，他将研究重点转向物体运动方面，主要研究是什么使物体开始运动，又是什么使物体运动停止。经过一系列研究，牛顿的结论被总结为三大运动定律，所有这些定律都能在一次撞球游戏中体现——玩的时候你也不必是一个物理学家！

牛顿的另一个贡献是对天文学发展产生的深远影响。据说，牛顿坐在果园中休息时，看到树上的苹果掉落，由此产生疑问：为什么苹果会坠落？牛顿将其归结为地球上某种力的吸引作用，即我们现在所知的地心引力。同时，牛顿推论出，所有

·牛顿的定律·

牛顿推导出了物理学领域两个重要的方面——引力与运动的定理。牛顿万有引力定律指出存在质量的宇宙万物之间均存在着相互吸引的力，而引力的大小则由物体间距离与物体的质量所决定：距离越小，万有引力就越大；物体质量越大，其万有引力也越大。用数学术语表达就是：万有引力与物体间质量的乘积成正比，与物体间距离成反比。牛顿运动第一定律，也称惯性定律，指出：物体具有保持原有运动状态的性质，即在不受任何外力状态下，物体总是保持匀速直线运动状态或静止状态。牛顿第二定律则指出：力能使物体运动产生变化，即力的大小等于物体质量乘以物体的加速度(F=Ma)。牛顿第三定律，又称作用力与反作用力定律，指出：两个物体之间的作用力与反作用力总是大小相等，方向相反，作用在同一直线上。

的物体均可看作其质量集中于某点的运动，这一质量的集中点（即"质心"）。运用他自己的关于运动的定律，他指出，宇宙万物之间均存在万有引力，也正是由于万有引力的存在，才使得天体得以维持现有的状态运动，例如月球始终绕地球转动；地球始终绕着太阳转动。之后他提出的广义万有引力定律指出，无论是两个小球间还是两个恒星间的万有引力都与二者质量的乘积成正比，与二者之间的距离成反比。

1678 年，英国科学家罗伯特·胡克（1635～1703 年）也提出引力定律，几年后发表了该理论。关于两者间究竟是谁最早提出引力定律还引起了激烈的争议。

在物理学分支——光学领域，牛顿主要研究光的性质。通过将来自太阳的窄束白光透过一个玻璃三棱镜，牛顿将白光分成了多色光谱，色彩排列与彩虹的一致。牛顿由此证实白光是由不同色彩的组成

的，今天我们说其是由不同波长组成的。由于当时的望远镜透镜质量不佳，使得所成的像被各色彩的一段光谱所围绕——不同色彩穿过透镜时在不同的位置进入焦点。牛顿使用镜面代替透镜解决了这一问题，他于 1668 年使用自己制作的镜面建造了最早的反射式望远镜之一。

牛顿一直坚信光是由一系列"粒子"组成的光流，于是提出光的"粒子"理论，但不久之后，克里斯蒂安·惠更斯（1629～1695 年）等人提出光的"波"理论，同"粒子说"理论截然相反，由此引发了一场持续上百年的争论。直至 20 世纪，随着量子理论的逐渐发展完善，物理学家最终发现光兼有"粒子"与"波"的属性，即"波粒二象性"，该争论才画上了句号。

1703 年，牛顿成为皇家学会主席，两年后被授予骑士勋章。随后艾萨克·牛顿被不断授予各种荣誉。去世后，也被授予象征最高荣誉的国葬，长眠于威斯敏斯特教堂。为了纪念牛顿对科学发展做出的贡献，在国际单位制中"力"的单位被定为"牛顿"。

◎据说，牛顿一次在果园里休息时，看到苹果落下，由此获得灵感，提出了万有引力定律。

欧洲第一次国际战争

三十年战争是欧洲第一次大规模的国际战争，主要战场在德意志。它起初是德国诸侯之间、诸侯同皇帝之间及德国统治阶级与被压迫民族之间的冲突，后来西欧和北欧的一些国家先后卷入，从而对欧洲产生了深远的影响。

自奥托一世建立神圣罗马帝国以来，哈布斯堡王朝一直控制着这个帝国。但是它徒有虚名，内部诸侯林立，分裂割据不断。宗教改革后，国内又出现了天主教和新教的尖锐对立。周边国家又纷纷崛起，严重冲击了帝国的统治。帝国日益衰落，结果导致一些诸侯不受约束、不服从皇帝政令，以武力吞并周围弱小的邻邦。

1618年，神圣罗马帝国皇帝指定信奉天主教的斐迪南二世为波希米亚（今捷克）国王。波希米亚是新教邦国，但是斐迪南二世却下令禁止布拉格新教徒的宗教活动，拆毁其教堂，并宣布参加新教集会者为暴民。结果，一些愤怒的布拉格群众把斐迪南公爵的两名随从扔出窗外，史称"掷出窗外事件"，它成为三十年战争的开端。

整个战争大致分为4个阶段：第一阶段：捷克—巴拉丁时期（1618～1624年）。1526年，捷克并入神圣罗马帝国，实际沦为奥地利哈布斯堡家族的领地。"掷出窗外事件"发生后，波希米亚摆脱了哈布斯堡王朝的统治。1619年，国民选举巴拉丁选帝侯弗里德里希为国王。1620年，神圣罗马帝国皇帝斐迪南二世依靠德意志天主教同盟军，入侵波希米亚。西班牙出兵巴拉

◎斐迪南

他对新教的镇压激起了人民的强烈反抗，直接导致了欧洲三十年战争的爆发。

丁以作为波希米亚的援助。1620年年底，波希米亚和巴拉丁联军被天主教同盟军击败，弗里德里希逃亡荷兰，波希米亚重归奥地利统治。

第二阶段：丹麦时期（1625～1629年）。神圣罗马帝国皇帝的胜利，威胁到了德意志新教诸侯，引起一些欧洲国家的武装干涉。丹麦得到英、法的资助，于1625年在北德意志新教诸侯支持下攻入德意志帝国境内。波希米亚贵族瓦伦斯坦率雇佣军协同天主教同盟军打败丹麦军队，控制了萨克森地区。1629年5月，丹麦同德意志签订《吕贝克和约》，保证不再干涉德意志事务。皇帝的势力延伸到波罗的海。

第三阶段：瑞典时期（1630～1635年）。神圣罗马帝国皇帝和天主教同盟的势力扩张到波罗的海，促使瑞典与法国结成同盟。1630年7月，瑞典国王古斯达夫·阿道夫率军同勃兰登堡和萨克森选帝侯联合，迅速占领了德意志北部和中部的大片领土。1632年，天主教同盟军的统帅蒂利伯爵在莱茵河战败身亡。在吕岑会战中，瓦伦斯坦率领的雇佣军战败，瑞典国王古斯达夫·阿道夫也阵亡。1634年，瑞典和新教联军被皇帝军联合西班牙军队打败，瑞典军主力损失殆尽，失去了德意志中部的萨克森和勃兰登堡领地。

第四阶段：法国—瑞典时期（1635～1648年）。瑞典军队的战败，促使法国直接出兵，与瑞典联手对哈布斯堡王朝作战。1635年5月，法国又联合荷兰进入莱茵地区。瑞典军队在莱比锡附近的布赖滕费尔德取胜，并继续南进，法国军队也大败西班牙军。瑞典的胜利，又引起丹麦的不满，1643～1645年，丹麦同瑞典开战，结果战败求和，退出战争。1645年3月，瑞典军在捷克重创皇帝军。同年8月，法军又在纳林根会战中击败皇帝军，皇帝丢

失大部分德意志领土。1648年，法、瑞联军在处斯马斯豪森会战中彻底击败皇帝军。皇帝斐迪南三世被迫求和。参战各方签订了《威斯特发里亚和约》，三十年战争结束。

三十年战争是第一次欧洲大战，反哈布斯堡集团取得胜利。法国取得欧洲霸权；瑞典确立了波罗的海霸权；荷兰和瑞士彻底独立；德意志遭到严重破坏，神圣罗马帝国名存实亡；西班牙进一步衰落；葡萄牙获得独立。它基本上奠定了近代欧洲各国的国界。

·哈布斯堡王朝·

哈布斯堡王朝是欧洲历史上统治时间最长、领地最广的封建王朝，其祖先是法兰克王国内的一个普通封建领主。1020年，斯特拉斯堡主教维尔纳和拉德博特在今瑞士境内的阿尔高建立哈布斯城堡，拉德博特的儿子遂被封为哈布斯堡伯爵。1273年，哈布斯堡伯爵鲁道夫一世利用拥有神圣罗马帝国皇帝称号的霍亨斯陶芬王朝和统治奥地利的巴奔堡家族绝嗣的机会，成为神圣罗马帝国皇帝，奥地利为哈布斯堡王朝的中心领地。

◎在一个村庄的桥上，骑兵团击溃了步兵军。三十年战争中，像这样在战争中惨遭蹂躏的村庄不计其数。

利玛窦与"西学东渐"

中国的封建专制统治到明代达到鼎盛时期。明朝中叶以后，封建统治集团日渐腐朽没落，先后出现了宦官专权与外戚争权的局面。包括皇室在内的中央权贵和地方豪族大肆搜刮民脂民膏，兼并土地，农民的赋税、徭役和地租负担不断加重，造成尖锐的社会矛盾和阶级矛盾。

◎ 利玛窦像

生活于水深火热之中的广大农民纷纷揭竿而起，冲击腐朽的封建统治，最后发展成为推翻明王朝的明末农民大起义。

明朝中叶，社会经济发展迅速，不仅农业和手工业的生产水平远远超过了前代，而且商品生产、流通领域也进一步扩大，在江南和东南沿海地区兴起了一些手工业和商业重镇，投放市场的商品种类和数量日益增多。16世纪后期至17世纪初的嘉靖、万历时期，在商品经济最发达的江南一带，出现了资本主义生产关系萌芽，其中纺织业表现最为突出。但是，在自给自足的自然经济占主导地位、封建生产关系非常牢固的情况下，商品经济只能得到有限的发展。资本主义性质的手工业与家庭手工业及官办手工业相比，只不过是沧海一粟。同一时期英、法等国的专制王权，都曾对工商业和海外贸易发展实行鼓励的政策，为本国资本主义的发展创造有利条件。而明朝统治者仍然推行沿袭已久的重农轻商的政策，因而使刚刚萌芽的资本主义生产关系受到抑制，发展极为缓慢。

在海外贸易方面，明朝实行"片板不许下海"的海禁政策。永乐皇帝派郑和七次下西洋，堪称世界航海史上的壮举，但其宗旨不过是为宣扬封建帝国的声威而已。那一时期的海外贸易主要局限于朝贡贸易范围，没有促进当时社会经济的发展。当时西方列强角逐海外，而明朝统治者仍然闭关锁国，不注意以海外贸易积累货币资本，促进资本主义萌芽的发展。这是中国从16世纪起落后于西方的又一个重要原因。

明末利玛窦拉开了"西学东渐"的序幕，利玛窦传播科学知识，是为了方便传教。同时，他觉得要扩大传教，一定要得到中国皇帝的支持才行得通。到了北京后，利玛窦通过宦官马堂的门路，送给明神宗《圣经》、圣母图，还有几只新式的自鸣钟。

明神宗接见利玛窦时，请利玛窦讲一下西洋的风俗人情。听后，明神宗很感兴趣，赏给利玛窦一些财物，让他留在京城传教。有了皇帝的支持，利玛窦就很容易跟朝廷的官员们接触了。万历皇帝及徐光启、李之藻等开明人士在中西文化的冲突与融合面前，显示出一种历史和文化的自觉。他们重用西方传教士，采纳西学并加以利用。然而，在观念深处，生活于"天朝上国"的人们仍然陶醉于昔日的辉煌之中，对世界新格局茫然无知。

日本浮世绘艺术

　　浮世绘是日本的一种民间版画艺术，在日本的德川时代出现，前后经历了 260 年之久。

　　有关浮世绘的渊源，一般被认为是原有的"大和绘"，但是它和"大和绘"截然不同，是两种完全不同的艺术。在浮世绘出现之前的"大和绘"，是一种装饰性的艺术，专供贵族欣赏，只在上层社会中盛行，与平民没有关系；而浮世绘表现的是民间日常生活和情趣。它诞生在民间，流行在民间，并且滋养了同时代的日本文化人，促进了日本文化的形成。

　　浮世绘版画最初只是木版插图。木版画虽然在日本流传已久，但是多半用于佛画。17 世纪，中国明朝供平民阅读的木版插图本书籍传入日本，这些书的插图风格迅速在日本产生影响。17 世纪后期，新插图本适应新兴市民阶级的要求陆续刊行。在江户，以 1657 年的大火为契机，市民阶层文化开始上升，各种色情插图本大量刊行，为木版插图向新的方向发展提供了契机。

　　浮世绘刚刚出现的时候很单纯，只有"美人绘"和"役者绘"两种题材。"役者绘"是一种戏剧人物画，后来逐渐出现了以相扑、风景、花鸟及历史故事等为题材的作品。画面的着色也从最初的黑白两色，逐步发展为简单彩色，最后形成多色的"锦绘"。

　　对浮世绘有巨大贡献的艺人中，不能不提元禄时期的菱川师宣，他被称为浮世绘艺术的创始人。他不但创造了这种反映人民生活的版画，并且把印刷版画的技术大大提高了一步，

◎《富士三十六景——神奈川海岸的浪涛》　葛饰北斋
葛饰北斋努力吸收日本、中国乃至欧洲的各种绘画技巧融入自己的创作之中。在这幅作品中，作者从一个极低的视角入手，可以看到明显的西洋画风。

◎《源氏物语》屏风画　江户时代

江户时代，浮世绘成为日本最有特色的绘画，它在西方成为日本绘画的代名词。浮世绘对西方现代美术有很大影响，19世纪后半期，浮世绘被大量介绍到西方。当时西方的前卫画家，如马奈、莫奈、凡·高、高更、毕加索等人都从浮世绘中获得各种有意义的启迪。

使印出的版画在质量上毫不逊色于绘画，为日本绘画史添了新篇章。

浮世绘的制作工序很复杂，一般要由画师、雕师、拓师按顺序分工合作来完成。首先由画师作画，再由雕师刻版，最后由拓师按照画面不同的色彩分别拓印成画。这要求在木板上刻出复杂而又精致的线条，再彩拓成异彩纷呈的画面。

随着浮世绘艺术的发展，许多有名的画师不断涌现。除了创始人菱川师宣外，还有铃木春信，他揭开了浮世绘黄金时代的序幕；鸟居清长与喜多川歌麿被誉为美人绘大师；此外，戏剧绘巨匠东洲斋写乐、写实派大师葛饰北斋，以及将风景绘技巧推向顶峰的一立斋广重等，也都赫赫有名。后6人被称为"浮世绘六大师"。

浮世绘是日本江户时代最有特色的绘画，它对西方现代美术有很大影响，在西方甚至被作为整个日本绘画的代名词。19世纪后半期，浮世绘被大量介绍到西方。当时西方的前卫画家，如马奈、惠斯勒、德加、莫奈、劳特雷克、凡·高、高更、克里木特、溥纳尔、毕加索、马蒂斯等人都从浮世绘中获得各种有意义的启迪。遗憾的是，明治维新前后，浮世绘逐渐退出历史舞台；但今天，浮世绘依然在世界美术史上占有它光辉的一页。

日本绘画简史

弥生时代（2000年前）：造型取材于日常生活，以书法入画。

古坟时代（公元5~6世纪）：图形含有某些特别的象征意义。

飞鸟时代（592~710）：发展有较完备的画派，佛画成为主要题材。

奈良时代（710~794）：技法上运用了明暗对比的阴影法。

平安时代（794~1185）：大和绘兴起，代表作为《源氏物语绘卷》。

镰仓时代（1185~1333）：出现了第一批肖像画。

室町时代（1333~1573）：黑白水墨画进入全盛时期。

桃山时代（1573~1603）：屏障画盛极一时。

江户时代（1603~1868）：传统艺术走到终点，浮世绘风行。

现代：与国际现代绘画接轨。

日本重建封建秩序

受中国文化影响颇深的日本自12世纪末开始，其政治制度有了重大的变化，形成了双重政府：一个是设在京都，以天皇为首的文官朝廷，没有任何实权，天皇仅是最高权力的象征；另一个是以将军为首的幕府，掌握着国家大权，是事实上的中央政府。自15世纪中叶起，由于将军的权力被削弱，各地守护大名形成强有力的割据势力，彼此混战，争城夺地，日本进入了"战国时代"（1467～1573年）。

战国时代，守护大名在长期的混战中，势力消耗殆尽，出身于中小武士地主的"战国大名"随之崛起。他们为了增强自身的势力，积极发展农业生产，奖励工商业，废除关卡和座（行会），允许自由经商。16世纪前期，日本涌现出许多自治城市，对外贸易日益繁荣，与亚洲许多国家有了频繁的贸易往来。16世纪中叶，日本又与葡萄牙和西班牙建立了贸易关系。商品货币经济的发展，使各地区之间的经济联系得到了加强，国内统一市场开始形成，为政治统一奠定了经济基础。战国大名为维护自身的政治、经济利益，迫切需要结束封建割据状态，建立中央集权国家。这样，实现国内统一的条件逐渐成熟。但是，由于城市经济完全从属于大名领国的军事和政治，工商业者的独立性极为有限，因此他们不能像西欧的工商业者那样成为实现国家统一的政治力量，以至统一运动必须由封建大名来完成。

在兼并战争中，尾张国的一个中等封建主织田信长（1534～1582年），通过鼓励工商业、提倡天主教、从葡萄牙购买枪炮、建立骑兵常备军等措施，势力日益强盛。他不断吞并割据势力，并于1573年推翻了室町幕府，成为全国最有势力的大名，奠定了统一日本的基础。后来，织田信长因部下叛乱被迫自杀。其部下丰臣秀吉（1536～1598年）打着天皇的旗号，继续进行统一战争，到1590年，长达100多年的分裂局面宣告结束，日本的统一得以实现。

丰臣秀吉为了加强独裁统治，不许农民弃农迁居，将他们牢固地束缚在土地上。同时没收民间武器，防止农民起义。他还规定武士必须在城市居住，严禁他们转为农民或经商，从而确立了兵农分离和士农工商业者自由经营的局面；同时又对工商业者采取了严格的控制措施，取消城市自治，对外贸易实行特许制度。这样，将处于萌芽状态的市民自治运动扼杀了，已经动摇了的封建制度重新巩固起来。

◎丰臣秀吉像

世界近代史

世界近代史开始于1640年的英国资产阶级革命，结束于1917年的俄国十月社会主义革命前夕，分为两大时期：第一时期从英国资产阶级革命到巴黎公社革命（1871年）前夕；第二时期从巴黎公社革命到十月社会主义革命前夕。这段历史叙述了资本主义的产生、发展和衰亡过程，是资产阶级与无产阶级不断进行斗争、无产阶级革命逐步高涨的历史阶段。

查理一世的专制统治

◎ 查理一世

14 世纪时，契约租地农的出现标志着英国农业资本主义萌芽的产生。15 世纪末，圈地运动的兴起，进一步促进了农业资本主义的发展。

到 17 世纪初期，资本主义农牧场在英国东南部地区已相当普遍。农业资本主义的发展引发了农村社会结构的重大变化。贵族的分裂、乡绅的崛起和农民的分化，瓦解了封建社会的根基，传统社会关系的平衡被打破，为革命的爆发奠定了深厚的基础。

英国特有的议会传统为革命的爆发提供了有利的政治条件。议会原本是封建王权的御用工具，但从 14 世纪起，议会取得了参与立法、批准税收、监督国王政策等权力。到了 16 世纪末 17 世纪初，新兴革命力量以议会反对派的身份，利用议会的传统权力，与封建王权展开了斗争。

17 世纪前期，尚未出现成熟的资产阶级政治理论，而宗教给英国革命以思想动力。16 世纪 60 年代，加尔文教传入英国。加尔文教反对国教教士奢华腐败，主张勤劳和节俭，该教派在英国被称为"清教"。清教的教义反映了资产阶级的政治和经济愿望，越来越多的资产阶级、新贵族及部分农民、手工业者、工人等成为清教徒，掀起了所谓的"清教运动"。清教运动实质是一场涂上宗教色彩的资产阶级运动。

与欧洲大陆各国相比，革命前的英国专制君主制存在许多薄弱的地方。首先，英国因是岛国，平时不需要强大的陆军保卫国土，所以英国没有常备军；其次，英国的官僚机器在都铎王朝时期虽有所加强，但其总体规模远比法国等大陆国家小得多；最后，英王的固定收入只有王室关税和领地收入两项，数量非常少，因此，政府不得不经常求助于议会补助金。封建专制王权的相对虚弱也是有利于革命较早发生的重要条件。

1603 年，都铎王朝最后一位君主伊丽莎白一世死后无嗣，由苏格兰国王詹姆斯六世继承王位，即詹姆斯一世（1603～1625 年在位），从此开始了斯图亚特王朝的统治。

詹姆斯一世极力鼓吹君权神授论，宣称国王是上帝派到世间的，具有至高无上的权威，理所当然地不受法律和国会的制约。以他的继承人查理一世为代表的封建贵族阶级和资产阶级新贵族之间的斗争更为激烈，斗争集中表现为国王和国会之间的冲突。

1625 年 6 月，查理一世为征收新税而召开国会，国会对此坚决予以否决。查理一世怒不可遏，宣布解散国会。这样，英国在 1629 年到 1640 年期间没有国会，史称"无国会时期"。

到 17 世纪 30 年代末期，英国的阶级矛盾空前激化，国王与国会的冲突日益尖锐，城乡人民的斗争频繁发生，封建专制统治已陷入深刻的危机之中，革命形势已经成熟。

清教徒革命

1638 年，苏格兰爆发了反对君主专制制度的起义。这次起义直接引发了英国革命。

苏格兰原是一个独立国家。1603 年，詹姆斯一世身兼苏格兰和英国国王，但两国并未正式合并成一个国家。1637 年，查理一世强令苏格兰接受英国国教，企图在那里推行专制制度，激起苏格兰人的反英起义。1638 年，起义者组成特别委员会，制定了《民族圣约》，宣誓为保卫加尔文教而战。查理一世远征苏格兰，惨遭失败，只好暂时求和，以赢得时间，伺机再战。为了筹措军费，查理一世不得不于 1640 年 4 月重新召集已经停开了 11 年的国会。反对派约翰·皮姆等人强烈反对战争，并要求处死宠臣斯特拉福。查理一世无奈，又于 5 月解散国会。国会解散的第二天，伦敦市民奋起示威，广大农民的反圈地斗争向纵深发展。同年 8 月，苏格兰军再次发动进攻，占领了英国北部两郡，查理一世被迫两次召集国会。

国会开幕不久，在人民群众的呼声和压力下，国会两院通过逮捕斯特拉福和劳德大主教的提案，并同意将斯特拉福处以死刑。查理一世认为这是对王权的挑战，于是迟迟不批准国会的决议。1641 年 5 月 9 日，伦敦市民数万人手持刀剑棍棒，连夜举行示威，并宣布要冲进王宫。查理一世只好签署了判决书。3 天后，斯特拉福被送上断头台。劳德大主教也被处决。国会取得了首次胜利。

不久，国会开始分为两派，两派的分野大致与清教运动中的两个派别吻合，也称为长老派和独立派，两派在一些问题上有重大分歧。

查理一世利用国会内部的分歧，待机反扑。他派军队进入伦敦，在各要塞安置大炮，并使用自己的卫队把守国会。1642 年 1 月 4 日，查理一世亲自带领士兵，到下院去逮捕皮姆等人，得悉这些人已被群众隐藏在商业区时，又在第二天带兵去商业区搜捕。结果遭到 2000 多武装市民的阻拦，白金汉郡的农民 5000 人也进入伦敦声援。

◎图中的查理一世正在寻找地球仪上的苏格兰。

查理一世在伦敦陷于孤立，不得不于1月10日逃离首都，到北部约克郡纠集反动武装，准备发动内战。国会也于7月12日通过决议，成立国会军队。至此，国王与国会的斗争达到动武的程度。1642年8月22日，查理一世在诺丁汉向国会宣战，挑起了内战。

内战初期，双方的力量对比有利于国会。然而由于掌握革命领导权的长老派分子的动摇和妥协，国会节节败退。到1643年秋，王军不断取胜，占领了全国3/4的地区。

国会军中唯一保持不败的是奥利佛·克伦威尔率领的军队。克伦威尔（1599～1658年）出身于中等乡绅家庭，是一个虔诚的清教徒。1628年和1640年先后两次被选为下院议员，是国会中独立派的领袖。内战爆发后，他自己筹款组建了一支由自耕农和手工业者组成的骑兵队。他亲自组织1.2万人的东部盟军于1644年6月收复林肯郡大部分地区，又开始围攻约克城。这样两军首次大规模会战就在约克城西北的马其顿荒原上拉开了。鲁普特亲王率领的王军迅速占领了整个荒原。国会军当晚就发动进攻。克伦威尔重点布置左翼兵力，并让左翼骑兵首先冲下高地，直扑王军右翼，很快王军右翼一线二线被击得溃不成军，落荒而逃。但国会军中路步兵和右翼骑兵却被王军逼得节节后退，于是克伦威尔指挥胜利的左翼骑兵从王军中

路步兵的右翼后侧进行猛攻。腹背受敌的王军不敢恋战，仓皇逃跑。这一战扭转了国会军连连失利的局面，也使克伦威尔的部队被誉为"铁骑军"。

1643年9月，国会为挽回败局，同苏格兰国会订立《圣约》。1644年年初，苏格兰军队进入英国，与国会军协同作战，王军陷入南北受敌的困境。7月2日，在马斯顿草原展开会战，克伦威尔的铁骑军在这次战役中发挥了巨大的作用，最后战胜了王军。这次会战是内战的转折点。1645年1月，国会通过了接受克伦威尔提出的改组军队的议案，授权克伦威尔改组国会军。克伦威尔以自己的铁骑军为榜样，组建了一支主要由自耕农和手工业者、店员等组成的新军，并有良好的给养制度。实行民主，纪律严明，具有较强的战斗力，军官大部分来自下层社会，故被称为"新模范军"，是英国首次建立的常备军。从此，独立派掌握了军权，保证了内战的胜利。

1645年6月14日，刚刚组建的新模范军在纳西比同王军相遇，经过激烈的战斗，打垮了王军主力。此后，新模范军又攻克了王军控制的许多地区。1646年5月，国会军攻克牛津，查理一世逃到苏格兰，被苏格兰扣留。次年2月，英国国会用40万英镑把查理一世引渡到伦敦。第一次内战宣告结束。

·清教徒·

清教徒是欧洲宗教改革时代后期在英国出现的一支新教教派。16世纪60年代，许多人主张清除国教会中天主教残余，得名清教徒。清教徒只承认圣经是信仰的唯一权威，强调所有信徒在上帝面前一律平等。他们接受加尔文教教义，主张建立无教阶制的民主、共和的教会，反对国王和主教专权；赞许现世财富的积累，提倡节俭、勤奋的进取精神。这些观点反映了新兴资产阶级的愿望和意志。16世纪70年代起，脱离圣公会，建立独立教会，选举长老管理宗教事务。16世纪末清教徒分裂为长老派和独立派。17世纪上半叶，信奉清教的资产阶级和新贵族与国王的冲突愈演愈烈，导致英国革命，亦称清教徒革命。斯图亚特王朝复辟后，清教徒受到迫害。1688年"光荣革命"后，议会通过《宽容法》，允许清教徒建立自己的教会。1828年政权对清教徒完全开放。

查理一世被推上断头台

英国的国会军战胜王军后，国会的反人民政策激化了社会矛盾，人民群众的反抗斗争不断爆发，尤其是农民运动更是蓬勃发展。1645年，西部和西南部农民掀起"棒民运动"，他们以棍棒、镰刀等武器，既反对王军，也反对国会军。"棒民运动"后来被克伦威尔统领的新模范军镇压了。对这一行动，军队中发生了分歧，从而埋下了军队和国会决裂的种子。

◎ 查理一世雕像

国会军战士大多数都是穿上军装的城乡劳苦大众，他们对国会的政策非常不满。1647年3月，国会通过了解散军队的决议。士兵们坚决抵制，军队中选出士兵和军官代表，组成全军委员会，领导了这场斗争。克伦威尔支持军队的要求，派兵把国王从国会的保护下夺取过来，在军队中监押。1647年8月6日，军队开进伦敦，用武力迫使国会驱走与军队为敌的长老派议员，从此，独立派掌握了国会。

然而，军队内部也存在着矛盾，以独立派为核心的上层军官与以平等派为核心的下层军官和士兵的斗争在军队掌管国会后日益加深。

1647年10月末到11月初，平等派和独立派在伦敦郊区的帕特尼会议上展开了激烈的争论。11月15日，九个团队的平等派士兵把《人民公约》贴在帽子上，举行武装示威。克伦威尔派兵镇压了平等派的这次示威活动，

取消了士兵在全军委员会中的代表，使之变成独立派军官控制的军官委员会。这种做法，使独立派在取得政权后开始背叛和抛弃自己的同盟者，站在了人民群众的对立面。

军队内部的分裂与斗争使革命力量大大削弱，为封建复辟势力的抬头提供了机会。1647年11月，查理一世从监护所逃跑，后在威特岛被扣留。不久，苏格兰国会和英国长老派分别派代表到威特岛，与查理一世密谋复位问题。1648年2月，王党在南威尔士发动叛乱，第二次内战爆发了。7月，王党勾结的苏格兰反革命军队进入英国北部，支持查理一世复辟。

面对封建复辟势力的威胁，以克伦威尔为首的独立派不得不与平等派重新联合。1648年4月29日，克伦威尔重新召开全军会议，并允诺在战后实现平等派的《人民公约》。两派决定团结起来一致对敌，消灭王党，并将国王交法庭审判。8月，克伦威尔率军在普莱斯顿战役中击溃了苏格兰反动军队。9月，攻占了苏格兰首都爱丁堡，苏格兰的政权转移到与英国国会结盟的长老派左翼手中。至此，第二次内战宣告结束。

为了防止王党势力死灰复燃，国会与军队共同组成特别法庭，审判查理一世。1649年1月27日，在人民群众的呼声压力下，查理一世被判处死刑。30日，查理一世在成千上万群众的围观下，在白厅前广场被送上了断头台。

护国公制

共和国建立后，掌握政权的独立派面临着严重的社会经济问题。

由于内战的破坏，加之连年旱灾，农业歉收，粮价上涨，人民生活急剧下降。工业生产也遭受了巨大的破坏，英国主要工业部门均陷入萧条，城市工人失业严重，不少人死于贫困和饥饿。独立派政府不但没有采取改善人民生活状况的措施，反而变本加厉，不断增加税收，城乡人民的生活更加贫困。因此，英国广大人民群众的斗争又不断兴起。

由于独立派政府拒绝实现《人民公约》，平等派奋起抗争。1649年3月，利尔本发布了题为《粉碎英国的新枷锁》的小册子，把共和国的统治者斥为新国王和新权贵，号召人民起来实现《人民公约》。5月，利尔本等人在狱中起草了新的《人民公约》，提出资产阶级民主主义的政治纲领。新《人民公约》主张实行普选制，建立每年改选一次的一院制国会，提出法律面前人人平等。1649年5～6月，英国各地爆发平等派士兵起义。然而，这些起义由于领导不力，组织涣散，最后都遭到克伦威尔的武力镇压。平等派运动从此逐渐消沉下去。

◎克伦威尔

从1653年到1658年，克伦威尔作为"护国公"进行军事独裁统治。克伦威尔自任"护国公"，还进行对外扩张和争夺海上霸权战争。1658年，克伦威尔死于疟疾。克伦威尔最主要的贡献是使得议会民主制在英国得以确立和加强。

共和国成立后，英国又出现了比平等派更为激进的派别，其成员主要是农村贫民。因他们到处占领公地，开垦荒地，被称为"掘地派"，又称"真正平等派"。该派主张消灭土地私有制，平均地权，不纳捐税。掘地派不但要求普选权，而且提出平分土地的口号，它代表了广大贫苦农民的利益。掘地派的领袖和思想家是杰拉尔德·温斯坦莱(1609～1652年)。他早年经商破产，后沦为雇农。他在《自由法典》这部代表作中提出，社会不平等的根源是土地私有制，主张人人都应拥有土地，享有平等的权利。温斯坦莱的思想带有空想共产主义的色彩，反映了穷苦农民和城市贫民的要求，对推动英国革命有重大意义。

1649年共和国建立后，只颁布了有利于资产阶级和新贵族的土地政策，农民照例得向其缴纳地租，负担其他封建义务，对此，人民群众普遍不满，很多地方发生了下层群众运动。1649年4月，30多名掘地派分子在伦敦附近塞尔利郡的圣·乔治山集体掘地开荒，这一行动产生了很大影响。掘地运动很快蔓延到诺桑普特、肯特、白金汉、兰开夏和亨丁顿等郡。掘地派主张用和平手段实现自己的主张，并幻想得到国会的保护。结果，在克伦威尔的残酷镇压下惨遭失败。

平等派和掘地派被镇压后，共和国赖以存在的社会阶级基础受到严重削弱。随后，克伦威尔又发动了对爱尔兰和苏格兰的战争。战争中掠夺来的大量土地，大部分被高级军官占有，这使军队丧失了原来的革命精神，其性质也发生了变化，由革命的武装力量变为克伦威尔个人军事独裁的工具。

在共和国成立后的几年中，以克伦威尔为首的独立派在军事上、政治上取得不少胜利，但国内矛盾仍然错综交织，社会不满情绪有增无减。为了进一步巩固自己的统治地位，克伦威尔于1653年4月带领军队解散了存在13年之久的长期国会，宣布实行护国公制。12月16日在伦敦的盛大典礼中，克伦威尔就任英格兰、苏格兰、爱尔兰的护国公，兼任陆海军总司令，成为实际上的军事独裁者。1657年，英国国会呈递《恭顺的请愿建议书》，请克伦威尔就任英国国王。克伦威尔虽然婉言谢绝了这一请求，但却把护国公制改为世袭，

成了英国实际上的无冕之王。然而，在护国公制的背后，共和国已名存实亡。

·掘地派·

17世纪英国资产阶级革命时期的空想共产主义派别，又称真正平等派。他们代表贫雇农和一部分城市贫民的利益，领袖为温斯坦莱。该派主张把土地公有；要求社会政治平等，财产平均；反对使用暴力。在英国资产阶级革命的影响下，下层人民的政治积极性空前高涨。1649年共和国建立后，只颁布了有利于资产阶级和新贵族的土地政策，农民照例得向其缴纳地租，负担其他封建义务，对此，人民群众普遍不满，很多地方发生了下层群众运动。1649年4月，有二三十人在温斯坦莱和埃弗拉德领导下，集合于伦敦附近萨里郡的圣·乔治山，共同占有并开垦那里的荒地。几个月后，人数迅速增加，许多地方得到响应。但地主武装破坏他们的垦殖区，政府派军队驱散他们。1650年春，掘地派运动结束。1652年，温斯坦莱发表《自由法》，阐发了掘地派的思想。

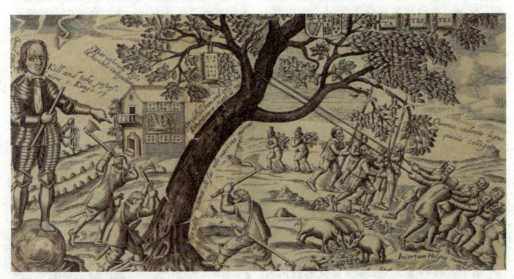

◎反映掘地派运动的图画

斯图亚特王朝复辟

护国政府建立后克伦威尔为了巩固自己的专制统治，采取一系列加强独裁机构的措施。

1655年夏，他把全国划分为11个军区，各区派少将1名，统管全区的行政、军事、税收、治安等大权，直接对护国公负责。克伦威尔就是以这种军区制度对全国人民实行他的独裁统治。此外，护国政府还推行了一些维护教会和封建地主的政策，如确认地主的土地所有权、保护教会的什一税等。

护国政府的政策加剧了国内矛盾。1658年，新国会召开，共和派议员对护国政府发起猛烈攻击，因此国会被解散。此后，共和派和平等派在各地发动反政府暴动，农民起义也接连爆发。逃亡国外的查理二世开始积极准备策动叛乱。就在这危机四伏的时候，克伦威尔于1658年9月病逝，其子理查·克伦威尔继任护国公。理查懦弱无能，高级军官们趁机争权夺势，国内政局混乱不堪。理查被迫于1659年5月辞去护国公一职，护国政权遂告瓦解。

护国政权解体后，政权落到高级军官手里。他们迫于日益高涨的人民革命运动，不惜与长老派妥协言和，恢复了国会。但是国会恢复不久就通过决议，要求惩办1653年解散国会的军官，于是军官们再次解散国会，组成"安全委员会"，进行军事统治。然而，"安全委员会"受到各阶层人民的抵制和反对，各地方政权也拒绝接受委员会的领导，军官们只好于1659年年底又重新恢复了国会。

由于政局不稳，人民革命又此起彼伏，共和派和平等派在各地举行集会，鼓吹成立共和政体。资产阶级和新贵族慑于人民的声威，但又对军官们感到失望，于是便转向昔日的敌人，同王党集团携手合作，密谋让查理二世复辟。复辟活动很快得到驻防苏格兰的英军司令蒙克将军的支持。1660年2月，蒙克率军开进伦敦，以武力控制了政府，召集了长老派和王党分子占优势的新国会，为复辟铺平了道路。同时，国会同查理二世举行了简单谈判。4月，查理二世在荷兰的布雷达发表宣言。《布雷达宣言》实质上是国王同资产阶级新贵族之间达成的协议。5月8日，国会通过决议，迎立查理二世为英国国王。5月29日，查理二世在伦敦登上王位，斯图亚特王朝最终复辟了。然而他的倒行逆施，不仅损害了人民的利益，也严重威胁到资产阶级和新贵族的利益。最后，他们被迫采用宫廷政变的方式，重新夺回权力并建立了君主立宪制。

◎该印章用来印在官方文件上，以证实其真实性。印章画面显示了1651年议长主持议会时的情景。

英国"光荣革命"

资产阶级和新贵族早年的革命性已不复存在，他们惧怕人民革命，不敢依靠人民群众推翻复辟王朝，只能寄希望于发动宫廷政变，来实现他们的目的。由于詹姆斯二世年老无嗣，国会决定在詹姆斯死后迎立其女儿——信奉新教的玛丽及其丈夫荷兰执政威廉为英国女王和国王。

1688年，詹姆斯得子，使资产阶级和新贵族的美梦破产。于是他们决定请威廉拥兵入英，逼詹姆斯退位。1688年11月初，威廉以保护"新教、自由、财产和国会"的名义，率兵在英国西南海岸登陆，领兵直逼伦敦。一路上，受到资产阶级和新贵

◎国王威廉与女王玛丽

族的欢迎。詹姆斯二世的大臣、王族、军官也纷纷倒向威廉。詹姆斯二世在众叛亲离的情况下，慌忙逃往法国。

1688年12月18日，威廉进入伦敦。1689年2月6日，国会宣布詹姆斯二世"自行退位"。13日，拥戴威廉为英国国王，玛丽为英国女王。斯图亚特复辟王朝宣告终结，这就是英国历史上的"1688年政变"。

资产阶级史学家把这次政变渲染为"光荣革命"。实际上，这次政变只不过是资产阶级和新贵族联合土地贵族为夺取政权而发动的一场宫廷政变而已。尽管如此，"1688年政变"确立了资产阶级和新贵族的统治地位，巩固了英国革命的成果，成为英国历史上的一个转折点。

英国资产阶级革命对欧洲和世界其他地区都产生了重要的影响。它宣告欧洲新的政治制度的诞生，揭开了欧洲和北美资产阶级革命运动的序幕，推动了世界历史发展的进程，在更大程度上反映了当时整个世界的要求。

·威廉·奥兰治·

威廉·奥兰治(1650～1702年)，生于尼德兰，信奉新教。22岁任尼德兰执政，5年后娶詹姆斯二世之女玛丽为妻。1688年6月，英国议会决定迎立他为英国国王。同年11月初，威廉率领一支1.5万人的军队和600艘舰船在英国西南海港托尔贝登陆，向伦敦挺进。英国的资产阶级、新贵族，甚至国王的部分大臣和军队都表示支持威廉。詹姆斯二世众叛亲离，逃往法国。1688年12月18日威廉进入伦敦，这就是1688年政变，或称"光荣革命""不流血的革命"。1689年2月，议会宣布威廉为英国国王，称威廉三世。其妻为英国女王，称玛丽二世。威廉·奥兰治在位期间，颁布《权利法案》，保障议会权利；采取保护关税政策，鼓励国内工农业发展；将爱尔兰变为英国的殖民地；长期与法国进行竞争。

君主立宪制

"光荣革命"打开了英国通往君主立宪制的大门。议会宣布詹姆斯二世"自行退位"之后，把王冠和早已拟好的《权力宣言》一起送给了威廉三世，此举暗示威廉不是靠无条件的世袭资格，而是靠有条件的议会拥戴才能得以登临大统。随后，议会通过了一系列宪法性法案，对王权进行了种种法律限制。又连续通过几个财政法案，剥夺了国王的正常财政来源。从此以后，没有议会的财政支持，国王将难以为继。"光荣革命"从根本上使英国的中央权力结构发生了改变，同时又没有割断历史超越传统。原有的君主制形式继承下来，国王继续享有决策权、行政权、大臣任免权等许多重要权利，但他的这些权力只能在议会广泛限制的范围内行使，一遇冲突，只要议会采取不妥协态度和动用财政手段，最终总能迫使国王屈服。国家主权的重心已无可挽回地从国王一边倒向议会一边。

"光荣革命"后，议会的召开与选举开始走上经常化和制度化的轨道。议会的地位稳步上升，王权日趋下降，国家权力结构的天平越来越倾向于议会一方。在立法上，国王虽然始终享有否决权，但这一权利自1708年起

◎ 威廉三世开启了英国君主立宪的大门。

就变成一项有名无实的虚权，议会完全主宰了主权事务。在财政上，随着财政预算制度、专款专用制度和财政审查制度的建立，议会对政府财政的控制得以完善。在行政上，国王的权力也逐步被剥夺。这个变化是通过内阁制度的建立完成的。

内阁派生于枢密院，其最初萌芽是外交委员会。枢密院原是国王政府的中枢机构，因为其成员繁多，影响了效能的发挥，国王便在其中成立了一些专门委员会，分掌某一方面的具体工作。其中，成立于17世纪初的外交委员会权力最大，凌驾于枢密院之上。该委员会由少数国王宠臣组成，经常秘密聚会于王宫内室，商定国家策略，所以人们称之为"内阁"。在以后很长时期内，内阁并不是一个合法机构，议会多次对其进行攻击。后来，随着内阁精干高效的优越性日益明显，人们才心照不宣地接受了它。"光荣革命"后，内阁慢慢疏离国王，开始依附于议会。从乔治一世起，国王退出了内阁，首相产生。此后，内阁逐渐脱离了国王的控制。

从18世纪20年代到18世纪末，随着两党政治结构的逐步形成，内阁制度的各种基本原则渐渐确立起来。而国王则真正变成有名无实的虚君，英国的君主立宪制得到完善。

英国向北美殖民

17世纪初，英国殖民者凭借雄厚的经济力量和先进的武器，开始向北美殖民。

在北美的殖民地中，由于地理条件的差异而存在着多种经济成分。在北部殖民地，资本主义工商业比较发达；中部殖民地，大量存在着半封建的租佃制；在南部殖民地，则正盛行黑人奴隶制。黑人奴隶在中北部地区也有，但数量比较少，大多是家内奴隶。另外，13个殖民地中普遍存在白人契约奴。他们的地位略高于黑人奴隶，在5~7年期满后便能成为自由公民。

为统治和管理北美殖民地，英国建立了一整套统治机构。这是一套双重机构，一是在英国政府内部设置的管理殖民地事务的贸易司；二是派驻北美的总督及官员。

比起欧洲各国和西属拉美殖民地，英属北美殖民地在社会政治结构中存在较多的民主因素。第一，各殖民地均仿效英国，设有议会，而且选民比例较高，白人成年男子大多享有选举权。第二，在经济生活中，由于北美地广人稀，取得土地比较容易，因而小块土地所有者大量存在，无产者数量较少，贫富差别不像欧洲那样悬殊。第三，不存在封建特权和等级制度。北美虽然也有贵族，但他们的社会地位不是靠封建君主的封授和出身门第，而是靠个人的努力。他们虽占据了殖民地的各级官职，但主要是靠竞争选举上的，而不是靠世袭特权。第四，在北部诸殖民地盛行地方自治，当地人民通过参加市镇大会，享有一定限度的参政权。这些民主因素使英国在北美

的统治基础不甚牢固，也使日后美国的独立战争成为可能。

英国政府希望殖民地成为英国工业的销售市场及廉价的原料供应地，因此一直对北美殖民地的资本主义工商业实行限制政策。不过，在1763年以前，由于英国忙于对法国的争霸战争，无暇严格执行这些限制政策。因此，18世纪上半期，北美殖民地的资本主义工商业发展迅速，呈现空前繁荣的景象。手工工场数量增多，规模扩大，某些工业技术已达到欧洲先进水平。

随着经济的发展，原来处于隔绝状态的各殖民地之间的经济联系日益紧密。到18世纪中叶，各殖民地之间建立起完善的邮政系统，许多桥梁、渡船和道路网把主要城市连接起来，经济往来和文化交流更加便利。北方以工业品供应南方，南方则以农产品供应北方，逐渐形成了统一的北美市场。在此基础上，北美人民形成了某些共同的文化观念和心理素质，民族意识开始觉醒。人们普遍感到自己是与欧洲、亚洲和非洲不同的"新人"。于是，一个新兴民族即美利坚民族诞生了。此外，这一时期欧洲启蒙思想的广泛传播，也给其民族民主意识的发展以巨大动力。

◎印第安人为了打猎或节日庆祝用在身上绘画的方式进行装饰

七年战争

七年战争也称第三次西里西亚战争，这次战争是法国大革命前欧洲各大国卷入的最后一次欧洲大战，战场遍及欧洲、北美、印度和海上。

1756年7月，法奥俄同盟反普呼声高涨。普鲁士国王腓特烈为防止反普势力联合，决定采取主动进攻，争取战争的主动权。他把军队分成4路，用3路大军防守和牵制俄国，他亲率第四路大军于1756年8月28日对萨克森发动突然攻击，一举攻占了德累斯顿，封锁了皮尔那，迫使萨克森投降。前来支援的奥军被普军在罗布西兹击溃，普军乘胜进攻布拉格。

◎普军与奥军的激战
1757年5月，普军向布拉格发起进攻，奥军被迫退守城内。为解布拉格之围，奥军一部向布拉格开进，普军亦派一部迎击，两军在科林附近展开激战。

普军入侵萨克森，法俄等国极为震怒。于是，法奥俄联盟决定出动50万大军围攻普军。面对联军的大举围攻，腓特烈并不害怕，他频频调动军队，抗击各路敌军。

11月5日，普军和联军在罗斯巴赫附近相遇。联军统帅索拜斯凭借兵力优势，想迂回侧翼突击，力求速战。腓特烈识破意图后，立即命令部队移师贾纳斯山上。索拜斯误以为普军在全面撤退，他认为攻击的机会来了，于是下令全面追击。联军的整个队形杂乱无序，盲目进攻，预备队也冲到前面，侧翼完全暴露出来，给普军的进攻提供了明确的目标。

负责监视的4000名普军骑兵在联军攻近时，如尖楔一般插入联军的正面和右翼。贾纳斯山上的普军炮兵同时向联军发出猛烈的火力，扰乱了联军的整个队形。在普军的攻击下，联军溃败，损失8000余人，普军仅伤亡500余人。

贾纳斯山大战结束后，腓特烈并没宿营过冬，而是采取突袭策略，连连打击联军。12月4日，联军在鲁腾占领了一个较好的防御性阵地，它的前面是一片开阔的平原。沿着阵地，联军排列阵形长达5.5英里，兵力是普军的3倍。5日凌晨，对地形极为熟悉的腓特烈发现敌人阵地过长的弱点，于是派小股骑兵佯攻联军的右翼，把优势兵力隐蔽起来，以防止作战意图的暴露。受到攻击的右翼联军误认为是普主力军，遂从预备队和左翼调兵支援，左翼兵力薄弱。腓特烈立即命主力军由4支纵队变为2支纵队，采用

·普鲁士王国·

普鲁士原为古普鲁士人居住地，13世纪为条顿骑士团征服，始称普鲁士。1466年臣属波兰，1525年成为普鲁士公国，1618年普鲁士和勃兰登堡合并，1648年摆脱波兰宗主国，1701年普鲁士王国正式建立。18世纪后半叶的七年战争和三次瓜分波兰，使其获得奥地利的西里西亚、波兰的西普鲁士等地，逐渐成为德意志的封建军事大国。19世纪，资本主义得到进一步发展。1848～1849年爆发了资产阶级革命，但遭失败。1862年俾斯麦就任首相后，通过战争，击败了主要竞争对手奥地利和法国，实现了德意志的统一。1871年建立以普鲁士王国为中心的德意志帝国，帝国皇帝和首相分别兼任王国国王和首相。帝国实行中央集权统治，普鲁士王国失去了"国家"的含义。1919年德国十一月革命推翻了帝制，建立共和国，普鲁士王国的名称消失。

斜切战斗队形向敌人左翼发起突然袭击。局部人数占优的普军使联军阵形大乱，不久便溃不成军，普军骑兵趁势猛冲敌人阵地。双方激战至夜幕降临，联军全部崩溃，其中奥军遭到毁灭性的打击。随后的时间里，普军和联军互有胜负。

1759年8月12日，俄奥两军联合在普鲁士腹地库勒尔斯多夫与普军展开会战。仅有2.6万人的普军仍采用主动出击策略，向拥有7万余人的俄奥联军阵地发起长达3个小时的猛烈炮轰，随后以斜切队形发起进攻，顺利夺取了米尔山阵地，向联军中央阵地发起冲击。联军被迫顽强防守，猛烈的炮火阻击住普军精锐骑兵的进攻。接着，联军展开猛烈的反攻。已精疲力竭的普军抵挡不住敌人的冲击，纷纷逃离战场。

这次战役成为七年战争的转折点，从此，普军元气大伤，被迫转入战略防御。战争随后又拖了4年之久，双方各有胜负。英法海上战争十分激烈，各联盟之间战争不休，欧洲陷入一片混战之中。1762年，英国人背弃了普鲁士，率先与法国单独缔结停战协议，使普鲁士陷入孤立。交战各国这时都已筋疲力尽，无心再战，遂相继签订停战协议，一场席卷欧洲的战争宣告结束。

这次战争英国获得了大片殖民地，成为最大的赢家，普鲁士也巩固了在德意志的地位，已经可以和奥地利分庭抗礼了。同时，这场战争对军事学术的发展很有影响，战争中暴露了以平分兵力和切断敌方交通线为主要特征的警戒线战略和呆板的线式战术的弱点，显示了野战歼敌的优越性。各国都吸取了腓特烈军事改革的一些经验，腓特烈自己也完善了其军事理论，特别是连续运用内线作战集中兵力各个击破敌人，坚决连续进行会战夺取战略要地，歼灭敌人有生力量，从而保住了普鲁士。

◎ 七年战争结束后，腓特烈大帝胜利返回首都柏林。腓特烈二世不但建立了强大的军队，而且鼓励工商业发展，使得普鲁士成为18世纪日耳曼民族中最强盛的国家。

李普希发明望远镜

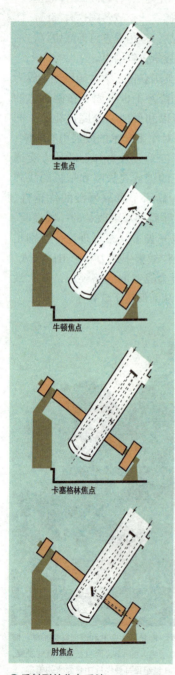

主焦点

牛顿焦点

卡塞格林焦点

肘焦点

◎ 反射型的焦点系统

许多孩子都喜欢一种玩具，那就是望远镜。因为架一副望远镜在眼前，世界会一下子变近了，孩子的脸上立刻现出神气十足的样子。可你知道是谁家的孩子最先"神气"的吗？

这些幸运儿是李普希的孩子们。事情发生在 17 世纪初的荷兰。那时眼镜和凸（凹）透镜对人们已不再是什么稀罕物件了，眼镜店也布满了大街小巷。在小镇米德尔堡的集市上就有一家眼镜店，主人叫李普希。生意并不是很红火，以至给自己的孩子买不起一件像样的玩具。但孩子是不能也不会没有玩具的。这在哪里都一样，穷人家的孩子没有专门的玩具，但家具什物、父母的工具，甚至是一堆土、一汪水都是他们最好的玩具。他们可以将这些最平淡无奇的东西玩得热火朝天，玩得大汗淋漓，他们乐此不疲，这是天性使然，李普希的孩子也是这样。

1608 年的一天，他的三个孩子拿着几块废旧的镜片比画着，翻过来调过去地这儿照照那儿看看，有时还把几块镜片叠在一起透过去看。突然，小儿子向正在店里打理生意的父亲大喊："爸爸，快来看呀！"李普希听到喊叫声，以为又是被镜片割破了手指，赶忙从店里奔出来。可等他看到孩子们还在那里比比画画，感觉不对劲。等到了近前，小儿子连忙得意地一手拿一块镜片得意对他说："爸爸，你透过这两片玻璃看远处的教堂！"李普希以为他又在搞恶作剧，但还是下意识地俯下身去。当他的眼睛透过一前一后两块镜片看远处的教堂时，教堂顶上的风向标是那样清晰，好像一下子被拉到了眼前，李普希为此惊讶不已。消息不胫而走，没过几天，整个小城几乎人手一副镜片看看这儿，望望那儿，好像人人都成了科研工作者似的。

极富商业头脑的李普希比一般人想得更远。他找来一根长约 15 厘米，直径约为 3 厘米的金属管，又做了两块口径相当的凸透镜和凹透镜，一前一后固定在金属管两端。一副简陋的望远镜制成了。李普希想，这一定是件新奇的玩具，细心地他还为此申请了专利保护。

　　在他申请专利时，引起了荷兰政府的注意。这群正在谋求海上霸权的野心家可没有把这项发明仅仅看作是一件玩具。他们在批准李普希专利权的同时，就责成他为海军赶制一批更为方便实用的双筒望远镜。这可是一笔不小的订单，李普希欣然受命。最初的折射式望远镜就这样诞生了，并且很快投入到应用的领域。

　　从此以后，荷兰人像得到一件法宝一般，对于望远镜的制作工艺严格保密。可世界上哪有不透风的墙？更何况望远镜原理简

◎天文望远镜里观测到的月球

单，而用途又如此之大。首先是意大利的那位天文怪才伽利略，他在望远镜发明的第二年就照猫画虎地制造了一部天文望远镜。开始是 3 倍的，后几经改进倍率达到 30 倍。伽利略用它来观察月球的表面和木星的卫星，在天文观测领域又迈进了一步。60 年以后，牛顿又在折射式望远镜基础上制成了第一架反射式望远镜。之后望远镜不断发展，现在的射电天文望远镜能看到 200 亿光年外的宇宙空间，甚至更远。

　　总之，望远镜的问世，使人们真正拥有了一双仰望太空的"千里眼"。同时，望远镜也大大开阔了人们的视野。

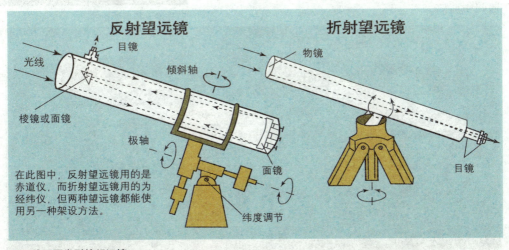

◎两种不同类型的望远镜

美国独立

英法争夺霸权的七年战争结束后，英国加强了对北美殖民地的剥削和压迫，致使北美殖民地与英国之间的矛盾斗争趋于白热化。北美人民的反抗斗争此起彼伏，最终爆发了独立战争。

1774 年 9 月 5 日，英属殖民地代表在费城成立美洲"大陆会议"，并秘密组织民兵武装，在康科德备有军需物资库。这一消息被英殖民者麻省总督盖奇知道后，于 1775 年 4 月 18 日派史密斯上校带兵收缴。毁掉军需物资的英军在撤退时受到全莱克星顿人民武装的包围，英军且战且退，伤亡 247 人。

莱克星顿一战是美国独立战争中的第一次战役，它震动了整个北美殖民地。民兵迅速集合起来，包围了波士顿。5 月 10 日，大陆会议在费城召开第二次会议，决定成立一支真正的革命军队——大陆军，由华盛顿任总司令。

缺枪少弹的大陆军凭借满腔热情，攻占了加拿大的蒙特利尔，打退了波士顿的英军，击败了南部查尔斯顿的殖民者。1776 年 7 月 2 日，大陆会议通过了《独立宣言》，大陆军成为合众国武装。整个北美殖民地人民情绪激昂。华盛顿率领军队接连取得胜利，迫使英军退出新泽西州中西部。

◎乔治·华盛顿塑像

◎ 1775 年 4 月 18 日黎明，在莱克星顿公有草地上，身着红制服的英军向殖民地民兵开火，英勇的民兵扑向英国殖民军，打死打伤 247 名英国轻步兵，殖民军仓皇地逃回波士顿。这一役揭开了北美独立战争的序幕。

·自由女神像·

纽约港的自由女神像是美国的象征，是法国人于1884年7月4日赠予美国的。当1865年拿破仑三世即位时，一位名叫埃杜阿德·迪·拉布莱的学者及他圈内的人们希望结束君主制度，建立一个新的法兰西共和国。他们酝酿造一个自由女神像，来表达他们对大西洋彼岸的伟大共和国的赞许，并激励法国人民和美国人民相互间的支持。

自由女神像的基座是由美国建筑师理查德·莫里斯·亨特设计的，基座高47米。女神像的设计者是来自阿尔萨斯的雕塑家弗雷德里克·奥古斯梯·巴托尔迪，他从法国画家德拉克罗瓦的名作《自由引导着人民》中得到灵感，而女神的脸庞则以他自己的母亲为原型。女神像高46米，冠饰上的七条光芒意寓将自由的希望照亮七大洲。女神左手托着一本《独立宣言》，右手高举熊熊燃烧的火炬，指引着民族自由解放的道路。

1884年8月，自由女神像底座奠基工程动工。1886年年初，75名工人爬上高高的脚手架，用30万只铆钉把自由神像约100块零件钉到它的骨架上。10月中旬，自由女神像的建立终于全部完工。10月28日，美国总统亲自参加自由女神像揭幕典礼并发表了讲话。自由女神像所屹立的岛屿原来叫贝德娄岛，现在则改为自由岛了。

大西洋沿岸的北美战场极为狭长，对英军不利。英军欲以加拿大为基地，先平定北部新英格兰和纽约的美军，再向中南部推进。伯戈因遂带领加拿大英军南下，计划与纽约豪的驻军会合。豪改变计划南下，伯戈因失去接应而孤立。新英格兰境内的民兵不断阻击和骚扰，伯戈因无法获得充足的补给，行动迟缓。

9月19日，处于困境的伯戈因决定放弃交通线，破釜沉舟向南进发，在弗里曼农庄向美军发起进攻。美军的顽抗使英军损失惨重，伤亡600余人。10月7日，英国再次进攻，又遭到美军痛击，伯戈因被迫撤退。10月12日，退到萨拉托加附近的伯戈因发现被追击的美军包围，只好投降。16日，与美签订《萨拉托加条约》。

萨拉托加的胜利，是美国独立战争的转折点。国际反英势力纷纷支援美国，法、西、荷等国相继对英宣战，英国在国际上处于孤立状态。

英军将战略重心转移到南方，先征服佐治亚州，又逼降查尔斯顿的美军，随后攻占了南卡罗来纳。1780年12月，华盛顿任命洛林为南部美军总司令。洛林将部队分散开来，展开游击战。1781年1月17日，在考彭斯全歼英军1100人。3月15日，在吉尔福德重创英军。同时，法舰队在海上与英军周旋，大大牵制了英军的陆上攻势。

4月，美军在法、西、荷等国海上舰队的配合下，开始大规模的反攻，迫使英军退守海岸线。8月，英统帅康沃利斯将南部主力集中在弗吉尼亚半岛上的约克敦，以便与纽约驻军相互策应。华盛顿率领美法联军1.6万余人，从水陆各方包围了约克敦，切断了英军与纽约驻军的联系。10月9日，联

◎自由女神像

205

◎ 1781 年 10 月 19 日下午 2 时，最后一支英军在约克镇投降，胜利的美军奏起了当时的流行乐曲《世界变得天翻地覆》。1783 年，双方签订和约，承认美国独立。美国独立战争是第一次殖民地人民争取独立解放的资产阶级革命，推动了 18 ～ 19 世纪的资产阶级革命浪潮。

军发起总攻，分别从左右两方同时向约克敦发炮。火炮的巨大吼声持续了十八九个小时，英军逐渐支持不住。16 日，试图从海上逃跑的英军又因暴风吹散了准备好的船只而无法撤离。17 日，失去反攻能力的英军只好投降。

1783 年，美英签订和约，英国承认美国独立。

◎ 起草《独立宣言》的委员会成员们站在主席约翰·汉考克面前，站立者中左数第四人为杰斐逊。

世界上最早的成文宪法

美国人民在争取民族独立的同时，还在社会政治、经济领域内进行了一系列改革，收到了较好的成效。

首先，在1776～1780年，除罗德艾兰和康涅狄格两个州外，其余11个州都制定了州宪法。这些州宪法是世界史上最早的成文宪法，都附有《权利法案》，宣布实行共和制、州政府官员选举制，并限制州长权力，加强州议会权力。大多数州降低了议员财产资格，扩大了选举权。其次，许多州废除了维护大土地所有制的《限量嗣续法》和《长子继承法》，而中部各州半封建的大地产租佃制趋于瓦解。许多州还宣布实行宗教信仰自由，个别的州对刑法进行了改革，废除了野蛮残酷的刑罚，死刑范围大大缩小。

《邦联条例》是美国1776年制定的第一部全国性宪法。当时，北美人民鉴于殖民地时代的经验，害怕中央政府权力过于集中会导致暴政，所以给各州保留了很大的独立性。因此，一定时期内，美国俨然是由13个独立国家组成的松散的联盟。当时，美国商人在国际市场上经常受到外国商人的欺辱，西部白人也因缺乏中央政府的保护而经常遭受印第安人的侵扰。此外，当时欧洲各大国对新生的美国虎视眈眈，总想伺机侵犯，这一切都表明了加强中央权力的必要性。

1787年5月25日，制宪会议在费城举行。在长达4个月的激烈争论中，与会代表在互相妥协、调和各派矛盾的基础上，于9月份制定出《联邦宪法》。这部宪法确立了美国的共和政体和联邦制度，加强了中央政府权力，并按照三权分立原则，国家权力分别授予立法、司法和行政3个部门。总统和议员由人民选举产生，文官政府控制军权，具有鲜明的民主色彩。

美国的共和制度是在明确的理论指导下，按照预先设计好的宪法框架自觉构建起来的。根据1787年《联邦宪法》，美国国会是最高立法机关，由参议院和众议院组成。参、众两院均有权提议立法，但所有财政税收法案必须由众议院提出。

在中央与地方的权力划分上，美国采取的是联邦制形式。在这种制度下，国家的重要权力集中于中央政府手中，同时又给地方政府保留了一定程度的自治权。这样，既可防止各地各行其是，又避免了权力过于集中。

实践证明，美国在独立革命之后创立的这套民主共和制度很成功，它使中央3个权力机构之间、中央与地方之间相互制约，彼此联系，既有利于防止独裁，又在一定程度上保障了资产阶级民主。民主共和制的开创是人类政治文明进步的主要表现之一。

◎ 1787年美国宪法制定时的情景

欧洲启蒙运动

启蒙运动的出现有这样几个原因：首先，它的产生是资产阶级反对封建专制制度的时代要求。17～18世纪，随着资本主义的发展，封建专制制度的阻碍作用越来越明显，日益强大的资产阶级迫切要求推翻这一腐朽反动的制度。其次，启蒙运动是在17世纪唯理主义哲学的基础上发展起来的。唯理主义哲学的代表人物笛卡尔，用人的理性代替了神的启示，用独立思考代替了对神的盲目信仰。这种与神学迷信相对立的理性学说是启蒙运动的思想渊源。另外，启蒙运动的发生还与自然科学的发展密切相关。

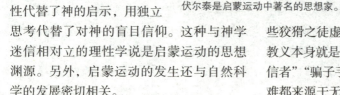

◎正在桌前工作的伏尔泰
伏尔泰是启蒙运动中著名的思想家。

启蒙运动发源于英国，英国学者在启蒙运动中占有重要地位。培根反对中世纪的经院哲学，肯定世界是物质的。他提出了"知识就是力量"的著名口号。霍布斯提出社会契约学说和国家起源学说。他反对教皇和天主教，主张把教会置于国家和君主的管辖之下。洛克认为知识来源于感觉，经验是知识的源泉。他反对王权神授，主张立法、行政、外交三权分立，提倡自由和宽容。赫伯特创立自然神学说，认为《圣经》荒诞无稽，理性是寻求真理最可靠的依据。普里斯特利认为三位一体、得救预定、神启《圣经》都是荒谬的。

18世纪，启蒙运动在法国达到高潮，涌现出一大批著名的启蒙思想家。他们要求破除神学迷信，高举理性旗帜，为启蒙运动做出了巨大历史贡献。启蒙思想家们提倡科学，反对蒙昧主义，对宗教教义和神学进行了严厉的批判。其中，伏尔泰对宗教神学的批判尤为辛辣。

伏尔泰这个"投向旧制度的第一颗炸弹"，是启蒙运动中公认的领袖和导师。他指出，宗教是"一些狡猾之徒虚构出来的最庸俗的欺骗之网"，教义本身就是弥天大谎，教皇、僧侣全是"狂信者""骗子手"。他认为现存社会的一切灾难都来源于无知，而造成这种状况的就是教会。因此，他号召人们破除对上帝和神的盲目崇拜，为科学、理性和进步而奋斗。

法国哲学家孟德斯鸠猛烈抨击专制制度，认为专制主义统治下的法国是极不合理、极不公平的社会。他指出罗马共和国的盛衰取决于统治者的贤明或昏庸，矛头直指路易十五统治下的法国。他的著作《论法的精神》，被伏尔泰誉为"理性和自由的法典"。在这部著作中，他提出了立法、行政和司法三权分立的学说，认为最理想的政治制度是英国的君主立宪制。经济学家杜尔哥指出人类社会的历史就是人类理性进步的历史。哲学家孔多塞主张人类要不断前进，消灭阶级间的和民族间的不平等。

法国启蒙运动的杰出代表还有以百科

全书派为中心的一批唯物主义思想家。拉梅特里发挥了唯物论和无神论的精神。霍尔巴赫对宗教进行无情的讽刺，指责基督教违反理性和自然。爱尔维修攻击一切以宗教为基础的道德。狄德罗终生为自由、真理和社会进步而奋斗，写了一系列唯物主义哲学著作。1746年，他发表《哲学思想录》，谴责暴君，对基督教进行了无情的抨击。

法国启蒙运动中，小资产阶级民主派的代表人物是卢梭。他指出，人类不平等的根源是私有制，主张天赋人权、主权在民、自由平等。在政治上他拥护共和国。他的政治思想对18世纪末法国大革命产生了重大影响。

在经济理论上，启蒙思想家们提出了经济自由的思想。重农学派的创始人魁奈认为，农业是创造财富的唯一生产部门，因此只有从事农业的人才是生产阶级。工业只不过是从事加工工作而已，经营工业的是非生产阶级。除此之外，还有一个不劳而获的土地所有者阶级。他提出，国家的全部赋税都应该由土地所有者阶级负担。他还建议，应鼓励资本家用地主的土地，发展资本主义大农业；政府应实行"放任政策"，允许自由竞争和自由贸易等。

启蒙运动波及德国和俄国，也越过大西洋，在英属北美殖民地得到传播。启蒙

· 伏尔泰 ·

伏尔泰，1694年出生于巴黎，原名佛兰苏阿·马利·阿鲁埃，伏尔泰是其笔名。18世纪初，伏尔泰成了启蒙运动的旗手。1718年，他发表了悲剧《俄狄浦斯王》，取得了热烈反响，从此用伏尔泰笔名。1734年，伏尔泰出版了《哲学通信》，对法国的宗教教派斗争进行了抨击。此后，伏尔泰从各个方面抨击教会和封建制度的反动统治。伏尔泰的名气越来越大，许多达官贵人为了沽名钓誉，纷纷同他交往。后来他发现包括普鲁士腓特烈二世在内的封建统治者并不是真正赞同他的观点，便决心不再与任何君主往来。1755年，他在法国和瑞士边境的佛尔纳定居下来，在此期间又发表了哲理小说《老实人或乐观主义》《天真汉》等不朽名著。1778年5月底，伏尔泰在佛尔纳逝世。

运动还扩展到亚洲、非洲、拉丁美洲地区。19世纪末20世纪初，中国出现了最初的一批启蒙学者，他们翻译欧洲启蒙思想家的名著，介绍他们的思想，对中国的思想界、学术界起了重要的推动作用。

启蒙运动的思想家们勇于为真理和正义而斗争。给"天国"的神灵和世上的王权以沉重的打击。他们的著述描绘了未来"理性王国"的蓝图，启发并培养了一代革命者。启蒙运动为摧毁腐朽的封建制度、确立资本主义制度做了思想上和理论上的准备。启蒙思想家所宣传的自由、平等、民主和法制的思想，对1775～1783年的北美独立战争、1789年的法国大革命及19世纪欧洲爆发的一系列资产阶级革命都产生了极大的影响。

◎ 1775年，在法国一贵妇人的沙龙上，客人正在宣读伏尔泰的作品，启蒙思想已深入人心。

法国大革命的导火线

法国在 18 世纪末期，是欧洲大陆上典型的封建专制国家。农业占主导地位，但资本主义工商业已有较大发展，许多领域都在欧洲大陆各国中处于领先水平。然而，腐朽的封建专制制度严重阻碍了资本主义的发展。

资本主义工商业的发展，使法国阶级关系发生了变化，而新的生产力与旧的生产关系的尖锐矛盾，使阶级斗争日趋激化。革命前，波旁王朝的路易十六实行专制集权的残暴统治，等级制度森严，全国居民被分为三个等级：天主教僧侣（教士）为第一等级；封建贵族为第二等级；资产阶级、城市平民、工人和农民为第三等级。封建法律明文规定：

◎在这幅 18 世纪的版画中，从各省运来的小麦、木材和干草正在从船上卸到塞纳河岸上。食品和燃料的短缺经常导致巴黎民心不稳。

"僧侣以祷告为国王服务；贵族以宝剑为国王服务；第三等级以财产为国王服务。"第一、第二等级为特权等级，他们霸占了政府、军队和教会的重要职位，享有种种特权，不向国家缴纳赋税，过着骄奢淫逸的生活。

18 世纪末，法国的统治阶级已非常腐朽，国王及王室成员穷奢极欲。国内政治腐败不堪，对外战争也屡遭失败。"七年战争"中，法国丢失了大片海外殖民地，国际地位一落千丈，政府财政陷入崩溃。后又因参与北美独立战争，军费剧增，财政危机进一步加剧。1787 ~ 1788 年，法国国内发生经济危机，生产萎缩，粮价上涨，社会更加动荡不安。这一切都表明，法国的旧制度已陷入绝境，革命的爆发已不可避免。

迫于财政压力，路易十六决定召开已中断 160 多年的三级会议。1789 年春，资产阶级利用这个机会，积极开展政治活动，

◎路易十六

◎ 1774 年，图尔高被任命为新册立的路易十六国王的财政大臣，他试图推行一系列改革，但遭到既得利益集团的反对，最终未能改变路易十六、法国王室及法国政治的失败。

尤其是在选举三级会议代表和起草《陈情书》的过程中，大造舆论。在巴黎及各地出版的许多传单和小册子中，西哀耶士的《什么是第三等级？》一书流传最广。各阶级向三级会议提交的《陈情书》中提出了各自的要求，会议的召开及其斗争，成为法国大革命的导火线。

1789 年 5 月 5 日，三级会议在凡尔赛宫正式开幕。出席会议的代表 1139 人，其中第一等级 291 人，第二等级 270 人，第三等级 578 人。国王在开幕词中，要求与会代表商讨解决财政危机的方案，而只字不提政治改革问题。他还宣布按惯例，3 个等级分别开会讨论，并以等级为单位进行表决（每个等级只有一票），以此来控制会议决定。第三等级的代表则坚决要求按代表人数进行表决，以便取得多数，实行有利于资产阶级的改革。

自 5 月初以来，法国人民一直密切注意着三级会议的动态。巴黎市民成群结队地来到凡尔赛，声援第三等级代表的斗争。在这一有利形势下，第三等级的代表们于 6 月 17 日自行召开了国民会议，宣布自己是国民的使者，拒绝征收新税，要求政府偿付国债，宣布国王无权否决国民会议的决议。不久，参加三级会议的低级僧侣和自由派贵族开始转向第三等级，参加了国民会议。国王在局势失去控制的情况下，被迫同意三个等级的代表在一个会场开会。7 月 9 日，国民会议改为制宪议会，准备着手制定宪法。从三级会议到制宪议会，表明第三等级对国王的斗争获得了初步胜利。

◎ 1789 年 5 月 5 日，三级会议在凡尔赛宫召开。

· 三级会议 ·

三级会议是法国的等级代表会议。第一等级是僧侣；第二等级是贵族；第三等级起初指城市工商业者的上层分子，18世纪末，包括农民、工人、小商贩和城市贫民、为数众多的小生产者及资产阶级。会议由国王召集。1302年，首次召开三级会议。从1614年起，175年间从未召开过三级会议。1789年，为了解决严重的财政危机，国王路易十六同意召开三级会议。资产阶级希望三级会议进行政治改革，分享政治权利。国王路易十六只要求代表解决财政问题，会议发生激烈冲突。会议伊始，第三等级代表和一些自由派贵族就违背国王的初衷，把矛头指向专制制度。7月9日，第三等级宣布将这次会议改为制宪会议。国王立即调动军队镇压，激起7月14日的巴黎人民武装起义。

攻占巴士底狱

在巴黎东南的圣安东街，有一座高大的城堡，它就是巴士底狱。巴士底狱建于1382年，起初是为了抵抗英国人而建的堡垒，后来由于巴黎的扩大逐渐成为巴黎市区的建筑，改为王家监狱。这座阴森恐怖的城堡有高高的石墙，城墙上有8座塔楼，每个塔楼的顶端都安放着一尊大炮，虎视眈眈地对着整个巴黎。巴士底狱四周有一条宽25米的壕沟环绕，只有通过吊桥才能进入。几百年来，法国的官吏和密探，可以不经任何法律就逮捕反对国王、反对贵族、反对专制主义的人，把他们投入巴士底狱。在法国人民眼里，巴士底狱就是封建专制的象征。

18世纪的法国，国民分为三个等级，第一等级是教士，第二等级是贵族，第三等级是资产阶级、城市平民、工人和农民。第一、第二等级的人数只占全国人口的1%，但他们有权有势，占有全国1/3的土地，却不用缴税。他们还利用手中的权力，提高税收，设置关卡，千方百计地剥削人民，引起了广大人民的不满。

1789年5月，法国国王路易十六为了榨取更多的钱财供他挥霍，召开了三级会议。第三等级的代表识破了他的诡计，趁机提出要求限制国王的权力，把三级会议变成国家的最高权力机关，这理所当然遭到了路易十六的拒绝。于是第三等级的代表宣布退出三级会议，成立国民大会，后来又改为制宪会议。听到这个消息后，路易十六暴跳如雷，秘密调集军队进入巴黎，准备逮捕第三等级的代表。

巴黎人民得知这一消息后，群情激愤，怒不可遏。1789年7月13日，巴黎人民手拿大刀、长矛、火枪，举行了声势浩大的起义。起义军迅速占领了巴黎的军火库，夺取了好几万支火枪和几门大炮。惊慌失措的路易十六急忙派军队前去镇压，但被起义军打得大败。仅一天的时间，起义军就控制了全城，只剩下市东南的巴士底狱了。

7月14日，巴黎群众高呼："到巴士底狱去！"起义军从四面八方赶来，包围了巴黎最后一座封建堡垒。巴士底狱守备司令德·洛纳被潮水一样涌来的起义军吓破了胆，急忙命令士兵绞起铁索，升起吊桥。为了减少伤亡，起义军派了几个代表，举着白旗，去同巴士底狱守备司令德·洛纳谈判，希望他投降。但丧心病狂的德·洛纳竟然命令巴士底狱的士兵向代表们开枪。巴黎人民被彻底激怒了，立即向巴士底狱发起了猛攻。巴士底狱的士兵从城墙上向起义军开火，并用塔楼上的大炮轰击。起义军冒着敌人的炮火前进，他们抬着云梯，越过壕沟，奋不顾身地攻城。但由于敌人的火力太猛，起义军损失惨重，被迫撤退。起义军从四周的街垒向巴士底狱射击，但由于距离太远，对守军构不成威胁。

"我们也要有大炮！"大家齐声说。很快，起义军找到了几门旧大炮，上面生满了铁锈。一个叫肖莱的酒商自告奋勇来当炮手。"轰轰轰"，一排排的炮弹带着起义军的怒火打在城墙上，人民发出阵阵欢呼。但旧大炮的威力太小了，只打掉了一些石屑，在厚厚的城墙面前，实在是微不足道。巴士底狱的守军大声嘲笑起义军。

有几个勇敢的人拿着铁锨、铁镐、火把和炸药，冒死冲到巴士底狱的城墙下，想在墙上挖个洞，然后用炸药炸塌城墙。但他们还没来得及行动，就被城墙上的士兵打死了。

"我们需要真正的大炮和炮手！"大家又分头去找，过了一会儿，有人找来了一门威力巨大的大炮。炮手们调整好角度，把炮弹放到大炮里，点燃火绳，"轰"的一声，大炮发出一声怒吼，威力巨大的炮弹重重地撞在城墙上，发出震耳欲聋的爆炸声，城墙一下子就被轰塌了一大块。人们发出阵阵欢呼。"轰轰轰！"炮手们一刻也不停，继续发炮。"咣当"一声，一颗炮弹把铁索打断了，吊桥掉了下来。"冲啊！"起义军发起冲锋，踏着吊桥冲进了巴士底狱，城

·巴士底狱·

巴士底狱虽然是一个关押政治犯的监狱，但它的条件并没有想象中那么恶劣。巴士底狱并不光关押那些政治犯，很多头脑发热的贵族青年也常被送到里面去吸取些经验教训，比如伏尔泰就两次被关了进去。当然，巴士底狱也经常关押一些比较顽固的政治犯，那些人的待遇就差多了，经常有人被活活折磨得发疯，而且一关就是几十年甚至一辈子。谁也不知道巴士底狱里面关押了多少人，由于它的神秘，人们一直把它当成封建专制的象征。所以在法国大革命时期，人们把攻占巴士底狱看成是革命胜利的标志。

内的士兵见大势已去，纷纷投降，德·洛纳被愤怒的起义军活活打死。

占领巴士底狱的消息传到全国后，各地的法国人民纷纷起义，夺取政权。后来7月14日被定为法国国庆日。

◎ 在攻陷巴士底狱并释放了为数不多的囚犯之后，人们抓住了监狱长。他的头颅被砍掉，随后被枪尖高高挑起。

法国的《人权宣言》

1789 年 8 月 4 日夜，法国制宪议会紧急召开会议，内容是讨论农民的土地问题。会上，手足无措的贵族和僧侣们纷纷表示放弃封建特权。8 月 5 日至 11 日，制宪议会通过了关于解决农民土地问题的《八月法令》。法令规定：废除农民对地主的依附关系和劳役；废除特权等级和各种特权；废除教会的什一税。但是，《八月法令》却要求农民高价赎买土地；没收教会的土地也分成大块高价出售，结果大部分土地落入资产阶级手中。这表明该法令实质上没有解决农民的土地问题。

1789 年 8 月 26 日，制宪议会通过了宪法的序言——《人权宣言》。《人权宣言》

◎《人权宣言》宣传画

是以 1776 年北美《独立宣言》为蓝本，以启蒙思想家的政治理论为依据而制定的。《人权宣言》指出人生来是平等的。《人权宣言》还宣布取消等级差别，否定君权神授，"在法律面前，所有公民一律平等"，每个公民都享有人身、言论、信仰等自由，而且有反抗压迫的权利。《人权宣言》还规定了"财产是神圣不可侵犯的权利"。

《人权宣言》是资产阶级的纲领性文件，它的颁布具有重大进步意义。它以法律的形式，第一次把启蒙思想家所阐述的资产阶级政治主张固定下来。它提出的"法律面前人人平等"和"主权在民"的原则，既沉重地打击了法国以至整个欧洲的封建专制制度，又调动了法国人民参加反封建斗争的积极性。

革命胜利后，路易十六在凡尔赛加紧策划反革命活动。他一面拒绝批准《八月法令》和《人权宣言》，一面又暗中向凡尔赛集结军队。革命领袖马拉主编的《人民之友报》，揭露了国王的反革命阴谋，号召人民向凡尔赛进攻。当时，由于雹灾歉收而处于饥饿中的巴黎人民怒不可遏。1789 年 10 月 5 日，成千上万的巴黎人民群众，在圣安东妇女的带领下，冒雨向凡尔赛进军，并包围了王宫，高呼着"要面包"的口号。10 月 6 日清晨，国王卫队向群众开枪。愤怒的群众冲进王宫，逼迫国王批准了《八月法令》和《人权宣言》。群众把国王和王后从凡尔赛押到巴黎，置于人民群众的监督之下。不久，制宪议会迁到巴黎。这次事件，粉碎了国王的复辟阴谋，又一次挽救了制宪议会，把革命进一步向前推进。

1791 年 9 月 14 日，制宪议会颁布新宪法，史称《1791 年宪法》。新宪法规定法国为君主立宪政体国家，立法权属于由选举产生的一院制立法议会，立法议会是国家最高立法机构；国王是国家行政机构的首脑，但只能依据法律统治国家；司法权属于选举产生的法官，实行陪审裁判制。宪法宣布取消封建等级制；在选举制度上，凡年满 25 岁，有财产并能缴纳直接税的为"积极公民"，享有选举权；凡是不符合财产规定的为"消极公民"，被剥夺选举权与被选举权。

制宪议会实行了有利于资产阶级的改革：统一行政区，把全国划为 83 个郡，取消了内地的关卡和苛捐杂税；废除了工业法规和行会制度；取消了商品专卖权，实行粮食自由买卖；统一全国的度量衡和货币。这些措施加速了法国资本主义工商业的发展。制宪议会还宣布国家监督教会和神职人员；把教会地产收归国有，并分成大块高价出售。这些措施既打击了天主教，又增加了政府收入，而且满足了大资产阶级和自由派贵族购买土地的要求。

> **·路易十六·**
>
> 路易十六(1754～1793年)，法国国王。1774年即位，正值王朝危机四伏，财政支出激增，经济濒于破产。为征收新税，不得不求助于第三等级。1789年5月，路易十六被迫召开中断了175年的三级会议。但他竭力维护特权等级利益，拒绝第三等级的改革要求，并企图用武力威胁第三等级代表。7月14日，巴黎人民攻陷巴士底狱，路易十六迫于形势，接受革命现实，但在暗地里进行破坏。1791年6月20日偕王后、王子化装潜逃未遂。1792年在立法议会宣布的对奥战争中，他勾结外敌和逃亡贵族，企图镇压革命。8月10日巴黎人民起义，推翻王政，9月21日成立法兰西共和国，路易十六被捕。1793年1月18日，他被国民公会以叛国罪判处死刑，1月21日在巴黎革命广场被处死。

与此同时，制宪议会针对工人反饥饿的罢工斗争，于 1791 年 6 月通过了严禁工人集会、结社和罢工的《列霞不列埃法》。这表明资产阶级刚刚掌权就用政治手段把资本和劳动之间的斗争限制在对资本有利的范围内。

总之，制宪议会所通过的各项法令和政策虽具有一定进步意义，但改革的目的却在于巩固大资产阶级和自由派贵族的统治，为资本主义的发展开辟道路。

◎ 1789 年 8 月 26 日，代表大会通过了《人权宣言》，这个宣言后来成了新宪法的基础。

法国结束君主制

在法国革命深入发展的同时，大资产阶级与人民群众之间的矛盾也日益尖锐起来。1791年6月20日深夜，国王和王后企图逃亡国外，这一事件激起群众的极大愤慨。巴黎有近3万群众在民主派的领导下举行示威游行，撕毁国王肖像，要求废黜国王，建立共和国。然而，君主立宪派却把国王保护起来，还说国王是被"劫持"走的，并非主动逃亡。群众怒不可遏，纷纷到马尔斯校场集会，再次要求废黜国王，建立共和国。君主立宪派竟然派国民自卫军前去镇压，开枪打死50多人，伤几百人。

◎ 罗伯斯庇尔

1791年，罗伯斯庇尔成为雅各宾派的领袖人物。1792年8月起义后，他坚决主张处死国王路易十六和抗击普奥联军。1793年5月，颁布《1793年宪法》，摧毁了封建土地所有制，粉碎了欧洲各君主国家的干涉，在保卫和推动法国革命中起过很大作用。1794年6月，罗伯斯庇尔被推选为主席，后被大资产者和新富人于同年7月27日发动的热月政变中逮捕，次日被处死。

· 瓦尔密会战 ·

瓦尔密会战是法国大革命期间，法国革命军队与普鲁士、奥地利外国干涉军在法国马恩省瓦尔密村进行的一场会战。法国革命引起了欧洲各国封建君主的仇视和恐惧。1792年2月，奥地利和普鲁士结成反法联盟。8月，普奥联军侵入法国东北部，并向巴黎推进。9月19日，法军两个军团（5万多人）到瓦尔密附近设防。20日，普奥联军（约4万人）来到瓦尔密，开始对法军进行炮击。法军抢占小丘，开炮反击。联军向法军发起了两次冲锋，但都没有击溃法军，被迫停止进攻。双方进行了大规模的炮战。后来，联军后勤补给困难，再加上天气不好，于9月30日开始撤退，法军开始追击。10月5日，普奥联军被全部赶出法国国境。瓦尔密会战是法国第一次取得反击欧洲反法联盟的胜利。

这一流血事件，说明君主立宪派已经背叛了人民。从此，革命阵营内部分裂了。

革命阵营内部的分裂，促使了革命俱乐部的重新组合和民主派的形成。自革命爆发以来，巴黎出现了许多政治俱乐部，其中影响最大的要数雅各宾俱乐部。革命初期，雅各宾俱乐部的成员极为复杂，其中有自由派贵族、工商业资产阶级和革命民主派。

7月17日流血事件后，君主立宪派公然退出雅各宾俱乐部，另组织了斐扬俱乐部，这是雅各宾俱乐部的第一次分裂。斐扬俱乐部主张君主立宪制，反对民主共和制。大革命初期一度当政，制定废除封建特权、没收和拍卖教会财产、废除贵族制度、取消行会等一系列反封建政策，制定君主立宪制的宪法。但斐扬派被国王收买，成了右翼保守势力。而雅各宾俱乐部内仍存在着左、右两派。右派是温和的共和主义者，代表吉伦特郡和西南部大工商业资产阶级的利益，称吉伦特派；左派是革命民主主义者，以罗伯斯庇尔为代表，称雅各宾派。

路易十六被押回巴黎后，迫于革命的声威，于1791年9月14日批准了宪法。9月30日，制宪议会宣布解散，由公民选出的立法议会于10月1日正式成立。当时，法国正面临着封建复辟势力的严重威胁。同时，欧洲各国的封建君主们惊恐万状，准备联合出兵，干涉法国革命。

奥地利率先派兵开赴法国边境。为保卫革命，立法议会对奥地利宣战。在抗击外国武装干涉的斗争中，路易十六的反革命面目充分暴露出来。掌权的君主立宪派也没能有效地组织战斗，致使法国在前线接连受挫。于是，巴黎人民于1792年8月9日再次举行起义，囚禁了国王，宣布废除《1791年宪法》，并将召开普选产生的国民公会。这次起义结束了法国君主制，推翻了君主立宪派的统治，使法国大革命迎来了一个新的高潮。

8月9日起义后，代表工商业资产阶级利益的吉伦特派掌握了国家政权。在革命形势的推动之下，吉伦特派政府出台了一些社会经济改革措施。在通过的法令和决议中，满足了农民的一部分要求，这也是推翻君主制的直接成果。

1792年8月19日，10万普奥联军和1万逃亡贵族组成的反动军队越过边境，入侵法国领土。23日，隆维要塞司令不战而降，叛变投敌。9月1日，凡尔登陷落，通往巴黎的大门被打开，法国革命处在生死关头。在此时刻，吉伦特派竟怯懦动摇，准备放弃首都巴黎，向南方撤退；而雅各宾派却发出了战斗号召，动员公民同敌人战斗到底。当时巴黎征募了6万名志愿军。当整装待发的义勇军得知关押在监狱里的反革命分子准备阴谋暴乱时，就冲进监狱，处死了1000多名反革命分子，打击了敌人的气焰，巩固了后方。

迅速开赴前线的法国义勇军，士气高昂，与普鲁士军队在瓦尔密高地展开的战斗中，击退了布伦瑞克率领的联军，取得了战争以来的首次胜利。瓦尔密大捷沉重地打击了国内外反动势力，法军也开始由防御转入反攻，并迅速把敌人驱逐出国境。法国人民又一次挽救了革命。

◎巴黎人民与王室卫兵队的激战

1792年，反法军队侵入法国，全法国开始总动员，人们纷纷加入义勇军，援救巴黎，保卫祖国。巴黎人民也行动起来开始起义，建立了自己的国民自卫队，打败了王宫卫队，占领了王宫。

法兰西第一共和国

1792 年 8 月 10 日，巴黎人民发动第二次武装起义，推翻了君主统治。9 月 21 日，国民公会开幕，次日，国民公会宣布成立法兰西共和国，史称第一共和国。

为了控制国民公会，吉伦特派极力排斥、打击雅各宾派。在国民公会中，两派就如何处置国王的问题展开了激烈的争论。雅各宾派要求把国王交给人民审判，以彻底粉碎国内外封建势力的复辟阴谋，而吉伦特派为了同反动势力妥协，极力袒护国王。

1792 年 11 月间，在王宫的一个秘密壁橱里，发现了国王路易十六同欧洲封建宫廷勾结的文件及同逃亡贵族往来的大批信件。巴黎人民得知消息后，怒不可遏，坚决要求立即审判国王。吉伦特派在国民公会里还为国王开脱罪责，但经过激烈的辩论，大多数代表主张判处国王死刑。1793 年 1 月 21 日，路易十六作为"民族的叛徒""人类自由的敌人"被送上断头台。处死国王是革命人民的重大胜利，它不仅推动了法国革命进一步前进，而且也打击了欧洲的封建秩序和君主的权威。

从 1792 年秋到 1793 年年初，对外战争致使法国财政空虚，经济遭到严重破坏：工业衰落，商业萧条，农业减产。然而，吉伦特派控制的国民公会，对群众的疾苦置若罔闻，引起人民群众的不满。吉伦特派极端仇视愤激派的革命活动，诬蔑反映下层人民要求的愤激派是"疯人派"，并进行迫害。雅各宾派起初没有支持愤激派的要求。后来，出于战胜国内外封建势力的需要，便主动联合愤激派，共同反对吉伦特派。1793 年 5 月 4 日，在罗伯斯庇尔的提议下，国民公会终于通过了《粮食最高限价法案》。

法国在对外战争中的胜利和处决路易十六，使欧洲各国的君主极为恐慌，他们害怕自己的劲敌强盛而成为欧洲和海上霸主。不久，以英国为首的反法势力组成了由普鲁士、奥地利、荷兰、葡萄牙、西班牙、那不勒斯、撒丁等国参加的第一次反法联

·吉伦特派·

吉伦特派是法国大革命中代表工商业资产阶级利益的政治派别，因该派领袖人物布里索、维尔尼奥等多来自吉伦特省而得名。1792年8月10日起义后，吉伦特派执掌政权。吉伦特派主张废除君主制，于1792年9月宣布成立法兰西共和国，并把国王路易十六押上断头台。随着革命的深入，认为法国革命应当止步，恢复秩序，并竭力维护工商业资产阶级的利益。1793年年初法国局势恶化，前线紧张，粮食奇缺，物价飞涨，群众要求限制物价，打击投机倒把。吉伦特派则坚持经济自由原则，不愿对经济进行干涉和管制。1793年4月，前线发生吉伦特派将领叛变事件，巴黎群众极为愤怒。1793年5月31日～6月2日巴黎群众起义，逮捕吉伦特派议员及其首领，吉伦特派被推翻。1794年7月27日热月政变后，该派又成为热月党的骨干。

盟，对法国发动了新的进攻。

当时执政的吉伦特派，一心想镇压革命民主派和人民群众，不愿组织力量进行抵抗。因此，在反法联军的大举进攻之下，法军被迫退出比利时和德意志。随后，前线总司令、吉伦特派的将军杜木里埃叛变投敌。与此同时，国内的反革命分子也蠢蠢欲动，旺代、布列塔尼及法国南部相继发生了王党暴动，法兰西共和国面临着严峻的考验。

在国内外反革命势力联合进攻的危急时刻，吉伦特派彻底暴露了他们的真面目。3月，吉伦特派勾结王党分子，杀害革命人士，破坏雅各宾派在各地的俱乐部。5月，吉伦特派又组成了"十二人委员会"，企图罗织罪名，迫害雅各宾派领导人。这说明了吉伦特派已经转变成革命的敌人。不推翻吉伦特派的统治，革命就有夭折的危险。

在内忧外患的紧急关头，雅各宾派领导人民开展了反对国内外敌人的斗争。4月，成立了以丹东为首的公安委员会，负责组织战争事宜。5月底，以罗伯斯庇尔为首的雅各宾派组成了巴黎各区联合起义指挥部，任命雅各宾派左翼分子安里奥为国民自卫军司令。

1793年5月31日凌晨，巴黎上空警钟响起，起义群众迅速包围了国民公会。冲进会议厅的巴黎公社代表们，坚决要求解散"十二人委员会"，逮捕最反动的吉伦特派议员，镇压反革命叛乱。国民公会只同意解散"十二人委员会"，而没有同意逮捕吉伦特派的首要分子。6月1日，巴黎获悉，里昂吉伦特分子勾结王党分子，杀害了800名雅各宾派人士，同时传来前线形势恶化的消息。当晚，愤怒的革命群众集会，示威游行。6月2日，起义的群众和国民自卫军10万人再次包围了国民公会，当场逮捕了29名反动的吉伦特派议员，后来，其中的大部分议员被送上了断头台。

巴黎革命推翻吉伦特派后，雅各宾派接掌政权。专政的最高权力机关是国民公会，执行机关是公安委员会，实际首脑是雅各宾派领袖罗伯斯庇尔。专政期间，建立革命政府，强化专政机构；颁布《土地法令》，废除封建土地所有制，摧毁封建制度；制定《1793年宪法》，取消积极和消极公民的区别及选举的财产资格限制；通过《惩治嫌疑犯条例》，镇压反革命，并击退了外国武装干涉；实行限价政策，打击投机商，把法国资产阶级革命推向高潮。

◎ 1792年8月10日，巴黎人民打败了仍在保护皇室的瑞士卫兵队，攻占了杜伊勒里宫，一个月后法兰西共和国宣布成立。

"热月政变" ⊙ "雾月政变"

雅各宾派执政后，开始推行恐怖统治。恐怖统治本是在特殊条件下采用的一种非常手段，一旦危机被克服，就应立即停止。然而，雅各宾派中的一些领导人在恐怖年代里养成了一种排他自保和权欲膨胀的心态，使得他们在局势好转之后不但没有调整，反而把恐怖统治变为铲除异己、维护自身权力的手段，最终导致雅各宾派内部发生分歧，分裂为三派，即埃贝尔派、丹东派和罗伯斯庇尔派。埃贝尔派一向激进，他们要求继续加强恐怖政策；丹东派主张放弃恐怖统治，实行宽容政策；而当权的罗伯斯庇尔派对以上两派则一律采用镇压政策。埃贝尔、丹东及其主要伙伴先后被送上断头台。此后，罗伯斯庇尔派陷于孤立。反罗伯斯庇尔的各派力量联合在一起，于1794年7月27日（法国新历，共和二年热月九日）发动"热月政变"，罗伯斯庇尔及其集团的主要成员如圣茹斯特、丹东等被捕，并被送上了断头台，雅各宾派专政被推翻，建立以热月党人为代表的大资产阶级政权。"热月政变"是法国资产阶级革命的转折点。从此，革命高潮过去。

新上台的热月党人一方面取消了雅各宾派的恐怖政策和激进措施；另一方面努力保护革命成果，维护共和制，希望能重新建立资产阶级的正常统治秩序。1795年，热月党人制定了新宪法，随后成立督政府。督政府懦弱无能，对内不能稳定政局，对外不能有效地抗击反法联军的进攻。经济投机活动恶性膨胀，货币贬值达到失控地步，下层人民起义和保王党叛乱频繁发生。政治、经济和军事上的混乱局面，说明缺乏效能的督政府已不可能有所作为。在这种形势下，1799年11月9日（共和八年雾月十八日）发生了"雾月政变"，军事独裁者拿破仑·波拿巴应运而生，承担起建立强有力政权和稳定内外局势的历史使命。

法国大革命是一次规模宏大、斗争曲折复杂的资产阶级革命，其势如暴风骤雨，异常迅猛。在革命过程中，人民群众发挥了不可替代的作用。他们的革命行动，推动革命不断向前发展，并取得了一系列民主成果，因而这次革命是一次资产阶级民主革命。它不仅结束了法国的封建统治，而且从根本上动摇了欧洲的封建体系，有力地推动了欧洲资产阶级革命运动和拉丁美洲民族解放运动。

◎巴黎"无套裤汉"
这一名称来自百姓们不穿只有贵族才穿的短裤，而他们却是大革命的主力军。

奥地利推行改革

18世纪中后期，欧洲大陆各国的封建制度日趋衰落，资本主义迅速发展。一些欧洲封建专制国家的君主为了巩固自己的专制统治和顺应时代的发展，利用法国启蒙运动思想家伏尔泰希望"开明专制"的观点，高喊"开明"的口号，进行了自上而下的改革，把自己装扮成"开明"君主。于是"开明专制"便成了当时欧洲大陆各封建国家的特征。

奥地利大公兼神圣罗马帝国皇帝查理六世没有儿子，他担心自己死后王位旁落，就制定了一个新的王位继承法——《国本诏书》。诏书规定，如果没有儿子，那么女儿也可以继承王位。为了防止自己死后邻国和诸侯反对自己的女儿，查理六世慷慨地给了邻国君主和国内诸侯很多好处，以换取他们的支持。邻国的君主和国内诸侯都纷纷表示赞成查理六世的《国本诏书》。

◎玛丽亚·特蕾西娅

1740年，查理六世去世，他的大女儿——23岁的特蕾西娅，即玛丽亚·特蕾西娅即位，成了奥地利大公和匈牙利的女王。

特蕾西娅1717年生于维也纳，天资聪颖，受过良好系统的宫廷教育，学习过世界史、宗教史，能流利地讲德、法、意、捷克和拉丁语。1736年，特蕾西娅同洛林公爵弗兰茨·斯特凡结婚。

特蕾西娅一登基，邻国和国内的诸侯就推翻了以前的承诺，公开反对她继承皇位，并发兵攻打奥地利，阴谋夺取奥地利的领土。1740年，普鲁士国王腓特烈联合法国、巴伐利亚、萨克森、西班牙、撒丁等国组成反奥联盟，拒绝承认特蕾西娅的合法继承权，并派兵侵入奥地利最富庶、工业最发达的西里西亚省，史称"奥地利王位战争"。面对严峻的形势，特蕾西娅决心捍卫自己的王位和帝国的统一。她采取了一系列措施，迅速

·开明专制·

开明专制是18世纪下半叶欧洲一些国家封建专制君主执行的一种政策。当时，欧洲大陆诸国的封建制度日趋衰落，资本主义生产关系在封建社会内有所发展。各国封建君主为了巩固其专制统治，接过了法国启蒙学者要求改革的旗帜，宣称要进行自上而下的改革。他们利用伏尔泰希望有一个开明的君主、在哲学家的辅助下改革社会生活的主张，把自己装扮成"开明"的君主，高喊"开明"的口号。"开明专制"便成了当时欧洲各国封建专制政府的特征，只有英国、波兰、法国例外。

◎约瑟夫二世

缓解了奥地利的国内矛盾，使奥地利一致对外。随即又积极活动，取得了英国和俄国的支持，并得到了英国大量的经济援助，终于渡过了危机。1745年，她的王位继承权得到了德意志大多数选侯的承认，她的丈夫弗兰茨也被推举为神圣罗马帝国皇帝（皇帝只允许男子继承），但她仍大权独揽。

1748年，奥地利与交战国签订《亚琛和约》。和约承认了特蕾西娅的王位继承权，但规定奥地利必须把大部分西里西亚割让给普鲁士，把一部分意大利领土割让给西班牙和撒丁王国。战争的失败暴露了奥地利的政治和军事弊端，特蕾西娅认识到："国家的弊端，不仅仅是个人的问题，也是整个王朝结构造成的结果。"在一大批受到启蒙思想影响的大臣的辅佐下，特蕾西娅宣布实行"开明专制"，进行一系列大规模的改革，以振兴国家，巩固统治。

为了对付强大的法国和普鲁士，特蕾西娅首先进行军事改革，创办了"玛丽亚·特蕾西娅陆军大学"，规定以后军官必须经过正式训练才能任职，军官升职不以出身

而以学历和战功为标准。她改革征兵方式和军事训练方法，将军队由10万人扩充到27万人，奥地利的军事实力大大增强。

在政治上，为了加强中央集权，特蕾西娅组成国务院，建立了管理内政和财政的机构，剥夺了邦议会和贵族领主的权力。

在经济上，她下令统一货币，并发行纸币，减轻农民服劳役的时间，取消贵族和僧侣不纳税的特权。她还鼓励工商业者创立工厂，并设立奖金奖励新发明和新企业。为了改变技术落后的状况，特蕾西娅允许外国技术人员迁居奥地利。同时，公费派遣技师到国外深造，并禁止熟练工人外流。

1780年，特蕾西娅去世，她的儿子约瑟夫二世继承王位（他在1765年父亲去世后就继承了神圣罗马帝国的皇位）。他采取了激进的改革措施，进一步加强了中央集权，废除了农奴制，严格限制天主教的势力。但他的措施触犯了贵族的利益，也激化了民族矛盾。约瑟夫二世是个颇具民主思想的君主，他把维也纳宫廷附近的大草地和森林开辟为公园，供人们游览，还禁止人们在他面前行屈膝礼和吻手礼。约瑟夫二世还取消贵族的特权，撤销等级学校，废除死刑和刑讯，创立了奥地利现代化的军队和忠诚的官僚体系。在对外政策中，他与母后共同执政时就已经获得一些成就。当波兰发生内战时，他微服私访柏林，与普鲁士的国王腓特烈大帝会谈，一起策划瓜分波兰。他曾企图以奥属尼德兰和平交换巴伐利亚，但普鲁士腓特烈深恐他在德意志的势力扩大，纠集一批小诸侯组成诸侯同盟表示抗议，约瑟夫只好作罢。1790年，约瑟夫二世去世，他给自己写的墓志铭是："这里沉睡着一位国王，他心地纯洁，但却目睹了自己的全部努力归于失败。"

特蕾西娅和约瑟夫二世的改革，取得了很大的成就，是奥地利近代化的开端。

普鲁士跻身欧洲强国

普鲁士原为古普鲁士人居住地，13世纪为条顿骑士团征服，始称普鲁士。1466年臣属波兰，1525年成为普鲁士公国。自16世纪起，勃兰登堡采用各种方式不断扩张领土，并利用位于海外贸易必经之路的有利位置，积极发展经济，国势蒸蒸日上，成为德意志诸邦中唯一能与奥地利抗衡的国家。

18世纪中叶，腓特烈二世为使普鲁士跻身于欧洲强国之列，也开始实行"开明专制"，进行改革。改革内容包括：第一，加强中央集权，提高政府工作效率。腓特

◎ 1763年柏林战争结束后，腓特烈大帝胜利返回首都柏林。

·德意志的政治分裂·

公元843年，从查理曼帝国分裂出来的东法兰克，逐渐发展为德意志王国。公元962年，奥托一世成立了新的帝国，历史上称为"神圣罗马帝国"。这个时期，德意志封建主乘机加强割据，扩大实力，诸侯之间出现长期内乱，皇权衰落，封建领主发展为诸侯或称邦君，领地成了邦国。1356年，查理四世迫于压力，颁布《黄金诏书》，正式承认诸侯在自己邦内拥有行政、司法、关税、铸币和经营矿山等权利，并规定皇帝由固定的7个诸侯中选举产生，7个诸侯因此称为选侯。14世纪中叶，神圣罗马帝国除七个选侯外还有10多个大诸侯、200多个小诸侯、1000多个独立帝国骑士，他们大大小小的领地就是大大小小的邦国。在300多个邦国中，奥地利和普鲁士最为强大，他们之间的争霸使德意志政治分裂局面有所改观。

烈把政府机构置于自己的绝对控制之下，要求官员讲求效率，却不给他们以处置权。这样，普鲁士的官僚机构就成为国王手中驯服而有效的御用工具。第二，疏通道路，修筑桥梁，改善交通；吸引外国移民；发展工商业，增加税收；扩充军力。第三，开办学校，发展教育；奖励科学，扶助艺术。

腓特烈二世的"开明专制"表面上标榜科学与理性，但本质上仍是专制主义。他在进行改革、增强国力的同时，不断发动对外战争，继续扩充疆土。18世纪中期，他借口奥地利的王位继承问题，参加对奥战争，夺取了西里西亚。18世纪晚期，又与俄、奥一同瓜分波兰。普鲁士的实力迅速上升，跃居于欧洲强国之列。与此同时，普鲁士也变得更加专制，更加军国主义化了。

俄国推行"开明"改革

近代的俄国是以莫斯科公国为中心，通过不断兼并邻国逐步形成的。到17世纪中叶，俄国已是一个疆土辽阔的封建大国，但经济却十分落后。农奴制度在俄国仍盛行不衰，农民没有人身自由，饱受着贵族地主的残酷剥削，生活非常悲惨。手工工场虽然开始出现，但数量很少，而且工场内的主要劳动力是农奴；政治上实行沙皇专制制度，所有权力都集中在沙皇一人手中；文化教育更为落后，识字的人非常少，全国人民都笼罩在无知和愚昧之中。

为使俄国尽快摆脱落后局面，1689年开始掌握实权的彼得一世进行了大刀阔斧的改革。彼得一世（1672～1725年），俄国罗曼诺夫王朝第4代沙皇，杰出的政治家、军事家和外交家，俄国正规陆海军的

◎彼得大帝是18世纪初期俄罗斯的统治者，俄国历史上称帝的第一人。他全力以赴地将封闭保守的俄罗斯转变成一个真正的帝国。

创建者，史称彼得大帝。他于1682年即位，1689年掌握实权，称彼得一世。他生于莫斯科，意志坚强，才能出众。1682年，他与其异母兄伊万五世并立为沙皇。由于彼得年幼，伊万痴钝，伊万的姐姐索菲亚摄政。

彼得一世少年时随母亲住在莫斯科郊外。17世纪80年代，为进行军事游戏，他曾建立"少年军"，这对彼得一世个性的形成具有特殊作用。后来这支队伍便成为俄军的禁卫部队。

1689年，彼得一世率"少年军"平息索菲亚策动的射击军叛乱。1696年，伊万五世病死后，彼得一世独掌政权。1697～1698年，他化名随同俄国使团出国旅行，考察西欧，学习西欧先进的科学技术。1698年夏，他从维也纳仓促回国，镇压禁卫军宫廷政变。

在位时，彼得一世深知俄国面临的任务。为了改变俄国的落后面貌，他进行了多方面的改革。改革的主要内容包括：削弱贵族势力，加强中央集权；引进西欧先进的军事技术，建立海军和新式陆军；鼓励发展工业，允许工场使用农奴劳动；推行学校教育，重视科学技术，提倡西欧的生活方式。

彼得一世的改革是符合历史规律的，这是由改革前俄国国内的发展、各阶级矛盾的激化及俄国国际处境日益艰难的状况所决定的。他对国家机构的改革，巩固了专制政体，增强了俄国的经济、军事实力，使俄国一跃成为欧洲强国，为进一步对外扩张创造了条件。

彼得一世毕生致力于加强俄国的军事力量，提高俄国在国际舞台上的地位。他继续了1686年开始的对土耳其的战争，于1695～1696年举行亚速远征，巩固了俄国在亚速海沿岸的地位。为争夺波罗的海出海口，他发动了对瑞典的战争。1714年8月，他亲率俄国舰队在汉科角海战中击败瑞典舰队，取得海军建立以来的首次胜利。9月，俄国与瑞典签订《尼斯塔特和约》，夺取了大片土地，并取得波罗的海的出海口。10月，俄国改国号为俄罗斯帝国。

在1700～1721年的北方战争中，俄国获得全胜，取得了通往波罗的海的出海口，从而得以与西方建立直接联系。俄国开始跻身于欧洲列强之列。

1722～1723年，彼得一世又发动侵略波斯的远征，同时继续向远东扩张。他晚年曾企图率兵侵占中国长城以北地区，因力量有限而未能得逞。

彼得一世是杰出的军事统帅，他在军事学术方面富于创造和革新的精神。在位期间，陆海军实行严整统一的编制，实行严格的纪律和军人守则；他十分重视陆海军的技术装备革新；制定了一套适合民族特点和俄军传统的部队训练体制。彼得一世的战略眼光远远超出了他所处的时代，为确保俄国边境的积极防御，他于18世纪初大力兴建筑垒线、要塞和海军基地。他依据俄国的历史经验，保持和发扬了俄国宝贵的军事学术，同时也吸收西欧军事思想和实践的成果，批判地加以改造。

作为一位外交家，彼得一世深知俄国对外政策的任务。他善于利用形势，能够做出妥协，又曾多次亲自出面谈判，缔结协定。1697～1698年随大使团考察西欧各国时，他就为建立反瑞（典）北方联盟做了准备。1699年，该联盟最终形成。1719年，俄、瑞（典）和平谈判后，由于彼得一世善于利用欧洲列强间的矛盾，英国的破坏未能得逞。1725年2月8日，彼得一世在彼得堡去世。

到18世纪后期，叶卡捷琳娜二世在经济上继续推行"开明"改革：强调发展农业生产，取消了对土地买卖、转让的限制，为土地私有制铺平了道路；大力发展工业，削弱行会的控制，鼓励各阶层人士开办工场；并逐步放弃了由国家控制商业的重商主义政策，鼓励自由贸易。这些措施在一定程度上为资本主义的发展提供了有利的条件。

·俄国启蒙思想家·

俄国启蒙运动起源于18世纪中期，罗蒙诺索夫是其"开山"人物。他主张关心同情农民，要改善农民的教育、卫生、保健等方面的现状，要保证农民的孩子都能上学，而农奴制必须予以抵制、推翻。罗蒙诺索夫的观点受到后来启蒙思想家的尊崇。因为天赋人权，农奴应该享受到与他们主人一样的权利，农奴应当自由、平等，农奴对自己的财产有处置权，任何农奴制度都是没有文明的表现，应当禁止。这也是启蒙思想家的态度。雅·帕·科杰尔斯基对农民贫困的根源做了深层探究，他认为地主对农民的剥削才使农民受穷。社会上应当摒弃那些对农民不公正的行为与政策。俄国另一个启蒙思想家是尼·伊·诺维科夫。他通过《雄蜂》和《画家》对当时俄国官场和政界人物做了无情的揭露，如奉承拍马、徇私枉法等。为此，诺维科夫身遭图圄之灾，被判处15年的监禁。而1749年出生于萨拉托夫的拉吉舍夫，在《从彼得堡到莫斯科旅行记》中极力抨击沙皇专制，号召人民推翻它。该书公开指责沙皇是暴政者，农民的一切都被他和农奴主剥夺殆尽，唯一留下的"只有空气"，只有推翻沙皇专制，才能建立自由平等的国家。

拿破仑称帝

"雾月政变"后，拿破仑当上了法国第一执政官，成了法国的统治者。拿破仑生于破落贵族家庭,1779年,拿破仑进入布里埃纳军校学习，成绩突出。15岁进入巴黎陆军学校学习，虽然只有两年，但他却深受法国启蒙思想的影响。

从巴黎陆军学校毕业后，拿破仑当上了一名炮兵少尉，1791年晋升为中尉，次年被提升为上尉。1793年，法国保王党人在英国和西班牙的大力支持下，占领了法国南部重镇土伦，共和军久攻不克。拿破仑奉命参加土伦战役，任炮兵指挥，并晋级为上校。依靠拿破仑指挥的炮兵部队，共和军终于攻占了土伦。此役使拿破仑声名大振，不久便被破格提升为准将。1795年，他的炮兵部队在巴黎再建奇功，

◎拿破仑翻越阿尔卑斯山

以5000人之力击溃了2万多名叛乱分子。之后，拿破仑被任命为法国"国防军"副司令。1796年，他与年轻寡妇约瑟芬结婚。后来，他又被派往意大利和埃及战场作战。1799年，拿破仑从战场上悄然返回法国，发动了"雾月政变"，此后，他一直处在法国权力的顶峰，

·法国共和历·

法国共和历是法国大革命中一度实行的历法。1793年10月5日国民公会决定废止基督教的格里历法（即公历），采用革命历法，即共和历。共和历以法兰西第一共和国建立之日（1792年9月22日）为历元，每年分四季、12个月，每月30天，每10天为一旬，每旬第10日为休息日。12个月之外余下的5天（闰年为6天，包括1796年、1799年、1804年）作为"庆祝日"或"补充日"。

根据10月24日法布尔·戴格朗丁的提议，共和历借用当时一本小册子作者想象的富有诗意的名称，将12个月依次定为葡月、雾月、霜月、雪月、雨月、风月、芽月、花月、牧月、获月（或收月）、热月、果月。附在格里历日期上的圣徒名字则用种子、树木、花卉和水果的名字加以替换。

法国大革命中发生的热月政变、芽月起义、牧月起义、葡月暴动、果月政变、花月政变、雾月政变等事件及牧月法令、风月法令等，就是按共和历的月份命名的。

1806年元旦开始，拿破仑一世政权恢复格里历法，正式废止了共和历。

在他统治的最初 5 年中，实现了社会的稳定，实现了法国人民克服混乱和巩固大革命成果的愿望，为法国推行资本主义制度奠定了基础。

1800 年，拿破仑颁布政法令，大力整治了大革命期间的政治，削弱了地方各级议会的权力，进一步巩固和加强了中央集权，1801 年，他同罗马教皇签订了《教务专约》，宣布天主教是"大多数法国人的宗教"，国家掌管教会的世俗权力，而教皇的职权只能在宗教事务范围内行使。这实际上是在维护革命成果的基础上对天主教进行改造。拿破仑还采取了一些有利于资本主义发展的财政经济措施：组建了法兰西银行；成立了全国工业促进会，为工业提供补贴和机器设备，鼓励采用新技术；在对外贸易上实行保护关税的政策。这些措施出台后，法国外贸总额有了大幅度增长。

拿破仑的统治虽然带有浓厚的专制色彩，但他却非常重视法制建设。1804 年 4 月正式公布实行的《法国民法典》（1807 年改名为《拿破仑法典》）就是他本人不断督促和指导的成果。法典综采罗马法、传统法和革命新法编成，1807 年和 1852 年两次被命名为《拿破仑法典》。这部法典确认了资产阶级和农民占有贵族和教会土地财产的合法性，保证不受封建势力的侵犯；否定封建特权，确立了资产阶级自由、平等的原则，规定每个公民具有同等的民事权利和行为能力；法典对于家庭、婚姻、继承等社会生活方面都做了明确规定。这部法典是资本主义国家最早的一部民法法典，破除了封建的立法原则，成为欧美各国资产阶级的立法规范，推动了资本主义的发展。

拿破仑所采取的措施使他受到国内各阶层普遍的欢迎和支持，这种情况反过来又刺激了他权力欲的急剧膨胀。1804 年 11 月 6 日，公民投票通过《共和十二年宪法》，宣布拿破仑·波拿巴为法兰西皇帝，1804 年 12 月，拿破仑终于如愿以偿，在巴黎圣母院加冕称帝，号称"拿破仑一世"，建立了法兰西第一帝国，即拿破仑帝国。帝国建立后，政体和官制都有所变化。但在基本政策上，拿破仑仍然坚持雾月政府时期的施政方针。在行使权力上，由过去的第一执政官专权演变为皇帝独裁。

◎拿破仑加冕仪式

拿破仑帝国

拿破仑帝国始终伴随着对外战争。战争初期具有保卫法国大革命的胜利成果，反对封建复辟，反对欧洲封建专制势力干涉的性质。但在战争后期，这场战争又逐渐变成了对外侵略、夺取欧洲霸权的战争。

拿破仑发动政变后，鉴于国内局势混乱，曾向英、俄、奥三国君主建议停战，但遭到拒绝，他转而采取了卓有成效的外交政策：首先稳住普鲁士的中立地位，接着争取俄国退出反法同盟，然后全力摧毁奥军，最后集中力量打击英国。

1800 年 6 月，拿破仑率领大军击溃驻意大利的奥军，进逼奥地利南部，迫使奥地利于 1801 年 2 月同法国签订了《吕内维尔和约》，承认法国对莱茵河左岸地区的占领及对比利时和意大利北中部地区的占领。法国则同意奥地利继续占有威尼斯。法军战胜奥地利，促成了第二次反法同盟的解体。俄国此后退出了同盟，普鲁士保持中立。而且由于英国在海上实行的封锁政策损害了它们的利益，使它们同瑞典、丹麦共同组成了针对英国的保护商业同盟。

在这种孤立的背景下，英国不得不同法国进行和平谈判，结果于 1802 年 3 月签订了《亚眠和约》。和约规定：英国将近年来夺得的一部分殖民地交给法国及法国的盟国西班牙和荷兰。《亚眠和约》是英国外交上的一次失败，它承认了法国控制荷兰和整个莱茵河左岸。但是，没过多久，英、俄两国便于 1805 年 4 月在圣彼得堡签订同盟条约，奥地利、瑞典和那不勒斯也相继加入。于是，

◎正在查阅地图的拿破仑

第三次反法同盟建立，欧洲战事再起。同年 10 月，法、西联合舰队在特拉法加海角与纳尔逊率领的英国舰队展开激战，结果法西联合舰队几乎全军覆灭，这使拿破仑不得不放弃渡海进攻英国本土的计划。但在欧洲大陆战场上，拿破仑的军队却连战连捷。11 月，法军攻占了维也纳。12 月，法军与俄奥联军在奥斯特里茨进行大决战，俄奥联军受到重创。第三次反法同盟宣告失败。拿破仑迫使奥地利签订《普雷斯堡和约》，给法国大量赔款，并承认巴伐利亚、符腾堡和巴登地区独立。自此，奥地利在德意志原有的势力丧失殆尽，而法兰西第一帝国也成为远超出法国本土的强大帝国。

拿破仑在德意志的扩张和想取得欧洲霸权的图谋，使过去实行中立政策的普鲁

士感受到了严重的威胁。1806 年 9 月，英、俄、普等国组成第四次反法同盟。10 月，拿破仑率军出征，在耶拿战役中给普军主力以毁灭性打击，并攻占了柏林。1807 年 6 月战胜俄军后，沙皇亚历山大一世和普鲁士王威廉一世分别与拿破仑签订了《提尔西特和约》。和约对普鲁士十分苛刻，除保留东普鲁士、波美拉尼亚、勃兰登堡和西里西亚外，普鲁士丧失了其余的大片领土，还要向法国赔款 1 亿法郎。和约使普鲁士统治的人口从 1000 万降到 493 万。《提尔西特和约》的签订，宣告了第四次反法同盟的失败。但是，它也表明拿破仑对外战争的性质已由保卫领土的自卫战完全演变成争夺欧洲霸权的非正义战争了。

打败了欧洲大陆上的敌手后，拿破仑全力以赴对付英国。1806 年 11 月，拿破仑就已经宣布《大陆封锁令》，禁止大陆各

◎ 1809 年 7 月 6 日瓦格拉姆之役中的拿破仑。奥军在瓦格拉姆一战中退却，导致法奥于肖恩布鲁恩签订和约，奥地利又一次失去了众多人口及大面积土地，并负担了更多的战争赔款。

国与英国通商。到了 1807 年 10 月，拿破仑在巴黎近郊枫丹白露行宫再次发布敕令，强化大陆封锁政策。

1809 年，拿破仑又粉碎了英国与奥地利组成的第五次反法联盟，奥地利被迫与法国签订和约，向法国赔款割地。从 1805 年开始，拿破仑指挥的军队接连粉碎反法同盟的进攻，粉碎了复辟波旁王朝的阴谋，也从根本上动摇了欧洲大陆的封建秩序，沉重打击了各国的封建专制统治。但是，拿破仑战争也给欧洲各国人民带来了灾难，其侵略性质在战争后期愈发明显。法国每取得一次胜利，都要从战败国索取大量的赔款，并从占领地抢夺大量的金银财宝、艺术品运回法国。同时，法国还将被占领国家和地区变成自己的原料供给地和商品倾销市场，大大影响了被占领国家和地区的经济发展，欧洲各国人民均遭受了巨大的人力和物力损失。

经过几年的战争，法国成为一个拥有 130 个省、7500 万人口的大帝国，并且拥有众多的附庸国和同盟国。拿破仑帝国进入鼎盛时期。

·《拿破仑法典》·

1804 年拿破仑主持编纂的《法国民法典》，是法国第一部民法法典。拿破仑取得政权后，为了巩固资产阶级的革命成果，维护资产阶级的统治，制定了一系列法典。其中《法国民法典》是其亲自编纂和审定的。1804 年 3 月 21 日该法典正式颁行。法典综采罗马法、传统法和革命新法编成，1807 年和 1852 年两次被命名为《拿破仑法典》。这部法典确认了资产阶级和农民占有贵族和教会土地财产的合法性，保证不受封建势力的侵犯；否定封建特权，确立了资产阶级自由、平等的原则，规定每个公民具有同等的民事权利和行为能力；法典对于家庭、婚姻、继承等社会生活方面都做了明确规定。这部法典是资本主义国家最早的一部民法法典，破除了封建的立法原则，成为欧美各国资产阶级的立法规范，推动了资本主义的发展。

滑铁卢之战

拿破仑帝国虽然前后多次打败了反法同盟，但是，它的强盛是表面的，它面临着种种不可调和的矛盾。拿破仑从占领区掠夺大量财富运回法国，实行以战养战的政策，大部分军费和军用物资都从占领区收取，迫使当地居民充当炮灰，这就激化了法国同这些被占领区人民的矛盾。从1808年起，欧洲被压迫民族掀起了反拿破仑帝国的民族解放运动。西、葡人民顽强的游击战争牵制住拿破仑20万精锐部队。德意志地区和意大利半岛起义活动空前高涨，沉重地打击了拿破仑的统治。在《提尔西特和约》中蒙受屈辱的普鲁士，通过资本主义性质的改革，国力迅速增强。所有这些反抗运动都是拿破仑无法遏制的。

另外，无休止的对外战争也给法国人民带来了深重的灾难。1800～1813年，拿破仑征兵达150万人，致使田园荒芜，农业凋敝，激起了农民的强烈不满。大陆封锁政策的失

◎圣赫勒拿岛上的拿破仑

败，又使得法国原料缺乏、工厂停产、工人失业、市场萎缩，严重地损害了法国资产阶级的利益。拿破仑在国内的威望日益下降，帝国的统治发生了危机。但是，迷信强权的拿破仑仍然一意孤行，他决定远征与大陆体系作对的俄国，以新的对外征服来巩固自己的统治。

1812年9月，拿破仑大军长驱直入，开进莫斯科，但得到的却是一座空城。一个月后，他被迫下令撤军。撤退途中，拿破仑军队不断遭到俄国正规军和游击队的袭击，加上饥饿和严寒的威胁，损失惨重。到了退出俄领土时，原有的70万大军只剩5万余人。侵俄战争的失败，是帝国由盛到衰的转折点。

俄沙皇也想彻底歼灭拿破仑，于是1813年2月，俄国与普鲁士结盟，英国、西班牙、葡萄牙、瑞典和奥地利相继也加入行列中，范围更广的反法第六次联盟结成。面对这样巨大的变局，拿破仑迅速组建新军，做好对反法同盟作战准备。10月19日，拿破仑在莱比锡与反法联军进行了一场大会战，结果拿破仑遭到失败。1814年3月底，联军攻占了巴黎。几天之后，拿破仑被迫退位，并被囚禁到地中海上的厄尔巴岛。1814年9月，战胜国在维也纳召开会议，讨论欧洲秩序的重建问题。会上列强为了自身的利益发生了分歧。拿破仑得知消息后于1815年3月逃出厄尔巴岛，集结旧部并占领了巴黎。这使整个欧洲震惊，3月25日，因利益分配不均而争吵的联军又站在了一起，宣布成立第七次反法同盟，由英国的惠灵顿公爵任统

帅，迅速集大军 64.5 万人，分头向法军进攻。拿破仑到 5 月底也召集了 28.4 万的正规陆军和 22.2 万人的补助兵力。

　　拿破仑意识到如果联军几大军团会合一处，后果就不堪设想。他根据比利时联军战线分布过长的情况，决定采取主动进攻、集中优势兵力各个击破。6 月 12 日，拿破仑进至比利时，对驻守在利尼附近的英普联军实施突然袭击，普军大败。17 日，拿破仑错误地让军队休息了一天，并决定 18 日同英军元帅惠灵顿指挥的英荷联军在滑铁卢（布鲁塞尔以南 20 千米）展开大决战。而惠灵顿指挥的英军早已修了坚固的工事，等待拿破仑。

　　6 月 18 日，拿破仑指挥军队进攻，滑铁卢战役打响。拿破仑拥有 270 门大炮，但前一天晚上的大雨，使地面泥泞不堪，笨重的大炮只有一小部分进入阵地。11 时，法炮兵首先发炮，接着双方对射，对峙到下午 1 时，拿破仑派兵佯攻英军右翼，以牵制敌人的主要兵力，使中央薄弱后加以主攻。但佯攻效果并不明显，拿破仑只好从中央发起总攻。双方僵持不下时，被击散的普军重新集结，出现在法军身后，拿破仑急命两军团堵截。惠灵顿精神大振，英军的士气猛涨。战至下午 6 时许，法军

·特拉法加海战·

　　1804 年拿破仑称帝后，为了彻底打败反法联盟，决定跨海作战征服英国。为牵制住强大的英国海军，拿破仑派海军中将维尔纳夫率领的法国和西班牙联合舰队与英国海军决战。1805 年 10 月 21 日，双方舰队在西班牙特拉法加角外海面相遇。英国海军将领纳尔逊率领的英国舰队有 27 艘战舰，法、西舰队有 32 艘战舰，但英国舰队的训练、经验和武器装备都比对手要强得多。纳尔逊一反当时将舰船排成纵队线形列队的战法，把舰队分为两列纵队，以机动战术攻击敌人。英国舰队将法、西舰队拦腰截成两段，然后冲入敌方舰队中，进行一对一的战斗。战斗持续 5 小时，法西联合舰队遭重创，主帅维尔纳夫被俘，但英军的纳尔逊海军上将也在此战中阵亡。此战导致法国海军大伤元气，拿破仑被迫放弃进攻英国的计划，英国则巩固了海上霸主地位。

已疲惫不堪。8 时许，惠灵顿下命反攻，在联军的夹击下，法军支持不住，全面溃败，拿破仑趁乱逃出战场。法军伤亡严重，损失 3 万余人。6 月 21 日，拿破仑败退巴黎。7 月 7 日，联军攻进巴黎，拿破仑被迫宣布退位，并被流放到南大西洋的圣赫勒拿岛。

◎从此图可看出滑铁卢战场的概貌，惠灵顿将军队部署在圣让山以南的山脊上，从而堵住通往布鲁塞尔的最后一道防线，防御体系西面以一座乡间别墅为据点，中间以一座农庄为缓冲，东面则以两座农庄为前哨，这样，整个防御体系像三只伸向前的拳头，将拿破仑的进攻割裂开来。

神圣同盟

英、俄、普、奥四国因反对拿破仑战争的需要而结成同盟。然而，随着战争的结束，同盟各国的团结变得难以维系。俄国沙皇亚历山大一世以"欧洲和平仲裁人"自居，企图充当拿破仑的角色；英国力图维持欧洲均势，既要防止法国东山再起，又要阻挠俄国取代法国；奥地利和普鲁士争夺德意志霸权的斗争进行得十分激烈；而那些被拿破仑征服的欧洲各国大大小小的王室，则分别依附于欧洲列强，都在试图恢复旧日的统治。战胜国在维也纳召开了一次国际会议，并最终形成了维也纳体系。

维也纳会议于1814年10月1日~1815年6月9日在奥地利首都维也纳召开。它是欧洲各国在打败拿破仑后处理战后问题的国际会议，实质上是一次消除法国大革命的影响，恢复封建统治秩序，瓜分拿破仑帝国遗产的会议。

维也纳会议争执的焦点是波兰－萨克森问题。波兰夹在大国中间，在历史上曾

◎神圣同盟实际决策者之——奥地利首相梅特涅

◎（左起）俄皇亚历山大一世、奥皇法兰西斯一世、普鲁士国王腓特烈三世，他们是维也纳体系的真正操纵者。

3次遭到俄、普、奥三国的瓜分，甚至一度从欧洲版图上消失。法国的拿破仑攻占华沙后，在那里成立了华沙大公国。由于之前在瓜分波兰时华沙为普鲁士所得，因此，普鲁士王威廉三世要求占领"原地"。而俄国沙皇亚历山大一世则希望霸占波兰，并且建议由普鲁士占领全部萨克森，作为它失去波兰领土的补偿。与此同时，俄、普与奥地利的矛盾则更加尖锐。由于俄国和普鲁士将其他国家尤其是奥地利撇在一边而单独商讨波兰问题，奥地利极为不悦。奥地利首相梅特涅不愿看到北方的普鲁士强大起来，从而影响奥地利在德意志诸王国中的领导地位。同时，梅特涅对俄国也有所顾忌。因为俄国一向标榜自己是斯拉夫民族的天然朋友，一旦俄国势力得到扩

张，奥地利境内的民族问题必然激化。英国的既定政策是维持欧陆均势，因此，在俄国咄咄逼人的气势下，英国决定支持奥地利。而以特殊身份参加会议的法国也发挥了一些作用，法国权衡利弊后，站到了英、奥一边。1815年1月，英、奥、法三国签订了秘密同盟条约，规定三国如遇他国进攻，则互相援助。

英、奥、法三国的强硬立场，使俄、普做出了妥协，于是双方达成协议：普鲁士占领但泽与波兹南；奥地利占领加里西亚；其余部分组成波兰王国，并由亚历山大一世兼任波兰国王。萨克森王国保留一部分领土，其余的五分之二领土割让给普鲁士；另外，将莱茵河左岸和威斯特发里亚王国划归普鲁士作为"补偿"。

波兰—萨克森问题解决后，列强便着手制定会议的总决议。但是，这时突然传来拿破仑回巴黎重登帝位的消息，各国首脑惊恐万分，紧急组织起第七次反法同盟。

拿破仑"百日政权"倒台后，1815年11月，战胜国与法国又一次签订了《巴黎和约》。根据和约，法国割让了萨尔路易、菲利普维尔和萨尔布鲁根等地；东北部17个城镇和要塞由盟军占领3～5年；法国赔款7亿法郎。

维也纳会议的决议和第二次《巴黎和

◎ 维也纳会议现场，所有的决议都由战胜国做出。

约》，造成了欧洲范围内封建势力复辟的局面。俄国获得了芬兰，由俄皇兼任波兰王国国王，克拉科夫则成为俄、普、奥共同保护下的一个共和国；奥属尼德兰合并于荷兰建立尼德兰王国；德意志的39个邦和4个自由市组成德意志联邦；瑞士联邦重新恢复并中立。英国则获得荷兰的好望角、锡兰殖民地及法属殖民地马耳他岛等地。为了维护已确立的体系，防止再度爆发革命，俄、普、奥三国君主签署条约，建立了带有反动宗教色彩的"神圣同盟"。

经过维也纳会议和其后欧洲政治力量的整合，欧洲在历史上第一次真正被包括在一个共同的条约体系内。直到19世纪中叶，列强之间都没有发生过大的战争，这说明维也纳体系在整体上使欧洲出现了一个比较稳定的局面。

·神圣同盟·

拿破仑帝国崩溃后，1815年以俄国沙皇为首的欧洲君主在巴黎组成的反动同盟。根据沙皇亚历山大一世的倡议，1815年9月，俄、奥、普三国君主在巴黎共同发表神圣同盟宣言，声称为维护基督教、和平与正义而互相支援。其目的是维护维也纳所建立的封建统治秩序，镇压革命运动和民族独立运动。主要决策者是沙皇亚历山大一世与奥国首相梅特涅，沙俄成了欧洲的国际宪兵和反动势力的堡垒。1815年年底，除英国、教皇和土耳其外，所有欧洲国家都加入该同盟。英国表示同意宣言原则。神圣同盟曾于1820～1821年间镇压意大利的革命运动，于1823年武装干涉西班牙革命，并企图干涉拉丁美洲的独立运动。由于内部利害冲突及在各国民族革命运动的打击下，1830年法国七月革命和比利时八月革命后同盟实际上已经瓦解。

英国古典政治经济学

英国是欧洲资本主义制度产生和发展最早的国家之一，在18世纪上半叶，英国已经成为资本主义世界的霸主，在国际上，不管在政治还是在经济方面都领先于其他各国。亚当·斯密生活的时代，英国工场手工业仍然是资本主义生产的主要形式，但这个时期手工技术向机器生产过渡的趋势已经日益明显，资本原始积累已经完成。然而由于封建势力仍然在政治上占据主要地位，封建经济也大量存在，严重阻碍了资本主义经济的进一步发展，于是资本主义需要一种反对国家干预、宣扬自由主义经济的理论。

英国古典政治经济学就产生于这一背景之下，它代表了新兴资产阶级的利益和要求，是一种具有一定科学价值的经济理论，是资产阶级政治经济学中最为进步的一个学派。它产生于17世纪中叶资产阶级革命时期，19世纪中叶臻于完善。英国古典政治经济学在经济领域中大力宣传资本主义生产方式的优越性，批判封建生产方式的落后性。

英国古典政治经济学的创始人是威廉·配第（1623～1687年），发展者是亚当·斯密（1723～1790年），完成者是大卫·李嘉图（1772～1823年）。他们在分析资本主义生产关系的基础上，试图说明经济现象的内在联系，他们的主要贡献是奠定了劳动价值论的基础。

英国古典政治经济学家指出，劳动是价值的唯一源泉，商品的价值是由生产商品消耗的劳动量决定的；他们区分了商品的使用价值和交换价值、具体劳动和一般劳动。指出了创造价值的是一般劳动，而不是具体劳动。一般劳动所创造的价值用劳动时间来计量；他们看到了直接劳动与物化劳动，认为只有直接劳动才能创造价值，物化劳动是价值的转移等。

此外，他们还指出了地主阶级、资产阶级和工人阶级是英国社会的三大基本阶级，揭示了他们之间存在经济上的对立，对社会各阶级的经济对立有清醒的认识。

但是，英国古典政治经济学家主要是研究资本主义制度下物与物的关系，并没有进一步揭示出隐藏在商品生产和商品交换中的人与人的关系；在揭示物与物的关系时，在理论上也有许多矛盾和错误之处。

英国古典政治经济学家提出的劳动价值论，是一种具有一定科学成分的经济理论，它也是马克思主义政治经济学的重要思想来源之一。

◎18世纪的英国一家纺织厂，女工们正在夜以继日地工作。

空想社会主义学说

19 世纪空想社会主义学说的主要代表人物有：法国的圣西门、傅立叶和英国的欧文。圣西门出生在一个贵族家庭。幼时因达兰贝尔做他的老师而受唯物主义思想的影响。19 岁时他参加了北美独立战争，受到资产阶级革命的洗礼。1789 年法国大革命爆发，他在家乡参加革命活动，宣传自由思想。后来由资产阶级民主主义向社会主义转变，致力于建立未来社会。1802 年在《一个日内瓦居民给当代人的信》中，他设想出美好社会制度。他的伟大功绩在于尖锐地抨击了资本主义制度，力图论证一种平等幸福的新社会取代资本主义社会的历史必然性。他指出资本主义社会是一个"黑白颠倒的世界"，弊病丛生。圣西门批评资本主义制度使人们道德沦丧、精神低下，整个社会充斥着冷酷的利己主义。他断言，资产阶级革命后建立的资本主义制度是不合理的，它的存在仅仅是历史的暂时现象，是达到真正普遍幸福的新社会的一个过渡阶段。但他把希望寄托在国王和大人物身上，反对暴力革命和阶级斗争，其学说也成为空想。

◎圣西门

在政治上，他批判资本主义制度；在哲学上，坚持唯物主义立场。他的主要著作有《人类科学概论》《关于社会组织的理论》《论实业制度》和《新基督教》等。圣西门的著作为科学社会主义提供了有益的思想材料。

傅立叶于 1772 年 4 月 7 日生于一个富商家庭。他自学成才。20 岁时，继承其父遗产经营商业。后因参加起义被捕，对革命失去热情，影响了他以后的思想。19 世纪初，他发表了一系列著作，揭露了资本主义制度的罪恶，主张以他设计的"和谐制度"来代替资本主义制度。他理想的"和谐社会"名称叫"法朗吉"。他以经济发展的水平为标准，把到目前为止的人类历史划分为五个阶段：原始社会、蒙昧社会、宗法社会、野蛮社会和文明社会。他指出，每个社会阶段都有着它自身的经济特征：小工业是宗法社会的特征；中等工业是野蛮社会的特征；大工业是文明社会的特征等。他断言，历史是有规律地由低级向高级发展的，低级社会必然被高级社会所代替。这些思想带有宝贵的唯物主义的辩证法因素。

傅立叶思想体系中最精彩和最有价值的部分是他对资本主义制度的深刻而辛辣的批判。他把资本主义制度称为文明制度的衰落阶段，认为它是人类经历的最丑恶的制度，是一个"社会地狱"。傅立叶对资本主义制度的批判，都是为了论证文明社会必然为他所设想的和谐社会所代替。他宣称，使人类进入和谐社会是历史

◎欧文

主要著作有《新社会观》《新道德世界书》等。欧文促进了英国工会运动的发展，他的学说启发了工人觉悟，并影响了后来社会主义思想的发展。

赋予他的使命。

欧文生于一个手工业者家庭，10 岁辍学当学徒，19 岁成为一家纱厂经理，1800年以后管理一个大纺纱企业。1817 年，提出组织"合作村"安置失业者的方案，后把"方案"发展成一套完整的合作社会主义思想体系。他成为欧洲有名的慈善家。他在《致拉纳克郡的报告》中系统地阐述了通过组织劳动公社改造社会的计划，形成了欧文的空想社会主义体系。1824 年，欧文到美国印第安纳州创办了共产主义移民区——"新和谐村"。在那里实行生产工具和财产公有、按劳动分配产品、共同参加劳动、人人平等、民主管理等原则。他计划用两年或两年半的时间转入完全的共产主义，实行按需分配。但是，这些公社很快就在资本主义关系的冲击下失败了。

挫折和失败并没有动摇他的坚强意志。1829 年，他回到英国后，创办全国劳动产品交易市场，以劳动小时值为价值尺度，实

◎19世纪前叶法国工人阶级有了很大的发展

◎反映19世纪中叶法国铁路工业发展兴盛的绘画

现产品交换，但也没有成功。他还积极倡导合作社运动，被人称为"合作社之父"。为了全人类的幸福，欧文不屈不挠地奋斗了一生，始终不渝地坚持宣传和实践他的社会主义计划和主张。圣西门、傅立叶和欧文的空想社会主义学说，反映了早期无产阶级要求对社会进行普遍改造的良好愿望，是一种同资产阶级思想体系相对立的思想体系。他们对资本主义所进行的某种猜测和描绘、设计规划的社会主义和共产主义社会的一些基本原则为马克思、恩格斯创立科学共产主义理论提供了宝贵的思想材料。他们的思想和学说，是科学共产主义的思想来源之一。

·托马斯·莫尔·

托马斯·莫尔于1478年2月7日出生于英国伦敦一个富裕的家庭。1492年，莫尔进入牛津大学攻读古典文学。他在这里广泛阅读了很多古希腊哲学家和当代人文主义者的作品，其中柏拉图的思想对莫尔产生了巨大的影响，使他成为一个人文主义者。后来莫尔转学法律，成为一名正直的律师，获得了很高威望并当选为议员。此后，莫尔步步高升，被封为爵士，担任过下院议长、英国大法官，成为仅次于英国国王的重要人物。后来由于莫尔反对英国国王亨利八世成为英国宗教领袖而被处死。莫尔所处的时代，英国王室贪得无厌；官员贪污腐败成风；贵族和大商人勾结政府，欺压百姓。当时贵族和大商人为了养羊获取高额利润，将成千上万的农民赶走，霸占他们的土地。莫尔对社会现状极为不满，于是就写了《乌托邦》一书来讽刺黑暗的现实并寄托自己的理想。《乌托邦》是世界上第一部空想社会主义名著，影响了后来的傅立叶、圣西门和欧文等空想社会主义者。空想社会主义也是马克思的科学社会主义的理论来源之一。

第一次工业革命

工业革命又叫"产业革命",是资本主义生产从工场手工业阶段过渡到大机器工业阶段的重大飞跃,是世界近代史上继资产阶级政治革命之后又一次世界性的革命。

17～18世纪,英、法、美等国资产阶级革命的胜利,为生产力的进一步发展扫清了道路。资本主义工场手工业的发展和科学技术的进步,为生产向机器大工业过渡准备了条件。随着市场的不断扩大,以手工技术为基础的工场手工业再也不能满足市场的需要。在这种情况下,资产阶级为了追求利润,不断进行技术革新,促使了工业革命的发生。

工业革命首先开始于18世纪60年代的英国,完成于19世纪40年代。这一过程是从棉纺织业开始的。这是因为:首先,棉纺织业是新兴的生产部门,投资少、利润高、资金周转期短。其次,棉纺织业与历史悠久的毛纺织业相比,很少受旧传统、旧习惯的束缚。该行业没有行业组织,也不受行规的限制,采用新技术比较容易。当时棉纺织业比较集中,比如兰开夏的棉纺织业,由于气候、温度和湿度都非常适合棉纺织工业,这里的棉织业发展尤为显著。

1733年,兰开夏的机械工凯伊发明了飞梭,将原来的掷梭子改为拉绳子,使梭子在滑槽上滑动,既解决了过去不能织较宽织品的问题,又节省了力气,加快了速度,工作效率大大提高,织布的速度提高了一倍。但是,"纱荒"也随之出现,改进纺纱技术便成为棉纺织业发展的关键。1779年,纺纱工人塞缪尔·克隆普顿改造了水力纺

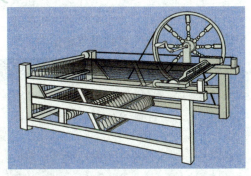

◎珍妮精纺机

织机,因该机兼有珍妮机和水力纺纱机的优点,像骡子一样兼有马和驴的优点,于是人们将其命名为"骡机"。用这种机器纺出来的纱质量有显著提高。

纺织机器的发明和使用又使动力成为急需解决的问题。以前的水力动力机在很大程度上受地理条件和季节的限制。于是,发明一种打破这些限制、适应性更强的动力机成为工业发展最为紧迫的要求。早在1698年托马斯·萨里夫就发明了蒸汽机筒,用于矿山抽水。1705年,纽科门对该设备进行更新改造,制成第一台大气压力蒸汽机,利用蒸汽冷却时产生部分真空形成的大气压力作为动能。但该机器不适于作为动力机器普遍安装使用。哥拉斯堡大学的仪器修理工瓦特善于钻研,具有较高的科学素养,他改进的纽科门蒸汽机,比原纽科门蒸汽机耗煤少,且功效提高了三倍。此后他又发明了能普遍使用的高效动力机——复式蒸汽机,因其适用广,被称为"万能蒸汽机"。1785年,万能蒸汽机开始用

于棉纺织业。瓦特蒸汽机不再受地理、季节条件的限制，只要有煤做燃料就可以开动，而英国煤的蕴藏量非常丰富，建厂十分方便。因此，该机很快在全国广泛应用于纺织业、冶金业、面粉加工业，大工厂在英国各地纷纷建立起来。蒸汽机作为工业革命的象征，标志着人类社会生产进入了一个机械化时代。为了突出蒸汽机的重要作用，有人将这个时代形象地称为"蒸汽时代"。

机器的大量制造，也使对金属原料的需求量增加。蒸汽机的发明和使用，推动了冶铁和采煤工业的发展。冶铁业是英国古老的工业部门之一。过去一直用木炭做燃料，因而森林资源日趋枯竭。从17世纪中期起，冶铁业衰落，铁产量下降，英国不得不从外国大量进口生铁。1735年，德尔贝父子发明用焦煤炼铁。1760年加装鼓

·瓦特与蒸汽机·

　　詹姆士·瓦特1736年生于苏格兰，从小就迷恋机械制造，中学毕业后去伦敦学习制造机械的手艺，然后回到家乡的格拉斯哥大学谋了一份仪器修理师的差使。1764年的一天，格拉斯哥大学的一台纽科门蒸汽机模型送到瓦特这里要求修理。瓦特发现该蒸汽机的汽缸和冷凝器没有分开，造成了热能的极大浪费，便租了一间实验室，开始改造纽科门蒸汽机的试验。经过多次实验，瓦特最终完成了一台具有实用价值的单作用式蒸汽机。瓦特没有就此罢手，而是继续进行实验，用行星齿轮结构把往复运动变成了圆周运动，在1781年获得了双作用式蒸汽机的专利权。他再接再厉，用飞轮解决了转动的稳定性问题。瓦特不间断的努力，将行星齿轮结构改装为曲柄连杆结构，从而使蒸汽机达到了完善的地步。1781年，瓦特提出了5种将往复运动转变成旋转运动的方法，1782年，瓦特获得了"双动作蒸汽机的专利"；1784年，他在新专利中又提出了"平连杆结构"的说法，这使蒸汽机有了更广泛的实用性；1788年，他又发明了离心调速器和节气阀；1790年，他完成了汽缸示功器的发明。至此，瓦特完成了蒸汽机的发明全过程。蒸汽机的发明，使工业革命迅速展开，瓦特为人类进步事业做出了不可磨灭的贡献。国际单位制中以"瓦特"作为功率单位就是为了纪念这位发明家。

◎英国"火箭"号机车复制品

1829年，为了挑选从利物浦到曼彻斯特的铁路线最好的机车，人们举行了一次比赛——雷恩希尔选拔赛。"火箭"号主要是由工程师罗伯特斯蒂芬森制造的。同年，英国人制造的"斯托尔布里雄师"号，成为在美国铁轨上运行的第一台机车。

风设备以后，这项技术被广泛采用，有力地促进了冶铁业的发展。1784年，工程师科尔特发明"搅炼法"和冶钢的辗轧精炼法，采用这种方法，既降低了成本，又大大提高了冶炼的效率和质量，使生铁产量在同一时间内增加了14倍。采煤和冶铁技术的迅速提高，为其他工业部门的发展提供了条件。

◎纺织机械化大大加快了纺织速度，上图中顶端轴承带动传动带，驱动织布机工作。织布机最初由水轮机驱动轴承转动，1785年之后，则由蒸汽机逐步替代，为轴承提供动力。

蒸汽机的推广和各生产部门实现机械化，对机器制造业本身提出了技术改革的迫切要求。18世纪末，英国开始使用汽锤和简单的车床制造金属部件。后来，先后发明了各种锻压设备和钻床、刨床、镗床等工作母机，实现了用机器生产机器。到19世纪40年代，英国工场手工业被大机器生产所取代，用机器生产机器的机器制造业也建立、发展起来，至此，工业革命基本完成。英国成为世界上第一个工业国家。

19世纪，工业革命逐渐从英国延伸到欧洲大陆及世界其他地区。继英国之后，主要资本主义国家法国、美国、德国、俄国以及日本，也先后在19世纪中后期完成工业革命。资本主义经济飞速发展，自由资本主义兴起。

工业革命不仅是一场技术革命，也是一次深刻的社会变革，它对整个人类历史产生了重大的影响。

第一，工业革命促进了社会生产力的惊人发展，商品经济最终取代了自然经济，手工工场逐渐被以大机器生产为特点的工厂取代。资本主义生产制度取得了统治地位。

第二，工业革命极大地提高了劳动生产率，为巩固资产阶级革命成果奠定了雄厚的物质基础，保证了资本主义完全战胜封建主义。资本主义方式扩展到世界各地，资本主义制度在全球范围内得以确立。

第三，随着工厂制度的建立，资本主义雇佣劳动制度普遍确立起来。社会阶级关系发生深刻变化，工业资产阶级和工业无产阶级最终形成，而两大阶级的对立和斗争逐渐明显和尖锐。

第四，欧美资本主义国家为了扩大海外殖民掠夺和销售市场，大规模从事交通运输建设，致力于远洋运输网的开拓。全球性的交通网络逐渐形成，资本主义世界市场开始形成。

第五，工业革命使更多的亚、非、拉国家沦为殖民地、半殖民地和附属国，造成了这些地区的长期落后，形成了东方从属于西方的局面。欧美资本主义列强加紧对亚、非、拉国家进行殖民掠夺的同时，也把先进的生产方式和工业技术带到这些地区，使其卷入了工业文明的潮流之中。

英国建立工厂制度

机器的广泛应用、工厂制度的逐步建立使英国社会的阶级结构发生了变化。大工业出现和发展的过程中，农民作为一个阶级被消灭了。手工业者在大工业的冲击下纷纷破产，不得不加入工人阶级队伍中来。资本主义社会中两大对立的阶级——工业资产阶级和工业无产阶级形成了。至工业革命完成时，英国已基本形成土地贵族、资产阶级、无产阶级3个基本阶级。

随着工厂制度的出现，不仅出现了工业资产阶级，更重要的是出现了工业无产阶级，那些因圈地运动而被迫与土地分离、不得不外出谋生的农村大批无产者是其最主要的来源，童工和失业破产的手工业工人也是其中重要的组成部分。工业无产阶级与手工工场时代的工场手工业工人不同。手工工场的工人大多与农村保持着较密切的联系，或拥有简单的生产工具，或租种小块土地，在工场劳动之余还可以进行耕种，以维持一般的生活，没有完全摆脱小生产劳动者的地位。而工业无产阶级则一无所有，完全成为被资本家雇佣的奴隶，被紧紧地束缚在机器上，集中到工厂里，在统一的管理下进行生产劳动。

工厂制度下形成的工业资产阶级与工业无产阶级间的生产关系是一种全新的劳资关系，这一关系的特征是劳动者向工厂主出卖劳动力、领取工资，劳动力变成了商品。劳动者在劳动中创造的价值远远超过了本人所得的工资，这部分被资本家剥

·火车与铁路的出现·

到1850年，火车与铁路的出现使工业革命又提升到一个新的高度。英国在1825年建成了世界上的第一条铁路。这段铁路起自斯托克顿的达拉姆煤田，到达滨海的达林顿城。在此之前，人们常用马拉煤车，主要用于短途运输。

英国人乔治·史蒂芬逊发明了世界上第一台蒸汽机车。他没有进过正规学校学习，17岁时才开始自学读书作文。英国的第一条铁路就是在他的提议下建造的。用蒸汽机做动力的火车每小时可行走15英里。

铁路应运而生，对于资本家来说，往它身上投资是一本万利的，必须抢得先机。一些资本家开始经营铁路建造与运营业务。英国最著名的铁路商托马斯，在全球范围修建铁路。无论在美洲还是在欧洲，都有他的"杰作"诞生。

兴建铁路需要大量的劳动力，这就提供了巨大的就业空间，英国的"挖土工"由底层百姓或乡村农民充任。他们的工作任务是为火车的运行提供更平坦的路基。他们四海为家，到处漂泊。在还没有高效的掘土机械问世时，挖土工是首选的低价劳动力。他们逢河架桥梁，逢山开隧道，其工程量浩大得惊人。而到了19世纪，开山机械的发明和运用，则令挖土工失去了生存空间。

◎ 这两幅版画描绘了工业家威廉·马歇尔所建的一所亚麻工厂的内部景观及可用来采光的圆锥形天窗（右图）。

削的利润就是剩余价值。这种不合理的占有关系必然引起二者之间的对立。因此，工业资产阶级与工业无产阶级两大阶级的对立成为资本主义社会的基本矛盾。

由于资本家盲目和贪婪地追求利润，不断扩大生产，资本主义的固有矛盾，即生产的社会化和生产资料私人占有制之间的矛盾日益激化，从而导致了经济危机的发生。19 世纪早期，在英国工业革命即将完成的 1825 年，英国发生了第一次经济危机。危机期间，商品积压，工厂倒闭，工人失业，社会骚乱。以后大约每 10 年出现一次，而且一次比一次持续的时间长、损失大。它伴随着资本主义工业化的进程出现，成为资本主义工业化的一个特征。

工业革命使大量劳动力从农村涌向城市，开始了城市化进程，这是工业革命的又一社会后果。它使人们的生活方式发生了巨大改变。由于从产品的制作、房屋的建筑到面包的烘烤、衣服的缝制都使用了机器，劳动者整日忙碌于机器周围，迫使他们随着机器的转动而加快生活节奏，成为机器的附庸。机器生产使工业与农业进一步分离，劳动分工更加明确，这又引起了一次人类历史上的消费变革。人们所需要的一切物品都依赖于商品市场，于是商品流通的范围更广、速度更快。工业革命把大批劳动力从狭小天地中解放出来，于是人们的视野大大开阔，人们的观念和习俗也随之发生了变化。随着工业革命中新发明的不断涌现、新领域的不断开辟，人们的思维空间也逐步开阔，其思想的共同特点是：重视人类自身的能力，极力追求财富的不断增值。工业革命的发展使这些思想逐渐变成资本主义社会的统治思想，它促使人们用新的眼光认识历史、解释现实和展望未来，同时，也不择手段地追求更多的财富、更舒适的生活。

◎ 这是约瑟夫·纳什的石版画。它展示了 1851 年世界博览会上英国展出的各种机器。

英国的工厂

绕线轴，织布前棉纱被绕在线轴上。

织布机，用来把纺好的纱布织成布。

棉纱过秤前，先要绕成束状，画面左侧显示的是过秤的步骤。

纺纱之前要把棉纤拉细，图中显示的步骤就是抽棉纤。

水车是提供机器动力的工具，通过皮带轮、齿轮来带动机器的运转。

粗的棉线被拉长、拉直。

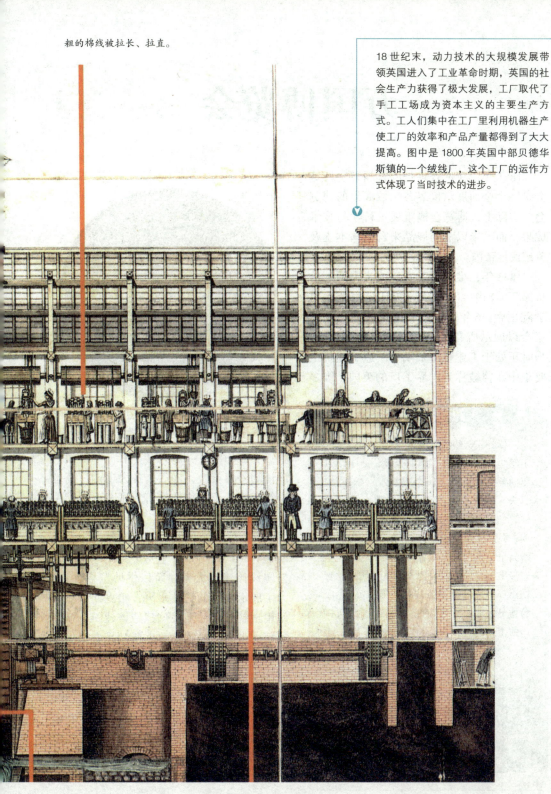

18 世纪末，动力技术的大规模发展带领英国进入了工业革命时期，英国的社会生产力获得了极大发展，工厂取代了手工工场成为资本主义的主要生产方式。工人们集中在工厂里利用机器生产使工厂的效率和产品产量都得到了大大提高。图中是 1800 年英国中部贝德华斯镇的一个绒线厂，这个工厂的运作方式体现了当时技术的进步。

拉细后的棉纤被纺成结实的纱。

万国博览会

1851 年，在伦敦举行的首届万国博览会是一个全面展示世界各领域成果的博览会，实际上，博览会侧重展示科学与技术成果，而一半以上的展品来自英国本土及英殖民地帝国。

1843 年，维多利亚女王的丈夫阿尔伯特亲王 (1819 ~ 1861 年) 担任皇家艺术科学院主席。6 年后，他产生了举办一场博览会以展示所有国家的工业产品的想法。当时正处于工业革命末期，制造工业仍主要集中在曾被称为世界工厂的英国。维多

◎ 一家生产用于硬币冲压的德国冲压机厂商在伦敦万国博览会期间发行的金属币，用作博览会的纪念品。

利亚女王 (1819 ~ 1901 年) 第一个出面为该计划筹集资金，随后，各大工业厂商也纷纷解囊，于是很快便筹集了 8 万英镑用于建设博览会相关设施。

英国建筑工程及设计师约瑟夫·帕克斯顿 (1801 ~ 1865 年) 接受委托，在海德公园设计建造大型建筑以供博览会使用。为了展示当时的科技水平，帕克斯顿全部使用预制铁部件及玻璃建造该建筑，该建筑因此得名水晶宫。帕克斯顿是农夫的儿子，他最初只是一名普通的园丁，后转而设计温室与花房。他所设计的水晶宫可以配得上"宏伟"一词，它长 563 米，宽 124 米，高 30.5 米，由 3000 根铁柱、2000 根横梁与 8.4 万平方米的玻璃组成——足以覆盖 17 个标准足球场。此后，欧洲许多主要火车站的设计均受到了该建筑设计风格的

· 纽约水晶宫 ·

1853 年，纽约万国博览会期间，建造了纽约水晶宫，该建筑完全模仿造于 1851 年的英国水晶宫，不过规模较小。如同约瑟夫·帕克斯顿所设计的伦敦水晶宫一样，纽约水晶宫也是由铸铁预制组件构成，并且大量采用玻璃结构，使其内部光线充足。富有的参观者可驾驶自己的马车直接出席展馆，但是因为博览会周围没有铁路，所以马车及公共马车(图中前景)成为博览会期间最主要的交通工具，负责接送数千名客人。

◎ 1851 年 5 月 1 日，英国维多利亚女王宣布万国博览会正式开幕。在这幅印刷品中，英国女王与英国的象征——雄狮位于图案边框上端，周围环绕的图案则象征着不列颠帝国统治的各个地区。

影响。

博览会共有约 1.4 万个参展商，展出的制成品达 10 万余件，几乎包括当时所有的工业产品，大到印刷机、铁路机车、水压机，小到餐具、珠宝。其中共有 560 件展品来自美国，包括塞勒斯·麦考米克 (1809 ~ 1884 年) 的收割机、萨缪尔·柯尔特 (1814 ~ 1862 年) 的左轮手枪等。另外，嚼烟也作为美洲的代表性产品参展。同时法国也提供了 1700 件展品。博览会共持续了 23 周，接待了超过 600 万名观众 (大多数乘坐火车前来)，当然万国博览会也为举办方带来了高额利润。

1851 年的万国博览会是 19 世纪首次举办的首次国际性博览会之一，欧洲以及北美的一些城市，如维也纳、巴黎、纽约、芝加哥等也举办了各种博览会，其中规模最为庞大的便是 1893 年 5 月 1 日 ~ 10 月 30 日在芝加哥举行的万国博览会。该博览会期间恰逢哥伦布发现美洲 400 周年纪念日，因此芝加哥博览会也叫世界哥伦布博览会。来自美国东海岸的建筑工程师们在博览会开始 3 年前便着手设计图纸，最终为博览会建造了 150 座展馆，因为所有的建筑正面均使用白色，所以又被称为“白城”。它们同被称为荣誉法庭的主展馆一起，沿着密歇根湖附近的一个人造环礁湖建造，并且主厅直通湖泊的道路两旁整齐地竖立着两排高大的石柱。芝加哥万国博览会整齐划一的建筑风格开启了美国建筑的包豪斯艺术时代，在随后的 40 年间，该建筑理念极大地影响了美国各主要城市的建筑风格。

最初的水晶宫于 1852 年拆除，但又在伦敦南部城市西德纳姆附近山丘重建，并一直在博览会或其他展览时使用，1936 年毁于一场大火。现在，在当年水晶宫矗立的那块行政区被称为水晶宫区。

自由主义思潮

◎约翰·穆勒

工业革命以前，英国资产阶级的主体是金融资产阶级，他们与地主贵族结成联盟，在 1688 年政变后长期掌权。工业革命中出现的工厂主们虽然来源很复杂，财富多寡不同，但共同的利益把他们联系在一起。随着工业革命的不断发展，他们的人数不断增加，机器的运转给他们带来了巨额的利润。

随着工业资产阶级经济实力的快速增长和社会经济地位的不断提高，其阶级意识也日渐成熟。他们反对政府强加于工商业的种种限制，要求取消有碍工商业发展的条款。他们无法忍受地主贵族与金融贵族垄断政权的局面，期望能参加国家政权的管理。在这种时代条件下，反映资本主义经济关系的古典政治经济学在英国得到了最充分的发展，而且成为完整的学术体系。反映工业资产阶级利益和要求的资产阶级自由主义思潮也在英国出现了。

自由主义思潮的代表人物是耶利米·边沁和约翰·穆勒。边沁出身于一个律师家庭，有"神童之誉"，13 岁进入牛津大学学法律，16 岁毕业后曾一度从事律师事务，后转而专门从事法学理论研究。1776 年他完成了成名作《政府片论》。1781 年起担任伦敦大学教授。1789 年他的代表作《道德与立法原理导论》出版。1832 年创办了著名的"威斯敏斯特评论"。边沁的主要著作有《政府片论》《道德与立法原理导论》《司法证据原理》《宪法典》。其中，《道德与立法原理导论》是其最主要的著作。其著作后被编成《边沁文集》出版。边沁学说的中心是功利主义，他极力反对 17 ~ 18 世纪以来的古典自然法学的理性法观点，认为最好的立法是达到"最大多数人的最大幸福"。边沁的功利主义法学使整个 19 世纪英国制度一直处于不断进行合理化改革的过程中。他们把现存的一切社会关系和政治关系都归结为功利关系，要求国家的决策人和立法者以自由主义作为治国的方针。认为调和个人利益和社会利益是立法的任务，强调政治活动应尽量限制在保护人身安全和私有财产不受侵犯的范围之内，鼓吹不干涉主义和放任自由的经济原则。他们倡导思想自由、个性自由和言论自由，主张"真正的民主制"、建立代议制政府、给妇女选举权等。他们的学说集中反映了工业资产阶级自由竞争的主张。资产阶级自由主义思潮成为 19 世纪中期推动英国乃至整个欧洲政治发展的一股不可低估的力量。

·李嘉图·

李嘉图是英国产业革命高潮时期的资产阶级经济学家，他继承和发展了斯密经济理论中的精华，使古典政治经济学达到了最高峰。37岁的时候他完成了第一篇经济学论文，10年后他在这一领域获得了极高的声誉。李嘉图于1823年9月11日去世，年仅51岁。

法国里昂工人起义

1815 年 6 月，法国波旁王朝复辟，1824 年 9 月查理十世即位后，力图恢复封建专制制度，极力保护大地主和贵族的利益，引起社会各阶层的普遍不满。并于 1830 年 7 月 26 日颁布了反动的"七月敕令"，提出取消言论自由，解散议会，限制选举权，群情激愤。7 月 27 日，巴黎人民发动武装起义，28 日占领市政府，29 日起义者占领了卢浮宫和杜伊勒里宫。8 月 2 日查理十世宣布放弃王位，逃往英国，波旁王朝被推翻。但由于资产阶级共和派软弱无力，无产阶级也没有形成独立的政治力量，政权落到了代表金融贵族的大资产阶级的手中，开始了"七月王朝"的统治。里昂是法国纺织工业的中心，在工场主和包买商残酷剥削下，纺织工人生活极为困苦。

1831 年 11 月，法国的丝织业中心里昂爆发了法国历史上第一次工人武装起义。当时，里昂有 3 万多纺织工人，他们饱受工场主、包买商的残酷剥削和压迫，常年挣扎在死亡线上。工人每天劳动 15 ～ 18 个小时，所得工资仅能买一磅面包，难以维生。1831 年 10 月，在 6000 多名工人的强烈抗议下，厂商同意增加工资，但事后拒不执行，激起工人的愤怒。11 月 21 日，里昂工人走上街头，举行罢工示威。游行时遭到军警袭击，工人立刻拿起武器反击。工人提出了"里昂应当有我们自己选出的代表"的政治要求。他们高呼"不能劳动而生，就要战斗而死"的口号。经过 3 天的浴血战斗，起义工人攻占了市政厅，逮捕了省长，做了里昂的主人。但是，由于起义者没有无产阶级政党的领导和

◎自由引导着人民 1830年 德拉克罗瓦
此画反映的是法国七月革命，画中的自由女神与巴黎凯旋门、埃菲尔铁塔一样，成为法兰西文化的象征。

革命理论的指导，未能巩固胜利。10 天后，就被反动政府镇压下去了。

1834 年 4 月 9 日，里昂工人为了反对政府颁布的禁止工人集会结社的反动法令和营救被捕的工人领袖，再次发动了武装起义。起义工人修筑了街垒，同敌人展开了长达 6 天的巷战。与此同时，巴黎、马赛等城市的工人纷纷举行罢工和示威游行，声援里昂工人的起义斗争。在这次起义中，工人们在宣言中针对七月王朝的反动统治，提出了推翻富人统治、争取民主共和国的口号，带有明显的政治色彩。

虽然两次里昂工人起义都失败了，但是，它表明工人阶级已经觉醒，无产阶级和资产阶级的斗争已经成为社会的主要矛盾。这两次起义推动了法国工人运动的发展，为无产阶级的独立运动树立了光辉的榜样，标志着法国无产阶级作为独立的政治力量登上历史舞台。

英国宪章运动

工业革命后，工人阶级的斗争采取了破坏机器的斗争方式，这是因为当时工人觉悟很低，他们还没有认识到造成灾难的根源不是机器，而是资本主义制度。破坏机器运动最早发生在英国，当时称作"卢德运动"。

随着工人力量的增强，特别是觉悟的提高，工人开始认识到团结起来进行斗争的重要性。在英国，19世纪初就已出现工人的组织，并且争取到工人的结社权利，到处都出现工会组织。工会领导了1825年开始的罢工斗争。

工人阶级还用武装斗争去反击资本家的剥削。19世纪三四十年代，英国爆发了声势浩大的"宪章运动"。

在1832年的议会改革中，工业资产阶级在工人和劳动人民的支持下，迫使金融贵族和地主贵族做出了让步，取得了部分参政权，工业资产阶级在满足了自己的政治愿望之后，在政治上与金融贵族和地主贵族结成了同盟，共同统治英国。这些事实进一步暴露出无产阶级和资产阶级利益的根本对立。工人群众决心进行独立的政治斗争，争取本阶级的政治权利。1836～1848年的宪章运动，就是在英国工人阶级的政治觉悟有了明显提高的历史条件下爆发的。

1836年6月，成立了以木匠威廉·洛维特为首的"伦敦工人协会"。1837年6月，该协会拟定了一个争取普选权的文件，即《人民宪章》。提出6点要求：年满21岁的男子均有选举权；秘密投票；按居民人数平均分配选区，每区选派一名议员；每年改选一次国会；废除议员候选人的财产资格限制；议员领取薪俸。1838年5月，《人民宪章》以法案形式公布后，得到了广大工人群众的热烈支持，全国各地纷纷举行群众集会和游行，坚决拥护《人民宪章》。

宪章运动是一开始就具有全国规模的政治性运动，工人和其他劳动群众成为这

◎英国国会大厦

次运动的主要力量。1839年2月4日，宪章派在伦敦召开了第一次代表大会，定名为"全国宪章派公会"，并通过了全国请愿书，要求实现《人民宪章》。请愿书公之于众后，立即在全国掀起了签名运动，到5月份，在请愿书上签名者多达120万人。

宪章运动开始后，出现过三次高潮。

1839年7月12日，国会否决了请愿书。消息传出后，伯明翰工人举行了起义，各地群众举行罢工和示威，宪章运动出现了第一次高潮。不久，政府派出大批军队镇压了起义，逮捕宪章派领袖，运动转入低潮。

在1841～1842年经济危机的推动下，工人阶级掀起了第二次宪章运动的高潮。1842年4月12日，宪章派在伦敦举行了第二次代表大会，制定了请愿书，向国会提出申请。除了坚持《人民宪章》的六项要求外，还提出了废除"新济贫法"、取消劳动院、要求政教分离、取消什一税等，甚至提出了取消资本家对土地和生产资料独占的要求。这次请愿书所提出的更为激进的要求，说明宪章运动已经摆脱了资产阶级的影响，具有更加纯粹的无产阶级性质。然而，国会又否决了请愿书，宪章派领导机构号召工人举行总罢工，进行抗议活动。8月9日，曼彻斯特工人首先宣布总罢工，各地工人纷纷响应，罢工席卷全国，但由于政府派军队镇压了罢工，运动再次转入低潮。

1847年的经济危机和1848年欧洲各国的革命运动，特别是法国二月革命的胜利，给宪章运动注入了新的动力。1848年年初，全国宪章协会恢复活动，筹备第三次请愿。第三次请愿书宣布，劳动是一切财富的唯一源泉，劳动者对自己的劳动成果享有优先权，权力的唯一来源是人民。工人群众还提出了建立共和国的要求。在第三次请愿书上签名的有500多万人，宪章运动形成了第三次高潮。1848年4月3日，宪章派召开第三次代表大会，到国会递交请愿书。政府调集了30万军队，准备镇压工人。4月10日清晨，当成千上万的工人向国会进发时，宪章派的右翼领导人屈服于政府的武力威胁，力劝工人解散回家，请愿书只由几个领导人送交国会，这样运动便夭折了。随后，政府下令解散宪章派组织，并大肆逮捕宪章派积极分子，宪章运动归于失败。

宪章运动虽然失败了，但它的历史意义是重大而深远的。它已经不是个别工厂、个别地区的工人反对资产阶级的斗争，而是全英国的工人阶级共同进行的一场大规模的政治斗争。在斗争中，工人们建立了自己的组织，提出了本阶级的政治要求，把矛头指向了资产阶级的政治统治。宪章运动是英国无产阶级的第一次全国规模的、群众性的政治斗争，标志着英国无产阶级登上了政治舞台。

·保守党·

保守党是英国资产阶级政党，其前身是托利党，全称保守统一党。起初是大地主、银行家的政党。19世纪晚期，许多大工业家加入，保守党变为垄断资产阶级的代理人。1848年，迪斯累里当选保守党领袖，极力整顿和改组保守党，建立全国保守主义与统一主义协会联盟。19世纪后半期，保守党与自由党交替执政。1874年大选，保守党获胜。迪斯累里组阁后，对内取消主仆法，禁止10岁以下儿童做工，成立地方管理部，扩大政府行政机构，并采取收买办法，培植工人贵族阶层，给英国工人运动造成极大的危害；对外则积极执行帝国殖民扩张政策，并向英国人民灌输大国沙文主义和帝国主义思想；廉价收买苏伊士运河股票以控制埃及，并宣布维多利亚一世为"印度女皇"。第一次世界大战期间，保守党参加战时联合内阁并维持到1922年，之后多次组阁。

德国纺织工人起义

19世纪40年代，德国爆发了西里西亚纺织工人起义。作为德国纺织工业中心之一的西里西亚，随着德国资本主义的发展，那里的工人所受的剥削日益严重，无产阶级和资产阶级的矛盾越来越尖锐。19世纪40年代初，企业主们为了增强同英国商品竞争的能力，拼命延长工时，大幅降低工资。工人们常年不能维持温饱，劳动条件十分恶劣，大批工人挣扎在死亡线上。在起义以前，西里西亚36000名工人中，有6000人死于饥饿。当时，工人们编了一首名为《血腥的屠杀》的歌谣，愤怒地控诉了工厂主和包买商的罪行。

1844年6月4日，一些工人唱着这支歌经过最残忍的企业主茨支兹格尔的住宅，竟遭到毒打和逮捕。工人们长期压抑的愤怒像火山一样爆发出来，当天就捣毁并焚烧了茨支兹格尔的住宅。次日，烈火蔓延至另一纺织重地——住有13000居民的朗根比劳。起义织工高唱自己编写的战歌，集中打击工人最痛恨的厂主，他们捣毁厂主住宅、厂房、机器，焚毁票据、账册。普鲁士当局调集军队镇压，起义群众与前来镇压的军警展开了肉搏战。6月6日，普鲁士政府调来大批军队镇压起义。起义失败后，83名起义者被判重刑，数百名工人受到鞭笞和强迫劳役及其他惩罚。

这次西里西亚自发的纺织工人暴动，从一开始就一致把矛头指向了私有制，指向了资本剥削。它证明，德国工人阶级已经开始觉醒，带着本阶级独立的要求挺身而出，开始了反对资本主义剥削的英勇斗争。

在法国里昂工人起义、英国的宪章运动和德国的西里西亚纺织工人起义中，工人阶级已经提出了独立的政治要求，并为实现自己的政治要求进行不屈不挠的政治斗争。它标志着在资产阶级和封建主阶级争夺政权的斗争尚未结束之时，工人阶级已经作为一支独立的政治力量登上了历史舞台，成为推动历史前进的巨大动力。但是，三大工人运动都失败了。失败的最根本原因是没有正确的革命理论做指导。当时，工人群众在思想上深受空想社会主义和各种小资产阶级社会主义的影响，他们对自己受剥削的根源、自己的历史使命和求得解放的途径等都缺乏科学的理解。空想社会主义除了无情地揭露了资本主义制度的矛盾和罪恶之外，对社会发展规律并没有清醒的认识，找不到实现理想社会的阶级力量，因而，不能给工人阶级指出一条真正的解放道路；小资产阶级社会主义流派则竭力鼓吹社会改良，诱使工人放弃政治斗争，力图把工人运动引向歧途。因此，创立科学共产主义理论并把它与工人运动相结合，就成了工人阶级反对资产阶级革命斗争的迫切需要。

◎ 西里西亚纺织工人起义虽然失败了，但其精神鼓舞了广大工人群众，标志着无产阶级已经形成独立政治力量登上了政治舞台，成为历史发展的伟大动力。

德国古典哲学

德国古典哲学指的是 18 世纪末 19 世纪初，德国资本主义生产关系产生时期和资产阶级革命前夕的德国资产阶级哲学。

德国古典哲学的创始人是伊曼努尔·康德（1724 ~ 1804 年）。1724 年 4 月 22 日，康德生于德国哥尼斯堡。哥尼斯堡大学毕业。1755 年起在母校任教，这一时期是他思想上的"前批判期"。他埋头于自然科学研究，讲授多门学科，同时发表了许多关于自然科学的著作。1770 年被聘为教授，他的思想转入"后批判期"。从 1781 年开始，他完成了《纯粹理性批判》《实践理性批判》和《判断力批判》三部著作，这标志他的批判哲学体系的诞生，并带来了一场哲学上的革命。1793 年他因一些观点，被告蔑视基督教教义，遇到一些麻烦。但他仍不断探索和写作，直到 1804 年 2 月 12 日病逝。康德深居简出，过着极为有规律的学者生活。他一生独身，从未走出过家乡。但他是一个有丰富生活内容和细腻生活情调的人。康德是近代西方哲学史上划时代的哲学家，后世哲学家想入哲学之门就必须通过康德之桥。康德哲学的根本特征是将唯物主义和唯心主义调和起来。一方面，他承认在人的意识之外存在着客观物质世界，即"自在之物"；另一方面，他又认为"自在之物"是不可知的，是超乎经验之外的，是人的认识能力无法达到的"彼岸世界"。

德国古典唯心论哲学集大成者——乔治·威廉·费里德里希·黑格尔（1770 ~ 1831

年），自小就跟随母亲学习拉丁文，7 岁时进入斯图加特城的学校接受正规教育。1788 年，黑格尔进入图宾根神学院，学习了两年哲学、三年神学，于 1793 年获得哲学学士学位。在大学期间，他与另一位哲学家谢林成为挚友，两人经常去郊外散步，一起讨论哲学问题。

◎ 黑格尔

黑格尔是德国著名的哲学家，绝对精神的布道者，在他看来，世界上的万事万物及其发展过程都是非物质性的，他的哲学所提出的自我意识成了这些历史发展过程的顶峰。

大学毕业后，黑格尔先后在瑞士、德国的法兰克福等地做过家庭教师，业余时间研究希腊文化和康德哲学。1798 年，他的第一部著作《伦理学》出版。1801 年，在谢林的推荐下，黑格尔任耶拿大学的哲学讲师，1805 年升为教授。1806 年，他写完了《精神现象学》一书，论述了自己的哲学观点。在书稿写完的第二天，拿破仑的军队攻入了耶拿，黑格尔被迫离开。1808 年，他得到了纽伦堡专科学校校长的职位，他在那里兼教哲学、希腊文化和微积分，并进一步完善了自己的哲学体系。1811 年，他与纽伦堡元老院一个议员的女儿玛丽结婚，此时的黑格尔已经 41 岁，而新娘才 19 岁。1812 ~ 1816 年间，黑格尔完成了《逻辑学》（即《大逻辑》）一书。1816 年秋天，他受聘为海德尔堡大学哲学教授。1818 年，他又完成了大作《哲学全书》，这本书极大地提高了他的声誉，他在同年被聘为柏林大学的哲学教授。黑格尔一生的最后 13 年是在柏林大学度过的，他在那里发表了《小逻辑》《自然哲学》《精神哲学》《法哲学原理》等著作，并在 1830 年就任柏林大学校长。黑格尔创立了欧洲哲学史上最庞大的客观唯心论体系，他也是第一个系统地阐发了唯心论辩证法的哲学家。

黑格尔的客观唯心论哲学体系，简单地概括，就是从思维、精神出发，由思维转化为存在、精神转化为物质，然后再由存在转化为思维、物质转化为精神的过程。

黑格尔认为，在自然界和人类社会出现以前，就有一种精神或理性存在，这种精神既不是某个人的精神，也不是人类的精神，而是整个宇宙的精神，黑格尔把它称作"绝对精神"。"绝对精神"是万事万物的源泉，世界上的任何现象，都是"绝对精神"的表现，都是由它派生出来的。

现实世界没有永恒的东西，而事物运动和发展的根源在于事物内部的矛盾性。把事物的矛盾和事物的发展联系起来，把矛盾看作是发展的源泉，这是黑格尔辩证法的精髓所在。

费尔巴哈（1804 ~ 1872 年）是德国古典哲学最后一个代表，唯物主义哲学家，无神论者。1804 年 7 月 28 日，费尔巴哈出生于一个法学教授之家。上中学时，立志做神学家，后对神学失望。1824 年，进入柏林大学哲学系，在黑格尔的课上深受影响。1826 年，转入爱尔兰根大学，毕业后留校任教。后因宣称无神论被迫离开，于是他便隐居乡间，从事哲学研究，开始向唯物主义转变。1837 ~ 1843 年间，他归属青年黑格尔派，发表了《黑格尔哲学批判》和《基督教的本质》等主要著作，其哲学观点已是唯物主义的。接着又写出《宗教的本质》等重要著作。他拥护资产阶级民主制，1870 年参加德国社会民主党。晚年读马克思的《资本论》。1872 年 4 月 13 日逝世。费尔巴哈唯物论是在批判黑格尔唯心论的基础上建立起来的。他对黑格尔的精神第一性、物质第二性的唯心论予以批判，指出黑格尔的"绝对精神"外化为自然界的说法是一种伪装了的宗教，是上帝创世说神学理论的翻版。费尔巴哈认为，物质是第一性的，精神是第二性的，"存在是主体，思维是客体；思维是从存在来的，自然、存在并不来自思维"。他认为，人的精神、思维是人脑的附属品，没有肉体就不可能有精神和思维。因此，费尔巴哈把"人"当作他的哲学的核心，把自己的哲学叫作"人本学"。

但是，费尔巴哈的唯物论也有局限性。他对黑格尔哲学采取了全盘否定的态度，在批判黑格尔的唯心论观点时，把黑格尔的辩证法思想也抛弃了。因此，他的唯物论带有机械的、形而上学的特征。

尽管如此，费尔巴哈仍不失为德国古典哲学中杰出的唯物主义哲学家。费尔巴哈认为物质的、可以感知的世界是唯一真实的世界，人的意识和思维是物质实体即人脑的产物，他的唯物主义观对马克思主义哲学的形成起了很大的积极作用，是马克思主义哲学的重要思想来源。

门罗主义

维也纳会议之后，欧洲列强忙于重建统治秩序。与此同时，西半球经历着另一场巨变：年轻的美国在第二次对英国战争（1812～1814年）后，进入了一个新的历史时期。在经济上，美国启动了工业革命的进程；在政治上，资产阶级和种植园奴隶主的联合政权得到加强。美国外交政策的目标处在从争取和维护海上贸易自由权到维护大陆扩张"自由权"的转折时期。与此同时，拉丁美洲人民反对西班牙和葡萄牙殖民统治的民族解放运动一浪高过一浪。

为争夺新兴的拉美市场，英、美之间进行着激烈的经济争夺战。1822年8月，英国外交大臣乔治·坎宁从维护工商业资产阶级利益的立场出发，极力主张维持欧洲的均势，借以保持英国的优势地位。

坎宁把均势体系的范围扩展到美洲，这便同美国自建国以来实行的孤立主义的外交政策形成了对立。

1823年8月，坎宁接见美国公使理查德·拉什，建议英美两国共同发表宣言，保证不侵占拉美的任何部分，不允许将原西属殖民地的任何部分向其他国家转让。接到拉什的报告后，从同年11月7日起，美国总统詹姆斯·门罗多次召开内阁会议，研究坎宁的建议和美国的对策。

1823年12月，门罗总统向国会发表国情咨文，较为全面地阐述了美国对拉丁美洲的政策。它主要包含三项基本原则："美洲体系原则""互不干涉原则"和"非殖民原则"。这三项原则是美国对拉美政策体系的概括，也体现了美国同欧洲列强之间的

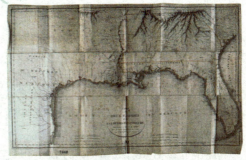

◎ 门罗主义使拉丁美洲各国独立得到巩固。

分歧。

门罗咨文宣称："神圣同盟各国的政治制度与美洲根本不同，这种不同产生于它们各自不相同的政体。"这实际上就是作为美国对拉美政策的理论基础的"美洲体系原则"。"美洲体系"表现在这几个方面：第一，除继续鼓吹美洲和欧洲在地理上的"天然隔绝"外，进一步强调二者在政体上的区别；第二，从追求美国一国的孤立，扩大为追求整个美洲的孤立，在美洲和欧洲之间建起藩篱；第三，不再只力求不介入欧洲事务，而是要将欧洲势力从美洲这个"集体孤立圈"中排斥出去。这个原则并不表明美洲国家在地理、政治和经济利益方面的共同利益，而是表现了美国一国的扩张利益。"美洲是美洲人的美洲"实际上意味着"美洲是美国人的美洲"。说到底，"美洲体系"不过是美国的殖民体系罢了。

门罗咨文发表后，并未引起国际社会的普遍重视，国内新闻媒体对它也没有特殊关注。"门罗主义"在当时对于防止欧洲列强染指拉丁美洲起了一定的遏制作用，使拉丁美洲各国的独立得到巩固。

拉丁美洲的独立运动

　　拉丁美洲的独立运动于1791年8月爆发在加勒比海地区的海地。不足2万人的海地起义军在杜桑·卢维杜尔等杰出领袖的领导下，与广大黑人和混血人种一道，经过12年的浴血奋战，打败了法国、西班牙和英国三大欧洲侵略军，赢得了民族解放和独立，揭开了拉丁美洲独立运动的序幕。

　　1810年9月16日，47岁的教士伊达尔戈在墨西哥北部偏远的多洛雷斯村，率领几千名印第安人，高呼"独立万岁""美洲万岁""打倒坏政府"等口号，举起义旗。"多洛雷斯的呼声"从此传遍拉美的东南西北，北起墨西哥，南到阿根廷等广大地域的人民掀起独立战争的高潮。

　　1811年4月，委内瑞拉宣告独立，成立第一共和国。但在7月29日被西班牙军队击败。失败的起义军在玻利瓦尔的领导下，转入新格拉纳达继续战斗。在人民的支持下，起义军再次攻进委内瑞拉，一举赶走殖民势力，第二共和国诞生。但势力较弱的起义军并没有保卫住自己的成果，1813年9月，第二共和国再次失败。

　　拉美的反抗，使西班牙当局极为惊慌。国王斐迪南七世派莫里略率1.6万人增援美洲地区。起义军陷入了最艰苦的时期，各地起义纷纷遭到打击。从海上袭击敌人的起义军也遭到重创，起义军被迫展开游击战，他们从失败和挫折中总结经验，吸取教训。1816年12月，玻利瓦尔率领新组织的力量又一次对委内瑞拉发动进攻，所到之处横扫殖民军队，委内瑞拉第三

◎玻利瓦尔
拉丁美洲北部地区独立运动的领袖，被委内瑞拉、波哥大、大哥伦比亚和厄瓜多尔4个国家尊称为"国父"。

◎1824年12月9日，大哥伦比亚－秘鲁联军与西班牙主力部队在阿亚库乔平原上进行决战。

· 多洛雷斯的呼声 ·

在19世纪之前的墨西哥，殖民统治力量较强，阶级矛盾尖锐。19世纪初，拿破仑率军侵入西班牙，西属美洲殖民地人民趁机起义。1810年9月16日，墨西哥民族独立运动的领导人、多洛雷斯镇的神父伊达尔戈敲响了当地教堂的钟声，集合附近的农民和城市贫民，号召夺回被西班牙占去的土地，大大激发了墨西哥人民的革命热情，唤起了人民的斗志。群众齐声高喊口号，墨西哥独立战争从此开始。起义军与西班牙殖民军展开了战斗。1811年伊达尔戈被俘，英勇就义，但人民把他发出"多洛雷斯的呼声"的日子定为墨西哥独立日，尊他为"墨西哥独立之父"。

共和国宣告成立。1819年2月，玻利瓦尔被选为总统。

委内瑞拉的胜利，鼓舞了起义军的士气，玻利瓦尔乘胜翻越安第斯山，远征新格拉纳达，在波耶加一举击败殖民军，直扑波哥大。1819年12月，宣告了哥伦比亚共和国的独立。不甘心的西班牙殖民军调集军队，对起义军展开反扑，但是，屡战屡胜的起义军势不可当。1821年6月，西班牙殖民军进入起义军在卡拉沃沃平原的阵地，双方经过猛烈的炮轰和激烈的拼杀，殖民军受到了重创，起义军趁势占领了加拉加斯。次年5月，起义军开始做解放基多城的准备，双方在皮钦查展开了大会战，凭借顽强的勇气和视死如归的斗志，起义军取得了决定性的胜利，6月，整个新格拉纳达地区全部解放。

北部起义军的节节胜利，鼓舞着南部起义军的士气。1818年4月5日，在圣·马丁的指挥下攻进智利首都圣地亚哥，赶跑殖民军，智利独立。殖民者退到秘鲁。1820年8月，圣·马丁经海上北上秘鲁，

顺利攻占秘鲁总督区首府利马，秘鲁获得独立，圣·马丁被共和国授予"护国公"。

"多洛雷斯的呼声"传遍拉美南北，但墨西哥的局势却相对平静，各地起义军以游击战为主。法国攻进西班牙首府，给起义军提供了良好的契机。1820年，教会势力代表、掌握着军权的伊图尔维德率军暴动，配合起义军反抗殖民军。次年就攻下了墨西哥城，至此墨西哥也宣告独立。

1822年7月，南北双方的起义领袖圣·马丁和玻利瓦尔在瓜亚基尔会面，双方对协同作战和战后安排未能形成一致意见后，圣·马丁隐退。玻利瓦尔于1823年9月进入尚未完全解放的秘鲁。次年8月，在胡宁平原痛击殖民军。12月，仍做垂死挣扎的殖民军拉塞尔纳集结9000余人准备与起义军决战，仅有5000余人的起义军在苏克雷的指挥下，在阿亚库乔和敌人相遇。苏克雷巧施妙计，歼灭敌军5000余人，殖民总督、众多将军和军官都未逃过此劫。1825年，秘鲁全境解放。1826年1月，起义军趁势攻克殖民地最后一个据点卡亚俄，拉美地区基本解放。

◎ 墨西哥独立运动中的英雄们
墨西哥起义军与西班牙殖民军展开了激烈的战斗。

第一次鸦片战争

当英、美、法、日等列强进行如火如荼的资本主义革命时，清政府正闭关锁国，自以为"天朝上国"，不思改革，遂使中国在世界上落伍。英国通过鸦片贸易从中国攫取了大量白银，同时使我国军民身衰体弱，统治阶级有识之士纷纷要求禁销鸦片。

1839年，湖广总督、钦差大臣林则徐奉命于1月底到达广州，他一方面整顿海防，允许人民群众持刀杀敌；一方面宣布收缴鸦片。3月，英国鸦片贩子被迫交出烟土237万余斤。6月3日，林则徐下令把这些鸦片在虎门海滩当众销毁，以示中国政府禁烟的决心。

林则徐虎门销烟使英国商人蒙受了巨大的损失，英国借机发动了蓄谋已久的鸦片战争。

1840年6月，英国侵略者在懿律和义律两兄弟的带领下驶向广州海面。但林则徐戒备森严，使英国侵略者无机可乘。英国侵略者只好继续北上，寻找突破口。很快，他们就攻陷了浙江定海并继续北上到达天津白河口。

以道光皇帝为首的清朝政府并没有做好与英军交战的准备，一听到英国攻打到天津的消息便慌了，本来反对林则徐禁烟的大臣更是火上浇油。道光帝听信谗言，一面撤去林则徐的职务，一面派奕山去广州与英军交涉，订立了《广州条约》，赔款600万元。

清政府的软弱使英国侵略者的气焰更加嚣张，派濮鼎查为全权公使向中国全面发动侵略战争。双方在东南沿海展开了激烈的战斗。

在战斗中，英军攻进福建厦门，不久退出，开到台湾。英军继续北上定海。清军浴血奋战六昼夜，终于不敌，定海失陷。英军接着攻打浙江镇海，两江总督裕谦亲自登城指挥，兵败自杀。

英军乘胜又攻占了宁波等地，战争持续了近两年的时间。1842年，英军进犯镇江，镇江官兵2000多人全部壮烈牺牲。镇江失守，南京便成了英军的攻击目标。早已闻风丧胆的清朝政府决定投降，于该年8月与英军在南京签订了我国历史上第一个不平等条约——《南京条约》。条约包括割地、赔款、开通商口岸和协订进出口货物的税率等内容。1843年续订条约，英国又取得了领事裁判权和片面最惠国待遇。美国和法国趁火打劫，胁迫中国签订了《望厦条约》和《黄埔条约》。

鸦片战争严重侵害了中国的主权，标志着中国开始逐步沦为半殖民地半封建社会，揭开了中国近代史的序幕，昭示了"落后就要挨打"的深刻道理。

◎虎门销烟池纪念碑

达尔文创立进化论

查理·达尔文（1809～1882年），19世纪英国杰出的生物学家、物种起源和发展学说的创始者、生物进化论的奠基人。他提出的以生存竞争、适者生存为精髓的进化论对学术界甚至整个人类的思想都产生了巨大的影响。

◎达尔文

达尔文出生在英格兰西部希鲁普郡一个世代行医的家庭。他的父亲瓦尔宁曾把他送到爱丁堡大学学医，希望他将来也能成为名医，继承家业。但达尔文从小就热爱大自然，尤其喜欢打猎、采集矿物和动植物标本。进到医学院后，他仍然经常到野外采集动植物标本。在这里，他对两种水生生物进行了研究，获得了一些有趣的发现。于是，他在该校的学术团体普林尼学会先后宣读了他最早的两篇论文，那时他才17岁。他父亲认为他"游手好闲""不务正业"，一怒之下，于1828年改送他到剑桥大学，改学神学，希望他将来成为一个"尊贵的牧师"。达尔文对神学院的神创论等谬说十分厌烦，他仍然把大部分时间用在听自然科学讲座、自学大量的自然科学书籍上。他热心于收集甲虫等动植物标本，对神秘的大自然充满了浓厚的兴趣。

1831年，年轻的达尔文经汉斯罗教授的推荐，以自然科学家的身份，参加了"贝格尔"号巡洋舰历时5年的环球考察。这5年考察，用达尔文自己的话来说，决定了他一生的整个事业。在这5年中，他跋山涉水，进入深山密林。大自然的奇花异草、珍禽异兽，千奇百怪的变异，把他的整个身心吸引过去了。他对《圣经》上"形形色色的生物，都是上帝制造出来，而且物种是不变的"说教，开始产生了怀疑。通过对采集到的各种动物标本和化石进行比较和分析，他认识到物种是可变的。由此，他逐步摆脱神创论的束缚，坚定地走上了相信科学和追求真理的道路。最后，他终于以"物种逐渐变化"的大胆假设，摒弃了物种不变的说教。

◎讽刺《物种起源》的漫画

1860年，达尔文进化论的支持者赫胥黎与牛津主教就进化论展开有趣的辩论。主教说，没人愿意把自己的祖先归结到猿猴上去。赫胥黎说，羞耻的不是有猿猴一样的祖先，而是像你这样用傲慢的态度去面对自己的祖先。

回国后，达尔文开始对物种起源问题进行全面的研究。他整理航行收获，收集大量科学事实，研究前人著作，参加社会生产实践，总结本国和别国劳动人民培育新品种的经验。为了避免偏见和替自己的理论找到更多的根据，当时他专心到甚至连自己的婚事都忘了。他不但细致地整理了在大自然中可收集到的各种变异事实，还广泛收集了动物在家养条件下的各种变异事实，并查阅了大量书籍和资料。经过22年如一日，坚持不懈的专心思考、综合研究，达尔文终于在1859年11月24日出版了《物种起源》这部巨著，创立了进化论。他认为，生物界是从简单到复杂，从低级到高级，逐渐变化的。达尔文的进化论，是射向"上帝"创造万物学说的炮弹，它第一次把生物放在完全科学的基础上进行研究。马克思说，这本书实际上也为历史上的阶级斗争提供了"自然科学根据"。

达尔文是一位不畏劳苦，沿着陡峭山路攀登的人。在《物种起源》发表以后

的20年里，他始终没有中断过科学工作。1876年，他写成的《植物界异花受精和自花受精的效果》一书，就是经过长期大量实验的成果。书中提出的异花受精一般是有利的结论，已在农业育种中广泛应用。到了晚年，达尔文心脏病严重，但他仍坚持科学工作。就在去世前两天，他还带着重病去记录实验情况。

达尔文是一位杰出的科学家，他划时代的贡献为人类科学事业的发展开辟了新的广阔前景。因此，他逝世（1882年4月19日）以后，人们为了表达对他的敬仰，把他安葬在科学界另一位伟大人物牛顿的墓旁。达尔文找到了生物发展的规律，证明所有的物种都有共同的祖先。这一重大发现，对生物学具有划时代的意义，在科学上完成了一个伟大的革命。进化论结束了生物学领域中唯心主义、形而上学的统治时期，对近代生物科学产生了巨大而深远的影响。恩格斯称达尔文的进化论为19世纪自然科学的三大发现之一。

·人种起源·

在《物种起源》之后，达尔文又提出了一个令人瞠目结舌的观点。1867年，也就是他58岁时开始撰写一本专论人种起源的书。

这本题为《人类的由来》的著作出版于1871年。书中，达尔文大胆地叙述了一些联系——犯忌的联系，把人类和动物世界，尤其是与猿联系起来。

达尔文认为人和猿有着类似的体形和感觉器官。他们会患一些相同的疾病。人的胚胎和猿的胚胎有一个相似的发育过程，即都一度有过尾巴，但这个四足祖先的标志到他们出生时都已消失了。相似之处还不止这些。人和动物还都体验着相同的感情，如快乐和烦恼。人类最宝贵的财富——智慧，在动物中也有所发现，只是程度上有差异而已。

当然，所有这一切相似并不就是证明了人实际上是猿的后代。但这确实表明在远古时期人和猿是从同一祖先进化而来：一个四足祖先，仅此而已。后来，人们又认为人和猿的共同祖先原本是一种树鼠类动物。

达尔文关于人种起源的观点，遭到了人们的激烈反对，人怎么可能是猴的后代，或者说会与它是同一祖先？但达尔文解释这一观点时说："我们的祖先是一种会在水中呼吸、有浮囊、有一条大尾巴和不健全的大脑的动物，而且毫无疑问是一种雌雄同体的动物。"1871年，《人类的由来》出版后，正如达尔文所预料的，这本书引起了轰动。教会人士痛恨它，评论家们攻击它，爱读书的公众则抢购它。

共产主义学说

马克思于 1818 年 5 月 5 日生于普鲁士莱茵省特里尔城。先后在波恩大学和柏林大学学习，最后在耶拿大学取得博士学位。后从事新闻工作，担任过《莱茵报》的主编。他和燕妮结婚后被迫迁居巴黎。1844 年他创办《德法年鉴》，发表一系列文章，标志着他的世界观转变完成。同年和恩格斯在巴黎会见，结下终生友谊。不久他因从事革命活动被驱逐，迁居布鲁塞尔。1847 年他加入共产主义者同盟，并同恩格斯一起起草了影响广泛的《共产党宣言》。1848 年他回德创办《新莱茵报》参加斗争，再次遭驱逐，他先到巴黎，后定居伦敦。1867 年他最重要的著作《资本论》（第一卷）出版。1864 年他创建国际工人协会，即第一国际。晚年，他继续撰写《资本论》。1883 年 3 月 14 日与世长辞。

恩格斯是马克思的亲密战友。1820 年 11 月 28 日生于普鲁士莱茵省马门市。中学未毕业，就被迫经商。后去英国父亲的棉纺厂工作。他刻苦钻研，边研究理论著作，边参加工人运动。1844 年，发表《政治经济学批判大纲》，标志着他已成为唯物主义者和共产主义者。同年 8 月和马克思相见，结为终生挚友。1847 年，同马克思创立共产主义者同盟，撰写了《共产党宣言》。1848 年与马克思回国参加革命，创办《新莱茵报》。1850 年至 1870 年，重新经商资助马克思完成《资本论》。此期间他专心研究，在理论上也取得重大建树。马克思逝世后，他呕心沥血达 12 年整理出版《资本论》，同时关怀和指导国际社会主义运动。

1895 年 8 月 5 日，病逝于伦敦，骨灰投葬于大海中。

马克思、恩格斯创立的科学共产主义学说包括三个部分：马克思主义哲学、政治经济学和科学社会主义。马克思和恩格斯在批判地继承黑格尔唯心论辩证法的"合理内核"和费尔巴哈唯物论的"基本内核"的基础上，创立了辩证唯物主义，将这一学说用来诠释社会现象，并应用于人类历史的研究，创立了历史唯物主义，从而在哲学上完成了一次伟大的变革。

◎马克思

长期的贫困生活和紧张繁重的工作严重损害了马克思的健康，1883 年 3 月 14 日，在夫人燕妮去世一年多时间后，马克思也在伦敦与世长辞。他被安葬在伦敦的海格特公墓，恩格斯发表悼词，指出作为科学共产主义创始人的马克思的理论遗产和实际革命活动具有伟大的世界历史意义。

马克思、恩格斯在创立自己的新哲学时，吸取并继承了黑格尔关于内在矛盾和辩证发展的思想。同时，马克思、恩格斯抛弃了黑格尔哲学的唯心论糟粕，把辩证法建立在唯物主义的基础上，从根本上克服了黑格尔辩证法的缺陷，创立了具有全新内容的辩证法。马克思、恩格斯把辩证唯物主义的基本原理推广运用到人类历史上，用于解释社会现象和社会生活，从而创造了历史唯物主义学说。历史唯物主义的创立，是人类认识史上的一次空前革命。它把唯心主义从它的最后藏身之所——社会历史领域中清除出去，为社会生活各方面的研究奠定了坚实的科学基础，使得关于社会、社会规律的学说，变成了同其他科学一样能够提供精确的知识和能够预见的科学。

马克思主义哲学即辩证唯物主义和历史唯物主义的创立，为马克思主义政治经济学的创立提供了科学的方法论和理论基础。马克思、恩格斯把辩证唯物主义和历史唯物主义运用到政治经济学的研究中去，在批判地继承英国古典政治经济学的基础上，创立了同以前一切资产阶级政治经济学根本对立的无产阶级政治经济学，从而也在政治经济学领域完成了一次伟大的革命。

剩余价值学说是马克思主义政治经济学的基石。马克思以剩余价值学说为基础，全面地研究了资产阶级的经济规律，揭示了资本主义生产方式的基本矛盾和资本主义必然灭亡的规律，创建了无产阶级政治经济学体系，完成了政治经济学中的革命，为无产阶级认识自己在资本主义制度下的真正地位、奋起谋求自身的解放斗争提供了锐利的武器。马克思、恩格斯以历史唯物论和剩余价值学说这两个理论为前提，批判了空想社会主义的空想成分，继承和吸取了其中的有益成分，创立了科学社会主义学说。

这样，马克思、恩格斯通过参加革命实践，在批判地继承 19 世纪人类所创造的优秀思想成果并加以改造的基础上，创立了马克思主义的三个组成部分——马克思主义哲学、马克思主义政治经济学和科学社会主义学说，完成了历史赋予他们的伟大使命。

1848 年 2 月，马克思和恩格斯合写的《共产党宣言》在伦敦出版。《共产党宣言》把马克思主义哲学、政治经济学和科学社会主义的原理融为一体，完整地概括了无产阶级的世界观，体现了马克思主义形成时期在理论上取得的最高成就。《共产党宣言》运用辩证的和历史的唯物主义原理考察了人类社会，特别是资本主义社会的产生、发展的历史过程，全面地剖析了资本主义社会的经济结构、阶级关系及其国家上层建筑，阐明了资本主义必然为社会主义所取代的历史规律，明确指出了无产阶级的伟大历史使命，制订了社会主义运动的理论和策略，向世界宣告了无产阶级的奋斗目标。

《共产党宣言》是划时代的历史文献，所表述的基本思想，包括了马克思主义哲学、政治经济学和科学社会主义的基本原则，是无产阶级思想体系的完整概括。《共产党宣言》的发表，标志着马克思主义的诞生，是人类思想史上的一次伟大革命，从此，无产阶级找到了科学理论做指导，有了战胜敌人的强大思想武器，无产阶级的面貌焕然一新，无产阶级反对国际资本的斗争有了正确的方向。《共产党宣言》开辟了一个新时代。

·《莱茵报》·

《莱茵报》（全称为《莱茵政治、商业和工业日报》）创刊于1842年1月，在科隆出版。由莱茵省具有反对普鲁士专制倾向的自由资产阶级分子主办，许多青年黑格尔派分子担任编辑。马克思从1842年4月开始为该报撰稿，并在该报发表了他的第一篇政论文章《论普鲁士的书报检查令》，开始了他反对封建专制和争取民主的斗争。同年10月起，马克思成为该报主编。在担任主编期间，他发表了一系列抨击专制的普鲁士政府的文章。《莱茵报》具有明显的革命民主主义倾向，受到人民群众的欢迎，声誉日益扩大。报纸的影响使普鲁士政府感到严重不安。1843年1月19日，普鲁士政府决定从4月1日起封闭《莱茵报》。报纸的股东们企图与政府妥协，以换取报纸的继续出版，但马克思坚决反对这种做法，并声明退出编辑部。3月31日，《莱茵报》被迫停刊。

法国1848年革命

19世纪40年代后期，法国工农业下降，大批工人失业，社会矛盾激化。资产阶级反对派以"宴会"形式举办的政治性集会，得到广大人民群众的响应。基佐政府两次禁止预定于1848年1月和2月举行的"宴会"，引起群众不满。1848年2月22日巴黎市民举行大规模的示威抗议活动，并同军警发生了冲突。次日，示威演变成武装起义，巴黎到处筑起了街垒，许多国民自卫军和正规士兵拒绝执行实行镇压的命令，倒向革命。国王路易·菲力普被迫罢免基佐，先后任命莫雷和梯也尔组阁，但愤怒的群众要求废除王政，建立共和国。2月24日，起义群众几乎控制了巴黎，并开始向杜伊勒里宫进攻，国王路易·菲力普见大势已去，便带着眷属逃往英国。起义者占领了王宫，成立了以资产阶级共和派为主体的临时政府。次日，临时政府宣布成立共和国，这就是历史上的法兰西第二共和国。4月23日选举制宪议会；5月9日成立执行委员会；6月22日代替临时政府的执行委员会下令解散"国家工厂"，引起工人不满，爆发六月起义。在血腥镇压了六月起义后，以卡芬雅克为首的共和党右翼控制了政权，执行打击无产阶级和小资产阶级的政策，削弱了其统治基础。11月，

制宪议会制定共和国宪法，确立立法和行政分立原则。由750名议员组成立法议会；参政院由议会任命；总统掌管行政权，任免部长与颁布法律，但无权解散或延长议会。在12月10日的选举中，拿破仑一世的侄子路易·波拿巴当选为总统。路易·波拿巴上台后，组成了代表大资产阶级和地主利益的秩序党，逐步夺取了共和派手中的权力。

1851年年底，波拿巴又调集军队，解散了议会，把已成为他复辟君主制障碍的秩序党也推出门外。至此，共和国实际上已经寿终正寝。

1852年12月2日，路易·波拿巴宣布法兰西为帝国，他自己登上皇位，被人们称为拿破仑三世，他的帝国被称为法兰西第二帝国。第二帝国代表金融资产阶级和大工业家的利益。拿破仑三世为了维护其反动统治，建立了庞大的军事警察官僚机构，对内实行军事独裁统治，对外推行侵略政策。第二帝国经历了一个由专制统治向自由主义、议会政治演变的过程，发展了资本主义工商业，完成了工业革命。为了争夺欧洲大陆优势和进行海外殖民侵略，帝国发动多次对外战争。1870年普法战争中，法军战败，拿破仑三世在色当投降。9月4日巴黎发生革命，第二帝国被推翻。

◎曾先后担任法兰西第二共和国总统和第二帝国皇帝的路易·波拿巴

德国1848年革命

19世纪中期，德意志仍处在分裂之中。虽然有一个德意志邦联，但是这个邦联非常松散，设在法兰克福的邦联议会形同虚设。

政治上的割据状态和德国的封建专制统治成为德国发展资本主义的严重障碍。1845～1846年的农业歉收和1847年经济危机，使工人、农民和小资产阶级的处境严重恶化。实现全德的统一和消灭封建专制制度，成为摆在软弱的德国资产阶级和广大德国人民面前的主要任务。1848年，法国二月革命的消息传入德国后，德国各地都掀起了声势浩大的游行和集会，农民运动也席卷德国，各邦的君主被迫妥协，先后任命资产阶级自由派组阁，并采取了一些自由主义措施。

◎ 图为德国1848年革命中，已觉醒的无产阶级与反动警察在柏林街头展开了激烈的巷战。

1848年3月，普鲁士首府柏林爆发革命，柏林人民同军警发生冲突。威廉四世看到武力镇压无法奏效，便许诺召集议会、制定宪法、建立德意志联邦国家。同时，在起义人民的压力下，还被迫下令把军队撤出柏林，改组政府。但新成立的资产阶级自由派政府害怕工人阶级会采取进一步的革命行动，因而同容克贵族妥协，这一行动预示了德国革命失败的命运。6月15日，威廉四世重新调集军队进入柏林，镇压了人民的起义，又改组了政府，解散了议会，把自由派赶出政府机构，反革命政变成功。由于德国资产阶级自由派害怕无产阶级起来革命，与封建势力妥协，到1848年年底，革命失败。奥地利恢复了君主专制，普鲁士成立了地主官僚政府，其他各邦反动统治也相继恢复。

1849年6月，普鲁士政府又用武力解散了主张实现全德统一的法兰克福议会，保留了封建制度，德意志的统一事业宣告失败。革命虽然失败，但仍为德国统一创造了条件，并打击了封建势力。

克里木战争

克里木战争是沙俄与英、法等列强在近东的一场争霸战争，是列强为夺取黑海海峡而使矛盾激化的结果。在1841年《伦敦海峡公约》签订后，沙俄一直想重新确立自己在巴尔干和黑海地区的霸主地位。1848年欧洲革命之后，沙皇尼古拉一世因充当了"欧洲宪兵"而身价倍增，于是自认为宰割土耳其、实现自己的扩张计划的机会已经来到。

◎尼古拉一世

1852年8月，以天主教为国教的法国迫使苏丹政府将管辖权交给天主教，引起以东正教为国教的俄国的不满，强烈要求恢复东正教的权利。在英法的支持下，苏丹拒绝了俄的要求。于是俄国出兵土耳其。

1853年7月，俄军渡过普鲁特河，迅速攻占了摩尔多瓦和瓦拉几亚等国。土耳其立即出兵应战。11月30日，双方为争夺黑海制海权，在汤诺普海展开激战，土耳其几乎全军覆没。12月，俄又先后攻占了阿哈尔齐赫和巴什卡德克拉尔两地区。

土耳其在战场上的节节失利，使英法联军坐立不安。1854年年初，英法对俄宣战，6月，英法联军投入战争。

1854年9月14日，英法联军在拉格伦和圣阿尔诺的率领下，从克里木岛的叶夫帕托里亚登陆后，直逼重要港口塞瓦斯托波尔城。塞瓦斯托波尔位于半岛的险要位置，西北两边都是宽广的港湾，海岸都是悬崖峭壁。俄军在科尔尼洛夫中将的指挥下，充分利用地理优势，加强防御工事，增加防御火炮。

10月17日，联军迂回到防守较弱的南边，开始了对塞瓦斯托波尔的炮轰。俄军奋力还击，但旧式的火枪、火炮射程较近，很难击中对方。而英法经过工业革命，科学技术有了长足发展，火枪、火炮得到了较大的改进，射程和命中率大大提高，汽船的使用也增强了英法舰队的机动灵活性。俄军防御工事、炮台在震耳欲聋的联军炮火轰击下纷纷倒塌。但俄军凭借险峻的地势和顽强的抵抗，粉碎了英法联军速战速决的攻城计划，战争转入持久消耗战阶段。

◎这幅用蒙太奇手法描绘的画面是克里木半岛的港口城市塞瓦斯托波尔保卫战的情景。

为改变被动防守的局面，俄军于10月25日调集援军袭击联军的基地巴拉克拉瓦，但遭到失败。11月5日，俄军3万余人向1.4万联军发起进攻。由于俄军内部协调不力，被联军痛击，损失1万余人。连连失利，使俄军陷入更为被动的境地。

冬天的严寒，给双方带来很大麻烦。联军只对俄军进行了几次炮轰。俄军于1855年2月对联军的进攻再次受挫。直到1855年8月16日，俄军为打破敌人的围攻，兵分两路，向法军阵地发动全面进攻。法军指挥官圣阿尔诺果断决策，以小股部队牵制住敌人的左路进攻，集中兵力形成局部优势迎击右路敌人。在法军猛烈的火力下，右路俄军很快被击溃。法军主力转而猛攻左路俄军，俄军伤亡极为惨重，损失8000余人，被迫撤到黑海对岸。8月17日，联军又开始了新一轮的重炮轰击。

塞瓦斯托波尔在联军一轮接一轮的猛烈炮火的轰击下，防御设施被摧毁，险峻的地势不再显示出它的威慑力。俄军被迫通过浮桥渡海撤退。9月8日，联军向几乎被炸成废墟的塞瓦斯托波尔发起强攻，

·欧洲宪兵·

1848年夏、秋，俄军打着"解放者"的旗号，先后开进摩尔多瓦和瓦拉几亚，镇压了两公国的革命运动。此后，它又把目标指向匈牙利。匈牙利革命具有全欧的性质，如果它的革命取得胜利，势必引起整个欧洲革命的进一步高涨，特别对沙俄在波兰和东南欧的利益造成严重威胁，沙皇心急如焚。恰在这时，奥地利政府向沙皇求援，早已按捺不住的尼古拉一世立即狂叫起来："敌人出现在哪里，我们就打到哪里。"5月，15万俄军侵入匈牙利。匈牙利革命不久就被俄军血腥镇压。事实表明：沙皇俄国不但镇压国内人民革命，而且镇压欧洲其他国家的革命运动，成为欧洲反动势力的主要堡垒，起了一个宪兵的作用。因而，人们把沙皇俄国称为"欧洲宪兵"。

很快拿下了制高点。俄军在349天的塞瓦斯托波尔战役中损失人员达12.8万人，英法联军也损失惨重。1856年3月30日，交战各方签订了《巴黎和约》，俄国除了被剥夺在黑海拥有舰队和海军基地的权利之外，还把一部分领土割让给土耳其。

◎英、法联军与俄军在克里木激战

这场战争中英法联军使用了线膛枪、蒸汽船，大大提高了陆海军作战效能。落后的农奴制俄国损失惨重，不仅失去了在黑海拥有舰队的权利，使得对黑海扩张的长期努力前功尽弃，而且引发了国内的革命斗争。

美国南北战争爆发

19世纪四五十年代，是美国资本主义经济迅猛发展的时期。北方的资本主义工业革命蓬勃发展，工业化进程也已经开始启动，西部资本主义农业随西进运动的进行而兴旺发达，南部的种植园经济由于植棉业的兴起而方兴未艾。在此背景下，美国掀起了大陆扩张的狂潮。1846年6月，美英签订了共同瓜分俄勒冈地区的条约，美国的版图正式达到太平洋沿岸。1848年，美国打败了墨西哥，夺取了原属墨西哥的得克萨斯、新墨西哥和加利福尼亚等地。从此，美国国力大增，成为在西半球能同欧洲抗衡的泱泱大国。

美国独立后，北方建立以雇佣劳动为基础的资本主义制度，而南方仍保留着以奴隶劳动为基础的种植园经济。在北方的资本主义工业迅速发展的同时，南方的种植园经济也因植棉业的繁荣而兴旺起来。到19世纪四五十年代，南北双方在土地问题上展开了尖锐的斗争。奴隶

◎林肯

制度作为美国社会的一个"赘瘤"，严重地阻碍着美国资本主义在全国范围内的发展。

到了19世纪40年代末，南北双方在新侵占的墨西哥土地上建立何种制度的问题上看法不一致。1850年双方妥协，规定加利福尼亚以自由州身份加入联邦，新墨西哥和犹他州的奴隶制存废问题由当地居民投票决定。由于这两州白人奴隶主占多数，所以等于承认在两州建立蓄奴制。1854年，双方又达成新的妥协，规定新近申请加入联邦的堪萨斯和内布拉斯加两地的奴隶制问题也交由当地居民投票决定。至此，打破了1820年达成的把奴隶制限制在北纬36°30′以南的《密苏里妥协案》的规定，把整个西部向奴隶制开放。1854～1856年，堪

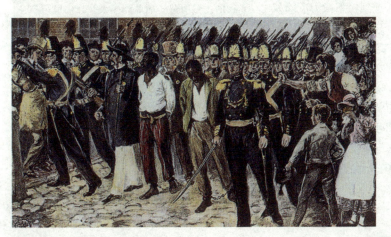

◎两个出逃的、即将恢复奴隶身份的奴隶被戴上脚镣、手铐押解着穿过波士顿的街道，路边观看的有些废奴主义者忍不住潸然泪下。

◎约翰·布朗成为美国废除奴隶制度的一面旗帜。

萨斯的居民在投票时发生了武装冲突，表明南北两种社会制度的矛盾已到了兵戎相见的程度。

奴隶主的倒行逆施，引起了美国人民的愤慨。美国自18世纪末就开始了废奴运动，参加者有工人、农民、黑人、白人、妇女和部分资产阶级知识分子。到19世纪30年代，废奴主义组织了全国性的秘密团体，出版刊物、宣传废奴。他们组织了秘密通信联络点，称为"地下铁路"，帮助南方黑奴逃往北方或加拿大，并支持黑人奴隶的反抗斗争。19世纪50年代，美国各地爆发的反对奴隶制的起义时有发生，其中影响最大的是约翰·布朗领导的武装暴动。约翰·布朗是美国的一位杰出的废奴主义者，他把毕生的精力都投入到解放奴隶的事业中。在长期的反对奴隶制的斗争实践中，他认识到使用武力废除奴隶制的必要性。1859年10月16日，布朗率领22人的小分队在弗吉尼亚的哈泼斯渡口举行起义。布朗率领起义者英勇地同前来镇压的军队作战，最后因寡不敌众，起义失败，布朗本人受伤被俘。布朗在就义前发出如下誓言："我，约翰·布朗，现在坚信只有用鲜血才能洗清这个罪恶深重的国家的滔天罪行。"布朗起义是美国内战爆发的导火线。

1860年11月，反对奴隶制的共和党在大选中获胜，林肯当选为美国第16任总统，南部扩展奴隶制度的梦想结束。为维护自身利益，南部奴隶主发动叛乱。12月20日，南卡罗来纳州宣布独立，佐治亚、亚拉巴马、密西西比、佛罗里达、路易斯安那和得克萨斯等州也纷纷跟随。1861年1月，南部各州组织"南方同盟"，2月在蒙奇马利成立临时政府，戴维斯当选总统。4月12日，南方同盟炮击北军要塞萨姆特堡。4月15日，林肯宣布南方各州叛乱，号召人民为恢复联邦的统一而战斗，并下令征召志愿军7.5万人。人民纷纷响应，很快就有30万人应征，开赴前线。内战不可避免地爆发了。

·黑人奴隶制种植园·

英国在北美的13个殖民地当中，南部殖民地土地肥沃，气候炎热，适宜稻米、烟草、蓝靛叶生长，种植园经济发达。种植园主大多数是欧洲的封建贵族，开始时，他们役使着大批契约奴隶(因贫困而卖身的欧洲劳动者或由欧洲流放到美洲的罪犯)。后采，由于种植园经济的发展，契约奴隶已不能满足需要，种植园主逐渐把奴役的主要对象转向非洲黑人。自16世纪初欧洲殖民者将第一批黑人掠到美洲卖为奴隶开始，到1775年独立战争爆发时，北美13个殖民地的黑人已占全部人口的20%。种植园主不给黑奴以任何权利，让其从事繁重的体力劳动，每日工作十五六个小时以上。由于繁重的劳动和恶劣的生活条件，大多数身体健康的奴隶，六七年间便被折磨死。黑人奴隶制种植园经济是应欧洲市场对经济作物的需求而发展起来的，是世界资本主义经济的一个组成部分。

《解放黑人奴隶宣言》

美国内战之初，北方占据了人力、物力和政治方面的优势。但由于在解放奴隶的问题上态度不明确，对战争的艰巨性没做充分的估计，再加上军事指挥的失误，致使战争在开始阶段遭到重大挫折。林肯政府的保守政策和北军的屡次败北，引起了人民群众的不满。

总之，群众要求用革命的方法进行战争。到1862年夏秋之时，前线的失败和后方人民群众运动的高涨，迫使林肯政府改变了保守政策，采取了一系列革命措施。

◎《解放黑人奴隶宣言》发表后，华盛顿上下一片欢腾。

1862年2月18日，由众议院以107票赞成、16票反对而通过；5月6日，参议院以33票赞成、7票反对予以通过。5月20日，林肯总统予以签署。《宅地法》规定：凡一家之长，或年龄已达21岁的合众国公民，或决定按照合众国入籍法的规定申请、愿意成为合众国公民，同时从未持械反对合众国政府或支持、帮助合众国政府的敌人的，从1863年1月1日起，只需交纳10美元手续费，就可以领得60英亩或160英亩以下尚未分配的国有土地；耕种5年后，便成为这块土地的所有者，发给证书或执照。还允许私人购买一定数量的公共土地。这一措施的出台，满足了广大农民长久以来的要求，它极大地鼓舞了农民参加反对奴隶制战争的斗志，同时也加快了开发西部的步伐，保证了北军的军粮供应。

1862年9月24日清晨，林肯发表了震惊世界的《解放黑人奴隶宣言》，宣布从1863年1月1日这天起，凡叛乱诸州的奴隶，永远获得自由；政府和军队将承认和保障他们的自由；获得自由的人，除非必要，应避免使用任何暴力；合乎条件的人，可以参加联邦军队。对未参加过叛乱的蓄奴州，仍按1862年的国会决议，采取自愿的、逐步的、有赔偿的解放奴隶的措施；对逃跑的奴隶，则视其主人是否参加叛乱而定是否引渡。这一伟大举动是美国内战进入以革命方法进行战争的阶段的标志。从此，解放奴隶成为北方作战的重要目标。

不过，当时林肯的《解放黑人奴隶宣言》是作为战时措施颁布的，直到1865年1月在广大群众的压力下，国会才通过了宪法修正案，禁止各州使用奴隶，正式在全国范围内废除奴隶制度。《解放黑人奴隶宣言》发布之后，林肯又推行了武装黑人的政策。这个政策使大批黑人报名参军，编成特别团队，开赴前线投入战斗，此举大大增强了北军的战斗力。同时，林肯又采取了严厉镇压反革命的措施，撤换了指挥不力的将领，调整了军事领导机构，任命有卓越军事才能的格兰特指挥军队，使前线的形势大为改观。

南北战争结束

《解放黑人奴隶宣言》的发布和军事上的调整，大大激发了美国人民的革命热情，北方工人、农民及黑人积极参军参战；而南方黑人奴隶为支援北军、解放自己，不断举行起义，有力地打击了南方奴隶主，牵制了南军的作战力量。由于广大人民群众的革命积极性被充分调动起来，北方对南方的战争变成了一场群众性的战争，从而使战场上的形势立即发生了根本性的变化，为北方取胜奠定了良好的基础。

北军采取主动进攻、全面摧毁南军的战斗意志和经济基础的战略决策。1863 年 5 月，北方波托马克军团 13 万人向里士满进军。轻敌的南军多次被击败，北军扭转了战争的被动局面。与此同时，西线的格兰特军团采取切断南军水上运输，从水陆同时实施进攻，打通密西西比河，向南军修筑在密西西比河上的重要堡垒维克斯堡发起总攻，把南军分割成东西两部分的策略。防御坚固的维克斯堡控制着整个河面。北军猛烈的炮轰持续了 47 天，几乎摧毁了要塞的所有防御工事。弹尽粮绝的守兵失去防御能力，于 7 月 4 日投降，2.9 万俘虏创造了南北战争期间俘虏人数最多的纪录。7 月 8 日攻占了哈得逊港，实现了分割南军的目标。9 月 9 日，格兰特命坎伯兰军团向联邦政府的交通枢纽和工业中心查塔努加发起围攻，取得向南部进军的基地。

维克斯堡和查塔努加大捷，注定了南军败亡的最后命运。因为维克斯堡切断了东西方的联系，查塔努加是进入亚特兰大的道路，也是弗吉尼亚州李军团的后门。至此，南军的进攻力量被彻底摧毁，南军开始溃退。到 1864 年，南方已是财力空虚，兵源枯竭，陷入了山穷水尽的地步，而北方则是越战越勇。1864 年春，北军最高统帅做了新的军事部署，决定在东、西两线同时展开强大的攻势。在东线，由格兰特将军亲自指挥部队向"南部各州同盟"首府里士满进攻；在西线，9 月 2 日，谢尔曼将军率领 6 万大军从密苏里河攻入南部腹地，并把南方最大的军事工业城市亚特兰大拿了下来。

◎由白人领导的黑人军团猛攻瓦格纳堡垒

《解放黑人奴隶宣言》，宣布南部各州的奴隶永远获得自由，并允许黑人参加北方军队。宣言沉重地打击了南部的农奴制度，奴隶们看到了曙光，纷纷起义，参加北方军队。黑人的参战加速了战争的进程，北方一步步走向胜利。

两个月后，开始了有名的"向海洋进军"，目标是萨凡纳。士兵们斗志高昂，于 12 月 21 日攻占了大西洋沿岸的重要港口萨凡纳。1865 年 2 月 1 日，谢尔曼大军从

·三K党·

三K党是美国迫害黑人的种族主义恐怖组织。三K是英文 "KU KLUX KLAN" 的缩写。美国内战结束，南部出现了许多迫害黑人的恐怖组织，以各种方式进行破坏，企图实行复辟。三K党便是其中最凶恶、最野蛮、规模最大的一个。它由南部奴隶主于1866年在田纳西州秘密成立，很快蔓延到南方的十几个州，成员主要是前南部联盟军官等种族主义分子。它把野蛮与近代的组织方式结合在一起，针对的对象主要是黑人，但北方白人和共和党人也经常受到迫害，杀人的手段和暴行惨不忍睹。三K党发展起来后，逐渐被南方民主党所控制，成为南方种植园主进行阶级报复的工具。1871年，联邦议会通过《取缔三K党法案》，并授权总统以武力实行镇压，致使其活动有所收敛。三K党在第一次世界大战后扩大到北方。

的美国内战以北方的最后胜利告终。美国恢复了统一。

美国内战是美国历史上第二次资产阶级革命。它摧毁了南方的奴隶制度，捍卫了联邦的统一，为美国资本主义在全国范围内的迅速发展铺平了道路。虽然内战后黑人仍没有得到真正彻底的解放，黑人问题仍然是长期影响美国社会发展的严重问题，但这次内战从根本上废除了奴隶制，具有非常伟大的历史意义。

美国内战的意义远远超出了美国本国范围。这次战争是19世纪五六十年代世界性民族民主运动的一个组成部分，它同英国人民争取扩大民主权利的斗争、意大利统一运动、德意志统一运动、俄国农奴制改革、日本的明治维新等一起合成一股强大的历史洪流，彻底扫除了仍然残留在欧美的封建主义的最后一个 "赘瘤"，在世界范围内实现了资本主义的统一。从此，美国以大国的身份加入世界资本主义体系中。美国进一步介入世界事务，加快了向海外扩张的步伐，加入了瓜分世界的列强的行列，并提出 "门户开放" 的外交原则，把世界一体化进程推向新的历史时期。

萨凡纳出发北上，准备和格兰特将军所率军队会师。1865年4月3日，北军攻占了里士满。9日，南军总司令李将军见大势已去，率残军2.8万人在弗吉尼亚的阿城马托克斯城向北军投降。至此，历时4年

◎南方联军总司令罗伯特·李将军(左)与格兰特(右)在投降仪式上签字

应李的要求，格兰特允许南方军官保留佩剑，投降仪式在 "令人敬畏的平静中" 进行，"就像在悼念死者"。在这场历时4年的战争中，北方最终取得了胜利，资本主义在美国得以全面迅速地发展。罗伯特·李是美国军事家，在美国南北战争中，他是美国南方邦联的总司令。1865年，他在邦联军弹尽粮绝的情况下向格兰特将军投降，从而结束了内战。战后，他担任大学校长，积极从事教育事业，1870年病逝。

领土扩张与西部开发

在北美，由于美国的领土扩张和西进运动，促使了资本主义的横向发展。

美国独立后，建立了资产阶级和种植园奴隶主阶级的联合政府，资产阶级希望获得更多的工业原料和扩大商品市场，以促进资本主义的发展。奴隶主阶级则希望获取更多的土地，来扩充种植园奴隶制经济。因此，独立的美国很快开始实行对外扩张的政策。18世纪末19世纪初，美国利用欧洲国家同法国作战、双方均无暇顾及美洲的有利形势，通过购买、武装颠覆和发动战争等手段，夺取了交战国家在美洲的大片土地。1803年，美国从法国手里购得面积达200多万平方千米的路易斯安那，使美国的领土扩展到墨西哥湾。1810年，美国侵入西班牙所属的佛罗里达西部，并于同年出兵侵占佛罗里达东部，第二年出低价从西班牙手中强行购买了佛罗里达半岛。到了19世纪30年代，美国又发动侵略墨西哥的战争，将墨西哥的大片领土掠夺过来。1846年，美国又以战争相威胁，从英国手中取得俄勒冈地区的一部分土地。最后，美国又在1867年从俄国手中购得阿拉斯加。这样，美国领土从大西洋沿岸延伸到了太平洋沿岸，占了北美大陆的一半土地。

美国领土扩张的同时，又兴起了大规模的西进运动。一批批的东部移民像洪水似的涌入西部地区，一望无际的西部荒原逐步得到开发。最先的移民在西部开荒种地，建立起居民点，开始发展农业，他们所需的生产资料及日用工业品则完全依赖于东部，这就为东部资本主义工业扩大了国内市场。从另

一方面讲，西部新农业区的开辟，又为东部城市和工业人口提供了必需的粮食及原料。这种商品经济的性质，使得西部农民从一开始就处于急剧的两极分化之中。少数人成为富裕的农业资本家，多数贫苦农民则走向破产，不得不受雇于人，成为农业工人。农业资本主义沿着这条所谓的"美国式道路"在西部迅速发展起来了。西部垦殖区在原料、市场方面所拥有的得天独厚的优势，强烈地吸引着东部的资本主义工业逐步西移。从食品与木材加工、屠宰、罐头等轻工业到煤炭、钢铁、农机制造等重工业都陆续向西部地区扩散。随着西部工业的兴起，西部移民的开拓能力也大大增强，使得西进洪流有可能向更荒僻的"远西部"推进，从而把资本主义进一步引向西部边远地区，直至太平洋沿岸。

总而言之，美国的领土扩张和西进运动的过程，也就是资本主义在北美大陆的横向发展过程。

◎ 西进运动引发了淘金热，许多东部移民为了自己的黄金梦而千里迢迢来到西部，从而把资本主义的洪流也进一步引向西部。

威廉一世统一德国

德意志在历史上曾经是一个长期分裂的国家，境内诸侯林立。1848～1849年革命失败后，德意志各邦都恢复了反动的封建统治。19世纪50～60年代，资本主义在德意志普遍发展起来。资本主义农业关系的进一步发展及工业品市场的扩大，都给资本主义工业的发展创造了有利条件。资本主义经济愈加发展，国家统一的要求就愈加迫切。当时存在着两条不同的统一道路：一条是由无产阶级领导，通过自下而上的革命，推翻各邦王朝，建立统一的德意志共和国。另一条是由容克阶级领导，通过王朝战争，自上而下地建立统一的君主国。可以说，德国的统一是历史发展的必然趋势。普鲁士最后完成了自上而下的统一。

1861年，威廉一世继承普鲁士王位，他打算通过军事改革实现德国统一。但是，他的改革计划在议会下院遭到资产阶级的强烈反对。为摆脱困境，威廉一世于1862年9月起用铁腕人物俾斯麦做普鲁士宰相。

俾斯麦（1815～1898年）出身于普鲁士勃兰登堡世家，早年是顽固的保守派，认为德国统一只是一种幻想。1851年，俾斯麦任普鲁士驻德意志邦联议会的全权代表后，他的政见发生了根本性的变化。他认识到德意志迟早会统一，顺应这一潮流的最好方式是由普鲁士掌握统一运动的领导权，从而能够保证普鲁士君主政体和容克的特殊地位。普鲁士要统一德国，舍武力外别无他途。

依照俾斯麦的最初设想，要排除那些妨碍实现统一的各种干扰，普鲁士首先必须要与奥地利在战场上决战。但是，在发动对奥

◎ 1871年1月，威廉一世加冕为德意志帝国的皇帝，台阶下着白衣者为俾斯麦。

战争之前，德意志与丹麦之间却突然发生了领土纠纷。纠纷的起因是双方就施列斯维希、霍尔斯坦两个公国的归属问题发生了矛盾。这是两个以德语为主要语言的公爵领地，后者还是德意志邦联的成员，两个公国在名义上归丹麦国王所有。1863年，丹麦国王宣布将施列斯维希正式并入丹麦，此举马上引起德意志境内日耳曼人的反对，俾斯麦趁机挑起对丹麦的战争，并将奥地利作为"盟友"拉入战争。1864年2月，战争开始，丹麦很快战败。丹麦被迫签订和约，将两公国交与普奥共管。稍后，普鲁士占领了施列斯维希，奥地利占有了与自己的领土并不毗连的霍尔斯坦。

接着，俾斯麦开始精心准备对奥地利的战争。发动战争前，俾斯麦除了得到俄、法中立的保证外，他还与刚建立的意大利王国的首相加富尔签订了同盟条约，使奥地利

陷入外交上的孤立。在做了一系列外交安排后，俾斯麦借口奥地利对霍尔斯坦管理无方挑起两国的争执，并导致 1866 年 6 月普奥战争爆发。战争持续了 7 个星期。7 月 3 日，普军在萨多瓦一场战役中大败奥军。8 月 23 日，普、奥签订了《布拉格条约》，条约规定施列斯维希和霍尔斯坦归普鲁士所有，奥地利承认"没有奥地利帝国参加的新德意志组织"，并同意在莱茵河以北成立一个由普鲁士领导的德意志联邦。1867 年，北德意志联邦宣告成立。德意志统一运动由此迈出了关键性的一步。

经过普奥战争，普鲁士统一了德国的整个北部和中部地区，只有德意志南部紧邻法国的 4 个小邦国仍旧保持着独立。俾斯麦想兼并这 4 个小国，但他知道，法国也有同样的想法，不打败强大的法国，德国的统一将不可能实现。所以，俾斯麦铁血政策的第三步，就是进行普法战争。另外，拿破仑三世曾经许诺在普奥战争期间保持中立，他之所以许诺是因为他认为战争会持续很久，普、奥两国实力会因此互相削弱，这将有利于法国扩大对中欧局势的影响。然而，战争结果却出乎他的意料。

1870 年 7 月，普法战争爆发。拿破仑三世亲临前线督战。但是法军并没有做好充分的战斗准备，后勤供应又跟不上，而它所面对的又是一支经过改造及多次炮火洗礼的欧洲劲旅，战争一开始便注定了法国失败的命运。在色当决战中，法国军队一败涂地，拿破仑三世连同他的 10 多万士兵都成了普军的俘虏。

色当战役后，普军深入法国腹地，兵临巴黎城下。在此期间，南德诸邦与北德意志联邦已经合并，成立德意志帝国。1871 年 1 月 18 日，威廉一世在巴黎凡尔赛宫举行加冕典礼，正式即位为德意志帝国的皇帝。至此，德国统一终于完成。

◎色当会战

此会战，法军共损失 12.4 万人，其中仅 3000 余人逃到比利时境内；普军损失近 9000 人。色当惨败加速了拿破仑三世帝国的崩溃。

德国的统一是历史发展的必然趋势。它结束了长期的分裂状态，形成了统一的国内市场，为德国资本主义的迅速发展创造了有利的条件。统一后的德国成为欧洲和世界的强国，导致国际政治格局发生重大变化。

·铁血政策·

俾斯麦通过王朝战争实现德国统一的政策。1862 年 6 月，俾斯麦出任普鲁士的宰相兼外交大臣。他代表容克地主和大资产阶级的利益，竭力主张由普鲁士以强权和武力统一德国，建立以普鲁士为中心的德意志帝国。同年 9 月，他在普鲁士议会的首次演说中宣称："德国所注意的不是普鲁士的自由主义，而是权力……普鲁士必须积聚自己的力量以待有利时机，这样的时机我们已经错过了好几次……当代的重大问题不是通过演说与多数人的决议所能解决的——这正是 1848 年和 1849 年的错误——而是要用铁和血。"他不顾议会的反对强行扩大军队，并发动了 1864 年对丹麦的战争、1866 年对奥地利的普奥战争、1870 年的普法战争。1871 年 1 月 18 日威廉一世在凡尔赛宫宣告了德国的统一，成立了德意志帝国。俾斯麦推行的这种政策称为"铁血政策"，后来成为战争政策的代名词。

日本明治维新

19世纪后半期，继欧洲和美洲的资产阶级革命之后，亚洲的日本也出现了一次在政治、经济、思想文化等领域的全面革新运动。这场以推行资本主义新政为目的的资产阶级革新运动，开始于明治年间，所以史称"明治维新"。

此前，日本是落后的封建国家。在1603年，德川家康消灭了各地的割据势力，在江户设置幕府，建立了德川家族的一统天下。名义上，首脑是天皇，但实权已落在德川家族的手中。德川幕府实际上对外代表国家，对内主持政府，根本不把天皇放在眼里。

德川幕府掠夺土地，并把土地分封给270家叫"大名"的封建领主。大名又把领地分割成更小的单位，分赐给自己的家臣——武士。武士一般是职业军人，是幕府将军统治人民的主要工具。"士、农、工、商"被划在武士之下，受到等级身份制度的严格限制。还有30多万被称作"非人"和"秽多"的贱民，被排斥在士、农、工、商之外，过着悲惨的生活。

幕府推行闭关自守政策，不同其他国家建立任何关系。德川幕府以为这样就可以长治久安了。18世后期，随着商品经济的发展，新兴的地主阶级和商业资本家为了争得政治上的地位，对幕府制度产生了强烈的不满，而广大的人民群众反抗的情绪也日趋高涨。接连爆发的农民起义和市民暴动，严重地动摇了幕府的统治。

正当此时，西方列强大举入侵日本。幕府屈服于列强的炮火，连续与列强签订

◎明治天皇

生于1852年，是孝明天皇第二皇子，名睦仁。1866年12月继承皇位，第二年实行王政复古。1868年举行即位典礼，并改年号为明治。在他即位初期，日本发生维新运动，建立了天皇专制政权。在他的主持下，日本先后实行一系列资产阶级改革，推出版籍奉还、废藩置县、制定征兵令等改革措施，促进了日本资本主义的发展，摆脱了被殖民的危机。

了许多不平等条约和关税协定。大批农民和手工业者因为外来廉价商品的涌入而破产。民族矛盾和阶级矛盾迅速激化，在人民积极行动起来推翻幕府统治的形势下，以中下级武士、商人、资本家和新兴地主为主体的改革力量组成倒幕派，要求实行资产阶级性质的改革。倒幕派与幕府之间于1864年开始了武装冲突。

1866年6月，幕府发动讨伐长州的战争。7月，德川家茂突然死亡，德川庆喜继任将军，以举行家茂的葬礼为借口退兵。1867年10月，萨摩、长州、安艺三藩武

◎ 明治维新大搞"文明开化",学习西方文化。图为东京音乐学院的学生穿戴上欧洲服饰在举行一场西洋音乐会。

士在京都召开秘密会议,决定组织联军正式讨伐幕府,并把讨幕计划秘密上奏天皇。10月14日,天皇给萨、长两藩颁发密诏,命令他们讨伐幕府。德川庆喜见势不妙,被迫提出了"奉还大政"的请求,表示要辞去将军职位,还政天皇。至此,统治日本260多年的德川幕府在名义上宣告结束。

1868年1月3日,明治天皇出面召开了有倒幕派皇族公卿、大名及下级武士参加的御前会议,颁布"王政复古"诏书,宣布废除幕府制,组织成立新的中央政府。德川庆喜不甘心失败,于1868年1月集合军队向京都进军,结果在京都附近的鸟羽、伏见被以萨、长两藩军队为主力的政府军击败。4月,德川庆喜走投无路,被迫投降,政府军进占江户,改名为东京,次年3月迁都东京。明治天皇宣布了新政府的施政纲领——《五条誓文》,纲领表达了地主资产阶级在政治、经济、文化、外交等方面进行改革的愿望和决心。接着,明治政府展开了全面的改革运动。

日本明治维新的主要内容是:第一,实行"富国强兵"政策,建立中央集权制的国家机构。第二,变革土地制度,进行地税改革。第三,贯彻"殖产兴业",大力扶植资本主义。第四,大搞"文明开化",实行教育改革。

明治维新是一次以农民为主力、以资产阶级同资产阶级化下级武士为联盟、以资产阶级化下级武士为领导的资产阶级革命,推翻了幕府的封建统治,建立了地主资产阶级联盟的中央集权国家,开拓了日本资本主义经济的发展道路,成为日本从封建社会进入资本主义社会的转折点。在人民群众的推动下,明治政府实行了一系列资产阶级性质的改革,加速了资本主义的发展,进而摆脱了沦为殖民地的危机。但是,由于资产阶级的软弱性和其尚未形成独立的政治力量,明治维新的领导权掌握在代表地主资产阶级利益的武士集团手中,因而使这次革命进行得很不彻底。

明治维新后,日本在政治、经济等方面仍然存在着大量的封建因素。农民的土地问题没有得到彻底解决,地主阶级始终在政治中占主导地位。这使地主资产阶级专政从一开始就具有对内残酷镇压人民、对外大肆侵略扩张的性质,为后来日本走上军国主义的道路埋下了伏笔。

·安政条约·

安政条约是日本被迫先后同美、荷、俄、英、法五国签订的不平等的《友好通商条约》的总称,因签订于安政五年(1858年),故名。1858年7月29日,美国迫使日本签订了《日美友好通商条约》。主要内容为:日本开放箱馆、神奈川、长崎、新潟、兵库5个港口和江户、大阪为商埠;美国在江户驻外交代表,在各通商口岸派驻领事;美国可在江户、大阪两地及各通商口岸等设相当于租界的"居留地";美国享有贸易自由和领事裁判权;美国的进出口货物实行协议关税。同年8~10月间,荷、俄、英、法相继迫使日本签订了内容类似的条约。这些条约进一步损害了日本的主权,彻底地打破了日本的锁国政策。从此日本陷入了沦为半殖民地的危机。条约由于未经天皇批准而签订,加剧了尊王攘夷的活动,导致了安政大狱,至1911年才完全恢复主权。

巴黎公社

马克思主义自 19 世纪 40 年代诞生后，在各国工人阶级中广泛传播，影响也越来越大，无产阶级的革命斗争也由自发的斗争发展为自觉的斗争。19 世纪后半期，国际无产阶级革命运动日益走向成熟。国际团结得到加强，工人运动愈来愈具有国际性的特点，出现了国际无产阶级的群众性组织——第一国际和第二国际。

巴黎公社革命是 19 世纪以来国际工人运动的重大成就，是法兰西第二帝国后期阶级矛盾和民族矛盾爆发的结果。首先，巴黎公社革命是法国阶级矛盾和阶级斗争的必然结果。帝国末期，无产阶级的反抗斗争日益高涨，蒲鲁东的小资产阶级社会主义、布朗基的空想共产主义思想得到广泛传播，还有一些人受马克思主义影响，认识到夺取政权的重要性。广大农民、小资产阶级民主派和资产阶级共和派对帝国政府的不满情绪也日益增长。19 世纪 60 年代后期的经济危机进一步激化了阶级矛盾。其次，巴黎公社革命是在法国面临严重的民族危机的情况下爆发的。拿破仑三世在

1870 年 7 月的普法战争中遭受惨败，法军主力连同拿破仑三世都做了俘虏，这就加速了帝国的崩溃。在这种情况下，9 月 4 日法国人民举行革命，推翻了第二帝国，成立了"国防政府"。这时，普军继续向法国内地推进，法国成了防御侵略战争的一方。"国防政府"屈辱求和，普军得以长驱直入，包围了巴黎。10 月 31 日，法军投降。巴黎人民极为愤慨，又爆发了旨在推翻叛国政府的第二次起义。起义虽然被镇压，但两次起义使无产阶级和人民群众受到了实战锻炼。爱国热情高涨的巴黎工人冲破政府限制，仅 3 个星期就组成了 194 个工人营队。1871 年 2 月，巴黎无产阶级革命武装正式成立了国民自卫军中央委员会。

1871 年 1 月 28 日，"国防政府"同普鲁士签订了割地赔款的停战和约。2 月 17 日，梯也尔上台。由于消除了后顾之忧，法国资产阶级便集中全力对付国内特别是巴黎的工人武装。3 月 8 日～17 日，梯也尔政府向巴黎增调了 2 万名政府军，准备夺取国民自卫军的大炮，逮捕其中央委员

·《国际歌》·

1888 年 6 月 23 日，《国际歌》首次与人民大众见面，在法国里尔，《国际歌》首唱取得成功。《国际歌》的词作者是欧仁·鲍狄埃。1871 年 3 月 18 日，他参加巴黎公社的起义，担任公社委员。后来起义失败了，他满怀悲愤地写下这首歌词："起来，饥寒交迫的奴隶，起来，全世界受苦的人，满腔的热血已经沸腾，要为真理而斗争！"1888 年 6 月，作曲家比尔·狄盖特受命为鲍狄埃的歌词谱曲。他在地窖里，用破旧的脚踏风琴为《国际歌》谱了曲。《国际歌》谱曲完成，是在 6 月 16 日。而后，在一次里尔卖报人的集会上，工人组织的合唱团第一次唱出了真正属于无产阶级的革命战歌。这支雄伟壮烈、气吞山河的《国际歌》很快传遍了全世界。

◎ 1871 年 5 月 28 日，巴黎公社社员在拉雪兹公墓英勇就义。

会成员。18 日凌晨，政府军占领了蒙马特尔停炮场，枪声惊醒了附近居民，大炮被抢的消息迅速传开。该区的国民自卫军战士立即集合起来，包括许多妇女、儿童和老人在内的人民群众也随同一起拥上蒙马特尔高地。偷袭的政府军很快就被赶到的国民自卫军击溃。

这时，巴黎的武装起义迅速展开。国民自卫军和人民群众自动拿起武器，建筑街垒，布置岗哨，派出巡逻队，集中分散的大炮。中央委员会领导武装起义，占领了部分地区。中午以后，国民自卫军开始向巴黎市中心挺进。22 时许，国民自卫军进入市政厅，升起红旗。至此，中央委员会控制了巴黎全城，推翻了梯也尔政权。3 月 28 日，巴黎公社进行了普选，一个崭新的无产阶级国家政权诞生了。

为了镇压革命力量，梯也尔一方面纠集反动军队的散兵游勇；另一方面请求俾斯麦释放战俘，重新拼凑和整顿了军队。此时，巴黎东面和北面普军 15 万大军压境，西面和南面凡尔赛军队伺机反扑，形势对巴黎公社极为不利。

巴黎公社方面却疏于防范。4 月 2 日清晨，凡尔赛军炮轰巴黎，向巴黎城西的纳伊桥发起进攻。炮声震醒了巴黎，公社执行委员会当即决定进攻凡尔赛。3 日清晨，巴黎公社匆忙调集 4 万人，分 3 路向凡尔赛进军。由于巴黎公社领导对军事形势盲目乐观，对大规模军事行动缺乏准备，致使出击部队各行其道，导致战斗的失利。

4 月 6 日，凡尔赛军与东面和北面的普军对巴黎形成了包围。公社方面仅有 1.6 万人的作战部队和 4.5 万人的预备部队。但公社战士无所畏惧，与敌人浴血奋战。4 月 7 日，西线 5000 名装备很差的部队，同 9 倍于己的敌人激战。17 日，250 名公社战士在贝康城堡抗击 5000 名敌军进攻达 6 个小时。在南线，巴黎公社战士为守卫炮台顽强战斗。到 4 月底，巴黎公社守住了巴黎西线和南线，给凡尔赛军以大量消耗。5 月初，巴黎公社调整了巴黎防御部署。凡尔赛军发起全线总攻。巴黎公社虽在此时加强了军事指挥，但大局已难挽回。

5 月 21 日下午，凡尔赛军进入巴黎，一场震撼世界的巷战开始了。为保卫巴黎公社政权，巴黎公社战士奋起抗敌，他们在街道和广场筑起街垒，同敌人进行殊死的战斗。27 日，敌军开始围攻最后两个工人区。在拉雪兹神甫墓地，200 名公社战士与 5000 名凡尔赛士兵展开肉搏，战至傍晚，大部分巴黎公社战士壮烈牺牲，被俘战士全部被枪杀在墓地的一堵墙前。这堵墙后来被称为"公社社员墙"。28 日，巴黎公社战士坚守的最后一个街垒被攻克。巴黎人民的武装起义被凡尔赛军血腥镇压下去了。

巴黎公社虽然失败，但它的伟大历史功绩是不可磨灭的。巴黎公社是无产阶级民主的第一次尝试，是历史上第一个无产阶级的国家政权，为后来的无产阶级革命提供了极其宝贵的历史经验和教训。

第一国际

19世纪60年代，随着大工业的发展，资本主义社会的基本矛盾日益暴露出来，无产阶级反对资产阶级的斗争也逐日高涨。马克思、恩格斯在对资本主义社会发展规律进行深刻探究的同时，也致力于对各国工人领袖的组织、联系和培养。

1864年9月28日，英、法、德、意、波等国近2000名工人代表在英国伦敦圣马丁教堂召开了声援波兰人民起义的国际性工人大会。大会决定成立国际工人组织，并选出临时中央委员会（总委员会将组织定名为"国际工人协会"，简称"国际"。第二国际成立后，被称为"第一国际"）。会上，英国工联领导人奥哲尔当选为主席，马克思任德国通讯书记。但实际上，马克思一直被公认为是第一国际的领袖。

第一国际成立后，积极在各国建立支部，把欧美各地的工人团体团结争取到第一国际中来。到1866年9月，就已建立了20多个支部。第一国际对英国、法国、比利时、瑞士等国工人的罢工斗争都给予了积极的声援和支持，并使许多次罢工取得胜利。

第一国际的前期（1864～1869年）工作主要是反对蒲鲁东主义。蒲鲁东主义是一种小资产阶级社会主义，表达了遭受破产威胁的手工业者和小生产者的愿望和要求。蒲鲁东主义者主张通过组建互助合作协会和"国民银行"，建立一种介于资本主义和共产主义之间的小生产者的私有制社会。对此，第一国际在马克思的指导下，在1869年9月前的四次代表大会上，与蒲鲁东主义者展开了激烈的斗争，使之最后分化瓦解。

第一国际后期（1869～1876年）主要进行了反对巴枯宁主义的斗争。巴枯宁是一个极端的无政府主义者，他反对任何权威、任何国家和政府，反对无产阶级进行政治斗争，反对无产阶级政党和无产阶级专政，主张建立一个没有任何权威、没有国家的绝对自由的"无政府状态"的社会。

巴黎公社失败以后，欧洲各国资产阶级政府对第一国际进行了疯狂的迫害，巴枯宁分子也乘机加紧分裂第一国际的活动，第一国际的处境更加困难。1872年9月，第一国际在海牙召开代表大会，把巴枯宁及其追随者开除出第一国际，并决定将总委员会迁往美国。1876年7月，第一国际在美国费城举行了最后一次代表大会，宣布解散。第一国际加强了各国工人之间的团结，宣传了科学社会主义，培养了一大批干部，为国际工人运动做出了巨大贡献。

· 无政府主义 ·

无政府主义是一种社会政治思潮，其基本观点是否定一切权威和任何形式的国家政权，主张个人绝对自由，建立一个没有国家的、完全平等和绝对自由的社会。无政府主义形成于19世纪40年代，其创始人是法国的蒲鲁东。他在1840年写的《什么是所有权》一书中倡导互助主义，主张通过建立人民银行和根据契约原则在生产者之间实行产品的等价交换，以达到消灭剥削和人人自由、平等的"无政府状态"。

三皇同盟

普法战争结束后，德国通过《法兰克福和约》对法国进行大肆掠夺，在经济和军事上削弱法国的势力，以阻止法国复兴；在外交上，俾斯麦积极拉拢英、俄、奥，孤立法国，确保德国在欧洲的地位。而法国虽然在战后元气大伤，但它并不甘心忍受割地赔款的耻辱。为了重振国力，恢复往日的霸主地位，法国政府也展开了积极的外交活动，寻找盟友，与德国抗衡。法国的活动令俾斯麦十分不安，他一方面积极准备对法国发动新的战争；另一方面加紧改善与俄、奥两国的关系。

当时，俄国正同英国争夺在西亚和中亚地区的利益，感到有必要改善同德国的关系，以加强自己在英、俄对抗中的地位。奥匈帝国在巴尔干地区同俄国有着很深的矛盾，它惧怕德、俄联手会威胁到它在巴尔干的利益，因此，决定抢在俄国的前面与德国改善关系。1871年8月至9月间，德、奥两国君主频频会晤，商谈结盟事宜。俄国不愿看到自己的西邻中出现一个反俄

◎奥地利皇族与外国显要们在1873年维也纳博览会上。

同盟，为了拆散德、奥结盟，它必须设法拉拢奥国，奥国也有意利用俄国来牵制德国。

在此情况下，俄皇决定去德国同正在德国访问的奥皇会面，而这一切正合德国的意。于是，俾斯麦正式向俄皇发出邀请，谋划建立三国同盟，实现他孤立法国的外交战略。1872年9月，三国皇帝在柏林会见，就三国间有关问题进行磋商和协调。第二年10月，三国皇帝在维也纳正式缔结协定，即所谓的"三皇同盟"。协定规定：当它们之间发生利益冲突时，要进行磋商，以便消除分歧；当缔约一方受到他国侵犯时，三国应互相协助，采取共同行动。"三皇同盟"虽然是君主之间达成的协定，具有旧时"神圣同盟"的色彩，但这个新神圣同盟更多的是利益上的相互利用；另外，它已不再体现欧洲大国的均势，而是完全以德国为核心。

"三皇同盟"的缔结开了欧洲政治集团的先河，是欧洲新格局的开端。

·奥匈帝国·

1866年普奥战争爆发，奥地利战败，被迫退出德意志并同意解散德意志联邦。奥地利的势力受到严重削弱，国内民族矛盾剧烈激化。为维护帝国统治，奥地利被迫与匈牙利贵族地主妥协。

1867年5月，帝国议会讨论《奥匈协定》具体条文。6月，帝国议会与匈牙利议会达成协议，《奥匈协定》生效。

近东危机

1875年7月，巴尔干半岛的黑塞哥维那和波斯尼亚的斯拉夫民族发起了反对土耳其奥斯曼帝国统治的起义。

俄国在巴尔干和黑海海峡有着巨大的利益，它企图利用与巴尔干的斯拉夫人同宗同族的特殊关系，在"泛斯拉夫主义"的口号下，以支持巴尔干人民反土斗争为借口，想实现自己在克里木战争中严重受挫的扩张计划。

1875年8月，俄国外交大臣哥尔查科夫向奥国建议给波黑自治权，遭到奥国的拒绝。

此时，保加利亚也爆发了反土起义，巴尔干局势又趋紧张。1876年6月底，已获得自治地位的塞尔维亚和门的内哥罗向土耳其宣战。俄奥为协调局势，于7月8日在捷克的莱希斯塔特会谈，并达成口头协议：若土耳其获胜，则不协助其成立大斯拉夫国家。显然俄国做出了让步。

1877年4月24日，俄国对土宣战，俄土战争爆发。俄军很快攻入土耳其本土，并于第二年1月20日占领亚得里亚堡，直逼土耳其首都君士坦丁堡。奥匈帝国这时则担心俄国独占巴尔干，也改变立场，反对俄军进一步扩大战果。俄国迫于形势只好停止军事行为。1878年3月3日，俄土双方在君士坦丁堡附近的圣斯特法诺签订和约。

《圣斯特法诺和约》引起各国的反对，俄国陷于孤立，被迫让步。1878年6月13日，在德国的建议下，俄、奥、英、德、法、意、土及巴尔干各国代表在柏林集会，经过一个月的激烈争吵，于7月13日签订《柏林条约》，取代原来的俄土《圣斯特法诺和约》。《柏林条约》仍承认塞尔维亚、门的内哥罗、罗马尼亚的独立，承认俄国对土耳其和罗马尼亚部分领土的兼并；保加利亚的疆域被缩小到巴尔干山脉以北，山南的东鲁米利亚作为奥斯曼帝国的自治省，弗拉加和马其顿仍划归土耳其所有；奥匈帝国占有波黑（名义上仍附属于土耳其）；英国从土耳其手中得到了塞浦路斯岛。

柏林会议暂时解除了"近东危机"。但是，巴尔干各族人民民族解放的要求还没有彻底解决，土耳其的民族奴役还没有根除，而一些地区，如保加利亚，在"沙皇式解放"以后又沦为俄国的附庸。近东危机进一步加深了列强之间的矛盾，俄国同德、奥的关系更加恶化，而德奥关系则日益密切，"三皇同盟"走向分裂。

◎19世纪后半叶的俄罗斯在军事扩张上不遗余力，图为驻守莫斯科的兵士在练兵。

埃及抗英斗争

1856年，法国与埃及统治者赛义德签订了关于修建和使用苏伊士运河的租让合同，取得了开凿苏伊士运河的租让合同权。合同规定：埃及无偿提供开凿运河所需的土地和劳动力，自运河通航之日起，公司占有运河99年，然后交归埃及。1858年，国际苏伊士海运运河公司成立，法国购买52%的股票，因英国鼓动其他国家拒绝认购，埃及被迫购44%的股票。1859年，运河开始动工。埃及先后强征几十万劳工，因气候炎热、饮食粗劣、疾病流行，导致12万劳工丧生。

修筑苏伊士运河的工程极大地增加了埃及的财政负担，再加上其他开支，到1876年，埃及外债已达9100万英镑，仅付债息每年就耗去年财政收入的2/3。因此，埃及政府宣告财政破产，停偿债务。英、法以此为由，对埃及财政实行了共同监管。

1878年10月，英、法又直接参加了埃及内阁，操纵了埃及的行政大权。在反对"欧洲人内阁"的斗争中，埃及出现了第一个资产阶级政党——祖国党。该党由爱国军官和知识分子组成，领袖是埃及军官阿拉比。祖国党以保卫民族独立、实行宪政制度为宗旨展开斗争。

1881年9月，土耳其总督杜非克企图把具有爱国情绪的驻军调离开罗，阿拉比立即率军起义，迫使杜非克改组内阁。1882年，祖国党内阁成立，阿拉比任陆军部长。7月，英军炮轰并占领了亚历山大港，杜非克投降。此后，阿拉比领导埃及人民同英军进行了艰苦的战争。由于上层封建集团的叛变及阿拉比军事上的失误，开罗于9月14日陷落，阿拉比兵败被俘。此时，法国身陷同德国的欧洲霸权之争及忙于侵略摩洛哥，无暇顾及埃及，埃及最终沦为英国独占的殖民地，成为英国在非洲实现所谓的"2C计划"（从开罗到开普敦建立纵贯非洲的殖民帝国的计划）的北端战略要地。

法国为防止英国继续在非洲扩张势力，便占领了扼守红海出口的吉布提（法属索马里），企图以此为起点，建立一个由索马里到塞内加尔的横贯非洲的法属殖民帝国。1896年，法国组成远征军从法属西非向东进军，于1898年7月10日抵达尼罗河上游的法绍达村。与此同时，英军也从埃及出发，沿尼罗河上溯，于9月19日也到达法绍达村。两军对峙，互不相让，战争大有一触即发之势。但是，法国由于国内局势紧张，在欧洲又陷入困境，所以被迫对英让步，撤兵法绍达。1899年，英、法签订了划界协定，英国取得了对全部尼罗河流域的独占权。

◎ 1869年11月的苏伊士运河通航典礼

苏伊士运河的通航典礼是在英法两国的主持下进行的。1875年，埃及因财政困难被迫将运河股票廉价卖给英国。从此，苏伊士运河完全受英法股东的控制。

德奥同盟和三国同盟

进入19世纪后期，第二次工业革命开始兴起，科学技术突飞猛进，社会生产力得到了极大的提高，人类进入了电气时代。欧洲各国的工业和经济再次跨上了一个新台阶，逐渐形成了垄断资本主义，各国开始向帝国主义过渡。但它们之间的发展是不平衡的，英、法等老牌资本主义国家发展速度较慢，而新兴的美国、德国发展速度很快，成为世界排名第一、第二的资本主义工业大国。由于帝国主义国家之间的发展不平衡，它们之间的矛盾也在加剧。各国为了自己的利益，纷纷寻找对策。

普法战争后，为了防止法国东山再起，德国首相俾斯麦勒索了法国50亿法郎的巨额赔款，并且强行割走了矿藏丰富的阿尔萨斯和洛林地区，企图让法国"流尽血"。德国凭借着这些资源和资金，迅速跃升为世界第二工业大国。但出乎俾斯麦意料的是，法国人不仅没有一蹶不振，反而恢复了元气。法国人为了报仇雪耻，在不断扩充军备的同时，还四处寻找盟友，共同对付德国。

面对法国复仇计划，俾斯麦也开始四处拉拢盟友，对抗法国。

恰好这时，奥匈帝国和俄国在巴尔干问题上发生了争吵。原来两国都对巴尔干半岛上的波斯尼亚和黑塞哥维纳地区垂涎三尺，俄国凭借着强大的实力，四处宣扬"大斯拉夫主义"（波斯尼亚和黑塞哥维纳的居民和俄罗斯人同属斯拉夫人），企图把奥匈帝国的势力排挤出去，独占巴尔干半岛。

◎结成同盟的三国君主画像

德国不愿意看到俄国过于强大，害怕它威胁到德国，再加上德国和奥匈帝国同属日耳曼民族，所以德国在巴尔干问题上支持奥匈帝国。两国联手，开始排挤俄国的势力，使俄国吞并波斯尼亚和黑塞哥维纳的计划落空。

1879年8～10月，德国首相俾斯麦与奥匈帝国的外交大臣安德拉西在维也纳秘密会谈，缔结秘密军事反俄条约——《德奥同盟条约》。这个条约的主要内容是：如果德、奥两国中一国遭到俄国的进攻，那么另一国应以全部的军事力量进行帮助；如果其中一国遭到另一个国家（暗指法国）的进攻，那么另一缔约国应对其盟国采取中立；如果进攻的国家得到俄国的支持，那么两国应动用全部的军事力量联合作战；如果遭到法国和俄国的联合攻击，那么双方则要共同作战。由此，德国和奥匈帝国正式结盟。

和奥匈帝国结盟后，俾斯麦还不放心，他总觉得力量还有些单薄，于是又把目光投向了意大利。意大利自从 1870 年统一后，资本主义得到了迅速发展，国家的实力迅速增强。为了扩大自己国家的产品销售市场，意大利急于开拓海外殖民地，首先看上了和自己一海之隔的"北非明珠"突尼斯。但法国人也想占领突尼斯，两国争执不下。俾斯麦看准了这一点，找上了意大利，表示在突尼斯问题上德国支持意大利。但紧接着他又找到法国，暗示德国不反对法国人占领突尼斯。法国于 1881 年出兵占领了突尼斯。当时在突尼斯有很多家意大利企业和 2 万意大利侨民，意大利政府早已经盯上突尼斯，不料却被法国人占领了。可是法国的实力比意大利强大，这时俾斯麦极力拉拢意大利。为了报复法国，丧失了地中海优势的意大利同德国的关系开始密切起来。

但意大利和奥匈帝国有领土争端，两

国素来不和。在德国的调解下，两国终于坐到了一张谈判桌前。1882 年 5 月，德国、奥匈帝国和意大利三国在维也纳签订了同盟条约。条约规定，如果意大利遭到了法国的攻击，那么德国和奥匈帝国应以全部的军事力量援助；如果德国遭到了法国的进攻，那么意大利也应以全部的军事力量进行援助。如果缔约国中的一国或两国遭到了两个或两个以上的国家（暗指法国和俄国）的进攻，那么三国要动用全部的军事力量协同作战。但意大利还有一个附加条件：如果英国进攻德国或奥匈帝国，意大利则不予援助。就这样，三国同盟正式形成。

1890 年，俾斯麦被迫辞职。德皇威廉二世和新任首相卡普里维抛弃俾斯麦的外交方针，全力支持奥匈帝国，对俄国采取较强硬的态度。德国与英国在东非问题上达成妥协，1890年 7 月，两国签订了《赫耳果兰条约》。德、英的接近，使德、俄更加疏远，加速了法国与俄国的结盟。

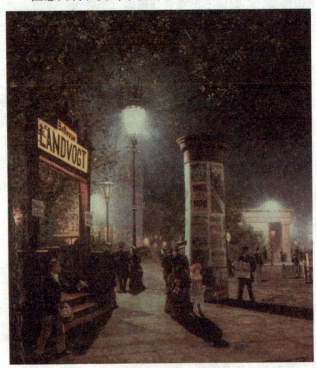

◎ 1884 年柏林街头，电灯的使用使城市夜晚一片通亮。

泛美同盟

长期以来，英国控制着拉美的经济命脉。英国主要是通过贸易、贷款和投资等方式，向拉美各国进行经济渗透活动，然后攫取各种特权，尤其是19世纪60年代法国势力从拉美撤出后，英国加强了对拉美的投资，这些资金大多用于修建铁路和港口、开辟轮船航线、收购土地、开发矿山等。通过这些方式，英国资本逐渐控制了拉美各国的农副产品加工业、采矿业及公路、铁路和港口等。1870年，英国对拉美投资总额为8500万英镑，到第一次世界大战前夕上升为10亿英镑，成为拉美的主要投资者和债主。

美国是英国在拉美的主要竞争对手。美国在拉美的战略是将拉美构筑在"门罗主义"保护下的由美国领导的美洲体系，以此把拉美变成美国独霸的势力范围。美国内战结束后，国内的垄断资本占据了统治地位，使得寻找海外贸易和投资市场成为迫切的要求。1873年，美国发生经济危机，为了渡过危机，美国各地开始泛滥向海外扩张的思潮，向海外扩张的目标中就包括拉美。

1889年10月2日至1890年4月19日，美国邀集拉美各国在华盛顿召开泛美会议。当时美国对拉美的贸易由于受到英国的排挤而出现逆差。因此，扩大美国在拉美的市场和维持有利于美国的贸易平衡，成为美国召开这次会议的主要目标。另外，从长远看，美国想打出泛美主义的旗帜，把拉美各国操纵在美国手里。会议的中心议题是建立美洲关税联盟和美洲仲裁法庭。会后，成立了"美洲共和国国际联盟"（后改称"泛美同盟"），由美国国务卿任永久主席。

从此，美国以泛美主义为武器，向拉美进行政治干涉和经济渗透活动。

◎ 1886年10月，约100米高的自由女神像在人们的欢呼声中屹立于纽约港内。

三国协约的缔结

1890 年 3 月，俾斯麦辞职后，德皇威廉二世放弃了俾斯麦的拉拢俄国以孤立法国的策略，结果把俄国推向了法国的怀抱。

法、俄两国在政治上有着共同的利益，它们都担心德国势力过于强大，法国希望在德法战争中能够得到俄国在东线的支援，而俄国也希望法国能策应它同奥国争夺巴尔干。两国在经济上往来也日益密切。自 1888 年以来，法国连续向俄国提供贷款，到 1889 年年底，俄已欠法国贷款达 26 亿法郎，而此时德国却拒绝向俄提供任何贷款。这样，俄国在财政上对法国的依赖加深了。

◎ 德皇威廉二世肖像，完成于 1890 年。就在这一年，他迫使俾斯麦辞职。

1890 年 7 月，德、英签订《赫尔果兰条约》，在东非问题上达成妥协。这个条约使法国感到孤立，于是加速了同俄结盟的步伐。1891 年 5 月，德、奥、意第三次续订三国同盟。6 月，意大利首相在宣布三国同盟续订的消息时，提到英、意、奥的《地中海协定》，法国因此怀疑英国也参加了三国同盟，于是决定采取外交行动。8 月，法、俄以外交信函的形式，订立了《政治协定》，确定在有可能受到攻击的情况下，两国应就形势和所采取的措施"互致谅解"。第二年 8 月 17 日，法、俄又签订了秘密的《军事协定》。协定规定：如果奥国或意大利在德国支持下进攻法国，俄国应全力进攻德国；如果德国或奥国在德国支持下进攻俄国，法国应全力进攻德国；如果三国同盟国家动员其军队，法、俄两国无须协商便立即动员其全部军队开赴边境；法国用于对付德国的军队应为 130 万人，俄国用于对付德国的军队应为 70 万 ~ 80 万人；双方不得单独媾和，不得泄露协定秘密；协定的有效期与三国同盟条约的有效期相同。

◎ 俄国沙皇尼古拉二世与他的儿子亚力克塞

与此同时，出于对德国势力日益膨胀的畏惧，英国感到自己的地位受到越来越大的威胁，它决定放弃传统的"光荣孤立"政策，开始向法俄靠拢。1904年4月，英国和法国签订了瓜分殖民地的协约。这个协约的主要内容是：法国不干涉英国在埃及的行动，英国承认法国在摩洛哥有维护安宁和协助改革的权利；划定两国在暹罗（即今天的泰国）的势力范围：以湄公河为界，西半部是英国的势力范围，东半部是法国的势力范围；法国放弃在纽芬兰独占的捕鱼权，英国则让给法国西非一些殖民地。同时，秘密条款还规定，双方政府之一如为"情势所迫"，也可变更埃及或摩洛哥的现状。但是自由贸易、自由通行苏伊士运河、直布罗陀海峡南岸禁止设防等原则仍继续维持。通过协约，英法两国的矛盾解决，双方利益趋向一致。

此后，英俄为了对付共同的对手德国，也开始调整相互之间的关系，1907年8月，英国和俄国在彼得堡签订了分割殖民地的协定。这个协定的主要内容是：划定波斯（即今天的伊朗）东南部为英国的势力范围，北部为俄国的势力范围，两者之间是一个中立地带，对英俄两国平等开放；俄国承认阿富汗在自己势力范围之外，并承允英国代替阿富汗的外交。英国则声明不变更这个国家的政治地位。《英俄协约》虽然没有明确规定军事同盟义务，甚至还打着"维护和平"的幌子，但实际上也是为了加强掠夺殖民地和准备帝国主义战争而签订的。在《俄法协约》和《英法协约》的基础上，1907年《英俄协约》的签订，标志着和三国同盟对抗的另一个帝国主义军事集团——英、法、俄三国协约的最后形成。

"三国同盟"与"三国协约"形成之后，两大集团之间互相竞争，最终导致了第一次世界大战的爆发。

·第一次摩洛哥危机·

1905年，德法两个帝国主义国家为争夺摩洛哥而发生了战争危机。1904年《英法协约》签订，英国和法国在有关埃及和摩洛哥问题上达成默契，法国对摩洛哥的支配权得到了英国的认可。1905年，德国政府宣布，不承认法国对摩洛哥的占领，要求召开国际会议，重新审议英法两国关于摩洛哥的协定。法国拒绝了德国的要求，并派军舰到丹吉尔港示威。国际形势顿时紧张，出现了第一次摩洛哥危机。1906年1月至4月，西方列强举行解决摩洛哥危机的国际会议。在出席会议的14个国家中，只有奥匈帝国支持德国，其余各国包括英、美、俄等国在内，都站在法国一边。德国在国际上陷于孤立境地。

◎ 19世纪末的法国经济持续发展，城市景象较为繁荣。

朝鲜甲午农民战争

19世纪70年代，日本将侵略的魔掌伸向了朝鲜。朝鲜政府在日本军国主义的武力威胁之下，被迫和日本签订了所谓《朝日友好条约》，即《江华条约》。《江华条约》严重地破坏了朝鲜主权，朝鲜开始沦为日本的半殖民地。

在日本资本主义与本国封建主义的双重残酷压榨下，朝鲜各地接连举行反对日本侵略者和封建统治者的起义，1882年8月下旬，在闵妃集团的请求下，清政府派遣军队镇压了起义，并拘捕了大院君，闵妃集团得以重新执政。

鸦片战争后，清朝政府在邻国的威信逐渐下降。《江华条约》订立后，朝鲜一部分贵族青年知识分子和官吏对欧洲和日本开始有所了解。他们觉察到清朝政府的腐败无能，对清军进驻朝鲜干涉内政深为

◎ 19世纪初朝鲜的官员与侍者在一起。

不满。

壬午兵变后，开化派发起的改良运动得到蓬勃发展，开化派和闵妃集团守旧派的斗争日益尖锐。日本侵略者利用朝鲜的民族矛盾，企图在朝鲜建立亲日政权，而开化派也正寻求日本政府的帮助。1884年（甲申年）12月4日，开化派借庆祝邮政局落成的机会，与日本公使竹添进一郎共同策划政变。开化派依靠日本军队，杀死守旧派的主要官员。并于第二天挟持国王，组成新政府，宣布同清政府断绝外交关系。

12月6日晨，新政府发表政治纲领，提出废除门阀、革除冗官、惩处奸吏、四民平等、改革租税、整编军队、限制国王和宫廷权力等条款，但由于缺乏具体措施，没有得到人民群众的支持。下午，清军应闵妃集团的请求入宫，与日军展开激战。日本公使见形势不利，率军逃跑。洪英植等被清军杀死，金玉均等亡命日本。至此，开化派举行的甲申政变宣告失败。

· 《江华条约》 ·

1875年9月，日舰"云扬"号驶入朝鲜的江华海峡，制造了所谓"云扬"号事件。次年2月，日军又侵入江华岛，强迫朝鲜签订"友好"条约。当时在位的闵氏集团被迫与日本侵略者签订了所谓的《朝日修好条规》，即《江华条约》，接着又签订了《朝日修好条规附录》《朝日贸易规则》等。按这些条约规定，除釜山外，朝鲜再向日本开放仁川、元山两港；朝日"自由"通商，日货免纳关税，日币在朝鲜各通商口岸可以自由流通，等等。《江华条约》是日本殖民主义者强加给朝鲜的第一个不平等条约。

1893年，朝鲜发生大灾荒，饥民遍野，百姓流离失所，而贪官污吏和土豪劣绅却趁机压榨人民。全罗道古阜郡守赵秉甲漠视人民疾苦，非法征收水税和杂捐。赵秉甲的残暴行为激起农民极大的愤怒。

1894年1月15日，古阜、泰仁一带1000余名农民在东学道首领全琫准领导下举行起义。起义者攻占古阜郡城，占领武器库，惩处贪官污吏，释放囚犯，开仓分粮，烧毁土地文契，附近的村民纷纷响应。3月，攻下要地长白山，整顿了队伍，共推全琫准为总大将，明确提出了"辅国安民""逐灭倭夷""尽灭权贵"的斗争纲领。4月，义军攻下南方重镇全州，锋芒直指汉城（今首尔）。朝鲜统治者向清政府求援，并被迫接受了起义军提出的12项要求。

1894年6月，清军在牙山登陆。日本以清军登陆为借口，立刻派军队于7月6日在仁川登陆。7月23日，日军占领汉城（今首尔）后，立刻发动宫廷政变，组成了以金弘集为首的亲日派政府。亲日政府同日本签订了《朝日暂定合作条款》和《朝日攻守同盟条约》，宣布驱逐清军，把清政府在朝鲜的一切权限"委托"给日本。7月25日，日本对中国不宣而战，中日甲午战争爆发。此后，起义军的斗争锋芒转向日本侵略者。9月末，在全罗道集结的起义军10余万人，士气极为振奋。义军准备北进，直取汉城，驱逐日军，推翻傀儡政府。

然而，在这一关键的时刻，起义军领导集团却发生了分裂。10月间，起义军进入忠清道首府公州，先头部队接近汉城。经过6天激战，最后起义军失败。11月下旬，在论山战役中，起义军与敌人血战11天，因力量对比悬殊，又遭到了严重损失，被迫分散成小股部队转战于全罗道和忠清道。

全琫准率领一部分军队转战到全罗道淳昌一带，准备重新集结力量继续战斗，但由于叛徒告密而被俘。1895年3月11日全琫准慷慨就义。威震全国的甲午农民战争在日本侵略者等的联合镇压下以失败告终。

◎表现日本军队侵略朝鲜的版画

越南抗法斗争

1802年，越南建立了阮氏王朝。阮氏王朝为了巩固封建统治，加强中央集权，把全国分为南、北、中三圻，定都顺化；任命武官为地方长官，对农民起义较多的地区和战略要地都驻兵镇守，并以严酷的刑律统治人民。由于阮氏王朝派往各地的官吏大肆欺压、掠夺人民，

◎越南人民与清军一同抗击法国殖民者的图画

所以从阮氏王朝初建时起，人民起义就不断发生。到19世纪中叶，阮氏王朝的封建统治已面临严重的危机。

在这种背景下，法国殖民者加快了侵略越南的步伐。19世纪40年代，法国不断派炮舰侵犯南圻的土伦、西贡等地。1860年年底，法国又一次派兵进攻南圻。1861年春，法国侵略军占领了定祥、嘉定、边和三省。尽管南圻人民奋起抗战，但阮氏王朝竟采取屈膝投降的政策，于1862年同法国签订了丧权辱国的第一次《西贡条约》。条约规定割让嘉定、边和、定祥和昆仑岛给法国；开放土伦、巴叻、广安三港为商埠；越南必须通过法国才能与其他国家办理交涉等。从此，法国开始控制越南的内政外交，《西贡条约》标志着越南沦为法国殖民地的开端。

1874年，法国又以武力强迫越南签订第二次《西贡条约》。这次条约的签订是法国侵占整个越南的一个很重要的步骤。1883年8月，法国殖民者又迫使阮氏王朝签订《顺化条约》，确定法国对越南的保护权。1885年中法战争结束后，清政府在同法国签订的

《天津条约》中，承认了法国对越南的统治。至此，越南完全沦为法国的殖民地。

为了巩固它在越南的殖民统治，法国采取"分而治之"的政策，在南、中、北圻分别建立了不同形式的殖民统治制度，南圻划为"直辖领地"，废除原有机构，由法国总督直接统治。

在加强政治统治的同时，法国殖民者在经济上也对越南人民加紧了残酷的掠夺与剥削，其主要方式是掠夺土地、征收重税等。处于水深火热中的越南人民接连掀起反法斗争。勤王运动和农民游击战争是这个时期抗法斗争的主要内容。

1885年7月，阮氏王朝大臣尊室说在顺化发动起义，袭击法国侵略军。咸宜帝号召"文绅"勤王，史称"勤王运动"。1885～1896年，各地爱国文绅和封建官吏纷纷响应，从北圻的兴安、清化到中圻的广治、平定，勤王起义持续不断，沉重地打击了法国侵略者，直到19世纪末，起义才被法国镇压下去。勤王运动虽然是封建士大夫阶层领导的民族运动，但它是20世纪初越南资产阶级民族民主运动的先声。

美西战争

19世纪末，美国的工业产品的产量已大大超过国内需求，这就注定美国要去争夺世界领土。但是，当美国登上了争夺殖民地的舞台时，世界领土已基本上瓜分完毕。美国垄断资本家便决定首先夺取西班牙在拉丁美洲和亚洲最后两块较大的殖民地——古巴和菲律宾。

对美国来说，这两个地方不仅可作为市场和投资场所，还可以作为通往拉丁美洲、进一步侵略中国及远东的战略据点。当1895年古巴人民再次掀起独立战争、1896年菲律宾爆发革命时，美国趁机发动了对西班牙的战争。

1898年1月，美国借口"保护侨民的安全"，派战舰"缅因"号驶往哈瓦那。25日，该舰突然爆炸，美国以此事为借口，对西班牙宣战。美军的作战目标极为明确：依靠强大的海军力量，先突袭菲律宾的马尼拉海湾，再打击古巴西军，从而占领拉丁美洲及亚洲

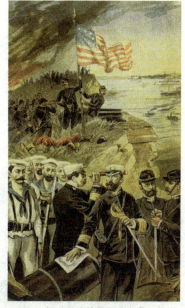

◎1898年6月，美国军队在古巴登陆。

的西属殖民地。

1898年5月1日凌晨，美海军上将乔治·杜威率领舰队，乘着黎明前黑暗的掩护，率领舰队突然驶进马尼拉湾。西班牙要塞哨兵发现后开炮轰击，但均未命中。美随即进行还击，停泊在港湾的西班牙舰队慌乱中组织反击，但有的舰船还未起锚就被击沉。要塞上的炮火虽然猛烈，但命中率却低得可怜。杜威命令美舰队火力集中向西班牙的旗舰猛攻，7

◎在美西战争中，美国以其强大的海军力量在马尼拉湾重创西班牙舰队，从而登上了争霸世界的舞台。

时许，旗舰被击沉。失去指挥的西班牙舰队更是乱作一团。中午，西班牙舰队遭到全歼，马尼拉湾被美军封锁，西班牙在太平洋的制海权落入美军手中。马尼拉突袭成功，极大地鼓舞了美军。6月，美国打着"帮助古巴独立"的旗号，计划从圣地亚哥港登陆。此时的古巴，反西民族革命全面爆发，西班牙军队大多被古巴革命牵制。西军利用圣地亚哥港呈瓶状，出入狭窄，易守难攻的地形优势，用军舰和水雷在港口构筑了严密的防线，使美军无法前进一步，只好将出口紧紧围住。

为迫使西军接受海战，美军对周围地形做详细侦察后决定，海军陆战队从港口东面不远的关塔那摩湾强行登陆，从陆上对圣地亚哥港形成包围之势。6月10日，600名海军陆战队人员出发。虽然关塔那

◎美军正在猛攻被困在孤岛上的西班牙军队

美西战争是世界进入帝国主义时代的标志，此后美国迅速上升为世界主要强国之一。

摩湾防守相对较弱，但仍遭到西军的顽强阻击，美军伤亡重大。防线最终被突破，美军成功登陆。7月1日，美陆战队先后攻占了圣地亚哥港东北部和东部的据点埃尔卡纳和圣胡安，形成了对圣地亚哥港的包围之势。陆上的攻势给停泊在圣地亚哥港内的西班牙舰队造成严重威胁。7月3日，他们开始试图冒险冲破美军的封锁。上午9时许，3艘巡洋舰和2艘驱逐舰在玛丽亚·特雷莎号旗舰的率领下率先冲出，严密封锁港口的美军集中火力向港口发射，西舰船逐一被击沉。这次海战不到3小时就宣告结束。7月17日，圣地亚哥守兵投降。8月12日，美军趁势攻占了波多黎各岛。8月13日，在菲律宾人民起义军的配合下，美陆军攻占了马尼拉市，西班牙在殖民地的力量被美军彻底歼灭。12月，美、西在巴黎签订和约，和约规定：西班牙放弃古巴的主权，西班牙撤军后古巴由美军占领；菲律宾、波多黎各、关岛让给美国；美国付给西班牙2000万美元作为"补偿"。这个条约是一个重新分割世界的条约，是对菲律宾和古巴主权的粗暴践踏。美西战争是帝国主义重新瓜分殖民地的第一次战争。美国从此作为一个帝国主义大国，登上了争霸世界的舞台。

·美国的两党制·

民主党成立于1828年，代表北方工业资产阶级的利益；共和党成立于1854年，代表南方奴隶主的利益。内战以前，双方在奴隶制等问题上尖锐对立。内战后，共和党长期执政，变成大工业家和银行家的政党；民主党则变成资产阶级化了的南方大农场主、富农和南方资产阶级的政党。美国向帝国主义过渡的时期，两党差别逐渐消失，都代表垄断资产阶级的利益，对外进行扩张。在垄断资产阶级的支持下，美国形成两党制，共和党和民主党轮流执政、垄断政权，使其他政党没有上台的机会。两党制对协调美国社会矛盾与利益冲突，维系美国资产阶级民主政治的运作发挥了重大作用。当然，其实质仍是美国资产阶级专政的工具。

菲律宾革命

菲律宾于 1565 年沦为西班牙的殖民地。19 世纪中期，菲律宾开始卷入世界市场，成为欧美列强的商品销售市场和原料产地。随着社会经济的发展，菲律宾的社会阶级结构发生了变化。19 世纪六七十年代，菲律宾民族资产阶级开始形成。

1892 年 7 月，以安德烈·旁尼发佐为首的资产阶级激进派不满黎萨等人的改良主义立场，在马尼拉创立秘密团体"卡蒂普南"（即人民儿女最高尚的、最尊贵的联合）。1896 年 8 月，卡蒂普南的组织和作战计划被殖民当局获悉，殖民当局立即搜捕和屠杀革命者。在此紧急情况下，旁尼发佐提前起义。8 月 24 日，旁尼发佐在马尼拉近郊的巴林塔瓦克镇发出了武装起义的号召，马上得到了各地卡蒂普南的响应和人民群众的热烈支持。

1897 年 3 月 23 日，卡蒂普南在特黑洛斯召开大会，阿奎那多控制了大会局面，大会做出成立新政府代替卡蒂普南的决定，并选举阿奎那多为新政府总统。会后，旁尼发佐宣布不承认这次选举和会上所做的任何决议。阿奎那多便以阴谋推翻合法总统的名义绑架并杀害了旁尼发佐。

旁尼发佐被杀和卡蒂普南组织遭到破坏，使革命力量遭受了严重损失。正值此时，西班牙总督里维尔率领军队向革命军队反扑，同时又许一些"诺言"，引诱阿奎那多投降。阿奎那多在西班牙殖民者的威胁利诱之下向敌人投降。1898 年 4 月，美西战争爆发。美国一面派军舰到马尼拉湾；一面派领事和军事特使与阿奎那多进行秘密谈判，谎称支持菲律宾人民反对西班牙的民族独立战争。5 月 1 日，美国海军在马尼拉湾大败西班牙舰队。5 月末，阿奎那多乘美国军舰回到菲律宾。6 月 12 日（今菲律宾国庆日），阿奎那多在甲米地发表独立宣言，成立了革命政府。在独立宣言的鼓舞下，菲律宾革命军连连告捷。到 8 月，除马尼拉和南部某些地区外，几乎全部领土都摆脱了西班牙的统治。1898 年 9 月 15 日，菲律宾召开革命议会，制定了宪法。1899 年 1 月，议会正式宣告菲律宾共和国成立，阿奎那多任总统。菲律宾共和国的成立，标志着西班牙在菲律宾 300 多年的殖民统治结束。

正当菲律宾人民反对西班牙的革命斗争取得了决定性胜利的关键时刻，美国撕去了"盟友"的假面具，强行占领了马尼拉。美国以 2000 万美元的代价从西班牙手中取得了控制菲律宾的大权。

1899 年 2 月 4 日，美国侵略军向驻在马尼拉附近的菲律宾革命军发动突然袭击。2 月 5 日，菲律宾共和国正式向美国宣战。由于叛徒的出卖，菲律宾人民的抗美战争最后以失败告终，菲律宾沦为美国的殖民地。

◉ 传统的菲律宾人以种植稻米为生，自给自足地过日子。

英德在南非的冲突

为实现"2C计划"，英国继占有开普敦和纳塔尔之后，又图谋布尔人建立的奥兰治自由邦和德兰士瓦共和国。但是，英国在南非却遭到德国的挑战。1884年，德国夺取了西南非洲（今纳米比亚）和非洲中部的多哥、喀麦隆。1885年，又占领了坦噶尼喀（德属东非）。不久，又相继占领了卢旺达、布隆迪。德国企图沿赤道占领东西非洲，这样一来，就与英国的计划发生了冲突。1890年德、英签订条约，双方划分了在东南非的势力范围，德国取得坦噶尼喀；英国获得肯尼亚和乌干达。但

◎这是一幅出自东非艺术家之手的绘画，描述了武器装备极其原始的武士与德国军官率领的全副武装的雇佣军人（也是黑人）厮杀的场面。地点在德国保护国坦噶尼喀。

条约并未最终制止两国的争夺。19世纪90年代初，英国占领了贝专纳（今博茨瓦纳），并支持殖民主义分子罗得斯组成远征军侵占了尼亚萨兰（今马拉维）、赞比亚和罗得西亚（今津巴布韦）。德国则同德兰士瓦签订商约，控制了该国的全部对外贸易。

1894年德兰士瓦又准许德国在该国境内修筑铁路。1895年1月，两艘德国军舰进入莫桑比克的德拉戈阿湾向英国示威，德国政府公开表示要充当布尔人的保护人，支持德兰士瓦对英采取强硬态度。1895年年底，800名英军入侵德兰士瓦，但被布尔人击退。德皇威廉二世立即向德兰士瓦总统克鲁格致电，表示祝贺。英国认为德皇这一举动是一种挑衅行为，英、德关系骤然紧张。1898年，英、德签订了分割葡属非洲的条约，两国关系才告缓和。由于德国中断了对布尔人的支持，英国才得以在1899年发动了对德兰士瓦的"英布战争"。

·埃塞俄比亚抗意战争·

1889年5月，埃塞俄比亚同意大利签订了《乌查利条约》。其中第十七条规定埃塞俄比亚在与其他欧洲国家交往时，"可以"请求意大利协助。但意大利故意将"可以"改为"同意"，进而曲解为"必须"。1890年，意大利据此宣布对埃塞俄比亚实行"保护"。1895年又对埃塞俄比亚发动了大规模的侵略战争。这年9月，孟尼利克二世发表《告人民书》，表示要抗敌卫国。1896年3月，埃塞俄比亚人民取得了阿杜瓦会战的胜利，意大利侵略军伤亡1.1万人，4000人被俘。意大利被迫在10月缔结和约，承认埃塞俄比亚是独立的主权国家，并给予赔偿。埃塞俄比亚抗意卫国战争的胜利，是非洲军队第一次击败占优势的帝国主义军队。它保卫了民族独立和国家主权，鼓舞了非洲人民的反帝斗争。

"门户开放"

19世纪末,尤其是在1895年中日甲午战争之后,远东的政治格局急剧变化,列强在中国的均势被打破,从而掀起了瓜分中国的狂潮。其中,俄国独占了中国东北;日本取得台湾和澎湖之后,又把福建置于它的势力范围之内;德国强占了胶州湾,把山东变为其势力范围;法国强行租借了广州湾,其势力范围遍及滇、粤、川等地;英国租借了九龙和威海卫,并宣布长江流域为它的势力范围。列强们瓜分中国的狂潮无法止步,中国面临亡国的危险,而列强之间的矛盾也越演越烈。

西方各国在各自的势力范围内大都实行排他性殖民政策,这严重损害了因忙于美西战争而未能在中国占有一席之地的美国的商业利益。尤其是俄国封锁了中国东北市场,不准美国商品和资本进入,为此美国耿耿于怀。虽然当时美国的对中国贸易总额并不是很大,但其垄断财团早就看中了中国市场的潜在价值,它们向美国政府施加了强大压力,要求美国政府采取行动。当时,英国出于自身利益,也向美国建议以"门户开放"原则来规范各国的对中国贸易,协调各国在中国的商业利益。在这种背景下,美国国务卿约翰·海于1899年9月6日向英、法、德、俄、日、意等国递交了一份照会,美国承认各国在中国的"势力范围"和夺得的特权;同时要求在各国的租借地和势力范围内,美国享有均等的贸易机会;要求中国内地全部开放,使帝国主义国家都享有投资权利。美国提出该政策的目的是通过"机会均等、利益均

◎执行"门户开放"政策的美国总统威廉·麦金莱,他于1901年被刺身亡。

沾"手段,缓和列强争夺中国的矛盾,防止列强瓜分中国,以使整个中国市场对美国商品自由开放,从而渗透其侵略势力。

第二年7月3日,美国又发出第二封照会,除重申"平等公平贸易"原则外,还提出要"保全"中国的领土和行政完整。两次照会组成了美国对外政策的"门户开放"原则,这个原则的内容与旧殖民主义的根本区别在于:1.反对以武力征服的方式从空间上对殖民地实行独占,主张建立"无边界"的殖民体系;2.反对对殖民地实行直接统治,而提倡保留殖民地原有的行政实体,实行间接统治;3.反对垄断式的保护主义,主张"门户开放",实行"公平"的自由贸易竞争。

这样,"门户开放"原则实质上全盘否定了旧殖民主义赖以存在的基础,构筑了新殖民主义的框架体系。英国首先支持美国该政策,其他国家也先后表示同意。第二次世界大战后,美国在中国的独占地位已经形成,才放弃此政策。

戊戌变法

西方资本主义的入侵，一方面破坏了中国的封建经济，使中国面临民族危机；另一方面也促进了中国商品经济的发展。资本主义就在这样的背景下，在中国古老的土地上畸形地成长起来。中国人也从此开始了探索现代化的道路。

19世纪60年代是洋务运动的第一阶段，重点是建立近代军事工业，目的是加强清政府的军事力量。当时兴办的重要企业有安庆军械所、江南制造总局、金陵制造局、天津机器局和福建船政局等。19世纪70～90年代为洋务运动的第二阶段，重点是筹建海军和围绕军事工业而建立民用企业，主要有轮船招商局、开平煤矿、唐胥铁路、汉阳铁厂、漠河金矿和湖北织布局等。洋务运动具有浓厚的封建色彩，目的是强化封建专制，但又带有资本主义性质。由于受到国内封建势力的束缚和外国资本的排挤，中国民族资本主义工业的发展举步维艰。

19世纪末，中国面临被西方列强瓜分的危险，民族危机异常严重。1894年，日本发动了侵略中国的甲午战争，中日双方在黄海海面、辽东半岛和威海卫进行海陆战争，中国的北洋舰队在日本海军的进攻下遭到惨败。1895年，中日签订《马关

◎康有为

条约》，中国被迫承认日本对朝鲜的控制，并割地赔款。日本的侵略引发了列强新一轮瓜分中国的高潮。中国就在这种背景下，又开始了新的现代化探索与尝试。

甲午战争后，中国的先进知识分子开始注意吸收西方先进的思想和文化，其中较为杰出的人物是严复。他于1898年翻译出版了赫胥黎的《天演论》，用进化论启发国人争取实现现代化发展的决心和热情。他把西方的天赋人权观和议会民主政治介绍到中国来，从而为维新变法运动做了舆论准备。

由康有为和梁启超等人领导的戊戌变法运动是一场资产阶级政治运动。维新派主张在政治上实行君主立宪制，在经济上实行有利于民族资本主义发展的政策。变法虽然失败了，但是它把中国的反封建斗争提高到变革体制的高度，为以后的资产阶级民主革命打下了良好的基础。

戊戌变法失败后，帝国主义列强又加快了瓜分中国的步伐。在民族危亡的关头，中国又爆发了反帝爱国的义和团运动，给了帝国主义以沉重的打击。为此，西方列强组成八国联军公然入侵中国，于1900年7月攻陷天津，8月又占领北京，义和团运动在中外反动势力的联合绞杀下失败了。1901年9月，列强迫使清政府签订了《辛丑条约》，中国到了亡国的边缘，中国人民又到了重新选择救亡图存的道路的关键时刻。在这种背景下，孙中山的民主革命思想应运而生，由他发动和领导的资产阶级民主革命拉开了中国革命新的一幕。

第二国际

巴黎公社革命失败以后，第二次科技、工业革命及资本主义经济迅猛发展。随着国际工人运动的高涨、马克思主义的广泛传播和各国工人政党的建立，各国工人阶级要求加强国际联系和团结的愿望日益迫切。在这种情况下，马克思主义者于1889年7月14日，在巴黎召开了国际工人代表大会，通过了《国际劳工立法》草案和关于《庆祝"五一节"的决议》，这次会议被公认为是第二国际的成立大会。

第二国际是第一国际的持续和发展。第二国际的活动方式也以召开代表大会为主。第一国际与第二国际的差异在于：第一国际实行较紧密的民主集中制，第二国际则是一个无中央机构的松散的组织，它无纲领、无章程、无机关报、无纪律。1900年建立的社会党国际局只是各国党的通讯和组织中心，各国党都有自己的独立性。

为了引导工人运动走上正确的斗争道路，第二国际从成立到1896年的伦敦代表大会，一直进行着反对无政府主义的斗争。第二国际在前期的活动中基本上遵循了马克思主义路线，表现在：促进更多的国家建立了工人政党；推动各国工人进行议会斗争并取

◎ 德国修正主义者伯恩施坦

得很大胜利；推动各国工人运动进一步发展。

在19世纪末，由于资本主义已经发展到帝国主义阶段，而马克思、恩格斯又先后去世，有许多新问题、新情况出现了，工人运动中的许多理论家试图从理论上进行探索。1899年，伯恩施坦发表了《社会主义的前提和社会民主党的任务》一书，系统地阐述了他的修正主义思想体系。伯恩施坦在"发展和完善"马克思主义的名

· 国际劳动节 ·

国际劳动节是全世界无产阶级和劳动人民团结战斗的节日。1866年，第一国际日内瓦支部提出了"八小时工作制"的口号。1884年，美国进步工人组织通过要求为实现八小时工作制而斗争的决议，得到各地工人的热烈支持和响应，决定在1886年5月1日举行大罢工。这天，芝加哥、底特律、纽约等城市举行罢工和示威游行。芝加哥20多万工人走在斗争的最前列，经过流血斗争，终于获得八小时工作制的权利。美国工人的斗争得到了国际无产阶级的有力声援。1889年7月14日，在巴黎第二国际成立大会上，为纪念美国工人"五一"罢工，推进各国工人的斗争，增强无产阶级国际主义团结，通过一项决议：在每年的5月1日，组织大规模的示威游行，并把这天定为"国际示威游行日"。从此，5月1日成为全世界无产阶级和劳动人民团结战斗的节日。

义下，提出要使马克思主义"适应"新的政治和经济形势的观点。在哲学方面，他宣扬庸俗进化论和折中主义，对革命的辩证法予以否定，认为唯物史观既"自相矛盾"又"缺乏根据"。在政治经济学方面，他认为剩余价值学说只不过是"以假设为根据的公式"，垄断组织的出现可以使经济危机消除。在科学社会主义方面，他美化资本主义，反对暴力革命和无产阶级专政，认为只要反对暴力革命和无产阶级专政，只要坚持渐进的、和平改革的策略，就可以促使资本主义和平进入社会主义，并提出"最初的目的是微不足道的，运动就是一切"。修正主义出现后，得到英国费边社分子、俄国经济派、法国米勒兰派等的支持，并迅速发展成国际思潮。

修正思想的出现，引起了工人队伍在思想上和理论上的混乱，并引起第二国际内部的激烈斗争。1900 年 9 月，第二国际在巴黎召开第五次代表大会。与会代表围绕"米勒兰入阁"问题展开了激烈争论，争论的结果导致左、中、右三派的形成。米勒兰是法国独立社会主义联盟的成员，他于 1899 年加入资产阶级内阁，任工商部部长。以伯恩施坦、饶勒斯为代表的修正主义者支持米勒兰入阁，宣称此举只是无产阶级夺取政权的第一步，称为"入阁派"。

·法国工人党·

法国工人运动史上第一个无产阶级政党。1879 年在马赛举行的法国全国工人代表大会上，通过了成立法国工人党的决议。随后，盖德和拉法格在马克思的亲自指导下制定了党纲，并于 1880 年在哈弗尔代表大会上通过，称为《哈弗尔纲领》，法国工人党正式成立。纲领规定：必须建立无产阶级政党，进行革命斗争，推翻资产阶级统治，实现生产资料社会化，建立社会主义社会。不久，党内出现盖德派和可能派的斗争。在 1882 年的圣太田代表大会上两派正式分裂，盖德派保留了法国工人党的名称。1889 年法国工人党参与了筹建第二国际的工作，并支持和领导了法国工人的几次大罢工。1893 年的议会选举中法国工人党取得了可观的票数，此后，工人党更加注重议会斗争。1901 年，法国工人党与革命社会主义党、革命共产主义同盟联合组成法兰西社会党。

卢森堡、盖德等对社会主义者入阁表示反对，他们坚持传统的暴力革命和无产阶级专政的主张，称为"反入阁派"。第二国际领导人考茨基提出"橡皮决议案"，声称社会主义者加不加入资产阶级内阁"只是一个策略问题，不是一个原则问题，国际大会对此不必有所表示"。"橡皮决议案"只是暂时防止了国际分裂，同时肯定了米勒兰入阁行为，这为以后第二国际的分裂埋下了种子。

◎ 1906 年 3 月发生在法国多佛尔的矿工大罢工。第二国际期间，多次爆发无产阶级的罢工运动。

俄日美在远东的竞争

俄国早在 17 世纪就开始对中国进行侵略活动。到 19 世纪末已把原属中国的 150 多万平方千米的土地并入了自己的版图。

日本是新兴的帝国主义国家，19 世纪 70 年代开始对外扩张，1872 年侵占了琉球；1874 年侵略中国的台湾，最终以失败告终；1875 年又入侵朝鲜，取得开放港口和领事裁判等特权。1885 年，日本迫使清政府订约，使日本在朝鲜取得了与中国同等的权利。当时英、美等国企图利用日本排挤俄国在中国和远东的势力，在英、美的支持下，日本于 1894 年 7 月 25 日发动了侵略中国和朝鲜的中日甲午战争。清政府战败后，于第二年被迫同日本签订了《马关条约》，根据《马关条约》的规定，中国割让辽东半岛、台湾、澎湖列岛给日本；赔款白银 2 亿两；长沙、重庆、苏州、杭州开放为商埠，允许日本资本家在通商口岸开设工厂；承认日本对于朝鲜的控制。此外，为了保证中国履行条款，日军暂时占领威海卫。

甲午战争彻底暴露了清帝国的虚弱本质，各国不再有任何顾忌，立即掀起了瓜分中国的狂潮。《马关条约》中辽东半岛割让给日本的条款极大地触怒了俄国，俄国联合德、法两国威逼日本放弃对于辽东半岛的占领。1896 年，李鸿章在莫斯科与沙皇政府代表签订了《中俄密约》，这是一份以同盟面貌出现的条约，俄国以"还辽"功臣自居，独霸了中国东北，而后取得了修筑东清铁路(后改称中东铁路)及在铁路沿线的行政、驻兵、司法、采矿及贸易等权利。1897 年 11 月，德国以武力占领胶州湾，次年 3 月强行"租借"胶州湾，租期为 99 年，进而把山东全境变成它的势力范围。俄国势力的加强使日本更加向英、美靠拢，因此，在远东已形成俄、法、德为一方和日、美、英为另一方的对立格局。

美国在亚洲、太平洋也有着重大利益，1895 年以来，美国对中国贸易增长很快，对中国投资也已起步。但是，俄国对中国东北的控制使美国面临失去重要的中国市场的危险，美国国内许多垄断财团纷纷要求政府采取措施，以便打开中国市场。当时，美国主要是利用日本来同俄国对抗，然后从这种"均势"政策中获取自己的利益。远东的这种均势，一直维持到 1905 年的日俄战争才被打破。

◎李鸿章与伊藤博文签订《马关条约》图
1895 年 4 月，在日本马关（今下关）的春帆楼内，中日两国代表进行停战谈判，签订了《马关条约》。

英国对印度的殖民统治

19世纪末，随着英国对世界工业垄断地位的丧失，英国殖民者对其最大的殖民地——印度的殖民掠夺更加疯狂了。这一时期，英国殖民者除了继续依靠军事政治权力对印度人无情搜刮、扩大商品倾销、加紧掠夺粮食原料之外，资本输出已逐渐成为主要的剥削手段。

在农业方面，英商经营着各种水利工程和茶叶、橡胶等种植园。由于殖民政府的强制和英商的操纵，印度的农业生产商品化有所发展，很多地区变成了单一种植区。与此同时，英国殖民者还利用封建土地关系加强对农民的剥削。19世纪60年代以后，殖民政府颁布一系列田赋法案，巩固了柴明达尔地主的地位，从而进一步保障了地主、商人、高利贷者对农民的剥削权。这一时期，英国从印度掠夺的粮食和原料与日俱增。

英国资本输出的增长、近代工业的出现——特别是铁路网的修建，在客观上促进了印度民族工业的发展。但是，印度资产阶级和英国资产阶级之间仍存在着难以调和的矛盾。英国资本家依仗殖民政权，采取经济的和非经济的手段阻挠民族资本发展。殖民政府根据垄断资本家的利益，制定关税政策，进一步加强英国商品在印度市场的竞争能力。直到19世纪末，印度资本主义工业仍然是半封建殖民地经济大海中的一个小岛。

随着近代工业的产生，印度出现了第一批产业工人。最早的近代工人是在英国资本家工厂做工。19世纪末，印度已有50多万的产业工人，他们大部分来自破产农民和手工业者。他们的工资微薄，劳动繁重，工作日长达14～15小时，根本没有假日。沉重的劳动严重损害了印度工人的健康，很多人被折磨致死。这一时期，印度无产阶级人数不多，政治上也不成熟，但却与先进的生产方式相联系，是一个不断发展的、组织性和革命性极强的阶级。随着殖民掠夺和封建剥削不断加强，各种社会矛盾，尤其是印度人民和英国殖民主义的矛

·印度国民大会党·

代表印度资产阶级和地主利益的民族改良主义政党，简称印度国大党。由英国殖民官吏休谟于1885年12月28日在孟买所创，主要成员是地主、资本家、商人、高利贷者和资产阶级知识分子。成立之初，主张通过宪法的手段在印度实现立宪和代议政治，带有浓厚的改良主义色彩。19世纪末随着大量的中小资产阶级及知识分子的加入，以提拉克为首形成激进派，主张印度独立。1905年10月，针对殖民当局分割孟加拉省的法令，掀起全国规模的抗议活动，并发展为抵制英货、提倡国货的运动。次年，在激进派坚持下第一次提出"自治、提倡国货、抵制英货、民族教育"四点纲领。1907年温和派和激进派分裂。1916年，两派重新联合。国大党成立初期，揭露了英国官吏的专横残暴，要求自治、独立，唤醒了印度人民的民族意识。

◎ 1876～1878 年西印度饥荒中的饥民，在英国殖民者的残酷压榨下，数百万印度人丧失生命。

盾日益尖锐。印度各地开展了轰轰烈烈的农民运动和工人罢工，同时兴起的还有资产阶级改良运动。19 世纪六七十年代，资产阶级改良主义运动发展迅速，并且出现了各种地方性的改良主义政治组织。他们反对英国殖民束缚，要求实行自下而上的社会改革，普及欧式教育，发展民族工业，改革税制，实施司法平等制度，建立陪审制度，实现在英帝国范围内的自治。

工人运动、农民起义和资产阶级改良主义运动三者同时进行，这种形势引起了英国殖民者极大的恐惧。英国殖民者为了防止工农运动和资产阶级运动相结合，极力拉拢地主资产阶级上层分子，力图把资产阶级改良主义运动纳入合法的轨道，以便加以操纵和控制。于是，他们便支持资产阶级的代表建立全国性的改良主义政党。

1885 年 12 月 28 日，在英国殖民官吏休谟的操纵下，印度国民大会党（简称国大党）在孟买举行成立大会。出席大会的代表中半数是资产阶级知识分子，半数是地主商人和高利贷者。大会的中心议题是要求民权和自治。

国大党成立不久，收容了一批激进主义者，很快使国大党内部分成两派。以苏伦德拉·纳特·巴纳吉为首的温和派掌握领导权，代表地主和上层资产阶级的利益，主张和英国妥协合作。以巴尔·甘格达尔·提拉克为首的激进派，代表小资产阶级、富农、小地主和自由职业者的利益，他们极力反对温和派的妥协合作路线，认为英国殖民奴役是印度贫穷落后的根源，主张联合人民群众的力量，运用各种不同的斗争形式——包括暴力来推翻英国殖民统治，实现民族独立。英国殖民当局把提拉克视为死敌，1897 年将他监禁起来，但在印度人民的抗议下，殖民当局被迫把他释放了。提拉克在印度人民中的威望日益增长，到 19 世纪末 20 世纪初，他成为印度资产阶级民族运动的代表人物。

◎ 一座专供英国上流社会和印度大公们游赏玩乐的戏院，此图绘于 19 世纪末期。

建立布尔什维克党

由于沙皇专制和封建残余的存在，也由于垄断资本对国内外人民的剥削和侵略，沙俄帝国内不仅存在着无产阶级同沙皇专制和垄断资本的矛盾、农民阶级同贵族地主和沙皇专制的矛盾、国内各少数民族同沙皇政府的矛盾，还存在着俄国帝国主义同西方帝国主义、殖民地半殖民地人民的矛盾。

深受封建主义和资本主义双重压迫的俄国工人阶级，不断发起反抗斗争。但在俄国当时的历史背景下，俄国无产阶级革命的任务比任何国家无产阶级革命的任务更艰巨。俄国的无产阶级渴望有自己的革命政党和革命理论的指导，这是列宁主义产生的客观要求，也是俄国无产阶级革命斗争的需要。

1883年9月，普列汉诺夫在日内瓦创建了俄国第一个马克思主义团体——劳动解放社，为俄国传播马克思主义做了大量工作，并从思想上沉重地打击了民粹主义。但他们的理论学习和宣传活动还未与本国工人运动相结合，列宁出色地完成了这个任务。

列宁原名弗拉基米尔·伊里奇·乌里扬诺夫，参加革命后化名列宁。5岁时，他在母亲的教育下开始读书，9岁时上了中学。1887年，他随全家迁到喀山，同年进入喀山大学法律系学习。

列宁在喀山大学结识了一批有革命思想的同学。不久，他就因为参加学生运动而被捕、流放。1888年，列宁从流放地回到喀山，但当局不准他再回到大学。他潜心研读马克思主义，并参加了马克思主义小组。1889年，列宁随全家移居到萨马拉，他在那里埋头读了四年半的书，学了几门外语，并组织了当地第一个马克思主义小组。

1895年，列宁把圣彼得堡的20个马克思主义小组联合成工人阶级解放斗争协会，在俄国第一次实现了社会主义运动和工人运动的结合。当年12月，列宁被捕，并被流放到西伯利亚。

1900年，列宁从流放地到了国外，同年年底创办了《火星报》。通过报纸，促进

·《火星报》·

由列宁创办的第一份全俄马克思主义政治报纸。1900年12月在德国莱比锡创刊，先后在慕尼黑、伦敦、日内瓦出版。报头刊有"星火可以燎原"的口号。编辑部成员有列宁、普列汉诺夫、马尔托夫、阿克雪里罗得、波特列索夫和查苏利奇。列宁是该报的主编和领导者，他在该报发表了许多有关俄国社会民主工党的建设和无产阶级斗争的各种基本问题、反映并评述国内外的重大事件的文章。在列宁的倡议和参与下，编辑部制定了俄国社会民主工党党纲草案，并得到大多数地方的社会民主工党组织的拥护，筹备党的第二次代表大会的召开。这次大会宣布《火星报》为党的中央机关报，选出新的编辑部成员：列宁、普列汉诺夫和马尔托夫。为加强中央委员会的领导，列宁于1903年11月1日退出编委会。从第52期起，该报被孟什维克篡夺。1905年10月停刊，共出版112期。

◎ 表现列宁在演讲的绘画
列宁在 1920 年的演讲。虽然俄国的大部分地区都遭受到战争的蹂躏,但布尔什维克领袖的决心和力量极大地促进了革命的发展。

了各地小组间的联系,并组织培养党的骨干,为建党做了组织上的准备。

为了建立真正的工人政党,列宁发表了大量文章,把科学社会主义思想灌输到工人运动中,并宣传马克思主义,批判各种错误思潮。1894 年,他写了《什么是"人民之友"以及他们如何攻击社会主义民主主义者?》一书,以大量事实批判了民粹派否认俄国资本主义发展、否认无产阶级领导地位的错误观点。同时列宁写文章,对"合法马克思主义者"关于资本主义的自由本质的观点进行了揭露和批判。他又撰写了《怎么办?》一书,严厉批判了经济派只搞经济斗争、不要政治斗争的谬论,并指出经济派的基本错误是崇拜工人运动的自发性,而自发的工人运动是没有力量推翻资本主义制度的。因此,只有把科学社会主义灌输到工人运动中去,只有建立无产阶级政党,才能最终取得无产阶级革命的胜利。

列宁这些批判民粹派、"合法马克思主义者"及经济派的著述,为建立新型的工人阶级政党奠定了思想基础。1903 年 7 ~ 8 月,俄国社会民主工党第二次代表大会先在布鲁塞尔,后移至伦敦秘密举行。大会通过了列宁领导制定的党纲。这个党纲是当时世界上唯一把无产阶级专政作为斗争目标的工人阶级政党的纲领。在大会讨论党章时,会议代表产生了严重分歧。列宁主张建立一个集中统一、组织严密、有纪律的党,要求每个党员必须承认党纲,在物质上帮助党,并参加党的组织。马尔托夫反对把参加党的组织作为党员必备的条件,实质上是要建立一个没有纪律、组织涣散的团体。经过激烈争论,最后马尔托夫的主张得以通过。在选举党的中央机关时,拥护列宁的人占了多数,称为"布尔什维克",反对派称为"孟什维克"。

布尔什维克党的诞生,意味着一个新型的、真正的马克思主义政党的出现,标志着列宁主义的诞生。列宁主义是马克思主义同俄国革命实践相结合的产物。它的诞生,不仅给俄国无产阶级以强大的组织力量和思想武器,也给全世界无产阶级和被压迫人民以强大的思想武器,它标志着一个亘古未有的世界无产阶级革命高潮即将到来。

苏丹马赫迪反英起义

英国占领埃及后，随即开始沿尼罗河向非洲内地扩张，在这一计划的目标中，苏丹首当其冲。

苏丹是土耳其奥斯曼帝国的一部分，但实际上由埃及统治。英国利用埃及政府驻苏丹官员的名义，逐步取代埃及人，继而担任苏丹省省长和苏丹总督。1881年，马赫迪发动了反英起义。他宣传道："建立普遍平等、处处公正的美好社会，要消灭不平等，消灭邪恶势力。宁拼千条命，不纳一文税。"处于社会下层、出身贫寒的人民纷纷响应，准备和他一起起义。

马赫迪宣传抗英的消息传到英殖民者耳中，他们便派军队去镇压，遭到起义军的强烈反抗，在阿巴岛被打死100余名士兵。初次的胜利使起义军的影响迅速蔓延，队伍很快发展到近5000人。富有军事才能的马赫迪知道自己部队装备差，没有作战经验，就决定以地势险峻的卡迪尔山为根据地，凭借复杂的地形优势与英军周旋。

1881年12月，苏丹总督派拉希德率领1500名士兵尾随起义军至卡迪尔山区，追剿起义军。马赫迪设伏围歼，堵死英军进退各路口，全部歼灭。次年4月，英军派出第二支围剿部队。马赫迪以逸待劳，趁英军长途疲惫，立足未稳，进行夜间偷袭，再次歼灭英3500人。

接二连三的反围剿胜利，马赫迪巩固了卡迪尔根据地，起义军也迅速扩大到3万余人，缴获了大批武器，起义军的军事装备大大提高，士兵抗英信心十足。

1831年1月，马赫迪率领部队走出山区，向苏丹第二大城市乌拜依德发起进攻，一举攻占该城。

乌拜依德的失陷，震惊了全苏丹。国内的反英斗争形势高涨，英统治者感到了危机。9月，英殖民调集1.2万余远征军、14门大炮、6挺机枪、500匹战马等，在希克斯的率领下向乌拜依德进军。

马赫迪采取坚壁清野，破坏远征军供给的战术，在远征军沿途提前烧光村落、毁掉水井，使远征军疲惫，阻滞其前进。在乌拜依德的南面，有片希甘森林，森林

◎描绘马赫迪反英起义的瓷画

◎ 恩图曼战役
马赫迪率军抵达离喀土穆不远的恩图曼城下。马赫迪写信给英守城将领戈登，要求戈登投降。但戈登不予理睬，因为他已得到消息，英国援军已从埃及出发。后来马赫迪紧缩包围圈，起义军大败英军。

中间正好有块空地，马赫迪决定在那里消灭英军。他把部队分成3路，将主力和重武器都埋伏在希甘森林空地的四周，然后一路小部队迎击英军，诱敌深入，另一路部队在诱敌途中负责迂回英军后方，以夺取敌人的辎重。

11月4日，希克斯部队接近乌拜依德地区，他企图对起义军实施突袭，于是他命令部队在黑暗的掩护下，连夜隐蔽行军。次日凌晨，希克斯远征军攻至乌拜依德城下，胸有成竹的马赫迪命部队按计划进行。负责诱敌的起义军开始向英军开火，英军迅速组织还击。在英军的猛攻下，起义军溃败，希克斯命部队追击。当英军追至希甘森林空地时，起义军却不见了踪迹。长途跋涉再加上紧张的追赶，使英军疲惫不堪。正要停下喘息的英军忽然听到四周枪炮齐鸣。希克斯知道中计，但这时他们已被起义军团团围住，以逸待劳的起义军向英军发起猛攻。希克斯在战斗中被打死，全军被歼，与大部队脱节的辎重也被起义军截获。

希甘战役的胜利，促进了苏丹各阶层人民反抗殖民统治运动的发展，起义军实力进一步扩大。1884年3月，起义军包围了苏丹首都喀土穆，并于次年1月26日攻占该城。英国当局紧急调集大批军队镇压，由于起义军内部分化，1898年，英军镇压平息了起义，马赫迪起义失败。后来，英、埃签订《管理苏丹协定》，苏丹遂成为英国的殖民地。

· 埃土战争 ·

埃及为了维护地主商人的利益，不断发动对外扩张战争。1831年，埃及与奥斯曼土耳其发生冲突，埃及遂出兵叙利亚，占领耶路撒冷、大马士革等地，并向小亚细亚推进，直逼伊斯坦布尔。后因沙俄出面干涉，双方签订停战条约。1839年，第二次埃土战争爆发，土军渡过幼发拉底河，向叙利亚推进，打到了阿勒颇。6月初，埃及军队展开反攻，并在尼西布战役中歼灭了土耳其军队的主力。7月4日，土耳其海军投降。这时，英国等殖民国家出兵干涉，埃及屈服，并沦为欧洲列强的半殖民地。

坦噶尼喀的反殖民斗争

坦桑尼亚是一个美丽的国家，位于非洲大陆的东南部，由坦噶尼喀和桑给巴尔两部分组成。19世纪下半叶，特别是1884年柏林会议召开之后，欧洲各殖民国家加紧了对非洲的占领，坦噶尼喀则成为德国觊觎的对象。

1884年年底，一支由卡尔·彼得斯率领的德国远征军侵入坦噶尼喀。德军在坦噶尼喀滥杀无辜，甚至连手无寸铁的儿童和妇女都不放过，坦噶尼喀人对这支德国远征军恨之入骨，把彼得斯称为"双手沾满鲜血的人"。彼得斯可不管这些，他根本不把这些非洲人放在眼里，仍继续在坦噶尼喀为非作歹。

在手拿先进武器的德军面前，坦噶尼喀的酋长们胆怯了，与彼得斯签订了12份条约，把15万平方千米的土地拱手让给了德国。

坦噶尼喀人民没有像其他殖民地的人民那样发动激烈的抵抗，使德国殖民者的气焰更加嚣张起来。他们在一些港口城市升起了"德国东非公司"的旗帜，把桑给巴尔苏丹的旗帜降了下来。看到桑给巴尔苏丹没什么反应，德殖民当局又派一艘军舰闯进坦噶尼喀的一个港口。

满腔怒火的人民终于被激怒了，他们把德国军舰上的专员们包围起来，想以此迫使德军撤退。但事情的发展出乎坦噶尼喀人的意料，他们并不指望苏丹能给予他们帮助，但是他们万没想到苏丹竟会派军队来镇压他们，以解救德国专员。

苏丹出卖国家和民族的行径使坦噶尼喀人忍无可忍，他们聚集到一起，高呼"把

·坦桑尼亚的发展变迁·

坦桑尼亚是人类发源地之一，轰动世界的"东非人"头骨就是在这里发现的。1885年，坦桑尼亚的坦噶尼喀被德国划入势力范围之内，1890年，桑给巴尔又沦为了英国的保护国。1917年，英国凭借第一次世界大战的机会吞并了整个坦桑尼亚，赶走了德国人。第一次世界大战结束后，坦桑尼亚成为英国的委任统治地。第二次世界大战结束后，联合国将坦噶尼喀作为托管地交给英国管理。经过长期的斗争后，坦噶尼喀于1961年12月9日宣布独立，1963年12月10日，桑给巴尔也宣布独立，摆脱了英国的殖民统治。1964年4月26日，两个国家组成联合共和国，6月29日，改名为坦桑尼亚联合共和国。

殖民者赶出坦噶尼喀"的口号。

"我们不能再承认出卖国家利益的苏丹的权力了，我们应该推举一位有能力的领导人，带领大家把可恶的德军赶出这块土地。"一位有威望的老者建议道。

"说得对，我们应该选举一位热爱祖国的领导者。"

最后，阿布希里承担起了这一重任，他带领坦噶尼喀人民奋勇抗击德国殖民军。坦噶尼喀人使用的大多是原始的梭镖、木棍等，而德军使用的是先进的现代化武器，两者之间的差距太大了，因此坦噶尼喀人不断地战败。在1885年的一次战争中，阿布希里被俘后英勇就义。

虽然德国殖民军一度打胜，但他们也不断地意识到，坦噶尼喀人民绝不会甘愿受他们统治，要想使统治牢固，只能用武力征服。于是，德殖民当局决定以巴加莫港口为据点，在加强沿海地区统治的同时，逐步地向内地推进。

起先，德国殖民者让一部分人扮成商人模样混到坦噶尼喀，用一些在欧洲已经非常过时的小东西来换取坦噶尼喀人的牲畜或是象牙等物。不明就里的坦噶尼喀人最初对这些德国"商人"带来的东西非常感兴趣，当德国人的真面目被揭穿了后，坦噶尼喀人再也不做这种交易了。德国殖民者看到坦噶尼喀人不再上当，便开始使用武力进行掠夺。

阿布希里死后，坦噶尼喀人又推选姆克瓦瓦为首领，在姆克瓦瓦的领导下，坦噶尼喀高举独立的旗帜，继续同德国殖民者进行着不屈不挠的斗争。

姆克瓦瓦是赫赫族的酋长，他的王国地处坦噶尼喀腹地，为了与德国殖民军针锋相对，姆克瓦瓦在领地设下重重关卡，这使得德国殖民者的利益大大受损。最后，姆克瓦瓦甚至封锁了商道，使"洋商"们无法通过他的领地。

1891年，驻坦噶尼喀的德国专员向姆克瓦瓦下达了最后通牒：姆克瓦瓦必须只身前往巴加莫港，而且要带上一把泥土。

"德国人就是这样让我屈服吗？就算是砍去我的头颅，我也绝不会投降的。"姆克瓦瓦气愤地派人给德国专员送去了一支表示斗争到底的箭。

德国专员看以"和平"的方式不能让姆克瓦瓦屈服，便亲自率领德国远征军向赫赫族的王国进犯。

"德军来势汹汹，如果硬拼肯定是不会取得胜利的，所以只能智取。"打定主意，姆克瓦瓦让士兵们隐蔽到德军必经之路上，当德军进入埋伏圈后，他命令士兵们冲上前去，用长矛和弓箭射杀敌人。片刻工夫，德军便损失了200多人，不得已，德国专员只能率残部退回巴加莫港。

1894年，不甘心失败的德军又调集了大批军队进攻姆克瓦瓦的领地。姆克瓦瓦率领士兵奋起抵抗，但最后还是不得不放弃王城卡伦加。姆克瓦瓦率领余部转入丛林作战，开展游击战争，给德军以出其不意的打击。

1898年，姆克瓦瓦由于操劳过度身患重病，身边只有很少的随从人员。一天，他养病的地方突然被德殖民军包围了，姆克瓦瓦很快意识到是有人出卖了他。在紧急关头，他首先想到的是：坦噶尼喀人绝不能成为德国人的俘虏。于是，姆克瓦瓦举枪自杀。面对姆克瓦瓦的尸体，残忍的敌人割下他的头颅，送回柏林去请功——当时德国总督正以5000卢比悬赏姆克比比的头颅。

1918年，在第一次世界大战中战败的德国决定从坦噶尼喀撤军，作为对战败国提出的条件，坦噶尼喀人民要求德国归还姆克瓦瓦的头颅。就这样，姆克瓦瓦的头颅终于回到了祖国。坦噶尼喀人民把姆克瓦瓦的头颅安放在一座为他修建的纪念馆里，并把这座纪念馆起名为"姆克瓦瓦纪念馆"。

◎英国殖民者在非洲掠夺了大量殖民地，正如这幅装饰画所表现的，取得胜利的军官可以将他获取的殖民地以自己的名字命名。

西北非的反侵略斗争

1871 年春,阿尔及利亚发生民族起义,一度把法军从东部地区赶了出去。随后,斗争的烈火燃遍阿尔及利亚全境。起义坚持到 1872 年才被法国镇压下去。起义失败后,法国把阿尔及利亚变成为法国的一个省,法国殖民当局剥夺了阿尔及利亚人民的各种权利,并大规模移民,企图"同化"阿尔及利亚。

突尼斯是法国继占领阿尔及利亚之后的又一目标。1878 年的柏林会议上,法国在突尼斯问题上得到英、德的支持。1881 年 4 月,法国派兵入侵突尼斯,迫使突尼斯在接受法国保护的条约上签字。此后,突尼斯人民立即举行全国性起义,顽强抗击入侵的法军。1883 年,起义遭到血腥镇

◎对非洲的殖民激发了欧洲开发商的想象力,他们设计了一种棋盘游戏,其图画背景即取自欧洲人踏上非洲土地时的情景。

压。7月,法国又强迫突尼斯签订新的条约,突尼斯正式接受法国的"保护",虽然突尼斯政权仍然保留着,但国家权力已完全操纵在法国人手中。

到 19 世纪末,北非只有摩洛哥还保持着独立,但由于国内改革运动的失败,摩洛哥失去了抵御帝国主义入侵的实力。20 世纪初,摩洛哥最终沦为法国的"保护国"。

从 19 世纪初开始,英国就企图侵略西非阿散蒂人的国家,但均遭失败,仅在黄金海岸建立了一些分散的殖民据点。1873 年春,英军 4000 余人向阿散蒂发动进攻,双方激战到次年 2 月,阿散蒂人被迫从首都库马西撤出。3 月 14 日,阿散蒂被迫同英国签订了和约,放弃了沿海地区的主权。1896 年 1 月,英军再次占领了库马西,宣布阿散蒂为英国的"保护国"。阿散蒂人民掀起抗英斗争。起义一直坚持到 1901 年年底才告以结束。阿散蒂从此被英国吞并,成为英国的直辖殖民地。

·第二次摩洛哥危机·

1911年4月初,摩洛哥首都非斯爆发反对苏丹和殖民主义的人民起义后,法国派兵占领非斯。德国向法国提出警告,并派炮舰驶入阿加迪尔港示威。7月15日,德国正式向法国提出割让全部法属刚果的要求,双方关系极为紧张,故称"第二次摩洛哥危机"。双方僵持不下之际,英国采取了支持法国的立场,表示如果德法两国交火,英国一定参战。11月,法德两国达成了协议。德国承认法国对摩洛哥大部分领土的保护权,作为交换条件,它取得了法属刚果的价值不大的部分。但这并没有缓解帝国主义之间的矛盾,第二次摩洛哥危机之后,协约国集团与以德国为核心的同盟国集团都紧锣密鼓地进行战争准备,最终导致第一次世界大战的爆发。

第二次工业革命

从 19 世纪 70 年代到 20 世纪初，科学技术飞速发展，人类历史上又发生了一次新的工业革命，被称为"第二次工业革命"。

第一次工业革命和资本主义的迅速发展，使得自然科学在 19 世纪取得重大突破。在物理学方面，法拉第证明了电磁感应现象，伦琴发现了放射现象；在化学方面，分子—原子结构学说确立，门捷列夫制定了化学元素周期表；在生物学方面，细胞学说建立，达尔文创立了生物进化论学说。这些重大突破，为自然科学与生产技术相结合，把科学原理转化为技术，直接运用到生产中去，创造了有利的条件。而世界市场的出现和资本主义世界体系的基本形成，又推动了商品的生产。因此，人们追求更高的生产效率，渴望有更好的机器和更强大的动力。这些条件，使第二次工业革命的发生成为可能。

第二次工业革命最主要的表现是电力的广泛应用。1866 年，德国人西门子制成发电机。4 年后，比利时的格拉姆发明了电动机。于是，电力作为一种新能源开始用来带动机器。此后，以电为能源的产品迅速被发明出来，如电灯、电车、电报、电话及电焊技术等。电的广泛使用，使对电力的需求大增。于是有了法国人马·德普勒关于远距离送电技术的发明，美国发明家爱迪生建成了第一座火力发电站，将输电线路结成了网络。制造发电、输电和配电设备的电力工业纷纷建立和发展起来。

这次工业革命的另一个重要表现是内燃机的发明和应用。从 19 世纪 70～90 年代，德国人奥托、戴姆、狄塞尔先后发明了以煤气为燃料的四冲程内燃机、以汽油为燃料的内燃机和柴油机。这就解决了交通工具的发动机问题，引起了这一领域的革命性变革。19 世纪 80 年代，汽车诞生；19 世纪 90 年代，许多国家建立起汽车工业，并牵动了内燃机车、远洋轮船、拖拉机和装甲车、飞机等的制造和使用，也促使石油开采与炼制业迅速发展起来。

化学工业也在这一时期兴起。无机化学工业、有机化学工业都相继建立和发展起来。纯碱、硫酸的生产，煤焦油的综合利用，促成了

◎ 早期的电话及从事电话交换工作的人
刚开始的时候，电话交换是靠手工来完成的，所以，电话局需要很多工人。

摄影术的发明

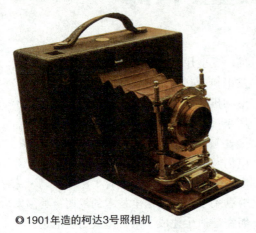

◎1901年造的柯达3号照相机

一直以来，除了那些追求自创的艺术风格的画家以外，还有一群人靠绘画而生，这些人没有什么实际的艺术追求，整天背着画板四处流浪，他们靠画人物肖像活着。19世纪中叶以前，人们还是靠这些流浪画师的肖像画来保存自己的面容。当然，贵族可以请有名望的画师来给他们画，但是，大多数人都要依靠这些流浪的画师。所以，这些流浪的画师一直都过着悠闲的生活。

但是，有一天，一个消息传遍了大街小巷，法国人达盖尔发明了摄影术，这些画师个个都被吓破了胆。虽然，在这以前，许多科学家艺术家都在钻研摄影术，但是还没有成功者。所以，画师把它当作无稽之谈。早在1814年，法国人尼普塞试图把各种化学试剂混合成一种新的物质，使这种物质能把人的面目和树木景观定格下来，可是他没有成功。真正的成功者就是画家达盖尔。时间是1839年，从那个时候开始，绘画第一次遭遇了敌人，而敌人正是来自一名画家。

但是，有个问题在最初的日子里一直被争论着，这就是摄影算不算艺术。最初的摄影术所拍摄下来的照片，效果并不能跟绘画相比，而且，在最初的日子里，摄影也确实没有办法展示优美的自然景观。不过，这个问题到了下一个的世纪就完全解决了。解决的基础是摄影术的提高、摄影器材的精进。1880年，美国24岁的银行记账员、业余摄影爱好者G.伊斯曼发明了干板涂布机，并于1888年成功制造了第一台柯达照相机。进入20世纪，摄影技术有了进一步的发展，胶片感光度有很大的提高，摄影机小型化，曝光自动化。1907年，法国的吕米埃兄弟发明了"天然彩色片"。这是第一卷实用彩色片。1945年，波拉罗公司发明

◎达盖尔 摄于1850年

了黑白即显照片。1963 年，柯达公司生产了第一个三层乳剂的彩色胶片；同年，波拉罗公司又研制出了即显彩色感光材料；随后，波拉罗公司和柯达公司又先后发明了单页式即显彩色片，即"波拉罗片"。1964 年，德国生产了同类的阿克发彩色胶片。一直到我们今天所能看到的数码相机，这个历史仅仅有 100 多年，在这 100 多年里，摄影打开了新的艺术天地。

◎世界上现存最早的照片——尼普赛窗外的景色，于达盖尔发明摄影术之前12年拍摄。

图像倒着出现在网屏上。 光线经过镜头时聚焦。

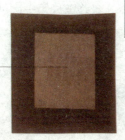

特尔波特在公布他的摄影法之前拍摄的一个格窗棂的照片。

◎特尔波特的摄影底片（1835年）

◎特尔波特的试验相机
特尔波特为英国科学家。在《法兰西公报》于 1939 年公布达盖尔的银版摄影法的同时，发明了正片 / 底片摄影法。至今，这种摄影法仍用来冲洗胶片。

摄影史大事记

1822 年　尼普塞利用沥青和薰衣草油在金属板上通过 8 小时的曝光拍摄了世界上第一张照片。

1839 年　达盖尔制成了人类历史上第一台真正的照相机。该相机利用碘化银感光，拍摄的图片左右相反。

1861 年　麦克斯韦根据"三原色"原理，拍摄了世界上第一张彩色照片。

1869 年　豪隆发明了利用补色取得彩色的"减色法"，彩色摄影进入实用性阶段。

1907 年　法国吕米埃兄弟制成了彩色底片。

1925 年　第一台 35 毫米胶片相机莱卡相机问世。

1930 年　柯达和阿克发公司生产的彩色胶卷在全世界推广开来。

1945 年　波拉罗公司发明了黑白即显照片。

1961 年　第一台数码相机索尼静态视频捕捉相机问世。

1963 年　柯达公司生产了第一个三层乳剂的彩色胶片；波拉罗公司又研制出了即显彩色感光材料；随后，波拉罗公司和柯达公司又先后发明了单页式即显彩色片，即"波拉罗片"。

1964 年　德国生产出阿克发彩色胶片。

一系列新发明和新产品的出现。如化肥、化学药品、人造染料、人造丝和人造纤维等。炸药工业更成为化学工业的重要部门，瑞典人诺贝尔因发明火药和无烟火药而成为世界名人。

第二次工业革命在规模、深度和影响上都远远超过第一次工业革命，出现了不少新的特点。

第一，它有坚实的科学基础。所有成果都是科学技术运用于生产实践而创造出来的。没有热力学、电磁学、化学等的突破性成就，绝不可能出现新的工业革命。科学技术是第一生产力的原理得到了充分体现。

第二，它侧重于基础工业、重工业、化学工业、能源工业等部门，具有更强的经济改造能力和社会改造能力，使主要资本主义国家首先实现工业化。城市人口远远超过了农村人口。

第三，它是在几个先进大国同时起步，相互促进下进行的。其中，德国人贡献尤多，其次是美国人，英国与法国也有一些重要的发明。而且，某一国的重大发明，很快就被别国所吸收。你追我赶，经济发展迅速。到1900年，美、德、英、法四国的工业产值，已占全世界工业产值的72%。

第二次工业革命极大地促进了生产力的发展，人类社会进入电气时代。它改变了资本主义的工业结构，新兴工业部门，如电力工业、石油开采业、石油化工业、汽车制造业等重工业迅速发展起来，重工业逐渐取代轻工业在资本主义工业体系中占据主导地位。随着生产力的发展，生产和资本高度集中，引起了生产关系的变化，产生了垄断组织，垄断经济逐渐成为整个国民经济的基石，世界主要资本主义国家开始进入帝国主义阶段。垄断还进一步造成资本主义经济发展的不平衡。老牌国家英国和法国，经济发展相对缓慢。新兴的美国和德国经济发展相当快，工业总产值超过英、法而位居世界第一和第二。俄国和日本经济也迅速发展。这就刺激了帝国主义列强对世界霸权和殖民地的掠夺，加深了列强之间的矛盾，造成国际局势的紧张，最终酿成第一次世界大战。

◎1850年工程师们在不列颠桥举行会议
第二次工业革命改变了英国的工业面貌，工业家与工程师的才干和学识得到极大的发挥。

·最早的汽车拉力赛·

　　现在谈到汽车拉力赛，人们便自然而然地想到各式各样精致的跑车，时速个个达到几百千米。可当年汽车刚发明时的汽车比赛可没这么风光。19世纪末，出现了各种类型的汽车，它们互相竞争。在1894年，法国巴黎举行了首届汽车比赛。启事是这样写的："各种各样的车辆不论其动力是蒸汽的、燃气的、汽油的还是电的，都可以申请参加比赛。"结果，仅在预赛中，大部分车子就抛锚，被淘汰了。决赛中的21辆车，也仅有15辆到达目的地，但值得一提的是，15辆中有9辆使用戴姆勒发动机。在第二年的巴黎—波尔多长途汽车赛中，汽油汽车再次把蒸汽汽车抛在后面。从此，汽油汽车在运输领域取得主导地位。

英布战争

继美西战争之后，英、布殖民者为重新划分南部非洲而挑起争端。

19世纪末，英国对非洲的侵略进入一个新的阶段。它企图把长期以来在非洲夺取的殖民地连成一片，实现"开普—开罗计划"。而这一计划的实现，还存在着障碍，那就是荷兰殖民者后裔——布尔人在非洲南部建立的德兰士瓦和奥兰治两个共和国。这两地是世界上最大的黄金和金刚石产地，英国为夺取这两块宝地，实现其侵略计划，准备与布尔人打一场战争。为此，英国人在军事上和外交上做好了准备，并寻找借口挑起事端。

1899年，英国借口两个共和国对移民的选举权限制过严等，派大军到德兰士瓦边境驻扎，双方矛盾激化。英国拒绝了布尔人让英军撤离边境的要求，同年10月11日，布尔军向英军发起进攻，英布战争爆发。

1899年10月，英军调集大批援军，企图从开普沿铁路线向奥兰治和德兰士瓦进军，一举占领其首都。布尔人却计划在英援军到达前占领纳塔尔，向英殖民地开普进攻。10月12日，布尔总司令约伯特率领军队向纳塔尔发起攻势。约伯特采用散开队形，充分利用地形筑建野战工事，进行伪装前进，使英军分不清主力目标的准确位置，增加了英军的攻击点。英军采用密集队形，既不实施机动、也不进行伪装，战术呆板。布尔军队士气高昂，装备先进，使英军遭到重创，伤亡惨重。布尔人攻下纳塔尔后，又一举占领了埃兰兹纳各特，趁势将万余名英军包围在莱迪史密斯、马弗金、金伯利。接着，约伯特采用围城打援的策略，连续击退增援英军，英军损失近3000人。

1900年1月，不甘失败的英军频频调兵，从印度、加拿大、新西兰和澳大利亚调集25万大军支援南非。英军调整军事将领，更换新式武器，在总司令罗伯茨的率领下，重新部署兵力，改变进攻策略。布尔军由于围攻的城市较多，牵制了众多兵

◎英布战争中指挥作战的英军军官

◎反映英布战争中英军战斗场面的版画
英军凭借人数优势，迂回包抄，使布尔人陷入被动，迫使布尔人转为运用游击战，以消耗英军。

力，进攻力量被大大削弱。罗伯茨于是将战略重心从纳塔尔转移到易于攻击的奥兰治河流域。

2月，英军在奥兰治河的北岸，分东北两路向奥兰治发起进攻，英军采用迂回战术，顺利从后面绕过防御坚固的克罗里埃，直扑金伯利。围城的布尔军仍以散形队形顽强抵抗。战斗极为激烈，英军伤亡较重，但终因人数优势击败布尔军，切断其后退之路。27日，布尔军被迫投降。东路英军于27日经4次激烈的进攻，冲破图盖拉防线，围困莱迪史密斯的布尔军面临腹背受敌的境地。28日，布尔军被迫撤围。几个城市的围困解除，英布战争转向有利于英军的方向发展。

3月，英军乘胜追击，依靠人数的绝对优势分进合击，两翼包抄，迫使布尔人退出坚固的防御阵地。英军顺势占领了奥兰治首都布隆方丹。5月31日，攻克约翰内斯堡。6月5日，德兰士瓦首都比勒陀利亚失陷。德兰士瓦、奥兰治被英国吞并。

1900年9月，处于绝对劣势的布尔军队退出城市，在博塔和德韦特的领导下，分成若干小纵队，开始了旷日持久的游击

战，对英军进行顽强的运动突袭。他们破坏交通线，抢截英军辎重，使英军不得安宁，遭受到更大的损失。为挫败布尔人的游击战，英军被迫将军队增至45万人，并对乡村实行"焦土"政策，大肆烧杀抢掠。同时采用集中营的办法，拘禁大批群众，企图断绝布尔军的供给。另外，还广泛建立碉堡，秘密监视布尔军动向。

1902年4月，双方均感觉消耗巨大，无力再战，决定和谈。5月31日，双方签订《费雷尼条约》。条约规定：德兰士瓦和奥兰治划归英国；英国付给布尔人300万英镑作为"补偿"。1910年，英国将德兰士瓦和奥兰治等合并，组成南非联邦，使其成为英国的一个自治领地。

英布战争是帝国主义形成初期的又一次帝国主义战争。英布战争使英国在外交上陷入困境，不得不做外交政策上的重大调整，向结盟的国家靠拢。

◎武装起来的布尔人

在这次战争中，所有年满14岁的布尔人都要投入战斗。虽然他们没有受过专业训练，也没有精良的装备，但他们坚信自己所从事的事业是正义的。

日俄战争

英布战争结束后不久，1904 年又爆发了沙俄和日本争夺东亚霸权的战争。

明治维新后，日本对外扩张的主要对象是朝鲜和中国，以建立太平洋霸权。甲午战争是实现这一计划的第一步。这场战争不仅给中国带来了深重的民族灾难，而且也损害了俄、法、德在远东的利益。沙俄联合法、德迫使日本退还辽东半岛，致使日、俄矛盾加剧。此后，日本为同俄国一战，积极扩军备战。

俄国在迫使日本将辽东半岛归还中国后，其势力在中国东北迅速扩展。通过 1896 年《中俄密约》及 1898 年强租旅顺、大连等，中国东北全境实际上已沦为俄国的势力范围。1900 年，八国联军镇压义和团运动后，俄国独吞东北的野心不仅激化了日俄矛盾，也触犯了其他列强在中国的利益。1902 年，英、日结成同盟，日本更敢于对俄国发动战争了。1903 年 8 月，日俄双方就重新瓜分中国东北和朝鲜进行谈判。已完成扩军备战的日本态度强硬，致使谈判破裂。1904 年 2 月 6 日，日本断绝与俄国的外交关系。8 月，日本不宣而战，海军舰队用鱼雷偷袭旅顺俄国舰队。几艘舰船被击沉后，俄舰队被迫退到港内，日军遂将旅顺港口封锁。

俄军面临着两个问题：一方面，陆上的支援和补给要经过西伯利亚铁路，从莫斯科到旅顺港约有 6000 英里，距离较远。并且贝加尔湖切断了西伯利亚铁路，所有运输物资在湖的一面必须卸下，运到对岸后再装列车，通常把一个营的兵力运到旅顺，需要一

◎日俄战争中的俄国海军军舰

个多月的时间。另一方面，俄在东北有海参崴和旅顺两个港口，而冬季海参崴港口因封冻而不能使用，只有旅顺为不冻港，可作为海军基地。基于此，俄陆军司令克鲁泡特金建议主力撤出辽东半岛，在哈尔滨集结，等候从莫斯科来的援兵，再进行反攻，击退日本军队，解救孤军死守的旅顺俄军。但由于俄军指挥层意见分歧，于是将主力军集结点改为辽阳，然后把兵力向旅顺推进。

此时，日本也在考虑作战计划，他们认清了作战的关键是海军，但如果陆上不给俄军以决定性的打击，是无法把俄势力赶出中国东北的；对于日本来说，朝鲜半岛是一条比较安全的补给线，是进退自如的便利基地；来自俄军的海上威胁就是驻旅顺港的俄舰队，他们足以可以切断日本的海上交通，制海权对日本是极为重要的。针对这些情况，日本一面引诱俄舰队接受

会战，否则就封锁旅顺港口。另一方面日陆军在舰队的保护下，从仁川登陆，控制朝鲜半岛，建立稳固基地后，用3个军团的兵力从朝鲜湾的北岸登陆向中国东北的辽阳进军，以阻止俄南下支援旅顺。第四军团则围攻旅顺港，攻克后北上与前3个军团会合，在俄陆军增援未到前击败俄军。

1904年5月初，日本在朝鲜站稳脚跟，便从朝鲜湾登陆中国东北。25日，日军攻入金州。26日，攻下南山高地，占领了大连。旅顺港完全处于日军的包围中。

旅顺港有三道防御工事，依托地势，人工构建了堡垒和碉堡，并用高压有刺铁丝网包围，防御强度极高。日本连续发动两次总攻，采用坑道战、地雷战、炮轰战等均被顽强的俄军抑制住，日军损失惨重，但也攻占了周边一些关键性的阵地。俄军全部防御体系的总枢纽203高地仍控制在俄军手中。11月26日，日军向203高地发起第3次总攻。火力轰炸连续数天，日军付出1.1万人的血本，终于在12月5日登上203高地，旅顺港内的船只从这里尽收眼底。7日，俄舰船被全部击毁。1905年1月4日，日军占领旅顺，俄军投降。日军按计划北上与元帅大山会合，投入对俄主力的进攻。2月23日，日

◎反映日俄海战的版画
日本舰队对旅顺港实施闭塞和严密封锁，给躲在旅顺港内的沙俄太平洋分舰队出海作战造成威胁，迫使俄军向海参崴突围。双方在黄海海面上展开了激战，俄军惨败。黄海海战后，日军取得了海上主动权。

·《大日本帝国宪法》·

日本以天皇名义颁布的第一部宪法。1889年2月11日颁布，1947年颁布新宪法后被废除。它是在明治维新各项改革基本完成后，以德意志帝国宪法为蓝本制定的。由文告、发布宪法诏敕及文本三部分组成。宪法规定：天皇神圣不可侵犯，总揽任命内阁、立法、司法、行政、军事、财政、外交等权力；议会由贵族院和众议院组成，前者由皇族、华族及敕任议员组成，后者由公选议员组成，但有财产资格限制；设置枢密院，名为天皇咨询机构，实为凌驾于议会和内阁之上的最高决策机关。宪法还允许日本臣民在法律许可的范围内，享有言论、出版、集会和结社等自由，有服兵役和纳税的义务。帝国宪法的颁布和实施，确立了日本的君主立宪制，维护了地主、资产阶级联合专政的统治秩序，标志着以军部为核心的近代天皇制的形成。

军30万大军与俄31万大军在奉天展开最大规模的会战。双方正面都挖有堑壕、筑建有野战工事，交战极为激烈，直到3月10日，日军才攻克奉天，俄军向哈尔滨撤退。5月9日，俄军波罗的海舰队缓缓进入中国海域赶来支援。27日在对马海峡被日舰队全部歼灭。对马之战的失败，使俄国国内的人民忍无可忍，大多数城市爆发革命，沙皇专制制度接近崩溃边缘。9月5日，在美国的调停下，日、俄签订了《朴次茅斯和约》，规定俄国承认日本在朝鲜的独占利益，俄国将辽东半岛的租借权和库页岛南部及附近岛屿让与日本等。

日俄战争是日、俄为争夺远东霸权而发生的又一次帝国主义战争。俄国战败，加速了俄国革命的到来。日本取胜，使其跻身于世界强国之列，进一步增强了它称霸东亚的野心。

巴尔干战争

欧洲两大军事集团形成以后，列强们在重新瓜分世界问题上展开了激烈的争斗，主要表现为两次摩洛哥危机的发生。随着矛盾的发展，巴尔干成了欧洲的火药桶。

巴尔干半岛位于欧、亚、非三洲会合处，是各种势力斗争的交合处。1912年3月，保加利亚和塞尔维亚签订了军事同盟条约；5月，保加利亚又和希腊签订了同盟条约；8月，门的内哥罗加入此同盟，从而形成巴尔干同盟。1911～1912年的意土战争削弱了土耳其的实力，巴尔干同盟各国趁机向土耳其宣战。1912年10月9日，门的内哥罗首先对土耳其宣战。接着，保加利亚、塞尔维亚和希腊相继对土耳其宣战，第一次巴尔干战争全面爆发。战争爆发后，土耳其军队连连失利，它在巴尔干的领土几乎丧失殆尽，后被迫求和，并请求列强调停。1913年5月，土耳其与巴尔干同盟签订和约，巴尔干同盟四国获得了大片领土，土耳其在欧洲的领土几乎丧失殆尽，仅保存了伊斯坦布尔及海峡以北的狭小地区。至此，第一次巴尔干战争使原来受土耳其奴役的国家的人民获得了解放。

巴尔干同盟虽然取得了对土耳其战争的胜利，但由于分赃不均，联盟内部产生了严重分歧。1913年6月1日，塞尔维亚和希腊结成反保同盟，罗马尼亚随后加入，并准备对保作战。在奥匈帝国的纵容下，保加利亚先发制人，于6月29日向塞尔维亚和希腊宣战，罗马尼亚、门的内哥罗和土耳其也向保加利亚发动进攻，第二次巴尔干战争爆发。一个月后，保加利亚战败求和，第二次巴尔干战争宣告结束。

经过两次巴尔干战争，这一地区的人民基本上摆脱了土耳其的民族压迫，同时也推动了奥匈帝国统治下的被压迫民族的解放战争。由于波斯尼亚和黑塞哥维那人民要求摆脱奥匈帝国统治，与塞尔维亚合并，建立一个大塞尔维亚国家，致使奥、塞之间矛盾加剧。奥匈不仅极力阻止塞尔维亚的扩张，而且企图消灭年轻的塞尔维亚国家；俄国为了对抗奥匈，竭力支持塞尔维亚；德国则支持奥匈帝国。这就进一步加剧了两大帝国主义集团对巴尔干的争夺，使其成为各种矛盾的焦点和第一次世界大战前最敏感的战争火药库。

◎ 奥斯曼土耳其的士兵在伊斯坦布尔待命出征。

第一次世界大战

奥匈帝国认为塞尔维亚是它向外扩张的障碍，因此，瓜分乃至全部吞并塞尔维亚、粉碎大塞尔维亚主义，是奥匈帝国的既定国策。1914年6月底，奥匈帝国在波斯尼亚举行以塞尔维亚为假想敌的军事演习，向塞尔维亚进行军事挑衅，激起了塞尔维亚民族主义者的极大愤慨。一个名为黑手党的塞尔维亚民族主义军人团体，决定以刺杀皇储斐迪南的行动，来打击奥匈侵略者的气焰。

1914年6月28日上午10时，斐迪南夫妇在城郊检阅军事演习之后，乘敞篷汽车进入萨拉热窝市区巡视。埋伏在路旁人群中的黑手党成员查卜林诺维奇突然冲到车前，向斐迪南投掷了一枚炸弹。司机见此情景，加足马力，汽车冲向前方。炸弹落到随后的汽车上，炸死一名军官和几名群众。查卜林诺维奇当场被捕。斐迪南故作镇静，挥手示意"继续前进"。到市政厅

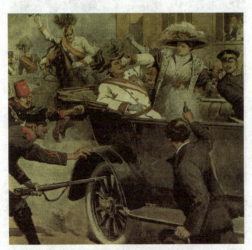

◎描绘斐迪南夫妇被刺场面的图画

出席了欢迎仪式，稍做休息之后，他又乘车上街，招摇过市。当汽车途经一拐角处时，17岁的中学生G．普林西普冲上前去用枪打死了斐迪南夫妇。

德奥集团在暗杀事件发生后，欣喜若狂地叫嚣道："这是千载难逢的机会。"

奥匈帝国以萨拉热窝事件为借口，于7月28日悍然对塞尔维亚宣战。7月31日，德国政府向俄、法两国同时发出最后通牒，要求俄国停止军事动员，法国在未来冲突中保持中立，但遭到两国的拒绝。于是，德国分别于8月1日、3日先后对俄、法宣战。

8月1日，德军占领了卢森堡，2日下午，又向中立国比利时发出最后通牒，要求准许德军借道过境进攻法国。比利时拒绝了德军的无理要求，同时呼吁英、法、俄诸国保护它的中立地位。英国要求德国尊重比利时的态度，但遭到拒绝。8月4日，英国对德宣战。8月6日，奥匈帝国正式向俄国宣战。

欧洲大战爆发后，在极短的时间内便蔓延到远东和近东，日本为扩张在东亚的势力也趁火打劫。8月15日，日本向德国发出最后通牒，要求德国军队立即撤出中国和日本领海，在9月15日之前，把德国租借的胶州湾和青岛移交给日本。德国拒绝了最后通牒，日本便于8月23日对德宣战。

从1914年7月28日起，在3个月的时间内，奥匈帝国和塞尔维亚的冲突就演变成世界大战。到1918年，以德、奥、土为一方，俄、法、英、日、比、塞等国为另一方，共有31个国家参加了战争，从而

·凡尔登战役·

第一次世界大战期间德法在凡尔登地区进行的具有决战性质的大会战。德国认为凡尔登是巴黎和法军阵地的枢纽，是协约国西线的突出部分，对德军造成了威胁。1916年10月24日，转入反攻，并发动了两次进攻，收复了原防守阵地。12月28日凡尔登战役结束。该战役是第一次世界大战中规模最大、时间最长的战役，法军伤亡40多万人，德军伤亡近35万人。此次战役是第一次世界大战的转折点，德军战略计划破产，标志着其军力的衰落。

出现了战火蔓延至亚洲、非洲和美洲的首次世界规模的战争。

欧洲大陆是第一次世界大战的主战场。在那里有4条战线：西线的对阵形势是英、法、比军队与德军对抗；东线的对阵形势是俄国军队与奥匈、德国军队作战；巴尔干战线的对阵形势是塞尔维亚、门的内哥罗及罗马尼亚、希腊等国军队与奥匈、保加利亚的军队作战；意大利战线的对阵形势是意大利军队对抗奥匈军队。其中，西线和东线起决定性作用。

位于比利时、法国北部和德国边境的西线，从北海延伸到瑞士边境，长700千米。1914年8月初，德国按施里芬计划，首先在西线发起进攻。到12月，战争从运动战转为阵地战，形成双方相持局面。

在东线，俄军于8月中旬进攻东普鲁士。德军从西线抽调一部分军队去对付俄军。8月底～9月中旬，兴登堡指挥的德国军队在马祖尔湖地区歼灭了俄国第二集团军，既而攻下了俄国第一集团军司令部所在地斯特尔堡。俄军被迫退出东普鲁士。与此同时，俄军挫败奥匈军队。截至年底，东线交战双方军队在阵地里对峙，呈相持状态。

1916年，是大战关键性的一年，交战双方最大限度地调动了本国的人力、物力投入战争。德国将重点放在西线，以法国凡尔登要塞为目标，发动了强大攻势。凡尔登位于法国的东北边境，是巴黎的前卫，也是法军战线的枢纽。1916年2月21日，德军集中近900门大炮，辅之以飞机，向凡尔登马斯河左岸的法军阵地发起猛攻。法军被迫退至马斯河右岸。自2月27日起，法国用3900辆汽车运送援兵和武器，组织了有效的防御。双方不断增加兵力，反复冲杀，形成拉锯战。德军仅推进7千米。6月初，德军20个师第二次大举进攻，但始终未能突破。8月，法军发起反突击。到9月，德军攻势停了下来。

为了减轻凡尔登的压力，牵制德军对凡尔登的进攻，英、法军队按照预定计划，于7月1日发起了索姆河战役。战役从9月持续到11月中旬。索姆河战役和凡尔登

◎作为德国停战代表团成员，埃尔茨贝格尔只能屈服于协约国的要求，这样可以把他的部队从被歼灭的危险中拯救出来。

◎战争让城市变成一片狼藉，图为德国的囚犯在修复被炸毁的道路。

战役一样，都是消耗战。几个月中，双方伤亡惨重，各损失60余万人。英、法军队虽未达到预定的夺回失地的目标，但牵制了德军，使战局朝着有利于协约国的方向转化。两次战役以后，协约国集团人力物力资源的优越性开始体现出来，它的军事装备已赶上同盟国，而军力则继续领先。在1916年的几次重大战役中，同盟国各国都遭到严重挫败，形势越来越不利。而协约国虽然未能击溃同盟国，但军事力量却在日益增长，并逐渐掌握了战略主动权。

1917年11月7日，俄国爆发了十月社会主义革命，以列宁为首的苏维埃政府宣布退出帝国主义大战，德国又鼓起了战争勇气，可以集中兵力对西线作战。德军统帅部把英军作为攻击的首要目标，企图击败英军后占领法国海岸，而后围歼法军。

◎法军在战争后期逐渐掌握了主动权，图为法国空军在对撤退中的德军阵地进行轰炸。

1918年3月，德军集结190多个师连续发动四次战役，在英法联军的抵抗下，损失70多万人。7月中旬，德军的进攻力量枯竭。

美国军队陆续赶到，增强了英法打败德军的决心。7月24日，协约国制订反攻计划：先打通被德军在马恩河、亚眠、圣米耶尔切断的铁路交通，然后实施全面反击，彻底打败德军。

7月18日，大规模反攻开始，经过埃纳—马恩河战役、亚眠战役和圣米耶尔三场战役，德军节节败退。9月26日，联军总攻开始，28日，德军登堡防线全面崩溃。29日，同盟国保加利亚投降。接着土耳其、奥地利相继签订停战协议。《康边停战协定》签订，第一次世界大战以同盟国的失败而告终。

第一次世界大战的性质是一场帝国主义争霸战争，前后持续了51个月，有15亿人口被卷入战争，世界各国损失惨重。第一次世界大战使德、奥、俄、土这4个帝国覆灭，英、法被削弱，美、日兴起，俄国建立了社会主义政权，对此后的世界格局影响很大。

·战斗机的出现·

世界上公认的第一架战斗机是法国的莫拉纳·索尔尼埃公司制造的H型飞机。它长6.28米，高2.3米，翼展9.12米，最大飞行速度135千米，能在天空停留3小时，并配有机枪。第一次世界大战开始后，莫拉纳·索尔尼埃公司又制造了H型战斗机的改进型——L型和IN型。L型战斗机装备了偏转片系统，解决了飞机机载机枪射击时被螺旋桨干扰的难题，使飞行员不需要另外配备机枪手就可以在驾驶飞机时攻击敌机。1915年4月1日，法国飞行员罗兰·加洛斯驾驶莫拉纳·索尔尼埃L型飞机击落了一架德国双座侦察机，取得了战斗机第一次空战胜利。随后，德国的"福克E3"式战斗机装备了性能更好的"机枪同步射击"装置，成为第一次世界大战中性能最好、击落飞机数量最多的战斗机，被协约国方称为"福克式的灾难"。战斗机的出现，使战争规模从地面、海洋扩展到了天空。

世界现代史

世界现代史以1917年十月社会主义革命为开端，至1945年第二次世界大战结束。在这一时期内，欧亚地区的人民革命运动蓬勃发展，世界无产阶级的力量得到团结和加强，开创了无产阶级革命的新时代；资本主义受其内在矛盾的驱使，由自由竞争向垄断资本过渡，建立起欧洲在全球起支配地位的资本主义世界体系。

十月革命

第一次世界大战进行到 1917 年时，饱受压迫奴役之苦的俄国人民不堪战争的重负，为了获得土地、和平和面包，他们再次掀起革命斗争的高潮。

1917 年 3 月 15 日（俄历 2 月 27 日），工人和革命士兵在彼得格勒发动武装起义，推翻了沙皇政府，统治俄国 300 多年的罗曼诺夫王朝垮台了。这次革命史称"二月革命"。

二月革命以后，俄国出现了两个政权并存的局面，一个是资产阶级临时政府，它掌握着各级权力机构；另一个是工人士兵代表苏维埃，它得到工农的支持，拥有实权，但它只是辅助性政权。两个政权并存的局面不可能长久维持下去，随着形势的发展，其中一个必然要化为乌有。

在这种复杂的形势下，1917 年 4 月，长期流亡国外的列宁回到了彼得格勒。他在党的会议上做了被称为《四月提纲》的报告。列宁指出，俄国革命必须从资产阶级民主革命向无产阶级社会主义革命过渡；

无产阶级和贫苦农民必须夺取政权，建立苏维埃共和国。列宁还号召布尔什维克党积极准备新的革命。《四月提纲》指明了俄国革命的方向。

1917 年 7 月，俄军在前线的进攻遭到惨败。消息传到彼得格勒以后，工人和士兵满腔怒火。他们走上街头，举行示威，要求全部权力归苏维埃，游行遭到临时政府派的血腥镇压，史称"七月革命"。两个政权并存的局面不复存在，临时政府掌握了全部权力，开始大肆逮捕布尔什维克和革命群众。布尔什维克党的活动转入地下。

8 月，布尔什维克党召开代表大会，确定了武装起义的方针。9 月，俄军最高总司令科尔尼洛夫下令向彼得格勒推进，企图武力镇压革命力量，建立军事独裁政权。在布尔什维克党的领导下，科尔尼洛夫的叛乱被粉碎。国内阶级的力量对比发生巨大变化。临时政府的支柱——军队瓦解。布尔什维克党的威信空前提高，革命形势日趋成熟。

·《四月提纲》·

1917 年 4 月 17 日（俄历 4 月 4 日）列宁在布尔什维克代表会议上所做的《论无产阶级在这次革命中的任务》的报告。因发表在四月，故称《四月提纲》。提纲指出：当前俄国的特点是从革命的第一阶段过渡到第二阶段，即从资产阶级民主革命过渡到无产阶级社会主义革命；政权应该转到无产阶级和贫苦农民手中；不要议会制共和国；资产阶级临时政府所继续的战争仍是帝国主义性质的战争，要摆脱这场战争，就必须进行社会主义革命，推翻资产阶级的统治。还提出了"不给临时政府以任何支持"和"全部政权归苏维埃"的口号。并在经济上提出，没收地主土地，实行土地、银行国有化，由工兵代表苏维埃对社会生产和分配实行监督。《四月提纲》为布尔什维克党明确规定了从资产阶级民主革命过渡到社会主义革命的路线，指明了革命发展的前途。

1917 年俄历 10 月 7 日，列宁秘密回到彼得格勒，筹备武装起义。10 月 10 日，党中央开会讨论武装起义问题。会上讨论了列宁的报告，最后，列宁的主张以 10 票对 2 票获得通过。会议宣布："武装起义是不可避免的，并且业已完全成熟。"尽管季诺维也夫、加米涅夫在会上投了反对票，但会议仍然同意他们参加由列宁、托洛斯基、斯大林等组成的七人政治局，负责武装起义的政治领导工作。

1917 年俄历 10 月 18 日，孟什维克左翼的《新生活报》刊登了季诺维也夫和加米涅夫关于反对发动武装起义的文章，从而泄露了武装起义的机密。列宁称之为"叛变活动"，随即加紧了起义的具体准备工作。

布尔什维克党面对急剧变化的革命形势，决定提前起义。俄历 10 月 24 日上午，军事革命委员会向刚刚组建的卫戍部队发出战斗命令。当晚又下令波罗的海舰队的水兵开赴首都参加战斗，赤卫队受命守卫工厂和设备及斯莫尔尼宫。起义的发动工作进行得十分顺利，起义者在 24 日上午就按计划占领了事先规定的地点。当晚，列宁来到斯莫尔尼宫，亲自指挥起义。从 24 日晚到 25 日晨，卫戍部队、赤卫队和水兵采取联合行动，夺取了主要桥梁、火车站、邮政总局、政府机关、中央发电厂等战略据点，只剩下临时政府所在地冬宫、军区司令部大楼和预备国会所在地玛丽娅宫尚未被攻克，彼得格勒武装起义取得了初步胜利。

俄历 10 月 25 日上午 10 时，彼得格勒苏维埃军事革命委员会发布了列宁起草的《告俄国公民书》，下午 6 时，约 2 万名起义者包围了冬宫。龟缩在冬宫的临时政府妄图负隅顽抗，拒绝接受战地指挥部发出的令其 20 分钟内投降的最后通牒。晚 9 时 40 分，彼得保罗要塞的大炮开始向冬宫轰击，停泊在涅瓦河畔的"阿芙乐尔"号巡洋舰也响起了炮声。接着，起义者向冬宫发起进攻，并很快就突破了冬宫的外围防线。俄历 10 月 26 日凌晨 2 时 10 分，攻下了冬宫。2 时 35 分，彼得格勒苏维埃在斯莫尔尼宫召开紧急会议，列宁在会上郑重宣布：权力归军事革命委员会为代表的苏维埃。至此，彼得格勒武装起义取得了决定性的胜利，社会主义的曙光在彼得格勒的上空闪耀。彼得格勒胜利是通过暴力革命取得的胜利，也是十月社会主义革命进程中最为重要的一笔。

1917 年俄历 10 月 25 日晚 10 时 40 分，第一届中央执行委员会代理主席、孟什维克党人唐恩宣布大会开幕。当 10 月 26 日凌晨，起义队伍攻下冬宫和逮捕临时政府成员的消息传到会场时，全场顿时沸腾起来。接着，卢那察尔斯基宣读了列宁起草的《告俄国工人、士兵和农民书》，选出了由 101 人组成的全俄中央执行委员会。至此，世界上第一个无产阶级专政国家诞生了。

◎冬宫前的广场及凯旋门
十月革命前，俄国临时政府的驻地即在冬宫。

德国革命爆发

19世纪中后期，普鲁士经过3次王朝战争，统一了德国，并确立了容克资产阶级在德国的统治，使德国走上了发展资本主义的道路。德国资本主义保留了浓厚的封建残余：政治上，保留了半专制主义的君主制度，容克地主在政治生活中占据很高的地位，人民很少有自由民主权利；经济上，封建容克土地所有制占优势，容克地主与垄断资本紧密勾结，对广大人民实行残酷的剥削。第一次世界大战爆发后，德国经济濒临崩溃，劳动人民陷入困境，国内阶级矛盾进一步加剧。

1918年年初，德国各地爆发了工人罢工运动，并在罢工过程中建立了工人代表苏维埃。1918年秋，德军在前线接连不断地失利，败局已定，士兵的厌战情绪日益高涨，革命形势日益成熟。11月3日，基尔的水兵、士兵和工人举行起义，到5日时，苏维埃掌握了基尔的全部政权。基尔起义吹响了德国十一月革命的号角，革命迅速向全国蔓延。11月9日，柏林数十万工人和士兵举行了总罢工和武装起义，推翻了霍亨索伦统治的王朝。同一天，德国社会民主党领导人谢德曼和斯巴达克派领导人李卜克内西分别宣布德国为"德意志共和国"和"自由社会主义共和国"。

1918年11月10日，德国社会民主党和独立社会民主党联合组成了以艾伯特为首的资产阶级性质的临时政府——人民委员会。临时政府成立后，人民委员会实行了一些资产阶级民主性质的改革，但保留了原有的国家机器，解散了工人武装，实行敌视苏俄的外交政策，反对革命继续发展。德国革命有停留在资产阶级民主革

◎罗莎·卢森堡

·斯巴达克团·

德国社会民主党左派成立的革命组织。第一次世界大战前，德国社会民主党即已分成左、中、右三派。大战爆发后，以卡尔·李卜克内西、罗莎·卢森堡等人为首的左派坚持马克思主义，反对帝国主义战争，主张重建工人阶级的国际组织。1916年1月在柏林召开的全国代表会议通过了《国际社会党人的任务提纲》，坚持阶级斗争和无产阶级的国际团结，主张反帝反战，清除资产阶级民族主义对无产阶级的影响，决定出版刊物《政治书信》，后改为《斯巴达克书信》，左派即称"斯巴达克团"，一月会议为其成立标志。斯巴达克团广泛开展革命宣传活动，组织领导工人斗争和反战运动，领导和推动德国十一月革命，提出建立苏维埃政权，实现社会主义革命的目标。1918年11月改组为斯巴达克同盟，12月全国代表会议决定成立独立的德国共产党。

◎德国工人阶级组织起来举行游行示威，直接促成了德国共产党的成立。

命阶段的危险。

为了推动革命继续前进，斯巴达克派积极进行活动。1918 年 11 月 11 日，斯巴达克派进行了改组，更名为"斯巴达克同盟"。12 月 29 日，斯巴达克同盟举行了全国代表大会，决定与独立社会民主党彻底决裂，成立德国共产党。12 月 30 日，德国共产党宣告诞生。

为防止德共领导革命向前发展，艾伯特政府寻机对德共进行镇压。1919 年 1 月 4 日，艾伯特政府宣布解除独立社会民主党人埃希霍恩的柏林警察总监职务，这一决定激起了柏林工人的极大愤怒。1 月 5 日，柏林 15 万工人举行了声势浩大的示威游行，结果遭到了艾伯特政府的血腥镇压，德国工人阶级的杰出领袖卡尔·李卜克内西和罗莎·卢森堡被杀害。在镇压柏林一月起义的恐怖气氛中，德国国民议会于 1919 年 2 月在魏玛召开，制定了资产阶级民主性质的《魏玛宪法》，这部宪法宣布德国是共和国，同时宣布私有财产不可侵犯，并规定了资产阶级的民主自由权利。根据

三权分立的原则，宪法规定在德国实行议会民主制，并给予总统以广泛的权力。宪法中也包括一些有利于劳动者的内容，如规定国家为了公共福利可以实行社会化政策；职工在名义上可以和雇主在工资、劳动条件等方面有"共同决定权"；成立工人委员会，保护工人和雇员的社会经济利益。这样，《魏玛宪法》在维护资产阶级和容克地主利益的基础上，也确认了人民经过革命争得的一部分民主权利。宪法全文共 181 条，是德意志共和国的基本组织法。《魏玛宪法》实施后，德国进入魏玛共和国时期。

魏玛共和国在政治上加强垄断资本的政治统治，削弱工人民主权利；在经济上大力扶植垄断资本，借助外国资本的流入发展经济，使德国工业生产 1929 年跃居资本主义世界第二位。1925 年加入国际联盟并任常任理事国，重新取得欧洲大国的地位。1929 年，受到世界经济危机严重打击，国内矛盾激化，革命形势高涨，政局动荡。垄断资本遂支持希特勒于 1933 年上台，建立法西斯政权，魏玛共和国宣告解体。

本茨的汽车

车的历史是悠久的，但汽车的历史却不是很长，它是 19 世纪末才开始出现的。

1854 年，德国工程师奥托试制内燃机，几经挫折，最后制造出一台四冲程煤气内燃机，后又改进为以汽油为燃料的四冲程常规活塞内燃机，为日后的汽车提供了心脏。

到了 1880 年，发明家戴姆勒萌发了用内燃机改造蒸汽自行车的想法。他先制成了一台小型高效内燃机，然后把它安装在两轮自行车上。这俨然是一辆摩托车，还算不上是汽车，但对于汽车的发明起到了很大推动作用。

有了把内燃机装在自行车上的尝试，就有人试着把它装在马车上，制造所谓"无马的马车"。德国人卡尔·本茨就是其中杰出的一位。他在 1886 年研制了一台小型汽缸，并用它做成一部链式引擎，与戴姆勒内燃机相比更为小巧，更为高效。

之后，本茨将自己发明的内燃机安装在一辆三轮车上，构成一辆新的先进自行车。鉴于它用汽油内燃机做动力，故人们称之为"汽车"。

第一部汽车重达 250 千克，功率约为 25 ~ 29 千瓦，时速不超过 20 千米，当时售价约为 2 万马克。开始时本茨的汽车很不完善。它的车轮仍为木质的，外面包一层金属皮，9 年以后汽车才装上了轮胎，车轮这一部分才有一点儿现代汽车的样子。后来，美国的亨利·福特为提高汽车行驶的稳定性，研制成功了四轮汽车。这时汽车才基本具备了现代汽车的外形。

卡尔·本茨本人对自己发明的汽车，也不是十分满意，尤其是点火系统。多次实验后，他才发明出今天普遍使用的高压电火花点火。正当本茨的汽车一步步走向成熟和完善，准备正式试车时，官方却莫名其妙地阻

◎较为成熟的汽车
到 20 世纪初，汽车已发展到比较成熟的阶段，已基本具备了现代汽车的雏形。

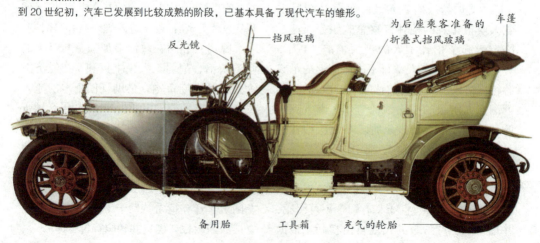

反光镜　挡风玻璃　为后座乘客准备的折叠式挡风玻璃　车篷

备用胎　工具箱　充气的轮胎

止他试车。这使他极为懊恼,但又没有办法。最后还是本茨夫人帮了大忙。

她不顾官方禁令,毅然推出车子跳了上去,发动好车,沿着门前的马路疾驶而去。行人望着这位妇女驾驶的奇怪车辆目瞪口呆,本茨夫人旁若无人地开着车兜了一圈,又回到住处。她可能是世界上第一个开车兜风的人,却无意间宣告本茨汽车试车成功。

对于本茨发明的汽车,人们惊诧不已,议论纷纷,媒体也十分关注。当时的一家报纸是这样报道的:"大家把这辆车子当作汽车……它不仅可以在笔直的道路上行驶,而且可以在较大的斜坡运输。正如一位推销商可以带上他的样品无拘无束地驾驶这辆车……我们相信,这种车子将有良好的前景,因为这种车使用简便,速度极快,是最便宜的运输工具,甚至也适用于旅游者。"可见,当时的人们充分估计了汽车的发展前景和即将担负的责任。

尽管如此,汽车并没有很快成为实用交通工具。其原因有二,其一是由于它的大部分零部件均系手工完成,制造成本注定很高;其二是工艺不是很

◎本茨汽车

本茨的第一辆汽车还未脱离四轮马车的痕迹,所用的轮胎还是木质实心的。

精,乘坐舒适度较差,所以许多年里,汽车仅作为富人们外出备用的交通工具。

但这些不能阻碍汽车前进的步伐。20世纪初,汽车开始规模生产,并很快形成汽车工业,人类由此跨入了汽车时代,本茨也因此被称为"为世界安上轮子的人"。

◎改进的本茨汽车

在实际使用中,本茨发现实心轮胎既颠簸又不安全,于是改用充气的橡胶轮胎,这样既安全又舒适。

·戴姆勒的汽车发明·

戴姆勒将资金和精力投入到他的甘斯塔特别墅花园里的试验工厂。才华横溢的迈巴赫也和他并肩工作。到1884年,他们对奥托的四冲程发动机锲而不舍的开发工作获得了回报,一种能安装在车辆上的更轻、更小的发动机产生了。这种发动机首先安装在一辆自行车上,这就是最早的摩托车。1886年,戴姆勒和迈巴赫在世界上最早的四轮汽车上安装了改进的发动机。与此同时,卡尔·本茨也在曼海姆的工厂发明了他的三轮机动车。

第三国际

第三国际又名共产国际，是世界无产阶级第四个联合组织。在第一次世界大战和十月革命的影响和推动下，资本主义世界掀起了无产阶级革命斗争的高潮，许多国家建立自己的革命政党——共产党。但是，由于各国新生的共产党缺乏斗争经验，还没有彻底摆脱社会民主党的影响，而且有的国家尚无自己的革命政党，这使得无产阶级无法很好地完成历史使命。

第二国际破产后，列宁等革命左派在思想上划清了与第二国际机会主义的界限，在组织上加强了国际合作，为共产国际的建立奠定了组织基础。到1918年年底，成立共产国际的思想已为许多国际的左翼代表所接受。

经过酝酿和准备，第三国际成立大会于1919年3月2日至6日在莫斯科举行，30个国家的共产党和左翼组织的54名代表和观察员参加了这次会议。大会通过了《共产国际行动纲领》，选出了执行委员会和执行局。这样，共产国际正式建立起来了。

共产国际的建立，标志着第二国际机会主义在工人运动中的统治彻底结束，同时，世界无产阶级有了团结的核心和革命的司令部。共产国际继承和发展了第一国际的革命原则，承接了第二国际的成果，提出了无产阶级的新的革命原则和任务，推动了国际共产主义运动的进一步发展。

共产国际的组织原则具有高度的集中性。共产国际"二大"上通过的《共产国际章程》规定：共产国际必须是一个高度集中的组织，必须是一个全世界的统一的共产党，各国共产党是它的支部，受共产国际的领导；共产国际执行委员会有权修改各国支部的决议，有权开除违反国际原则和决议的支部，有权派代表参加支部的一切会议，各支部召开会议需经国际批准，等等。这样，共产国际就确立了高度集中的组织制度。1919～1923年，为其活动的初期。"二大"阐明反对机会主义的必要性和艰巨性；"三大"和"四大"先后发出"到群众中去"的号召和建立具有广泛统一战线基础的"工人政府"的口号。这一时期对各国共产党的建立和成长起到了促进作用，但也犯有对革命形势估计脱离实际的错误。中期为20世纪20年代中期到30年代初期，先后召开了"五大"和"六大"。这一时期"左倾"思想严重，妨碍了统一战线工作的开展，给反法西斯斗争带来了不利影响。1943年6月8日，共产国际执委会主席团召开了最后一次会议，决定自6月10日起撤消共产国际所属的一切机构。至此，共产国际在完成了历史使命后，自行解散。

◎在共产国际成立大会上，列宁、斯大林（第二排左三和左二）与大会代表在一起。

印度民族解放运动

在第一次世界大战期间，英国不断加重对印度的剥削，使印度人民与英国殖民者之间的民族矛盾日益尖锐。与此同时，英国由于忙于战争而放松了对印度的控制，客观上刺激和促进了印度民族资本的发展。

受到第一次世界大战教育和锻炼的印度人民，民族意识普遍觉醒，反对英国殖民统治的斗争深入开展，罢工浪潮席卷各个工业中心。孟买、马德拉斯等城市的工人在罢工斗争中建立了工会组织。另外，在旁遮普等地则爆发了农民运动。这一切都预示着民族解放运动高潮即将来临，而十月社会主义革命则促进了印度民族解放运动的发展。

面对印度民族解放斗争日益高涨的形势，英国殖民者采取了怀柔与镇压并举的政策，以稳定自己的统治。1918 年 7 月，英国公布由印度事务大臣孟太古和驻印总督蔡姆斯福特联合签署的《孟太古—蔡姆斯福特方案》，允诺在印度"逐渐发展自治体制"。但事实上，这个方案仅仅照顾到上层人士的利益，意在拉拢他们，并没有给广大的印度人民带来真正的自治权利。因此，该方案一公布，便遭到印度社会各阶层的强烈反对。

英国殖民当局鉴于怀柔政策没有奏效，便采用了高压手段。1919 年英国颁布《罗拉特法案》，法案规定:战争年代制定的《国防条例》继续有效，殖民当局可以随时宣布戒严令，禁止集会和游行示威，禁止任何团体活动；建立无辩护律师和无陪审人员的法庭，殖民当局对任何有反政府嫌疑的人不经审讯就可以逮捕和监禁,不用陪审即可判案。

该法案颁布后，激起印度人民的极大愤怒，从而掀起了反英斗争的新高潮。

1919 年 3 月初，旁遮普邦阿姆利则市人民开展反英斗争，抗议《罗拉特法案》。4 月 10 日，英殖民当局在阿姆利则城逮捕两位著名民族运动活动家。当日，该市群众举行游行示威，与军警发生冲突。愤怒的群众捣毁英国银行，占领火车站、电报局、电话局，切断了该城与外地的联系。英殖民当局派军队开进阿姆利则，实行戒严，禁止一切集会。13 日，大批锡克教徒在贾连瓦拉·巴格广场举行集会活动。英国殖民当局军队包围广场，封锁出口，向群众开枪扫射，当场打死 370 余人，打伤 1200 余人。阿姆利则惨案激起印度各地更大规模的反英浪潮。

· 罗拉特法案 ·

1919 年 3 月 18 日英国殖民当局为镇压印度民族运动所制定的法令，由英国高等法院法官罗拉特为首的委员会制定，故名。第一次世界大战结束后，印度的民族解放运动高涨起来，英国政府采用高压手段代替怀柔政策，1919 年公布此法案。法案规定:战争年代制定的《国防条例》继续有效，殖民当局可以随时宣布戒严令，禁止集会和游行示威，禁止任何团体活动；建立无辩护律师和无陪审人员的法庭，殖民当局对任何有反政府嫌疑的人不经审讯就可以逮捕和监禁，不用陪审即可判案。该法案颁布后，激起印度人民的极大愤怒，从而掀起了反英斗争的新高潮。

巴黎和会与凡尔赛体系

巴黎和会于 1919 年 1 月 18 日～6 月 28 日在巴黎近郊的凡尔赛宫召开。参加巴黎和会的共有 27 个国家，1000 多名代表。按照享有权利的不同，与会国被分成 4 类：第一类是享有整体利益的国家，即英、法、美、日、意五强国，它们可以参加任何会议；第二类是享有局部利益的国家，它们是第一次世界大战中对同盟国作战的国家，它们只能出席有关问题的会议；第三类是第一次世界大战中与德、奥断绝外交关系的国家，它们只有在讨论涉及本国问题时才能出席会议；第四类是中立国和即将成立的国家，它们只有在五强国邀请下，才能出席有关问题的会议。

巴黎和会主要对以下几个议题进行了讨论：

第一，建立国际联盟问题。会议刚开始，威尔逊便提出讨论建立国际联盟的问题，但英、法更关心殖民地和领土问题，反对首先讨论国联问题。经过争论，最后决定将国联问题交给威尔逊主持的专门委员会讨论。经过讨价还价，最后通过了一个在英美方案折中基础上的《国际联盟盟约》。

第二，德国的边界问题。这是对德和约的主要问题，也是会议争论的热点问题之一。法国要求德国不仅要归还阿尔萨斯和洛林，而且要求以莱茵河为德、法之间的边界，并主张分割德国的其他领土。英、美不愿德国过分被削弱，极力反对法国的要求。经过激烈争论，三国最终以英国提出的《丹枫白露文件》为基础达成了协议。

◎ 各国代表在和约上签字

第三，关于德国的赔款问题。在这个问题上，英、法、美三国同样进行了激烈的争吵，无论是在赔款数目上还是在赔款的分配办法上，三国都存在着许多分歧。

第四，中国山东问题。中国作为战胜国，在会上提出了收回德国在山东的一切非法权益的要求，而日本则以中、日之间签订的协议为由，要求将德国在山东的一切权益全部转让给日本。美国主张将德国在山东的权益先由国际共管，等山东完全开放后再交还中国。英、法、意则始终支持日本的无理要求。最后，美国也向日本让步，致使日本的要求得到了满足。

第五，俄罗斯问题。对于俄国建立的苏维埃政权，帝国主义各国都耿耿于怀。在和会上，英、法、美三国都主张对苏俄进行干涉，但通过什么方式却意见不同。法国极力主张武装干涉，但英、美则倾向于通过外交途径解决。最终通过了对苏俄进行经济封锁的计划，以遏止革命的发展。

巴黎和会是帝国主义的分赃会议。帝国主义战胜国都力图借此机会掠夺战败国，抢占弱小国家的丰富资源，以扩大自己的势力范围。最终，与会各帝国主义国家根据自己的实力对欧洲进行了重新划分。巴黎和会在经过几个月的激烈争吵之后，列强终于完成了对德国的分赃，于 1919 年 6 月 28 日在凡尔赛宫签订了《协约国和参战各国对德和约》，即《凡尔赛和约》。和约是在战胜国列强宰割战败国和牺牲弱小民族的基础上订立的，它为第二次世界大战的爆发埋下了祸根。

和约在德国领土的问题上规定：德国西部边界恢复到 1870～1871 年的状况，阿尔萨斯和洛林重归法国；萨尔区的行政权由国联代管，15 年后进行公民投票决定其归属，萨尔煤矿由法国开采；莱茵河右岸作为非军事区，不得设防，左岸分成三个占领区，分别由协约国占领 5 年、10 年、15 年；在东部，德国承认波兰独立，并将一部分领土划归波兰；在南部，德国承认奥地利独立，德、奥永远不合并；在北部，将德国与丹麦之间的部分领土划归比利时和丹麦。

关于德国的殖民地，由战胜国以委任统治的形式加以分割。

和约在德国军备的问题上规定：德国废除普遍义务兵役制，解散总参谋部；陆军人数不得超过 10 万，海军不得拥有主力舰和潜水艇，不得拥有空军。德国必须拆除西部边境线上的防御工事，但仍可保留沿海和东线的军事工程。

关于德国赔款问题，和约规定：由协约国专门委员会加以确定。在此之前，德国应于 1921 年 5 月 1 日前支付 200 亿金马克的现金和各种实物，德国负担占领军的全部费用。

德国和约签订后，战胜国立即与德国的战时盟国签订了一系列条约。1919 年 9 月 10 日，协约国与奥地利签订了《圣日耳曼条约》。条约确认了匈牙利、捷克斯洛伐克、塞尔维亚—克罗地亚—斯洛文尼亚王国的独立及其疆界；规定奥地利废除征兵制，陆军不得超过 3 万人；赔款数额必须在

30 年内付清。协约国又同保加利亚在巴黎近郊的纳依签订《纳依条约》，规定：西色雷斯交给战胜国代管；保加利亚必须废除义务兵役制，陆军不得超过 2 万人；偿付 4.45 亿美元的战争赔款。而后，战胜国在凡尔赛的特里亚农宫与匈牙利签订了《特里亚农条约》。根据条约，匈牙利只剩下了原来国土的 28.6%，陆军限额为 3.5 万人，赔款 22 亿金法郎。1920 年 8 月 10 日，在巴黎近郊的色佛尔，战胜国与土耳其苏丹政府签订了《色佛尔条约》，这一条约使土耳其失去了 4/5 的领土，财政经济由战胜国监督。

以上这些条约同《凡尔赛和约》《国际联盟盟约》一起形成了一个互为联系的条约体系，建立了帝国主义在欧洲、西亚和非洲的国际新秩序，使这些地区的政治、经济、军事活动又重新纳入了列强所控制的轨道，这一体系被称为"凡尔赛体系"。

·国际联盟·

第一次世界大战后建立的国际组织，简称国联。1920 年 1 月成立，总部设在日内瓦。成立时会员国有 44 个，后增到 60 多个。美国本是其主要倡议者，但因争夺领导权失败而未参加。设有会员国全体代表大会、行政院、秘书处，附设国际法庭、国际劳工局等常设机构。行政院由英、法、意、日 4 个常任理事国和经大会选出的 4 个非常任理事国的代表组成。大会和行政院的决议，除程序问题和盟约另有规定者外，须经全体一致通过。由于战后人民反战情绪高涨，国联盟约规定要裁减军备、制裁侵略，但这些规定根本不能实现。国联盟约还规定了"委任统治"制度，把战败国的殖民地和领地以"委任统治"的形式由战胜国瓜分。国联自成立之日起即为英、法所操纵，实质是帝国主义国家推行侵略政策、重新瓜分殖民地的工具。1946 年 4 月宣告解散。

华盛顿会议

第一次世界大战前，在远东和太平洋地区争霸的是英、法、俄、日、德、美六国。战后，德国败北，沙俄消亡，法国则忙于医治战争创伤和处理欧洲事务。因此，在亚太地区便形成了英、美、日三国角逐争霸的局面。在远东和太平洋地区，主要矛盾是美、日矛盾。大战期间，日本趁欧美国家忙于战事之机，夺取了德国在中国和太平洋上的殖民权益，形成了远东和太平洋地区事实上的独霸局面，从而加剧了列强间的利害冲突。美、英、日三国在亚太地区展开的激烈争斗，主要表现在三国的海军军备竞赛上。美国看出要在海上获得优势，还需要花些时间，便想通过外交途径来制约竞争对手。

1921 年 8 月 11 日，美国正式向远东互有利害关系的 8 个国家：英、日、中、法、意、比、荷、葡发出邀请，参加华盛顿会议。1921 年 11 月 12 日，华盛顿会议开幕。美国在会议中居主导地位，列入会议正式议程的问题有两项：一是限制海军军备；二是太平洋及远东问题。

经过近 3 个月的争吵，会议于 1922 年 2 月 6 日闭幕。会议缔结了 7 项条约和 12 项决议案，主要有《四国条约》《五国海军协定》《九国公约》和中、日《解决山东悬案条约》。

美国主张废除英日同盟。英日同盟问题虽然未被列入会议议程，但第一次世界大战后，英日同盟成为美国争霸远东和太平洋地区的障碍。因此，美国把废除英日同盟视为自己的头等大事。经美、英、日代表私下磋商和法国同意，1921 年 12 月 13 日，四国共同签署了《关于太平洋区域岛屿属地和领地的条约》，简称《四国条约》。条约规定：缔约各国相互尊重它们在太平洋区域内岛屿属地和领地的权利；如上述权利遭到任何国家侵略或威胁时，缔约国应进行协商，以便联合或单独地采取对付措施；条约生效后，英日同盟应予终止。《四国条约》以体面的形式埋葬了英日同盟，这是美国外交史上的一大胜利。

关于中国"门户开放"原则的《九国公约》与中、日解决山东问题的条约方面，

·十四点原则·

美国总统威尔逊为结束第一次世界大战而提出的纲领。1918年1月威尔逊在国会的演说中提出了"十四点原则"。其主要内容是：公开订立和平条约；贸易条件；各国军备裁减到同国内安全相一致的最低点；"公正调整"殖民地；德军撤出俄国，调整俄国问题；德军撤出法国，并归还阿尔萨斯、洛林；德军撤出比利时；重新调整意大利边界；奥匈各族自治；重新调整巴尔干国家领土；奥斯曼帝国境内非土耳其族自治，开放达达尼尔海峡；重建波兰；建立国际联盟。"十四点原则"的真实意图是，美国利用其经济优势来夺取世界市场和殖民地，取消在大战初期签订的未包括美国的分赃密约，并通过国际联盟来操纵国际事务。它是美国企图越出美洲、争夺世界霸权的纲领。

◎ 1921 年，英国失业的退役军人在街上当叫卖的小贩。

在华盛顿会议上，中国政府迫于中国人民反帝斗争的压力，提出了取消《凡尔赛条约》中关于山东的条款，要日本放弃"二十一条"等一系列正当要求。由于美、日矛盾激化，中国政府的一些反日要求得到了美国的支持。1922 年 2 月 4 日，中日签订了《解决山东悬案条约》及《附约》，规定：恢复中国对山东的主权，日军撤出山东，归还胶济铁路，但中国要以铁路产值偿还日本。山东问题的解决，为贯彻美国的意图扫除了障碍。1922 年 2 月 6 日，与会九国共同签署了《九国公约》，公约声称尊重中国的独立和领土完整，遵守在中国之"门户开放"和各国商务实业机会均等的原则。

华盛顿会议是巴黎和会的延续，它在承认美国在远东及太平洋地区占优势的基础上，建立了战后帝国主义列强在亚太地区新的国际关系结构后，被称为"华盛顿体系"。由凡尔赛体系和华盛顿体系构成的帝国主义国际关系新格局，标志着帝国主义战胜国完成了全球范围内对世界秩序的重新安排，史称"凡尔赛—华盛顿体系"。它调整了帝国主义的关系，暂时缓解了它们的矛盾，并巩固了它们的既得利益。20 世纪 30 年代，随着资本主义政治经济危机的加深，德、日先后建立了法西斯专政，形成了欧、亚两个战争策源地，该体系开始局部瓦解。1939 年 9 月，德国突袭波兰，英、法对德宣战，第二次世界大战全面爆发，该体系彻底崩溃。

◎ 参加华盛顿会议的各国代表在《五国海军条约》上签字

《五国海军条约》的签订是列强在海上实力对比问题上暂时妥协的结果，它使美国在海军军备上取得了与英国相等的地位，从而标志着英国海上霸权的终结。但条约只对两类舰种做了限制，因此并未从根本上缓和列强对海上霸权的争夺。

土耳其凯末尔革命

第一次世界大战后，土耳其作为战败国，被迫与协约国签订了《摩得洛斯协定》，协约国军队据此占领了土耳其海峡地区。1920年8月，协约国又强迫土耳其接受了《色佛尔条约》，瓜分了其本土五分之四的领土。悲惨的生活激起了土耳其人民对帝国主义和卖国的苏丹政府的强烈愤慨。在俄国十月革命胜利的鼓舞下，土耳其人民掀起了一场轰轰烈烈的争取民族独立和主权的斗争，并最终发展成为民族独立战争。

早在1919年5月，凯末尔受苏丹派遣到安纳托利亚维持地方秩序，他在那里参加了当地的反帝斗争，并很快赢得了当地群众的信任和拥护。9月，全国各地"护权协会"在锡瓦斯召开了代表大会，成立了全国统一的资产阶级革命组织"护权协会"，通过了反帝民族纲领，并确立了以凯末尔为首的代表委员会作为统一的领导核心。

在代表委员会的坚决要求下，苏丹政府被迫于1920年1月召开了帝国议会，议会通过了凯末尔起草的《国民公约》。《国民公约》要求土耳其享有完全的独立和自由，反对帝国主义强加给土耳其的各种不平等条约及对土耳其的各种限制，被誉为"土耳其的独立宣言"。

《国民公约》引起了帝国主义及苏丹傀儡政权的恐慌。1920年3月16日，协约国以武力占领了伊斯坦布尔，并迫使苏丹政府解散议会，逮捕凯末尔派议员。在这种形势下，凯末尔派于4月23日在安卡拉召开了大国民议会，成立了以凯末尔为总统兼国民军总司令的国民政府。

安卡拉革命政府充分依靠广大人民群众进行反帝斗争。9月18日将希腊侵略军全部逐出安纳托利亚，英军被迫同土耳其讲和。10月，凯末尔政府同协约国签订了停战协定。11月1日，安卡拉大国民议会通过了废除苏丹制度的法案，结束了长达600多年的奥斯曼帝国的君主统治。

1923年10月29日，土耳其共和国宣布成立，凯末尔当选为第一任总统。凯末尔革命是第一次世界大战后殖民地半殖民地国家由民族资产阶级领导的一次取得胜利的民族民主革命。共和国成立后，土耳其开始进行全国性的建国复兴运动。

◎ 1922年10月，土耳其人在麦士拿城外围着一面巨幅国旗庆祝胜利。

苏联建立

苏维埃社会主义共和国联盟，简称苏联。它是在俄国十月革命胜利的基础上建立起来的。

十月革命胜利以后，俄国各地区的被压迫民族纷纷建立起自己的民族国家和民族政权组织。从 1917 年年底至 1921 年，乌克兰、白俄罗斯、立陶宛、拉脱维亚、爱沙尼亚、阿塞拜疆、亚美尼亚、格鲁吉亚等宣布成立独立的民族国家，建立了苏维埃政权。在外国帝国主义武装干涉和国内反革命武装叛乱的严峻形势下，它们建立了密切的军事、经济和外交方面的联系，签订了相互合作条约。为了打破帝国主义的包围和封锁，尽快恢复被战争破坏的国民经济，进一步巩固和壮大无产阶级政权，联合各民族人民共同走上社会主义道路，各苏维埃共和国需要建立更加紧密的合作关系。

1922 年 8 月，俄共（布）中央政治局成立专门委员会，由斯大林主持工作。负责讨论各苏维埃共和国联合的问题，9 月，委员会通过了斯大林提出的《关于俄罗斯苏维埃联邦共和国同各独立苏维埃共和国

◎ 手握镰刀斧头的苏联男女雕像，标志着苏联是一个工农社会主义国家。

的相互关系的决议草案》。这个"自治化"方案严重削弱了各苏维埃共和国的独立自主权。各苏维埃共和国在讨论这个决议草案时产生了严重分歧，少数赞成，多数反对。

列宁严厉批评了斯大林的"自治化"方案。他认为各苏维埃共和国必须保持平等的地位，联合成为新的民主联盟国家，建立平等的、民主的苏维埃社会主义共和国联盟国家。他坚持俄罗斯联邦、乌克兰、白俄罗斯、南高加索联邦（包括阿塞拜疆、亚美尼亚、格鲁吉亚 3 个苏维埃共和国）必须按照自愿和平等的原则加入新的联邦

◎ 托洛茨基（第二排左四）视察莫斯科苏联军事研究院时与研究员们合影留念。

制国家，建立新的全联盟中央机构。根据列宁的建议，委员会重新制定了联合决议草案，确认乌克兰、白俄罗斯、南高加索联邦共和国同俄罗斯联邦共和国必须缔结关于组成新的联邦制国家的条约，选举新的全联盟中央执行委员会，作为统一联邦制国家的最高权力机关。

1922年12月30日，苏联第一次苏维埃代表大会在莫斯科举行。大会批准了《苏维埃社会主义共和国联盟成立宣言》和《苏维埃社会主义共和国联盟成立条约》，宣告苏维埃社会主义共和国联盟正式成立。1924年1月，苏联通过了第一部宪法，把苏维埃共和国联盟的形式固定下来。

苏联成立宣言和苏联成立条约、1924年苏联宪法及其他立法对联邦制国家的运行做出了一些原则规定：苏联是由各个平等的苏维埃共和国自愿联合组成的社会主义联邦制国家；各加盟共和国享有主权国家地位，在苏联宪法规定的分权范围内独立行使自己的国家权力；各加盟共和国享有自由退出联盟的权利。联盟国家最高权力机关为联盟苏维埃代表大会，苏维埃代表大会闭会期间联盟中央执行委员会为最高权力机关。

1922年12月成立时，苏联由俄罗斯联邦、南高加索联邦、乌克兰、白俄罗斯4个

·战时共产主义政策·

1918年夏～1921年春，苏维埃俄国针对战时物资极度匮乏的情况采取的一种临时经济政策，亦称军事共产主义政策。主要包括如下几个方面：实行余粮征集制，国家组织工人征粮队，征收农民的全部余粮，甚至部分口粮；工业企业实行普遍国有化；禁止私人贸易，实行贸易垄断制；规定居民的生活必需品全部由国家和合作社经销；实行口粮和生活必需品的配给制及实物工资；实行高度集中的总管理局体制；实行"不劳动者不得食"的普及一切阶级的劳动义务制。战时共产主义政策使苏维埃俄国能够集中全国的财力、物力用于前线，为国内战争的胜利起到了重要的作用。但由于其实施超过了一定的限度，对经济的发展起了一定的消极影响，在后期引起农民的不满。内战结束，进入恢复国民经济时期后，它被新经济政策所代替。

苏维埃共和国组成。此后，1924～1936年，中亚地区先后成立了乌兹别克、塔吉克、土库曼、哈萨克、吉尔吉斯5个苏维埃共和国，它们作为主权共和国加入了苏联。1936年12月初，将南高加索联邦划分成阿塞拜疆、亚美尼亚、格鲁吉亚3个主权苏维埃共和国并加入了苏联。1940年6月，苏联政府派兵进驻波罗的海地区的立陶宛、拉脱维亚、爱沙尼亚三国。8月，苏联以武力强行改组三国政府，将三国变为苏维埃共和国并入苏联。到1940年，先后有15个加盟共和国加入苏联。苏联成为一个统一的、多民族的社会主义联邦制国家。

◎《伟大的无产阶级领袖们》(宣传画)

斯大林模式

托洛茨基在列宁逝世后，重新提出了他的"不断革命论"，这一论调严重违背了列宁的新经济政策。托洛茨基声称：在俄国这样一个农民占绝大多数的落后国家里，苏维埃政权所面临的问题，只有在国际范围内，即在无产阶级世界革命的舞台上才能得到根本的解决，新经济政策只是等待欧洲革命爆发的权宜之计。本来，包括斯大林在内的党内绝大多数人都持这种观点，但在苏联的党内斗争过程中，斯大林改变了以前的观点，认为苏联一国可以依靠自身力量建设社会主义，并与托洛茨基的"不断革命论"展开了斗争。

斯大林在与反对派的斗争过程中，逐渐完善了关于一国建成社会主义的理论。他在1925年4月召开的党的十四次代表会议上明确指出，苏联一国建成社会主义是完全有可能的。在1925年12月召开的党的第十四次代表大会上，系统地阐述了一国建成社会主义的理论。斯大林认为苏联一国建成社会主义的条件已经具备。政治上，无产阶级已经夺取了政权，尽管工、农之间存在着矛盾，但他们的根本利益相同，农民可以在工人阶级的领导下进行社会主义改造，走上社会主义道路。经济上，无产阶级专政国家能够依靠本国人民的力量战胜资产阶级，建立社会主义的经济基础。国际上，由于帝国主义政治经济发展不平衡，帝国主义阵营内部的冲突必然加剧，世界资本主义力量将被削弱，而在各国掀起的革命运动，也牵制了帝国主义的

力量。这一切，都使苏联一国可以建成社会主义。斯大林指出，一国建成社会主义，并不是社会主义最终获得胜利，应该把两者区别开来。无产阶级专政的国家存在两类矛盾：一是国内矛盾；二是无产阶级专政国家与资本主义各国的矛盾。前者能够依靠工农联盟的力量来克服；但后者无法靠一国的力量来克服，解决这一矛盾有待于无产阶级世界革命的胜利。斯大林的这一理论为党所接受，从而也战胜了托洛茨基反对派和新反对派。

斯大林关于"一国建成社会主义"的论述，极大地鼓舞了苏联人民建设社会主义的热情，成为苏联进行社会主义建设的指导思想。从1926年起苏联人民开始为实现社会主义工业化而斗争。其指导思想是：优先发展重工业，实行统一计划，集中管

◎苏维埃标志

◎ 为把苏联建设成为社会主义国家，斯大林领导苏联人民大干社会主义建设。(宣传画)

理，实行高积累、高速度，迅速消灭非社会主义经济成分。1927 年 12 月，联共（布）第"十五大"通过"关于制定国民经济五年计划的指示"的决议，指出计划应注意消除国民经济中的不平衡现象，正确处理工业与农业、重工业与轻工业、积累与消费等比例关系，但强调高速发展重工业。并起草了两个"一五"计划的方案，即最高方案和最低方案。

斯大林与布哈林从 1928 年开始，就如何建设社会主义的问题进行了激烈的争论和斗争。1929 年 4 月召开的中央全会批判了布哈林的观点，并撤销了其《真理报》主编和共产国际的领导职务，1930 年 12 月召开的中央全会撤销了支持布哈林的其他领导人的职务，斯大林又战胜了布哈林反对派。至此，斯大林在建设社会主义的途径和方式问题上的主张完全为党所接受，苏联开始朝着"斯大林模式"的社会主义方向前进。

经过两个五年计划的建设，苏联基本上完成了国民经济的技术改造，形成了一个门类比较齐全的工业体系，消灭了工业中的非社会主义成分，其工业总产值跃居为世界第二位和欧洲第一位。

·斯大林经济体制·

20世纪30年代在苏联形成的高度集中的计划经济管理体制。其具有以下几个主要特征：高度集中的部门管理；国家通过下达繁多的指令性计划指标来控制和管理企业；管理经济上重行政手段，轻经济杠杆；在财政上实行统收统支。企业所需生产基金由国家拨给，所得利润基本上悉数上缴，亏损由国家补偿；在产品生产与分配上实行国家统一的调拨与分配。斯大林经济体制形成于20世纪30年代有其客观的历史条件，在一定的时期，对苏联社会建设起过积极作用。但是，它把计划经济同商品经济对立起来，把计划调节同市场调节对立起来，使企业没有必要的经营自主权，严重地阻碍了生产力的发展。这种高度集权的政治和集中的经济相结合的体制，构成斯大林体制的主要特征。1953年随着斯大林的逝世，这种体制也随之被废除。

《白里安—凯洛格非战公约》

裁军问题是 20 世纪 20 年代重要的国际问题之一。随着战后资本主义国家的生产增长和商品流通的恢复，它们为争夺销售市场、原料产地和势力范围的斗争也不断加剧。为此，西方各主要大国竞相发展各自的军事力量，新一轮的军备竞赛开始了。各国人民对帝国主义国家之间的军备竞赛深感忧虑，强烈要求裁减军备。

国际联盟成立以后，对裁军问题倾注了很大的精力，从 1922～1933 年的 12 年中，裁军问题一直是国联活动的中心议题。1925 年 12 月 15 日，为召开民办裁军会议，国联决定成立裁军会议筹备委员会。

1927 年 4 月 6 日，即美国参加第一次世界大战十周年纪念日，就有几千名曾在西线作战的美国志愿兵为纪念这个日子在巴黎聚会。法国外长白里安利用这个机会，于 6 月 30 日正式照会美国国务卿凯洛格，建议缔结一项双边永恒友好条约。但美国既不愿意因单独与法国缔结条约而卷入欧洲冲突，也不愿意直接拒绝法国的建议。于是经过精心策划，凯洛格于同年 12 月 28 日回复法国政府，建议由美、法共同倡议，先由美、英、法、德、意、日六大国签署白里安提出的"非战公约"。美国这样做的目的，是想建立一个以美国为主导的新的国际组织，与英、法控制的国联相抗衡。

对于美国有违法国初衷的复文，法国非常失望，便在 1928 年 3 月 26 日，向美国提出了想使公约不了了之的 4 个保留条件。在这种情况下，美国抛开法国，于 4 月 3 日单方面向英、德、意、日首先表示

赞同。英、意、日等国也在原则上表示支持。经过反复磋商，六国终于达成了一致意见。1928 年 8 月 27 日，美、英、法、德、意、日

◎白里安

等十五国在巴黎签署了《关于废弃战争作为执行国家政策工具的一般条约》，即《白里安—凯洛格非战公约》。公约规定：各缔约国在相互关系方面，放弃战争作为执行国家政策的工具；在处理各国之间的争端或冲突时，不论其性质如何、起因如何，只能采取和平的方法来解决。1929 年 7 月 25 日，公约生效。截至 1932 年，在《白里安—凯洛格非战公约》上签字的国家共有 64 个。

《白里安—凯洛格非战公约》是第一次世界大战后，在全世界人民反对战争、渴望和平的压力下签订的。它既反映了帝国主义国家之间错综复杂的矛盾，也反映了当时资本主义国家中高涨的和平主义倾向。《白里安—凯洛格非战公约》是帝国主义在维护和平口号下进行争夺的产物，但具有包含和平解决国际争端这个国际关系和国际法准则的积极意义，具有反战号召力。然而，公约没有明确规定制裁侵略的具体措施，也没有要求各国对此要做出任何实际的牺牲，这在很大程度上削弱了公约的作用。由于《白里安—凯洛格非战公约》自身存在着严重缺陷，使得公约没有任何约束力，变成一纸空文。

改变世界的电视

◎ 早期成型的电视机

早期的电视像计算机一样体积庞大，它的收视效果很差，只能接受和播放黑白电视节目。

电视机的出现，改变了人们的生活乃至工作方式。由于它本身较为复杂，所以电视机的发明也不能一蹴而就。

电视的工作机理就是以有线或无线的方式即时传送活动的图像。在发送的一端需要对景物或场面摄像，并转换为电信符号传输出去，在接收端再将这些符号还原为图像。这一过程看起来很简单，但完成它人类花了半个世纪的时间。

1884 年，德国的尼普科夫根据视觉暂留原理，发明了螺盘式旋转扫描仪，使最原始的电视传输和显示成为可能。1925 年左右，英国的贝尔德和金肯斯等利用尼普科夫发明的扫描仪，设计出影像粗糙的机械扫描电视系统，并进行了初步实验。同时，美国著名的贝尔实验室也在进行电视系统的研究。

1928 年，美国科学家兹沃雷金发明光电摄像管。它可以使影像保留在感光镶嵌幕上，然后再以电子扫描发射信号。这一发明使得传送电视影像的光电管进入实用阶段。1930 年，范斯沃斯发明的电子扫描系统和 DCA 公司生产的电子束显像管，使得电视的主要构件已基本齐备。同年，英国人率先试播有声电视。1936 年的 11 月，英国广播公司成立世界上第一个电视台。美国则在 1935 年成立纽约电视台。这时的电视台播放的电视节目数量少、质量差，画面也只是黑白的，却引起人们的极大兴趣，短短 6 年时间，纽约电视机数量就增加到 1000 台。

新事物总是蕴含着强大的生命力。电视机在美、英等国问世后，很快向其他国家扩散，如德国、苏

◎ 贝尔德和他的电视发射机

电视从其理论成熟到实用的电视机出现，经历了大约 50 年的时间。

联、法国、日本很快也在 20 世纪 30 年代实现了电视实验和播出。我国在这一领域内起步较晚，1958 年才出现黑白可视电视。

尽管 20 世纪 30 年代许多国家就能播放电视节目，但仍有许多问题亟待解决。第二次世界大战爆发后，电视机的改进工作一度受到冲击，甚至中断。但战争期间及稍后的一段时间里，各式各样的新技术、新发明层出不穷。当中有些技术为电视机的改进起到很大推动作用。1946 年，罗斯和威玛等人研制出高灵敏度直线型光电摄像管，使电视节目的制作能力大为提高。战后，日本在一片废墟上得以重建，并且在某些领域取得技术上的突破。如八木秀次发明了家用电视专用天线，提高了电视画面的清晰度。

20 世纪 50 年代以后，人们不再满足于黑白电视。1953 年，美国联邦电视委员会率先推出彩色制式，翌年正式播出。几年后，安培公司又制成一种更为先进的四磁头磁带录像机，从根本上转变了电视节目的制作方式。到 20 世纪 60 年代，世界形成了 PAL、SECAM、NTSC 三种主要彩色电视制式。此后，卫星和电子计算机也成为人们制作和转播电视节目的有力工具，人们待在家里便可以轻松自在地观看卫星直播节目。

电视机诞生后没过多少年，就由广播领域扩展到其他生产领域。最初的工业电视主要有摄像头、传输线路和监视器等几部分构成，用来对生产过程实行有效监控。20 世纪 70 年代以后，工业电视与其他多种现代技术相结合，成为不可或缺的测量、分析、处理系统。后来又出现了观察监视电视、教育电视和特殊环境电视等。

电视机从诞生到现在，经历了不到一个世纪的时间，就已经成为人们生活、工作不可缺少的一部分。它不但使我们真正做到"秀才不出门，便知天下事"，而且让我们的许多工作做起来更加得心应手。电视机真是功不可没。

◎20世纪50年代，电视在美国家庭开始普及

电视诞生后，以其方便、廉价等特点很快便取代了电影，成为主要的家庭娱乐工具。

美国爆发经济危机

资本主义从 1924 年起，进入了相对稳定时期。经过几年的恢复和发展，资本主义世界出现了繁荣景象，各主要资本主义国家的工业生产总值均大大超过战前的水平。经济的短暂繁荣，使资产阶级忘乎所以，声称资本主义已消灭了贫困，进入了"永久繁荣"阶段。然而，正当资产阶级扬扬得意之时，一场空前的大危机突然降临。

1929 年 10 月，以纽约股票市场的崩溃为标志，美国爆发了一场资本主义生产过剩危机。它很快由美国向欧洲、加拿大、日本等主要资本主义国家蔓延，并波及了

◎ 正当资本主义世界陶醉于数年来的繁荣之时，"黑色星期五"悄然降临。危机来临，许多美国人只能靠领救济金为生。

许多殖民地、半殖民地国家和地区，席卷了整个资本主义世界。这次危机前后持续了 4 年，使整个资本主义世界经济损失了 2500 亿美元，比第一次世界大战的物质损耗还多 800 亿。它是资本主义世界较为严重的一次经济危机。

20 世纪 20 年代中期，对西方资本主义国家来说，是经济繁荣的大好时光。股票投机成风，人们似乎从不怀疑这个市场有朝一日会突然崩溃。1929 年 10 月 24 日，这一天股市暴跌，被西方世界称作"黑色星期五"。纽约股票市场开盘后一个小时内就抛出了 1300 万股，超出正常标准的 100 万股以上。虽然花旗银行、大通银行和其他两个大银行的总裁们在摩根公司大厦策划买进 2.4 亿美元进行干预，仍然无济于事。10 月 29 日这一天更糟，总共抛出股票 1650 万股。到 12 月底，纽约市场股票价值总共下跌了 450 亿美元左右。1929～1932 年间，由于跌价而造成的证券贬值，美国为 840 亿美元。股市风波迅速席卷金融、工业、农业等各个领域，一场空前的世界经济大危机开始了。

在整个大危机期间，金融货币、信用和财政陷入全面危机。股票价格指数下降的幅度，美国为 51%，德国为 32%，日本为 45%。1931 年 5 月 11 日，奥地利最大的信用银行倒闭，各国随即引起向银行挤兑存款风潮，国际货币体系和传统金本位制面临严峻挑战。1931 年 7 月 13 日，德国达姆塔特国民银行宣告破产。1931 年 9

月 21 日，英国宣布放弃金本位，禁止黄金出口，英镑贬值近 1/3。随后，日本等 56 个国家纷纷宣布放弃金本位，货币贬值。此后，资本主义世界货币体系四分五裂，分裂成若干个区域性的货币体系。它造成了国际支付体系的普遍受阻、资本输出几乎停止和对外贸易的大萧条。1929～1933 年，美国破产的银行共 10500 家，占银行总数的 49%。美国的进出口在 1930 年为 10.1 亿美元，

◎一位"黑色星期五"的受害者以 100 美元的价格出售他的汽车，以尽快得到现金。

而 1933 年只有 10 万美元。英、法、德、日的进出口总额都减少了 61% 以上。

大危机使工业生产大幅度下降，大量企业倒闭，无数工人失业。1932 年的工业生产总值与 1929 年相比，美国下降了 46.2%，德国下降了 40.2%，日本下降了 37.4%，意大利下降了 33.2%，法国下降了 31.9%，英国下降了 20%。危机使资本主义世界的工业大约倒退了 20 年。重工业损失尤为严重。美国的机床制造业下降了 80%，生铁下降了 79.4%，钢铁下降了 75.8%（倒退了 28 年），汽车下降了 74.6%，采煤下降了 40.9%。大危机使失业人数达到有史以来的最高纪录。美国的失业率高达 24.9%，德国为 26.3%，英国 21.3%。

大危机的蔓延造成了世界农业危机，涉及粮食种植业、畜牧业、林业等技术作业部门，造成生产的大破坏，农民收入大幅度减少，大量农民破产。在大危机的打击下，资本主义各国的国民收入大幅度下降，人民生活水平下降。

伴随着资本世界的经济大危机，整个西方世界出现了社会大动荡，法西斯主义思潮泛滥，社会主义运动兴起，大规模的反饥饿运动和工人罢工运动高涨，各国面临严重的政治危机。

这次大危机的明显特点是持续时间长、危害程度深、渗透各个领域，涉及全世界，影响深远。在大危机的谷底过后并未出现繁荣，而是持续萧条，到 1937 年又发生了短暂的经济危机。由于第二次世界大战的爆发，各国的经济才逐渐好转。

这次大危机是资本主义社会的周期性生产过剩危机。在某种意义上，这次大危机是第一次世界大战前后，资本主义世界潜在的经济问题和自由放任政策恶性发展相结合的产物。

20 世纪 30 年代经济大危机使得传统的自由放任的庸俗经济学发生危机，也使人们对现代资本主义发生信任危机。资产阶级为了摆脱危机，维护本国的统治，分别走上了不同的道路。美国实行罗斯福新政，在资本主义民主的范围内，强化国家对资本的干预；德、意、日则疯狂对外侵略扩张，最终导致了第二次世界大战的爆发。

"圣雄"甘地

印度的民族解放运动是由印度民族资产阶级的政党——国大党领导的。国大党全称为国民大会党，领导人是莫汉达斯·卡拉姆昌德·甘地。甘地出身于印度一个土邦大臣家庭，7岁时，全家迁往拉吉科特，他便在当地读小学，12岁进入拉吉科特的阿弗列德中学。13岁时，根据印度教习俗，甘地与卡斯特巴尔结婚。1887年，甘地考取萨玛达斯学院，但因种种原因，在一学期后退学。1889年9月，他去英国留学，攻读法律。在英国期间，他读了大量的宗教书籍，这对他日后的非暴力思想的形成产生了很大影响。1891年，甘地考取了律师资格，学成归国。

1893年，甘地因为办案到了南非并在那里定居，他的非暴力抵抗思想就是在那里发展起来并得到了实践。甘地看到印度侨民在南非受到了种种不公正的待遇，就组织了一个印侨团体"纳塔尔印度人大会"，以非暴力的方式为印度侨民争取平等待遇，产生了很大影响，迫使南非政府废除了针对印侨的人头税，并承认印度的合法婚姻在南非有效。

1914年，在南非生活了21年的甘地携夫人回国。第一次世界大战爆发后，他在伦敦召集印度侨民组成志愿救护队，后来又在印度为英国招募士兵，希望以此感化英国，换取印度的自治。然而，第一次世界大战结束后，英国非但没有满足印度人民的自治要求，反而颁布了压制印度民族解放运动的《罗拉特法案》。甘地马上组织起非暴力运动，号召全国总罢工，要求印度人民绝食和祈祷，以示抗议。1919年，

◎甘地在"非暴力不合作运动"中纺线的情形

甘地回国后，受到印度民族资产阶级的热烈欢迎，被称为"圣雄甘地"。他的非暴力主张，也深得资产阶级和国大党稳健派的支持。甘地后来成为国大党的领袖。

甘地第一次提出了针对英国政府的"非暴力不合作"主张，主要内容是印度人抵制英国殖民政府的学校、法庭、立法机关，抵制英国货和不接受英方委任的国家职务。

1919年4月6日，国大党根据甘地的建议，决定举行全国总罢工，和平抵制《罗拉特法案》。在印度全国人民反英斗争的推动下，为了将斗争推上非暴力的轨道，1920年12月，国大党在那格普尔召开年会，通过了甘地拟订的"非暴力不合作计划"。

国大党的"非暴力不合作计划"得到了各阶层人民的广泛响应，非暴力不合作运动在印度各地轰轰烈烈地开展起来。1921年，群众运动达到了高潮，工人运动与农民运动相结合，各教派的教徒并肩战斗。在斗争过程中，许多地方的群众冲破了国大党非暴力的限制，袭击并烧毁了警察所，烧死了警察，结果遭到殖民当局的残酷报复。暴力事件发生后，甘地认为这是自己的最惨痛的耻辱。

1922 年 2 月 12 日，国大党在巴多利召开紧急会议，决定停止非暴力不合作运动。第一次非暴力不合作运动至此宣告失败。

1929 ~ 1933 年的资本主义世界发生经济危机，印度经济也受到了冲击，工农业生产严重萎缩。而英国为了转嫁危机，加强了对印度的剥削，致使印度的民族矛盾再度激化，导致了民族解放运动的再次高涨。

在日益高涨的工农运动的推动下，国大党激进派代表贾瓦哈拉瓦·尼赫鲁积极主张争取印度独立，并于 1928 年当选为国大党主席。1929 年 12 月，国大党在拉合尔召开年会，通过了"争取印度完全独立"和"发动和平抵抗运动"的决议，并将 1930 年 1 月 26 日定为印度独立日。

1930 年 2 月，国大党授权甘地领导第二次非暴力不合作运动。这次运动是从甘地的"食盐进军"开始的。3 月 12 日，甘地率领 78 名信徒从阿麦达巴德出发，步行去往丹地海滨。甘地的行动得到了沿途广大群众的拥护和支持，抗英斗争迅速在全国开展起来。尽管甘地力图把运动限制在

◎ 1930 年 3 月，甘地率 78 名信徒开始"食盐进军"，揭开了第二次"非暴力不合作运动"的序幕。

和平抵抗的范围内，但许多地方的斗争发展成了暴力行动。1930 年 4 月爆发了白沙瓦起义；5 月爆发了绍拉普尔起义。这两次起义虽然都遭到了血腥镇压，但却将第二次非暴力不合作运动推向了高潮。

甘地领导的两次非暴力不合作运动，唤起了印度人民的民族觉悟，沉重打击了英国的殖民统治，奠定了印度独立的基础。作为印度民族资产阶级的代表人物，甘地自始至终参与并领导了这两次运动，为印度民族独立运动做出了卓越贡献，被印度人民誉为"圣雄"和"国父"。

· 素食主义 ·

甘地的家族信奉印度教中的毗湿奴教派，这一教派奉行仁爱、不杀生与素食。甘地的母亲是个虔诚的印度教徒，在家庭的影响下，甘地从小就是个素食主义者，中学的时候在"革新"潮流的影响下，他曾瞒着父母成了食肉者，后来他在英国宁可忍饥挨饿也不再吃肉了。坚持吃素不仅是他与过世的母亲联系的纽带，同时也是出于道德方面的原因。在他的政治生涯中，他不断宣扬素食主义，到后来进一步发展成禁食主义，这都构成了甘地非暴力主义的重要因素。

留学英国的时候，甘地初次接触了英国的素食主义者，曾经加入伦敦的素食者协会，从伦理、健康等角度细致地了解了素食主义。从伦理学的角度上看，素食者认为，人之所以超越低等动物，并不在于人类以动物为食，而是在于人作为高级动物必须保护低级动物，两者之间是互助、平等的关系，他们还指出："人们之所以饮食并不是为了享受而是为了生存。"从健康的角度出发，素食者指出，人本来是不需要烹调食物的，而是吃果子之类作为食物；人只能吃母乳，长出牙齿后开始吃硬食物；人类也不应该吃香料和酱料。而从经济的角度上看，素食无疑是最省钱的。

甘地成为真正的素食主义者的种子是在英国种下的，然而当时他主要还是从养生和经济的角度出发而食素的。真正从宗教精神上戒荤，还是到了南非之后。

凯恩斯主义

凯恩斯主义产生于英国，在20世纪二三十年代，英国之外的其他西方国家也不同程度地出现了类似凯恩斯主义的经济思想，使其成为当时经济学界的一种思想。所谓"凯恩斯主义"，是指凯恩斯在其《就业、利息与货币通论》一书中建立了"有效需求"的理论，并对"福利国家"型的国家干预主义思潮做了系统的论证。

约翰·梅纳德·凯恩斯于1883年6月5日出生于剑桥，14岁获奖学金进伊顿公学，接受英国最好的教育，1902年获数学和古典文学奖学金，去剑桥大学学习数学和文学，1905年毕业并获剑桥大学文学硕士学位。毕业后师从A.马歇尔教授和A.C.庇古教授等人学习经济学，次年被分配到英国政府印度事务馆任职。1908年由马歇尔介绍成为剑桥大学讲师，讲授经济学。1909年，凯恩斯因数学概率论方面的研究成就，获得剑桥大学皇家学院研究员

荣誉；同年，他创立政治经济学俱乐部，1911年主编《经济杂志》。1913年任皇家经济学会秘书，后任主席。第一次世界大战爆发后不久，凯恩斯到英国财政

◎英国经济学家凯恩斯

部任职，战后，以财政部首席代表、经济顾问的身份出席"巴黎和会"，在会议期间，他因反对对德国索取过重的赔款而愤然辞职，重返剑桥大学任教，并开设《和约的经济意义》的课程，受到广泛的欢迎，在1919年出版了《凡尔赛的经济后果》，使凯恩斯一时成为欧洲经济复兴问题的中心人物。1921年凯恩斯发表了《自由放任主义的终结》一文，转向了主张国家干预经济、实行明智管理的建议。面对20世纪30年代的经济危机，他主张通过加强国家对经济的干预来摆脱危机，这一主张受到了美国等资本主义国家的高度重视，并逐渐被各资本主义国家所接受。同时，资本主义各国在危机期间采取的通过国家干预来缓解危机的措施，也推动了凯恩斯经济理论的成熟和完善。1936年，他出版了《就业、利息与货币通论》，系统地阐述

◎经济危机造成无数儿童被迫打工维持生计，图为1930年一个小孩儿在面粉场扛着要去干燥的面条的场面。

了他的反危机理论。该书确立了凯恩斯主义经济学的基本原理，成为凯恩斯的代表作。凯恩斯认为，垄断资本主义时代出现严重的经济危机的原因，主要是由于社会上对生产资料和消费品的"有效需求"不足，而有效需求不足则是由 3 条基本心理规律造成的：一是"边际消费倾向规律"，即随着收入的增加，消费也增加，而在增加的收入中，用来消费的部分所占的比例越来越小，用来储蓄的部分所占的比例却越来越大。这样，在收入和消费之间出现了一个越来越大的缺口，有效需求量降低，造成生产过剩和失业。二是"资本边际效益递减规律"，即资本家心理上的资本边际效益递减，资本家害怕投资越多利润就越少，因此对投资的兴趣降低，导致国民收入水平下降和对原料、消费品的需求下降。三是"流动偏好规律"，货币是流动性最大的资产，同其他资产比较，具有使用上的灵活性，因而人们都习惯在手里保持一定数量的货币。出于投机目的，货币持有者在银行利率降低到一定程度时，就会更多地保存这些货币，造成消费不足。基于这种分析，凯恩斯认为，要消除经济危机就应该相应地采取措施，国家应对经济进行干预，实行赤字预算，增加投资，实现充分就业，刺激并鼓励消费，以充分保证"有效需求"。

凯恩斯主义经济学在资产阶级经济学说发展史上，是一个新的里程碑。它对国家垄断资本主义的发展及对资产阶级庸俗经济学说发展的影响，是重大而深远的。凯恩斯的反危机理论，是针对经济危机爆发的直接原因——生产与消费之间的矛盾提出的，在一定范围内、一定程度上对缓和与摆脱经济危机起到了一定的作用。因此，在 20 世纪 30 年代经济危机期间，凯恩斯主义得到了迅速的发展和传播，特别是其中的反危机理论，

受到人们的高度重视。

在第二次世界大战结束后，各资本主义国家都不同程度地采用了凯恩斯主义，加强了国家对经济生活的干预和调节，极大地促进了国家垄断资本主义的发展。但是，凯恩斯的反危机理论并没有找到资本主义经济危机爆发的根本原因——资本主义的基本矛盾，因此也就不可能从根本上提出消除经济危机的有效办法。随着资本主义各国在 20 世纪 30 年代不断出现的"滞胀危机"，凯恩斯主义关于实行赤字财政和通货膨胀来避免危机的主张逐渐被各国抛弃。但是，凯恩斯主义关于加强国家对经济生活的干预的思想一直为资本主义各国所接受。作为经济危机的治标措施，它在一定范围内、一定程度上对缓和与摆脱经济危机起到了一定的作用。

·《国家工业复兴法》·

即《全国工业复兴法》，世界经济大危机期间，美国罗斯福政府制定和实施的以国家垄断资本主义方式调整工业生产之规模、结构和劳动条件的立法措施。该法于 1933 年 6 月 16 日通过并生效。内容包括三方面：一是由国家调节各企业主之间的关系，要求企业主共同制定"公平竞争法规"，用以规定各工业企业的生产规模、产品价格、销售范围、工资及工时数。二是由国家出面调整劳资关系。雇员有权派代表谈判和签订集体合同，雇主须遵守最高工时、最低工资及其他雇佣条件。三是国家兴建公共工程以增加就业机会，提高社会购买力。此外，还成立了国家复兴管理局，用以监督和调节生产。《国家工业复兴法》对摆脱危机、恢复经济、缓和阶级矛盾有一定作用，但有人斥责它具有"社会主义"倾向，1935 年美国最高法院裁决其违宪。

帝国主义国家的经济战

　　为了减轻经济危机的打击，各个帝国主义国家为了自身的利益，相互间展开了激烈的贸易战、关税战和货币战，破坏了世界经济关系，加剧了列强之间的矛盾。

　　1930年6月17日，美国总统胡佛签署了美国国会通过的《霍利—斯穆特关税法》，提高了75种农产品和925种工业品的关税率，使整个关税的平均税率由33%增加到40%。这样，美国率先挑起了资本主义国家之间的关税战。对此，其他资本主义国家表示出极大的愤慨，33个国家对美国提出了抗议，继而纷纷采取了报复措施。到1931年年底，有25个国家相应提高了关税。1932年4月，提高关税的国家增加到76个，资本主义世界的关税大战愈演愈烈。

　　在进行关税战的同时，资本主义国家之间还展开了激烈的贸易战。1932年8月，

·工人运动的温和化·

　　20世纪初期的现代大工业不仅需要大量的资本投入，同时也需要大量的劳动力，这就造就了一支强大的产业工人大军。他们通过工会来争取自己的经济权益，还建立了代表工人利益的政党组织。经济条件得到逐步改善的工人，更倾向于通过劳资谈判和选举政治来实现自己的意志。不过，这时的工人阶级中也存在着日益扩大的内部分歧。工人中开始出现激进与温和这两种力量。在现代工业越发达的国家和地区，工人运动温和化的趋势就越明显。

为限制美国商品进入英国，英国召集加拿大及澳大利亚、新西兰等自治领土和殖民地在渥太华开会，缔结了帝国特惠协定，对来自帝国外部的商品征收高关税。为了与英国的贸易集团相抗衡，美国打着"反对贸易歧视"和"机会均等"的旗号进行反击，并组建自己的贸易集团。

　　1933年年底，美国召集了"泛美会议"，在与会国相互妥协的基础上通过了《泛美非战公约》，约定相互间降低关税。法国也采取了限额输

◎ 1928年福特公司汽车厂的生产流水线。这种流水线是最具效率的生产模式，是美国经济飞速发展的显著标志。

入的办法，以保护本国的商品市场。这样，各国间又展开了贸易战。

在各国争相抬高关税的情况下，为了提高本国商品的竞争力，用本国廉价的商品攻破别国的关税壁垒，各国纷纷宣布货币贬值，降低本国货币与外币的比价，从而导致了激烈的货币战。本来，在经济危机前，大多数国家都采取金本位制，这种货币制度被认为是对国际贸易比较有利而又相对稳定的。但在 1931 年，第一个实行金本位制的英国，却又首先放弃了金本位制，使英镑贬值 1/3。英镑贬值之后，又有 20 多个国家放弃金本位制。资本主义国家纷纷放弃金本位制和英镑的贬值，大大削弱了英镑作为国际货币的作用，伦敦也面临着丧失国际金融中心地位的危险，英国对此采取了应急措施。从 1931 年 11 月起，英国和英联邦的其他成员国陆续联合起来，组成了英镑集团。英镑集团约定成员国间的贸易都使用英镑结算，各国货币与英镑保持固定汇率。在货币战浪潮中，经济实力雄厚的美国也于 1933 年 4 月正式放弃金本位制，宣布禁止黄金出口。1934 年，美国又联合菲律宾、加拿大及大多数拉美国家等组成了美元集团。截至 1935 年，资本主义世界被分裂为 5 个货币集团，主要是英镑区、美元区、黄金本位区，还有日元区和德国统治下的外汇控制区。在各个国家和不同集团之间的激烈斗争中，帝国主义各国间重新进行了组合，为以后两大政治军事集团的形成创造了条件。在资本主义各国为了摆脱危机而在国际上进行激烈的关税战、贸易战和货币战的同时，它们在国内也对经济进行了调整。许多民主国家都不同程度地加强了国家对经济生活的

◎ 20 世纪 30 年代美国的一家罐头厂，随着关税战的展开，食品出口愈发困难。

◎ 渔业竞争同样非常激烈，图为英国东海岸的渔民在为捕捞青鱼做准备。

◎ 资本主义国家之间展开激烈的贸易战，图为英国女工在检查玩具汽车的质量。

干预，使本国经济朝着国家垄断资本主义的方向发展，并通过国家干预以及对经济的内部调整逐渐摆脱了经济危机。

罗斯福新政

1932 年 11 月，美国举行了总统选举。民主党人富兰克林·罗斯福利用人们对胡佛自由放任政策的不满，提出了"新政"的竞选口号，并以绝对优势击败了在危机中威信扫地的胡佛，当选为美国第 32 任总统。

罗斯福出身于富豪家庭，小时候经常随父母游历欧洲，从小就积累了不少的生活阅历。他 14 岁进入马萨诸塞州的格罗顿预备学校，18 岁考入哈佛大学攻读政治、历史和新闻，1904 年从哈佛大学毕业后，又进入哥伦比亚大学法学院学习法律。

◎罗斯福

罗斯福是美国历史上一位伟大的总统，也是美国历史上唯一一位坐在轮椅上的、唯一一位连任四届的总统。他推行新政，帮助国家克服了经济大萧条；他领导美国参加反法西斯的战争，并为第二次世界大战的胜利做出了巨大的贡献。

·罗斯福·

美国第32任总统，民主党人。1882年生于一个显贵的家庭里。他早年曾从事律师工作，1910年后转向政界发展。1921年他患上了脊髓灰质炎症，但依靠自己的坚忍、乐观、智慧和才干，当选为总统。1932年就任总统后，面对经济危机，他告诉人们：我们唯一害怕的就是害怕本身。他在被称为"百日新政"的短时间内推行改革，使美国的经济逐渐恢复。1941年12月日本偷袭珍珠港后，他领导美国正式加入反法西斯战争，为反法西斯战争的胜利做出了巨大的贡献。他对世界的影响是巨大的，在《大西洋宪章》《联合国宣言》《雅尔塔协定》等影响世界的重大决定里，都可以发现他所起到的重要作用。1944年他第四次当选为美国总统，在任内的第二年病逝。罗斯福是美国历史上唯一任职四届的总统，也是美国历史上杰出的总统之一。

1905 年，他与埃莉诺·罗斯福结婚，妻子成为他以后从政的得力助手。1907 年，罗斯福从哥伦比亚大学法学院毕业，取得了律师资格，被一家律师事务所聘为律师。1910 年，他以民主党候选人的身份当选为纽约州参议员，开始涉足政界。

1912 年，罗斯福帮助威尔逊赢得了竞选的成功，他本人也因为出色的政治手段和组织才干在民主党中初露头角，并在次年被威尔逊总统任命为海军部助理部部长，任职 7 年。1920 年，他被民主党提名为副总统候选人，竞选失败后，他担任了一家保险公司的副经理。1921 年夏天，他因为在很凉的水中游泳，染上了当时流行的脊髓灰质炎（小儿麻痹症），但他以坚强的毅力战胜了病魔。1928 年，罗斯福成功竞选成为纽约州州长，第二年，美国爆发了严重的经济危机（大萧条）。罗斯福在纽约州采取了多种措施来救济失业工人、稳定社会秩序，在民主党人中的威信大增。罗斯福上任后，立即大刀阔斧地推行了一系列反危机措施，实行"新政"。在实施"新政"过程中，采纳了当时流行的"芝加哥学派"的部分思想。该学派主张危机时期实行国家调节，扩大政府开支，实行赤字财政，举办公共工程，以消灭失业。

罗斯福分两个阶段实施"新政"：1933年3月9日至6月16日是第一阶段，罗斯福政府通过国会制定了70多个法案，加强国家对经济的干预和调节，克服大危机带来的紊乱状态，这一阶段史称"百日新政"；从1935年4月起，罗斯福政府又督促国会通过了700多个法案，掀起了"新政"的第二次高潮，这时的"新政"内容多侧重于社会改革，是"新政"的第二阶段。

"新政"的主要内容包括如下几个方面：

一是财政金融的整顿和改革。国会通过了《格拉斯－斯蒂高尔法》，将商业银行与投资银行分开，以避免使用用户存款进行投机。罗斯福在财政金融方面采取的措施，起到了疏通国民经济生活血液循环系统的作用，为经济的恢复创造了良好的条件。

二是调整工业生产。通过了《全国产业复兴法》，将全国工业划分为17个部门，分别成立协会委员会，制定了《公平竞争法规》，确定各企业的生产规模、价格水平、市场分配、工资水平等，以避免盲目竞争而导致生产过剩。

三是保证农业生产。1933年5月，罗斯福公布了"新政"中的又一重要法令——《农业调整法》。根据该法，政府设立了农业经济调整署，有计划地缩减农业生产，销毁"过剩"的农产品，以提高农产品价格，克服农业生产相对过剩的危机。

四是以工代赈，建立社会保障制度。国会通过了《联邦紧急救济法》，成立了联邦紧急救济署，直接救济失业者和贫困者。又通过了《社会保障法》，开始了"福利国家"的实验。

罗斯福采取的一系列"新政"措施，对美国和世界都产生了深刻的影响。首先，"新政"缓解了经济大危机对美国经济造成的严重破坏，促进了美国社会生产力的恢复。其次，"新政"在维护资产阶级利益的同时，也注意改善工人、农民和小资产阶级的经济和社会地位，缓和了社会阶级矛盾。"新政"通过对资本主义生产关系的局部调整，挽救了资本主义制度，从实践上和理论上为资本主义世界提供了由私人垄断资本主义向国家垄断资本主义过渡的重要经验，开创了福利国家的道路。

◎反映罗斯福就任美国总统的漫画

1944年10月，罗斯福打破了美国建国近200年来的传统，第四次连任美国总统。但此时，他的健康每况愈下，心脏病、高血压经常发作。1945年4月12日，他在佐治亚温泉的小白宫画像时突发脑出血与世长辞，享年63岁。

法西斯主义思潮泛滥

在世界经济大危机期间，富有资产阶级民主传统的美、英、法等国家法西斯主义思潮开始泛滥。

美国在20世纪30年代初，出现了众多的法西斯团体，如黑衣社、白衣社、民兵团、美国民族主义党、美国自由同盟、三K党等法西斯组织和右翼团体。1934年11月，在"美国军团"和部分华尔街大资本家的策划下，由巴特勒将军率领50万退伍军人向华盛顿进军，企图发动法西斯政变，但最终未能得逞。福特汽车公司同法西斯组织联系密切，亨利·福特在20世纪20年代就开始资助希特勒的纳粹活动，他

◎ 1933年11月，德国纳粹党徒招摇过市，拉选票，法西斯势力山雨欲来。

是被德国政府授予日耳曼大十字勋章的第一个美国人。1936年出现的"德美联盟"是受戈培尔控制和纳粹指挥的法西斯团体，它指挥着在美国的160万德籍居民中的法西斯分子，并在各大城市设有分会。资产阶级的一些上层人物也公开叫嚷要建立独裁统治。堪萨斯州的州长艾尔弗雷德·兰登声称，宁可实行独裁统治，也不可让国家瘫痪。

美国面临着法西斯主义的现实威胁，有人甚至提出美国需要一个墨索里尼，实行法西斯统治，但是法西斯势力始终未能掌握政权。原因是美国自建国以来就具有较深厚的民主自由传统，资产阶级民主制度在民众中有广泛的影响；另外，资产阶级两党都不愿法西斯上台，他们宁愿寻求资产阶级民主制度的新模式，也不愿接受法西斯独裁。在经济上，美国垄断资本乐于通过经济扩张争夺世界霸权，并不像德、意、日垄断资产阶级那样急于通过发动战争来重新瓜分世界。此外，美国垄断资产阶级不像德国垄断资产阶级那样面临着无产阶级的危机；美国中产阶级与农场主也不像德国的中产阶级和地主那样倾向于垄断资产阶级右翼。

在危机年代，英国的一部分垄断资本家也开始向法西斯主义靠拢。1932年9月，原工党执委会委员、工党政府大臣莫斯里，在工业巨头的资助下组织了"英国法西斯联盟"。该组织反对民主制度和犹太人，主张建立英国在世界范围的霸权。但是，由于英国在危机前的20世纪20年代，没

有出现经济繁荣的局面，危机对英国的影响也便没有美、德等国那样大，大起大落的现象并没有出现。另外，英国的民主传统，工人阶级和民主派别的坚决抵制，使英国的法西斯运动没有形成气候。

法国卷入经济危机的时间比较晚，但摆脱危机也最晚，直到 1936 年才有所好转。在危机时期，法国国内阶级矛盾加剧了。1930 年 2 月~1934 年 1 月，法国政府更迭达 12 次。由于政局混乱，财政政策摇摆不定，人民群众的不满情绪普遍高涨。在这种情况下，各种法西斯主义组织滋生起来，如"火十字团""法兰西行动""束棒""法兰西团结"等，它们在垄断组织扶植下公开活动，非常猖獗。最有影响的法西斯组织是"火十字团"，由德拉罗克上校领导，因最初参加的人是获得战争十字勋章的复员军人而得名。该组织从 1934 年的 20 万人发展到 1935 年年底的 70 多万人，成员遍及各界，其骨干是退伍军人，他们头戴钢盔，身着军装，胸前佩戴各种勋章，对群众产生了一定吸引力。"火十字团"不仅拥有大量武装，甚至还拥有 150 架飞机，

·法西斯主义·

第一次世界大战后出现的鼓吹种族主义、专制独裁和侵略扩张的政治理论、运动和政权形式。"法西斯"一词源于拉丁文，象征强权和暴力。法西斯主义否定资产阶级自由平等民主思想，鼓吹对领袖的绝对服从和国家主义，宣称"高贵"民族有统治"劣等"民族乃至全世界的权利，既反对资产阶级民主也反对共产主义，主张建立少数独裁者的恐怖统治，镇压劳动人民和进步势力，实行扩张政策和战争政策，是资本主义政治经济社会及意识形态全面危机的产物。墨索里尼和希特勒，先后于 1922 年、1933 年在意大利和德国建立了法西斯专政。日本亦于 20 世纪 30 年代法西斯化。西班牙、匈牙利、保加利亚、阿根廷等国也推行过法西斯主义。法西斯主义给世界人民带来痛苦和灾难，导致第二次世界大战的爆发，最终被世界人民彻底摧毁。

它公开主张改组议会，建立法西斯主义专制政府。

◎第二次世界大战前，美国少数人为希特勒的疯狂魔力所惑，效仿纳粹军礼。

日本的法西斯体制

在日本法西斯专政的建立过程中，军部的法西斯势力起着主导作用。由于历史的原因，日本军部在日本军事官僚机构中地位特殊，权力很大，直属天皇统领，不受政府管束，而且军部还可以通过陆海军大臣干涉政府事务。由于日本军部拥有这种特殊的地位，它成为法西斯势力崛起的温床和支柱。

1930年11月，在军部法西斯势力的支持下，法西斯组织"爱国社"成员暗杀了滨口首相，从此法西斯势力和军部少壮派势力日益嚣张，企图靠对外扩张、对内搞政变来夺取政权，建立法西斯独裁统治。

1931年9月18日，日本关东军在沈阳北郊柳条湖附近炸毁了一段南满铁路铁轨，却诬称中国军队破坏，并以此为借口，向沈阳及东北全境发动进攻，并在3个月内占领了整个东北三省。"九一八"事变标志着第二次世界大战亚洲战争策源地的形成。

这次事件过后，军内法西斯势力开始分化，围绕着如何建立军事法西斯统治的问题，出现了对立的两派：以荒木贞夫和真崎甚三郎为首的皇道派，在新财阀的支持下，积极鼓吹"发扬皇道""尊崇天皇"，主张使用暴力手段，推翻政党内阁，建立以天皇为中心的军部法西斯独裁政权。因皇道派以中下级军官为骨干，又称为"少壮派"。以永田铁山和东条英机为首，军部上层为核心的统制派，认为军部势力已经壮大，没有必要用暴力手段改变现状，主张在军部中央机关将校军官的统治下，用自上而下的合法手段控制政权，实现全国法西斯化。

1932年5月15日，在"血盟团"的领导下，几个海军少壮派军官率领陆军士官学校学生，袭击首相官邸、警视厅、内大臣官邸、政友会本部、日本银行等，首相犬养毅被枪杀。同日夜，橘孝三郎率领的"爱乡塾"成员企图袭击东京周围变电站，在混乱中颁布戒严令，建立军事独裁政权，但均未达到目的。政变参加者纷纷自首。事件后，军部借口"时局非常"，拒绝由政党继续组阁，政党内阁宣告结束。5月26日，由海军大将斋滕实组织了包括军部、官僚和政党在内的所谓"举国一致内阁"，日本从此步入了向军事独裁政权过渡的阶段。

在扩军备战过程中，皇道派与统制派的矛盾日益尖锐。1936年1月，皇道派成员对第一

◎日军发动"九一八"事变，进攻中国沈阳。

师团调往中国东北的消息极端不满，决定提前发动武装政变，遂于2月26日清晨，在东京进行叛乱。

1936年2月26日凌晨，日本东京一片沸腾，一队士兵组成的队伍浩浩荡荡地向日本政府首脑的官邸行进。这些士兵一边走，一边挥动着手里的大字标语，高喊口号。这就是历史上的"二二六"兵变。

◎ "五一五"事件后，斋藤实内阁成立。

这次兵变约有1400名士兵参加，由皇道派军官安藤辉三、村中孝次和栗原安秀等率领。在皇道派军官的鼓动下，士兵们冲入政府首脑官邸，杀死内阁大臣斋藤实、大藏大臣高桥是清和教育总监渡边锭太郎，占领陆军省、参谋本部、国会和总理大臣官邸、警视厅及附近地区，要求任命荒木贞夫为关东军司令官，并罢免统制派军官。

为了平息皇道派军官的叛乱，日本陆军当局颁布《戒严令》。2月29日，日本陆军部下达镇压命令，大部分叛军头目被逮捕，参加叛乱的士兵被迫回到各自的营房。

"二二六"兵变虽然因为军阀集团的内讧而未能得逞，却使得原内阁辞职，使老牌法西斯分子广田弘毅上台组阁。广田弘毅上台后，首先恢复了军部大臣的现役武官制，规定内阁中陆、海军大臣必须由现役中将级以上的军人担任，以加强军部左右日本政局的能力。广田弘毅还以镇压叛乱、稳定时局为名，对内禁止工人罢工，限制人民的各种自由，并加紧对舆论及宣传机关的控制和收集情报的活动。此外，广田弘毅还制定了《基本国策纲要》，公开表明，不仅要继续扩大侵略中国的战争，而且还要对亚洲、太平洋地区其他国家进行侵略扩张。与这一国策相适应，日本加紧了扩军备战，陆军提出了6年内增建41个师团、142个航空中队的计划，海军提出了5年内增建各种军舰66艘的计划。

这样，以广田弘毅上台组阁为标志，以天皇和军部为核心的法西斯专政在日本建立起来了，世界大战的亚洲策源地就此形成。

·军部·

日本掌握军事的部门并起独特政治势力作用的军人上层集团。主要指参谋本部和军令部。此外，陆军省、海军省、侍从武官长、元帅府等军事首脑机关也属于军部势力。1872年日本成立陆军省和海军省，天皇作为大元帅统率陆海军。这种统率大权即军令权的行使则由参谋总长和军令部部长辅佐，元帅府和军事参议院是其顾问机关。作为军政机关的陆军省和海军省的首脑陆海军大臣为内阁成员，拥有不经内阁直接向天皇上奏的权力。陆海军大臣只由现役大将或中将担任。大本营的幕僚全由陆海军将校组成。国务大臣不得参与大本营一切作战计划和作战领导事宜，法律上确定了军部上层在战时的独裁权力。进入20世纪30年代以后，军部是日本对外进行侵略战争和法西斯化的核心力量，确立了军部控制下的法西斯体制。1945年日本投降后，军部被废除。

苏联确立社会主义制度

经过社会主义工业化和农业集体化的改造，20世纪30年代中期的苏联社会已经发生了翻天覆地的变化。从经济结构上来说，社会主义经济成分超过了资本主义成分，社会主义公有制在国民经济中占据了主导地位。从阶级构成上说，资产阶级和富农作为一个剥削阶级已经消失了。这表明社会主义制度已经在苏联确立起来。为了全面反映苏联政治、经济生活的变化，从法律上巩固社会主义改造和社会主义建设的胜利成果，制定新的宪法已提上议事日程。

1935年2月，全苏苏维埃第七次代表大会决定修改1924年宪法，并成立以斯大林为首的宪法委员会负责草拟宪法。经过一年多的研讨，宪法委员会拟出新宪法草案并于1936年6月交全民讨论。1936年11月26日，全苏苏维埃第八次代表大会在莫斯科举行。斯大林在会上做了《关于苏联宪法草案》的报告，他在报告中分析了苏联社会发生的深刻变化，概括了新宪法的基本特点等。大会一致通过了新宪法，这部宪法被称为《1936年宪法》。

《1936年宪法》规定：苏联是工农社会主义国家，全部政权属于城乡劳动者，由苏维埃实现之；经济基础是社会主义所有制——全民所有制和集体所有制，实行"各尽所能，按劳分配"的原则；国家最高权力机关是苏联最高苏维埃，它行使立法权，选举最高苏维埃主席团和人民委员会；实行普遍、直接、平等、无记名投票和等额选举制；公民一律平等，均享有劳动权、休息权、受教育权，有言论、出版、集会、结社等自由，人身不受侵犯；公民必须遵守公共生活准则，爱护公共财物，保卫社会主义祖国。

《1936年宪法》从法律上巩固了社会主义改造和社会主义建设的胜利成果，推动了苏联社会主义改造和法制建设。《1936年宪法》的制定，标志着苏联基本上实现了社会主义，建立了社会主义制度。但是，由于苏联的生产力发展水平较低，还没有达到马克思、恩格斯所设想的发达社会主义的程度，所以社会主义制度的确立并不等于社会主义社会的完全建成。

·苏联农业全盘集体化运动·

1929年9月～1932年期间，在苏联开展的对农业进行社会主义改造的运动。1927年年底，联共（布）"十五大"提出了农业集体化的任务。1929年9月18日，在批判了所谓"右倾反对派"之后，在全国范围内掀起了农业全盘集体化运动。11月3日，联共（布）中央领导人要求农民整村、整乡、整区地加入农庄。1930年1月5日联共（布）通过了《关于集体化速度和国家帮助集体农庄建设的办法》的决议，规定对富农采取消灭政策，提出要在五年计划期间完成绝大多数农户集体化的任务。在农业全盘集体化运动期间，加入集体农庄的农户从1928年占农户总数的1.7%上升到1932年的61.5%，至1937年上升到93%。苏联农业集体化把个体小农经济改造成了社会主义的公有经济，消灭了富农，但也一度造成农业生产的下降和苏维埃政权同农民关系的紧张。

法西斯独裁统治

1929～1933 年的经济危机沉重打击了本已外债累累、民生凋敝的战败国德国。面对空前严重的危机，软弱无力的魏玛共和国政府回天乏术。1928～1933 年先后更换 4 届政府，各届政府都无法克服财政困难和各统治集团之间的矛盾，社会动荡不安。在危机深重的非常时刻，在德国这个民主传统较为薄弱的国家，脆弱的民主体制失去了自我调节的弹性和能力。议会民主的政治体制在危机的冲击下，摇摇欲坠。

正是在这种特殊的社会历史环境下，德国法西斯势力兴起。德国的法西斯政党全称是德意志民族社会主义工人党，简称纳粹党，其首领希特勒利用德国人民对凡尔赛—华盛顿体系对德国制裁的不满情绪及这场空前的经济危机给德国造成的更为困难的处境，四处鼓吹"生存空间论"、种族优劣论，提倡"领袖原则"的独裁统治，肆意攻击社会主义，大力宣扬重塑德国的昔日辉煌，不但蒙蔽了多数德国人民，并且逐渐取得了德国垄断资产阶级的支持。

纳粹党不断发展壮大，在 1930 年 9 月的选举中成为国内第二大政党。1932 年，纳粹党认为夺取政权的时机已经成熟，便参加竞选。一些处于绝望中的小资产阶级、公务员、大学生，以及一部分农民和失业工人被他蛊惑。在 1932 年 7 月的国会选举中，纳粹党竟获得了 130 个席位，成为国会中的第一大党。同年 11 月，纳粹党最终在垄断资产阶级的鼎力帮助下获得权力。1933 年 1 月，德国法西斯政党——纳粹党的党魁希特勒被任命为总理，开始在德国建立法西斯独裁专制统治。

希特勒出任总理后，很快组建了内阁，即所谓的民族团结政府，纳粹党在其中仅占有几个职位。希特勒并没有满足于登上总理的宝座，他的目标是将其他政党排挤出政府，建立独裁统治。

1933 年 2 月，兴登堡宣布解散国会，并决定于 3 月 5 日进行新一轮国会选举。为了使纳粹党在选举中获胜，希特勒开始利用职权打击其他政党，并首先把矛头指向了在群众中影响日益扩大的德国共产党。2 月 27 日，纳粹党制造了"国会纵火案"，借此掀起了反共

◎登上权力之巅

兴登堡死后，希特勒将各种权力集于一身，自称元首。图为希特勒在军队的支持下登上纳粹德国的最高统治宝座。

风潮。大批德共党员被逮捕，德共报纸被查封，德共被迫转入地下。次日，政府颁布了《保护人民和国家法》，取消了公民自由的基本权利。国会大选在法西斯的白色恐怖之下如期举行，但纳粹党只获得了选票的43.9%，并没有取得绝大多数。

为了取得修改宪法需要的2/3以上的席位，希特勒于3月14日宣布取缔德国共产党，得到了德共的81个席位。随后，希特勒又软硬兼施，争得了天主教中央党等资产阶级政党的支持。3月23日，在纳粹党的胁迫下，国会以2/3的多数票通过了《消除人民和国家痛苦法》，即《授权法》。希特勒据此获得了在4年任期内的立法权，有权不经国会同意制定法律、与外国签订条约。至此，国会名存实亡，立法权和行政权都控制在希特勒一人手中，资产阶级议会民主制被取消。

为了实行纳粹党一党独裁，希特勒解散了除纳粹党之外的所有政党，国会成为由纳粹党员组成的清一色国会。1933年12月，希特勒颁布了《保证党和国家统一法》，将纳粹主义确立为德国国家思想的支柱，宣布党和国家统一。这样，希特勒就在德国建立了纳粹党的一党专政。

1934年8月，兴登堡总统去世。内阁立即宣布一项法律，规定总统职务与总理职务合二为一，取消总统职务。自此，希特勒攫取了总理兼国家元首的桂冠，并掌握了国防军的最高统帅权，成为不受任何法律约束的独裁者，法西斯独裁政治体制在德国正式确立起来。

为了制止侵略、维护本国安全，苏联开始争取与法国等国缔结双边互助条约。1935年5月2日，《苏法互助条约》在巴黎签字，两国相约定在遭受欧洲国家侵略时相互援助。作为欧洲大陆上的两个大国，苏、法两国的合作原本可以阻止德国的侵略，但是法国只想把条约作为与德国打交道的筹码，根本无意履行，而且拒绝为条约加入军事内容。结果，条约成为一种形式，没能发挥应有的作用。

尽管苏联为建立欧洲集体安全体系做了一系列的努力；但是，由于英、法两国的妥协政策，这些努力都遭受了挫折，欧洲集体安全体系最终没能建立起来。

20世纪30年代末，苏联在战争一触即发的情况下，为了本国的利益，放弃了安全不可分的原则，改变了原来致力于欧洲集体安全体系的做法，于1939年8月与德国签订了《苏德互不侵犯条约》，为德国发动世界大战提供了便利条件。

·纳粹党·

德国法西斯政党，全称为德意志民族社会主义工人党。其前身为慕尼黑一小政治团体"德意志工人党"，1919年，希特勒加入后，逐渐控制该党。1920年2月希特勒发表党纲《二十五点纲领》，鼓吹种族主义、对外扩张和民族复仇主义，4月更名为纳粹党，制定"卐"字党徽和红底白圆心黑"卐"字的党旗，以《人民观察家报》为党报。1921年确定"领袖原则"，希特勒在党内取得绝对领导权。1923年被勒令解散，1924年希特勒不断扩充力量，企图通过"合法"途径取得政权。1929年经济危机爆发后，纳粹党取得军队的支持，1932年成为国会中第一大党。1933年1月，希特勒被任命为总理，夺取了政权。该党对内实行一党独裁的法西斯专制统治；对外积极扩军备战，组织轴心国集团，挑起第二次世界大战。1945年德国投降后，被盟国管制委员会宣布为非法组织。

西班牙反法西斯战争

20世纪30年代初,西班牙在经济危机的打击下,国内矛盾加剧。1931年4月,资产阶级共和派在选举中获胜,建立了资产阶级共和国。共和国的建立,遭到了西班牙各种反动势力的仇视。1933年,反动势力成立了"西班牙自治权利联盟",简称"塞达党"。一些法西斯分子也蠢蠢欲动,于1933年10月建立了法西斯组织"长枪党"。这些反动势力疯狂地反对民主改革,并积极开展活动。1933年11月,塞达党在选举中获胜,建立了亲法西斯的勒鲁斯政府。勒鲁斯政府取消了各项民主改革,在内阁里安插了不少法西斯分子,开始了西班牙历史上"黑暗的两年"。

◎ 在国内形势最严峻的时刻,马德里的街头到处张贴着号召妇女起来战斗的宣传画。

勒鲁斯政府的倒行逆施,激起了西班牙人民的强烈反对,各地都开始举行罢工斗争,一些城市还发动了武装起义。在反法西斯的斗争过程中,左翼政党逐渐联合起来。1936年1月,人民阵线在国会选举中取得胜利,成立了联合政府。人民阵线政府解散了法西斯组织,并采取了一系列的改革措施。

人民阵线政府的建立,给反动势力以沉重打击。反动势力决定铤而走险,用武力推翻共和政府。他们在法西斯将领圣胡尔霍、佛朗哥、莫拉的带领下,策动军事叛乱。1936年7月18日,圣胡尔霍等在西属摩洛哥发动了武装

· 西班牙人民阵线 ·

西班牙人民反法西斯统一战线组织。1931年西班牙成立共和国后,法西斯右翼势力活动猖獗,1933年亲法西斯的勒鲁斯政府上台。1936年1月,共产党、共和党、社会党、左翼共和联盟、工团主义党等左派政党组织签订了人民阵线公约,结成反法西斯统一战线,提出人民阵线纲领。2月在国会选举中获胜,组成新政府。人民阵线政府推进资产阶级民主改革,实施人民阵线纲领,释放政治犯,实行军队和国家机关的民主化,恢复民主自由,宣布各民族拥有自治权利;进行局部土地改革,实施劳动和社会立法,降低捐税和租金,提高工资。7月反动势力发动叛乱,德意法西斯全面武装干涉西班牙。共和国政府在人民阵线支持下坚决镇压叛乱,领导了反法西斯的民族革命战争,进一步推行社会改革政策。然而终因力量悬殊,1939年,共和国被扼杀,革命失败。

叛乱。7 月 19 日，叛乱蔓延到西班牙本土。西班牙内战爆发了。

叛乱爆发后，西班牙政府军在人民的支持下，很快打退了叛军的进攻，控制了局势。在西班牙政府军即将取得完全胜利的情况下，德、意法西斯开始进行武装干涉。德、意的武装干涉主要有两个意图：一是企图占领西班牙这一战略要地，在未来与英法的争夺中占据优势；二是打击西班牙的反法西斯势力，防止国际反法西斯势力的扩大。德、意的武装干涉，使西班牙内战转变为一场具有国际意义的反法西斯民族革命战争。

面对德、意的插手叛乱，西班牙各派民主力量联合起来，领导各阶层人民奋起保卫共和国。西班牙的反法西斯战争，得到了世界反法西斯力量的有力支持。在共产国际的号召下，54 个国家的近 4 万名反法西斯人士来到西班牙，组成了"国际纵队"，与西班牙人民并肩作战。1936 年 10 月～1937 年 3 月，共和国军队在"国际纵队"的帮助下，先后进行了 3 次马德里保卫战。1936 年 10 月，在德意法西斯的大力支持下，佛朗哥叛军从南北两面向首都马德里进攻，逼近郊区。叛军的进攻受到共和国军民的英勇反击。马德里

◎ 1939 年佛朗哥指挥民族主义叛乱分子从北非的加纳利岛出发进入西班牙，向马德里挺进。

地区 96% 以上的共产党员走上前线参加战斗，共产党建立的第五团同国际纵队守卫在最险要的地段，他们与共和国军并肩浴血奋战，击溃了叛军的精锐部队。第一次进攻被击退。1937 年 1 月，叛军发动的第二次反扑也被击退。3 月 8 日，意大利干涉军从东北方实施突击，企图配合叛军夺取马德里。共和军调整部署、顽强防御，至 22 日终于粉碎意军进攻。同年 6 月起，叛军的进攻重点从中部战线转向北部战线，马德里周围地区的态势趋于稳定。但是，由于英法等国奉行"不干涉"政策，对德、意的武装干涉坐视不管，共和国的形势越来越严峻。在严峻的形势面前，人民阵线内部的右翼势力叛变投敌。在内外交困的形势下，共和国于 1939 年 3 月 28 日被颠覆。4 月 1 日，叛军将领佛朗哥宣布战争结束，西班牙建立起法西斯政权。

◎ 1936 年，佛朗哥宣誓成为西班牙国家最高元首。

绥靖政策

绥靖政策也称姑息政策，是一种对侵略不加抵制、姑息纵容、退让屈服，以牺牲别国为代价，同侵略者勾结和妥协的政策。第一次世界大战后，各国人民革命的兴起和社会主义苏联的出现，引起了西方帝国主义国家的恐惧和仇视。它们在争夺世界霸权的斗争中，既想削弱和击败竞争对手，又想联合起来反对社会主义、镇压人民革命，这一矛盾心理处处都能得到体现。

1929~1933年的世界经济大危机使各帝国主义实力此消彼长，英、法雄霸欧洲的局面一去不复返。随着德国法西斯的崛起，英、法两国已经丧失了协调欧洲格局的外交主动权。1934年10月，法国强硬外交的代表人物——法国外交部部长巴尔都在马赛遇刺身亡，标志着法国绥靖政策的开始。而在英国，张伯伦则是这一政策的代表人物。

尼维尔·张伯伦，第二次世界大战初期的英国首相，对法西斯德国实行"绥靖政策"的代表人物。1869年，张伯伦出生于贵族之家。1937年出任英国首相，积极奉行对德国的"绥靖政策"，主张对德妥协、退让、姑息，希望以此换取英国的安全。为推行绥靖政策，他一方面打击以丘吉尔为代表的强硬派；一方面同希特勒秘密会晤，并最终签订《慕尼黑协定》，企图以牺牲捷克、波兰等小国的利益来换取英国的安全。但德国军队的步步紧逼促使张伯伦在1939年被迫对德宣战。由于绥靖政策所造成的恶果，张伯伦在1940年被迫辞职，后抑郁而终。张伯伦的绥靖政策，不仅使英国丧失了第二次世界大战初期的战争主动权，助长了法西斯的嚣张气焰，遭到了欧洲许多国家的反对，而且最终还使英国卷入了战争的深渊。

20世纪30年代以前，英、法、美的绥靖政策主要表现为扶植战败的德国并支持日本充当防范苏联的屏障和镇压人民革命的打手。从凡尔赛－华盛顿体系和道威斯计划、杨格计划、《洛迦诺公约》中都能找到绥靖政策的影子。1937年的经济危机再一次给英国造成了经济困境和社会动荡，与此同时，苏联正逐渐强大起来，时刻威胁着英、法等大国的利益。英、法一直希望能找到一种遏制苏联的势力。

面对德国希特勒的强硬，张伯伦企图以退让来稳定形势，以便重整军备来确保英国在欧洲乃至整个世界的霸权地位。以丘吉尔为代表的少数人反对张伯伦这种一面寻求妥协，一面重整军备的双重政策，但遭到了张伯伦的排斥。

◎ 1938年9月英、法、德、意在慕尼黑举行会议，签订阴谋瓜分捷克斯洛伐克的《慕尼黑协定》，图为希特勒（左二）与张伯伦（左一）在一起。

· 美国中立法 ·

美国在第二次世界大战前及初期通过的几个避免卷入国际冲突和战争的法案。20世纪30年代的经济大危机使美国主要关注国内经济问题，在法西斯侵略者面前主张退守美洲以自保。1935年8月31日，美国国会通过第一个中立法，禁止向一切交战国输出武器。该法适用于意大利侵略埃塞俄比亚的战争，但美国仍向意大利输出了原料和战略物资。1936年2月，国会对该法进行了修改，增加禁止贷款给交战国和武器禁运不适用于拉丁美洲等内容。1937年4月，国会通过第三个中立法，使武器禁运适用于发生内战的国家。这三个中立法实际上纵容了法西斯的侵略扩张。第二次世界大战爆发后，国会通过了新中立法，取消武器禁运条款，改为"现款自运"。它的通过表明美国外交政策的调整，即在不直接参战的前提下尽可能援助反法西斯国家。1941年，中立法被租借法案彻底取代。

在张伯伦的积极"努力"下，英国制订了"欧洲总解决的绥靖政策总计划"，并派大臣哈利法克斯伯爵于1937年11月17日访德，向希特勒详细介绍了英国的政策，以使希特勒进攻苏联有恃无恐，妄图早日把祸水引向苏联，坐收渔翁之利。张伯伦政府还承认了意大利对埃塞俄比亚的侵占，并与法、美一起对西班牙内战实行"不干涉政策"。1937年，英、法、美对日本发动全面侵略中国战争视而不见，在此后的太平洋国际会议上，更是同日本妥协。

1938年3月，德军开进奥地利，张伯伦政府给予了默许。当希特勒挑起捷克境内的苏台德危机时，英国虽象征性地对德施加了压力，但依然没有放弃既定的绥靖政策。而慕尼黑会议和《慕尼黑协定》则是绥靖政策最典型的体现。1938年9月29日，英、法、德、意四国首脑在慕尼黑举行会议，四国正式签订了《关于捷克斯洛伐克割让苏台德领土给德国的协定》，即《慕尼黑协定》。会上，英、德还签订了《英德互不侵犯宣言》。捷克政府在德国的军事威胁和英、法、意的压力下，被迫接受了这个协定。英、法及幕后支持的美国，妄图以牺牲捷克斯洛伐克为代价，来求得"一代人的和平"，并将"祸水东引"。但事与愿违，绥靖政策不但没有给欧洲带来张伯伦所谓的"和平新时代"，反而加速了战争的到来。当希特勒以"闪电战"占领捷克斯洛伐克时，张伯伦开始有些坐不住了，他一边威胁德国，一边与德国进行秘密谈判，毫无意义的谈判更加坚定了希特勒发动战争的决心。

第二次世界大战爆发后，西线出现了"奇怪战争"，英、法的"不战不和"战略使希特勒在侵略欧洲小国时忘乎所以，野心越来越大，以致最后直取法国，进逼英国。

历史证明，绥靖政策不但无法满足法西斯国家的侵略野心，反而加速了第二次世界大战的爆发。

◎ 1938年希特勒没动用闪电战即吞并了奥地利，维也纳被笼罩在纳粹旗下。

德国横扫西欧

1939年8月31日，希特勒命令早已集结的150万军队、2000余架飞机和2800辆坦克向波兰发起进攻。9月1日，德军采取闪电战术，首先以大批飞机密集轰炸战略要地，继而以坦克和摩托化部队为先导分3路突进。波军第一线对德作战部队因准备不足，装备落后，军事思想保守，未能挡住德军的攻势，边境防线迅即被突破，部队被分割包围。英、法两国随即向德国发出了警告：如果不在两天内撤出波兰，英、法将出兵保证盟国波兰的安全。在警告无效的情况下，英、法两国于9月3日向德国宣战。

英、法对德宣战时，在西线拥有近110个师的兵力，而德国在那里只有23个师。如果英、法在西线向德国发动进攻，德军将陷入两线作战的不利局面，这将从根本上扭转战局。然而，英、法政府对德国却是宣而不战。宣战后8个月的时间里，英、法除在大西洋上击毁过德国的军舰和商船

◎1939年10月，德军攻陷波兰，图为希特勒正在检阅通过华沙街道的军队。

◎1940年6月14日巴黎失陷，德国纳粹几乎没有发过一枪一弹。图为德军在击鼓声中列队走过凯旋门。

外，在陆地上按兵不动。英、法军队躲在坚固的钢筋水泥的工事内，眼看自己的盟国被德国消灭。这种战争现象被称为"奇怪的战争"。其实，"奇怪的战争"并不奇怪，它实际上是英、法战前推行的绥靖政策的延续。英、法虽然对德宣战，却不想与德国正面冲突，只是企图封锁德国西进的路线，迫使其在灭亡波兰后向苏联进攻。

德国灭亡波兰后，并没有像英、法希望的那样进攻苏联，而是按原定计划加紧向西线进攻。为了保证进攻英、法时侧翼的安全，德国决定首先控制北欧。

1940年4月9日，德国分别向丹麦和挪威发动进攻。丹麦在无力抵抗的情况下

◎通过入侵低地国家和法国北部，德军绕过了法国"不可逾越的"马其诺防线，并将盟军挤入敦刻尔克一隅。

不战而降，德军在 4 个小时内就占领了丹麦。挪威也于 6 月 10 日陷落。

在挪威战事尚未结束之时，德国就同时向荷兰、比利时、卢森堡 3 国发动了进攻。卢森堡当天就不战而降；荷兰在抵抗 5 天后正式投降；随后，比利时也宣布无条件投降。

在进攻荷兰、比利时的同时，德军主力选择了英、法军队防守薄弱的法比边境的阿登山区，作为向法国进攻的据点，并以迅雷不及掩耳之势向西挺进，直扑英吉利海峡。英、法联军因军事战略保守，指挥不当，作战失利，遭到分割，近 40 万军队溃退至法国西海岸的敦刻尔克地区，面临全军覆没的危险。德军先头坦克部队受命暂缓前进，使英、法联军得以巩固防御工事，掩护实施从海上撤退至英国的"发动机计划"。5 月 26 日～6 月 4 日，英国动用各种类型船只，冒着德机的轰炸，将 20 万英军和 13 万法、比军队由英吉利海峡撤至英国。到 6 月 4 日德军攻克敦刻尔克时，只有 4 万多名法国官兵未能及时撤离而被俘。这就是著名的"敦刻尔克大撤退"。这次撤退保存了反法西斯的有生力量。

6 月 5 日，德军直扑法军仓促构筑的"魏刚防线"，3 天后就突破了防线，直逼巴黎城下。6 月 10 日，意大利向法国宣战，使得法国的处境更加艰难。6 月 13 日，法国向德国提出停战请求，德军 14 日进入巴黎，并向法国视为牢不可破的马其诺防线发起进攻。17 日，德军在德、法边境的莱茵河畔，歼灭了近 50 万法军。

6 月 16 日，法国总理雷诺辞职，法军元帅、投降派贝当就任新总理。贝当上任的第二天就要求全国停止抵抗，并向德国正式提出停战请求。

6 月 22 日，法国代表在贡比涅同德国签订了停战协定。24 日，法国又与意大利签订了停战协定。根据停战协定条款，法军解除全部武装并交出武器，占法国国土面积 3/5 的北部工业区由德国占领，剩余领土由设在维希的贝当傀儡政府管辖，史称"维希政府"。至此，法兰西第三共和国宣告终结。

·马其诺防线·

　　1929～1936年法国为防备德国进攻在其东部与德国、比利时、卢森堡和瑞士的边境上构筑的防御阵地体系。因由陆军部部长安德烈·马其诺提议并主持构筑，故名。防线北起隆维，南至贝尔福以南，全长约5600千米，共有5600个永久性工事，22个大型工事群由地下坑道连接，设有暗堡、宿舍和容纳3个月粮食与弹药储备的仓库、独立电站等。工事混凝土顶盖厚达3米。共耗费2000亿法郎，是法国军事当局保守主义的消极防御理论的产物。第二次世界大战爆发后，有50个师驻守。1940年德国向西欧发动进攻时，以少量兵力牵制防线守军，主力绕过防线，从北面法比边境阿登山区攻入法国，使其丧失了防御的作用。

《苏德互不侵犯条约》

1939年3月10日，斯大林在联共（布）第十八次代表大会的总结报告中，认真分析了国际形势。斯大林对英、法的绥靖政策进行了无情的抨击，而对法西斯国家的批评却很少，并表示苏联将把"保持谨慎态度，不让那些善于从中渔利的战争挑拨者把我国卷入冲突中去"作为今后主要的对外政策之一。这表明苏联已开始把谋求自保作为外交的重点。

1939年年初，苏联开始与德国进行接触，这种接触在1939年4月～8月的英、法、苏三国谈判期间也没有停止。三国谈判前期，由于英、法对德国采取绥靖政策，因而在谈判中采取了消极应付的做法，并拒绝了苏联提出的制止战争所必需的一些条件，这使苏联失去了对三国谈判的信心。到1939年8月，尽管英、法在战争日益逼近的形势下开始尽量满足苏联的要求，但苏、德的接触这时已有了很大进展。德国为了摆脱两线作战的处境，几乎对苏联提出的一切要求都予以满足。德国不仅答应让苏联置身于未来的战争之外，而且同意了苏联划分东欧势力范围的要求，并许诺发挥自己的影响来改善苏联与日本的关系。在这种情况下，苏联抛弃了安全不可分的原则，把苏、德之间

的谅解放在其外交决策的首位。8月21日，斯大林同意了希特勒提出的德国外长访苏的要求，并于8月23日在莫斯科签署了《苏德互不侵犯条约》。正文主要有以下几点：双方保证彼此间不进行任何武力行动、任何侵略行为或任何攻击；通过和平方法解决两国间的纠纷；如果缔约一方成为第三国敌对行为的对象时，缔约另一方将不给予第三国任何支持；缔约任何一方将不加入直接或间接旨在反对另一方的任何国家集团；条约有效期为10年。第二次世界大战后，双方又公布了该条约附加秘密协定书，主要内容为划分两国在东欧的势力范围。

《苏德互不侵犯条约》签订后，英、法、苏三国谈判宣告破裂，而德国则得以摆脱两线作战的困境，敢于放手发动第二次世

◎1939年8月，苏德在莫斯科签订《苏德互不侵犯条约》，图为斯大林（右二）与德国外长冯·里宾特洛甫（右三）在条约签订仪式上。

·俄罗斯伏龙芝军事学院·

俄罗斯伏龙芝军事学院是苏联培养各兵种协成军队团以上军官的高等军事学校，也是协同战术和集团军战役问题的理论研究中心。学院创办于1918年，刚开始称工农红军总参学院，位于莫斯科。1924年，伏龙芝元帅任院长，后以伏龙芝的名字命名。1992年苏联解体后，学院改名为俄罗斯伏龙芝军事学院。它的入学条件极为苛刻，学员必须毕业于诸兵种合成军队高级指挥学校，担任过2年以上营级指挥官职务，具有分队指挥的实践经验，年龄在38岁以下，军衔为大尉或少校。招生办法是先由部队领导推荐，然后逐个审查，最后择优录取。考试科目有俄语、数学、物理、文学、战术、技术装备等。学员毕业后均实行统一分配，一般晋衔一级，晋职1~2级。该院在苏联甚至在世界享有盛誉，为苏联军队培养了大批军事人才，如苏联元帅崔可夫、格列奇科、朱可夫、沃罗诺夫、比留佐夫等。

界大战。《苏德互不侵犯条约》签订后的第九天，德国就发动了入侵波兰的战争，欧洲的全面战争爆发。

苏联不仅在欧洲对德外交中采取了绥靖政策，而且在亚洲对日外交中也奉行绥靖政策。

《苏德互不侵犯条约》的签订，为苏联赢得一个短暂和平时期进行反侵略战争准备，然而它使德国避免了两线作战的危险，为其发动世界大战创造了有利条件，同时该条约也暴露了苏联大国主义的倾向。

1931年"九一八"事变后，苏联宣布对中日冲突奉行严格的不干涉政策。1932年年初，苏联答应了日本关东军使用中东铁路的要求，而且只收一半的运费。当国际联盟邀请苏联协助"李顿调查团"解决

东北事变时，苏联不仅不主持正义，还拒绝调查团取道苏联直达中国东北。1935年3月，苏联不顾中国政府的强烈反对，根据日本的意见，把中东铁路低价卖给了日本的傀儡政权伪"满洲国"。苏联的这些做法，纵容了日本法西斯对中国的侵略行径，助长了日本的侵略气焰。

1935年5月开始，日本在中蒙边境不断向苏联进行大规模的军事挑衅。苏联为了自保，加强了对华援助。但是，为避免与日本的正面冲突，这种援助都是在秘密状态下和日本势力所不能及的地方进行的。1941年4月13日，苏联为了避免把自己推到与日本法西斯斗争的第一线，在与日本进行了9个月的讨价还价之后，签订了《苏日中立条约》。这样，苏联就在法律上正式承认了日本在中国东北建立的傀儡政权。苏联又一次拿别国的领土和主权做交易，换取了自己的和平。《苏日中立条约》把苏联的对日绥靖推到顶峰，使日本敢于放手发动对东南亚的进攻。

◎ 1941年，苏联与日本在莫斯科签订《苏日中立条约》。

伦敦空战

1940 年 6 月法国败降后，7 月 16 日希特勒就发布入侵英国的"海狮计划"。但要实施"海狮计划"把庞大的登陆部队运过英吉利海峡，首先得取得空中的绝对优势。为此，希特勒决定先用空军对英做"闪电战"式打击，然后再进行"海狮计划"。德国空军在数量上占有绝对优势。在空战前夕，德国已拥有 1500 多架轰炸机和 1300 多架战斗机。然而英国的空防力量也有它的优势：第一，它在沿岸建立了一系列雷达系统，对德军了如指掌；第二，英国的空军已采用无线电通信技术；第三，战争在英国领空进行，就作战领域来说英国占有优势。

7 月 10 日～ 8 月 7 日，德国空军集中轰炸英国的机场、雷达站和海军基地。7 月 10 日，德国对英国的空中打击正式开始。那天轰炸机群在接到撤销进攻的命令之前已经出发，而护航机群因为这道命令而没有起飞，因而前去袭击英国的轰炸机群失去了支援，德国损失了 45 架轰炸机。8 月 15 日，德国出动了 1790 架次的飞机，其中轰炸机 520 架次，战斗机 1270 架次。德国空军倾巢而出，是想吸引英国空军全部出动以便在空战中一举歼灭。而英国采取机动灵活的战略战术，结果，德国损失了 75 架飞机，而英国仅损失 34 架。

9 月 14 日，希特勒和他的部下在柏林举行会议，会议再次决定，为了实施"海狮计划"，德国空军将在 9 月 15 日对英国空军进行一次摧毁性打击。

由于德军总参谋部的密码被英国情报局破译，丘吉尔在得到戈林将大规模空袭英国的情报后，便于 9 月 15 日一早亲临伦敦郊区空军指挥部指挥这场战斗。戈林计划用 1000 架次轰炸机和 700 架次战斗机袭击伦敦，但第一批德国飞机刚飞临伦敦上空就遭到皇家空军的迎头痛击。空战一直持续到下午 5 时，德国空军被英军击退。由于消灭皇家空军计划无法如期实现，希特勒决定对伦敦等地进行恐怖空袭。这些空袭虽然使英国遭受很大损失，但希特勒的"海狮计划"终成泡影，英国赢得了最终战胜法西斯的时间。从 1940 年 7 月 10 日到 10 月底，德国共损失飞机 1773 架，而英国仅损失 915 架。

英国军民经过英勇战斗，终于粉碎了希特勒妄图一举歼灭英国的"海狮计划"，保卫了英国的独立和生存。

◎烧焦的哥特式塔尖耸立在考文垂

第二次世界大战中的欧洲战场

1940年6月灭亡法国后，希特勒便着手制订攻打英国的"海狮作战计划"。希特勒决定首先对英国实施空中袭击，掌握制空权。1940年8月10日～1941年5月11日，德国空军每天都出动飞机数百甚至数千架次，对英国的军事基地、主要的工业城市进行狂轰滥炸。英国在德国的空袭下，遭受了重大损失，这增强了英国人民抵抗侵略的决心。英国军民以顽强的意志顶住了德国的空袭，使希特勒的"海狮"计划迟迟不能实施。

1941年6月22日，德国向苏联发动了全线进攻。意大利、西班牙、匈牙利、罗马尼亚、斯洛伐克、芬兰等国随即向苏联宣战。6月22日～7月9日，德军在各个进攻方向上都急速向苏联境内推进，苏联遭受了巨大创伤。但是，在苏联军民的顽强抵抗下，他们渐渐遏制了德军的攻势，粉碎了希特勒迅速灭亡苏联的梦想，迫使德军于1941年9月将全线进攻改为重点进攻。9月30日，德军开始向莫斯科发动进攻，在10月攻势中，德军进行了3次大包围，莫斯科军民在斯大

◎"斯大林–3"重型坦克。专为对付德国"虎王"而研制，被西方称为"拥有战列舰级装甲的坦克"。

林的指挥下采取攻势防御，浴血奋战，10月底德军攻势减弱。11月15日，德军发起第二次大规模进攻，一度占领距莫斯科24千米的伊斯特腊，但因苏联的顽强阻击，德军的企图未能实现。12月6日起苏军解除了对莫斯科的包围。1942年1月8日～4月20日，苏军在莫斯科方面全线反攻。苏军在敌强我弱的形势下保卫了首都，收复部分失地。此

·敦刻尔克大撤退·

1940年5月20日，德军进抵英吉利海峡，切断法国北部和比利时境内的英、法、比、荷盟军与索姆河以南法军主力的联系。英、法军虽实施多次反突击，但因兵力不足和行动时间先后不一等原因，未能奏效。大约40万英、法联军陆续退缩到敦刻尔克地区。24日，希特勒突然命令先头部队停止追击，使联军得到一个喘息机会。26日晚，英国政府下令执行代号为"发电机"的撤退计划。英、法、比、荷4国共派出各种舰船861艘，其中包括渔船、客轮、游艇和救生艇等小型船只。撤退开始后，德军加强了进攻，在对敦刻尔克和英吉利海峡进行轰炸的同时，还派出潜艇和鱼雷艇攻击英法联军的运输船队。英、法联军顽强抗击，在英空军掩护下，经9昼夜奋战，将33.8万人（其中法军12.3万人）撤至英国本土。6月4日，德军占领敦刻尔克，4万余名法军被俘。这次撤退虽然丢掉了几乎全部的武器装备，但是成功地保存了英、法军的实力，为日后对德军进行反攻创造了条件。

役是德国法西斯在第二次世界大战中所遭到的第一次军事大失败，标志着德国"闪击战"和德军不可战胜神话的破产，极大地鼓舞了全世界人民，增强了他们反法西斯的信心。

进攻莫斯科失败后，德军又于1942年7月17日向斯大林格勒发动了重点进攻。经过近两个月的激战，德军突破苏军的外围和近郊防御，于9月13日攻入市区，苏军与德军开展了激烈的市区争夺战。11月19～20日苏联调集110万兵力和大批飞机、坦克、大炮，从南北两翼发动反攻，迅即突破敌军防御，将30万德军包围并挫败敌军解围计划。1943年1月10日苏军开始总攻，至2月2日，被围德军全部被歼。此役历时200天，双方投入大量兵力，是第二次世界大战中规模最大的战役之一。德军力量受到严重削弱，损失150万人，被迫转入战略防御。此役是苏德战场和第二次世界大战的转折点。

斯大林格勒战役后，德军为夺回战争主动权，于1943年7月5日向库尔斯克发起进攻。经过一个多月的战斗，苏军于8月23日取得了胜利。库尔斯克战役的胜利，使德军重新夺回战争主动权的企图破灭。此后，苏军展开了大规模的战略反攻。

1944年，苏军实施了战略反攻计划，接连向德军发动进攻，解放了除拉脱维亚一小块土地之外的所有国土，而且进入芬兰、波兰、罗马尼亚、南斯拉夫、保加利亚、匈牙利等国境内作战，迫使德国的东欧盟国退出了战争。

美、英遂决定

1944年5月实施从法国打进欧洲大陆的"霸王"作战计划，开辟长期拖延未开辟的欧洲第二战场。由艾森豪威尔担任盟军最高统帅，计划由英国本土出发，横渡英吉利海峡，主攻方向为法国西北部诺曼底。为此，盟军集结了86个师288万人，6000余艘各类舰艇，1.37万架飞机，并制造在加来登陆的假象。德军防守力量不足，判断失误，把防御重点放在加来附近。盟军3个空降师在登陆地域着陆，大批飞机和军舰轰击德军海岸防御工事，随后进攻部队登陆，突破希特勒吹嘘的"大西洋壁垒"。至7月24日，盟军阵地已扩展到正面宽100千米、纵深30～50千米的范围，登陆部队超过100万人，歼灭德军10万多人，胜利完成登陆任务。从此，盟军对德军形成两面夹击之势。到1945年2月，苏军和英美联军从东西两面进入了德国境内，向柏林逼近。4月25日，苏军开始了对柏林的攻坚战。29日，苏军攻到柏林市中心，希特勒在第二天绝望自杀。5月2日，德军停止抵抗，柏林战役结束。5月8日，德国在柏林签署了无条件投降书，欧洲战场的战争至此结束。

◎规模宏大的盟军诺曼底登陆场面

第二次世界大战中的太平洋战场

法国战败投降后，日本决定趁机向东南亚扩张。1940 年 8 月，日本出台了"大东亚共荣圈"侵略计划。9 月，日军进占印度支那北部，开始向东南亚扩张。

日本的侵略行径，加剧了它与英、美之间的矛盾。英、美两国对日本采取了冻结财产和贸易禁运等措施，这更促使日本决心用武力夺取东南亚。珍珠港是美国在太平洋上最大和最重要的海军基地，太平洋舰队停泊于此。1940 年，美日矛盾加剧，日本一面与美国进行谈判；一面准备对美战争，制订了偷袭珍珠港的作战计划，企图一举歼灭美国太平洋舰队，解除南进的海空威胁。1941 年 12 月当地时间 7 日晨，南云忠一中将率领日本特遣舰队秘密开抵珍珠港以北约 370 千米处，于 7 时 55 分发动突袭。第一批 183 架飞机攻击历时 30 分钟，随后第二批 171 架飞机扩大战果，攻击共约 50 分钟。美国被击毁击沉大型舰只 19 艘，飞机 300 架左右，死伤 3600 余人，太平洋舰队几乎全军覆没。

日本偷袭后的第二天，美、英分别向日本宣战，随后又有 20 多个国家也相继对德、意宣战。至此，第二次世界大战真正成为全球性的战争。

日本偷袭珍珠港成功后，暂时掌握了太平洋上的制海权和制空权。到 1942 年 5 月，日本相继占领了东南亚和西太平洋上的许多国家和战略要地，英、荷、法、美等国在这一地区的岛屿和殖民地几乎全部落入日本手中。

中途岛位于珍珠港西北约 1852 千米处，为珍珠港的重要屏障和前哨。1942 年 5 月，日本决定占领该岛作为前进基地。为此，日军调集 200 余艘舰只，700 架舰载飞机，由山本亲自指挥作战。然而，处于劣势的美国太平洋舰队破译了日本的无线电密码，对敌行动了如指掌。6 月 4 日凌晨，日本主力舰队飞机向中途岛发起攻击，因美军早有准备，未取得预期效果，又发现美国舰队，陷入了既需再次轰炸中途岛又要攻击美舰的处境，仓促为飞

◎珍珠港的偷袭成功，使日本在此后的半年里将整个太平洋抓在手里。

◎中途岛海战的失利使日本将战争的主动权拱手相让

机改装鱼雷，将大批炸弹堆放在甲板上。10时左右，美舰载飞机100余架，分批连续攻击日舰，日军3艘航空母舰中弹，引爆甲板上的炸弹，当即相继沉没。傍晚又一艘航空母舰被击沉。中途岛海战是太平洋战争的转折点，日军从此丧失了太平洋上的制空权和战争主动权，由战略进攻转为战略防御。

中途岛海战后，美军乘胜出击，于1942年8月7日向瓜达尔卡纳尔岛的日本舰队发动进攻。经过半年的激烈争夺，美军于1943年2月7日占领了瓜岛。此次战役使日军损失惨重，完全丧失了战争的主动权。此后，美军在太平洋战场上展开了全面进攻，与日军进行了激烈的逐岛争夺战，一步步向日本国土逼近。

1944年，美军凭借空中优势，从"逐岛争夺"转为"越岛进攻"，直插日军重防区域。1944年上半年，美军先后攻占了马绍尔群岛、加罗林群岛和马里亚纳群岛。马里亚纳群岛被日本视为本土的屏障，必须确保的地区。美军冲破这道屏障后，日本本土便落入美军的轰炸范围。1944年9月和10月上旬，美军对日军在各地的机场接连实施轰炸。

1945年春，美军攻占了硫磺岛和冲绳岛，并不断轰炸日本本土，沉重打击了日本军民的士气。8月6日和9日，美国分别向日本广岛、长崎两地投放了原子弹，给这两地以毁灭性打击。8月8日，苏联对日宣战，并于第二天出兵中国东北，日本70万关东军遭受重创。与此同时，中国和亚洲其他各国人民纷纷发起大反攻。日本法西斯四面楚歌，彻底绝望了。8月15日，日本天皇宣布无条件投降。9月2日，日本在盟国代表面前正式签署了投降书。至此，第二次世界大战以法西斯国家的失败而告终。

·中途岛海战·

太平洋战争期间，美、日海军在中途岛附近海域进行的海战。1942年，日本企图夺取中途岛，美军"无畏"号俯冲轰炸机准备攻击日舰，日海军航空母舰则全力躲避美机轰炸以作为前进基地，将海上防线推进到中太平洋，迫使美军退守夏威夷及美国西海岸。6月4日，日军出动200余艘舰艇向中途岛发起进攻。由于美国破译了日本海军的无线电报密码，事先令航空母舰编队群进至中途岛东北海域展开隐蔽待机，从而掌握了主动权。当日凌晨4时30分，日军的第一波飞机108架从航空母舰起飞，攻击中途岛。此时，美航空母舰编队群立即向日军航空母舰编队群接近。美舰队在距日舰队150海里处，于7时2分开始接连派出第一、第二波飞机200多架，乘日军第一波攻击中途岛飞机返舰、第二波飞机卸下炸弹改挂鱼雷的混乱时机，对日航空母舰实施连续攻击。日军虽有部分战斗机临空迎战，但为时已晚。

中途岛海战改变了太平洋地区日、美航空母舰的实力对比。日军损失大量飞行员，仅剩重型航空母舰1艘和轻型航空母舰4艘，从此在太平洋战场丧失战略主动权。

雅尔塔体系

1943年9月，意大利法西斯投降后，盟国开始就如何处置战败国和安排战后世界的问题进行了具体的讨论。1943年10月，苏、英、美三国外长在莫斯科举行会议。会议期间，三国代表就如何处置德国和意大利的问题展开讨论，一致同意废除德国对奥地利的占领，重建奥地利为自由、独立的国家；并决定成立欧洲咨询委员会和意大利问题委员会，分别对这些问题进行研究。会后，苏、美、英、中四国还根据会议精神发表了关于普遍安全的宣言，重申罗斯福在1943年1月提出的"无条件投降"原则，决定建立一个维护战后和平的国际组织，用和平方式解决国际争端。

1943年11月28日～12月1日，苏、美、英三国首脑在德黑兰举行会晤，商讨加速战争进程和战后世界的安排问题。会议主要包括以下内容：决定于1944年5月在法国南部开辟第二战场；就成立一个战后维护世界和平与安全的国际组织问题交换了意见；初步讨论了战后如何处置德国的问题；就波兰问题达成初步一致；苏联对日作战问题。会议签署了《苏、美、英三国德黑兰协定》和《苏、美、英三国德黑兰宣言》。该会议是反法西斯三大盟国首脑在第二次世界大战中的首次直接会晤，对加强盟国间的团结与合作，协调军事战略行动，加速反法西斯战争的胜利进程起了重大作用。但这次会议也反映出了大国强权政治的倾向，预示着几个大国对战后国际事务的主宰。

1944年8～10月，美、英、苏三国和美、英、中三国先后在美国敦巴顿橡树园举行会议，就建立战后国际组织的问题专门进行讨论，最后通过了"关于建立普遍性的国际组织的建议案"。该案把未来的国际组织定名为"联合国"，并规定了联合国的宗旨、原则、会员国的资格、联合国主要机构的组成和职权等问题。敦巴顿橡树园会议形成了联合国宪章的雏形，在雅尔塔体系的形成过程中起了不可忽视的作用。

1945年2月4日～11日，在法西斯灭亡的前夕，苏、美、英三国首脑在雅尔塔举行了首脑会议。这次会议在安排战后世界的问题上达成了许多协议。在处置德国的问题上，三国一致同意对德国实行分区占领。关于波兰问题，三国进行了激烈争论，最后决定在广泛的基础上对苏联支持的波兰临时政

◎雅尔塔会议上的丘吉尔(右一)和斯大林(中)

◎ 战后主宰世界格局的三巨头（左起）丘吉尔、罗斯福、斯大林，在雅尔塔会议上留下了这张难得的照片。

府进行改组，波兰的东部边界以寇松线为界，扩增其西部和北部的领土。会上，苏联许诺在欧战结束后 2 ~ 9 个月参加对日作战。关于联合国问题，三国就橡树园会议上存有分歧的问题继续讨论，最后达成了妥协：大国在非程序问题上拥有否决权，吸收苏联的两个加盟共和国为创始会员国。同时，三国决定于 1945 年 4 月 25 日在旧金山举行联合国制宪会议。雅尔塔会议对苏、英、美三大国此前商谈过的问题做了调整与总结，为战后世界格局确定了基本框架及赖以建立的精神原则。因此，人们把战后的国际秩序以"雅尔塔"来命名。

根据雅尔塔会议的决定，1945 年 4 月 25 日，48 个国家的代表在旧金山召开了联合国制宪会议。6 月 25 日，与会代表通过了《联合国宪章》。《联合国宪章》确定了联合国这一国际组织的宗旨和原则，这些宗旨和原则成为维护战后世界和平的最高纲领。同时，《联合国宪章》也成为雅尔塔体系的支柱。

1945 年 7 月 17 日 ~ 8 月 2 日，苏、英、美三国首脑在波茨坦举行了最后一次会议，就安排战后世界的问题进行讨论。关于德国问题，三国确认了雅尔塔达成的协议；承认波兰临时统一政府，初步确定波兰西部边界为奥得—尼斯河，但泽和东普鲁士南部划归波兰；东普鲁士北部和哥尼斯堡划入苏联；苏联重申对日作战的承诺。通过了《苏、美、英三国柏林会议议定书》和《柏林会议公报》。会议还就成立外长会议，准备对意、匈、保、罗、芬的和约达成一致协议。此次会议解决了欧洲战争结束后的一系列迫切问题，巩固了欧洲反法西斯战争的胜利成果，加速了对日战争的结束，奠定了战后世界新秩序。

◎ 纽约的时代广场上，一个刚从战场归来的海军士兵在亲吻一个护士，以此庆祝第二次世界大战胜利结束。

·同盟国·

第二次世界大战中结成国际反法西斯统一战线共同对轴心国作战的国家。20世纪30年代，中国、埃塞俄比亚等国人民奋起开展反法西斯斗争，但英、法等国却推行绥靖政策。德国进攻西欧后，英、美受到严重威胁，英国与欧洲沦陷国家及英、美之间遂建立起同盟合作关系，反法西斯统一战线初步形成。苏德战争爆发后，英、美宣布支持苏联。1941年8月英、美发表《大西洋宪章》，苏联和其他十余个国家表示支持。太平洋战争爆发后，美国等国正式参战，反法西斯阵营进一步扩大。1942年1月1日，美、苏、英、中、加等26个反法西斯国家在华盛顿签署了《联合国家宣言》，国际反法西斯联盟正式形成。此后，一些国家陆续加入，其总数达47个。同盟国在反法西斯战争中互相配合与支援，最终打败轴心国，为联合国的建立奠定了基础。

纽伦堡审判和东京审判

德、意、日法西斯把战争强加给许多国家，同时还犯下了骇人听闻的罪行。他们灭绝人性，烧杀抢掠，无恶不作。

在中国，日本侵略者推行"三光"政策，屠杀大批无辜居民。仅南京一地，就有30多万无辜居民惨死在日寇的屠刀之下。

在欧洲，德国法西斯实行种族灭绝政策，570多万犹太人遭到杀害；此外还杀害了数以百万计的受侵略国家的人民。

德国法西斯还建立了许多集中营，用以关押和集中屠杀反法西斯战士、战俘和犹太人。有些集中营里还设有释放毒气的"浴室"，囚犯们被脱光衣服推进"浴室"，喷头里喷出的不是水而是毒气，"沐浴者"立刻被毒死。"浴室"旁边就是大型的焚尸炉。1940年建立在波兰的奥斯威辛集中营里，德国法西斯于此杀害了三四百万人，每天都有大约1万人在"浴室"中被害。而死于此集中营的人数至少占犹太人死亡总数的2/3左右。

第二次世界大战后，如何处理战败的德国和日本的问题，成为国际关系中一个重要的问题。为了彻底肃清法西斯势力，实现民主化和非军国主义化，防止军国主义和法西斯主义死灰复燃，维护世界和平，盟国对德、日法西斯战犯进行了审判，这就是纽伦堡审判和东京审判。1943年10月，苏、美、英三国莫斯科宣言规定，战争结束后，将对战争罪犯进行审判。1945年8月，上述三国和法国在伦敦签订协定，拟定欧洲国际军事法庭宪章，规定由四国指派检察官组成委员会进行起诉，由四国指派的法官组成国际军事法庭进行审判。

1945年10月18日，国际军事法庭第一次审判在柏林举行。从11月20日开始，审判移至德国南部城市纽伦堡举行，至1946年10月1日结束，历时近一年。包括纳粹第二、第三号人物戈林、赫斯和外长里宾特洛甫在内的20多名战犯被提起公诉。法庭进行了403次公审，以大量确凿的证据揭露了德国法西斯的种种滔天罪行。法庭根据四条罪行对战犯进行起诉和定罪：策划、准备、发动、进行战争罪；参与实施战争的共同计划罪；战争罪（指违反战争法规或战争惯例）；违反人道罪（指对平民的屠杀、灭绝和奴役等）。前两条合起来称为破坏和平罪。1946年10月1日，法庭做出了最后判决，判处戈林等12人绞刑，3人无期徒刑，4人有期徒刑。

死刑判决于1946年10月16日执行，戈林在处决前一天服毒自杀。与此同时，法庭还宣布了4个犯罪组织，它们是纳粹党领导机构、秘密警察（盖世太保）、保安处和党卫队。对这几个犯罪组织的成员，各国可以判以参与犯罪组织罪，直到判处死刑。此后，在美、英、法、苏各个占领区及后来的联邦德国和民主德国各法庭，又对众多的战争期间的犯罪分子进行了后续审判，他们大多是法西斯医生、法官、工业家、外交人员、国防军最高司令部人员、军事骨干及党卫军高级干部等。

纽伦堡审判基本上是一次公正的审判，是人类有史以来对侵略战争发动者的第一次法律制裁，有利于防止历史悲剧的重演。

◎战后的纽伦堡审判

联、美国、英国、法国、荷兰、菲律宾、加拿大、新西兰和印度十国各派一名代表为法官，美国的约瑟夫·B.凯南为首席检察官。

1946 年 4 月 29 日，东条英机等 28 名战犯正式被起诉。1946 年 5 月 3 日，远东国际军事法庭正式开庭。首席检察官历数了 28 名战犯在战争中的罪行，列举了 55 项罪状，指控他们犯有破坏和平罪、战争罪、违反人道罪。1948 年 11 月 4 日，法庭宣读判决书，对 25 名出庭战犯判决如下：判处东条英机等 7 人绞刑；16 人被判处无期徒刑；其余判处有期徒刑。1948 年 11 月 12 日，远东国际军事法庭闭庭。1948 年 12 月 23 日，东条英机等 7 名战犯在东京巢鸭监狱被绞死，尸体被火化。其余战犯入狱服刑。

它为以后对破坏和平罪的审判奠定了基础，标志着国际法的重大发展。

在第二次世界大战进行之时，盟国就认为，日本战犯也应受到与德国战犯同样的处理。1945 年 12 月 16 日至 26 日，苏、美、英外长决定实施《波茨坦公告》中的日本投降条文，包括惩办日本战犯。根据《波茨坦公告》、日本投降书、盟国的《特别通告》及《远东国际军事法庭宪章》，盟国决定在东京设立法庭审判日本战犯。

根据宪章规定，法庭将审判及惩罚被控以个人身份或团体成员身份犯有以下 3 种罪行的战犯：破坏和平罪、战争罪、违反人道罪。盟军最高统帅麦克阿瑟于 1946 年 2 月 18 日任命澳大利亚的韦伯为首席法官，中国、苏

对日本战犯做出的严正判决，受到了世界舆论的欢迎。这次审判，使全世界人民进一步了解了日本帝国主义从"九一八"事变到太平洋战争期间的侵略真相和罪恶的事实，是对日本法西斯分子的一次全面清算和重大打击。但是，一些应该受到审判的战犯并未成为被告，一些罪大恶极的战犯并未受到严惩，给深受其害的各国人民留下了不良的印象。

·血胆老将巴顿·

小乔治·史密斯·巴顿（1885～1945年），美国陆军四星上将。1904年进入西点军校。1917年随美国远征军赴法参战，11月组建美军第一个装甲旅。1942年任第一装甲军长，11月作为北非远征军西部特遣部队司令，率部参加北非登陆战役，占领法属摩洛哥。后负责组建美国第7集团军，于1943年指挥美第7集团军参加西西里岛登陆战役。1944年1月在英国就任美国第3集团军司令，7月赴法国诺曼底，突入布列塔尼半岛和法国中部。尔后协同盟军其他部队在法莱斯战役中重创德军，并追击向洛林方向逃敌。阿登战役中，奉命率部驰援被围困在巴斯托涅的美军，击退德军进攻。1945年率军突破齐格菲防线，强渡莱茵河，突入德国腹地，占领捷克斯洛伐克西部，进抵捷奥边境。巴顿作战勇猛顽强，指挥果断，富于进攻精神，善于发挥装甲兵优势，实施快速机动和远距离奔袭，有"热血铁胆""血胆老将"之称。

联合国建立

1945年4月25日，美国旧金山市中心的大歌剧院里一片沸腾，来自世界各国的人们兴奋地谈论着即将开幕的大会。是什么重要的大会让世界各国的人们聚集到了一起呢？原来，今天在这里举行的大会将要讨论联合国的成立，并制定《联合国宪章》。

下午4时左右，美、中、英、苏4个发起国和其他国家的代表先后走入歌剧院。紧接着，1800多名各国记者也进入会场，他们将成为这一历史性时刻的见证人。

联合国是在第二次世界大战期间开始筹备创立的，它是世界人民渴望和平的产物。第二次世界大战的战火燃烧到世界60多个国家和地区，有近20亿人被卷入战争，其中有5000万人死亡，全部交战国直接战费总额计11540亿美元。蒙受战争苦难的世界各国人民渴望实现持久的和平。早在1941年英美两国发表的《大西洋宪章》里，两国首脑就提出了要在战争结束后建立一个"广泛而永久的普遍安全制度"，道出了饱受战争之苦的人们的心声。

1943年10月，中、美、英、苏代表在莫斯科举行会议，并签订了《四国关于普遍安全的宣言》，这是呼吁建立国际安全机构的开端。1943年11月的开罗会议中，中、美、英三国代表商讨了战胜日本及战后的共同策略。不久，美、英、苏又在德黑兰举行会议，在这次会议期间，罗斯福与斯大林提出了战后成立联合国的建议。1944年8月～10月，苏、美、英三国代表和中、美、英三国代表分别举行会议，讨论并拟定了《关于建立普遍性国际组织建议》，在这个建议中，规定了联合国的宗旨、原则和各机构的组成。

尽管世界各国在维护世界和平方面的宗旨一致，但却也存在着很大的分歧，尤其是美国和苏联。作为两种社会制度的代表，美国和苏联永远都是针锋相对。美国的目标是想建立一个战后世界各国的协调机构，而苏联却以防止德、日法西斯侵略力量的再起为目标。此外，苏联代表提出的苏、美、中、英、法五大国享有否决权的问题也遭到了美、英的反对。

在1945年2月召开的雅尔塔会议上，罗斯福和丘吉尔终于与斯大林达成了协议，接受了苏联关于联合国的组织方案，同意五大国拥有否决权，并把乌克兰和白俄罗斯列为联合国会员国。于是，几个大国才在举行制定联合国宪章的会议问题上取得了一致意见，并决定"制宪会议"在旧金山召开。

大会的开幕式上，美国代表发表了简短的讲话，接着是新继任的美国总统杜鲁门的讲话，杜鲁门在讲话中强调了联合国对世界和平与人类发展的意义，并一再强调"和平"与"合作"是此次大会的两大主题。开幕式洋溢在一种和谐友好的气氛中。

"制宪会议"持续了整整两个月，这时的会员国已增至到51个。各国代表都先后在大会上发了言，研讨了会议的组织工作，并确定了英、俄、法、汉和西班牙语为大会正式工作语言。6月26日，大会一致通过了《联合国宪章》，51个国家的代表在《宪章》上签了字。

1945年10月24日，联合国正式宣布成立，并把总部设在美国东海岸纽约市的曼哈顿区。

世界当代史

世界当代史是指从1945年第二次世界大战结束以来的世界历史，分为三个阶段：第一阶段从第二次世界大战结束到20世纪50年代中期，美苏冷战进入对峙阶段；第二阶段从20世纪50年代中期到20世纪80年代末，美苏由冷战对峙走向对话、世界走向多极化；第三阶段从20世纪80年代末90年代初开始，世界新格局逐渐形成，世界和平与经济发展成为时代的主流。

杜鲁门主义

1947年3月12日，美国总统杜鲁门在致国会的关于援助希腊和土耳其的咨文中，提出了以"遏制共产主义"为核心的对外政策的指导思想，这一咨文被称为"杜鲁门主义"。

第二次世界大战后，德、意、日3个国家遭到重创，英、法的力量也严重削弱，美国却依仗在战争中发展起来的雄厚的经济、军事实力，在资本主义世界取得了统治地位。1947年2月21日，英国照会美国国务院，声称由于国内经济困难，无法再给希腊和土耳其以经济和军事的援助，希望美国继续给予援助。

希腊和土耳其扼东地中海，地处国际交通要道的汇合点，具有重要的战略地位，尤其黑海海峡，是黑海通往地中海、大西洋的门户，历来为大国必争之地。第二次世界大战前，希腊和土耳其一直是英国的势力范围。战后，由于英国实力的全面衰退，美苏在这一地区的争夺异常激烈。1945年6月，苏联向土耳其提出缔结新条约的要求，包括把1921年割让给土耳其的土卡尔斯和阿尔汉达两地归还苏联，苏联在达达尼尔海峡建立陆海空军基地等。

土耳其拒绝了苏联的要求，两国关系顿时紧张起来。美国乘机向土耳其提出开放和联合管制达达尼尔海峡的要求，并提供贷款，全面支持土耳其，美国在海峡地区的影响不断扩大。战后，希腊的人民武装力量蓬勃发展。1946年秋，希腊共产党领导人民掀起了武装斗争，不断取得胜利，希腊政府处于风雨飘摇之中。在这种情况

下，希腊向英国提出加紧援助的要求。但英国已经难以收拾希腊的局面。1947年2月21日，英国照会美国，表示"由于军事和战略上的原因，不应该允许希腊和土耳其落入苏联控制之下"，要求美国挑起全面援助希、土的担子。"希土危机"不仅为美国提供了取代英国、夺取东地中海控制权的可能，而且为美国提出全球性扩张的纲领、抛出冷战政策提供了契机。

在咨文中，杜鲁门指出希腊遭到由共

◎杜鲁门

杜鲁门主义是美国旨在遏制共产主义在欧洲发展的重要政策之一，是冷战的宣言书，是美国全球扩张的标志。

产党人领导的"恐怖主义活动的威胁",一旦它作为独立国家"陷落",不但将危及土耳其和整个中东地区,而且将给欧洲一些"力争维持其自由和独立地位"的国家带来"灾难性"的影响。

他把"希土危机"比喻为希特勒和第二次世界大战的再现,宣称世界已分为两个敌对营垒:一边是"自由制度",一边是"极权政体"。每个国家都面临着两种不同生活方式的抉择,美国负有领导"自由世界"的使命,以抗拒共产主义。声称美国的政策必须是支持各国"自由人民"抵抗少数武装分子或外来压力所实行的征服活动;必须帮助各国人民以他们自己的方式去解决有关他们各自命运的问题。他要求"立即采取果断的行动……在1948年6月30日截止的期间向希腊和土耳其提供4亿美元的援助",并要求选派文职和军事人员前往增援。杜鲁门在解释这篇咨文时说:"这就是美国对共产主义暴君扩张浪潮的回答",是"向全世界说明,美国在这个新的极权主义的挑战面前所持的立场"。"我相信,这是美国外交政策的转折点,它现在宣布,不论什么地方,不论直接或间接侵略威胁了和

◎ 1946年3月,丘吉尔在杜鲁门陪同下,在富尔敦的威斯敏斯特学院发表了著名的"铁幕"演说。

平,都与美国的安全有关"。由此可见,杜鲁门主义远不只是援助希、土,而是美国在全世界范围内扩张的宣言,是对苏联发动全面"冷战"的宣战书。它是美国对外政策转变的完成,标志着美国对外政策已彻底摆脱了孤立主义的影响,开始由局部扩张转变为全球扩张。1947年5月22日,杜鲁门正式签署《援助希土法案》。1947~1950年,美国援助希、土两国6.59亿美元。1949年,希腊革命被扑灭。

杜鲁门主义是美国对外政策的重大转折点。它与马歇尔计划共同构成美国对外政策的基础,标志着美苏两国由战时的盟国变为战后的敌国,美苏之间的"冷战"正式开始。

·冷 战·

冷战是指第二次世界大战后,以美、苏为首的帝国主义国家与社会主义国家之间除武力外的各方面的敌对活动和实力对峙局面。1947年3月杜鲁门主义的出笼为冷战开始的标志,20世纪50年代中期以前为冷战高潮阶段。美国为了遏制苏联,抛出马歇尔计划,组织北约集团。对此,苏联成立欧洲共产党九国情报局、经互会和华约集团与之对抗。除在欧洲形成美、苏为首的两大军事集团对峙外,冷战亦在亚洲、非洲、拉丁美洲展开。美国利用冷战,加强对广大中间地带的控制。20世纪50年代中期至60年代是由全面冷战走向部分缓和的阶段。1959年9月美、苏举行戴维营会谈,1961年6月又举行维也纳会议,全面对峙逐步转向对话,但冷战仍然存在。20世纪70年代以来进入全面缓和时期。冷战形成了第二次世界大战后初期两极对峙的世界格局。

欧洲复兴计划

每年的哈佛大学毕业典礼上，都会有一位政界要人或是工商巨子来到学校对即将离开学校的学子们发表演讲。1947 年 6 月 5 日，又是哈佛每年一度的毕业典礼的日子，今年请来的知名人士会是谁呢？

随着学生们的一片喧哗声，美国国务卿乔治·马歇尔走上了讲台。他频频挥手，向台下的同学们致意，然后开始了演讲。在这次演讲中，马歇尔描绘了欧洲面临的困难局面，提出了美国对欧洲进行援助的计划，即"欧洲复兴计划"。马歇尔说："在以后的几年中，欧洲的需要大大超过了它的支持能力，而美国应尽最大努力帮助恢复世界正常的经济繁荣……我们的目的就是恢复世界上行之有效的经济制度，从而使自由制度赖以生存的政治和社会条件能够出现……"

马歇尔用 15 分钟就把这一计划叙述得淋漓尽致。他非常投入，台下的学生们也听得入了神。马歇尔计划是当时美国对外政策的一个重要组成部分，也是自杜鲁门主义出笼以来的第一次大规模运用。

第二次世界大战期间，由于美国在战争中本土没有受到攻击，工业基础未遭到破坏，生产力继续提高，使其战后成为西方最强大的国家。

"欧洲复兴计划"虽然是马歇尔正式提出来的，但在马歇尔提出之前，美国政府早已经把这一计划的雏形进行了多次宣传。

1947 年 2 月 22 日，马歇尔刚刚上任，便在普林斯顿大学发表了对外政策演说，强调鉴于西欧各国经济处于困难，美国应给予各国强有力的援助。3 月 6 日，美国总统杜鲁门在得克萨斯州贝纳大学发表演说时，声称美国将决定世界经济关系的格局。5 月 8 日，受杜鲁门的委托，美国副国务卿艾奇逊在克利夫兰一个集会上发表了对外政策演说，强调欧洲重建要作为一个整体来考虑，要通过贷款或赠予方式解决，以此来保持欧洲的繁荣。艾奇逊的演说其实是马歇尔"欧洲复兴计划"的序幕。

马歇尔在哈佛大学的演讲刚一发表，立即在世界范围内引起关注。英、法两国率先响应，6 月 17 日～18 日，英、法就"欧洲复兴计划"问题在巴黎举行会谈；19 日，两国发表公报，对这一计划表示欢迎，并按照美国政府的意思，邀请苏联外长莫洛托夫前来参加讨论。6 月 27 日，苏联派遣了庞大的代表团参加了在巴黎召开的讨论"欧洲复兴计划"的会议。英、法建议欧洲各国就各自的经济资源提出报告，然后拟出欧洲国家统一的经济复兴大纲，这一要求遭到了苏联代表的拒绝。7 月 2 日，莫洛托夫发表声明表示欢迎基于民主的国际合作，但谴责西方各国的做法将导致某些国家对另一些国家内部事务的干涉，并宣布退出会谈。7 月 12 日，英、法等西欧 16 国在巴黎继续举行会议，决定成立"欧洲经济合作委员会"。实际上，"欧洲复兴计划"应该叫作"西欧复兴计划"。

"欧洲复兴计划"在西欧得到热烈欢迎后，美国加紧将该计划的各项准备工作予

◎在这幅广告画中,"马歇尔计划"成为新欧洲发展的有力夹板。

参与国的国民经济都已经恢复到了战前水平。在接下来的20余年时间里,整个西欧经历了前所未有的高速发展时期,社会经济呈现出一派繁荣景象,可以说这与马歇尔计划不无关系。美国和西欧的领导人普遍认为欧洲一体化可以长久地确保欧洲的和平与繁荣,而马歇尔计划正是促成欧洲一体化的重要因素之一,因为该计划消除了历史上长期存在于西欧各国之间的关税及贸易壁垒,同时使西欧各国的经济联系日趋紧密并最终走向一体化。该计划同时也使西欧各国在经济管理上系统地学习和适应了美国的经验。由马歇尔计划催生的美国和西欧之间的贸易关系也巩固并推进了北大西洋同盟,并使之持续到冷战终结。

"欧洲复兴计划"稳定了资本主义社会的秩序,推动了欧洲经济的一体化。然而,让美国始料不及的是,这一计划不但没有遏制住苏联,反而进一步加剧了冷战。

以落实。成立直属总统的对外援助委员会,并制定了具体的方针、政策。作为复兴欧洲的有机组成部分,美国于6月20日给予希腊3亿美元援助,8月14日停止对意大利在美财产的冻结,等等。

1948年4月3日,杜鲁门正式签署了国会通过的《对外援助法》。该法案规定各个参加"欧洲复兴计划"的受援国必须与美国就援助条件签订双边条约,并相对削减同社会主义国家的贸易额。为此,美国还特别成立了经济合作署,开始正式实施"欧洲复兴计划"。

1951年12月31日,"欧洲复兴计划"执行完毕。在这一计划中,美国共向西欧各国援助了131.5亿美元,欧洲16个受援国都不同程度地获得了援助。

当该计划临近结束时,西欧绝大多数

· 欧洲国家经济的恢复发展 ·

第二次世界大战给欧洲带来了重大灾难,战后初期,无论是英法等战胜国,还是德意等战败国,到处一片瓦砾,经济恢复困难重重。

战后初期,欧洲各国的工业水平只相当于战前的1/3～1/2。

第二次世界大战后,美国为了对付苏联,对欧洲资本主义各国给予大量援助。欧洲资本主义国家利用美国的援助,发挥本国良好的经济技术基础优势,采用最新的科学技术成果,发奋图强。到20世纪50年代,各国的工业生产已经大体达到甚至超过了战前水平。此后,各国经济更是步入高速发展时期。其中,联邦德国的发展尤其迅速,成为欧洲经济实力最强的资本主义国家。

北约成立

1948年3月17日，英、法、荷、比、卢等西欧五国签订《布鲁塞尔条约》，组建了欧洲第一个集体防卫体系。随后，又于3月22日~4月1日，在华盛顿举行了由美、英、加三国参加的会议，通过了《五角大楼文件》，提出扩大布鲁塞尔条约组织；另外缔结了北大西洋区域集体防务协定。1948年6月11日，美国参议院以绝对优势通过了范登堡提出的议案，为美国建立北大西洋公约组织铺平了道路。议案允许美国政府在和平时期同美洲以外的国家缔结军事同盟条约。7月6日，美国与加拿大、布鲁塞尔条约国举行会谈。于9月9日，通过《华盛顿文件》，对即将建立的北约组织的性质、范围、缔约国承担的义务及与欧洲其他组织的关系都做了具体规定。1949年1月14日，美国国务院发表了题为《我们建设和平：北大西洋区域的集体安全》的声明。3月18日，正式公布北大西洋公约组织的条文。4月4日，美、加、英、法、比、荷、卢、丹、挪、冰、葡、意12国外长云集华盛顿举行北约签字仪式。公约规定：缔约国任何一方遭到武装攻击时，应视为对全体缔约国的攻击；其他缔约国应立即协商，以便行使单独或集体自卫的权利。1949年8月24日，公约正式生效，北大西洋公约组织（简称"北约"）宣告成立。

北约先后建立了名目繁多的组织机构，其中，最高权力机构是由各成员国的外交部、国防部、财政部部长组成的北约理事会。常设的行政机构是国际秘书处。北约最重要的军事指挥机构是欧洲盟军最高司令部，建立于1951年4月，负责欧洲防务。北约的军事战略经历了3个发展时期，初期是地区性遏制战略，1954年采纳大规模报复战略，1967年转而奉行灵活反应战略，其战略的变化完全跟随美国战略而变。

20世纪90年代，随着华沙条约组织的解散和苏联的解体，欧洲的政治与安全形势发生了巨大变化，北约开始向政治军事组织转变。

1990年7月，北约宣布冷战结束。为适应新形势的需要，北约开始全面调整战略。1997年7月，北约东扩计划正式启动。1999年3月，波兰、捷克和匈牙利正式成为北约新成员。这是实现北约东扩计划的实质性一步。

◎1954年10月，西方大国签订《巴黎协定》，允许联邦德国加入北约，图为法德英美（从左至右）四国首脑举行联合记者招待会。

德国分裂

1945 年 6 月 5 日，盟国签署了《关于德国占领区的声明》等文件，四国分区占领制度正式开始。德国被分为 4 个区：东区、西区、西北区和西南区，分别由苏、法、英、美占领，位于东区内的柏林由四国共同占领。这种分区占领制度原本是制裁德国的一种手段，但四国政府在各自占领区内推行对自己有利的政策，从而引发了柏林危机，导致德国分裂。1947 年 1 月 1 日，英、美合并两国占领区，成立"双占区"，这是分裂德国的开端。1948 年 2～6 月，美、英、法、比、荷、卢六国召开伦敦会议。6 月 7 日，提出"伦敦建议"，要求合并西方三占区，召开西占区"制宪会议"，成立西德临时政府，在西占区实行货币改革。对此，苏联进行了反击，于 1948 年 3 月 20 日宣布退出盟国对德管制委员会；3 月 30 日通知美方：从 4 月 1 日起，苏方对柏林与西方占领区之间的交通进行为期 10 天的管制，届时将检查所有通过苏占区的美国人的证件及货运和私人行李以外的一切物品。

同年 6 月 21 日，美、英、法在西占区实行货币改革；23 日又下令在柏林西占区实施同样改革，由此而引发了"柏林危机"。6 月 22 日，苏联决定在苏占区和整个大柏林发行新币。6 月 24 日起，苏联全面切断西方占领区和柏林之间的水陆交通，停止向西柏林供电、供煤。而美、英、法实行反封锁，中断了东西占领区之间的贸易和交通，同时对西柏林实施空运。危机期间，双方损失惨重。美、英、法、苏几经周折，

于 1949 年 5 月 4 日达成协议，决定于 5 月 12 日取消一切交通封锁。危机期间，美、苏剑拔弩张，美国把 60 架载有原子弹的 B-29 型轰炸机调到英国，在英国建立战略空军基地，但双方并没有发生武装冲突。

危机虽然平息，但德国分裂已成定局。1949 年 9 月 20 日，在西方占领区建立了德意志联邦共和国。10 月 7 日，在苏占区内，德意志民主共和国正式成立。两个德国最终形成。

赫鲁晓夫上台后，苏联利用柏林问题一再向西方施压。1958 年 11 月，苏联要求西方从西柏林撤军，使西柏林非军事化。这个要求被西方三国断然拒绝，柏林危机再起。

1959 年，苏、美举行戴维营会谈，使危机暂时缓和。1960 年，发生了 U-2 飞机事件，美苏关系恶化，关于柏林问题的商谈中止。1961 年 6 月，苏、美首脑在戴维营会谈，但不欢而散。此后，双方争相威胁对方，使柏林危机达到了高潮。8 月，苏联和东德为了制止人逃往西柏林，开始沿着东、西柏林的分界线修筑了"柏林墙"。

◎ 德国分裂，柏林被一分为二，驻守在柏林墙两侧的士兵只能隔墙相对。

《华沙条约》

北约组织使苏联感到自身面临着严重的威胁。苏联外交部针对美国国务院的声明进行严厉谴责，把北约称作"美国和英国统治集团推行侵略政策的主要工具"。此后，苏联在各种场合都猛烈地抨击北约组织，并向联合国大会上诉。1954 年 10 月 23 日，西方国家签订了《巴黎协定》，允许联邦德国建立正规军，并加入北大西洋公约组织，公开重新武装德国。11 月 13 日，苏联政府立即向以美国为首的西方国家发布照会，要求它们不要批准《巴黎协定》，但遭到西方国家拒绝。11 月 29 日～12 月 2 日，苏联召集阿尔巴尼亚、保加利亚、匈牙利、波兰、民主德国、捷克斯洛伐克和罗马尼亚等东欧七国政府代表在莫斯科会聚，警告西方国家，一旦《巴黎协定》被批准，苏联与东欧国家将采取共同措施，组建联合武装。但西方国家对苏联的警告置若罔闻。1955 年 5 月 5 日，《巴黎协定》正式生效。5 月 14 日，苏联与东欧七国在波兰华沙签订了友好互助合作条约，称为《华沙条约》，简称"华约"。

华沙条约组织具有军事同盟的性质。条约规定：当缔约国之一遇到武装威胁时，其他缔约国应采取一切必要的方式给予援助；设立统一的武装部队司令部和政治协商委员会；缔约国不参加与华约相反的任何联盟或同盟，不缔结与华约相反的任何协定。华约还欢迎一切赞同该条约的国家参加。华约组织的主要机构有政治协商委员会和联合武装部队司令部。前者由缔约国各派一名政府成员或一名特派代表参加，负责审议一切重要的政治、军事问题。从 1960 年以后，政治协商委员会一般由各缔约国执政党的第一书记或总书记及政府首脑、外交部部长、国防部部长和华约联合武装部队总司令参加。联合武装部队司令部负责统率根据缔约国各方协议拨归其指挥的各国武装部队。上述两机构总部均设在莫斯科。

华约的建立使东、西方最终形成了两个对立的军事集团，使两大阵营带有强烈的军事对抗色彩，从而使冷战的气氛更加凝重。

1991 年 4 月 1 日，华约组织宣布解散其军事机构。7 月 1 日，华约 6 个成员国领导人在布拉格签署议定书，宣布华约结束。至此，华沙条约组织正式解散，两大阵营的对峙宣告结束。

·经济互助委员会·

简称经互会，1949 年苏、罗、捷、保、匈、波六国在莫斯科成立的国际经济组织。此后，阿尔巴尼亚、民主德国、蒙古、古巴、越南陆续加入。经互会基本任务是：促成会员国之间经济合作；交流经济经验；相互给予技术援助；在原料、粮食、机器装备等方面相互协助。经互会的成立标志着欧洲经济上的分裂。其经济合作经历了进行商品交换和科技资料交换、推行生产的"国际分工"、实行"经济一体化"三个发展阶段。经互会对打破西方经济封锁、促进各成员国经济发展起到一定的积极作用，但受到苏联的控制，苏联与其他成员国之间关系不够平等。1991 年，经互会正式解散。

朝鲜战争

第二次世界大战后，美国对朝鲜问题的一意孤行，导致朝鲜半岛一分为二。在美国支持下，南部朝鲜于 1948 年 8 月 15 日成立了"大韩民国政府"，北部朝鲜在苏联支持下于同年 9 月 9 日建立了朝鲜民主主义人民共和国。1949 年 1 月～9 月，南北部之间不断产生摩擦。1950 年 6 月 25 日拂晓，朝鲜战争爆发。朝鲜人民军越过"三八线"，很快便击溃了李承晚的军队，于 6 月 28 日攻克汉城（今首尔），李承晚军队被赶到釜山一隅。为挽救南部朝鲜的败局和遏制苏联，美国于战争爆发当天，即操纵联合国安理会（苏联缺席），通过了谴责朝鲜的决议。6 月 27 日，杜鲁门命令美国海、空军进入朝鲜作战，并派第七舰队进入台湾海峡。6 月 30 日，下令地面部队开赴朝鲜前线。7 月 7 日，美国操纵联合国安理

◎ 1950 年 9 月 15 日，"联合国军"在朝鲜西海岸仁川登陆。

会授权其组建"联合国军"援助韩国。次日，麦克阿瑟被任命为"联合国军"总司令。由美、英、法、澳、加等 16 国组成的"联合国军"大举入侵朝鲜。至此，朝鲜战争由内战而演变为国际战争。

1950 年 9 月，麦克阿瑟指挥"联合国军"在其舰队重炮和飞机的轰炸掩护下，实施大规模进攻。一方面组织釜山残军进行反攻；一方面率其主力从仁川登陆发起总攻，企图切断人民军的退路。补给困难、连续作战而疲惫的人

◎ 中国人民志愿军雄赳赳，气昂昂，跨过鸭绿江。

民军防线不断被突破，人民军于 10 月 1 日被迫退回"三八线"以北。"联合国军"趁势从东、南向平壤实施钳形进攻，在空降兵的配合下，19 日攻占平壤。"联合国军"继续把战火向中朝边境鸭绿江畔扩大，并轰炸了中国村庄，中国安全受到严重威胁。

美国政府无视中国政府发出的警告。在朝鲜的请求下，10 月初，中国人民志愿军跨过鸭绿江，投入抗美援朝、保家卫国的战争。

10 月 25 日，志愿军利用"联合国军"尚未发现其入朝，正分兵冒进的有利时机，采用运动歼敌策略，给敌人以突然性打击，一举将其驱逐到清川江以南。接着，志愿军采取积极防御，诱敌深入，创造有利条件，以运动战为主，并与部分阵地战、游击战相结合的方针，因势利导，避强击弱。在敌人机群狂轰滥炸中，志愿军克服交通线被毁、供应不足、气候寒冷等困难，英勇与"联合国军"周旋，连续四场战役告捷，围歼重创大批敌人，迫使"联合国军"从总攻击变成总退却。1951 年 6 月 10 日止，共歼敌 23 万人，其中美军 11 万余人，扭转了战局，双方战线稳定在"三八线"附近。

杜鲁门解除了麦克阿瑟的职务，并被迫同中朝方面进行停战谈判。1951 年 7 月 10 日，谈判在开城举行（10 月 8 日起移至板门店）。美国为使朝中在谈判中屈服，策

划了夏季和秋季攻势。"联合国军"利用海、空优势实施以轰炸封锁交通运输线，切断中朝联军供给为目的的绞杀战和旨在制造疫区、企图削弱其战斗力的细菌战。中朝军队采取持久作战、积极防御的战略，由运动战为主转为阵地战为主。利用不同地形构筑坑道、修建野战工事，阵地防御和运动反击相结合，消耗、疲惫"联合国军"。在打小歼灭战的思想指导下，积少成多，大量消灭敌人的有生力量。中国志愿军与后备军轮番入朝作战，空军得到苏联的支持。两年内歼敌 72 万人，其中美军近 30 万。

1953 年 7 月 27 日，美国被迫签订停战协议。当时，任美军司令的克拉克哀叹："我是第一个在没有获胜的停战书上签字的美国司令官。"

朝鲜战争是第二次世界大战后最大的一次局部战争，维护了远东地区的安全。

◎ 1953 年 7 月 27 日，朝鲜战争停战协定在板门店正式签字。

·朝鲜的分裂·

第二次世界大战日本投降后，美、苏两国分别占领朝鲜南北部。1945年12月，美、英、苏三国外长会议达成协议，决定创造条件重新使朝鲜统一。但美国1946年2月却在南部成立"民主议院"。1947年冷战爆发后，美国加快分裂朝鲜的步伐。1948年5月10日，在美国的操纵下，南部朝鲜举行非法的"国民议会"选举，7月12日公布《大韩民国宪法》，8月15日成立"大韩民国政府"。为了回击美帝国主义等的阴谋，在以金日成为首的朝鲜劳动党的领导下，于1948年8月25日举行选举，9月8日公布宪法，组成以金日成为首的政府。9月9日，朝鲜民主主义人民共和国成立。1948年年底，苏军全部撤离朝鲜。美国军队仍然驻扎在南部朝鲜。

亚非会议

20世纪50年代中期，亚非地区已经发生了巨大的变化。亚非地区已有近30个国家获得独立。许多亚非国家由于奉行独立自主的政策，已经开始在国际事务中发挥作用，宣告亚非国家任人摆布的命运和在国际事务中毫无发言权的时代结束。越来越多的亚非国家渴望把命运掌握在自己手中，反对侵略战争、维护和平，反对殖民压迫、争取和保障民族独立，反对帝国主义掠夺和奴役、发展民族经济，已成为亚非拉各国人民的共同愿望和要求。

许多亚非国家认识到，需要制定一个促进亚非国家友好合作、反帝反殖的共同纲领。亚非会议就是在这样的背景下召开的。

1954年，印度尼西亚政府首先提议，并获得缅甸、锡兰（今斯里兰卡）、印度和巴基斯坦等南亚东南亚国家的大力支持，决定在印度尼西亚召开一次亚非国家的国际会

◎万隆会议会址
会议由缅甸、锡兰（今斯里兰卡）、印度、印度尼西亚、巴基斯坦联合发起。参加会议的有中国等亚非29个国家。会议讨论了国际形势和有关亚非国家人民共同利害关系问题。

议来讨论世界局势，并就大家共同关心的问题交换意见，协调立场，以制定一个团结反帝反殖的共同纲领。这一倡议受到亚非各国的热烈欢迎。中华人民共和国应邀出席这次会议。这一切表明了亚非人民的觉醒和奋起已成为不可阻挡的历史潮流。1954年12月底，南亚五国总理在印尼茂物举行会议，研究召开亚非会议问题。会议决定与会五国联合发起召开亚非会议，邀请包括中国在内的25个亚非国家和地区参加，并定于1955年4月在印度尼西亚万隆举行。

1955年4月18日，有29个亚非国家参加的亚非会议在印度尼西亚万隆的独立大厦开幕。会议遭到帝国主义的阻挠和破坏。

中国代表的原则立场和发言博得了与会国代表的热烈欢迎和普遍赞扬。

4月24日，亚非会议胜利闭幕，并发表《亚非会议最后公报》，会议一致通过了《亚非会议最后公报》，宣布一切国家的人民享有自决的权利，支持殖民地和附属国的民族独立斗争，倡导以和平相处、友好合作十项原则为国与国之间关系的准则，强调促进经济发展的迫切性，号召亚非国家发展全面的经济与文化合作。会议体现了亚非人民团结一致、保卫世界和平和增进各国人民之间的友好合作的精神，促进了亚非各国人民反帝反殖斗争的发展。

不结盟运动

不结盟运动形成于 20 世纪 60 年代。它坚持独立自主、非集团的原则；坚持和平、中立、不结盟的宗旨；坚持反帝、反殖的方向，在国际事务中发挥着重要的作用。

不结盟运动的兴起是国际形势发展的必然结果。第二次世界大战结束后，亚洲、非洲和拉丁美洲地区的民族解放运动蓬勃发展，出现了一系列新兴的民族独立国家。这些新兴国家大都选择了独立、自主、不结盟的发展道路。

在"万隆精神"的鼓舞下，非殖民化进程有了很大发展。但是，帝国主义、新老殖民主义都不甘心退出历史舞台。美、苏两国也开始进行全球性角逐，北约和华约两大军事集团重兵对峙，在亚非拉广大的中间地带展开激烈争夺。企图以新殖民主义取代旧殖民统治，对新独立国家的独立、主权和安全构成严重威胁。在这种情况下，处在两大集团之外的许多国家不愿听任大国的摆布和控制，决心自己掌握国家和民族的命运，维护国家的独立和主权，捍卫世界和平。在这种历史环境下，不结盟运动应运而生。

早在亚非会议后不久，1956 年 7 月，南斯拉夫总统铁托、埃及总统纳赛尔、印度总理尼赫鲁在南斯拉夫举行会谈，并发表联合公报，强调坚持民族独立，反对参加两大军事集团，主张各国之间和平共处与友好合作。柬埔寨国家元首西哈努克亲王和印度尼西亚总统苏加诺也签署了上述公报。1961 年年初，铁托在非洲国家的独立高潮中，遍访非洲九国，提出各不结盟国家举行首脑会议的建议，得到纳赛尔等人的响应。1961 年 6 月，不结盟国家首脑会议在开罗召开筹备会议，规定参加不结盟会议的五项准则：它的政策应当是在和平共处和不结盟基础上的独立政策；它应当支持民族解放运动；它不应当是任何会使其卷入大国冲突的集体军事同盟的成员国；它不应当是同某个大国缔结的双边联盟的参加国；其国家领土不应当有它同意下建立的外国军事基地。

在不结盟运动刚刚兴起之时，美国以对付"共产主义威胁"为借口，在世界各地组建了各种军事和政治联盟。苏联出于同美国争霸的目的，也竭力分化瓦解不结盟运动。它们都企图把别国拉入自己的集团。但是，不结盟运动还是不可阻挡地发展起来，成为国际舞台上不可忽视的一支政治力量。

1961 年 9 月 1 日～6 日，第一次不结盟国家首脑会议在贝尔格莱德召开，有 25

◎铁托

在 1960 年第 15 届联合国大会期间，铁托、纳赛尔、尼赫鲁、恩克鲁玛和苏加诺协商召开不结盟会议事宜，这 5 个领导人被称为不结盟运动的创始人。

·埃及七月革命·

　　1952年埃及"自由军官组织"发动的推翻法鲁克封建王朝，建立资产阶级共和国的革命。第二次世界大战后，埃及人民反对英国殖民者和封建王朝反动统治、争取民族独立的斗争不断高涨。由青年军官秘密组织的"自由军官组织"在纳赛尔的领导下，积极准备推翻王室。1952年7月23日，"自由军官组织"发动起义，并控制了首都。26日，法鲁克国王被迫宣布退位，逃往意大利。起义者成立"革命指导委员会"，没收王室的土地，取消社会等级和贵族封号，清洗腐败的国家机构，颁布土地改革法，废除了1923年宪法。1953年正式宣布废除君主政体，成立埃及共和国。纳吉布任总统兼总理，纳赛尔任副总理。1954年10月19日，签订了《关于苏伊士运河基地协定》（又称《开罗协定》），规定英军于1956年6月12日最后撤离埃及领土。1956年6月23日制定新宪法，纳赛尔当选总统。

个国家出席了会议。会议通过了《不结盟国家政治首脑宣言》和《关于战争的危险和呼吁和平的声明》。宣言指出："只有殖民主义、帝国主义和新殖民主义的各种表现形式都被消除……之后，持久和平才能实现。"不结盟国家"决意协同做出努力来制止各种新殖民主义和帝国主义统治的一切形式和表现"。宣言宣布与会各国全力支持阿尔及利亚、安哥拉、突尼斯、古巴及其他为争取和维护民族独立而斗争的各国人民。宣言要求各大国签订全面彻底的裁军条约，以缓和国际紧张形势；认为"现在的军事集团……不时引起国际关系恶化""不结盟国家应该参与有关世界和平与安全"的国际问题的解决。宣言要求消除殖民主义遗留下来的经济不平衡状态，废除国际贸易的不等价交换，稳定原料

和初级产品价格。宣言还要求恢复中华人民共和国在联合国的合法权利。不结盟国家和政府首脑会议的举行，标志着不结盟运动正式开始，它推动了国际政治力量由美苏两极向多极化方向转化。不结盟运动所确立的不结盟、独立自主的原则和反帝、反殖的立场，受到越来越多的第三世界国家的承认和支持，从而促进了第三世界的壮大。

　　不结盟运动在反对帝国主义、殖民主义，促进亚、非、拉各国民族解放运动的深入发展；在反对霸权主义、强权政治，维护第三世界国家的独立、主权和平等地位；在反对超级大国的侵略和战争政策，保卫世界和平；在改革旧的国际经济关系，建立国际经济新秩序等方面，做出了不懈的努力。

　　不结盟运动开始后，其队伍不断扩大。到1983年，已有119个国家加入，占世界国家总数的2/3；人口20多亿，占世界总人口的1/3。不结盟运动作为第三世界最大的政治性国际组织，已成为当代国际社会中强大而充满生气的政治力量，在国际事务中的作用越来越显著。会议主张用和平共处的原则来代替"冷战"和可能发生的全面核战争。会议决定把上述宣言递交联合国。这次会议标志着不结盟运动的正式形成。

◎1956年，纳赛尔当选埃及总统。

第三次科技革命

第三次科技革命，又称新科技革命，兴起于 20 世纪四五十年代。它以原子能技术、航天技术和电子计算机的应用为代表，另外还包括人工合成材料、生物技术和遗传工程等高新技术。它极大地推动了人类社会的发展，这一浪潮至今方兴未艾。

19 世纪末 20 世纪初，科学理论的重大突破成为新科技革命的理论基础。爱因斯坦相对论的提出和量子力学的诞生，在物质观、时空观、运动观和方法论方面，将人类对自然界的认识从宏观世界引向微观世界。原子物理学揭开了核裂变的奥秘，使人工利用原子能成为可能。在第二次世界大战中，由于战争的需要，各国都集中物力、财力和人力，研究威力巨大的新式武器。战后，苏、美、英等国为了增强在国际市场上的竞争能力，加大科研方面的投入，大力开发新产品，促使科研水平不断提高。而战后初期形成的控制论、信息论和系统论成为第三次科技革命的理论依据。

第三次科技革命具有不同于先前科技革命的明显特征。首先，科学技术在推动生产力的发展方面起着越来越重要的作用，科学技术直接转化为生产力的速度加快。其次，科学和技术密切结合，相互促进，具有科学、技术、生产一体化的趋势。最后，科学技术各个领域之间相互渗透和分化，在高度分化的基础上又高度综合。现代科技发展出现了两种趋势：一方面，学科越来越多，分工越来越细，研究越来越深入；另一方面，学科之间的联系越来越

◎首次进入太空

苏联宇宙飞船"东方 1 号"升空，标志着一个旅行的新纪元从此开始。苏联宇航员加加林是世界上第一个乘坐宇宙飞船进入太空的人，加加林在宇宙舱里绕地球飞行了 108 分钟，然后在 7000 米的高空从宇宙飞船上弹出降落。

紧密，科学研究朝着综合的方向发展。

无论在广度还是在深度上，第三次科技革命对世界产生了极其深刻的影响。

第一，它极大地推动了生产力的发展，促进了劳动生产率的提高和国民财富的增长。据统计，从 18 世纪以来，世界工业的年增长以 1951 年到 1976 年间的速度为最快。如果以 1950 年各国农业生产指数为 100 计算，那么到 1977 年各主要西方国家的农业生产指数分别是：法国 187，英国 171，联邦德国 181，意大利 170，美国 181，日本 248。可以说，当代资本主义经济所取得的成就及其优势地位，主要是通过科学技术的进步和知识创新实现的。在新科技革命下，提高劳动生产率，主要通过生产技术的进步、劳动者素质和技能的不断提高实现的。而电

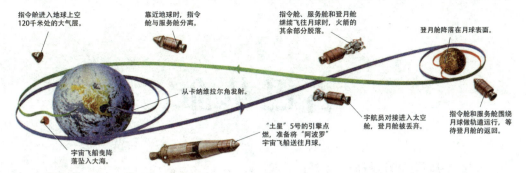

指令舱进入地球上空120千米处的大气层。

靠近地球时，指令舱与服务舱分离。

指令舱、服务舱和登月舱继续飞往月球时，火箭的其余部分脱落。

登月舱降落在月球表面。

从卡纳维拉尔角发射。

"土星"5号的引擎点燃，准备将"阿波罗"宇宙飞船送往月球。

宇航员对接进入太空舱，登月舱被丢弃。

指令舱和服务舱围绕月球做轨道运行，等待登月舱的返回。

宇宙飞船曳降落坠入大海。

◎ 登月示意图

这是"阿波罗"宇宙飞船登月到返回的全过程示意图。科学家在 20 世纪 50 年代就掌握了这个理论，但把它变为现实则是 1969 年 7 月的事。

子计算机控制的自动化技术，使人的劳动从直接参加生产转变为对生产过程的控制，这就要求劳动者必须具备相应的文化水平和科技水平，否则无法同现代化的生产资料相结合。新科技革命由于采用现代管理与决策理念，使劳动组织的管理日益科学化，对企业管理的"民主参与"也就应运而生。

第二，它促进了社会经济结构和社会生活结构的变化。在发达资本主义国家，国民经济中的第三产业的比重上升，超过了第一、第二产业；产业结构中的技术密集型企业发展速度大大超过传统的劳动密集型企业，信息产业逐渐兴起。

人们的日常生活也发生变革。它所创造的大量新产品改变着人类的生活，甚至影响着人类的思想道德观念。现代化通信手段的出现，改变了人们交流信息的传统方式，也改变了传统的人际交流方式。国际互联网使人们观察、认识外部世界的方式和方法也发生变化。

第三，它推动了国际经济格局的调整，拉大了发达国家和发展中国家的差距。科技在国际经济竞争中的地位越来越重要。新科技革命加速了生产和资本的国际化、一体化和集团化。随着各国经济的相互依存、相互渗透，经济区域化趋势加强，如以欧共体为中心的欧洲，以美国为中心的北美经济一体化，以日本为中心的亚太经济圈。这对发展中国家的地位越来越不利。西方七国 1987 年的经济实力占世界的 60%，而人口只占 12%。1950 年，发达国家与发展中国家的国民生产总值相差 23 倍，1985 年扩大为 44 倍，1990 年更扩大为 56 倍，并且有进一步扩大的趋势。

随着第三次科技革命的发展，知识经济已经初露端倪。为了增强自己的地位，科技立国、科技兴国、科技强国日益成为许多国家的国策。

·转基因技术·

转基因技术又称为重组DNA技术，即将不同种生物携带的遗传物质进行重新组合，进而培育出新的生物种类。目前，人们已能够用微生物将固氮基因转移到谷物等非豆科植物中去，以期产生更为优良的作物品种。这尚且还可以理解。但有人妄图通过转基因技术打破人和动物之间的界限，制造出生理上的"狼人"等，就显得离经叛道。另外，科学家在实验室中把高等生物的遗传物质同细菌的遗传物质结合，造出自然界原本不存在的"杂种生物"，是否会具有某种致病性也值得考虑。21世纪，生物科技有着更为广阔的发展空间，但任何人都不应只凭个人兴趣或猎奇心理来进行科学探索，而要以全人类的幸福与进步为底线。

古巴革命

古巴是加勒比海区域的一个岛国，它原为西班牙的殖民地，美国通过 1898 年对西班牙的战争占领了古巴。古巴人民强烈要求美国军队撤出古巴，实现古巴独立。拉美国家和人民也强烈反对美国对古巴的非法占领，美国被迫承认古巴独立。1902 年 5 月 20 日，古巴共和国宣布成立。次年 2 月，美、古签订《互惠协定》，美国强行租借两处古巴军事基地。1906 年，古巴人民举行大规模反美起义，美国派兵镇压，并派总督统治古巴直到 1909 年。此后美国大力扶植古巴的亲美势力，建立独裁政权，对古巴进行间接统治。美国资本控制了古巴的经济命脉。民族矛盾与阶级矛盾的日益激化，最终导致了古巴的革命。

◎ 卡斯特罗

古巴革命的主要领导人菲德尔·卡斯特罗出身于甘蔗园主家庭，毕业于哈瓦那大学法律系，当过律师，大学读书时参加过学生运动和小资产阶级的人民党，反对美国的侵略，憎恨独裁统治，是资产阶级民主派的激进人物。1953 年 7 月 26 日，卡斯特罗和他的弟弟劳尔组织一批青年攻打蒙卡达兵营，失败被捕。他在圣地亚哥受审时，发表了著名的《历史将宣判我无罪》的演说。他提出的"七二六"革命纲领是"争取公众的自由和民主"，并要求解决土地问题、工业问题、失业问题、教育问题、住房问题、人民的健康问题及国有化问题。1954 年古巴举行总统选举，巴蒂斯塔政权为了笼络人心，释放政治犯，卡斯特罗因而获释。他出狱后便着手发动"七二六"运动，准备举行新的起义。

1955 年 11 月，古巴国内反政府的群众示威运动掀起高潮，卡斯特罗在墨西哥筹组远征军。1956 年 11 月 25 日清晨，古巴 82 名远征军挤在一艘只能容纳 12 人的"格拉玛"游艇上，经过七天七夜后，终于在古巴奥连特省登陆。登陆后便遭到巴蒂斯

◎ 1959 年 1 月，卡斯特罗进入哈瓦那，古巴革命取得胜利。

◎ 1961 年 4 月，美国雇佣军偷袭古巴。古巴军队和民兵在卡斯特罗的领导下，高呼"誓死保卫祖国"的口号，与入侵的美国雇佣军展开了殊死搏斗。19 日，古巴军民经过 72 小时的战斗，全歼了被包围在吉隆滩的美国雇佣军。

◎ 卡斯特罗的军队成功击败了美国雇佣军的入侵。

塔军队的前后堵击和飞机轰炸。经过 3 天激战，远征军仅有 15 人幸存下来，其中包括阿根廷的革命者埃内斯托·格瓦拉。卡斯特罗率领仅存的十几名游击队员迅速进入马埃斯特腊山区开展游击活动。1957 年 5 月，起义军在乌贝罗战役中取胜并不断壮大。不久，格瓦拉率领起义军在拉斯维里亚建立根据地，并在战斗中取得决定性胜利，打开了通往哈瓦那的道路。

1957 年 3 月 13 日，以安东尼奥·埃切维里为首的一批青年攻打总统府，建立了"3 月 13 日革命指导委员会"。1958 年 2 月，福雷·乔蒙领导和组织的远征军从努埃维

达斯登陆，在埃斯坎布拉依山区开辟新战线。在反独裁武装斗争节节胜利的形势下，巴蒂斯塔被迫逃亡国外。

1959 年 1 月 1 日，起义军进入哈瓦那。1 月 2 日，建立革命政府，古巴革命取得胜利。古巴革命胜利后，改组了旧制度下的国家机器和军事机器，采取了一系列的措施建立社会秩序，进行土地改革和国有化运动，废除大庄园制度，把所有外资企业、国内私人企业和银行全部收归国有。

1961 年 4 月 17 日，一支由 1200 多人组成的美国雇佣军突袭古巴，他们在美国飞机和军舰的直接掩护下在古巴中部拉斯维利亚斯省南部登陆，占领了长滩和吉隆滩，并继续向北推进。古巴军队和民兵与入侵的美国雇佣军展开了殊死搏斗，当年只有 34 岁的卡斯特罗在吉隆滩附近一座制糖厂临时改成的指挥部坐镇指挥。古巴军民经过 72 小时的战斗，全歼了被包围在吉隆滩的美国雇佣军，共有 114 名雇佣军被古巴军队击毙，其余 1113 人被俘获，给美国侵略者以沉重的打击。

·普拉特修正案·

1901 年，古巴召开了制宪会议，制定宪法。但在宪法中没有提到将来古巴与美国的关系，于是美国国会于同年 3 月 2 日通过参议院古巴关系委员会主席普拉特提出的修正案，并于 6 月 12 日强迫古巴制宪会议作为附录载入古巴宪法。其主要内容是：美国有权在古巴修建军港，租借加煤站和海军基地；未经美国政府同意，古巴不得与外国签订条约，不得割让领土和举借外债；允许美国"保持古巴独立"而"有权对古巴内政进行干涉"；古巴承认美国在军事占领期间所获得的一切特权。在古巴人民的强烈反对下，该修正案被迫于 1934 年废除。

古巴导弹危机

冷战前期，美、苏均以核武器向对方进行威慑。20世纪50年代，美国部署在欧洲的中程导弹及战略轰炸机，直接对苏联本土构成威胁。1959年1月，古巴人民在卡斯特罗的领导下推翻了亲美政权，动摇了美国在西半球的霸主地位。1961年4月，美国入侵古巴失败。卡斯特罗为抗击美国，迅速向苏联靠拢。苏联乘机向古巴扩展势力，并试图在古巴部署核武器以直接威胁美国本土。1962年7月，苏联开始向古巴偷运中程导弹。8月29日，美国"U–2型"飞机发现苏联在古巴建造萨姆导弹发射场。9月4日，肯尼迪在声明中指责苏联。赫鲁晓夫一面矢口否认，一面加速向古巴运送萨姆导弹和"伊尔–28型"轰炸机。10月22日，肯尼迪向美国和全世界发表广播讲话，通告苏联在古巴部署核导弹的事实，认为美国必须立即对古巴实行"隔离"，以阻止进攻性武器运入古巴。讲话还包括以下内容：增强对古巴一切行动的监视；从

◎ 1962年10月22日，肯尼迪宣布实行海上封锁，并且要求苏联立即撤出核导弹。

古巴发射的任何导弹都被认为是苏联对美国的攻击，必须对苏联做出充分的报复性反应；加强美国在古巴境内关塔纳摩海军基地的力量，命令其他部队随时做好准备；要求美洲国家组织和联合国开会讨论苏联对西半球安全的威胁并采取必要的行动；要求赫鲁晓夫从古巴撤走所有导弹。23日，肯尼迪签署公告，从24日起对古巴实施海上"隔离"，拦截检查一切前往古巴的船只；在实施"隔离"期间，美国在加勒比海海域部署了舰只，在佛罗里达集结重兵，数百架战略轰炸机携带核弹升空待命；海外的军事基地也进入戒备状态，并通过卫星密切监视古巴的一切军事活动。

◎ 部署在古巴的苏联导弹

·导 弹·

导弹是依靠自身动力装置推进、依靠制导系统控制其飞行轨迹的火箭或无人驾驶飞机式的武器，它的炸药弹头或核弹头可以摧毁目标。导弹是第二次世界大战时期由纳粹德国发明的。1944年2月15日，德国"V-1"导弹进行第一次发射试验。"V-1"导弹外表与普通飞机相似，弹长7.9米，重2180千克，最大射程可达到280千米。1944年，德国军队向英国发射了数千枚"V-1"导弹，给英国带来了巨大的损失。不久，在"V-1"的基础上，德国又研制出了更先进的"V-2"导弹。"V-2"导弹长14米，能把1吨重的弹头运送到260千米以外。它同样也给英国带来了巨大损失。同时，德国还研制出了地空导弹、反坦克导弹、反舰导弹等。

现在，导弹已成为具有战略地位的主要兵器。

危机之初，苏联做出了强硬的反应。赫鲁晓夫宣称，对于美国"史无前例的侵略"和走向"发动世界热核战争"的行为，苏联将进行最强烈的回击，苏联船只不会听从美国海军的封锁，不会停航和接受检查。苏联还要求美国从世界各地拆除其军事基地，要求安理会讨论制止美国破坏和平的问题。同时，苏联和华沙条约组织的武装力量，进入戒备状态。一时之间，世界濒临核大战的边缘。

但是，美苏并不愿意真的触发双方之间甚至世界范围的核大战。美国留有余地，苏联更是色厉内荏。1962年10月24日，苏联驶往古巴的船只开始返航。26日，赫鲁晓夫提出，愿意在联合国监督下从古巴撤出进攻

性武器，并表示不再向古巴运送这种武器，交换条件是美国撤销对古巴的封锁，并保证不再入侵古巴。27日，肯尼迪发表声明，要求苏联在联合国监督下从古巴撤出导弹，美国保证不入侵古巴。28日，赫鲁晓夫表示同意撤除在古巴的核武器，让联合国代表到古巴核实。11月1日，卡斯特罗宣布，拒绝联合国视察，并提出维护古巴主权和领土完整等要求。11月8日～11日，苏联从古巴运走了42枚导弹，并在公海上接受美国"船靠船的观察"。20日，肯尼迪宣布赫鲁晓夫答应将在30天内撤走在古巴的全部"伊尔—28型"轰炸机，并宣布取消对古巴的海上封锁。双方的武装力量先后解除戒备状态，危机终于结束。

古巴导弹危机是美苏用包括核武器在内的军事力量进行的一次空前的对抗。危机的解决虽然避免了核大战，但其影响却是深远的。它暴露出核时代超级大国对抗的风险和核讹诈政策的局限。结果，这场危机加上此前发生的柏林危机，戏剧性地成了美苏冷战以至整个国际关系缓和中一个转折点。在以后的斗争中，两国都较为谨慎地避免直接对抗，特别是避免核武器对抗，并谋求妥协与合作以维持核垄断，约束无核国家。

◉载有进攻性导弹的苏联舰艇从古巴返航。

匈牙利的"新经济体制"

1953 年 3 月,斯大林去世后,匈牙利的局势发生了变化。拉科西被迫辞去总理职务,由纳吉主持政府工作。纳吉上任后,提出了"新阶段的新政策",着重强调"不断提高人民生活水平是新经济政策的主要原则"。

"新经济政策"的主要内容有:第一,允许农民退出农庄,宣布农庄经大多数庄员同意可以解散。使小私有企业合法化,答应帮助个体农民。第二,调整农、轻、重比例,放缓重工业发展速度,加快发展轻工业和农业。第三,实行对外开放。但纳吉的经济政策遭到了拉科西等人的反对。1955 年春,苏共领导将纳吉召到莫斯科,指责他发展轻工业的方针是错误的。拉科西乘机召开匈共中央全会,批判纳吉的右倾路线,解除他的党内外职务。这样,纳吉的改革探索夭折了。

1956 年爆发的由人民群众要求进行政治经济改革的运动,最终演变成为全国性的十月事件,匈牙利国内存在的政治经济危机充分暴露出来。因此,十月事件后上台的卡达尔,在其执政初期,在改善党的领导、革新干部制度的同时,在经济方面采取了循序

◎1956 年 12 月,匈牙利人在街头焚烧斯大林画像。

发展、小步前进的稳妥方针。在农业方面,依照自愿互利和示范教育的原则,重新开展农业合作化运动。在工业方面,主要以调整工业结构为主,并强调优先发展适合本国国情的化工、机械等产品。通过实施这些政治经济措施,匈牙利政局逐渐平稳安定下来,生产得到了恢复和发展,这就为后来的大规模改革奠定了基础。

1968 年,匈牙利开始在全国实行"新经济体制"。其主要内容有:第一,在计划体制方面,取消了国家直接向企业下达指令性计划的做法,实行指导性计划体制。国民经济计划由上下结合共同制订。企业根据国家计划和市场情况等因素,制订企业计划。国家运用各种经济手段使企业计划和国家计划吻合,以确保整个国民经济平衡发展。第二,在价格体制方面,实行多元的价格机制。价格调节形式由单一化转化为固定官价、受官价限制的浮动价格、自由价格三种形式。第三,在收入调节制度方面,企业全部利润上交国家改为只交部分税收和企业可以留成。把工人的平均工资制改为基本工资加浮动工资制度。第四,在组织制度方面,精简组织机构,减少中间环节,使中央政府能保持对国民经济的宏观控制。第五,在所有制方面,实行两权分离,即把国营企业的所有权和经营权分开,国家作为所有者,对企业的生产资料拥有所有权,企业作为生产者拥有较大的自主经营权。

匈牙利通过经济体制改革,劳动生产率得到明显提高,经济生活日益民主化。

"布拉格之春"

20 世纪 50 年代初期，捷克斯洛伐克实行高度集中的中央计划管理体制。1958 年 2 月，捷共中央全会通过了《关于实行管理计划与财政新体制》和《提高国民经济管理体制的经济改革效率的原则》，开始进行改革探索。从 20 世纪 60 年代初开始，捷国经济严重衰退，生产停滞，政府财政赤字高达 50 亿克朗，人民不满情绪日益增长，捷国内改革呼声越来越高。

1963 年，捷克斯洛伐克成立了由经济学家和管理干部组成的全国性的改革委员会。1964 年 1 月，报刊发表了改革委员会

◎ 一位布拉格市民爬上坦克抗议苏联军队的入侵。

制订的改革方案。经过广泛讨论，1965 年，捷共中央通过了《关于改进国民经济计划管理工作的主要指示》。1966 年又颁布了《关于加速实施新管理体制的原则》。这次改革虽然比 20 世纪 50 年代的改革前进了一步，但在这次改革过程中，党政领导机构和经济理论界都出现了严重的意见分歧，致使改革未能取得实质性进展。

经济停滞促使社会矛盾和政治斗争日益激化。1968 年 1 月，捷共中央全会决定，将共和国总统和捷共中央第一书记的职务分开，解除诺沃提尼中央第一书记的职务，选举改革派代表人物杜布切克接任。3 月，诺沃提尼又被迫辞去所兼总统一职，由斯沃博达接任。1968 年 4 月，捷共中央召开全会，通过了《行动纲领》，宣布"将进行试验"，"创立一个新的、适合捷克斯洛伐克情况的、富有人情味的社会主义模式"。

·苏南冲突·

苏联与南斯拉夫之间发生的导致关系破裂的争执与冲突。苏、南两国共产党在第二次世界大战期间已存在分歧。战后，苏共以领导党自居，干涉南斯拉夫内政，要求南斯拉夫照搬苏联模式，两国经济关系也不平等，南共对此加以抵制。1948 年 3 月中旬，苏联突然撤走在南斯拉夫的全部军事顾问和文职专家，两国关系急剧恶化。3～5 月，两党交换信件，互相批驳。经苏联提议，6 月 20～28 日欧洲共产党和工人党情报局于布加勒斯特举行会议，严厉抨击南斯拉夫内外政策，宣布将其开除出情报局。1949 年，苏联联合东欧国家断绝与南斯拉夫的贸易关系，对南斯拉夫施加政治、经济和军事压力。至 1955 年，苏、南签署《贝尔格莱德宣言》，两国关系才实现正常化。苏联的大党主义和大国主义是造成苏南冲突的根本原因。

在政治方面，主张党政分开，不能用党的机构代替国家机构、经济领导机构和社会组织；坚持和发扬社会主义民主，保证集会、结社、迁徙、言论和新闻自由；主张以民族阵线为基础，实行社会主义的多元化政治体制。在民族问题上，主张建立捷克和斯洛伐克两个民族的联邦制国家。在经济方面，纲领提出实行有计划的市场经济。其主要内容是：第一，改革计划体制。主张国家主要职能应是制定长远发展战略，确定重大比例关系，并对特别重要的部门规定指令性指标。此外，一切经济活动都应利用税收、价格、利润等经济手段，通过市场机制进行调节。第二，规定工商企业和农业合作社都有独立自主权，包括自聘自选领导人、自主经营、自由竞争、自愿联合等。第三，

◎ 1968年春天，温和派领导人杜布切克（左一）推行一系列改革措施，受到人民的欢迎。这一改革运动曾被西方报刊称为"布拉格之春"。

成立工厂委员会，该委员会有权决定厂长的任免、利润的分配和职工的福利待遇等。第四，取消外贸垄断，企业有权独立进行外贸活动，国家只根据市场情况采取相应的调节措施。第五，改革价格政策，缩小固定价格范围，逐步向自由价格过渡。在对外政策方面，主张在进一步发展同苏联的"联盟和合作"的同时，加强同一切国家的互利关系。

《行动纲领》把经济和政治体制改革结合起来，受到了广大人民的欢迎。各界群众举行各种集会讨论国家生活中的各方面问题，出现了"布拉格之春"的民主、开放局面。但不久，捷克斯洛伐克的政治经济改革，由于苏军侵占而未能全面付诸实施，便夭折了。

·苏联侵捷事件·

1968年苏联武装入侵捷克斯洛伐克的事件。1968年1月，捷共中央全会后，以杜布切克为代表的改革派取得了党政大权，决定进行政治、经济体制方面的改革，与发达资本主义国家保持友好关系。1968年8月20日深夜，苏军出兵占领布拉格机场和主要据点，绑架了杜布切克等人。同时，苏、波、匈、保和民主德国的50余万军队越过捷克斯洛伐克边境，控制各战略要地。捷共宣布不进行抵抗。8月26日，捷克斯洛伐克领导人被迫在莫斯科签署两国会谈公报，称五国出兵是为镇压帝国主义策划的反社会主义阴谋而提供的国际主义援助。10月16日，苏联又迫使捷克斯洛伐克政府签订关于苏军留驻捷克的协定，使苏军占领合法化。捷克人民多次举行集会示威，采取各种方式抗议苏军入侵。苏联出兵捷克斯洛伐克是苏联强权政治和霸权主义的典型表现。

◎ 一位苏联士兵试图向布拉格的市民解释他们的入侵举动。

日本经济高速发展

1945 年 8 月，日本推行了一系列的民主化改革，主要有 3 个方面的内容：

（1）修改宪法。1946 年 10 月，新宪法经日本国会通过，并于 1947 年 5 月 3 日生效。新宪法规定"主权属于国民"，废除天皇的绝对统治权，而只将其作为日本国的象征；日本为议会制国家，内阁对国会负责，行政权由内阁执掌；保障人民享有基本公民自由；永远不以战争为国策，不得保持陆军、海军、空军和其他武装力量。日本实现了政治体制的民主化，从而保证了战后日本政局的稳定和经济的迅速发展。

（2）解散财阀，禁止垄断。日本的财阀把持总公司，分派家族成员掌管各公司，派至亲和心腹控制各公司重要部门。他们

◎20世纪70年代初日本商业一派繁荣景象

◎ 1970 年日本大阪世界博览会上的太阳神塔，象征了日本的重新崛起。

控制了国家经济命脉，使它成为日本法西斯的经济基础。为此，首先解散财阀，指定三井总公司和三菱总公司等 83 家公司为持股公司，指定三井、三菱等十大财阀的 56 人为财阀家族及与这些财阀有关的 625 家公司为"限制公司"，规定上述被指定者的所有股票必须交给"持股公司管理委员会"公开出售，并勒令财阀家族及财阀公司负责人一律辞去职务，并解散持股公司。1947 年 4 月，公布了《禁止私人垄断法》和《经济力量过度集中排除法》，成立"公正交易会"，以此防止被解散的财阀复活。这次对日本垄断资本的改组，促进了战后日本企业管理体制的改革和企业经营的现代化，为战后日本经济的高速发展创造了条件。

（3）进行农业改革。废除了寄生地主制，促进了日本农业的恢复与发展。

1945 ～ 1955 年是日本经济恢复时期，到 20 世纪 50 年代中期，日本主要经济指标已达到战前水平。1955 ～ 1973 年是日

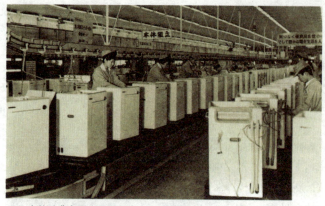

◎日本的消费电子产业异军突起，成为日本经济快速发展的领头羊，诸如松下、索尼等品牌的产品已进入世界千千万万的家庭。上图为日本松下电器集团的洗衣机生产流水线。

本经济高速发展时期。到 1968 年，日本的国民生产总值跃居资本主义世界第二位，仅次于美国。20 世纪 50 年代中期～70 年代初，日本经济的高速发展是与国内外一系列的有利条件分不开的。

国际上的有利条件主要有以下几点：首先，战后科技革命浪潮的兴起为日本战后经济高速发展提供了可能性。日本抓住这一有利时机，引进先进技术，迅速缩小了与国外技术的差距。其次，战后世界市场的原料、燃料价格长期稳定、低廉，而工业品价格偏高。这种情况对本身缺乏资源而工业产品竞争力较强的出口贸易型的日本非常有利。最后，有美国的大力扶植。从国内有利条件来看，战后的民主改革为日本经济的发展开辟了道路。

除了上述有利的国内外客观条件外，推动日本经济高速发展的具体原因还有：第一，把发展国民经济作为压倒一切的中心任务来执行。第二，以资本高积累为基础，进行大规模的固定资本投资，增强各工业部门的生产能力，推动了整个国民经济的发展。第三，大力引进国外先进技术，实行以引进、模仿加改良为起点的技术革命

战略。第四，日本吸收和参考欧美先进国家的企业经营管理制度，结合日本传统的"集团意识"和中国的儒家思想，创造日本式管理体制。第五，充分发挥政府干预经济的作用，对经济生活实行方向性的指导。第六，把发展教育作为经济发展战略的重要组成部分，大力培养人才，充分发挥开发智力的先锋作用。第七，扩大进出口贸易，以产品出口带动资源进口，把"出口第一"作为经济纲领，将"贸易立国"当作基本国策。

·松下与索尼·

松下电器公司的创建者是松下幸之助，1894年出生于日本和歌。父母双亡的他九岁就不得不离开学校去当学徒。1918年他创立了松下电器公司的前身——松下电器器具制作所。由于采取了高效科学的管理模式，公司得到迅猛的发展，市场得到迅速的拓展。在60年的经营生涯中，松下幸之助把毕生的精力投注于事业中，企业发展蒸蒸日上。松下公司1935年转变成股份公司，很快发展为日本最大的家用电器产业和世界最大的家用电器产业。

索尼公司成立于1946年，从生产收音机等小型电器起家，1950年开始生产录音机及磁带等。微型袖珍收音机是它首创的产品，继而，生产录像机、摄像机及各种声像设备。松下与索尼在相互竞争的过程中不断完善经营理念和管理方式，找到了一条最适合自己的创业道路，它们生产的家用电器、声像设备都是日本乃至世界首屈一指的。

越南战争

越南原为法国殖民地，第二次世界大战期间被日军占领。日本投降后，胡志明在河内建立了越南民主共和国。法国为恢复其殖民统治，发动了侵越战争。越南人民打败了法国侵略军。

1954 年日内瓦会议后，越南北方获得解放。而在越南南方，美国扶植建立了吴庭艳傀儡政权，并于 1955 年成立"越南共和国"，吴庭艳任总统兼总理。吴庭艳上台后，5 年内残害革命者 8 万余人。在越共的领导组织下，1960 年 12 月 20 日，以越共为核心的人民解放武装力量组建起来。

1961 年 5 月，开始了越南人打越南人的"特种战争"。1962 年 2 月，美国在西贡设立军事司令部，由保罗·哈金斯将军指挥。

1963 年 1 月，美获省丐礼县北村击伤、击落美直升机 15 架，到年底，共打死打伤美军 2000 余人，南方大部分地区获得解放。

1963 年 11 月，美国策划政变，杀死吴庭艳。1964 年年初，"特种战争"宣告结束。

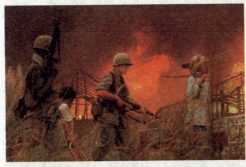

◎越战期间，美国向越南投下了 800 万吨炸药，远超过第二次世界大战各战场投弹量的总和，这场战争造成越南 160 多万人死亡和整个中印半岛 1000 多万难民流离失所，家破人亡、妻离子散的场景随处可见。

1964 年 8 月 5 日，美国借口其驱逐舰"马多克斯"号在越南领海被北越鱼雷袭击，制造了"北部湾事件"。美军开始对北越义安、清化、鸿基等地进行连续空中轰炸，企图以"逐步升级"的局部战争取代原来的"特种战争"，以挽回败局。接着，美军实行焦土政策，对北方进行大规模的轰炸，对南方不断增兵。

越南群众极其愤怒，他们采用奇袭战、游击运动战、伏击战，围点打援，给美军及伪军沉重打击，歼灭美军 6000 余人。

1968 年 1 月 30 日，越南南方人民武装开始对大中城镇进行攻击，对西贡、岘港、顺化等 64 个城市展开全面的"新春攻势"。45 昼夜的激战，赢得了新春大捷。美军虽然拥有各种兵种 54.5 万人，但在战场上完全陷入被动防御。

1968 年 3 月 11 日，美国被迫提出和谈。企图一面和谈；一面继续增兵，搞战争升级。越南军民的顽强反击，使计划屡遭失败。美国总统尼克松上台后，迫于国内及国际压力，不得不调整侵越政策。

1973 年 1 月 27 日，美国被迫签订《关于在越南结束战争、恢复和平的协定》，宣告结束其在越南的军事行动。主要内容：美国和其他国家尊重越南的独立、主权、统一和领土完整；在协定签字后 60 天内从越南南方撤出全部美国及其同盟者的军队和军事人员，不干涉越南南方的内政等。

1973 年 1 月，《巴黎协定》签订，美军被迫撤出越南南方。1975 年春，越南军民对西贡政权发动总攻，于 4 月 30 日解放西贡，5 月 1 日解放整个南方。

尼克松主义

1970 年与 1948 年相比，美国在资本主义世界工业总产值中的比重下降了 16.8%，在世界出口贸易中的比重下降了 14.8%。1970 年的黄金和外汇储备比 1950 年下降了 34.1%。另外，西欧的独立自主倾向不断加强，日、美经济摩擦不断加重，帝国主义阵营趋于瓦解。最后，苏、美军事力量对比，苏方明显占有优势。20 世纪 60 年代初，美国在战略核武器和常规军备方面均占绝对优势。但到了 1969 年，苏联先于美国部署了反弹道导弹系统。苏联还发展了远洋海军。

随着美、苏实力的变化，两者都在调整战略。美国推出了"尼克松主义"。1969 年 7 月 25 日，尼克松总统在关岛就美国和亚洲关系发表讲话。他说："现在是着重强调下列两点的时候了。"他所说的两点，一是指美国恪守条约义务；二是在军事防卫问题上应逐渐由亚洲国家自身来处理、负责。这一政策，被称为"关岛主义"或"尼克松主义"。11 月 3 日，尼克松更明确地表述了美国对亚洲政策纲领的三个原则：①美国将恪守所有条约义务；②如果某个核大国威胁某个盟国的自由，或威胁某个其生存关系到美国安全的国家的自由，美国将提供保护；③在涉及其他形式的侵略的场合，美国将根据条约义务，在被要求时提供军事和经济援助。1970 年 2 月，尼克松把亚洲的"三原则"推广为美国的全球政策，提出"伙伴关系、实力和谈判"的"新的和平战略"。次年 7 月，他又提出世界上存在美国、苏联、西欧、日本和中国五大权力中心，承认美国的霸权地位已

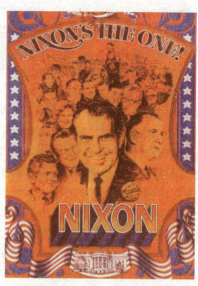

◎尼克松竞选海报

丧失，美、苏存在着"全球战略竞争"。

"尼克松主义"是美国战后全球战略的一次重大调整，对世界格局的变化产生了重大影响。针对"尼克松主义"，苏联推出"缓和"政策相呼应。1969 年 3 月，勃列日涅夫在华沙条约组织布达佩斯会议上，第一次提出实现"欧洲缓和"的整套主张，建议建立包括华约组织和北约组织在内的"欧洲集体安全体系"。后来，勃列日涅夫又提出"缓和物质化"，即以"军事缓和"与经济合作来补充"政治缓和"。实际上，苏联缓和战略与"尼克松主义"相似，它在"和平""缓和"的口号掩盖下，大力发展军事力量，扩展势力范围，尽量在各方面都取得优势，是苏联与美国争霸的另一种体现，它同样也把战略重点放在欧洲。两者的区别是，美国收缩战线，苏联四面出击。

《赫尔辛基宣言》

在美、苏的"缓和"过程中，美国略显主动些。它调整了亚洲政策，结束了越南战争，改善了中美关系。关于印度支那问题，尼克松政府于1969年做出"体面结束战争"的决定。一方面通过谈判，促使北越与美国共同从越南南方撤兵；另一方面加紧武装撤离南越，以实现越南战争"越南化"。经过反复谈判，1973年1月，美与越共同签署协定，美国得以从越南抽身。1978年12月中美建交公报的签署，标志着中美实现了关系正常化。

西欧和日本是美国的战略伙伴。尼克松上台后两次访问欧洲，对美国过去对于盟国"命令多于商量"表示歉意，提出与西欧建立"平等的伙伴关系"的建议，重新调整了伙伴关系。1973年2月，尼克松宣布当年将是"欧洲年"，表示美国要在这一年集中处理同西欧盟国的关系。同年4月，基辛格提出同西欧各国制定《新大西洋宪章》的建议。其基本思路是，把大西洋联盟从军事联盟扩大为包括政治、经济、军事各领域的全面"共同体"，并以一定形式吸收日本参加，确定对苏联和第三世界的共同战略。

西欧各国为应付苏联，同意协调同美国的关系，但要求美国承认欧洲共同体在世界上的地位，建立平等的伙伴关系。

1974年6月，北约政府首脑会议签署了《大西洋宣言》，强调北约成员国"有共同的命运"，"它们的共同防务是不可分割的"，美国军队"继续留驻欧洲，对保卫北美和欧洲起着无法代替的作用"，盟国为实现共同目标，需要保持密切的磋商、合作和信任。宣言的签署，表明美国与西欧关系得以改善。在对日本方面，美国适度地放松对其控制，让其在亚洲承担更多的义务，与美国共同完成"防御任务"，以"发挥独特的重要作用"。1971年6月，日、美签订《归还冲绳协定》。次年1月，美国决定在1972年将冲绳的"行政权"归还日本，以缓和日本人民的反美运动。同时与

·核威慑·

核威慑指的是以核力量为基础，以使用核武器相威胁，使敌人害怕遭到核报复，从而不敢发动核战争或常规战争，以此保障国家安全的方略。核威慑实质上是一种"攻心术"和心理战，它能给敌人造成巨大的心理压力，以达到"不战则屈人之兵"的目的。冷战时期，西方最具有代表性的军事战略思想是"核威慑"战略理论。核武器诞生后，显示了巨大的破坏力，核武器成为国家防务的重要支柱。此后各国竞相发展核武器和核威慑战略理论。冷战期间，美国的核战略（或北约的核战略）经历了5个阶段，即"遏制"战略、"大规模报复"战略、"灵活反应"战略、"现实威慑"战略和"新灵活反应"战略。西方国家通过实施核威慑战略，与苏联进行了长期的核军备竞赛。核威慑虽然不能保证永远不发生核战争，但它却是遏制核战争的最好方法。在今天"相互确保摧毁"的核均势下，核威慑战略还是非常有效的。

◎ 1972 年 5 月尼克松访苏并与苏联签订《苏美联合公报》。

日本进行贸易谈判，以缓解美日经济冲突。

尼克松在就职演说中谈到美苏关系时说："经过一个时期的对抗之后，我们正在进入谈判时代。"1972 年 5 月，尼克松访苏期间，双方签署了《苏美联合公报》等 9 个文件，双方保证要尽力避免发生军事冲突，防止核战争，用和平方式解决争端。从此，苏美关系进入"缓和时期"。在尼克松任内，美、苏双方进行了 3 次最高首脑会晤，并签订了 22 个条约或协定。就欧洲安全、裁军、限制发展战略核武器、美苏经济和技术合作等问题达成某种程度的共识。而《赫尔辛基宣言》的签署标志着美苏关系的缓和达到顶峰。

1972 年 11 月 ~ 1973 年 6 月，美国、加拿大及苏联等 33 个欧洲国家，在芬兰的赫尔辛基召开了"欧洲安全与合作会议"筹备会，确定了会议讨论的范围、议事日程与会议组织等问题。欧洲安全与合作组织简称"欧安组织"，其前身是 1975 年成立的欧洲安全与合作会议（欧安会），它包括所有欧洲国家和美国、加拿大，是唯一一个包括所有欧洲国家在内并将它们与北美洲联系到一起的安全机构，主要使命是为成员国就欧洲事务特别是安全事务提供一个论坛。欧安组织只有在所有成员国达成一致的情况下才能起作用，其决定对

成员国也只具有政治效力而没有法律效力。

欧安会是冷战时期东西方为建立对话渠道而召开的。美苏经过长期的协商，于 1972 年 5 月就召开欧安会达成协议。1975 年 7 月 30 日 ~ 8 月 1 日，欧安会首届首脑会议在芬兰首都赫尔辛基举行，与会国家有 33 个欧洲国家及美国和加拿大。当时阿尔巴尼亚宣布不参加会议（1991 年 6 月 19 日，阿尔巴尼亚被接纳为第 35 个成员国）。会议签署的《最后文件》（又称《赫尔辛基宣言》）共分四个部分：欧洲安全问题；经济、科学、技术、和环境方面的合作；人员、思想和文化交流；续会问题。根据文件规定，与会国家的代表应定期举行续会检查各国执行会议规定的情况，并就"增进欧洲安全与合作"的问题交换意见。《最后文件》还包括《指导与会国之间关系的原则宣言》《经济、科学技术和环境方面的合作》《地中海的安全与合作》及《人道主义和其他方面的合作》。

随着 20 世纪 90 年代初该组织秘书处和其他机构的设立及成员国代表处的建立，欧洲安全与合作会议的工作不断增多和加强。1994 年 12 月，欧安会在匈牙利首都布达佩斯举行的欧安会首脑会议上，认为欧洲安全合作会议的工作已经远远超过"一个会议"，决定从 1995 年 1 月 1 日起，将该组织更名为"欧洲安全与合作组织"。

欧安组织到 2003 年 11 月为止，有成员国 55 个，总部设在奥地利的维也纳，每两年举行一次首脑会议，每年举行一次外长会议。

中东战争

自公元前 12 世纪犹太人的祖先希伯来人来到巴勒斯坦建立希伯来王国时起，巴勒斯坦一直处在周围大国的侵占与争夺之中，它先后被波斯、希腊、罗马和土耳其等外族占领。在此期间，绝大部分犹太人被驱逐出巴勒斯坦。因此，犹太人流散到世界各地，1917 年，英国占领了巴勒斯坦。当时犹太资产阶级鼓吹的犹太复国主义已经兴起，他们谋求在巴勒斯坦建立犹太民族的国家，欧洲各地犹太人也在巴勒斯坦移民置产。巴勒斯坦的犹太人，从 1880 年的不足 2 万人增加到 1917 年的 5.6 万人。英国为了便于统治，采取了"分而治之"

◎在 1973 年对埃、叙的军事突袭中，以色列士兵将国旗竖起在叙利亚国土上。

的政策。1917 年 11 月，英国外交大臣贝尔福发表宣言，赞成巴勒斯坦建立一个犹太人之家。1920 年，巴勒斯坦正式变成英国的委任统治地。在英国统治期间，巴勒斯坦的犹太移民急剧增加。

第二次世界大战后，美国取代了英国在中东的地位，犹太复国主义得到了美国的支持。1947 年 11 月，联合国通过巴勒斯坦"分治"、建立一个犹太国和一个阿拉伯国的决议。根据决议，占人口总数 2/3 强的巴勒斯坦人只占面积不到 43% 的丘陵和贫瘠地区，而占人口总数不到 1/3 的犹太人却占面积 57% 的肥沃土地。对此，阿拉伯人表示强烈反对。1948 年 5 月 14 日，犹太人单方面宣布成立以色列国。以色列建国的第二天，埃及、约旦、伊拉克、叙利亚和黎巴嫩五国分东、北、南 3 路攻入巴勒斯坦，第一次中东战争爆发，刚刚建国的以色列伤亡惨重。在美、苏、英等国的活动下，双方同意停火 4 周。这给了以色列喘息之机，以趁机迅速扩充军队，从法、英、捷等国购进大批武器装备，迅速组建了陆海空三军，调整作战部署。经过充分准备，以军于 7 月 9 日向阿军队发起"十天进攻"行动。阿军虽然局部击退了以军进攻，但以色列夺取了阿拉伯约 1000 平方千米的土地，这使阿内部矛盾进一步激化。10 月 15 日，以乘势向加利利地区和内格夫发起攻击，进展顺利。1949 年 1 月 7 日，双方停战，参战国签订停战协议。战争激化了参战国之间的矛盾，中东局势混乱不堪。

1956 年 7 月 26 日，埃及宣布将苏伊士运河总公司收归国有。10 月 29 日深夜，以色列 10 万大军突然侵入埃及西奈半岛，第二次中东战争爆发。为配合以军的进攻，英法两国出动飞机轰炸埃及军事基地，吸引埃军主力。接着，以色列军队大举进攻，英法军队也从塞得港登陆，向运河区进攻，切断埃军退路，围歼埃军。埃及总统纳塞尔识破英法企图，命东部军区切断以军空降兵退路，利用地形优势将以军围困于米特拉山口。为实现"中间突破"，以军迂回攻击埃军防守薄弱的达卡山口，威胁西奈北部埃及主力。10 月 31 日，以军攻占阿布奥格拉。11 月 6 日，英法炮轰塞得港，企图利用陆战队一举占领运河区，但遭到埃及军民的奋勇反击。英、法、以的武装入侵激起全世界人民的愤怒，英法军队被迫撤出埃及，以色列军队撤出西奈，第二次中东战争以侵略者的失败而宣告结束。

1967 年 6 月 5 日，以色列再次向埃及、叙利亚和约旦发动进攻，挑起第三次中东战争。在美国的支持下，以色列在 6 天内侵占了约旦河西岸加沙地带、西奈半岛、戈兰高地，共 6.5 万平方千米。

1973 年 10 月 6 日，埃及、叙利亚军队和巴勒斯坦游击队发动第四次中东战争。战争进行了 18 天，双方出动军队达 110 万人。战争发生后，埃及军队越过苏

◎ 1978 年，以色列总理贝京（左）与埃及总统萨达特（右）握手，美国总统卡特站在中间，三方达成和平协议。

伊士运河，摧毁以色列的"巴列夫防线"，夺回西奈半岛 8000 平方千米的地带，叙利亚军队一度攻占了戈兰高地的一些据点。但是，10 月 15 日，以色列军队偷渡运河成功，战争的形势发生逆转，以军取得了战争的主动权，渡过运河在东岸作战的埃及第三军有被包围歼灭的危险。面对这种形势，联合国安理会通过"338 号决议"，要求立即停止战斗。在联合国的干预下，以色列被迫同意停火。1978 年 9 月，在美国倡议下，美、埃、以三国举行关于中东问题最高会议，签署《关于实现中东和平的纲要》，1979 年 3 月，签订《埃以和平条约》，从而结束了两国间历时 30 年之久的战争状态。

·石油危机·

第二次世界大战后，石油在世界能源消费结构中的地位日趋重要，西方工业国对亚非拉石油的依赖日益严重。为了满足迅速增长的市场需求，国际石油卡特尔加紧控制和掠夺亚非拉的石油资源，引起了亚非拉产油国的强烈不满和反抗。

20 世纪 50 年代初期，沙特阿拉伯、科威特、伊拉克等国为实现利润对半分成的税收法与石油公司展开斗争，并获得胜利。伊朗由于提出实现利润对半分成的要求遭到英国石油公司的拒绝，便效法墨西哥，开展了石油国有化运动。亚非拉产油国通过与石油垄断资本的长期较量，逐步认识到要摆脱国际石油公司的控制，必须摆脱自发的、分散的、孤军作战的不利状况，只有组织起来进行联合，才能保障产油国的利益。

动荡的阿富汗

19 世纪 70 年代，阿富汗沦为英国的半殖民地。1919 年 8 月，阿富汗人民在苏俄的支持下，打败英国侵略军，宣布独立。第二次世界大战后，阿富汗实行和平、中立的外交政策，参加了万隆会议，成为不结盟运动的发起国之一。万隆会议后，苏联加强了对阿富汗的援助，试图把它置于自己的势力范围之内。在阿富汗接受的外援和对外贸易中，苏联均占第一位。苏联从经济上控制阿富汗后，积极扶植亲苏势力，策划政变，谋求把阿变为自己的附庸国。

1973 年 7 月，阿首相达乌德发动政变，成立阿富汗共和国，但其内外政策并无重大变化，苏联对此大为不满。1978 年 4 月，亲苏的人民民主党总书记塔拉基发动政变，成立革命委员会，改国名为阿富汗民主共和国。此后，苏联顾问、专家和军事人员大批涌入阿富汗，控制了塔拉基政府和军队。塔拉基依靠苏联的势力，无视人民权利，大肆镇压前政府高级官员和王室家族，取缔在野的一切政党。在塔拉基统治一年多的时间内，有 40 万人遭屠杀，50 万难民流入巴基斯坦和伊朗，还有众多的政治犯被关押、处决。

塔拉基的高压政策激起各阶层人民的强烈不满，各种反政府武装力量纷纷组织起来，开展游击战争。1979 年 9 月，哈菲佐拉·阿明发动政变，杀死塔拉基，自任人民民主党总书记。

阿明上台后，国内形势异常紧张，反政府武装力量日益发展壮大。苏联提出出兵，被阿明拒绝。1979 年 12 月 27 日，当西方世界的人们欢度圣诞节的时候，在空降兵的配合下，苏联军队以 10 多万人的兵力，兵分两路对阿富汗进行武装入侵，从而开始了对阿富汗长达 9 年之久的军事占领。

阿富汗位于亚洲中南部，是苏联"南方战区"的一部分，具有非常重要的战略地位。苏联对阿富汗已有一定程度的影响和控制。但是，阿富汗逐渐加剧的动荡局势和领导人违背苏联意志的行为，使苏联领导人勃列日涅夫认为只有诉诸武力才能加强对阿富汗的全面控制。

入侵之前，苏联通过经济援助和军事援助，在阿富汗进行了大量的战场建设。而在阿富汗的几千名军事顾问和技术专家，早已控制着阿军一些要害部门和部队，对阿军情况比较熟悉。入侵阿富汗的最后决心和入侵

·勃列日涅夫·

苏联共产党总书记（1966~1982年），苏联最高苏维埃主席团主席（1960~1964年、1977~1982年）。1931年参加联共（布）。卫国战争期间曾任乌克兰第四方面军政治部主任。1947年任第聂伯罗彼得罗夫斯克州委第一书记。1950年任摩尔达维亚党中央第一书记。1952年起三次任苏共中央书记。1960年起任苏联最高苏维埃主席团主席。1964年起任苏共第一书记。1966年起任苏共总书记。1976年获苏联元帅衔。1977年起兼任苏联最高苏维埃主席团主席。

方案，在 1979 年 11 月 26 日正式确定。

1979 年 12 月上旬，1500 名配备有坦克、火炮的苏军人员被空运进阿，驻扎在萨兰山口，一些工兵部队也进入阿境，同时以"军援"为名通过公路向阿运进大批武器装备。圣诞节前夕，苏军先期占领、控制了一些要害地区。

在阿富汗，苏联顾问以冬季装备更换和检查维修为名，集中和拆卸了阿军的主要武器装备，而且限制作战飞机飞行，使阿军实际上被解除武装，处于无法作战的状态。阿总统阿明被诱骗离开总统府，转移到郊区行宫，失去了与各战斗部队的联系。

苏联还对西方发动了外交和宣传攻势，大肆宣扬苏联从东德部分撤军，抨击北约在西欧部署中程导弹，在伊朗扣留美国人质事件上推波助澜，以此转移西方对其侵阿行动的注意力。

12 月 27 日晚 7 时 30 分，先期在喀布尔机场空降的苏军空降师经过集结整顿，在克格勃的配合下，迅速占领阿富汗首都各要害部门。苏军与总统卫队在阿首都与驻军激战 4 个小时，击毙总统阿明，逮捕了政府重要官员，解除了政府军抵抗部队的武装。此后不久，边境的苏军部队陆续大举越境，并快速开进。苏军只遇到轻微

◎1989 年 2 月，最后一批苏联军队撤离阿富汗。

的抵抗。1980 年 1 月 2 日，进行地面主要突击任务的东路集群第 306 摩步师一个团和担任辅助突击的西路集群第 357 摩步师主力在坎大哈会师。1 月 3 日，苏军封锁了霍贾克山口。一周之内，苏军控制了阿富汗全国主要城市和交通干线。至此，苏军基本实现了对阿富汗的占领。

苏军占领阿富汗，遭到了阿富汗各族各阶层人民的反抗。游击组织多达几十个，游击活动遍及全国各地区。苏军为了巩固自己的战绩，积极镇压阿富汗各族人民的抗苏运动。从此，阿富汗开始了一场持久的抗苏游击战和苏军反游击战的较量。

面对游击抵抗运动的日益加强，苏军采取以军事手段为主，结合政治、经济和外交的措施，从根本上打击各种抵抗力量。苏军占领阿富汗后，建立了反游击战体制，并不断增强反游击战力量，除直接增加驻阿苏军人员外，还大力扩充阿政府军。

尽管苏军采取了种种办法，但都未能达到预期目的。苏军已陷入反游击战争的泥潭之中。随着苏军伤亡的逐渐增加，苏联国内人民的不满情绪也不断增大。旷日持久的战争给其国民经济背上了沉重包袱。面对国内严峻的经济形势和社会危机的不断加重，苏联总统戈尔巴乔夫决心尽快结束这场战争。

苏联入侵阿富汗同时引起全世界的公愤，许多重要国际会议也接连要求苏联撤军。

经过 6 年谈判，1988 年 4 月 14 日，巴基斯坦、喀布尔政权和美、苏外长于日内瓦签订了《政治解决阿富汗问题协议》。规定苏军 1988 年 5 月 15 日起撤出阿富汗，9 个月内全部完成，巴阿互不干涉，美苏提供国际保证，联合国实行监督。1989 年 2 月，苏军全部撤出阿富汗。

非洲民族解放运动

第二次世界大战后，非洲的黄金海岸、几内亚、塞内加尔、肯尼亚和坦噶尼喀等国家都先后兴起了民族运动。在 20 世纪 40 年代末，肯尼亚一些爱国的吉库尤族青年开始组织秘密队伍，称为"茅茅"。其反对英国殖民主义，主张把欧洲人驱逐出肯尼亚，把白人抢去的土地夺回来，废除种族歧视，争取民族独立，得到各族人民的支持。从 1952 年起，"茅茅"领导农民展开了大规模的武装斗争，以森林地带为基地，开展游击战，袭击殖民军的兵营和警察所，捣毁种植园，破坏铁路，大力打击英国殖民者，并在丛林中建立军事和行政组织，成立政府和议会等。1952 年 10 月，英国宣布肯尼亚进入紧急状态，调动军队对"茅茅"战士进行围剿和镇压，"茅茅"大批战士牺牲和被捕，剩余力量退入山林继续斗争。茅茅运动虽然失败了，但它给英国殖民者以沉重打击，推动整个东非的民族解放运动。肯尼亚终于在 1963 年 12 月获得独立。

"茅茅运动"在坦噶尼喀、乌干达、尼亚萨兰和罗得西亚也得到热烈的响应。1957 年 3 月 5 日，战后非洲第一个黑人独立国家——加纳诞生了。1958 年 9 月，几内亚共和国成立。

1954 年 11 月 1 日，阿尔及利亚爱国者在民族解放阵线领导下，在奥雷斯山区首先发动起义，建立民族解放军，开始了抗法民族解放战争。起义很快发展到全国各地，形成了全民解放运动。1956 年，民族解放阵线在苏马姆举行代表大会，通过政治纲领，宣布革命目标是废除殖民制度，建立共和国。1958 年，阿尔及利亚共和国临时政府成立。1959 年 1 月，民族解放阵线由战略防御转入战略进攻。法国调动各种武装 100 万人进行"围剿"，但阿尔及利亚革命组织发动人民群众进行反抗，越战越强，解放了大片地区。法国殖民者陷入战争的泥沼，处于完全被动地位。1962 年 3 月，法国承认阿尔及利亚人民行使自决权。阿尔及利亚人民经过 7 年多的民族解放战争终于赢得胜利。

1955 年在摩洛哥，人民展开了反法武装斗争。

◎ 1963 年 12 月 12 日肯尼亚独立之梦终于实现，图为英国菲利普亲王向乔莫·肯雅塔祝贺国家独立。

◎1957年加纳人民庆祝国家独立的情景

法国出动飞机、坦克，但压不垮摩洛哥人民独立的意志。11月，法国被迫释放被流放的苏丹。次年3月，摩洛哥终于获得独立。

1956年2月，突尼斯向法国提出独立的要求。经谈判达成协议，法国承认突尼斯独立。次年7月，突尼斯共和国成立。

早在1910年5月，英国将开普敦、纳塔尔、德兰士瓦、奥兰治4个自治州合并成"南非联邦"，成为英国的自治领地。南非白人资产阶级掌握了统一后的南非政权，当权者对黑人和有色人种推行种族歧视和种族隔离政策。1955年6月，非洲人国民大会等组织召开南非人民代表大会，提出一切民族有平等权利。

◎1990年，纳尔逊·曼德拉与妻子温妮庆贺他被释放出狱，在此之前，他被种族隔离政权监禁了27年之久。曼德拉后来通过协商结束了占人口少数的白人在南非的统治，1994年，他成为南非首位黑人总统。

·非洲统一组织·

非洲独立国家组成的区域性组织。1963年5月22日～26日，31个非洲独立国家元首、政府首脑或他们的代表在埃塞俄比亚首都亚的斯亚贝巴举行会议，25日通过了《非洲统一组织宪章》，决定成立非洲统一组织，总部设在亚的斯亚贝巴。会议还决定将每年的5月25日定为"非洲解放日"。非洲统一组织的宗旨是：促进非洲国家的统一与团结；协调和加强非洲国家在各个方面的合作；努力改善非洲各国人民的生活；保卫和巩固非洲各国的独立及主权、领土完整；从非洲根除一切形式的殖民主义；促进国际合作。国家和政府首脑会议是该组织的最高权力机构，每年举行一次。此外有部长理事会和秘书处等。2001年3月2日在利比亚举行的第五届非洲统一组织特别首脑会议闭幕式上，宣布成立非洲联盟。

1959年，从非洲人国民大会中分离出来的一部分成员，组成泛非主义者大会。1960年3月，南非黑人在德兰士瓦省举行大规模示威，反对"通行证法"。南非当局派出大批军警进行血腥镇压，造成震惊世界的惨案。随后，非洲人国民大会和泛非主义者大会被取缔，近2万人被捕。这次惨案激起黑人的强烈抗暴运动。随着反种族主义斗争的发展，南非统治集团内部也滋生了矛盾，执政的国民党分成"开明派"与"保守派"。后来，"开明派"基本占了上风，他们运用政府权力，在社会生活方面，取消了一些歧视黑人的规定，但是并没有改变种族歧视和种族隔离的基本政策。到20世纪80年代末，在国内黑人解放运动和国际社会的压力下，白人统治阶级不得不做出让步，对国内种族关系进行调整。

马科斯专制统治

1965 年 12 月，马科斯入主马拉卡南宫，建立统治菲律宾的马科斯－伊梅尔达王朝。马科斯竞选连任后，菲律宾的政治经济状况开始恶化。1969 年，马科斯为竞选耗去 1.68 亿美元，直接造成了菲律宾的通货膨胀，从而也使菲律宾的社会秩序和政治稳定面临威胁。工人举行罢工，抗议由通货膨胀而引起的物价上涨和工人失业；农民涌入马尼拉示威，抗议地主的压迫和剥削；学生举行示威游行，抗议亲美政策，并要求进行社会政治制度改革。而菲律宾共产党的武装斗争和南部的独立运动，更使马科斯政权受到威胁。

1972 年 9 月 21 日，马科斯宣布实行军事管制，查封一切传播媒介，并对自己的政敌和反对派领袖实行大逮捕。在被逮捕

和拘留的人中，最著名的是自由党领导人参议员贝尼尼奥·阿基诺。为了参加议会选举，马科斯宣布成立了以他为首的党——新社会运动党。由于各个政党已被取缔多年，不可能立即组成新党与之竞争。结果不言而喻，新社会运动党获胜，马科斯在新成立的临时国民议会上宣誓就任总理，同时还根据宪法的过渡条款，继续兼任总统。

鉴于菲律宾经济的飞速发展及政治对手贝尼尼奥·阿基诺于 1980 年 5 月去了美国，马科斯于 1981 年 1 月宣布取消军管，以消除人民对他专制统治的不满情绪。然而，军管的废除为群众性的民主运动创造了条件。就在菲律宾国内群众运动走向高涨之时，在美国养病的贝尼尼奥·阿基诺决定回国。1983 年 8 月 21 日，贝尼尼奥·阿基诺在马尼拉国际机场中弹身亡。这一谋杀事件使人民蓄之已久的积怨和不满一下子迸发出来，成百万愤怒的人民参加了"革命英雄"阿基诺的葬礼。随之便是各反对党及民主主义组织公开发动和领导群众集会、示威和游行，"反独裁、反暴政""马科斯辞职"的呼声高涨，马科斯政权已岌岌可危。

为了打击反对派，马科斯宣布于 1986 年 1 月 17 日提前举行总统选举，企图趁反对派无充分准备之机战胜对方。这时，两名反对派领袖阿基诺夫人科拉松·阿基诺和"统一民主组织"领导人劳雷尔实现了政治上的合作，科拉松·阿基诺竞选总

◎ 马科斯夫妇的独裁统治激起了全体菲律宾人的反抗，他们以在宣传画上涂鸦的方式发泄自己的不满。

◎阿基诺（图中心）和他的行刺者死于马尼拉国际机场的飞机跑道上。

然而，"选举结果"尚未公布，人们就感觉到这次选举的不真实性。于是，马尼拉发生了兵变，国防部部长恩里莱和副总参谋长拉莫斯于1986年2月22日率兵反叛。经过4天的战斗，2月25日，就在马科斯宣誓就职的那一天，80%的武装部队控制在反叛力量的手里，"新总统"马科斯停止抵抗。当天，马尼拉又举行了第二个总统宣誓就职仪式，在菲律宾出现了两个"总

统"，劳雷尔竞选副总统。1986年2月7日举行的总统大选，吸引了世界各国政界和关心菲律宾民主化进程的人们的视线。经过全国选举委员会缓慢的查票，到1986年2月25日才公布了投票结果：马科斯获10807197票，科拉松·阿基诺获9291761票。这样，马科斯又一次"当选"为菲律宾总统，并于2月25日中午在马拉卡南宫宣誓就职。

统"，一个是由国民议会承认的马科斯，一个是由国民议会中反对派成员承认的科拉松·阿基诺。但这种局面只维持了几个小时，当晚，马科斯就动身离开了马拉卡南宫，至此，马科斯专制政权宣告垮台。2月26日，在马科斯逃离菲律宾19个小时后，科拉松·阿基诺宣布了新的内阁主要任命名单，菲律宾进入了"阿基诺时代"。

·山下奉文宝藏·

　　第二次世界大战进行到尾声的时候，各个纳粹国家眼看败局已定，纷纷将自己在战争中掠夺来的大量财宝转移。日本法西斯侵略军的大将、号称"马来之虎"的山下奉文也急急忙忙把自己在东南亚搜刮来的财宝秘密藏了起来，据说这批大部分为金块、总重量约6000吨的财宝被藏在菲律宾吕宋岛的某个山洞里。战后，菲律宾的掘金热是一浪高过一浪，结果都是一无所获。其中最狂热的要数菲律宾前总统马科斯了，他曾下令在全国172个地方同时展开掘金寻宝的行动，但是，当时没有人知道他到底找到了什么。1986年，新上台的菲律宾总统科拉松·阿基诺下令调查和追回马科斯的财产，1991年7月31日，主管追查工作的菲律宾"廉政公署"公布了他们掌握的马科斯的部分财产总数。据查，马科斯在瑞士银行存有多达5325吨的黄金，在香港的银行里有5个秘密账户，存款总额至少有四五亿美元，很可能高达10亿美元以上。马科斯为什么会拥有如此巨额的财产？1992年2月，马科斯遗孀伊梅尔达·马科斯对外宣称她的丈夫之所以拥有这样多的财产，是因为他找到了"山下奉文宝藏"。有些人不相信马科斯夫人的说法，认为她实际上是为马科斯当菲律宾总统时的贪污劫掠行为辩护。马科斯本人对关于他获得山下奉文宝藏的传说态度含糊，既不承认，也从没有明确否认过。至于真相如何，随着马科斯的去世，事情就变得死无对证。

海地"第二次独立"

根据海地 1964 年宪法，独裁者杜瓦利埃成为海地的终身总统。其子小杜瓦利埃于 1971 年 4 月 12 日继任海地总统，延续了杜瓦利埃家族的独裁统治。小杜瓦利埃上台时，海地的经济正濒临崩溃的边缘。面对这种状况，小杜瓦利埃一方面宣布海地的"政治革命"已经完成，另一方面宣布要进行"经济改革"。他仿效其父的手法，打着反共旗号向美国人求援。1976 年，美国卡特政府上台，将经济援助与人权问题联系起来，小杜瓦利埃的政治控制有所松动。1977 年 9 月，他释放了一些政治犯，流亡国外的反对派也陆续回国，并逐渐开始恢复活动。海地共产主义者统一党、海地基督教民主党从地下转为公开，海地民主工人联合会和基督教社会党也宣告成立。

但是，"自由化"毕竟不是海地独裁制度所希望的，当海地经济有所发展之后，小杜瓦利埃便结束了"自由化"进程。1979 年 10 月，政府实行《新闻检查法》，重新压制报刊的言论自由。1980 年 11 月 28 日晚，海地进行了几年来最大规模的逮捕，被捕者将近 2000 人，其中包括著名的反对派领袖欧仁朗方等，海地人民又重新处于黑暗和恐怖之中。

1983 年，小杜瓦利埃效法其父，操纵议会修改宪法，以承认他为终身总统。1985 年 7 月，他又搞了一次"公民投票"，进行没有竞争对手的选举。在选举中，他使用了各种舞弊手段，以 99.98% 的票数当选为总统，从而激起了反对派人士、天主教会及工农群众的强烈不满。1985 年 11 月 27 日，戈纳伊夫市爆发了大规模的学生运动，他们高喊"打倒宪法"的口号，结果遭到军警镇压。

1986 年 1 月，戈纳伊夫市再次爆发了学生的罢课和游行示威活动，斗争浪潮很快波及首都和其他城市，参加的人也越来越多。愤怒的群众第一次高呼"打倒杜瓦利埃"的口号。在太子港和其他大城市，屡屡发生群众与政府的严重对抗。1986 年 1 月 26 日，海地群众再次举行示威活动，使这里的美国游客受到威胁，美国里根政府决定放弃对杜瓦利埃政权的支持。在这种状况下，小杜瓦利埃下令实行全国戒严，更加残酷地镇压群众。2 月 3 日，首都太子港爆发了前所未有的总罢工，各地纷纷响应，并演变成一场席卷全国的反独裁的"二月风暴"。小杜瓦利埃见大势已去，于 2 月 7 日凌晨携其眷属和亲信乘坐飞机出逃，统治海地 28 年之久的杜瓦利埃"现代王朝"覆灭了。

海地人民将"二月风暴"称作海地的"第二次独立"。

◎ 小杜瓦利埃政府对学生运动采取严酷的镇压，图中武装军警虎视眈眈地注视着游行示威的队伍。

智利改良主义运动

在南美国家中，智利处于三大强国之列。第二次世界大战后，智利在经济上并没有摆脱发达资本主义国家的控制，长期处于美国资本的掠夺剥削之下。1970年9月大选时，智利社会党、激进党、共产党、社会民主党、统一人民运动和独立人民运动等左翼政党组成了"人民联盟"，并推举社会党领袖萨尔瓦多·阿连德为该联盟的总统候选人。

1970年9月，阿连德竞选总统获胜，组成了人民联盟政府，随后便进行了具有重要历史意义的改良主义运动。阿连德政府坚持反帝立场，1970年11月12日同古巴恢复了外交关系，接着又同中国、朝鲜等社会主义国家建立了外交关系。阿连德政府还坚决维护200海里海洋权，积极参加不结盟运动。

阿连德政府改革之初，得到了广大人民群众的支持，智利兴办工业企业，促进贸易发展，经济一度出现繁荣景象。不过，阿连德并没有从本国国情出发，改革措施和步骤过急，在推行政策时打击面太广，因而越来越遭到反对党的抗议，结果在国内敌对势力和美国垄断资本的抵制和破坏下，生产和经济大幅度下降，致使国家经济趋于瘫痪。最终，阿连德政府失去了群众基础，在一场军事政变中下台。1973年9月11日，智利成立了皮诺切特军政府，皮诺切特任军政府主席。1974年6月改称国家元首，并任智利总统，智利由文人执政变为军事独裁统治。

皮诺切特执政后，任用了一批芝加哥派经济学家抓经济管理，制订了一项稳定经济的计划，并一度获得成功。到1977年已使智利经济走出了低谷，有所发展，通货膨胀连续下降，国内生产总值迅速增长，财政收支扭亏为盈，国际收支也出现顺差。

然而，从1981年起，智利经济就开始走下坡路，军政府的统治基础随之发生了动摇。在1983～1988年间，为结束军人统治、恢复民主制度，智利各界发起多次全国性抗议活动。抗议形式主要是怠工，拒绝去公共场所活动，如不去娱乐场所、不乘公共汽车、不去商店购物、不送子女上学，等等。

◎智利首都圣地亚哥市景

1986年3月，首先是智利15个反对派妇女组织率先发动民主日活动，在圣地亚哥游行示威，并在市中心散发宣传小册子。随后，基督教民主党、社会党、激进党、统一人民行动运动和社会民主党等反对党青年签署了成立协调委员会的声明。

一个月后，18个反对党和群众组织的500多名领导人在圣地亚哥郊外举行了"公民职责代表大会"。大会决定采取联合行动，反对军人统治。会议通过了《智利要求书》，要求增加就业、实行大学自治、恢复新闻自由等，还明确要求进行社会变革，实现民主立宪。由于军政府未于5月底答复《智利要求书》，全国工人指挥部发动了名为"和平进军"的大游行。6月间，圣地亚哥大、中学生宣布大罢课，并迅速蔓延到全国各大城市。7月2日和3日，智利18个反对派组织发动了全国性的总罢工，要求结束军人政权，恢复国内民主。

面对国内日益高涨的民主呼声，智利军政府采取了一些缓和矛盾的做法。皮诺切特首次表示要修改宪法，于1989年举行大选，并研究批准选民登记法。同时，放宽了对新闻的限制，流亡国外的人也陆续返回国内。1988年10月5日，智利迎来了公民投票。结果，54.68%的人反对皮诺切特继续执政，赞成票只占43.04%。

为了彻底击败军政府，1988年10月16日，有16个反对党联合发表声明，表示将推选一位共同的候选人参加1989年12月的总统大选，从而保证了反对派政党战胜亲军方势力。1989年12月，反对派总统候选人、基督教民主党人帕特西里奥·艾尔文在大选中获胜。从此宣告军政府16年的独裁统治终结，智利人民迎来了"民主化的春天"。

◎ 1970年，萨尔瓦多·阿连德成功当选为智利总统。

·智利首都圣地亚哥·

圣地亚哥是一座拥有400多年历史的古城。1541年，西班牙殖民者瓦尔迪维亚率领150名骑兵来到这里，在位于现在城市中心的圣卢西亚山上修筑了西班牙在南美洲大陆上的第一座炮台，并在山下用泥砖和草木建筑了一批原始的住宅区，这就是圣地亚哥城的雏形。1818年4月5日，经过智利争取独立战争中一场决定性战役——迈普之战后，圣地亚哥成为智利的首都。19世纪时，因智利发现铜矿并逐渐大规模开采，城市迅速得到发展。在随后的年月里，圣地亚哥数次遭受地震、洪水等自然灾害的破坏，市区历史性建筑物受到严重毁坏。今天的圣地亚哥是一座现代化的城市，面积100多平方千米，人口534万，是智利最大城市，全国政治、经济、文化中心。

第三世界国家的民主运动

20 世纪 70 年代以后，一股民主运动的浪潮席卷了世界。先是希腊、葡萄牙和西班牙三个专制政体的欧洲国家建立了资产阶级代议制政权。此后，第三世界国家也广泛兴起了以西方政体取代传统的集权政体和军人政权、以多党制取代一党制或无党制的民主运动。

战后第三世界国家大都建立起民族主义政权，采取保护民族资本和国有化的政策，并确立了西方式政体。政体现代化是改造殖民经济、建设新型民族经济的一个前提条件。实施西方政体的第三世界国家，在 20 世纪 50 年代后期纷纷陷入政治动荡。在经历长期集权统治的第三世界国家中，有的国家在集权统治下经济有了长足发展。而促进经济的进一步发展，就必须相应地实行政治现代化——建立民主政治。

民主运动自 20 世纪 70 年代中期以来，20 余年间遍及拉美、亚、非三洲的近百个国家，其中拉美以反对军人独裁政权为特征的运动成为民主运动的先声。自 1978 年巴拿马率先以和平方式"还政于民"结束军人统治开始，到 1989 年的 10 年间，

◎拉莫斯

拉美军人政权纷纷倒台，都以较为和平的方式将权力移交给民选的文官政府。民主运动在亚洲兴起于 20 世纪 80 年代中期，在非洲大陆兴起于 20 世纪 80 年代后期。在此之前，非洲 53 个国家中有 37 个实行一党专制，"民主化"运动迅速改变了非洲各国的政治格局，到 1991 年，非洲实行或宣布实行多党制的国家达到 30 个。如此巨大的变化，足以说明民主运动在非洲的兴起不是偶然的。

以民主政体取代集权政体，还只是民主化运动的初步成果。作为一场进步与反动两种政治倾向、革新与保守两股政治势力之间复杂的政治较量，在经过广泛的兴起阶段之后，转入动荡前进的深化阶段：首先，集权政体在运动的广泛兴起阶段，由于形势所迫，以表面上的妥协退让做出推进民主的承诺，随后故意制造事端，阻挠民主进程。其次，集权势力兴风作浪，进行反击，使民主进程出现反复或停滞。

在菲律宾，阿基诺夫人领导的文官政府曾遭遇多次军人未遂政变。前总统马科斯势力依然强大，民主派联盟又不团结，最终有军人背景的拉莫斯取代阿基诺夫人执政。巴拿马、阿根廷等国家的民主运动也在文官政府与军事政变的反复较量中动荡推进。再次，在民主进程中，各种政治势力纷纷走上前台，继而各自为政，使民主运动陷入一片混乱之中。最后，集权统治时期积累起来的诸多经济、政治和社会问题，在短时期内不能得到解决，导致民主政府威信下降，社会出现动荡。

戈尔巴乔夫的"新思维"

戈尔巴乔夫上台执政的时候，苏联已经处于内外交困的境地。在国内，国民经济的发展已陷入停顿状态，社会矛盾日益严重。在外部，苏联自20世纪70年代末期以来所奉行的全球进攻战略，开始遭到西方集团的全面反击。美国总统里根于1983年提出关于建立反弹道导弹防御系统的战略防御倡议。1983年3月23日，美国总统里根宣布，为了确保美国及其盟国在可能发生的美、苏核大战中立于不败之地，美国已制定了《总统战略防御倡议》，其主要内容是建立以定向能（激光、粒子束、微波等）武器为主，包括攻击卫星、反弹道导弹的多层综合防御系统，用以在可能发生的核大战中拦截并击毁对方发射过来的弹道导弹，保护美国及其盟国的生命和财产的安全。因此项计划扩展到宇宙空间并涉及太空武器，故称"星球大战"计划。美国政府于1985年1月4日正式公布。

◎ 1985年，戈尔巴乔夫一上台即着手缓和与西方国家的关系，图为他访问巴黎期间与法国总统密特朗举行会谈。

·核竞赛·

核竞赛指的是有核国家竞相发展核武器以扩充核武库，尤其特指冷战时期的美国和苏联。第二次世界大战时期，美国研制出了原子弹，轰炸了日本的长崎、广岛，显示了惊人的威力。第二次世界大战后，世界各大国开始竞相研制核武器。1949年，苏联研制成功了原子弹，打破了美国的核垄断。1952年和1953年，美苏相继试爆了氢弹。为争夺核优势，美苏核试验次数不断增加，核武器的数量不断增多，核军备竞赛如火如荼。1962年，"古巴导弹危机"后，苏联认识到与美国的差距，加快了核武器的研制，核竞赛进入白热化。到了20世纪70年代末，美苏都拥有了超过实际需要、足以毁灭对方数次甚至毁灭人类数次的核武器。由于美苏两国认识到即使用核武器对付核袭击成功，自己也无法承受对方的核报复，核战争没有胜利者，因此在1972年5月，美苏签订《美苏关于限制进攻性战略武器的某些措施的临时协定》（后来又签订多项条约），以缓解核竞赛。1991年，苏联解体，核竞赛结束。

1993年5月美国政府宣布结束"星球大战计划"，并将发展文基反导弹防御系统转为发展陆基反导弹防御系统，改战略防御计划局为弹道导弹防御局。"星球大战"计划的出笼，是美、苏核军备竞赛加剧的结果。美国提出的"星球大战计划"使苏联面临着在新一轮军备竞赛中被拖垮的危险，对阿富汗的长期作战也使苏联付出了惨重的代价。可以说，在戈尔巴乔夫上台执政之时，苏联原有的内外政策已无法实行。为了配合国内的改革，戈尔巴乔夫对苏联的外交政策实施了大幅度的调整，提出了外交"新思维"。

◎ 裁军，特别是削减战略核导弹是戈尔巴乔夫上台后着力解决的问题。

戈尔巴乔夫的外交"新思维"是一个内容庞杂的思想理论体系，其核心思想是"全人类的价值高于一切"。所谓"全人类的价值"，主要指的是超阶级的"人性""道德伦理""人道主义"等价值观念。

戈尔巴乔夫反复宣称，应把"全人类的道德伦理准则作为国际政治的基础"，使国际关系"人性化""人道主义化"和"民主化"。他还提出了"新思维"的一系列原则：世界是一个相互依赖的整体，因此要排除两大社会体系之间的对抗；核战争会毁灭全人类，因而就不再是实现政治、经济、意识形态和其他目的的手段，所以要建立一个没有战争、没有军备竞赛的世界；和平共处不再是阶级斗争的特殊形式，国家关系要实现非意识形态化，要把对话和相互谅解作为目标。此外，"新思维"还包含关于苏联应采取的外交方针和策略的内容，比如加强改善苏美关系，追求苏美合作，承认世界的多极化和各国的独立自主，要放弃从前的霸权主义政策等。

戈尔巴乔夫外交"新思维"的基本目标是：第一，为国内的改革创造良好的外部环境，缓和国际紧张局势；第二，保持超级大国的地位，发挥对世界的主导性影响。在实施政策的具体方式上，戈尔巴乔夫主要采取了以对话代替对抗、以收缩代替扩张、以退让代替争夺的方式。在他执政的末期，苏联走上了对西方迁就、顺从乃至屈服的道路。

为了实现外交政策的基本目标，戈尔巴乔夫在涉及对外关系的诸领域中，以"新思维"为指导，进行了诸多方面的活动：以大规模的撤军、裁军作为改善对外关系、改善国际形象、缓和国际局势的基础；将放弃苏美对抗、谋求苏美合作为外交工作的重心。

他上台后，在政治、军事、经济等方面主动采取了一系列改善苏美关系的行动，甚至不惜做出重大的让步；在"欧洲大厦"的口号下，谋求同西欧的合作，谋求西方国家的经济援助；在苏联与东欧各国的关系方面，对东欧的剧变给予积极的评价；主动改善同亚洲地区各国的关系，提出一系列减少亚太地区军备竞赛、军事对抗、建立安全机制的建议和主张。

◎红场上的苏联士兵

德国统一

第二次世界大战后，东西方特别是美苏之间长期而全面的对抗，致使德国统一的问题迟迟得不到解决。1949年，联邦德国和民主德国先后建国，1955年两德分别加入北约和华约，1973年又同时加入联合国，1975年一起参加"欧安会"首脑会议最后文件的签字，民主德国与联邦德国并存进一步得到确认。直到1989年秋东欧形势出现急剧变化之前，两德和美、苏、英、法四大国都没有认真考虑过德国统一的现实性和可能性。

民主德国的经济是东欧国家中最好的，但它的人均国民总收入仅及联邦德国的一半。民主德国百姓被联邦德国的高生活水平所吸引，不少人逃往联邦德国。民主德国政府筑柏林墙阻止居民外流，但收效不大。1989年10月7日，民主德国庆祝建国40周年。柏林、莱比锡等城市爆发示威游行，要求扩大民主，实行改革，放宽出国旅行。警察用高压水龙冲散游行队伍，拘捕数百人。全国形势动荡不安。执政18年之久的昂纳克被迫于10月18日辞职，各级党政领导也大量易人。12月8～9日和16～17日，统一社会党举行非常代表大会，决定将党的名称改为"德国统一社会党—民主社会主义党"，宣称民主德国应建立一个实现民主、建立法制、社会平等的民主社会主义社会。

1989年11月9日，民主德国开放柏林墙，允许居民自由过境。两天中，有75万民主德国人涌进联邦德国。这股洪流把象征分裂的柏林墙"推倒"，使统一问题

◎柏林墙的拆除开创了德国统一的新时代

·戴维营会谈·

1959年9月25～27日，美苏两国首脑艾森豪威尔与赫鲁晓夫在美国总统别墅戴维营举行的会谈。20世纪50年代中期，东西方的10年冷战开始出现缓和。1959年9月，赫鲁晓夫应艾森豪威尔邀请访问美国。9月25～27日在戴维营举行会谈，双方就德国的统一、柏林的地位、裁军、禁止核武器、美苏关系等问题交换了意见。会谈中，赫鲁晓夫做出让步，最后双方发表了联合公报。苏联同意取消1958年提出的关于在一定期限内解决柏林问题并与民主德国签订和约的最后通牒；美国同意就柏林地位和德国统一问题召开四大国最高级会议；苏联还正式邀请美国总统于1960年春访苏。这是第二次世界大战后美、苏首脑的第一次会晤，没有取得实质性成果，但使紧张的柏林局势得以缓和，美、苏关系有所改善。会后，赫鲁晓夫大肆宣扬美、苏合作主宰世界的"戴维营精神"。

成为全德人民共同关心的焦点。联邦德国总理科尔抓住时机，于11月28日提出德国统一的十点计划。民主德国政府反对科尔的计划，但是不久，就改变了态度，于1990年2月1日建议两德通过缔结睦邻条约、建立邦联、主权移交邦联、民主选举等四个阶段实现统一。

在迅猛的统一浪潮推动下，美、苏、英、法四大国不断调整对德政策。1990年2月13日，两德同四大国在渥太华共同制订了先由两德解决与统一有关的"内部"问题，再由两德同四大国一起解决与统一有关的"外部"问题，即所谓"2+4"方案。

1990年3月18日，民主德国举行人民议院选举，结果基督教民主联盟、德国社会联盟和民主觉醒三党组成的德国联盟选胜。4月12日，新政府组成，有24名成员，民主社会主义党被排除在外。5月18日，两德财政部部长签署了关于建立货币、经济和社会联盟的国家条约。7月12日起，东西柏林的边界卡全部撤销，柏林墙被拆除。

两德于7月6日开始关于政治统一问题的谈判。1990年8月31日，两德签署了实现政治统一的第二个国家条约，规定东西柏林合并，民主德国加入联邦德国。

德国统一涉及欧洲各国的利益和安全，而德国作为第二次世界大战中的战败国，一直受美、苏、英、法四大战胜国的某种监控。因此，科尔政府利用"2+4"外长会议，积极开展外交活动。科尔政府"保证忠于北约和欧共体"，明确表示承认波兰西部边界，并在第三次"2+4"巴黎外长会议上就德波边界问题达成全面

协议。苏联坚决反对统一后的德国归属北约。科尔为争取苏联交出德国统一的"最后一把钥匙"，决心从德苏之间的双边交易突破。7月15日，他表示永远承认战后边界；答应把德国统一后的武装力量裁减到37万；允诺向苏联提供120亿马克的无偿援助和近100亿马克的低息贷款等，从而换取了戈尔巴乔夫的点头。1990年9月12日，在莫斯科举行了第四次"2+4"会议，各国外长签署了《最后解决德国问题的条约》。

莫斯科条约照顾到各方的利益。它宣布，统一的德国对内对外拥有完全的主权并可自由结盟。条约确定德国现有领土和边界的最终性，规定苏军在1994年年底前撤离原民主德国的地区。德国声明奉行和平政策，放弃制造、拥有和控制核武器、生物武器以及化学武器，并保证在四年内裁军45%。10月1日，四大国外长在纽约发表联合宣言，宣布从10月3日起终止四大国对德国和柏林的权利和责任。至此，德国统一的一切问题都已完满解决。

1990年10月3日，民主德国正式并入联邦德国。柏林国会大厦升起了联邦德国国旗。分裂了40多年的德国重新实现了统一。

◎统一之夜
柏林议会大厦前悬挂的是联邦德国的国旗。

"超越遏制"战略

1989 年 1 月，布什当选为美国总统。此时正值国际形势发生巨大变化的时期。东欧社会主义国家施行的改革措施遇到严重的挑战，特别是在戈尔巴乔夫外交"新思维"的影响下，东欧各国的形势在极短的时间里发生了出人意料的变化。在美苏关系上，苏联力求通过同美国的广泛合作来全面改善自己的国际形象，公开宣布不再与美国为敌，并在许多国际问题的处理上不断做出妥协和让步。所有这些变化，都促使布什政府把对外战略进行一次重大调整。

布什对苏政策的主导思想是采取谨慎的方针，他看到戈尔巴乔夫的内外政策虽然确实发生了很大的变化，但还要研究这些变化的性质和意图是否对美国真的有利。通过审议，布什认为应当承认"苏联正在发生的深刻变化"，但"对苏联的看法要以苏联制度自身的性质为基础"，戈尔巴乔夫的改革还没有使苏联的制度"发生意义重大的变化"。保守势力预言，戈尔巴乔夫的改革会失败，其继承者"可能重新采取对抗的政策"，而且认为"不管戈尔巴乔夫将来是成功还是失败，或者只是保持生存下来，我们面前都将存在着同苏联的竞争和斗争"。

1989 年 5 月 13 日，布什在得克萨斯农业和机械大学发表了他的第一次对苏政策讲话，提出美国根据苏联发生的一系列变化，要实施"超越遏制"战略，从而取代战后美国推行了 40 多年的"遏制"战略。其基本观点可概括为以下三个方面：第一，明确肯定了戈尔巴乔夫的改革和公开性方针符合美国和西方的利益，"西方的政策必须鼓励苏联朝着开放社会演变"；第二，在维持足够的军事实力和加强美、欧、日三边联盟的基础上，同苏联继续对话与合作；第三，在以往遏制取得成功的基础上，通过经济、文化、书刊和思想自由交流等途径，"努力谋求把苏联融合到国际社会中来"。

布什的"超越遏制"，并不是放弃遏制，而是遏制的发展，它比单纯遏制苏联扩张的目标还高。布什的对苏政策也没有完全放弃里根坚持的实力地位原则，但他更多地采取经济和政治手段，同苏联既竞争又合作，进一步推动缓和与对话。但最终目的是在战胜苏联的前提下，由资本主义取代社会主义，实现资本主义的一统天下。

◎ 在"超越遏制"战略中，裁军只是一种策略，真正的武器装备只会愈发精密。图为美国新研制的海军舰艇。

南南合作

"南南合作"是指发展中国家间的经济合作，是建立在平等、自愿、互助、互利基础之上的，以建立国际经济新秩序为主要内容。20世纪50年代的万隆会议揭开了南南合作的序幕。在20世纪60年代，随着不结盟运动的兴起和"七十七国集团"的成立，南方国家开始进行整体性的合作；同时，兴起了许多区域性经济和贸易组织。

进入20世纪70年代，绝大多数殖民地国家都已获得独立，南南合作有了良好的发展机遇，并取得突出成就，其标志是石油输出国组织（欧佩克）登上世界舞台。发展中国家通过欧佩克作为一个集体采取行动，干预世界石油市场，从中获取合理的利润。这是南方集体自力更生道路上的一个里程碑，是发展中国家第一次联合起来共同行动与发达国家争夺对一种重要产品的生产和价格的控制权。整个20世纪70年代在南方国家的集体斗争中，商品价格不断得以调整，许多南方国家经济增长显著。南南贸易大幅度增长，从1970年到1981年之间，南南贸易在世界贸易总额中所占比例几乎增加了一倍。

20世纪80年代以来，南南合作走向地区一体化。1980年成立的拉丁美洲一体化协会取代了20世纪60年代初建立的拉丁美洲自由贸易协会，进一步推动该地区一体化的进程。同时，海湾合作委员会、阿拉伯合作委员会和马格里布联盟的诞生，也推动了中东和北非一体化的发展。1985年南亚区域合作联盟产生加强了南亚国家的合作。进入20世纪90年代以来，南南

合作的发展趋势在不断加强。

拥有128个成员国的"七十七国集团"也在积极开展活动。1991年11月，在德黑兰举行部长级会议，发表《德黑兰宣言》。1992年2月在哥伦比亚召开的联合国贸易会议上，协调了南方国家的立场。第三世界国家在争取和平与发展、维护主权和独立、反对霸权主义和强权政治等基本问题上达成共识。

南南合作地区集团化趋势也在不断加强。在亚洲，东南亚国家联盟继续发展壮大。1995年7月底，在文莱举行的第28届东盟外长会议上，正式接纳越南为其第七个成员国，并希望把老挝、柬埔寨和缅甸三国也纳入进来。

在非洲，各国为加强经济合作和一体化采取务实措施，取得很大的进展。1991

◎ 1973年秋，石油输出国组织（欧佩克）对全球经济开始了一连串重大冲击。

年6月，非洲51个国家在非洲统一组织第27届首脑会议上签署了《建立非洲经济共同体条约》。1994年5月，非洲经济一体化开始起步。

1992年南部非洲十国决定把南部非洲发展协调会议改组为南部非洲发展共同体，随后接纳南非和毛里求斯为新成员国，为该共同体注入新的活力。1994年年底，东南非地区22国首脑会议批准建立东南非共同市场。1994年1月，西非货币联盟和西非经济共同体合并成立西非经济和货币联盟。

在拉美地区，20世纪90年代以来，出现新的一体化组织。

1989年7月，墨西哥、哥伦比亚和委内瑞拉成立三国集团，支持中美洲和平进程和一体化。1995年伊始，三国集团的自由贸易区正式启动。

安第斯集团在20世纪90年代又重新活跃起来，于1991年开始建立安第斯自由贸易区。1995年9月5日，安第斯集团总统理事会第七次会议决定建立安第斯一体化体系。

1991年3月，阿根廷、巴西、乌拉圭和巴拉圭四国总统在巴拉圭首都亚松森签署《亚松森条约》，宣布建立共同市场，推动拉美地区的经济一体化进程。1995年1月，南方共同市场正式启动。

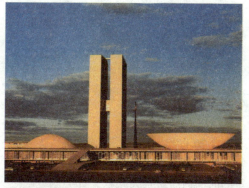

◎随着南南合作的展开，越来越多的发展中国家摆脱了贫困，图为巴西国会大厦的壮阔景观。

◎南南合作促进了发展中国家经济的发展，提高了同发达国家的谈判地位，对建立国际经济新秩序起了积极作用。图为设在埃及开罗解放广场的阿拉伯总部，阿拉伯国家合作委员会正在举行会议。

拉美地区常设性政治协调机构——里约集团也有发展，1994年9月，里约集团在里约热内卢举行第八次首脑会议，与会各国就许多问题进行了广泛的交流，达成广泛的共识。

·七十七国集团·

发展中国家在国际经济领域反帝、反霸和维护自己经济权益的斗争中逐步形成和发展起来的，以建立新的国际经济秩序为目标的世界性国家集团。1964年4月，第一届联合国贸易和发展会议在日内瓦举行，亚、非、拉发展中国家联合发表了《七十七国联合声明》，从此被称为"七十七国集团"。此后，在每次联合国贸发会召开之前，七十七国集团都要举行部长会议，进行协商、研究对策，以采取联合行动。其宗旨是，协调发展中国家在国际经济和贸易领域中的立场，增强发展中国家的团结与合作，在贸易和经济发展方面确定共同的目标，制定适合行动的纲领，采取集体谈判策略，加强发展中国家的谈判地位，促进建立国际经济新秩序的斗争，加速发展中国家的经济发展进程。现有成员国120余个，但仍沿用"七十七国集团"的名称。

东欧剧变

自 20 世纪 80 年代起，东欧局势发生剧烈的动荡，各国的共产党和工人党在短短的时间内纷纷丧失政权，社会制度随之发生了根本性变化。

东欧各国的剧变大体经历了三个阶段：一是执政的共产党和工人党由于内部和外部的原因，在经济上和政治上面临着严重的困难，党内出现了反对派。二是执政党在国内外的压力下，不断对反对派妥协退让，放弃社会主义原则，实行政治多元化、多党制，反对派势力扩大。三是反对派通过不断制造动乱，施加压力，使执政党陷入困境，然后取得政权。个别国家甚至通过武装冲突，实现政权更迭。

1989 年 1 月，波兰统一工人党提出实行政治多元化。1989 年 2 月 6 日 ~ 4 月 5 日，包括团结工会在内的第一次圆桌会议在华沙举行。政府当局和团结工会达成了政治、经济改革方案，并且修改宪法，实行总统制。4 月 17 日，华沙法院宣布团结工会为合法组织。在 6 月 4 日的大选中，团结工会获胜，统一工人党惨败。12 月 29 日，波兰议会通过宪法修正案，取消了关于波兰统一工人党在国家中起领导作用和实行社会主义制度的条款，改波兰人民共和国为波兰共和国。

1990 年 1 月，波兰统一工人党通过《关于波兰统一工人党停止活动的决议》，决定结束党的存在。1990 年 5 月，国会通过了政党法，禁止各党派在工厂、军队和国家机关中从事党派活动。12 月 9 日，瓦文萨当选总统。由此，波兰进入了不稳定的多党角逐时期。

1988 年 5 月，匈牙利社会主义工人党提出实行社会主义多元化，加速改革。1989 年 2 月，社会主义工人党重新评价了 1956 年的匈牙利事件，认为这是一次"真正的起义——人民起义"，并通过了实行多党制的决议，认为政治体制多元化可以在多党制范围内实现。1989 年 10 月，社会主义工人党将党的名称改为社会党，并把党的奋斗目标定为民主社会主义。原党中央总书记格罗斯不同意这一决定，改组社会主义工人党。社会主义工人党宣称长远目标是建设社会主义社会，当前目标是阻止资本主义复辟。1990 年 10 月 18 日，国会通过了宪法修正案，改匈牙利人民共和国为匈牙利共和国。

1986 年，保加利亚共产党提出了对社会主义的经济、政治、文化和生活方式等一切领域进行根本性的变革。1989 年 5 月 29 日，保加利亚开放边界，引起 31 万保加利亚人大出逃，造成国民经济的停顿。1989 年 11 月 10 日，姆拉德诺夫任保共中央总书记，他极力倡导政治多元化。12 月，党的领导机构大改组，30 多名中央委员被开除或解职。

1990 年 1 月 30 日 ~ 2 月 2 日，保共中央召开第 14 次特别代表大会，通过了《保加利亚民主社会主义宣言》和新的党章，正式放弃原来的奋斗目标，政治上，主张建设民主与人道的社会主义社会，实行多党制、三权分立；经济上，实行所有制多元化和市场经济。4 月 3 日，保共改称保加利亚社会党。1990 年 4 月，国民议会通过宪法修改法、政党法和选举法，姆拉德诺夫当选为总统。1990 年 6 月 10 日，保加利亚举行政治多元化后的首次选举，社会党获得多数席位，成为执政党，组成新政府。

1968 年布拉格之春事件后，捷克斯洛伐克一直陷入僵化和停滞状态之中。1989 年春，捷克斯洛伐克围绕如何评价布拉格之春事件，爆发了一场政治风暴。各地发生大规模游行。11 月 19 日，以哈维尔为首的公民论坛成立。11 月 29 日，捷议会批准宪法修正案，取消了捷共的领导地位。12 月 28 日，联邦议会选举刚被恢复名誉的杜布切克为捷共主席；29 日，选举哈维尔为总统。至此，捷克斯洛伐克的国家领导职务已不在捷共手中，捷共成为在野党，失去了执政党的地位。

1991 年 4 月，捷克斯洛伐克国名改为捷克和斯洛伐克联邦共和国。1992 年 6 月 5 ~ 6 日，在新的议会选举中，捷克主张维持联邦制，斯洛伐克主张独立，双方意见相左。1993 年 1 月 1 日，捷克和斯洛伐克联邦共和国分裂为捷克共和国和斯洛伐克共和国两个独立的主权国家。

1989 年 12 月，罗马尼亚西部城市蒂米什瓦拉，因抗议解除一名持不同政见的神甫职务举行的群众示威，演变成骚乱。不久，布加勒斯特也开始了骚乱，军队倒戈。党和国家领导人齐奥塞斯库被捕，并被秘密处决。12 月 27 日，罗马尼亚社会主义共和国改名为罗马尼亚。1990 年 5 月 20 日，罗马尼亚举行全国大选，伊埃利斯库当选总统，救国阵线获得议会多数席位，组成新政府。

铁托逝世后，南斯拉夫民族矛盾加剧。1990 年 5 月 26 日，南共联盟宣布解散，各共和国的共盟分别改称社会党、社会民主党或民主改革党。

1990 年 4 ~ 5 月，各共和国先后进行了选举，克罗地亚和斯洛文尼亚的原共盟失去了执政党的地位。1991 年 6 月 25 日，克罗地亚共和国和斯洛文尼亚共和国分别宣布独立。南人民军进行干预，发生了流血冲突，国际社会介入调解。1991 年 10 月 8 日，克罗地亚和斯洛文尼亚正式脱离南斯拉夫独立，并得到国际社会的承认。1992 年 3 月，波斯尼亚－黑塞哥维那宣布独立，但境内塞族反对，自行成立塞尔维亚波黑共和国。1992 年 4 月，发生了迄今为止欧洲规模最大、时间最长的波黑战争。由于欧共体、美国、俄罗斯的介入，波黑战争不仅旷日持久，而且越来越复杂。1992 年 4 月 27 日，成立了由塞尔维亚共和国和黑山共和国联合组成的新南斯拉夫联盟共和国。1945 年以来成立的南斯拉夫联邦共和国不复存在。

东欧发生的这场剧变，其性质绝非是社会主义完善自身的改革，而是社会主义向资本主义的演变。

·罗马尼亚政变·

罗马尼亚总统齐奥塞斯库生活堕落腐化，加上罗马尼亚经济一直衰退，社会危机一触即发。1989 年 12 月，匈牙利族神父特凯什·拉斯特因为持不同政见而被当局逮捕，引发了大规模抗议活动，并很快发展为暴动。12 月 16 日晚上，齐奥塞斯库命令国防部长将装甲部队开进城里镇压示威者，第二天，军队和警察对群众展开了血腥镇压，很快就平息了暴动。齐奥塞斯库得意忘形，在 12 月 21 日时安排了一次群众集会，以粉饰太平。但是在他演讲的时候，事先经过精心挑选的群众却发出了反对的声音，又一次暴动开始了。22 日中午，军方表示不愿意对群众开枪，并成立了救国阵线委员会，接管了全部权力，将齐奥塞斯库夫妇逮捕。12 月 25 日，齐奥塞斯库夫妇经特别法庭审判后被执行枪决，罗马尼亚建立了资产阶级政权。

苏联解体

1991 年，随着华约的解散，世界上又发生了一件重大的事件：由列宁开创的具有 70 年历史的苏联迅速走向解体，存在了半个世纪之久的美、苏对峙的两极格局，彻底瓦解。

1985 年 3 月，戈尔巴乔夫执政于苏联与发达国家差距拉大的停滞时期，面对处于危机边缘的国内形势，他上台后便在苏共召开的全会上提出了经济改革的任务，并在干部问题上做了一系列调整，以期从组织上保证改革的顺利进行。由于改革顺应了民意，因而在改革之初，苏联的社会生活一扫以往的沉闷气氛。然而，戈尔巴乔夫急于求成，在没有明晰的改革蓝图的情况下，就轰轰烈烈地展开改革，从而把改革引入歧途。

苏联在经济体制改革过程中首先出了问题。1989 年，苏联提出"关于经济健康化的七年计划"，要用两至三年的时间实现向市场经济的过渡，但由于在如何过渡到市场经济的问题上缺乏共识，经济体制改革的方案一变再变，不仅未能克服经济发展的停滞状态，反而使经济形势更加恶化。面对这种情况，戈尔巴乔夫错误地认为，经济改革之所以出师不利，就是因为旧的政治体制在起阻碍作用，因此必须进行政治体制改革。由于改革重点的匆忙转移及政治体制改革措施和路线的错误，结果导致了苏联政局的动荡。经济改革方案的争论转化为政治斗争，权力之争取代了经济合理性的考虑，经济改革变成了政治和权力斗争的附属品和牺牲品，以至经济改革

和建设难以维系。当各族人民的现实经济利益在改革中得不到满足之时，他们的怨恨和不满便会通过民族主义的形式表现出来，从而使民族矛盾空前激化，并与政治、经济、社会等一系列问题混在一起，最终导致联盟国家的解体。

1986 年 12 月，"阿拉木图事件"敲响了地方民族主义的警钟，暴露出相当多的加盟共和国与联盟中央之间的紧张关系。1988 年 2 月，阿塞拜疆和亚美尼亚之间的纳卡冲突又打破了各民族和加盟共和国之间的和谐。随后，波罗的海等三国的独立运动又揭开了民族分离主义对苏联发起挑战的序幕……各种民族主义在各非俄罗斯民族中的急剧膨胀，反过来又刺激了一向具有历史优越感和现实至上感的大俄罗斯民族，俄罗斯的"民主派"喊出了"救救俄罗斯""全面振兴俄罗斯"等口号，并坚决主张组成联盟的各加盟共和国与苏联彻底分离，然后再在完全平等的基础上结成新的联盟。

面对日益严峻的民族分离主义运动，戈尔巴乔夫于 1990 年 6 月提出建立"主权的社会主义国家联盟"的构想。1991 年 3 月 17 日，苏联就是否保留联盟进行了全民投票，76.4% 的人投了赞成票，但中央与共和国之间对此存在尖锐的分歧。5 月，戈尔巴乔夫和 15 个加盟共和国领袖达成协议，同意组成"新苏联"。8 月 14 日，苏联公布了新联盟条约文本。条约规定，结成联盟的各共和国保留独立决定涉及本国发展的一切问题的权利；在国际关系中苏联为一

个主权国家，但结成联盟的各共和国有权同外国建立直接的外交、领事和贸易关系。

苏联时间 1991 年 8 月 19 日，苏联副总统亚纳耶夫突然发布命令宣布，鉴于总统戈尔巴乔夫健康状况已不能履行总统职务，他本人即日起履行总统职务。亚纳耶夫同时宣布，成立苏联"国家紧急状态委员会"，在苏联部分地区实施为期 6 个月的紧急状态。在此期间，国家全部权力移交给苏联国家紧急状态委员会行使。

苏联国家紧急状态委员会发表《告苏联人民书》说，戈尔巴乔夫倡导的改革政策已"走入死胡同"，"苏联国家和人民的命运处在极其危险的严重时刻"。该委员会同日发布了"第一号命令"：各级政权机关和管理机关必须无条件实施紧急状态；立即改组不按苏联宪法和苏联法律行事的政权机关；停止阻碍局势正常化的政党、社会团体的活动等。此时正在黑海海滨克里木半岛休养的戈尔巴乔夫被软禁在别墅里，他同莫斯科的联系完全中断。

"八一九"事件发生后，代理总统亚纳耶夫发布了在莫斯科市实施紧急状态的命令，坦克和军队出现在莫斯科街头。时任俄罗斯联邦总统的叶利钦没有听命于紧急委员会的命令，他跳到议会大厦前的坦克上发表演讲，指责国家紧急状态委员会要恢复苏联的政治铁幕统治，并号召群众进行总罢工。国家紧急状态委员会未能果断肃清议会大厦的反对派。在叶利钦的鼓动下，情况发生逆转。8 月 20 日晚，议会大厦前已聚集了数万示威群众。有些人构筑了堡垒，要誓死保卫议会。8 月 21 日下午，苏联国防部命令军队撤回驻地，国家紧急状态委员会领导人放弃了行动。

8 月 21 日晚 8 时，戈尔巴乔夫发表声明，强调他已完全控制了局势。8 月 22 日凌晨，他乘飞机返回莫斯科。8 月 22 日上午，俄罗斯联邦总统叶利钦宣布，苏联前副总统亚纳耶夫等已于 22 日凌晨被拘留。

以维护苏联原有的联盟体制为目标的"八一九"事件失败后，苏联解体的形势已无法逆转。8 月 24 日，叶利钦宣布俄罗斯联邦承认爱沙尼亚和拉脱维亚独立。同一天，《真理报》"暂停"出版。12 月 1 日，第二大加盟共和国乌克兰宣布独立。

12 月 8 日，俄罗斯、白俄罗斯、乌克兰宣布成立独立国家联合体。同时宣称，苏维埃社会主义共和国联盟"已不存在"。1991 年 12 月 21 日，俄罗斯等 11 个独立国家领导人在哈萨克斯坦首都阿拉木图举行首脑会议，通过了《阿拉木图宣言》等文件，正式宣告建立独立国家联合体，1922 年成立的苏维埃社会主义共和国联盟不复存在。

25 日 19 时 25 分，戈尔巴乔夫在电视讲话中宣布辞职。19 时 32 分，克里姆林宫屋顶旗杆上，那面为几代苏联人熟睹的镰刀锤子旗开始徐徐落下。19 时 45 分，一面三色的俄罗斯联邦国旗升上了克里姆林宫上空。此时此刻，广场上的人们意识到，克里姆林宫已成为俄罗斯的总统府，一个昔日的超级大国——苏联已经成为历史。

◎ 叶利钦在 1991 年"八一九"事件期间向市民发表演说。

海湾战争

1990 年 8 月 2 日，伊拉克军队占领了科威特，宣布科威特为伊拉克的第 19 个省，伊拉克的侵略行径导致了海湾战争。

伊拉克吞并科威特的主要目的是想在经济上勾销它欠科威特的债务，攫取科威特在国外超过 1000 亿美元的资产，并占领科威特约占世界 10% 的石油资源；在政治上，想用吞并科威特的胜利来掩盖和弥补发动两伊战争的被动局面，同时加强它在海湾的地位。

伊拉克公然吞并一个独立国的举动引起了国际社会的谴责。其中以美国的反应最为强烈，因为中东的石油是美国和西方国家的经济命脉。为了确保海湾的石油通道，也为了确保美国在中东地区的战略地位，1990 年 8 月 2 ~ 3 日，美国总统布什主持召开国家安全委员会全体会议，研究对策。会议最终决定，采取大规模军事部署行动，迫使伊拉克撤军，并为必要时采取军事打击行动做好准备。根据这一精神，美军中央总部拟订了"沙漠盾牌"行动计划。8 月 7 日，布什总统正式批准了该计划。

"沙漠盾牌"行动计划确定后，美军制订了具体部署方案，其他国家也展开了各自的部署出兵行动。经过紧张行动，美军分别于 11 月 8 日和 11 月底完成了两个阶段的部署。是时，美军在海湾地区的总兵力达到 43 万人；主要武器装备有：坦克 1200 辆，装甲车 2000 辆，作战飞机 1300 架，直升机 1500 架，军舰 100 余艘。其他国家出动的总兵力达 50 万人。部分未出兵国家提供了武器装备、舰船、飞机和医疗队。

面对美国和其他国家的出兵行动及国际社会的经济制裁，伊拉克做出了一系列应对措施同时，伊拉克在经济上采取了内部紧缩，对外寻求突破口的政策；在军事上则加紧了扩军备战，恢复和新建 24 个师，使军队总兵力达到 77 个师，120 万人。伊拉克在科战区的兵力部署也得到了加强，

· 两伊战争 ·

两伊战争是指 1980 ~ 1988 年伊拉克和伊朗之间的战争。伊拉克和伊朗长期以来一直存在着民族、宗教、领土争端。1980 年 9 月 22 日，伊拉克军队向伊朗发起了进攻，伊朗军队仓促迎战，纷纷败退，伊拉克军队占领了伊朗 2 万平方千米的土地。1981 年 9 月，经过调整部署的伊朗军队发起反攻，重创伊拉克军队，收复了全部领土。为了扭转败局，伊拉克单方面宣布停火，并撤出伊朗。但伊朗拒绝了伊拉克的停火建议，于 1982 年 7 月 13 日攻入伊拉克，企图夺取伊拉克第二大城市巴士拉，但遭到了伊拉克军队的围歼。从此战争陷入僵局。随后几年，双方又进行了"袭船战""袭城战"，但始终无法打破战争僵局。1988 年，伊拉克和伊朗达成停火协议，两伊战争正式结束。战争开始时，伊拉克采取突然袭击的方式，取得了重大战果，但伊朗军队随即调整部署，集中兵力，最终扭转了战局。两国虽然都拥有坦克等先进武器，但都采用一线平推的战术，无法达到速战速决的目的。

三道防线共部署 43 个师, 约 54 万人, 坦克 4280 辆, 火炮 2800 门, 装甲输送车 2800 辆。

美军在开始执行"沙漠盾牌"计划时, 即已估计到伊拉克拒不撤军的情况, 于是拟订了代号为"沙漠风暴"的军事打击行动计划。1990 年 11 月 29 日, 联合国安理会通过第 678 号决议, 规定 1991 年 1 月 15 日为伊拉克撤军的最后期限。1991 年 1 月 9 日, 美国国务卿贝克和伊拉克外长阿齐兹在日内瓦举行战争爆发前的最后一次会晤。但是, 会谈没有取得结果。1 月 16 日, 布什总统签署了国家安全指令文件, 命令美军向伊拉克开战。

1 月 17 日凌晨, 美军的空袭行动开始。整个空袭包括"沙漠风暴"计划在内的四个作战阶段的前三个。按计划, 三个阶段同时开始, 齐头推进, 逐一达到既定目标。美军飞机日出动量达 2000 ~ 3000 架次。据美军统计, 到地面进攻开始时, 科威特战区伊军部队 54 万人中伤亡达 25% 以上, 重装备损失达 30% ~ 45%。为了实施地面进攻作战, 美国中央总部陆军也制订了具体战役计划, 这就是"沙漠军刀"计划。该计划实际上是"沙漠风暴"计划的组成部分。计划制订以后, 从 1 月 17 日空袭开始到 2 月 24 日, 多国部队进行了大规模的部署调整。1991 年 2 月 24 日, 当地时间凌晨 4 时整, 多国部队向伊军发起了大规模诸军兵种联合进攻, 将海湾战争推向了最后阶段。伊军在多国部队进攻面前进行了顽强抵抗, 后逐渐向北和西方向撤退, 并点燃了科威特境内的大量油井。28 日晨, 科威特城已全部被阿拉伯部队控制, 多国部队也大多完成了各自任务。在这种情况下, 布什总统下达了当日当地时间 8 时暂时停火的命令。整个地面进攻历时 100 小时。

暂时停火以后, 伊拉克表示接受美国提出的停火条件, 愿意履行联合国安理会历次通过的有关决议。4 月 3 日, 联合国安理会通过了海湾正式停火决议, 海湾战争宣告结束。

海湾战争是世界进入后冷战时期后发生的第一次"带有全局性的地区性冲突", 它打破了中东和海湾地区原有的格局和力量组合, 影响了世界的局势。更为严重的是, 海湾战争的结束并未从根本上解决海湾危机, 围绕着核查与反核查、制裁与反制裁的问题, 伊拉克与联合国尤其是与以美国为首的西方国家发生了无数次争吵和冲突。为此, 伊拉克多次招致美国的军事威胁和空中打击。1998 年 12 月 17 ~ 20 日, 美、英对伊拉克发动了代号为"沙漠之狐"的军事行动, 这次空中打击共向伊拉克发射了数百枚巡航导弹。面对从天而降的远程精确制导武器, 伊拉克毫无还手之力。然而, 当"沙漠之狐"行动停止后, 人们却惊奇地发现, 海湾地区的国际战略格局正在发生一场巨大的变化。美、英的这次军事行动不仅无助于伊拉克问题的解决, 反而为联合国在伊拉克开展武器核查设置了更大的障碍。海湾战争和海湾危机是冷战结束后众多地区冲突的一个缩影, 表明了世界两极体制正在走向崩溃。

◎海湾战争期间美军士兵在伊拉克境内进行的模拟攻击训练。

科索沃危机

科索沃危机的发生，有着复杂的历史渊源。塞尔维亚人称对该地区拥有"历史权利"，认为科索沃是中世纪塞尔维亚的摇篮和发祥地，是塞尔维亚领土不可分割的一部分。而阿尔巴尼亚人则称对科索沃拥有"种族权利"，因为他们的人数在该地区占有绝对优势。

1945 年 7 月，根据科索沃地区居民的意愿，科索沃成为塞尔维亚共和国范围内的一个自治区。当年南斯拉夫联邦人民共和国成立后，塞尔维亚成为其 6 个共和国之一。

⊙米洛舍维奇

20 世纪 90 年代初，随着东欧政治剧变，科索沃危机进一步加剧。面对阿族的分离行动，以米洛舍维奇为首的强硬派掌权后，于 1990 年 7 月通过法令解除了科

索沃自治省的地位，并派出大批塞族官员和军警到科索沃各地强行接管政权，致使民族矛盾更加尖锐，冲突时有发生。1992 年，南联邦解体，塞尔维亚与黑山两个共和国联合成立了"南斯拉夫联盟共和国"，阿族人在联盟中的地位大不如从前。于是，阿族人于 1992 年 5 月 4 日在科索沃举行了"全民公决"，正式产生议会政府，选出了"科索沃共和国"的总统鲁瓦戈。塞尔维亚共和国随即宣布科索沃阿族人的一切选举结果无效，所有有组织的行动均为非法。科索沃阿族政党和极端民族主义组织呼吁北约派军队进驻科索沃，希望欧盟和联合国出面干预，使科索沃问题扩大化、复杂化、国际化。

1999 年年初，以美国为首的北约认为干涉南联盟内政的时机已到，于 2 月 6 日和 2 月 15 日先后两次导演了朗布利埃和平谈判。谈判协议规定：科索沃将在联盟疆界内实行"高度自治"，三年后再根据科索沃"人民的意愿"决定其是否独立。协议还要求北约向科索沃派遣士兵，负责实施这项过渡协议。显然，协议已经涉及南联盟的主权与领土完整，南联盟无法接受上述条件，谈判最终破裂。于是，以美国为首的北约于 3 月 24 日夜借维护"和平"与"人权"的名义，对南联盟这个主权国

·铁托·

原名约瑟普·布罗兹，南斯拉夫总统（1953～1980年）。铁托于1892年出生于一个贫农家庭，1910年加入社会民主党。1920年加入共产党，1934年化名铁托，并当选政治局委员。1937～1952年任南共总书记。1941年德、意入侵后，领导游击队抗击法西斯。1943年被授予南斯拉夫元帅称号。在铁托的参与和发起下，第一次不结盟国家首脑会议于1961年胜利召开，从而为世界和平与进步做出了重要贡献。

◎北约依靠其强大的空中军事力量，对南联盟境内的军用、民用目标进行了野蛮轰炸。

家发起了疯狂的空中袭击。

3月24日19时，以美国为首，拥有19个成员国的北约盟军，在其最高司令兼美军驻欧洲部队总司令韦斯利·克拉克上将的指挥下，一批接一批的北约战斗机、轰炸机和导弹向南联盟军营、防空设施、电厂、通信设施实施猛烈轰炸，科索沃战争由此开始。

3月27日前，北约空军先后进行4轮空袭，旨在摧毁南联盟的防空体系、指挥和控制中心、军工厂和在科索沃的塞族部队。但南联盟军民并没有屈服，纷纷拿起武器，对北约的入侵进行顽强的抵抗。美国最先进的、拥有不可战胜神话的F-117隐形飞机在贝尔格莱德以西60千米的上空被击中，坠落在布贾诺夫齐村附近。在海湾战争中显赫一时的"战斧"巡航导弹命中率仅为20%，多次被南军防空武器截击。

3月28日，美军对南联盟开始了新一阶段的空袭。对南部的南联盟地面军队和军用物资进行疯狂轰炸，试图摧毁南军的军事装备，迫使南联盟屈服。南联盟军队充分利用山多、地形复杂的有利条件和当时多雨多雾的有利天气，分散队形，隐藏弹药等军需物品，不失时机创造局部优势，采用藏、打、运动、迂回相结合的战术，不断使北约的飞机、导弹部队受到突袭。

南联盟军民的反抗，给北约军造成严重损失。4月13日，美总统克林顿宣布对南联盟扩大空袭范围、增加空袭强度，实施24小时不间断轰炸。轰炸开始变得惨无人道，民用设施的桥梁、铁路、公路、工厂、电视台、通信系统、电力系统、供水系统、医院、商店，甚至居民楼都遭到狂轰滥炸。灭绝人性的空中绞杀，使南联盟1800多名平民丧生，6000多人受伤，近百万人沦为难民；20多家医院被毁，300多所学校遭到破坏，交通干线、民用机场、广播电视基本瘫痪。

北约的野蛮行径遭到国际社会的强烈反对，引起世界人民的极大愤怒，北约在国际社会中越来越孤立。

6月5日，在中、俄及联合国秘书长安南的周旋下，北约和南联盟在马其顿举行谈判。9日，双方签署了南军撤退协议书，北约结束了对南联盟的轰炸。

◎北约对科索沃的空袭，使无数的塞族人逃往马其顿。

"9·11" 事件

美国"9·11"事件，不仅是美国人民的悲剧，也是全人类的悲剧。

2001年9月11日是美国政府及人民心中永远的痛。

就在这一天，美国遭遇了迄今为止人类历史上最为严重的恐怖袭击事件。从早晨8时51分起，纽约、华盛顿等地先后发生连环恐怖袭击的灾难事件。纽约世界贸易中心、美国国防部所在地——五角大楼先后遭到恐怖主义分子劫持的波音757、767飞机猛烈撞击。世贸双塔轰然倒塌，3000多人死亡和失踪。"9·11"事件被美国政府称为美国历史上的第二次珍珠港事件。

首当其冲的是纽约的标志性建筑——世界贸易中心的两座110层的大厦。当地时间早上8时51分，一架飞机撞向世界贸易中心的其中一座大楼。大楼随即发生爆炸，滚滚浓烟从上部冒出。18分钟后，在当地电视台进行现场直播时，一架小型飞机从相反的方向高速而精确地撞向世界贸易中心的另一座大楼。大楼随即也发生巨大爆炸。世界贸易中心的两座"双子星"大楼上端各出现了一个硕大的黑洞。

世贸中心被撞击后不久，美国国防部五角大楼也遭到了袭击。一架飞机在早上9时47分撞向美国国防部所在地五角大楼，并造成大火。与此同时，美国国务院门外也发生一起汽车炸弹爆炸事件。

由于美国世贸中心和五角大楼遭到恐怖分子袭击，美国纽约证券交易所、纳斯达克市场、芝加哥期货交易所和芝加哥商品交易所等各大证券交易所均停止交易。在东部时间上午9时32分，美国股市宣布停市，外汇市场也出现了大幅的震荡。受它的影响，欧洲股市遭到重挫；不久，拉美股市也全部停盘。

一连串事件发生后，美国进入戒备状

·TMD和NMD·

"TMD"和"NMD"是战区导弹防御系统(Theater Missile Defence)和国家导弹防御系统(National Missile Defence)的缩写。随着冷战的结束和苏联的解体，1993年美国总统克林顿宣布终止"星球大战计划"，取而代之的是"TMD"和"NMD"。TMD保护的是美国在全球的军事基地和设施（包括海军舰队）及美国盟友的安全，所以在全球部署。TMD包括三大部分：一是保护小区域的"低层点防御系统"；二是"高层面防御系统"；三是"助推/上升段拦截系统"。目前美国只在远东战区部署TMD。NMD保护的是美国本土的军事设施和民用设施，所以在美国本土部署（大部分在阿拉斯加）。NMD包含六大部分：地基拦截导弹、地基雷达、天基传感器、改进型早期预警雷达，及作战管理、指挥、控制系统和通信系统。从实质上说，TMD和NMD是"星球大战"计划的缩小版。美国发展TMD和MMD将打破全球战略平衡，阻碍核裁军的进程，引发新一轮的军备竞赛，所以遭到了世界上大多数国家的反对。

◎恐怖分子劫持的飞机撞向世贸大楼的全过程

态，政府下令所有机场暂时关闭，飞机停飞，华尔街股市停市，白宫和国防部均紧急疏散。美国总统布什发表声明，称这是一起明显的针对美国的恐怖袭击事件。布什发誓要追查到底，严惩元凶，要开展一场打击恐怖主义的全球战争。世界各国领导人也很快发表讲话，严厉谴责这一恐怖袭击事件，并对美国人民表示同情。美国认定流亡的沙特大亨本·拉登及其领导的

"基地组织"策划并组织了"9·11"事件，并要求庇护他的阿富汗塔利班政权立刻将其交出，但遭到拒绝。于是，美国在10月7日发动了对阿富汗的战争。

"9·11"事件以后，反恐怖斗争逐渐呈现出白热化和僵持不下的局面。一方面，美国组织起国际反恐统一战线，取得了对阿富汗战争的胜利。阿富汗塔利班军事组织遭受重创，本·拉登基地组织的老巢被端；另一方面，国际恐怖势力更加肆虐。美国发动对伊拉克的战争后，国际恐怖势力相继在俄罗斯、沙特阿拉伯、摩洛哥、巴基斯坦、印度和伊拉克等地掀起新一波报复性恐怖袭击浪潮。

"9·11"事件后，主要大国不同程度地调整了安全战略，导致国际反恐合作与传统军事竞争同步发展，国际安全形势中的不确定性因素明显增大。外交上，反恐成为现阶段国际关系特别是大国关系的重要黏合剂。

◎为"9·11"事件中的死难者做祷告

北约东扩

苏联解体后，西方国家看到扩大北约有利可图，同时，为迎合中东欧国家"回归欧洲"的愿望，开始制订和实施北约东扩的计划。北约东扩的进程大致经历了3个阶段。

第一阶段，建立北大西洋合作委员会。1991年11月苏联解体前夕，北约在罗马召开首脑会议，决定组建有北约和前华约成员国参加的北大西洋合作委员会，共有北约成员国、苏联和中东欧国家等25个国家参加。

第二阶段，推行北约和平伙伴计划。1993年上半年，美国和北约公开表示，应尽快吸收中东欧国家加入北约。但是，考虑到这些国家问题众多、情况复杂，立即接纳会给北约自身带来许多麻烦，同时也会遭到俄罗斯的反对，便想出了一个过渡的办法：先吸收中东欧和原苏联各加盟共和国加入和平伙伴计划，作为它们加入北约之前的热身，

待条件成熟后再吸收它们加入北约。

第三阶段，北约稳步向东扩展。"和平伙伴计划"提出后，中东欧国家的踊跃加入大大刺激了西方扩大北约的欲望。同时，俄罗斯民族主义和左翼力量的增强，更促使西方产生了防范、遏制念头。于是，西方决定加快北约东扩的步伐。1995年9月，北约常设理事会批准了《关于北约东扩的研究报告》。报告就北约东扩的方式、申请加入国的条件、东扩后北约组织的地位及与俄罗斯之间的关系等问题进行了阐述。

1997年7月8日，北约东扩的第三阶段达到高潮，波、匈、捷三国被正式确定为北约东扩的第一批国家。1999年3月12日，波、匈、捷三国正式加入北约。

北约东扩已经迈出了实质性的一步，从世界范围来看，它已经加速了大国战略关系的调整步伐，大国之间相互制衡、互联互动的关系格局更加明显。从欧洲范围看，北约的东扩侵犯了俄罗斯在欧洲的利益，严重威胁了俄罗斯的政治、军事和经济安全。因此，俄加快独联体一体化特别是军事一体化的进程。北约一定要东扩，俄罗斯一定会抵制，这两种趋势在一定时期内都难以避免，它们之间的这种较量将影响欧洲新均势的形成，也会给世界格局的变化带来许多不确定的因素。

从北约东扩的进程来看，美国在其中起了决定性的推动作用。实质上，美国想通过北约东扩扩大其在西欧的影响，继续在欧洲发挥领导作用。

◎北约之船驶向东欧

欧洲联盟

第二次世界大战严重削弱了西欧主要资本主义国家，它们丧失了在国际事务中的主导地位。虽然在20世纪50年代初，西欧各国经济已经逐渐恢复和发展，但已无法恢复昔日的地位。西欧各国要重新在战后的国际事务中发挥有力的影响，进一步发展，就必须联合起来，实现欧洲的统一。而法德的和解是欧洲联合的关键。法国担心西德经济和军事实力的恢复会对其他欧洲国家安全构成威胁。为此，法国首先考虑的是建立一个国际机构，将西德和法国及其他一些欧洲国家的重工业统一管理起来，以便从物质基础上防止德国再次成为军事强国。

1951年4月18日，根据法国外长舒曼的建议（即舒曼计划），法国、联邦德国、意大利、荷兰、比利时和卢森堡在巴黎签订《欧洲煤钢联营条约》，把各自的煤钢工业联合起来，建立煤钢联营，共同管理六国煤钢的生产、投资、价格和原料分配等。条约把西德重整军备的关键工业部门置于共同管理和监督之下，可以保证这些资源不再被用于军国主义目的，从而为欧洲统一铺平了政治道路。随着经济实力的增强，西欧六国决定进一步加强联合。1957年3月25日，六国在罗马签订《罗马条约》，决定建立欧洲经济共同体，即共同市场和欧洲原子能共同体。1967年，法国、联邦德国、意大利、荷兰、卢森堡、比利时将1952年成立的欧洲煤钢联营和1957年成立的欧洲原子能与欧洲经济共同体合并组成欧洲共同体。1969年12月，共同体国家首脑会议正式提出把建立经济和货币联盟作为一项重要目标。

欧洲共同体成立以来，其组织规模不断

·欧元在欧元区12国正式流通·

欧元在1999年1月1日已经问世，但是在到2002年1月1日以前的过渡期内，欧元仅是金融和外汇市场上的账面货币，是一种史无前例的看不见的"无形货币"。在现金流通方面，欧元区国家在此3年中仍然在使用各自的货币。

2002年1月1日，欧元现金开始正式流通，从这天（欧洲人称作"E-day"，即欧元日）起，3亿多的欧洲公民开始使用同一种货币——欧元（英文是EURO）。经过两个月的欧元与原成员国货币的双币流通期后，从3月1日起，欧元纸币和硬币已经成为欧盟15个成员国中12国的法定货币，这12个国家是比利时、德国、希腊、西班牙、法国、爱尔兰、意大利、卢森堡、荷兰、奥地利、葡萄牙、芬兰，即欧元区国家；另外3个欧盟成员国（丹麦、英国、瑞典）出于本国各自不同的情况而暂不采用欧元。从此，12国的货币（比利时法郎、德国马克、西班牙比塞塔、法国法郎、爱尔兰镑、意大利里拉、卢森堡法郎、荷兰盾、奥地利先令、葡萄牙埃斯库多、芬兰马克、希腊德拉克马）全部结束其历史使命，彻底退出流通，欧元终于"一统天下"。

欧元的启动对发展中国家有利有弊，它的建立可以减少国际贸易中数以百亿计的外汇交易费用。

扩大。1973年，英国、爱尔兰和丹麦加入后，共同体成员国增加到9国。20世纪80年代初，随着希腊、西班牙和葡萄牙的先后加入，成员国发展到12国。自1990年年底欧共体开始在政府间会议范围内讨论建立政治联盟和经济货币联盟以来，经过一年的时间，建立两个联盟的条约（统称《欧洲联盟条约》），于1991年年底在荷兰的马斯特里赫特举行的欧共体首脑会议上获得通过。《马斯特里赫特条约》在得到其成员国的批准后于1993年11月1日正式生效。欧洲联盟的诞生，标志着欧洲朝国家联邦的方向迈出了历史性的一步。1995年年初，欧洲联盟又接纳了瑞典、芬兰和奥地利，使其成员国达到15个，欧洲联盟又进一步扩大。

欧洲经济一体化的水平提高得也很快。在其超国家的管理机构及其财政体系逐步完善的基础上，成员间的经济一体化也不断向深度和广度发展。最初的一体化目标是建立初级形式的关税同盟，实现成员国间的商品、资金和劳动力的自由流动。而后又向着建立经济联盟的目标迈进，不断加强对成员国的货币、财政等经济政策的协调，乃至建立了欧洲货币体系。20世纪80年代以后，科技的飞跃发展所导致的激烈竞争，进一步推动欧共体加快其经济一体化的步伐。

1986年，欧共体签署了《欧洲一体化文件》，提出了建成欧洲统一大市场的目标，并采取了各种相应的行动。

1991年12月10日，在荷兰通过的《马斯特里赫特条约》，决定将欧共体改称为欧洲联盟。1993年，欧洲统一大市场诞生，从此，欧盟成员国之间正式实施商品、资本、人员、劳务四大生产要素的自由流通，欧盟成了一个统一的经济实体。

1995年，奥地利、瑞典、芬兰又加入欧盟。目前，欧盟拥有15个成员国和3.8亿人口，是世界上第二大经济实体，其1999年的国内生产总值达到7.809万亿欧元，仅次于美国（8.729万亿欧元）。

欧盟的主要机构有：①理事会：决策机构，分为欧洲理事会和欧盟理事会。前者负责确定大政方针，每半年举行一次例会，必要时召开特别首脑会议；后者负责日常决策，拥有欧盟立法权。理事会实行主席国轮值制，任期半年，对外实行"三驾马车"代表制。②欧盟委员会：常设执行机构，负责实施欧共体条约和理事会做出的决定；向理事会和欧洲议会提出报告和立法动议；处理欧盟日常事务；代表欧盟对外联系及负责经贸方面的谈判。③欧洲议会：监督、咨询机构，拥有部分立法权。此外，欧盟还设有欧洲法院、欧洲审计院和经社委员会等机构。

欧共体经济一体化的加强，又对政治上的联合提出了要求。从20世纪70年代开始，欧共体与各国政治体制相适应，建立了三权分立的机构，由部长理事会行使立法权，执委会行使行政权，欧洲法院行使司法权。1979年欧洲议会实行直接选举，从而使它的政治地位得到了加强。

1994年6月，12个成员国选举产生了新一届欧洲议会。根据《马斯特里赫特条约》规定，议会扩大了权限，在欧委会成员的任命及欧盟内政、外交等重大事务上拥有"一半的立法权"，从而进一步加快了欧洲联盟的政治一体化进程。

◎ 1991年12月11日，欧共体马斯特里赫特首脑会议通过了《欧洲联盟条约》。

阿富汗战争

阿富汗地处中亚和南亚间的枢纽地带，战略地位重要。长期以来，阿富汗一直是苏联和其继承国俄罗斯的势力范围。

塔利班最初只有 800 多人。由于塔利班高举铲除军阀、重建家园的旗帜，提出了反对腐败、恢复商业的主张，因此深得阿富汗平民的支持和拥戴，很快发展到了近 3 万人。1995 年，塔利班控制了阿富汗政权。

"9·11" 事件后，美国使用外交手段孤立塔利班政权。9 月 18 日，在美国的鼓动下，联合国安理会呼吁塔利班立即无条件交出本·拉登。随后，一些国家断绝了与阿富汗塔利班政权的关系，并从阿富汗撤出了外交人员。此外，美国还向中东、非洲、亚洲、欧洲等一些国家进行游说，使这些国家为其提供领空或是飞机降落的机场。

紧接着，美国开始了军事进攻阿富汗的步伐。美军大量地向印度洋地区集结，特种兵还提前进入阿富汗，在山区搜捕本·拉登。到战争开始之前，大约有 1 万名美军在乌兹别克斯坦和阿富汗边境地区集结完毕。

10 月 7 日，在浓浓夜色的掩护下，美英联军对阿富汗塔利班多处目标发动了首轮空袭，拉开了 "持久自由行动" 的序幕，打响了美国全球反恐战争的第一枪。联军空袭的主要目标是阿富汗境内的机场、空防设施及恐怖分子的基地。

从 10 日起，美军对阿富汗全境进行空袭。14 日，美军除用飞机轰炸喀布尔外，还用导弹袭击了阿北部重镇马扎里沙里夫、

◎ 配备先进科技的隐形飞机

东部城市贾拉拉巴德等。15 日，美军共出动了 50 多架舰载攻击机、10 架 B-1 和 B-52 轰炸机，对阿富汗境内的 13 个目标进行了空袭。与此同时，美军还加强了与阿富汗北方联盟的合作和协调行动。

在美军的协助下，阿富汗北方联盟不断扩大控制地区的范围，使塔利班控制的范围越缩越小。26 日，北方联盟军队进入昆都士，至此，塔利班在阿富汗北部的所有据点都已失守，但塔利班残余势力仍在负隅顽抗。12 月 7 日，曾为塔利班总部的坎大哈塔利班守军投降，塔利班最高领导人奥马尔不知去向。22 日，阿富汗临时政府成立。

塔利班政权垮台后，美军开始在阿富汗境内展开对塔利班和基地组织残余力量的清剿工作。

·制空权理论·

制空权指的是交战一方在一定时间内对一定空间的控制权。在战争中，如果掌握了制空权，就可以限制敌人空军的战斗活动，保障己方空军的行动自由，进而使陆、海军的作战行动得到有效的空中掩护，最终取得战争的胜利。随着飞艇、飞机的出现和用于战争，制空权的理论也随之产生。在现代战争中，制空权显得尤其重要。

伊拉克战争

伊拉克战争是以美国为首的美英联军对伊拉克发动的战争。战争在 2003 年 3 月 20 日爆发；5 月 2 日，美国总统布什正式宣布战争结束，整个战争持续了 44 天。实际上，在 4 月 14 日美军攻占伊拉克总统萨达姆的家乡提克里特之后，美军大规模的军事行动已经基本结束。这是继 1991 年海湾战争之后美国对伊拉克进行的第二次战争。

美国发动伊拉克战争的主要借口有两个：一是伊拉克有大规模杀伤性武器；二是伊拉克是许多国际恐怖组织的后台老板。在美国看来，这不仅严重威胁着美国的安全，也威胁着整个世界的安全。因此，美国希望通过战争，推翻萨达姆政府，消除美国的安全隐患，进而控制伊拉克石油，推行其改造中东的新战略。

在持续 44 天的伊拉克战争中，美英联军的空中力量进行了 4 次大的作战行动。

"斩首"作战行动。战争一开始，美英联军没有进行夺取制空权的大规模轰炸。在 3 月 20 日的首轮空袭中，美军使用"电子炸弹"攻击伊拉克，这种新式武器产生的高能电磁波使伊军及萨达姆卫队拥有的各类电话、无线电通信和电子计算机等电子设备立刻失灵。同时，美军用精确的制导导弹准确地打击伊指挥和控制中心。

为避开美英联军的优势空军和导弹袭击，萨达姆分散兵力，将实力最强的 9 万共和国卫队、4 个特别旅、2 个特种部队部署在巴格达周围。并在巴格达周围筑建野战工事，开挖战壕、沟堑，在飞机跑道上放置水泥等障碍物，阻击美英空降部队着陆。

美英联军对伊拉克首都巴格达和其高层领导人的住所等要害部门进行了连续 3 轮的狂轰滥炸。晚 21 时 5 分，美英地面部队在战斗机、直升机的掩护下，凭借配备尖端的夜视作战设备，兵分几路对巴格达进行合围，欲以迅雷不及掩耳之势深入巴格达，俘房或击毙萨达姆。伊军凭借坚固的防御工事，给美英造成了一定的损失，虽然发射的导弹部分被美国的"爱国者"导弹截击，仍有效地阻滞了美英部队的攻势。

"震慑"作战行动。3 月 22 日，美英突然开始对伊拉克实施猛烈空袭。轰炸的主要地区是巴格达。美军对萨达姆的官邸、指挥中心、政府主要部门等目标进行了"饱和轰炸"。美军希望通过突然的大规模轰炸，

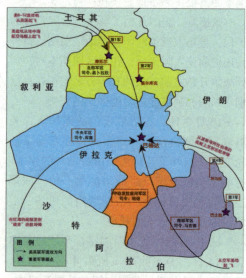

◎伊拉克战争初期形势示意图

◎伊拉克军队

美国总统布什于美国东部时间 3 月 19 日晚 10 时 15 分在白宫椭圆形办公室发表电视讲话，正式对伊拉克宣战。在美国发动旨在推翻萨达姆的战争 3 小时后，萨达姆身穿军装，头戴黑色贝雷帽发表电视讲话，宣称他的士兵"将战胜敌人"。

对整个伊拉克造成立即失去抵抗能力的震慑效果，并以此瓦解伊拉克军民的抵抗意志，从而达到在战争初期就实现速战速决的目的。

"切断蛇头"作战行动。这主要是通过精确轰炸，摧毁伊拉克的通信指挥系统，彻底切断萨达姆与军队的联系。3 月 28 日，美军向伊拉克国家通信中心大楼投放了被称为"掩体粉碎机"的钻地炸弹。3 月 30 日，巴格达邮电通信大楼和一个通信中心被摧毁。3 月 30 日，美军飞机轰炸了阿拉伯复兴社会党总部。美国还把伊拉克电视台的发射器作为打击目标。3 月 26 日，美军向巴格达电视台发射了电磁脉冲炸弹，致使电视台信号中断。

支援地面作战行动。在开战第二天，美英联军就开始了地面作战。因此，美英空中力量将支援地面作战作为重要的任务。正是在空中力量的掩护、支援下，美地面部队才得以快速向巴格达推进。3 月 22 日，也就是开战之后的第 3 天，美军就推进到巴格达以南的纳杰夫、纳西里耶一线。此后，美军在卡尔巴拉、纳杰夫、纳西里耶等地与伊军形成了对峙局面。在这种情况下，美空中力量迅速调整了战略，从 3 月 25 日开始，空中打击的重点转向伊军地面部队，特别是伊拉克共和国卫队，同时对美英地面部队的作战行动提供近距空中支援。在空中力量的支援下，美地面部队直取巴格达国际机场，挺进到巴格达市中心广场。

伊拉克战争是美国在 21 世纪推行所谓"先发制人"国家安全新战略的第一场局部战争，也是美国谋求建立单极世界策略的重要组成部分。美国发动伊拉克战争，忽视了联合国安理会，改变了中东地区的大国政治的传统形态，削弱了大国在中东的地位。可以说，以美国为首的世界单边主义将会在今后相当长的时间内左右世界政治格局。伊拉克战争也暴露出两极格局终结 10 余年来，国际形势中新的不确定因素在增多，世界并不太平，维护世界和平、促进共同发展的历史任务依然艰巨。但总的来看，这毕竟是一场局部战争，不可能改变国际格局的基本趋势和发展方向。国际关系体系尽管受到伊拉克战争的极大冲击，但和平与发展仍是当今时代的主题，世界多极化的总趋势仍在曲折中发展。

这场战争给世界政治带来的伤害没有停息。对伊拉克人民来说，战争的伤痛似乎才刚刚开始。

·隐形飞机·

隐形飞机是通过运用多种隐形技术降低飞机的信号特征，使敌方雷达难以发现、识别、跟踪和攻击，以实现反雷达、反红外线、反电子、反声波探测目的，从而达到隐身效果的作战飞机。隐形飞机之所以能够隐形，主要是综合采用了隐身外形技术、隐身材料技术等。隐形飞机属于高科技武器，研制周期长，生产工艺复杂，造价极其昂贵。F—117A 造价 4500 万美元，B—2 隐形战略轰炸机造价达 70 多亿美元。

月球的秘密

自从 1610 年意大利科学家伽利略·伽利莱将他的第一架望远镜对准月球以来，天文学家就一直在努力地揭示更多关于月球的秘密。功能更强的望远镜起到了很大的作用，但随着 20 世纪 60 年代太空时代的来临，天文学家终于可以向月球表面发射相关的仪器进行研究，最终人类也到达了月球表面。

17 世纪 40 年代中期，佛兰德制图师迈克尔·郎格尔努斯 (1600 ~ 1675 年) 和波兰天文学家约翰内斯·海维留斯 (1611 ~ 1687 年) 出版了第一张月球地图。1878 年，德国天文学家约翰·施密特 (1825 ~ 1884 年) 通过观察制作出最后一张手绘月球细节地图，后来这项工作都被摄像技术取代。1840 年，英裔美国科学家

◎月球陨石坑

约翰·德拉帕 (1811 ~ 1882 年) 拍摄了一些最早的月球照片。不久，天文学家利用摄影技术制作了月亮地图。

1959 年，苏联第一次成功尝试将一个人造物体送入太空。他们发射的"卢尼克 1 号"探测器掠过月球表面。同年 2 月发射的"卢尼克 2 号"探测器坠毁在月球表面，"卢尼克 3 号"成功地对月球背向地球的一侧进行了摄影。从发回的照片来看，月球背面与近地球一侧并没有多大的区别，只是表面陨坑更少。1964 年，美国太空总署 (NASA) 发射了"漫游者 7 号"，1965 年发射了"漫游者 8 号"和"漫游者 9 号"，共拍了约 1.7 万张照片，最后，探测器都坠毁在月球表面。1965 年，苏联的"探测器 3 号"也拍摄了月球背面照片。

1966 年，苏联"月球 9 号"("卢尼 3 号"之后的空间探测器改名为"月球号")第一次实现了在月球软着陆。接着，"月球 10 号"成为第一艘进入绕月球轨道飞行的人造飞行器。美国太空总署以 7 项观测者任务回应了苏联的挑战，该任务中所有探测器均实现了在月球软着陆。除了发回照片外，"观测者 1 号"在 1966 年发回了有关月球土壤的物理数据，另四艘"观测者号"探测器也拍摄回大量的月球照片，使美国太空总署的月球相册增加了 86471 张新照片。每一艘"观测者号"都安装了可变电视摄像机，摄像机安装了可互换的滤光器，并由一对太阳能电板提供动力。这种摄像机既可以拍摄近距离特写图片，也可以拍摄远景图

· "阿波罗11号" ·

1969年7月16日，"阿波罗11号"宇宙飞船从肯尼迪航天中心发射升空。三级"土星V"火箭按顺序点燃，将宇宙飞船送入地球轨道并且将处在月球外轨道的舱体送入月球轨道。进入月球轨道后，登月舱与指挥舱分离，并降落到月球的表面上。完成预定任务后，登月舱最上部分起飞，并与指挥舱对接，联合舱体返回，沿着地球外轨道运行。在投弃掉登月舱后，指挥舱重新进入地球大气层并借助降落伞降落在太平洋里。

赛中，美国拔得头筹。同年，"阿波罗8号"搭载3名宇航员进入了月球轨道对相关设备进行了测试并成功返回地球。1969年，"阿波罗10号"也进入了月球轨道，接着"阿波罗11号"和"阿波罗12号"最终实现了人类登月梦想。这两次登陆以及后来的四次成功登陆为地球带回了丰富的月球岩石和土壤样品及科学数据。经过分析，科学家认为月球年龄是45亿年，与地球年龄很接近。于是科学家推测月球很可能是一颗卫星大小的小行星撞击原始地球时产生的残骸形成的。

几乎所有的月球表面的坑都是小行星和流星撞击月球表面形成的——月球没有大气层来减缓这些小行星和流星的速度。1994年，美国弹道防卫组织（SDIO的前身）与美国太空总署联合任务计划发射的"克莱门特号"探测器测绘月球整个表面地图时，拍摄到一个月球背面的火山口。1998年，美国太空总署的无人驾驶太空船"月球勘探者号"在月球两极发现了地下藏有大量的冰。

像。其他的仪器则负责分析月球的表面是否适合登月舱登陆以及最后的离开。分析的项目包括月球表面的承压强度以及热力学（吸热）、光学（光反射）的性质。3年后，1969年11月，"阿波罗12号"宇宙飞船着陆在被称作"风暴洋"的地方，离上次"观测者3号"的降落点仅相距183米。"阿波罗12号"的宇航员收回了"观测者号"遗留下的电视摄像机并带回地球做科学研究。

1966～1967年，美国太空总署发射的5颗月球轨道飞行器测量并绘制了月球大部分地方的表面地图，为接下来的"阿波罗号"登陆地点的选择提供依据。它们还发现了月球质量密集区，该区域引力较大，会对掠过此地的卫星运行轨道产生干扰。

1968年，苏联发射的"探测器5号"成为第一个进入环绕月球轨道并成功返回地球的空间探测器（后续的"探测器6号、7号、8号"也同样完成了任务）。苏联和美国都在着手载人登陆月球的计划，在这次竞

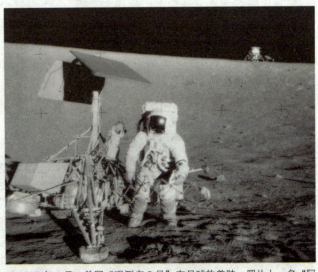

◎ 1967年4月，美国"观测者3号"在月球软着陆。照片上一名"阿波罗12号"的宇航员正在检查"观测者3号"留下来的仪器。我们可以从照片背景中看到"阿波罗12号"的登月舱。

探索生命的奥秘

从古至今，最玄妙的莫过于两个领域：一个是宇宙，另一个就是生命。20世纪人类对宇宙的研究已取得丰硕成果，而对于生命的研究才刚刚起步。探索生命的奥秘，基因是重要的突破口。

基因，是英文"gene"一词的音译，即为遗传因子，实际就是在染色体上呈线性排列的DNA分子片段。它一方面通过复制把遗传信息传给子代；另一方面使遗传信息在子代个体发育成长过程中得以表达，从而使后代表现出与亲代相似的性状。基因完成这一功能主要靠DNA片段的性质。1953年，沃森和克里克发现DNA的双螺旋结构，确定了其化学本质。20世纪60年代本茨又提出，基因的内部具有一定的结构，即突变子、互换子、顺反子三种不同的单位。DNA分子上的一个碱基变化就可导致基因突变，可以视为突变子；若两个碱基之间发生互换，就是一个互换子；而具有特定功能的某段核苷酸序列作为单独的功能单位则为顺反子。

基于基因的这些特征，科学家们萌发了破译遗传密码的想法，事情还得从1953年说起。这年夏天沃森和克里克在美国冷泉港学术讨论会上发表了他们关于DNA结构及其遗传含意的研究成果，一石击起千层浪。与会者围绕这一问题展开了热烈的讨论，后来会议的中心议题就转到怎样对四种不同的碱基进行排列

◎桑福德基因枪
这种由桑福德发明的基因枪能将遗传因子直接高速射入细胞中，从而改变其结构。

组合才能形成20种不同的氨基酸。令人意想不到的是，第一个提出遗传密码设想的竟是物理学家伽莫夫。1956年，他还专门为此发表文章论证碱基的个数和密码组合。但真正取得实质性进展的还是莫诺和雅各布。他们发现一个有趣的现象，即

· 基因疗法 ·

随着对基因研究的深入，人类科学家发现许多病变源自基因结构和功能的改变。于是诞生了所谓基因疗法，即运用基因工程的技术方法，将健康的基因转入患者的细胞，以取代病变基因，以表达原来缺乏的性状，或关闭、降低病变基因已表达的异常性状，最终达到治病的目的。第一例基因治疗出现在美国。1990年，两名小女孩由于腺苷脱氨酶缺乏而患联合免疫缺陷症，科学家运用基因疗法为其治愈了该病。1991年，中国首例B型血友病的基因治疗也获得成功。

信使 RNA 把从 DNA 接收到的遗传信息带到细胞内合成蛋白质的部位，使蛋白质合成有章可循。那么信使 RNA 与蛋白质又是怎样联系的呢？研究证明，二者之间唯一的纽带就是遗传密码。

1961 年，德国科学家马大和美籍德国人尼伦贝格确认了苯丙氨酸的密码就是 RNA 上的尿嘧啶。接着他们又发现，向大肠杆菌的无细胞提取液中加进由单一尿嘧啶组成的核酸时，就会产生由单一苯丙氨酸构成的多肽长链。这样第一个密码破译宣告成功：苯丙氨酸的密码子是尿嘧啶。稍后，脯氨酸和赖氨酸等的密码子相继被破译。根据同样的思想，尼伦贝格又设计了更为精确、严密的实验，他与克里克一道破译了更多遗传密码，编成生物学史上具有里程碑意义的遗传密码表。

既然人们已经可以成功破译遗传密码，那么基因重组也就不再是什么遥不可及的事了。20 世纪五六十年代，DNA 重组技术（又称为基因工程）几乎与破译遗传密码同时兴起。所谓的 DNA 重组就是把不同来源的生物基因进行必要的切割拼接、重组，之后转入生物体内进行复制、表达，以培育出符合人们需要的生物个体。

1968 年，瑞士科学家阿尔伯分离出限制性内切酶，两年后美国微生物学家史密斯分离出专一性更强的限制性内切酶，专门用来识别 DNA 序列。1971~1972 年间，美国生物化学家伯格就用一种内切酶切开 SV40 病毒的环状 DNA，再与被切开的外源 DNA 片段黏合在一起，最终人为地制造出一种杂交分子，重组 DNA 技术从此产生。该技术诞生后发展很快，到 1977 年，美国科学家就运用这项技术合成了人的生长素释放抑制因子。第二年，又有科学家用同样的方法研制出胰岛素。

从基因重组技术诞生之日起，基因工程技术一直在如火如荼地向前发展。进入 20 世纪 80 年代后，人类基因组计划也被提上日程。

从 DNA 到遗传密码的破译，再到基因工程，人类对于生命奥秘的探索一步步深入。相信不远的将来，其神秘面纱会被彻底揭开。

◎ **DNA遗传物种信息**
用酶从某一生物体上切下 DNA 断片，然后嫁接到另一生物体的 DNA 中，这样就实现了不同物种之间遗传信息与特性的转接。

◎ **人类DNA排序**
科研人员在研究人类基因重组的排列顺序。

克隆羊多莉

克隆羊多莉诞生于 1996 年 7 月 5 日，1997 年首次向公众披露。它是当年最引人注目的国际新闻之一，曾被美国《科学》杂志评为 1997 年世界 10 大科技进步的第一项。科学家认为，多莉的诞生标志着生物技术新时代的来临。

"克隆"是英文"clone"一词的音译，原意为通过体细胞进行无性生殖，从而使后代个体的基因型与母体完全相同。这一技术名称先是出现在科幻小说中，如《侏罗纪公园》就叙述了一些思想单纯的科学家被不法商人所利用，克隆出 7000 万年前的恐龙的故事。不过这种科学幻想真的变成了现实。

克隆多莉羊的项目是由伊恩·威尔莫特和基思·坎贝尔领导下的罗斯林研究所完成的。威尔莫特等人先利用化学制剂促使一只成年母羊排卵，之后将该卵子小心取出，放入一个极细的与羊体同温的试管，再用特制的注射器刺破卵膜，吸出其中的染色体物质。这时原来的卵原细胞仅剩一个空壳。接下来他们又从另外一只 6 岁母羊的乳腺中取出一个细胞，并抽去细胞核，然后将其与先前的空壳卵细胞融合，生成

新的卵细胞。最后，工作人员对这一新细胞进行间断的电击。奇妙的事情终于发生了，这一细胞竟以来乳腺细胞的遗传物质作为基础，开始分裂、繁殖，形成胚胎。威尔莫特和坎贝尔在对胚胎培育一段时间后，将其移植到第三只成年母羊的子宫内。5 个月之后，这头绵羊生下了一只由体细胞合成胚胎发育成的小羊羔。

小家伙生下来时白白胖胖，一身卷毛，煞是可人。它在出生后 7 个月体重就超过 40 千克，而且活泼好动，威尔莫特以乡村歌手多莉·帕帕的名字为之命名。

多莉的诞生，一时间成了世界关注的焦点，关于克隆技术的争论也随之而来。从生物学的角度来讲，绵羊和人同属于哺乳动物。克隆羊成功了，那么克隆人也就不远了。但是不是要克隆人呢？答案出现分歧。

多数人认为不能克隆人。这些人的论据是克隆人的出现违背了自然常理，会形成对旧有社会道德、伦理关系的冲击，甚至使之崩溃。他们举例说，父亲的体细胞核可以与女儿的去核卵组合形成新的卵细胞并在女儿的子宫着床发育，最终生出翻

·克隆技术的发展·

美国曾经有教授将单个的胡萝卜细胞培育成性状一模一样的胡萝卜，虽然胡萝卜是植物，复制比较简单，不过他却开辟了一条全新的道路。在他之后，科学家又相继在青蛙、金鱼等较低级的生物上进行了各种细胞遗传实验。1970 年，英国科学家约翰·格登用细胞核移植的方法克隆出蝌蚪，这是人类历史上第一次克隆出动物。1979 年，英国的威拉德森把绵羊的细胞胚分成 4 份，克隆出 4 只一模一样的小羊羔，不过他用的细胞是卵细胞，还不能算是真正的克隆。后来他用细胞核技术克隆出了一头牛，这才算真正克隆出的哺乳动物。

版的"父亲"，这显然有悖人伦。而反对者则强调，即便是没有克隆技术，乱伦事件也不是就可以杜绝。该技术出现以后，这类事情完全可以由道德和法律去约束。

伦理问题还没有解决，生育模式的问题又出来了。克隆技术完全可以打破传统的生育模式（即精子和卵子相配形成受精卵），它只需要体细胞和卵细胞浆。照此推理，单身女子或女同性恋者也可实现名正言顺的生育。有人认为这会带来一系列社会问题，而有人则说这是人权的进步。孰是孰非，至今也不见个分晓。

除了以上谈到的两个问题，还有一个更棘手的难题，即人权罪恶、历史罪恶问题。身体安全不受侵犯是最基本的人权。而一些人在克隆人还没有出现就开始计划把他们作为人体器官的供应者应用于医疗领域。克隆人也是人类的一员，这样做显然是对人权最严重的亵渎和践踏。至于历史罪恶，则指别有用心的人恶意克隆历史上的罪人，如希特勒、东条英机等，以使他们再度作恶人间。但这种想法变成现实的概率很小，因为一个人的思想、能力、所作所为是要受到历史条件制约的，单纯生物个体的复制不会达到复制历史的目的。

也有人十分憧憬克隆人的出现。比如不能结婚生育的人要求克隆自己，一对不能再生的夫妇要求克隆他们夭折的孩子，还有家人要求克隆被突发性事故或灾难夺去生命的亲人。这些要求看起来都是合理的，某些科学家也表示，坚决要克隆人。

就在人们就该不该克隆人这一话题争论不休时，多莉的过早夭折更加火上浇油地使争论变得更加激烈，并且还由一个话题转向了另一个话题。

据罗斯林研究所透露，多莉先是不停地咳嗽，大约持续一周后被确诊为进行性肺病。所谓"进行性"疾病是指患者病情不断发展恶化，生命危在旦夕。2003年2月14日，研究所因为不忍心看着多莉郁郁而终，就对它实施了"安乐死"。多莉的过早夭折再次引发了关于克隆动物是否会"早衰"的争论。因为"进行性"疾病多发生在高龄动物身上，如今却发生在多莉身上，人们不得不怀疑克隆技术自身的完善程度。人们普遍认为，目前克隆技术水平已经对克隆动物的健康造成了危害，所以就更不能克隆人了。但是，科学界对此还没有最后的结论。

不管争论的结果如何，多莉是人类首次利用成年动物体细胞克隆成功的第一个生命，这是毋庸置疑的。抛开该不该克隆人这个话题，多莉诞生的积极意义是不可否认的，它不但揭开了分子生物学领域崭新的一页，也为将来从培育细胞的角度治愈帕金森症等疑难病症提供了可行的思路。

○ 这是维尔莫特与他创造的世界上第一只克隆羊多莉的合影照片。多利出生在1996年，在被认为是一项科学突破的同时也引发了一场关于克隆在伦理方面的热烈争论。

温室效应和全球变暖

　　大多数人认为温室效应与全球变暖有着密切的联系。但是，温室效应也是使地球适宜人类居住的有利的自然现象之一。

　　温室效应并不新鲜，地球从中受益已经几十亿年了。温室效应就是保温效应——天然温室效应保持地球平均温度比无温室效应时高出大约30℃。温室效应现象的原理及术语由法国数学家约瑟夫·傅立叶(1768 ~ 1830年)于1827年第一次提出。1859年，爱尔兰物理学家约翰·丁铎尔(1820 ~ 1893年)用实验证明了傅立叶的观点是正确的，他的实验显示包含水蒸气和二氧化碳的空气能够保温。

　　20世纪的早期，科学家已注意到地球气候先前已经发生过剧变，而现在我们正在享受着一段相对温暖的时期，即间冰期。意识到二氧化碳对温室效应所起的作用，瑞士物理化学家斯凡特·阿伦尼乌斯(1859 ~ 1927年)怀疑地球冰期可能是由大气中二氧化碳浓度降低引起的，然后，他计算了人类活动向大气中排放的二氧化碳量，认为经过相当长的一段时间，这种排放可能带来相反的效应。1896年，阿伦尼乌斯首先提出工业气体的排放可能导致地球经历一个变暖期，而不是变冷期。但这预期的还是很遥远的未来，所以阿伦尼乌斯自己也没怎么在意它。

　　40 年 后，即 1939年，阿伦尼乌斯的观点被英国气象爱好者柯兰达(1889 ~ 1964年)重新提起。柯兰达研究了有关的历史气象记录之后，提出地球温度的升高与大气中的二氧化碳的含量存在着一定的联系。柯兰达的观点遭到许多气候学家的反对，他们认

自然温室效应（辐射收支平衡）　　　　　　　　　　非自然的温室效应（吸收热量高于支出热量）

通过空气和云反射的辐射

热辐射到空间

来自地球的热（红外辐射）

来自地球的辐射热被云和二氧化碳吸收

从地表反射的辐射

太阳热量的50%被地球吸收

二氧化碳的制造和消耗保持平衡。大气中二氧化碳浓度保持恒定，则地球的温度也保持稳定

吸收的太阳辐射（光）

较少热量辐射至空间

更多的热量被过剩的二氧化碳所吸收（大气升温）

多余的二氧化碳进入大气中

释放到大气中的其他温室气体

过剩的二氧化碳产物。大气中二氧化碳含量增加，温度升高

　⊙在自然条件下，大部分二氧化碳会被海洋浮游植物和森林所吸收，但随着人类制造出越来越多的二氧化碳，过量的二氧化碳就不断地在地球的大气中累积。这部分二氧化碳吸收地球表面辐射回的太阳能，"裹住"热量，使地球温度开始升高，并产生所谓的温室效应。

◎ 南巴塔哥尼亚的淡水冰帽面积居世界第三位，达 1.35 万平方千米。但是令人担忧的是，在过去的 50 年里，可能由于温室效应的作用，冰帽已经缩小了 500 平方千米。

为地球的能量收支平衡使这种联系不可能存在，他们坚持认为大气中任何过量的二氧化碳都会被海洋吸收。

柯兰达的观点埋下了一个有关地球变暖问题争议的种子，并且从那时起，人们开始更加关注地球变暖问题。但是，支持柯兰达观点的科学家并没有找到具有说服力的证据。气候学家迫切需要更优的模型和更多的数据。20 世纪后期，各种相关数据为这一观点提供了支持。

20 世纪 60 年代，科学家可以很精确地测量大气中的二氧化碳浓度，在所监测的几年中，大气中二氧化碳的浓度确实在迅速上升。在整个 20 世纪，科学家一直都在试图揭开地球气候系统复杂的运作机制真相，但他们还不可能做出一个确定的预测。这种不确定成为反对者否定该观点的把柄，也增加了该观点支持者的焦虑感。

20 世纪 80 年代，从全世界收集来的气候数据表明全球的温度已经上升，但逐渐增强的温室效应还只是假设的导致全球变暖的原因之一。气候模型开始将海洋、云等对热吸收作为变量。1988 年成为一个转折点，这一年是全球自有气象记录以来最热的一个年份（从这一年起，全球的最高温度已经被刷新了许多次了）。也就是在这一年，公众开始意识到全球变暖的严重性。美国气候学家詹姆斯·汉森一再重申，大气中二氧化碳浓度的增加将导致全球变暖。

1890 ～ 1990 年的 100 年间，大气中的二氧化碳浓度从 0.28‰ 增加到 0.345‰。到 20 世纪 90 年代早期，人类活动每年向地球大气中排放 66 亿吨的二氧化碳——其中有 55 亿吨来自矿物燃料燃烧，11 亿吨来自雨林的焚烧。除此之外，其他温室气体也正以更快的速率增加：甲烷每年增加 1%；氟氯化碳（CFCs）每年增加 6%。这两种气体在地球大气中所占的总比例低于二氧化碳，但是它们对太阳辐射热的吸收能力却更强。

到 20 世纪末，科学家达成了一个普遍的共识：全球正在显著变暖并且其原因是人类活动及不断增强的温室效应。气候模型为人类提出了预警，全球变暖将会导致海平面上升、暴风雨、洪水，以及干旱。一些国家已开始采取措施限制本国温室气体的排放。为了 21 世纪的地球免受气候变暖的威胁，1997 年 12 月，84 个国家联合签署了《京都议定书》（2005 年起生效），但是美国没有签订议定书，不过美国也在努力地降低温室气体排放。

·温室效应作用机制·

整体的保温作用就像温室的玻璃板所起的作用一样，但是两者的作用机制却不完全一样。来自太阳的热量以太阳辐射的形式到达地球。一部分辐射被地球大气径直反射回太空。但是大部分还是穿过大气层到达地球地表。这部分能量，一部分被吸收，一部分被反射。被反射的热量（反射能）就会以长波红外辐射的形式进入大气。红外辐射与进入的太阳辐射不同，它很容易被温室气体吸收。大气中的气体分子吸收热辐射能并避免热流失到太空里。在吸收一定热量之后，气体分子开始向四面八方辐射能量。大约 30% 的热量又被辐射回地球表面。

古代文明地图

古代文明一般诞生在土地肥沃、水源充足、气候温和的地区，因为这些地区有利于人们在大城市出现之前掌握高效的农业种植技术，以及储藏和交换食物的方法。土地类型、水源距离、地形高低及气候都会影响到该地区文明的性质。比如北非和中东，伟大的尼罗河和美索不达米亚平原上的底格里斯河、幼发拉底河就曾经哺育了复杂先进的文明。高山和沙漠等大自然障碍限制了某些文明的成长，比如古希腊城邦文明。相比之下，中美洲的地形环境就非常有利于创造和形成独特的文化。

◎希腊化时代
亚历山大大帝（公元前 356 ~ 323 年）是一位杰出的军事统帅，他建立了一个庞大的帝国，囊括了马其顿、古希腊、埃及和波斯。

◎北美人
北美和普维尔文明诞生于公元前 200 年左右。

◎早期墨西哥人
公元前 1200 ~ 前 900 年，奥尔梅克人统治着中美洲地区。

◎中美洲的成功
玛雅文明从公元前 300 年延续到公元 900 年。墨西哥南部、危地马拉、洪都拉斯、伯利兹都建有玛雅城市。

◎伊特鲁里亚人
公元前 800 ~ 前 100 年，伊特鲁里亚人在意大利西部阿诺河和台伯河流域建立了许多城市。

◎非洲文明
古代非洲大陆出现了许多文明和王国。贝宁就是其中之一，它从 1100 年延续到 1897 年。

◎安第斯人
位于安第斯高原上的查文德万塔尔文明在公元前 850 ~ 前 200 年发展到鼎盛时期。

◎罗马文明
伟大的罗马帝国起始于意大利中部的罗马城。公元 117 年领土达到最大。

◎古埃及文明
在北非肥沃的尼罗河三角洲，诞生了伟大的古埃及文明（公元前 3100 ~ 前 333 年）。

◎**迈锡尼人**
公元前1600年，好战的迈锡尼人征服了古希腊大陆。

◎**克里特米诺斯人**
古希腊克里特岛是米诺斯文明（公元前2000～前1700年）的发源地。

◎**赫梯人**
来自安纳托利亚地区的好战民族——赫梯人，在公元前1600～前1200年间，把他们的力量发展到顶峰。

◎**古希腊文明**
古希腊城邦是在公元前700年左右出现的。尽管古希腊人没有建立一个帝国，但是它的知识对后来的西方文明产生了巨大的影响。

◎**亚述人**
公元前744～前727年，亚述帝国达到鼎盛时期。亚述人是古代世界最令人恐惧的民族。

◎**帕提亚和萨珊**
公元前240～226年，帕提亚王朝一直是波斯地区的统治者，它的后继者是更为成功的萨珊王朝（226～646年）。

◎**早期日本**
日本指的是介于中国和太平洋之间的一系列岛屿。350年，大和朝廷统治了整个日本。

◎**古代中国**
中华文明是独立发展起来的文明。

◎**印度河谷**
摩亨佐·达罗和哈拉帕是公元前2500年左右从印度河谷发展起来的两个伟大的城市。

◎**高棉人**
高棉文明是从东南亚的柬埔寨丛林深处发展起来的。诞生于公元802年，共延续了500年。

◎**波斯帝国**
波斯人最初是毗邻古巴比伦的一个小民族，然而到了公元前549年，波斯帝国的疆土已经从现代的土耳其延伸到了印度。

◎**古巴比伦文明**
位于幼发拉底河畔的巴比伦城从公元前1900年左右起就一直是亚摩利人的主要城市。

◎**苏美尔人**
苏美尔人是来自美索不达米亚平原南部的农耕民族。他们于公元前2100年建立乌尔城。

世界探险地图

了解我们生于其间的世界的渴望促使许多勇敢的人冒着生命危险踏上了探险之旅。然而纵观历史，推动探险的主要力量却一直是贸易。瓦斯克·达·伽马航行到印度洋、克里斯托弗·哥伦布穿越大西洋都是为了寻找通往印度和中国的新贸易路线。有些探险家是为了荣誉和财富，有些探险家却是出自宗教信仰，认为使其他人皈依基督教是他们义不容辞的责任。除了海底，今天地球上几乎没有什么地方不留下人类的足迹了。

◎ **环球航行**
为了寻找从西方到印度尼西亚香料岛的路线，葡萄牙水手费尔南多·麦哲伦和他的船员成为第一批环球航行的人。

◎ **加拿大探险**
1497 年意大利冒险家约翰·卡波特从英国布里斯托尔乘船出发。一个月以后航行到加拿大纽芬兰岛。

◎ **新世界**
从中美洲和南美洲返回的早期探险者都津津乐道地宣称那里有宏伟富丽的庙宇和无计其数的黄金。1521 年，西班牙名叫赫尔南·科尔特斯的律师率领探险队围攻了位于特诺奇蒂特兰的阿兹特克人首都，俘获了它的统治者，妄想实现他的发财梦。

◎ **海尔达尔的航行**
挪威探险家托尔·海尔达尔试图证明波利尼西亚人的祖先来自南美洲。他制作了像早期定居者一样的木筏，然后从秘鲁航行到了南太平洋。

◎ **哥伦布航行**
意大利人克里斯托弗·哥伦布一生都致力于寻找从西方经由大西洋到亚洲的航线。在西班牙女王伊莎贝拉的财力支持下，1492 年哥伦布开始航行，经过了 36 天后，他发现了我们今天称之为巴拿马的地方。

◎维京人探险

公元 992 年，莱弗·埃里克松从格陵兰岛维京人殖民地向西航行，经由巴芬岛到达今天加拿大西部的文兰岛。

◎东北航道

1878 年尼尔斯·诺登切尔德乘坐"维加"号船从瑞典南部出发航行，试图找到从欧洲东北部到太平洋的航线。1879 年，他到达了太平洋。

◎献身旅行

伊本·白图泰生于 1304 年。他一生中用了 28 年的时间游历了许多欧洲和东南亚国家及中国。

◎马可·波罗

探险家马可·波罗出生于威尼斯。据他说从 1271 年起，共在中国居住了 20 年。

◎丝绸之路

欧洲、中东和中国的商人沿着丝绸之路从事贸易活动。

◎印度航线

葡萄牙人瓦斯克·达·伽马是第一位从海路到达印度的欧洲人。1497 ~ 1498 年，他沿着非洲西海岸航行，最后到达了印度。

◎利文斯顿

基督教传教士和医生大卫·利文斯顿来到非洲，试图让当地居民皈依基督教。然而，他到达以后，却开始了广泛的游历，帮助欧洲人改变了对于非洲的认识。

◎进入非洲

18 世纪 60 年代以后，欧洲人陆续深入到北非和中非从事探险活动，考察尼罗河、尼日尔河、撒哈拉沙漠等地区。然而，19 世纪以前，欧洲探险者并没有涉足非洲南部的大部分地区。

◎库克

1768 ~ 1779 年，英国皇家海军詹姆斯·库克在太平洋的许多地方完成了探险活动，包括澳大利亚东部被称为"新南威尔士"的地方。